Nichts bleibt unterm Schnee verborgen

Nichts bleibt unterm Schnee verborgen

Ein Leben
in der Kaderschmiede, als Gewerksschaftsführer und Handelsvertreter

Moskau • Berlin • Köln • Potsdam

Werner Peplowski

Potsdam 2016

Die Deutsche Nationalbibliothek verzeichnet diese Publikation in der Deutschen Nationalbibliografie; detaillierte Daten sind im Internet über http://d-nb.de abrufbar.

ISBN 978-3-88372-148-4

Erschienen im Verlag Klaus-D. Becker, Potsdam
© 2016 by Verlag Klaus-D. Becker, Potsdam

Inhalt

Die Fahrt durch mein Leben

Schon als Kind hatte ich diese fantasievolle Vorstellung, in einem Fahrzeug zu sitzen und auf die an mir vorbeiziehenden Landschaften oder Menschen zu schauen. Wie in einem Film konnte ich meinen Gedanken und Gefühlen nachgehen. Immer hatte ich mir dabei gewünscht, nicht allein zu sein. So ging es mir, als ich mein Leben an mir vorbeiziehen sah. Ich war im Zwiegespräch mit Menschen, die bildlich vor mir auftauchten. Dann redete ich vor mich hin, ich fühlte mich ermuntert oder korrigiert.

Es wird eine Fahrt zwischen Ost und West. In kaum einem weiteren Land der Welt spielten die beiden Himmelsrichtungen für das Leben eines Menschen eine so fundamentale Bedeutung, dass heute noch unterschieden wird, ob ein Kind im Osten oder im Westen sozialisiert wurde.

In meinem Leben haben sich oftmals Vergleiche ergeben. Dabei wurden ähnliche Umstände, Charaktereigenschaften, Gesten oder Taten von mir gesucht. Kaum erblickte ich als Baby das Licht der Welt, riefen Bekannte oder Verwandte: »Der sieht aus wie sein Vater!« Andere sollen sogar gerufen haben: »Der sieht aus wie sein Opa!«

An den Vergleichen verzweifelte ich oft. Etwas trotzig schloss ich mich dennoch denen an, die ihr Leben mit dem Fahren in einem Schiff auf offenem Meer verglichen haben. Ständig wechseln stürmische Zeiten mit Flauten. Einmal vertraust du einem Kompass, der für den Kurs bestimmend sein kann, dann erweist er sich in der Handhabung als fehlerhaft. Das Schiff treibt dann ziemlich orientierungslos. In dieser Weise oder ähnlich trieb ich auf den Wellen des Lebens. Der Redewendung kam mir oft in den Sinn, dass es dabei nicht unwichtig sei, »immer eine Handbreit Wasser unterm Kiel zu haben«. Dieser Spruch beinhaltet die Hoffnung auf einen guten Ausgang der Fahrt. Hoffnungen auf etwas Besseres oder gar Schöneres waren bestimmende Faktoren meines Lebens.

Für mich waren die Fahrensleute wichtig, die mich auf meiner Lebensfahrt begleiteten. Sie berührten mich. Sie hatte ich bildlich vor mir, weil sie mich ermuntert haben. Sie waren es, die mich veranlassten, Irrtümer zuzugeben. Vor ihnen gestehe ich persönliche Kursänderungen ein. Die bewegte See ist mit den bewegenden Umständen vergleichbar, die mein Leben ausmachten. Alles das möchte ich nicht umschiffen.

Es war für mich geradezu eine Herausforderung, persönliche Anschauungen gründlicher zu differenzieren. Der globale Strom überspülte schnell einzelne Erlebnisse oder persönliche Erfahrungen. Umso wichtiger erschien mir der Blick auf Einzelheiten, wo alles in Bewegung schien. Vor allem dann, wenn man sich selbst im Strudel der Zeit reflektierte. Letzteres ist wohl eines der schwierigsten Unternehmungen, wie ich finde.

Die Werft meines Schiffes lag im noch tobenden 2. Weltkrieg an der Elbe, meiner Stadt, die liebevoll Elbflorenz genannt wird. Die Namensgebung wird Johann Gottfried Herder zugeschrieben, der im 19.Jahrhundert den Vergleich mit Florenz her-

1

stellte. Das geschah sicher in Würdigung der Kunstsammlung und der Architektur beider Städte.[1] Wenige Monate nach meiner Geburt war diese schöne Stadt in den letzten Tagen des Krieges in Schutt und Asche zerlegt. Heute ist diese schöne barocke Stadt, Dresden an der Elbe, wieder ein Anziehungspunkt für Touristen. Meine Seele ist jedes Mal froh gestimmt, wenn ich schon den Namen »Dresden« höre. Diese Stimmung ergab sich zunehmend intensiver, wenn ich örtlich oder zeitlich weiter weg von meiner Heimatstadt war.

Von der Elbe, aus sächsischen Gefilden, ging mein Lebensschiff in rasanter Fahrt zur Havel. In der barocken Stadt Potsdam machte es Halt. Anfang der sechziger Jahre waren noch die Spuren, der Ende des 2. Weltkrieges zerstörten Stadt, zu sehen.

Hier wehte ein frischer Wind, den mein Schiff mit großer Neugier aufnahm. Bildung und Kultur versprachen eine neue Lebensqualität.

Von dort wurde es aufgetakelt und über die Toppen geflaggt. Es peilte in den achtziger Jahren die Ufer der Spree an. Es landete schließlich in Berlin. Hier gelangte es in stürmische Gewässer. Es entging knapp einem Untergang. Notdürftig nahm es Fahrt in den neunziger Jahren in Richtung Rhein auf. Es strandete in Köln. Hier wurde es zu einem Handelsschiff umgerüstet und erhielt einen weiblichen Namen, der mit »Bärbel« mir sehr vertraut war. Nachdem das Schiff fast zwanzig Jahre im Dienste erfolgreicher Kaufleute stand, schipperte der Dampfer wieder in Richtung des preußischen Roten Adlers. In Potsdam fand er im Jahre 2010 seinen Heimathafen.

Das Lied: »Eine Seefahrt, die ist lustig…« anzustimmen, kam meiner Gefühlslage sehr nahe. Ja, laut und kräftig sollte es gesungen werden, die Nachbarn sollten es hören. Dieses Lied löste sicher eine fröhliche Stimmung aus. Dieser war ich schließlich ergeben, manchmal auch erlegen.

Bei der ganzen Fahrt über zahlreiche deutsche Flüsse fällt mir noch eine Beziehung zu einem besonderen Schiff ein, was bleibende Kielwasserspuren bei mir hinterlassen hatte.

Es handelte sich um ein Rechenschiff. Wie kann man einem Rechenschiff Lebensweisheiten abringen? Darauf komme ich später zu sprechen.

Eine Reise durch das Leben vom hinteren Teil zu beginnen, ist vielleicht ungewöhnlich, hat aber den Vorteil, dass das Kramen in Erinnerungen noch einfacher ist, weil die Ereignisse im Jetzt und Heute liegen. Es ist eine Sicht aus dem Heute.

Im Jahr 2010 packten meine Frau und ich wieder die Koffer, was wir oft im Leben taten, vielleicht zu oft, aber jetzt mit Bestimmtheit letztmalig, um die Liebe der Kinder, der Enkel und die Nähe der Freunde noch unmittelbarer zu spüren. Wir kehrten nach Potsdam zurück.

Unser Einpackpunkt lag dieses Mal im Rheinischen, in der Nähe der Stadt Colonia, einer Gegend mit römischen und karnevalistischen Traditionen. Wobei ein Hauch an preußischer Vergangenheit kaum zu leugnen war. Fast zwanzig Jahre haben wir in der Nähe von Köln gelebt, gearbeitet, Freude geteilt sowie den Ärger vertrieben. Bergisch-Gladbach war für uns der Lebensmittelpunkt. Hier wurde mehrheitlich nicht hochdeutsch gesprochen, sondern ein Kölscher Dialekt mit melodischem Klang und lieblicher Verdrehung von Buchstaben, wobei die Vokale besonders betroffen waren. Dennoch kam das alles sehr sympathisch rüber.

Auf der »schäl Sick« haben wir geankert, was so gut wie die schlechte Seite des Rheins bedeutete.

An einer Bonner Rheinbrücke ist ein Brückenmännchen in Stein gehauen, was sein Hinterteil in eben diese Richtung ausstreckt. Damit war klar, dass das Leben auf dieser Seite in der Betrachtung der in Köln Ansässigen nicht gerade als ermunternd zu deuten war. Die Kölner meinten das aber nicht so ernst, was ich aber erst lernte, als ich mit dem »Kölsch«, dem dort bezeichneten Bier und der Sprache gut zurecht kam.

Es ist vielleicht verwunderlich, dass gerade diese beiden Wörter in dieser Gegend mit dem einheitlichen Begriff »Kölsch« bedacht werden. Man könnte schon über soviel Hintersinnigkeit der Sprache schmunzeln.

Ich lernte schnell, dass der Ober in den Kneipen hier der Köbes war. Die Köbesse standen mir darum etwas nahe, weil sie fast alle aus den östlichen Ländern stammten. Damit waren sie mir aus historischer Blickachse verbunden. Offensichtlich hatten sie in kurzer Zeit den Kölner Dialekt gelernt. Sie trugen darüber hinaus zur anheimelnden Atmosphäre durch ihre erstaunlich guten Kenntnisse des hiesigen Brauchtums bei.

Im Rhein-Ruhr-Gebiet, dem Ort »der großen Völkermühle«, wie Zuckmayer ihn nannte, an dem römische Feldhauptleute, keltische Legionäre, die Soldaten Napoleons, polnische Bergleute, amerikanische Touristen, türkische Gastarbeiter und schließlich ostdeutsche Abgewickelte entlanggingen, blieben und verweilten, haben sich schließlich alle zu Völkern vermischt, »wie die Wasser aus Quellen und Bächen, damit sie zu einem großen, lebendigen Strom zusammenrinnen«.[2]

Das klang sehr pathetisch mit einem Schuss literarischem Esprit. Oft war es aber mit existentiellen Lebensfragen verbunden, dann klang es nicht ganz so lustig. Selbst die schönen Bilder der Natur verblassten etwas.

Dennoch glaube ich, dass diese Gegend mit diesen Menschen eine tief verwurzelte Beziehung zu andersartigen, anders kultivierten, anders sprechenden, anders fühlenden Menschen hatte. Das war ein Gewinn für mich. Er mündete oft in Fröhlichkeit, Heiterkeit und Lebensfreude. Die sozialen oder weltanschaulichen Konflikte blieben, sie hatten aber einen lösbaren Hintersinn erhalten.

Offensichtlich haben die Urkölner, Ubierer und wie sie noch alle hießen beizeiten die Vielfalt der Kulturen als Lebensmaxime verstanden. Ihre Eigenständigkeit mit einem Schuss Selbstbewusstsein hatten sie aber nie aus dem Auge verloren. So entstand sicher die Lebensweisheit: »Jeder Jeck ist anders!« Diese Menschen anziehende Aussage war für mich nicht neu. Wenn sie allerdings in dem freundlichen Kölner Dialekt gesprochen wurde, schmeichelte sie etwas.

Nach zwei Jahrzehnten gelungener Existenzsicherung wurde mein Blick auf die gesellschaftlichen Umstände schärfer. Wir erlebten zwar ein tolerantes Umgehen miteinander, es erleichterte uns das Ablegen festgezurrter ideologischer Bündel. Diese Atmosphäre in einer katholisch geprägten Gegend kam auch nicht ohne Dogmen aus. Das Ringen um berufliche Anerkennung, der Konkurrenzdruck, der tägliche Kampf um die Provision, die zum Lebenserhalt nötig war, waren Erfahrungen aus dem praktischen Leben. Mittendrin in der Umsatzspirale zu sein, die immer nach oben zeigte, führte zu Beulen, die bleibend wurden.

Andererseits war es für meine Frau und für mich ein Stückchen Glücksfindung, trotz der Anstrandung an der vermeintlichen falschen Seite des Rheins. Wir brachten unsere engagierte Lebensauffassung, die aus dem Überwinden von Lebensbrüchen bestand, in unser neues Umfeld ein.

Diese gemachten Erfahrungen aus den östlichen und westlichen Lebensarten waren für uns ein Gewinn. Zahlreiche Freunde und Bekannte taten ihre Liebenswürdigkeiten in unser Reisegepäck. Das machte uns den Abschied aus dem Rheinischen etwas leichter.

Wir fanden wieder einen Auspackpunkt unserer sieben Sachen in der brandenburgischen Landeshauptstadt, der Stadt der Schlösser und Gärten der Hohenzollern. Je öfter man im Leben Ein- und Auspackpunkte seiner sieben Sachen verzeichnete, umso geringer war die Wahrscheinlichkeit der Bewurzelung. Man lief schließlich Gefahr, als Minderheit in einer ansässigen Mehrheit zu leben. Ich verstand jetzt mehr, was Integration bedeutete, wenn sich diese Vorgänge am eigenen Leib vollzogen. Einmal Minderheit – immer Minderheit tönte es mir noch in den Ohren. Wieder waren wir die Zugezogenen ohne Migrations-Hintergrund. So waren wir wieder in der Zone der Mehrheit, als wir umgezogen waren. Die Einheimischen gaben sich als diejenigen mit den Abstammungsrechten aus. Sie begründeten diese oft damit, dass sie hier ihre Nester hätten, mit Wurzeln, Ausbreitung, Domizil. Diese Rechte wurden oft auf Gewohnheiten fixiert. Fremdheit war nicht auf Äußeres reduziert. Fremdsein war ein Gefühl, gegen das schwer anzugehen war. Es bedurfte eines Vertrauensgewinns, einer Rücksichtnahme, eines Verständnisses von beiden Seiten. Die emotionalen Gesichtspunkte waren noch schwieriger zu lindern. Oft waren es überhebliche Blicke, abwertende Bemerkungen oder gar lächerliche Reaktionen auf ernst gemeinte Anfragen. Selbst Mitleidsbekundungen wurden zu quälenden Missverständnissen. »Die werden sich noch wundern«, klang es aus ihren verschlossenen Mündern. Keiner hat mir das Wunder je erklären können, dennoch blieb ein beklemmendes Bauchgefühl. In fünfzehn Umzügen meines Leben sind mir diese Grundstimmungen immer wieder begegnet. Sie haben mich sensibel werden lassen. Als sie in Potsdam erneut auf mich trafen, wurde ich jedoch nachdenklich.

Noch nicht angekommen in den neuen vier Wänden, die Umzugskisten blockierten Ein- und Ausgang, rief mein Potsdamer Freund Helmut an. Er brachte, neben dem Wunsch, dass der Einzug bald vollendet sein würde, den fröhlichen Satz unter:

»Heute Abend, ist doch klar, gehen wir zum Stammtisch zu Matschke, ihr kommt doch mit.« Sicher wollte er uns das eben skizzierte Bauchgefühl lindern helfen. Na, klar, wir kommen, das ist doch klar. Wer schon einmal umgezogen war, wird jede Ablenkung von diesem Unternehmen als wohltuend empfinden. Ein Ruf ging dieser abendlichen Einladung voraus. Das sei der Ort, wo man in uriger Atmosphäre Gesprächspartner finden würde und über »Gott und die Welt« reden könne, ohne sich vorher, während oder nachher auf die Zunge zu beißen, erheiternd, einfach entspannend. Hier träfe man Leute, die spannende Geschichten erzählten, die vortragsähnliche Tiefen in ihren Gesprächen anstrebten, aber dabei wüssten oder ahnten, dass keine Veränderungen davon ausgehen. Vor allem würden Hintergründe östlicher Lebensart von den Wänden ablesbar, die sich dann in den Betrachtungsaugen der am Tisch Platzierten spiegelten. Aber auch andere, aktuellere Hintergründe politischer und künstlerischer Art würden reflektiert, je nach dem Willen des Betrachters und den entsprechenden steigenden Promille.

Das habe doch Stil, wenn man Stil als atmosphärisch erfassen würde, als menschliches Nest, wo der Stallgeruch mit Ost/Westgerüchen verschmolzen schien. Impulsgeber der Gesprächsflüsse sei oft der Wirt selbst, was den Bier- und Umsatzfluss sicher nicht immer förderlich fließen ließe. Das stand hier nicht, wie in vielen anderen gastronomischen Einrichtungen im marktwirtschaftlichen Zentrum, hier ging es um Zwischenmenschliches.

Über allem thronte auf dem oberen Fenstervorsprung der gipserne, in Lebensgröße herabschauende Schädel Friedrichs des Großen in einer Art Verwitterung, die auf einen frühen Herstellungszeitraum schließen ließ. Es könnte auch Staub sein, der sich im Laufe der Zeit auf den Gips gelegt hat, was den Guss lebensnäher werden lässt. In fortgeschrittenem Abend schien er mit dem linken, etwas hervorstehenden Auge den Stammtischlern immer dann zuzublinzeln, wenn Wortdünste aus seinen Zeiträumen aufstiegen, ihn erinnernd an das in die Geschichte eingegangene Tabakskollegium seines Alten, was hier offensichtlich ein in der Traditionslinie befindliches Plagiat gefunden hatte. Ein im Raum stehender, grünlich schimmernder Kachelofen, der mit Gas angetrieben wurde, strahlte den am Tisch Versammelten in den Zeiten abendlicher Kühle eine wohlige, wärmende und anheimelnde Atmosphäre aus. Er schaffte eine gastliche Gemütlichkeit. Ich kam mir vor wie bei Muttern in der Küche. Besonders Langzeitstammtischler hatten sich einen, ihre Lenden und Flanken wärmenden Platz unmittelbar an den ausstrahlenden Kacheln gesichert. Sie befanden sich darüber hinaus in der unmittelbaren Nähe der auf dem Sims platzierten, in Ton gepressten, erotischen Darstellungen, möglicherweise zwecks Anregung eben der genannten wärmebedürftigen Körperteile.

Hier kam eine Generation zusammen, die mehrheitlich auf eine Kindheit zurückblicken konnte, die noch mit einer Strippe, an deren Enden Blechdosen geknüpft waren, ihre Kommunikation von Haus zu Haus brüllten. Die Sprechdose auf der einen, die Hördose auf der anderen Seite waren die Sprachmittler. Das geschah mit Hilfe der naturwissenschaftlichen Erkenntnis der Schallübertragung sowie deren praktischer Anwendung. In der Kneipe hatte es den Anschein, dass diese Technik immer noch in Anwendung war, allerdings ohne Dose und Strippe, geräuschintensiv eben. Lautstärken wurden nicht vermessen, um aber ins Gespräch zu kommen, bedurfte es einer gewissen Grundlautstärke, die der Wirt vorzugeben schien.

An den etwas wackligen Tischen, die die Unebenheiten des hölzernen Bodens auszugleichen versuchten, saßen Männlein und Weiblein in trauter Runde eng beieinander. Sie bündelten ihre Meinungen, zerlegten diese rechthaberisch und dann wieder tolerant im Zugeben nicht haltbarer Positionen. Manches war aufregend, meistens jedoch anregend. Jede Biografie einzelner Personen war ein Prosabändchen wert.

Geschichte wurde in Geschichten selektiert, in einfacher Art, man musste es mögen.

In der Wortbedeutung kann man ja auch den Stamm des Wortes »Stammtisch« mit Stämmen, Volksgruppen deuten und da kommen wir meinen Vorstellungen einen Schritt näher. Hier trafen sich Menschen mit unterschiedlichen Biografien. Sie sind im Osten oder Westen sozialisiert worden. Verschiedene politische Lebensmuster haben sie geprägt. Gemeinsam haben sie eine Affinität zur Kultur, zu kulturellen Leistungen – schließlich zur Kunst.

Sie waren es, die mich anregten, mich ihnen zu öffnen. Da ich nicht so lange Zeit erhielt, über mein Leben zu sprechen, versprach ich dieses aufzuschreiben. Leider war dieses Versprechen schneller ausgesprochen als umzusetzen.

Umgebungen und Zeiten prägen nun einmal die Menschen, so auch mich. Da ich mindestens von zwei Gesellschaften, Regierungsformen, Diktaturen, Demokratien, Umständen, Umgebungen, Einflüssen und Personen geprägt wurde oder auch ich mitgeholfen habe welche zu prägen, ist das dadurch entstandene Produkt vielleicht für Nachgeborene nicht gänzlich nutzlos.

Hilfreich war mir der aufmunternde Ausspruch Friedrich Hebbels, der 1836 in sein Tagebuch schrieb:

»Ich halte es für die größte Pflicht eines Menschen, der überhaupt schreibt, dass er Materialien zu seiner Biografie liefere. Hat er keine geistigen Entdeckungen gemacht und keine fremden Länder erobert, so hat er doch gewiss auf mannigfache Weise geirrt und seine Irrtümer sind der Menschheit ebenso wichtig, wie des größten Mannes Wahrheiten.«[3]

So klammerte ich mich an diese wohlgemeinte Deutung, da ich weder Entdecker war, noch fremde Länder erobert habe. Daher war seine Tagebucheintragung für mich eine Ermunterung.

Dazu kam, dass jeder auf Geschichte durch eine andere Brille schaut. Ich wollte versuchen, durch meine Brille, die mit 1,5 Dioptrien ausgerüstet ist und damit einer angeborenen Stabsichtigkeit entgegenwirkt, den Blick auf Vergangenes zu richten. Dann kann ich zwar den Blick mit anderen teilen, nicht jedoch unbedingt die Ansichten.

Hugo - Fred - Werner

Als ich 1944, der Zweite Weltkrieg ging seinem Ende entgegen, in Dresden als standesamtlicher Hugo Fred Werner geboren wurde, war mein Vater noch im Krieg, meine Mutter lebte mit mir allein. Sie war von Oppeln vertrieben und fand in Dresden einen kleinen Kaufmannsladen, einen Tante-Emma-Laden, den sie mit mir durch die Kriegs- und Nachkriegstage brachte. Mein Großvater hatte mit seinem Vornahmen Hugo, mein Vater mit Fred und mein Onkel mit Werner die Namensuche meiner Mutter für mich offensichtlich erleichtert.

Sie hatte am 13. Februar 1945 die Dresdner Bombennacht der anglo-amerikanischen Bomberangriffe mit viel Glück überlebt. Die »Christbäume«, wie sie sie nannte, wiesen den Bombern die Ziele über meiner Geburtsstadt. Der Krieg war entschieden, Vergeltungsschläge der westlichen Alliierten vernichteten mein Elbflorenz.

Wir haben beide überlebt, dank einer übermenschlichen Leistung meiner Mutter. Sie lief in dieser Nacht in den Großen Garten in Dresden. Im Herzen hatte sie die Hoffnung auf das Glück zu überleben. Andere Mütter mit der gleichen Hoffnung liefen in Richtung der Elbe. Sie fielen den schrecklichen Brandbomben zum Opfer. Dieses Gefühl, auf den Armen meiner Mutter im nächtlichen Dresden dem Tod entkommen zu sein, sitzt mir sehr tief im Herzen. Sie rannte, sie irrte umher, hastend, ängstlich um Hilfe suchend. Wir haben schließlich durch ihren Mut und durch Glück überlebt. Dieses Bild mit meiner Mutter hat sich fest bei mir eingeprägt. Wahrscheinlich auch deshalb, weil es immer wieder erzählt wurde. Es war auch ein gefühlvolles und liebes Band zwischen uns. Sicherlich habe ich diese emotionale Situation in meinem Körper gespeichert.

Nach über 60 Jahren fand ich in den wenigen Erinnerungsstücken meiner Eltern, in einem Umschlag des Familienbuches versteckt, einen Brief meiner lieben Mutter, der überschrieben war: »Meinem Kind Fred Werner fürs spätere Leben« Ich bin noch immer gerührt und glücklich, dass ich diesen Brief fand. Er ist so rührend und liebevoll geschrieben, dass ich einige Zeilen einfach wiedergeben muss. Wenn ich diese lese, kommen mir immer noch die Tränen. Sie schrieb:

»Nach 16jähriger Ehe kamst Du auf diese Welt und zwar in einer Zeit als der schwerste und leidvollste aller Kriege ausgefochten wurde. Dein Vater war bald drei Jahre Soldat und ich hatte die Verantwortung und Führung des Geschäftes übernommen. In dieser schweren Zeit trug ich Dich unter meinem Herzen. Wie glücklich ich war, Dich mein Kind zu tragen, kann ich Dir nicht sagen, wenn es auch manchmal Tage gab, an denen es mir sehr schwer fiel, all diese ganze Arbeit zu schaffen, so gedachte ich nur an den Augenblick, so ich Dich in meinen Armen halten würde u. schon wurde mir alles viel leichter.«

Sie beschrieb, dass meine Geburt ihr fast das Leben gekostet, wenn nicht eine mutige Ärztin ihr die notwendige Hilfe geleistet hätte. Sie fand so viele liebe Worte, die einer glücklichen Mutter aus dem Herzen kommen. Schließlich endete sie mit den Worten:

»*Ach, ist doch ein Krieg grausam, möchtest Du mein Kind nie in den Krieg müssen, viel Leid wird Dir erspart*».

Sie schrieb diesen Brief, da war ich ein Jahr alt.

Unerbittlich schlug der Krieg auf die zurück, die ihn vom Zaun gebrochen hatten und traf diejenigen, die in der Kette der Mitschuldigen den geringsten oder gar keinen Anteil hatten: die Mütter und Kinder.

Die Rote Armee der Sowjetunion kam als Befreier von der faschistischen Tyrannei. Ob sie sich als solche, wie es die Propaganda darstellte auch verhielt, darüber schwieg meine Mutter. Die Menschen der Sowjetunion hatten zweifelsfrei die größte Last getragen. Weil Krieg jede moralische Kategorie auslöscht, ist es so schwer über menschliche Werte nachzudenken.

Was meine Mutter mit vielen Müttern erlebte, wird sicher nicht mit den Begriffen der Menschenrechte verbunden gewesen sein. Sie hat mir nie aus dieser Zeit erzählt, obwohl ich sie später oft danach gefragt habe. Sie hat sicher ihre persönlichen Erlebnisse verdrängt, wie es viele Menschen in dieser Zeit taten.

Aber es gehört auch zu ihren Erzählungen, dass es später auch Sowjetsoldaten waren, die uns Kindern das erste Brot und meiner Mutter die ersten kargen Lebensmittel zur Verteilung in ihrer Bretterbude, dem Tante-Emma-Laden in Dresden-Klotzsche, gaben.

Die Lieferungen erfolgten sehr sporadisch und der Hunger war immer in diesen Jahren unser Gast. Man kann dieses Gefühl aus der heutigen reichen Gesellschaft nicht erklären, weil es nicht nur der Schmerz im Bauch war, sondern auch Abhängigkeit, Unterdrücktheit und Seelenschmerz beinhaltete. Es war ein Überlebenskampf, den meine Mama mit vielen anderen Frauen in Dresden der Nachkriegszeit führte.

1947 kam mein Vater, der Soldat im 2. Weltkrieg war, aus der Kriegsgefangenschaft nach Hause zurück. Er war sterbenskrank. Die Ernährungssituation in Dresden war abenteuerlich. Er litt unter dem Kriegstrauma. Sehr langsam genas er mindestens körperlich, Malariaanfälle begleiteten ihn noch jahrzehntelang. Dann zog er sich zurück. Seine Haut verfärbte sich gelb. Sein Genesungsvorgang verlängerte sich mit zunehmendem Alter. Er liebte mich abgöttisch. Es klingt in meinem ganzen Körper bis heute, wenn ich daran denke, wie er Weihnachten seine Geige herausnahm. Ich sah an seinen Händen mit welcher Liebe er mit der Geige umging. Er streichelte sie förmlich. Er sprach mit ihr. Dann spielte er aus dem Stehgreif. Er suchte die Töne. Das Spielen hatte er nicht gelernt. Er hatte es sich selbst beigebracht, wie er mit einem Augenblinzeln behauptete. Ich war sein einziger Zuhörer. Ich fand das unheimlich schön. Es hat mich umspielt. Er übertrug mir, durch seine Art Musik zu spielen, seine Gefühlslage. Er legte vorsichtig seine Geige nach dem Spiel in den Kasten. Dann nahm er mich auf den Arm, sang und tanzte, dass meine Mutter rief: »Nicht so toll, Alfred!« Das alles ist bei mir als ein wunderbares Gefühl tief im Herzen, in meinem Körper gespeichert.

8

Sicher haben ihm seine ungeheurer Wille zum Leben und sein ungebrochener Optimismus geholfen. Er konnte auf Menschen eingehen, war immer für einen kleinen Spaß gut und konnte märchenhaft erzählen. Unsere Söhne schwärmen noch heute von den ausgedachten Geschichten ihres Opas. Nun waren seine »Kriegsgeschichten« geladen mit spaßigen Einlagen. Mit beiden Armen machte er ein Flugzeug nach, indem er als Kurier saß. So flog er scheinbar leicht über die Kriegsgebiete. Er beschrieb die Menschen, die er im Krieg traf, als fröhliche Gesellen, mit denen er Späße ausheckte. Scheinbilder, einer Theaterbühne ähnlich, konstruierte er im Kopf.

In seinen Geschichten spürten wir, meine Mutter und ich, wie er auf seine Art versuchte, die schrecklichen Kriegsbilder zu verarbeiten.

Ich liebte meinen Vater über alles. Ich kann mich nicht erinnern, dass ich als Kind versucht hätte, ihn durch Fragen in Bedrängnis zu bringen. Er war für mich ein Vorbild in der optimistischen Lebenseinstellung. Wenn ich manchmal spürte, dass er an die Grenze seiner Leistungsfähigkeit ging, dann tat er mir sehr leid. Ich spüre heute noch eine tiefe Verbundenheit mit ihm.

So hatte ich eigentlich, wenn ich darüber nachdenke, keine spannungsgeladene Vater-Sohn-Auseinandersetzung. Vielleicht lagen hier die Wurzeln für mein großes Harmoniebedürfnis. Zugleich war er mir ein Vorbild im Umgang mit den eigenen Kindern.

Wie das war, als er wieder im Laden stehen konnte, erzählen die noch heute lebenden Kunden. Frau Hetzel, eine seiner Kundinnen, hatte starke Kopfschmerzen. Sie betrat mit leidendem Gesicht unseren Tante-Emma-Laden. Als er sie sah, bat er sie an einem kleinen Tisch, den er aus Birkenhölzern gezimmert hatte, Platz zu nehmen. Gramgebeugt saß sie nun auf einem der drei wackligen Hocker, die um den Tisch standen. Mit sachkundiger Mine entwickelte er dann ein Gespräch, indem seine Patientin ihm die möglichen Ursachen für ihr Gebrechen weitschweifend darlegte. Mit ebensolch sachkundiger, wie ihre Probleme verstehender Mine verstand er es, auf sie einzugehen. Nach kurzem Überlegen hatte er die überzeugende Diagnose bei der Hand. Sofort holte er »extra« für sie ein sicheres Medikament, welches garantiert helfe. Dazu muss ich sagen, dass es Ende der 40er Jahre kaum Medikamente gab.

Mein Vater ging also in seine Kramecke und holte das sichere Medikament für Frau Hetzel und gab es ihr mit den Worten: »Bitte nehmen sie täglich vor dem Essen eine Tablette.« Als die Patientin den Laden verließ, war aus ihrer Mimik bereits ein erster Erfolg sowie erste Linderung durch die therapeutische Leistung meines Vaters zu entnehmen. Nach zwei Tagen kam Frau Hetzel wieder in den Laden und erklärte wortstark: »Also, Herr Peplowski, sie können sich gar nicht vorstellen, wie schnell ich keine Kopfschmerzen mehr hatte. Ihre Medikamente sind einfach einmalig gut«. Mein Vater betonte nochmals, dass er auch von den Tabletten überzeugt sei. Später erzählte er verschmitzt, dass er zu einer Einwecktablette gegriffen hatte. Damit verband er die Hoffnung, dass Frau Hetzel nicht noch öfter kommen würde, denn diese seien nun auch ausgegangen.

Mein Vater war ein Kaufmann von der Picke auf, wie man überall sagte. In den beginnenden 50er Jahren wählten ihn die Krämerleute von Dresden zu ihrem Obmann.

Unser Fahrgerät war der Leiterwagen. Dieser hatte einen kleinen Aufbau, damit die Gemüsestiegen übereinander stapelbar waren. Von Dresden-Neustadt bis Klotzsche fuhr mein Vater täglich, um Gemüse für den Verkauf zu holen. Dazu musste er von den Hellerbergen in das Dresdner Tal zum Markt den Handwagen zu Fuß bewegen. An dem recht und schlecht gefüllten Wagen befand sich eine Deichsel, mit der das Gefährt gelenkt werden konnte. Über die Schulter hatte mein Vater einen Kumtriemen, mit dem er den Leiterwagen zog. Immerhin ging es von Dresden Neustadt bis zu seinem Laden ca. acht Kilometer bergauf. Oft musste ich ihm im Kindesalter dabei helfen. Das waren so Momente, wo mir mein Vater leid tat. Da ich selbst ein sehr schmächtiger Junge war, dazu noch unterernährt, konnte ich ihm auch nicht viel helfen.

Meine Kindheit war bestimmt durch die Arbeit für das Geschäft. Ich brachte den Leuten die Waren oder half selbst hinter dem Ladentisch zu verkaufen. Neben unserer Bretterbude hatten wir einen kleinen Gemüsegarten angelegt. So konnten wir Petersilie und Kräuter verkaufen. Das war mein kleiner Beitrag zum Geschäft.

In der wenigen freien Zeit zog es uns Kinder immer wieder in die Innenstadt von Dresden. Wir hatten einen Spielplatz an der Ruine der Frauenkirche für uns geschaffen. Dort bauten wir Höhlen, spielten Indianer oder »Räuber und Gendarm«. Von der Kriegszeit noch geprägt, waren es auch immer wieder Handlungen, die unsere Eltern aus dem Krieg erzählten. So bauten wir aus den Ruinen Gefechtsstände. Blindgänger oder Granaten fanden wir immer. Auf die Gefahren haben uns unsere Eltern immer wieder hingewiesen. Gerade darum war dieser Spielplatz für uns so reizvoll. Er zog uns förmlich immer wieder in seinen Bann.

In der Nähe der Frauenkirche war unsere Kirchengemeinde. Es war eine Evangelisch-Reformierte Gemeinde, zu deren Konfirmationsunterricht ich regelmäßig ging. Unser Vikar, Herr Frielinghaus, spielte wunderbar Harmonium. So gestaltete er mit uns Kindern herrliche Gesangsnachmittage. Neben Kirchenliedern waren es vor allem Volkslieder, die er sang und mit dem Instrument begleitete. Überhaupt sangen wir im Kreise der Familie sowie unter Freunden viel und gern. Anfang 1950 war ich immer noch unterernährt. Ich erhielt von der Gemeinde zusätzlich Ernährungspäckchen, die von Spendern, vorrangig aus der Schweiz, kamen. Ich bin der Gemeinde heute noch sehr dankbar für die Musik und die Spenden, aber vor allem für die menschliche Wärme, die ich nach so vielen Jahren immer noch empfinde. Ich habe heute noch das erste Schnitzel meines Lebens mit warmen Stachelbeeren in meinen Erinnerungsgeschmacksdrüsen. Es muss so köstlich gewesen sein. Ich erhielt es in einem kirchlichen Heim für unterernährte Dresdner Kinder.

Meine Eltern hatten unsere Großmutter aus Werder bei Potsdam in unsere Wohnung in Dresden aufgenommen. Sie war über achtzig Jahre alt und gebrechlich. Ihr ganzes Leben hatte sie der Kirche gewidmet. Sie lebte ihren Glauben. Sie konnte kaum etwas hören. Das Lesen fiel ihr besonders schwer. Ich hatte immer die Aufgabe, wenn ich aus der Schule kam, meiner Großmama laut und deutlich in ihr Hörrohr eine Stelle aus der Bibel vorzulesen, die sie am Vormittag ausgesucht hatte. Damit sie es verstand, musste ich schreien. Aus dieser Zeit sind mir bis heute Stellen der Bibel präsent, die ich als Vorlesender meiner lieben Oma in das Hörrohr brüllte. Auf meine weitere weltanschauliche Entwicklung muss das allerdings nur einen geringen Einfluss gehabt haben. Möglicherweise hat mich das veranlasst, meine Weltorientierung noch weiter zu suchen. Das hat mich später zur Ansicht geführt, dass nicht jeder Vorlesende, auch wenn er noch so schreit, deren Inhalt versteht. Der Wahrheitsgehalt des Vorgetragenen erhöhte sich ebenfalls nicht. Meiner sprachlichen und stimmlichen Entwicklung war das aber sehr förderlich.

Unvergesslich waren für mich als Jungen die Kleidungsstücke, die in dieser Zeit getragen werden mussten. Die Sachen, die wir als Kinder trugen, hatten mit der Mode kaum etwas zu tun. Obwohl sich unsere Eltern so viel Mühe gaben, waren es Kreationen, die aus der Not entwickelt wurden.

Ich trug eigentlich immer kurze Hosen, die aus Opas abgelegten Kleidungsstücken genäht waren. Wenn es aber kälter wurde, dann erhielt ich ein schreckliches Gebilde, was von meiner Mutter zusammengenäht wurde. Es war etwas Strapsartiges. Mein Vater sagte immer dazu: »Jetzt zieh dein Geschirr endlich an«. Das Geschirr diente dazu, über Gummibänder lange Strümpfe zu halten, die bis in Höhe der Geschlechtlichkeit reichten. Da die Schuhe meist mehrere Nummern zu groß waren, gab das den Strümpfen nun wieder die Gelegenheit, sich dort unten in Ringform zu etablieren. Das wiederum gab oftmals die Strumpfbänder frei, was zu den hämischen Ausrufen der älteren, oft lang behosten Kinder führte: »Hochwasser!« Ob sie uns kränken wollten, weiß ich nicht mehr so genau. Es hat jedenfalls unsere Kinderehre verletzt. Erschwerend kam noch dazu, dass unser Schuhwerk durch eine bei der IG Farben 1938 erfundene PVC Mischung in der jungen DDR weiter produziert wurde. Lederschuhe gab es nicht zu kaufen. »Hast du Igelit im Haus, kannst du auch bei Regen raus«, sangen wir Kinder. Diese Igelit-Schuhe hatten einen spezifischen Eigenduft, sie überlagerten unserer Fußausdünstungen erheblich. Vielleicht waren sie auch für die Entfaltung unserer Schweißfüße verantwortlich. Zwei weitere Eigenschaften sind mir noch in Erinnerung. Der Kunststoff ließ die Strümpfe in besonderer Weise an diesen Schuhen kleben. Wir konnten tun, was wir wollten, die Socken waren immer in die Schuhe gerutscht. Die zweite Eigenschaft hatte aber den Vorteil, dass man mit den Dingern wunderbar auf dem Eis gleiten konnte. Dennoch war die Freude kurzlebig, wenn die Temperaturen etwas weiter in das Minus gingen, dann brachen die Schuhe auseinander. Daher kam für uns der Begriff der »Schönwetterschuhe« auf. Diese Form der Kleidung sowie der Schuhe muss mich offenbar in meiner vorpubertierenden Phase so beeinflusst haben, dass es den Zeitpunkt der Pubertät bei mir verschoben hat. Nicht anders kann ich erklären, wie es dazu kam, dass ich als Kind ein für mich bleibendes Ereignis hatte. Eines

Tages erhielt ich, wie eigentlich täglich, den Auftrag, von meinem Vater bestellte Waren, insbesondere Waschmittel, bei den Kunden auszuliefern. So hatte ich an diesem besagten Tag den Auftrag, mit dem Handwagen zum Bauern Schmidt zu fahren, um Ware abzuliefern. Bauer Schmidt war in Klotzsche ein Großbauer, der im Zuge der Bodenreform den Reformern landwirtschaftliche Nutzfläche abgeben musste. Dennoch bewirtschaftete er weiter die ihm verbliebenen Felder. Uns Kindern gegenüber war er tolerant.

Meine allererste Liebe galt Bauer Schmidtchens Tochter und darum ging ich mit besonderer Freude diesen Kundendienstweg. Im zarten Alter von sieben Jahren nahm ich mir Zeit. Damit verzögerte ich weitere väterliche Aufträge.

Nach der Ablieferung trafen wir uns auf dem Heuboden, Schmidtchens Tochter Mariechen, Hauptmanns Karl, Bäckers Gudrun und ich.

An diesem Tag wollten wir das in diesem Alter für uns so beliebte Doktorspiel auf ungestörtem Gebiet, dem Heuschober des Bauern Schmidt, spielen. Ich war der Doktor, Karl war mein Assistent, Gudrun war die Krankenschwester. Mariechen war für uns die Patientin. Mariechen machte sich zur »Untersuchung« frei. Ich führte, assistiert durch Karlchen, an einer zu verschweigenden Stelle bei Mariechen ein »Medikament« ein. Es war eine Kastanie, die nach der ärztlichen Transaktion nicht mehr zum Vorschein kam.

Kastanien legte der Bauer Schmidt zum Trocknen aus, deren Extrakt er zur Behandlung seiner gichtigen Füße brauchte, was ich zu diesem Zeitpunkt nicht wusste und meine therapeutischen Ansätze offenbar in eine falsche Richtung leiteten.

Herausgeglitten kam aber trotz zahlreicher Hilfsmittel aus Mariechens »Versteck« leider die Kastanie nicht mehr. Nun fing Mariechen an zu brüllen, was wiederum ihre Mutter alarmierte. Hauptmanns Karl und Bäckers Gudrun, meine »Mitarbeiter«, flohen, so schnell sie die Beine tragen konnten. Ich verblieb, aus treuer Liebe zu Mariechen. Hätte ich mal auch die »Beine in die Hand genommen«, dachte ich später. Jetzt allerdings erlebte ich den Auftritt der Mutter, der Frau Schmidt, die aus den zusammengestotterten Wortfetzen von Mariechen das Schlimmste annahm. Sie versetzte mir erst einmal eine deftige Ohrfeige, sodass mein Kopf rot anschwoll.

Ich nahm meinen Handwagen in aller Eile. So zog ich mit hängendem Kopf davon. Mariechen ging mit ihrer Mutter zum Arzt, der, so erzählt man bis heute, nur mit großer Mühe mein »Medikament« aus Mariechen herausholen konnte.

Nach der ärztlichen Visite ging Frau Schmidt schnurstracks in den Laden, der am Nachmittag einige Kunden hatte. Noch auf dem Weg dorthin schrie sie lauthals meinen Vater an, was er für einen unerzogenen Sohn habe. Das rief sie in einem perfekten Sächsisch: »Der Peppel hut mei Mariiische mit eener Kastansche bessooomt!« Bis zu diesem Zeitpunkt als auch nach meinem »Doktorauftritt« hat mich mein Vater nie geschlagen. Jetzt musste er, veranlasst durch die laut loslachenden Kunden, eine Reaktion zeigen. Da Frau Schmidt in ihrer Rage weiter auf meinen Vater losging, sah er offensichtlich keinen anderen Ausweg. So erhielt ich die nächste Ohrfeige. Mein

Kopf rötete sich nun weiter. Später hat er darüber oft herzlich gelacht. Mir hat er den väterlichen Rat gegeben, sowohl mit den Besamungsinstrumenten als auch mit der Auswahl der Patientinnen sorgfältiger umzugehen.

Das waren übrigens auch die einzigen Hinweise, die mir mein Vater zur sexuellen Aufklärung gab. Er vertraute dann sicherlich anderen Medien.

Als Kind hatte ich vermeintlich ein ausgeprägtes Gefühl für mich umgebende Tiere entwickelt. Ein Schäferhund, den ich Jack nannte, der aus der Kaserne der Sowjetarmee ausgebüxt war, wurde zu meinem besten Freund. Ich behielt ihn und pflegte ihn, so gut ich konnte. Leider ist er von mir auch nach einem Jahr wieder ausgebüxt.

Meine Tierliebe war sicher der Grund dafür, dass ich eines Tages, es war furchtbar kalt, Mitleid mit den Spielpferdchen hatte, die Opa Hensel in einem hölzernen Pferdestall auf dem Dachboden deponierte. Mit einer Kohlenschippe bugsierte ich etwas Glut aus dem Kachelofen und schüttete es den Holzpferdchen hin, damit sie sich daran wärmen sollten. Ehe ich die Geschichte, die nun folgt, weiter erzählen kann, muss ich mich rückversichern, ob nach über 50 Jahren eine Verjährungsfrist oder mindestens mildernde Umstände geltend gemacht werden könnten. Die an den folgenden Tatbeständen Beteiligten hatten nämlich in ihrem kindlichen Stolz einen Schwur geleistet, der bis zum heutigen Tag hält, den ich aber nun breche, auf mildernde Umstände hoffend. Es kam nun, wie es kommen musste, nicht nur die Pferdchen erwärmten sich an den ausbrechenden Flammen, die mit einer ungeheuren Geschwindigkeit den Boden und das Haus erfassten, sondern auch meine Eltern und die umliegenden Nachbarn.

Während wir, Hauptmanns Karl, Bäckers Gudrun, Schmidts Mariechen und ich gemeinsam die Flucht ergriffen, begann eine emsige Löscharbeit mit Wassereimern. Aus gesicherter Entfernung sahen wir den Löscharbeiten zu, was aus einiger Entfernung lustig aussah. Dann kam allerdings der Zeitpunkt, wo Lustigkeit in Ernst umschlug. Der war dann erreicht, als die Oma Hensel aus dem Bauernhaus ihre Betten aus dem Fenster warf. Sie wollte diese vor den Flammen retten. Nun bin ich auch ein bisschen erleichtert, diese Missetat gebeichtet zu haben. Wie gesagt, es war die Liebe zu den Pferdchen, was strafmildernd eingebracht werden sollte.

Nachdem ich später noch einen Kohlenkorb in der Küche anzündete und meine Mutter, anstatt zur Löschung zu schreiten, mir erst einmal kräftig eine schwalbte, wird mir nachgesagt, dass ich zu Feuer eine besondere Affinität hätte. Über die Ohrfeige meiner Mutter redet keiner mehr. So ist das mit der Erzählung von Sachverhalten.

Man sagt mir dennoch nach, dass ich ein guter Schüler gewesen sein soll. Die sogenannten Kopfnoten waren für einen Jungen schon fast zu ehrenvoll, darum lasse ich die mal aus, auch auf dem Hintergrund gewisser pyromanischer Ausrutscher. Die Volksschule, die bis zur 8. Klasse ging, schloss ich mit dem Gesamtnotendurchschnitt von 1,3 ab. Was mein Bildungsbemühen betraf, war mein Vater »hinter mir her«. Meine Hausaufgaben kontrollierte er zwar nicht, er fragte mich aber regelmäßig nach deren Erledigung. Schließlich erhielt er im Laden von seinen Kundinnen sowieso alle notwendigen Informationen über mich.

Er war im »Tabakskollegium«, wie meine Mutter immer sagte, wenn er spät abends nach Hause kam – vom Elternbeirat, einer Organisation, wo Eltern und Lehrer gemeinsam um die Fragen und Probleme der Kinder sowie über die materiellen Bedingungen der Schule rangen. Da diese Veranstaltungen in der Kneipe stattfanden, war seine Zunge sehr gelockert – da konnte er noch ausführlicher und lautstärker berichten, was sie alles für die Entwicklung der 83. Grundschule getan hatten. Das war nicht gering, denn mein Vater setzte sich u.a. für den Ausbau einer Turnhalle in der Gaststätte »Erbgericht« ein, worüber er mit einem gewissen Stolz immer zu berichten wusste. Vom damaligen Kulturminister Lange erhielt er dafür eine Urkunde. Auf diese war er stolz. Sie hing für die Kunden sichtbar in unserem Laden. Ich engagierte mich in der Pionierorganisation, weil hier immer etwas los war. Mein Mundwerk war gut ausgebildet, die »Vorlesungen« vor meiner Großmutter zeigten Wirkung, die kaufmännische Umgebung meiner Eltern sicher auch. Gen-bestimmt, hatte ich da einige Vorteile gegenüber meinen Schulkameraden, die ihre körperlichen Vorteile ins Spiel brachten.

Die Pioniere der Grundorganisation der 83. Grundschule wählten mich zu ihrem Freundschaftsratsvorsitzenden der Schule. Das war damals in der Pionierorganisation die höchste Funktion an einer Grundschule bzw. Volksschule. Es brachte mich in die Nähe der Pionierleiterin der Schule, die ein schönes Mädchen war. Sie war talentiert. Immer hatte sie eine Idee, was sie mit uns in der Freizeit veranstalten könnte. Dazu spielte sie noch wunderbar Gitarre. Ich glaubte auch, dass ein bisschen Neid der anderen Jungs eine Rolle spielte, weil ich nun noch »näher an ihr dran war«.

So wuchs auch die Anerkennung von den körperlich Stärkeren, die mich nun wieder zu ihren Machtkämpfen benutzten.

Eine der zahlreichen Veranstaltungen ist mir in besonderer Erinnerung. Das war die Aktion: »Max braucht Schrott«.

Es mangelte in den 50er Jahren an allen Ecken und Enden. Die Nachkriegszeit war eine Zeit des Überlebenskampfes. Die politischen Ereignisse, wie 1946 die Vereinigung der Kommunisten mit den Sozialdemokraten, die heute als Zwangsvereinigung dargestellt wird oder die 1949 erfolgte Gründung der DDR, waren für uns Kinder kaum wahrnehmbar. Es ging vieles über politisch motivierte Aktionen oder Losungen, die in der Erinnerung haften blieben. Sie wirken heute oft grotesk. Es ist schwer deren Wirkung auf uns Kinder und später Jugendliche zu analysieren. Für uns Kinder wurde ein hungriger Ofen mit einem liebenswerten Gesicht gezeichnet, das uns aufmunternd entgegenstrahlte. Es war für uns fast selbstverständlich, dass wir seinen Hunger stillen wollten. Was Hunger war, das wussten wir schließlich. Wir Kinder sammelten Schrott für die hungrigen Hochöfen in Unterwellenborn oder in Brandenburg. Wir waren davon überzeugt, etwas Gutes zu tun. In der Umgebung der Schule war inzwischen die Sowjetarmee stationiert. Als Kinder hatten wir durch ihre Zäune einen guten Kontakt zu den Soldaten. Sie gaben uns oft etwas zu essen. Mit aller uns zur Verfügung stehenden Zeichensprache bettelten wir darum, dass sie uns Altmetall, Panzerketten, Schrott von Teilen der Militärautos durch das immer größer werdende Loch im Zaun reichen sollten. Sie taten das auch. Damit sicherten sie uns einen gewissen Wettbewerbsvorsprung vor anderen Schulen. Wir bezogen also den Schrott von den »Freunden«, wie wir die Sowjetsoldaten nannten. In Leiterwagen fuhren wir diese schweren Teile zusammen. Dazu bedurfte es wieder starker Jungs, die nun ihrerseits mitwirkten, weil Prämien winkten. So wurde der Berg von Schrott auf unserem Schulhof immer höher. Wir errreichten dann im Wettbewerb der Dresdner Schulen den ersten Platz, weil wir den meisten Schrott gesammelt hatten. Die Schule, die den ersten Platz belegte, erhielt eine Wochenendfahrt nach Oberbeerenburg in eine Jugendherberge. Das war natürlich ein großes Ereignis für uns Kinder. Es brachte mir, dem Initiator der Schulaktion, viel Zuspruch ein. Die Anerkennung von den körperlich stärkeren Kindern war für mich besonders wichtig. Mein Schulweg war damit für mich auseinandersetzungsfrei.

Für mich waren das glückliche Momente, weil ich hier meine Stärken ausspielen konnte. Für die Entwicklung meines Ehrgeizes war das sicherlich förderlich.

Später habe ich dann allerdings erfahren, dass diese Aktionen in den fünfziger Jahren ein Bestandteil der Reparationsleistungen der DDR an die »brüderliche Sowjetunion« waren. Wir haben als Kinder den Schrott auf Leiterwagen auch aus Beständen der »Freunde« in sowjetische Hochöfen organisiert. Das war sicherlich der geringste Teil der Reparationspflicht. Über den Abtransport ganzer Werke, Schienen, und Transportmittel aus Dresden in die Sowjetunion erzählten uns unsere Eltern mit dem Hinweis, mit keinem darüber zu sprechen. In den Pioniernachmittagen wurde uns andererseits die feste Verbundenheit zu den sowjetischen Menschen vermittelt. Wir sollten für den Aufbau des Sozialismus leben, weil er uns als erstrebenswertes Ziel in allen schillernden Farben gemalt wurde.

Unsere kindlichen Gefühle sind dafür benutzt worden. Ich wurde überzeugt, für den Aufbau meines Landes etwas Gutes zu tun. Andererseits lernten wir schon als Kinder über die Nöte und Probleme, die unsere Eltern hatten, in der Öffentlichkeit zu schweigen.

In den Büchern wie »Timur und sein Trupp« von Arkadi Gaidar [4], einem sowjetischen Schriftsteller, fand ich meine Vorbilder. Immer wieder ging es um die Hilfsbereitschaft und die Solidarität von Menschen in einfachen Verhältnissen. Literarisch durchaus wirkungsvoll wurden die kleinen Taten von Kindern in den Mittelpunkt gestellt, wie Kinder mit einfachen Mitteln alten Menschen halfen. Das Lebensumfeld dieser einfachen Menschen stand im Mittelpunkt der Literatur. Das waren auch meine Lebensumstände. Darum war es für mich leicht, mich mit den Protagonisten der Geschichten zu identifizieren. Unsere Helden fanden wir in den Büchern, wie z. B. »Wie der Stahl gehärtet wurde« von N. Ostrowski [5]. Sein Held hieß Pavel Kortschagin. Seine Tapferkeit war für mich vorbildlich. Die sowjetischen Märchenfilme beeindruckten mich wegen ihrer gelungenen emotionalen Darstellung. Überhaupt lasen wir sehr viele Bücher von sowjetischen Autoren. Da wir noch keinen Fernseher besaßen, waren die Kinobesuche für uns etwas Herausragendes. Mein ganzes Taschengeld ging dafür drauf. Zahlreiche deutsche Filme der 20er Jahre oder die ersten italienischen und französischen Filme der Nachkriegszeit wurden meine Lieblingsfilme. Im Laufe der Zeit kamen Filme und Bücher von DDR-Autoren hinzu, die mein Weltbild prägten.

An unsere Schule kamen Menschen, die in Konzentrationslagern von den Faschisten erniedrigt und körperlich gedemütigt wurden. Sie erzählten uns ihre schrecklichen Erlebnisse. Immer wieder war ich davon überzeugt, dass diese Menschen für den Frieden eintraten. Sie setzten sich für die Armen ein. Sie wussten, was Unterdrückung bedeutete. Sie trugen alle das Parteiabzeichen mit den verschlungenen Händen. Sie waren meine Vorbilder. »Sie setzen sich für Gerechtigkeit, Freiheit und Brüderlichkeit ein«, schrieb ich in einem Aufsatz der 7. Klasse.

Davon war ich überzeugt. Das festigte meine Vorstellungen von einem besseren Leben in der Zukunft. Die damalige Gegenwart war stets mit einer fantasievollen Zukunft verbunden. »Auferstanden aus Ruinen und der Zukunft zugewandt« lautete die erste Strophe der Nationalhymne der DDR. Ein Gespräch mit Hermann Matern [6] einem in Dresden bekannten Antifaschisten, blieb in meinem Gedächtnis haften. Wir Kinder saßen in einem Kreis und hörten seinen Erzählungen über den Kampf der Kommunisten gegen die faschistische Diktatur aufmerksam zu. Ich war erschüttert von den Leiden dieser Menschen. Zugleich begeisterten mich die Geschichten vom Widerstandskampf. Er verstand es, uns in seinen Bann zu ziehen. Er erzählte anschaulich und lies keinen Zweifel am Wahrheitsgehalt seiner Geschichten zu. Ich war überzeugt, dass der Faschismus in der DDR ausgemerzt sei. Das dachte ich als Pionier mit vierzehn Jahren. Zweifel an der Richtigkeit seiner Worte kamen nicht auf.

Ernst Thälmann, der Führer der Kommunistischen Partei Deutschlands, wurde uns als das Vorbild für alle Kinder dargestellt. In den Schulbüchern lasen wir über seinen Kampf gegen den aufkommenden Faschismus. Die Pionierorganisation, in der fast alle Kinder meiner damaligen Klasse organisiert waren, trug seinen Namen. Filme, wie »Ernst Thälmann – Sohn seiner Klasse« oder »Ernst Thälmann – Führer seiner Klasse«[7] zeichneten seine Heldentaten. Das waren für uns Filme, die die ganze Schule besuchte. Es waren für mich kollektive Erlebnisse, die meine politische Haltung mit geprägt haben.

Zu besonderen politischen Anlässen trugen wir das blaue Halstuch der Pionierorganisation. Für uns Jungs war das nicht gerade der Renner, aber mit der an die Gefühle der Kinder gerichteten Symbolik der drei Ecken des Halstuches, die das Elternhaus, die Schule und die Pionierorganisation repräsentierten, sollte ein Gemeinschaftssinn entwickelt werden. Damit sich die älteren Kinder von den jüngeren unterscheiden, wurde später das rote Halstuch für die Leninpioniere eingeführt. Damit war die Gleichschaltung in der Symbolik mit den sowjetischen Pionieren erzielt. Das waren die Mosaiksteine in der politischen Erziehung der Kinder der DDR, die eine der Sowjetrepubliken ähnliche Zielorientierung folgten. Ein wöchentlicher Fahnenappell, Gelöbnis, Pionierausweis, ein Dazugehörigkeitsgefühl vervollständigten die Methoden des Staates, eine kommunistische Ideologie den Kindern frühzeitig einzupflanzen. Das waren zugleich die Wurzeln der Indoktrination, wie ich heute mit Beschämung feststelle. Diktaturen nutzen in beängstigender Weise kindliche Gefühle für ihre ideologischen Denkmuster.

Damals allerdings war ich begeistert von den Freizeitangeboten, den Schnitzeljagden durch die Dresdner Heide, den Gesprächen am Lagerfeuer, den Gesangsnachmittagen und vielen kindgemäßen Veranstaltungen. Die Pionierleiter und Lehrer, die mit uns Kindern diese Nachmittage verbrachten, haben das mit großem Engagement getan. Aus heutiger Sicht würde ich auch ihre Motive sehr differenziert betrachten. Die meisten von ihnen taten es aus Achtung vor uns Kindern, aus Freude, mit uns gemeinsam in der Nachkriegszeit etwas zu tun. Ich spüre bis heute die sozialen Gefühle, die sie vermittelten. Ich habe Respekt vor ihren Leistungen, die mit geringen Mitteln, mit Leidenschaft und Herzlichkeit verbunden waren.

Wir waren die Generation, die von Neulehrern ausgebildet wurden. Das waren oftmals engagierte junge Leute, die in kurzen Lehrgängen eine Lehrbefähigung erhielten. Sie waren im Stoffinhalt uns Schülern manchmal nur eine Stunde im Vorteil. Ihnen gilt meine besondere Achtung. Zweifelsfrei gab es auch diejenigen, die sehr zielgerichtet mit den ideologischen Spielgeräten bestens vertraut schienen, die ich bereits angedeutet habe.

Immer wieder wurden uns in Geschichten die moralische Reinheit und Geschlossenheit der Parteimitglieder in der Sozialistischen Einheitspartei Deutschlands vor Augen geführt. Ich kam nicht auf die Idee daran zu zweifeln.

Sie richteten in besonderer Weise ihre Überzeugungskraft gegen die in Westdeutschland wieder entstehenden antikommunistischen Bestrebungen. Darüber hinaus waren zahlreiche Mitglieder der NSDAP wieder in Schlüsselfunktionen der Bundesrepublik gelangt. Als 1956 die Kommunistische Partei Deutschlands in Westdeutschland verboten wurde, gar Berufverbote durchgesetzt wurden, waren das wirkungsvolle Argumente für die Parteistrategen in der DDR.

Immer wieder wurde uns erzählt, dass die Kriegstreiber in der Bundesrepublik wieder an der Macht waren. Uns wurde in der ideologischen Beeinflussung bereits frühzeitig ein Gegnerbezug vermittelt. Es war für mich einsichtig, dass die, die aus unserer Sicht den schrecklichen Krieg angezettelt hatten, deren Auswirkungen wir am eigenen Leib spürten, unsere Feinde waren. Wenn dazu dann noch die immer wieder zu hörende Verquickung kam, dass die Kapitalisten in der Bundesrepublik Deutschland die Arbeiterschaft unterdrückten, wurde unser Weltbild komplettiert. Das waren in wenigen Worten für uns Kinder die Korsettstangen des Weltbildes, des sozialistischen Weltbildes.

Für mich begann sich ein Gefühl zu entwickeln, dass ich auf der richtigen Seite meine Vorbilder hatte. Das waren Menschen, die sich für die Armen und Unterdrückten einsetzten, die für den Frieden waren und denen ich nacheifern konnte. Das war ein wichtiger Anfang, ein Motiv für mich, den Sozialismus gut zu finden.

Von der Schule wurde ich in den Pionierpalast »Ernst Thälmann« in Dresden auf dem Weißen Hirsch in die Arbeitsgemeinschaft Malen und Zeichnen delegiert. Ich war begeistert. Jetzt gehörte ich zu den Ausgewählten aus einem Zeichenwettbewerb aller Dresdner Schulen. Das Thema war: »Kinder leben in Frieden«. Ich malte die Ruine der Frauenkirche, ihre Südfenster standen noch Jahrzehnte symbolhaft als Mahnung gegen den Krieg. Viele Tage setzte ich mich vor diese Ruine, um sie möglichst originalgetreu abzumalen. Als ich damit fertig war, malte ich darunter spielende Kinder. Ich hatte ja eine besondere gefühlsmäßige Beziehung zu dieser Stelle. Das muss die Juroren überzeugt haben. Der Maler Prof. Wilhelm Rudolph [8] empfing uns im Pionierpalast. Er korrigierte unsere kindlichen Bilder nicht. Er nahm unsere kleinen Kunstwerke sehr ernst. Er legte seine ganze künstlerische Fähigkeit uns zu Füßen, wie er immer beteuerte. Wir redeten mit ihm über seine Bilder. Er wollte uns die Freude am Malen vermitteln. »Geht mit dem Stift oder dem Pinsel auf Entdeckung«, waren seine Worte. Er zeigte uns Maltechniken. Sein Bemühen war auf das Betrachten der Umgebung gerichtet. »Was empfindest du, wenn du etwas siehst, was dir wichtig ist?« Das war seine Fragestellung. »Male ein Bild für dich, verwirkliche dich selbst«, waren seine auffordernden Worte. Er war ein Mensch, der nicht ideologische Vorstellungen mit uns Kindern besprach. Ich lernte von ihm, Gefühle bildlich auszudrücken, Zeichnen nicht im fotografischen Sinn zu verstehen, sondern in der Herstellung der Einmaligkeit einer gefühlten Darstellung. Er konnte sich stundenlang in den kindlichen Bildern austoben. Er sprach mit uns Kindern in einer Ernsthaftigkeit, einer gefühlten Tiefe, dass ich bis heute den Eindruck in mir spüre, dass er es ehrlich mit uns gemeint hat. Er erreichte meine kindliche Seele.

Ich war glücklich, weil auch meine erste richtige Kinderliebe dieses Hobby hatte. Ich war selig, mit ihr gemeinsam in dem »Hecht« der Straßenbahnlinie 11 auf dem Peron zu fahren. Es waren erste Annäherungen, die allerdings schnell scheiterten. Sie war mindestens vier Jahre älter. Ob sie sich für mich überhaupt interessierte, das lasse ich einfach im Raum stehen. Ich jedoch himmelte sie an.

So scheiterte mein zweiter Anflug von Liebe im pubertären Alter. Leider waren auch meine frühen malerischen Talente bald verblüht.

1954 war für meine Eltern eine unfassbare und schreckliche Zeit. Mein bisher mühsam erarbeitetes Weltbild, drohte aus vielerlei Gründen zu zerplatzen. Die DDR-Führung wollte im Anflug von politischem Überschwang das Privateigentum in der DDR weiter abschaffen. Sie verging sich an den kleinen Kaufleuten. Mein Vater sollte seinen Laden schließen. Er sollte in eine genossenschaftliche bzw. staatliche Handelsorganisation eintreten. Das war schlichtweg eine Enteignung. Darüber hinaus wurde ein indirekter Druck auf die Menschen, wie meine Eltern es waren, ausgelöst, indem man ihnen die zum Leben notwendigen Lebensmittelkarten entzog. Bis dahin erhielten alle Bürger der DDR Lebensmittelmarken. Das war die Grundlage für ihr Leben, denn nur auf diese Karten wurden die Lebensmittel vergeben. Meine Eltern konnten demzufolge in ihrem Laden nur den Menschen etwas verkaufen, die diese Marken hatten. Ausgerechnet ihnen, die diese Marken von der Bevölkerung einsammeln mussten, entzog man ihre Lebensgrundlage. Ich werde die Nächte nicht vergessen, wie wir gemeinsam, meine Mutter, mein Vater und ich diese Marken auf Zeitungsbögen klebten.

Für Zucker, Mehl, Kartoffeln, Gries, Haferflocken, Margarine usw. hatte jeder Artikel eine eigene Markenfarbe. Jede Markenfarbe hatte unterschiedliche Wertigkeiten. Eine Einzelmarke hatte die Größe von ca. 1 x 1 cm. Mein Vater war verpflichtet, diese Markenbögen wöchentlich in der Stadt, Abt. Versorgung, vorzulegen. Sie wurden genau nachgezählt. Erst dann, wenn die ausgelieferten Produkte mit den Markenzahlen übereinstimmten, erhielt mein Vater die Genehmigung neue Produkte zu verkaufen. Als Kind bin ich oft über solchen Bögen eingeschlafen. Ich war todmüde vom Sortieren und Aufkleben der kleinen Papierfetzen. Der Klebstoff bestand aus angerührtem Mehl. Ich bekam den Geruch dieses Leims nicht aus meiner Nase. Schon wenn ich daran dachte wurde mir übel. Per Verordnung erhielten meine Eltern keine Lebensmittelmarken mehr, die für ihre Existenz notwendig waren. Ihre Ernährungsgrundlage war damit eingeschränkt.

Viele Kaufleute verließen Dresden und zogen als Reaktion auf diese Anordnung in den Westen. Meine kindliche Seele wurde besonders betroffen, weil mein engster Freund Gert K. mit seiner Familie in den Westen zog. Für mich war das erschütternd. Meinem Freund hatte ich alles anvertraut, selbst die intimsten Dinge eines Kindes. Ich war ein Einzelkind. In ihm fand ich meinen Kummerkasten. Nun war er plötzlich nicht mehr für mich da. Ich war enttäuscht, weil alles für mich so plötzlich kam. Die größeren Zusammenhänge erschlossen sich mir damals nicht. Ich war sogar wütend auf ihn, weil er mich verließ. Er war übrigens einer der wenigen Schüler in der Klasse, die nicht in der Pionierorganisation waren. Seine Eltern ließen das nicht zu. Darüber war er sehr traurig, wie er mir immer wieder erzählte. Für mich waren das bleibende Erlebnisse, wie Ideologien kindliche Gefühle zerrissen haben. Mein Vater fuhr zu den anderen Krämern in Dresden, denen dasselbe Schicksal der Enteignung zuteil wurde. In dieser Zeit nahm mich mein Vater oft zu den Gesprächen mit den Kaufleuten mit. Er war ja ihr Obmann. Er versuchte, die Leute zu überreden. Er hatte die Hoffnung, dass diese falsche Entscheidung bald rückgängig gemacht wird. Zu ihm sagten die Leute: »Du bist ein Rufer in der Wüste, Peppel«. Das war der Spitzname meines Vaters. In meiner Jugendzeit hatte ich diesen Spitznamen ebenfalls.

Diese Gespräche unter den Kaufleuten widerspiegelten die wirtschaftliche und politische Lage, in der die Mehrheit der Menschen in Dresden damals lebte. Ich wurde in sehr frühen Lebensjahren mit den gesellschaftlichen Konflikten vertraut. Es blieben für viele die damals möglichen Alternativen. Entweder die Leute zogen in den Westen oder die Familien trafen die Entscheidung, an den in Aussicht gestellten positiven Veränderungen in der DDR aktiv mitzuwirken. Mein Vater hatte sich für die zweite Variante entschieden, obwohl es für ihn noch komplizierter wurde. Ich werde folgendes Bild in meinem Leben nicht vergessen:

Das Geschäft an der Haltestelle der Straßenbahnlinie 7, die in Richtung Weixdorf fuhr, war in Klotzsche sehr beliebt. Wenn wir Kinder im Sommer zum Waldbad gingen, versäumten wir es nicht, beim Krämer eine kleine Süßigkeit zu ergattern. Er schenkte uns, wie er sagte: »Eine kleine Wegzehrung!« Wir Kinder liefen dann umso fröhlicher zu dem wunderbaren Bad, welches mitten in der Dresdner Heide gelegen war. Dort habe ich Schwimmen gelernt und nach den Mädchen sehnsüchtig Ausschau gehalten.

Der kleine Krämerladen an dieser Haltestelle, ähnlich dem Geschäft meines Vaters, wurde Anfang der fünfziger Jahre plötzlich zum Mittelpunkt eines tragischen Ereignisses. Entsetzt betrat an einem Morgen ein Kunde das Geschäft meines Vaters mit dem Ausruf: »Peppel, du musst sofort kommen!« Mein Vater schloss eilig seinen Laden. Mit dem Fahrrad fuhr er in Richtung der Haltestelle der Linie 7 zu seinem Kollegen. Zunächst merkte er gar nicht in seiner Aufregung, dass ich mit meinem Fahrrad hinter ihm her fuhr. Ich sah schon aus der Ferne eine Menschentraube um den Eingang des Geschäftes stehen.

Keiner traute sich hinein. Mein Vater, der den Geschäftsfreund gut kannte, betrat mit mir an der Hand den Laden. Er ließ mich ruckartig los. An der Decke hing sein Kollege, tot. In ähnlichen für mich brenzligen Situationen führte mich mein Vater sehr schnell weg. Dieses Mal war er so erschüttert, dass er mich vergaß. Ich habe so als neunjähriges Kind diesen Anblick lange in mich aufnehmen müssen. Diesen schrecklichen Anblick habe ich nie vergessen. Es waren bedrückende Gespräche, die mein Vater mit den Angehörigen führte. Die Existenz dieser Menschen war bedroht. Viele der kleinen Kaufleute wussten keinen Ausweg. Diese unverantwortliche Maßnahme, den Kaufleuten keine Lebensmittelkarten zu geben, um sie in die Genossenschaft zu treiben, wurde dann revidiert. Für viele Kaufleute kam diese Entscheidung zu spät.

Meine Eltern entschieden sich, ihr geliebtes Geschäft aufzugeben. Nach langem Suchen kamen sie in einer »Autobude« in Dresden Nord unter. Beide in der Buchhaltung dieses Volkseigenen Betriebes Autoreparaturwerkstatt Dresden Nord. Dieser Betrieb befand sich neben dem heutigen Militärmuseum. Was es für meinen Vater bedeutete, aus der selbständigen Arbeit über Nacht in einen volkseigenen Betrieb zu wechseln, ist schwer vorstellbar, dazu noch in eine Branche, die er nicht kannte.

Mein Vater hatte zu dieser Zeit die Möglichkeit, im Westen Arbeit zu bekommen. Seine Schwester Ellchen war bereits aus Dresden nach Koblenz gezogen. Sie riet ihm eindringlich dazu. In einem Brief schrieb sie ihm: »Fredeli«, so nannte sie ihn immer, »komme zu uns, wir öffnen gemeinsam ein Geschäft in Koblenz«.

Meine Eltern entschieden sich für das Bleiben in der DDR. Sie haben mir später oft erklärt, dass es ihnen vor allem um meine Entwicklung ging, die sie immer als vorrangig betrachtet haben – ich war ja ihr Einziger.

Vielleicht spielte auch die tiefe Verbundenheit meines Vaters zum »Tabakskollegium«, zu seinen Freunden, zu seiner Familie, zu seinen Eltern in Hoyerswerda, vor allem aber zu seinem Bruder Günther in Hoyerswerda eine Rolle.

Onkel Günther war für mich der Onkel mit der größten Aura. Er war Kunstmaler. In den fünfziger Jahren war ich oft in Hoyerswerda. Ich fuhr mit ihm auf Tour.

Er hatte immer neue Ideen, war voller Initiative, rastlos und humorvoll. Sein verschmitztes Lächeln war für mich ansteckend, wenn er mit mir auf dem Fahrrad durch die Lausitz fuhr. Er hatte mit einem Draht einen Handwagen an sein Fahrrad gebunden. So sammelten wir für sein Museumsprojekt Gegenstände von den Sorben ein. Das ist eine in der Lausitz lebende Volksgruppe mit eigener Kultur und Sprache. Bereitwillig gaben die dort lebenden Menschen meinem charmanten, sympathischen Onkel kulturelle Gegenstände, Zeugnisse ihres Lebens. Mit großer Akribie gestaltete er im Schloss in Hoyerswerda ein Museum zur Geschichte der Stadt. Ihm lag besonders am Herzen, diese kleine Nationalität der Sorben zu schützen. Er schätzte ihre kulturellen Bräuche. Er sprach auch immer mal über die Wenden, was bei den damaligen Oberen nicht so gut ankam, warum weiß ich eigentlich bis heute nicht.

In Wittichenau am Friedhof steht in großen Lettern mit einer Keule über dem Eingang: »Wer auf seine Kinder hofft in der Not, den schlag mit dieser Keule tot…« Ich sehe noch sein Lächeln als er ausrief: »Sieh, Wernerchen – das kannst du dir merken!« Damals hatte ich den ironischen Sinn des Spruchs nicht verstanden.

Mit einer nie nachlassenden Geduld fuhren wir in die Dörfer. Er sprach mit den Leuten, erzählte ihnen von seinem Plan. Sie gaben ihm alles, was er für das Museum brauchte, kostenlos, weil er Vertrauen ausstrahlte. Das Heimatmuseum im Schloss in Hoyerswerda ist sein Werk. Die Stadt ehrte ihn erst kürzlich für seine gemeinnützige Arbeit. Ich finde es eine hervorragende Idee, dass die Stadt Hoyerswerda Bürger für gemeinnützige, freiwillige Leistungen mit der »Günter Peters Medaille« ehrt. Darüber habe ich mich sehr gefreut.

Nun kann man sich fragen, warum hieß Onkel Günter mit Nachnamen Peters und nicht, wie seine Brüder, Peplowsky. Diesen neuen Nachnamen, so wurde in der Familie erzählt, hatte er seiner Angebeteten Ilse Lehmann zu verdanken. In den vierziger Jahren waren Namen mit polnischem Hintergrund in Deutschland nicht gerade angesehen. Da seine Geliebte aus einem bürgerlichen Haus kam, war es unschicklich mit einem »Peplowsky« zu gehen oder ihn gar zu heiraten. In Hoyerswerda ging das Gerücht, dass er ihr sieben Jahre hinterhergelaufen wäre. Also wurde aus einem Peplowsky, ein Peters. Wozu doch Liebe fähig war! Später hatte er immer gesagt, das sei sein Künstlername. Das mit dem Namen war auch eine Ausnahme, worüber sich mein

Onkel in der Familie nicht ausließ. Er schwieg darüber. Keiner in der Familie brachte das Thema darauf. Es wurde verdrängt.

Mein Onkel hat sich im wahrsten Sinn des Wortes für die künstlerische Entwicklung der Stadt Hoyerswerda zerrissen. Er malte Portraits von Persönlichkeiten, die Landschaft der Lausitz, Bilder von Familienmitgliedern, Tierbilder sowie immer wieder in den ersten Jahren Plakate für die Filmwerbung des Filmtheaters in Hoyerswerda. Man muss sich vorstellen, dass er in einer kurzen Zeit ein Heimatmuseum geschaffen hat, die Utensilien für das Museum mühsam sammelte, die Bemalung aller Vitrinen selbst vornahm, Werbeartikel zeichnete, Geld sammelte, Bauzeichnungen vornahm sowie Vorträge hielt.

Das war aber noch nicht alles. Er gestaltete nach seinen Vorstellungen einen wunderbaren Tierpark um das Schloss. Alles das ist umso mehr zu würdigen, als in dieser Gegend die Braunkohletagebauten aus der Erde schossen. Das Kombinat »Schwarze Pumpe« entstand. Er wollte gerade den Menschen in dieser aufgewühlten Umgebung eine liebenswerte Begegnungsstätte schaffen. Ich bin glücklich, dass die Stadt Hoyerswerda eine Straße nach meinem Onkel benannte. Im Tierpark steht sein Denkmal, dass von seinem Freund Jürgen von Woyski gestaltet wurde. Er steht an einem Geländer, sich stützend, zwei Vögel sitzen an seiner Seite. Ja, er hatte zu Tieren ein besonders inniges Verhältnis. Alle Kinder, die mit einem erkrankten Haustier ins Museum gingen, wurden zu »Puppendoktor Peters« gebracht. Das tat seiner Seele besonders gut, da er leider keine eigenen Kinder hatte. Er war kinderlieb über alle Maßen.

Die Schriftstellerin Brigitte Reimann hat meinem Onkel den Namen Kubitz in dem Roman »Franziska Linkerhand« [9] gegeben. Wenn ich die Handlungen dieser Figur in ihrem Buch lese, sehe ich meinen Onkel vor mir. Er gehört einfach in das Ensemble engagierter Menschen, die das Leben in der DDR lebenswert gestalten wollten. Das tat er, ohne die Frage nach dem schnöden Mammon zu stellen. Er machte sich nicht grün für die Ziegen der Gesellschaft, wie es Eberhard Esche in seinem Buch »Wer sich grün macht, den fressen die Ziegen« [10] formulierte. Für meinen Onkel waren die Oberen dann für ihn respektabel (so nannte er die Beziehung oft), wenn er durch sie ernst genommen wurde, wenn er seine Projekte unterstützt fand. Jede Partei war für ihn suspekt. Als ich zu einem seiner Geburtstage mit einem Sportabzeichen an meiner Weste kam, sagte er leise in mein Ohr: » Werner, mach das Bonbon ab!«

Bei Familienfesten der Familie Peplowski war Onkel Günter ein ersehnter Gast, weil er unendlich rührende Geschichten erzählen konnte. Meine Söhne Jörg und Uwe hatte er ebenso ins Herz geschlossen wie meine Frau Bärbel. Immer, wenn er kam, schenkte er eines seiner Bilder unserer Familie. Wir sind glücklich, seine Geschenke an unseren wohnlichen Wänden in Erinnerung zu halten. Sein Bild, welches er als Abschlussgemälde seines Kunststudiums an der Kunstakademie in Dresden malte, die »Würfel spielenden Knaben« des spanischen Malers Murillo, befindet sich in unserem Familienbesitz. Es symbolisiert für mich sein Leben.

Mein Opa Hugo war Korbmacher. In der Badergasse 1 am Marktplatz in Hoyerswerda war seine Werkstatt. Mit dem Fahrrad bin ich oft die 60 Kilometer von Dresden an den Wochenenden zu meinen Großeltern gefahren. Mit Opa Hugo holten wir in einem eigens dazu hergerichteten Handwagen Weidenruten von den Teichwiesen in Wittichenau. Beim Schneiden wurden die Weiden bereits für den künftigen Verwendungszweck sortiert. Die dünnen Ruten brauchte er für die Korbkinderwagen, die etwas stärkeren für die Babykörbchen, die dicken für die Kartoffel- oder Kohlekörbe. Wenn ich bei ihm war, gab es immer die gleiche Zeremonie. Nach dem Schneiden der Weiden wurden diese in Zinkwannen in Wasser gelegt. Dann nahm er sich die für die Verarbeitung fertigen Weidenbündel in seine großen Hände. Wir gingen in seine Werkstatt. » Na, Wernerchen, komm auf meinen Schoß, jetzt zeige ich dir, wie wir den Franzmännern Beine gemacht haben…» Er war im 1. Weltkrieg bei der Kavallerie. Er hatte eine kleine selbstgebaute Kanone, mit der er auf seinem im Krieg von den Franzosen zerschossenem Bein herumfuhr. Dann ließ er die Granaten krachen, dass Oma Lina rief: »Nicht so laut, die Nachbarn hörn doch alles, wie du wieder Krieg spielst!» Das hielt ihn aber nicht davon ab, weiter mit seinem Korbeisen auf die halbfertigen Weidenkörbe einzuschlagen. Er nahm einen militärischen Marschmusiktakt auf. »Taram, taram, jeder Stoß, ein Franzos, taram, taram!» Dabei strahlte sein Gesicht. Es verflogen seine Schmerzen im kaputten Bein. Er rief freudestrahlend aus: »Wernerchen, von Politik hat die», damit wies er auf Oma Lina, »sowieso keine Ahnung!»

Zum Mittagessen versammelten wir uns wieder am Tisch. Da hatte Oma Lina das Sagen. Ich war leider der Geplagte, denn Oma Lina hatte das Verständnis einer Gouvernante. In ihren Augen war ein Funkeln zu sehen, was keine Zweifel an der Bedeutung ihrer nun folgenden erzieherischen Einflussnahme auf mich zuließ. Sie brachte mir mit einem unbändigen Eifer die Tischmanieren bei.

»Wernerchen, nun nimm mal die Bücher unter die Arme. Nimm das Besteck in die Hände! Das Messer rechts, die Gabel links! Sitz gerade!» Mit den Büchern meinte sie die Bibel und den Atlas. Mehr Bücher gab es nicht bei Oma Lina, die mir die aufrechte Haltung vermitteln sollten.

Ich erlebte die ersten Jahre der DDR in einer sich bürgerlich gebenden Familie. Es waren für mich glückliche Jahre, auch wenn sie nicht viel Freiraum für das Spielen ließen. Wir Kinder waren immer eingebunden in das tägliche Ringen um die Existenzsicherung. Ich lernte die Vielfalt der aufeinanderprallenden Lebenserfahrungen kennen. Oft waren es Erfahrungen des Überlebens in zwei Weltkriegen. Ich hatte immer den Eindruck, dass viele Erlebnisse, Erfahrungen, Schreckensbilder von ihnen verdrängt wurden.

Mein Vater hatte vier Brüder und eine Schwester. Sein Bruder Werner, dessen Vornamen ich zu seiner Erinnerung trage, blieb im Krieg. Er war Leutnant bei den Gebirgsjägern. Sein Bild stand auf dem Nachttisch meiner Mutter. Ihre Augen strahlten immer, wenn die Erzählung auf ihn kam. Sein ältester Bruder Gert hatte Erfahrungen in der Elektronik von Flugzeugen im 2. Weltkrieg gesammelt. Seine Kenntnisse nutzten die sowjetischen Militärs aus. In der Familie wurde über seinen

Aufenthalt in der Sowjetunion geschwiegen. Eines Tages stand er in der Offiziersuniform der Nationalen Volksarmee der DDR vor unserer Tür. Mein Vater erschrak sich sehr, weil diese Uniform Ähnlichkeiten mit der der Wehrmacht hatte. Die Beziehungen der beiden Brüder waren angespannt. Das Verhältnis zu seinem Bruder Günther war dagegen überaus herzlich. Sie konnten sich herzhaft frotzeln. Sie stritten scherzhaft, wer wohl der Größere von beiden war. Onkel Günter nahm eine Harke und hielt sie über die Köpfe der beiden. Vorher stellte er sich auf einen Stein. Er rief: »Siehst du Fredel, ich bin viel größer als du!« Dabei zeigte er mit der freien Hand auf den Abstand zwischen dem Harkenstiel und dem Scheitel meines Vaters.

Mit seiner Schwester Ellchen hatte mein Vater ein ebenso inniges Verhältnis. Bis in die fünfziger Jahre hatte sie ein Kurzwarengeschäft in Freital bei Dresden. Wir besuchten sie oft an den Wochenenden. Im Zusammenhang mit der Zwangsvergenossenschaftlichung der kleinen Privatgeschäfte der DDR in den fünfziger Jahren zog Tante Ellchen nach Koblenz. Für mich war sie die Westtante, die mir oft ersehnte Westpäckchen schickte.

Ich versuchte, ihre Existenz in den späteren Jahren im Interesse meiner politischen Entwicklung auszublenden. Das war für mich ambivalent. In entsprechenden Fragebögen für meine berufliche Entwicklung wurde eine Verwandtschaft 2. Grades, die in der Bundesrepublik lebte, erfragt. An die Stelle, wo ein Kreuz zu machen war, machte ich einen Strich, um einer Auseinandersetzung möglichst aus dem Weg zu gehen. Was die entsprechenden Kaderkommissionen daraus entnahmen, blieb mir verschlossen. Bereits die Tatsache, dass im Zuge der Teilung Deutschlands Verwandte in der Bundesrepublik lebten, war für die doktrinäre Kaderpolitik, die die Sozialistische Einheitspartei Deutschlands in ihrem Vormachtstreben bestimmte, ein Mangel beim Besteigen der Kaderleiter. Ich zweifelte aber auch nicht daran, dass meine Verwandtschaftsverhältnisse den entsprechenden Berichterstattern bekannt waren. Ob ich auf Fragebögen Striche oder Kreuze machte, zeigte nur meinen naiven Versuch zu lavieren, wo nicht zu lavieren war.

Meine Mutter war eine geborene Kiepke aus Werder an der Havel. Sie hatte meinen Vater auf einer Kahnfahrt auf dem Jungfernsee bei Potsdam in den zwanziger Jahren des vorigen Jahrhunderts kennen gelernt. Opa war Furniermeister in der Eisenbahnstrasse in Werder. Er spielte leidenschaftlich Orgel in der Kirche auf der Insel. Oma war täglich in der Kirche. Sie kümmerte sich um den Blumenschmuck. Sie sorgte für Sauberkeit und Ordnung. Oma Kiepke war dort »Mädchen für alles«. Zu den Eltern meiner Mutter und ihrer Verwandtschaft hatte ich nicht regelmäßigen Kontakt. Das lag sicher auch an der örtlichen Entfernung von Dresden – Potsdam. Ich erinnere mich noch an das kleine Haus, welches wie geduckt an der Straße lag, in dem Opas Werkstatt mit dem Wohnbereich ineinander übergingen. Im Raum, wo Opa arbeitete, brannte auch den ganzen Tag eine an der Decke befestigte Glühbirne. Der Geruch von Holzleim erfasste das ganze Haus. Hinter dem kleinen Häuschen war ein lang gezogener Garten, der bis an die Havel heranreichte. Immer wenn die

Johannisbeerenernte war, wurde die gesamte Familie zum Pflücken angestellt. Bis heute habe ich größten Respekt vor der Arbeitsleistung der Erntehelfer, weil ich als Kind unzählige Stunden die Beeren von den Sträuchern pflückte.

Den einzigen Bruder meiner Mutter lernte ich auf einer Reise mit ihr nach Westberlin in den fünfziger Jahren kennen. Ihr Bruder Heinrich hatte in Westberlin ein Immobiliengeschäft, das nach seiner Ansicht nicht besonders wirtschaftlich war. Ihr »Brüderchen« arbeitete offensichtlich mit den Amerikanern geschäftlich zusammen. Er habe sich von denen »übers Ohr hauen lassen«, so sah es meine Mutter. Er starb in den siebziger Jahren. Meine Mama fuhr mit mir, ich war vielleicht zwölf Jahre, von Dresden nach Westberlin. Das war meine längste Reise, die ich in meiner Kindheit machte. Ich habe mir vor Glück fast in die Hosen gemacht. Eine Reise mit einem Zug. Das war für mich schon die halbe Seeligkeit.

Als wir dann im Zug von Uniformierten kontrolliert wurden, der Personalausweis wurde verlangt, war offensichtlich mein Glückszustand vermindert worden. Dieser wurde allerdings dadurch wieder erhöht, dass mich meine Mutter noch nie so geherzt hatte, wie auf dieser Zugfahrt in den Westen. Sie war auch sehr nervös. Sie las immer wieder in einem Brief, in dem ihr Bruder Heinrich versicherte, dass er sich um uns sehr sorge: »Wernerlein«, so versprach sie, »bei ihm kannst du dich richtig satt essen, Schokolade, Kaugummi, Eis – du kannst essen, soviel du möchtest!«

Alle Familienmitglieder hatten immer die Verkleinerung meines Namens auf den Lippen. Mich wurmte das sehr. Dazu kam noch, dass man mich in der Klasse »Peppel« nannte, weil ich sehr schmächtig war. Ich hatte schon mit sieben Jahren eine Brille, was mich darüber hinaus benachteiligte. Die Rangkämpfe am Dorfbach endeten oft damit, dass meine Brille zersplitterte. Das brachte meine Mutter zur Weißglut. Ich hatte mit körperlichen Nachteilen zu ringen. Die für mich beklemmenden Namensverniedlichungen kamen da noch dazu. Als wir bei meinem Onkel schließlich eintrafen, empfing der uns überschwänglich in seiner Wohnung. So eine Wohnung hatte ich noch nie gesehen. Sie war groß und hell. An den Wänden waren viele Spiegel angebracht, sodass die Räume noch größer wirkten. Die zahlreichen Zimmer der Wohnung waren verschieden ausgestaltet. Wir hatten in Dresden nur ein kleines Wohnzimmer. Mich hatte bereits die Ausstattung seiner großzügigen Wohnung beeindruckt. Freudestrahlend rief er nun: »Wernerlein, du bekommst von mir ein Spielauto aus Metall, Eis kannst du essen, soviel du willst.«

Jetzt war ich im Zwiespalt. Sollte ich ablehnen, weil er den für mich schrecklichen Namen »Wernerlein« nannte oder sollte ich lieber den Verlockungen folgen. Ich entschied mich für letzteres. Leider war mein Magen das nicht gewohnt. Ich kotzte zum Leidwesen meiner Mutter wie ein Reiher die S-Bahn voll. Das ärgerte nun wieder meine Mama, die vor ihrem Bruder im Westen stolz auf ihren Sohn »Wernerlein« sein wollte. Ihr Bruder, mein Onkel, gab großzügig seiner Schwester gute Ratschläge. Er kaufte in einem Laden ein, deren Auslagen so viel Schokolade, Süßigkeiten, Spielsachen anboten, dass mir vor Staunen meine Übelkeit verflog. So etwas hatte ich noch nicht gesehen. Vor allem aber war es der Duft, dieser liebliche, anmachende Duft, den ich nie vergaß, wenn einer über den Westen sprach. Ich war beeindruckt von der leuchtenden Reklame. Endlich hatte ich auch einen reichen Onkel im Westen, so dachte ich. Leider war das mein letzter Kontakt zu diesem Onkel, den unsere Familie nie wieder sah. Wir erhielten viele Jahre später die Information, dass er tödlich verunglückt sei. Die mir von ihm geschenkte Schokolade packte ich schnell ein. Besonders liebevoll verpackte ich das Metallauto. Das Stullenpaket, was meine Mama bereits für die Hinfahrt vorgesehen hatte, packten wir nun auch wieder ein. Das lag in meinem kleinen Rucksack obenauf. Seine Abschiedsworte waren dann süffisant, mehr ironisch gemeint: »Lasst es euch in der Zone bei den Russen gut gehen«.

Wir fuhren wieder in den Osten. An der Grenze musste meine Mutter in die Grenzkontrolle. Der Vopo (Name der Volkspolizisten auf der DDR-Seite) durchsuchte die wenigen Gepäckstücke, die meine Mutter bei sich hatte. Dann kam mein Rucksack an die Reihe. Mir stockte der Atem bei dem Gedanken, dass nun mein geliebtes Metallauto weg sein würde. Er beendete jedoch die Durchsuchung beim Stullenpaket, welches ja obenauf lag. Meine Mutter zog mich nun, die Durchsuchung war für sie beendet, am Arm aus der Kontrollstelle. Sie beschleunigte ihren Schritt, froh, von dieser Prozedur befreit zu sein. Wir liefen in Richtung Ostberlin. Wir konnten nicht ahnen, was der Vopo wollte, indem er rief: »Bleiben sie stehen…!« Meine Mutter beschleunigte noch weiter ihre Schritte. Jetzt rannte sie mit mir am Arm über die Brücke, die die Spree überspannte. Der Vopo-Mann rief immer lauter. Er keuchte hinter uns her. Schließlich hatte er uns erreicht. Meine Mutter war kreidebleich. Ich dachte, dass wir nun ins Gefängnis müssten. Er sagte, völlig außer Atem: »Ich wollte ihnen das Stullenpaket für ihren Sohn bringen….!« Immer wenn meine Mutter diese Geschichte erzählte, war in den Gesichtern der Zuhörer eine gewisse Betroffenheit zu sehen. Sie senkten ihre Köpfe. Wenn allerdings mein Vater diese Geschichte erzählte, die er noch mit humorigen Details zu würzen verstand, lachten die Leute schallend.

So verstand ich langsam, dass es bei Geschichten nicht nur auf den Inhalt ankommt, sondern auch darauf, wie einer diese erzählen kann. Das war mein erster Westbesuch. Für lange Zeit sollte es auch mein letzter sein.

Am 13. August 1961 wurde die Mauer gebaut. Wir lernten in der Schule, dass es sich dabei um einen Antifaschistischen Schutzwall handle, ein Schutz vor den Kriegstreibern im Westen. In dieser Zeit besuchte ich die Erweiterte Oberschule Dresden Nord. Als Sohn einer Kaufmannsfamilie konnte ich das Abitur ablegen. Dazu hatte ich sehr gute fachliche Leistungen in der Volksschule mit gesellschaftlichen Aktivitäten verbinden können. Das waren schon wesentliche Faktoren, um eine Erweiterte Oberschule besuchen zu können.

Als die Mauer gebaut wurde, kamen wir in die 11. Klasse, die Abiturklasse. Eine Reihe meiner Mitschüler kamen aus Elternhäusern, die am Weißen Hirsch lebten.

Das war eine Gegend in Dresden mit gehobenem Niveau. Hier wohnten Ärzte, Wissenschaftler und Künstler. Viele von diesen Eltern erhielten vom Staat so genannte Einzelverträge, in denen ihnen die Bildungswege ihrer Kinder einschließlich der Hochschulausbildung zugesichert wurden. Das war offensichtlich auch eine Maßnahme des Staates, um diese Menschen in der DDR zu halten. Vor dem Bau der Mauer gingen dennoch zahlreiche Vertreter der sogenannten Elite in den Westen. Das waren meist gut ausgebildete Ärzte, Ingenieure und Künstler. Die Elite eines Landes siedelte in den Westen um. Das konnte nicht gutgehen, dachte ich. Wenn gut ausgebildete Menschen den Staat verlassen, dann fehlen wichtige Leute beim Aufbau einer in meinen Augen besseren Gesellschaft. So gesehen war die Grenzsicherung, schließlich der Bau der Mauer für mich eine beinahe logische Konsequenz. Über die differenzierten Motive dieser Menschen zum Verlassen der DDR habe ich mir erst viel später Gedanken gemacht.

In Dresden waren die Informationsmöglichkeiten aus der westlichen Welt gegenüber anderen Gebieten der DDR eingeschränkt. Mit großem technischen Aufwand schafften es einige Bastler Lösungen dafür zu entwickeln, zunächst in den Rundfunkgeräten, später in den Fernsehgeräten, Westsender zu empfangen. Die Stadt liegt im Tal Die Westsender erreichten nicht die Antennen. Darum nannten uns die Bürger, die aus anderen Teilen der DDR kamen, »die im Tal der Ahnungslosen Lebenden«.

Schließlich entwickelten pfiffige Bastler Antennen im Eigenbau. Sie waren weithin sichtbar. Diese nannten wir dann »Ochsenköpfe«, benannt nach dem Ochsenkopf, einem Berg im Fichtelgebirge, wo der Bayerische Rundfunk einen Sender gleichen Namens unterhielt. Das war eine ironische Anspielung auf die »Ochsen«, die Westfernsehen sehen wollten. Die ersten Fernsehempfänger konnte man in der DDR kaufen, da gab es bereits im Westen schon längere Zeit entsprechende Geräte. Meine Eltern mussten lange sparen, ehe wir uns ein Gerät kaufen konnten.

Mit dem Besitz eines Gerätes war zugleich für viele Familien eine politische Frage verbunden, die wiederum für kaderpolitische Wege von Bedeutung war. Das Westfernsehen wurde von der Parteiführung für einen sozialistischen Bürger als ungeeignet abgelehnt. Gerade das reizte viele Familien nun doch, heimlich zu sehen. Ich kannte keine Familie, in der nicht Programme von ARD und ZDF gesehen wurden. In der Öffentlichkeit wurde darüber nicht gesprochen. Jedoch in einem kleinen vertrauten Kreis dominierten oft die Gespräche darüber.

Es begann eine Zeit der zwei Zungen. Für die Kinder war das besonders schwierig, weil Notlügen, Zwecklügen nun von anderen Lügen zu unterscheiden waren. Erstere waren hoffähig, die anderen nicht. Allerdings beherrschten wir diese Klaviatur weitgehend. Wir nannten diese etwas umständlich auch eine Verschwiegenheitsfähigkeit

Es war dann möglich, dass Jugendliche Westfernsehen sahen, zugleich aber an Aktionen der Parteiführung oder des Jugendverbandes teilnahmen, die das Westfernsehen bekämpfte. Beispielsweise wurden auch Gruppen der Freien Deutschen Jugend von der Parteiführung in die Wohnungen derer geschickt, die diese selbst gebastelten Antennen hatten, um sie aufzufordern, diese »Ochsenköpfe» von ihren Dächern zu nehmen.

Ich nahm auch an diesen politischen Aktionen teil, die sich als völlig unwirksam erwiesen. Wir zogen mit einem Handwagen in die Innenhöfe der Dresdner Neustadt. Die Handwagen hatten wir mit Fahnen und Losungen ausgestattet. So stand auf einem Transparent: »Weg mit den Opiumsäulen«. Ein anderes Transparent versuchte es mit dem Argument: »Ein anständiger Deutscher hört und sieht nicht Feindsendungen, sondern wendet sich von diesen ab!« Oft wurden wir ausgelacht. In einem Hinterhof schütteten uns die Einwohner Wasser auf die Köpfe. Dennoch machte ich diese Aktionen mit, um nicht »anzuecken«. Trotz dieser oder wegen dieser fragwürdigen Aufträge der Partei nahm der Anteil der Ochsenkopfantennen immer weiter zu.

Mein Vater bastelte ebenfalls an einer solchen Antenne. Wir konnten diese von außen unsichtbar unter dem Dach anbringen. Hellerau, wo wir wohnten, lag über dem Dresdner Talkessel. Die Fernsehabende begannen immer damit, dass meine Mutter an das Fernsehgerät beordert wurde, während mein Vater unter dem Dach die Antenne so lange drehen musste, bis sie laut ausrief: »Alfred, das Bild ist da!«. Manchmal verschwand es wieder, dann wurde diese Aktionen noch hektischer. Der Dialog zwischen dem im Dachfirst arbeitenden gestressten Vater mit meiner Mutter war kaum wiederzugeben. Meine Mutter ging immer davon aus, dass mein Vater an dem Dilemma schuld sei. Sie wetterte mit ihm.

Mit der FDJ-Gruppe war ich ausgerechnet an dem Tag des Mauerbaus, am 13. August 1961, auf großer Fahrt nach Prerow in der Nähe von Potsdam unterwegs. Es war ein von der FDJ-Leitung der Klasse geplanter Ausflug, auf den wir uns sehr freuten. Der Zug, in dem wir saßen, hielt auf freier Strecke an. Wir standen über fünf Stunden. Keiner informierte uns über die Ursachen des unfreiwilligen Halts auf freier Strecke. Die anfängliche Fröhlichkeit schlug in Nachdenklichkeit um.

Wir erhielten die offizielle politische Argumentation aus einem Kofferradio. Um ein kleines Gerät der Marke West-Germany bildeten sich Menschentrauben. Wir lauschten aufmerksam. Die Nachrichten wurden unterschiedlich aufgenommen. Die Mehrheit der Zuhörer entschied sich dafür, dass man darüber reden sollte. Alle redeten durcheinander. Mein bereits dargelegter Standpunkt zum Mauerbau festigte sich. Als wir allerdings am Nachmittag in Prerow ankamen, trafen wir auf Jugendliche, die sich ganz anders äußerten. Es waren Jugendliche aus Ostberlin oder Brandenburg, deren Familien direkt von der Trennung beider deutscher Staaten betroffen waren. Sie wussten nicht, auf welcher Seite der Mauer ihre Verwandten waren. Meine einsichtige politische Argumentation fing zu zerbröseln an. Die dort anwesenden Gesprächspartner waren anders mit diesem Ereignis konfrontiert als wir aus Sachsen.

Während der Ferientage verdrängten wir die politischen Ereignisse. Vierzehn Tage waren für uns eine wunderbare Zeit, mit den Freunden im Zeltlager zu verbringen. Natürlich begeisterten auch mich die ersten intimen Kontakte, die erste Annäherungen an die Mädchen. Es waren für mich einfach tolle Ferientage in einer ungemein bewegten Zeit.

Immer wieder wurde ich später gefragt: »Was hast du an diesem Tag des Mauerbaus 1961 getan?« Ich blieb eine Antwort schuldig.

Zu Beginn der sechziger Jahre hatte ich mehr den Leistungssport im Kopf als mich mit politischen Fragen intensiv zu beschäftigen. Meine Freunde waren die Sportler der Technischen Universität Dresden. Der Orientierungslauf begeisterte mich sehr. Es war eine neue Sportart. Hier konnte ich meine Erfahrungen aus dem Bergklettern einbringen. An den Wochenenden fuhren wir Jugendlichen oft in die Sächsische Schweiz. Das war für uns ein Eldorado zum Klettern. An den Abenden nach einer Kletter-Tour kamen wir in kleinen Gastwirtschaften zusammen. Das waren so wundervolle Zusammenkünfte. Es wurde gesungen. Wir waren fröhlich. Witze, lustige Geschichten wurden erzählt. Auch wenn es seltsam klingen mag – wir tranken keinen Alkohol. Es herrschte eine herzliche freimütige Atmosphäre.

Diese neue Sportart, der Orientierungslauf, war für mich attraktiv. Ich gewann die ersten Wettkämpfe in meiner Altersgruppe. Ich trainierte täglich. Bei Waldläufen schulte ich meinen Orientierungssinn. In Trainingslagern erhielt ich eine entsprechende technische und körperliche Ausbildung. Mein Ehrgeiz wurde entwickelt. Die Erfolge schafften den notwendigen Motivationsschub, den man im Leistungssport braucht. Ich hatte hervorragend ausgebildete Trainer. Die Europameisterschaften im Orientierungslauf fanden in Finnland statt. Ich hatte mich gut darauf vorbereitet und war regelrecht »spitz« darauf, dort die DDR zu vertreten. Nach dem Bau der Mauer verschärfte sich der Kalte Krieg. Sportler aus dem Osten konnten nicht teilnehmen. Ich war einer der vielen Leidtragenden. Ich war sehr enttäuscht, dass ich daran nicht teilnehmen konnte. Auch mein Trainer, der ein prachtvoller Mensch war, konnte mich nicht mehr motivieren. Ich hing den Leistungssport an den Nagel. Das war für mich gesundheitlich nicht besonders vorteilhaft. Das stellte sich allerdings erst viele Jahre später heraus. Ich hatte meinen Körper nicht abtrainiert. Offensichtlich war die wissenschaftliche Erkenntnis damals noch nicht so weit.

Ich suchte für meine Freizeitgestaltung einen Ausweg. Ich fand ihn. Er war mit einer Person verbunden, die ich bis heute sehr schätze. Es war Horst Schulze, ein unvergessener Dresdner Schauspieler. Er inszenierte an meiner Oberschule ein Stück von Hans Sachs. Ich hatte eine kleine Rolle übernommen. Wir begeisterten unsere Zuschauer, die Eltern und Schüler der Schule. Vor allem aber Horst Schulze hatte mich begeistert.

Nach den ersten Auftritten merkte oder hoffte er, dass mit der Truppe etwas Künstlerisches zu machen war. Er sprach eines Tages einige von uns daraufhin an. Ich war auch darunter. Seine lebhaften Augen weckten mein Interesse. Mit einer unverwechselbaren Leidenschaft versuchte er, in uns künstlerische Fähigkeiten zu wecken. Das beeindruckte mich. Im Lauf der ersten Proben sprach er uns auf ein Problem an: »Einigen von euch kann ich den sächsischen Dialekt sicher nicht abgewöhnen. Er ist auf der Bühne nicht so schön, ich will es dennoch versuchen«. Zu Beginn seiner Sprechübungen waren wir noch zwölf Schüler. Schließlich waren wir noch vier Übriggebliebene. Sein Fazit war: »Mit euch will ich versuchen, an einigen Nachmittagen Sprechübungen zu machen…«. Wir knieten uns hinein. Ich konzentrierte mich auf eine bewusste Ausdrucksklarheit. Die Anlaute »P« und das »B«, das »T« und das »D« übte ich endlos. Nur sehr langsam gelang es mir, die notwendigen Unterschiede deutlich zu machen. »Sächsisch ist ein anatomischer Fehler. Der Unterkiefer ist im Laufe der Evolution nach vorn gerutscht. Das könnt ihr korrigieren…«, so waren die Reden derer, die wir dann im Theater in den Sprechübungen mit an der Seite hatten. Sie gaben sich gern als »Sprachwissenschaftler« aus. Bis heute sind mir die Ursachen für den sächsischen Dialekt unerklärlich. Horst Schulze gab uns Texte. Wir übten. Fast väterlich korrigierte er. Das sächsische »Mähren« ließ nach. Die hochdeutsche Sprechweise nahm zu. Heute bin ich ihm sehr dankbar für diese Mühe mit uns. Über das Sprechen vermittelte er uns auch den Kontakt zum Theater.

Das »Große Haus und das Kleine Haus« in Dresden suchte für die Veranstaltungen junge Leute, die als DRK–Helfer (Deutsches Rotes Kreuz) in der letzten Reihe des Theaters saßen um – nach einer kurzen Ausbildung – den Menschen zu helfen, wenn es ihnen im Zuschauerraum unpässlich wurde.

Für jeden Abend erhielt ich zwei Mark der DDR. Aber unvergleichlich waren die Möglichkeiten für mich, grandiose Inszenierungen an diesen Theatern zu verfolgen – Goethes »Faust«, Wagners »Ring«, Strauß, Janaceks »Aus einem Totenhaus«, Schillers »Räuber«, Bach, Lessing, Beethoven, Mozart, Weber…– unendlich viele Theaterinszenierungen aus Gegenwart und Klassik. Das waren für mich Lebensschulen, unvergessliche Eindrücke, kulturelle Erlebnisse, die ich in mich aufgesogen habe. Sie haben mich für mein weiteres Leben geprägt. Sie gaben mir Halt und Orientierung.

Meine einzige in meiner Erinnerung haftende von mir erbrachte Leistung im DRK, war die Beihilfe bei einer schnellen Geburt während einer Theatervorstellung. Eine Frau hatte plötzlich die alles erlösenden Wehen bekommen. In einem kleinen Raum hinter der Bühne gebar sie einen Jungen. Meine medizinische Leistung bestand mehr darin, ihr Trost zu spenden und ihr meinen Arm zur Verfügung zu stellen, den sie so fest drückte, dass ich froh war, als sie wieder los ließ. Die eigentliche Geburtshelferin war eine gestandene Garderobenfrau, der ich heute noch dankbar bin. Dennoch war das für mich ein emotionales Erlebnis im Alter von fast 18 Jahren.

Jetzt wusste ich zwar schon, wie eine Geburt funktionierte, aber wie es dazu kommt, war mir bis dahin, außer als biologischer Vorgang, nicht bewusst. Mit anderen Worten – mit Mädels hatte ich es noch nicht. Ich sehnte mich aber sehr danach.

In der Schule bereiteten wir das Abitur vor. Ich gehörte in der Erweiterten Oberschule nicht zu den Leistungsträgern. Ich wollte aber immer Kinderarzt werden.

Vielleicht hatte das auch mit meiner frühkindlichen Erfahrung mit Mariechen zu tun. Ich merkte zunehmend, dass ich die Anforderungen für dieses Studium kaum erfüllen konnte. Diese bestanden zu diesem Zeitpunkt aus drei Bedingungen. Die erste bestand darin, dass der zu Immatrikulierende einen festen Klassenstandpunkt der Arbeiterklasse und ihrer Partei aufweisen konnte. Das war durch gesellschaftliche Aktivitäten oder Funktionen in der Jugendorganisation der FDJ zu belegen. Im Gegensatz zur Volksschule konnte ich in der Abiturklasse in dieser Hinsicht nicht sehr viel vorweisen. Der Sport und die Kulturveranstaltungen gingen mir über alles.

Die zweite Bedingung bestand darin, dass den Jugendlichen mit einer sozialen Herkunft aus der Arbeiterklasse die Wege zum Studium geebnet wurden. Ich gehörte als Sohn eines Kaufmanns nicht zu dieser Klasse, die der Staat besonders förderte. Ich gehörte zur Schicht, die im Ranking hinten lag.

Zu der dritten Bedingung gehörten meine Leistungen. Die waren, außer in Biologie und den anderen naturwissenschaftlichen Fächern, Mittelmaß. Ich verknallte das schriftliche Abitur im Fach Russisch total. Ich übersetzte das Märchen von Rotkäppchen. Der vorgetragene Text in der russischen Sprache beinhaltete die Geschichte eines kleinen Mädchens, welches auf dem Roten Platz in Moskau spazierte. Ich konnte gerade noch im Mündlichen auf ein »Befriedigend« kommen. Hinzu kamen sicherlich meine Lavierkünste bezüglich meiner Westverwandtschaft. Einen Einzelvertrag hatte mein Vater auch nicht, den ausgewählte Eliten in Dresden besaßen, wie ich bereits darstellte.

Wie von mir nicht anders erwartet, wurde meine Bewerbung an der Berliner Humboldt Universität für das Fach Medizin abgelehnt. Ich erhielt die Empfehlung, mich als Lehrer für Biologie und Grundlagen der landwirtschaftlichen Produktion an der Pädagogischen Hochschule in Potsdam zu bewerben. Dort wurde ich nach einer mündlichen Prüfung auch angenommen.

Ich konnte studieren. Darüber war ich sehr glücklich. Mit Kindern konnte ich umgehen. In den Schulferien war ich oft Helfer in Kinderferienlagern. In der Abiturklasse war ich gar Lagerleiter des Kinderferienlagers des VEB Autoreparaturwerkstatt Dresden Nord in Oppach. Dieser Ort ist darum in meiner Erinnerung, weil dort die Menschen das »R« mit zitternder Zungenspitze in Kombination mit dem Hauch eines »A« verbinden. Es war für mich immer eine sprachliche Akrobatik. Es hört sich dennoch lustig an.

Eine wichtige Studienmotivation für den Lehrerberuf fand ich in der mir vorgelebten Arbeit der meisten Lehrer an der Oberschule Dresden Nord. Viele von ihnen zeichneten sich durch eine gute humanistische Bildung aus. Sie vertraten kulturelle Werte. Sie strahlten Souveränität aus. So kamen die meisten Lehrer aus der alten Schule, wie mein Vater sie benannte. Viele von ihnen waren Lehrer mit Herz undSeele. Sie legten besonderen Wert auf mathematisch-naturwissenschaftliches Wissen.

Einen Lehrer möchte ich besonders hervorheben, weil er in sich so zahlreiche Merkmale eines guten Lehrers vereinte. Herr Ficinus war unsere Biologielehrer. Ich habe eine hohe Achtung vor seiner Art, wie er mit uns jungen Menschen umging. Er legte hohe Maßstäbe an die Ausprägung von fachlichen Kompetenzen bei uns Schülern an. Wir lernten im naturwissenschaftlichen Unterricht zu analysieren, zu erkunden, zu beobachten, zu experimentieren. Er regte zum Nachdenken über eigene Lernwege an, machte uns mit dem Sinn von Umwegen, von Erfolg versprechenden anderen Wegen vertraut. Selbst das Lernen aus Fehlern lag in seinem pädagogischen Herangehen. Er sanktionierte keine Unsicherheiten, sondern verstand diese als Lerngelegenheiten, als Herausforderungen. Er förderte das individuelle Lernen. In seinem Unterricht hatte ich den Eindruck, dass er uns auf eine unendliche Reise in die unerschöpfliche Natur mitnahm. Neugierig hat er uns gemacht. Er überraschte uns mit dem Eindringen in naturwissenschaftliche Phänomene. Das waren alles Ansätze eines modernen Unterrichts. Meine Jahresarbeit beschäftigte sich mit den biologischen und chemischen Prozessen bei der Herstellung von Joghurt.

Sich mühen

Als ich nach meinem bestandenen Abitur die Immatrikulationsurkunde der Pädagogischen Hochschule Potsdam im Briefkasten vorfand, war ich glücklich. Als Kaufmannssohn im Arbeiter- und Bauernstaat konnte ich studieren. Das war schon etwas.

Die Enttäuschung dass ich nicht an der Humboldt Universität Berlin für das Medizinstudium angenommen wurde, verflog schnell.

Ich sah in die strahlenden Augen meiner Eltern. Ihr Sohn konnte studieren. Eines ihrer Lebensziele ging in Erfüllung. Was haben sie alles für mich getan, damit ich zu einem Studium zugelassen wurde. Mein Vater hatte oft gesagt: »Wer studiert, der hat es leichter im Leben!« Ich sollte es leichter haben als meine Eltern. Das waren ihre sehnlichsten Wünsche.

Mein Vater erfüllte mir zum Abschied aus der Pension Mama einen für mich bisher unerfüllten Traum. Ich erhielt eine JAWA, meine JAWA. Das war ein Motorrad, das in der Tschechoslowakischen Sozialistischen Republik hergestellt wurde, es war feuerrot lackiert. Schon das Geräusch des angelassenen Motors konnte mich elektrisieren. Für mich erfüllte sich ein Jugendtraum.

Es schien, als fiele Weihnachten und Ostern zusammen. Ich war gerührt. Leider hatte ich noch keinen Führerschein. Heimlich übte ich auf dem Heller, einem Übungsplatz der »Freunde« in Hellerau. Meine Fahrkünste waren bescheiden, sodass ich mit dem Boden übermäßig viel Kontakt hatte. Ich verkniff mir immer die Schmerzen. Schließlich war dieses Motorrad ein Magnet für die Mädchenaugen, so dachte ich, wie offenbar alle Besitzer so einer JAWA.

Solange ich noch keinen Führerschein besaß, fuhr ich zum neuen Hochschulort mit der Deutschen Reichsbahn von Dresden bis Berlin Ostbahnhof, dem damaligen Hauptbahnhof. Von diesem stieg ich in den »Sputnik«, der mich bis zum Hauptbahnhof in Potsdam brachte. Heute ist das der Bahnhof Pirschheide. Dort gab es eine Mitropa-Gaststätte mit dem besten Krautsalat weit und breit, wie ich dann später feststellte. Wir fuhren oft extra deshalb dorthin, um diesen legendären Salat zu essen. Aus heutiger Sicht ist das kaum vorstellbar, wegen eines Salates diese Mühe auf sich zu nehmen.

Der »Sputnik« wurde von den Berlinern so genannt, weil er wie ein Erdtrabant um Berlin kreisen musste, um schließlich seine Ziele zu erreichen. Die Berliner Mauer war um Westberlin und Potsdam gezogen, also fuhren die Züge diese Bögen. Kostenfrei fuhr ich zum Studienort. In meinen Immatrikulationsunterlagen befand sich der Freifahrtsschein.

Vor dem Auditorium Maximum, welches im Komplex preußischer Bauten der Communs mit den Kolonnaden im Park von Sanssouci einen Abschluss bildete, standen wir erwartungsvoll. Vielleicht waren wir 400 junge Leute aus allen Teilen der DDR. Im großen Saal, dem besagten Auditorium Maximum, lauschten wir dann den Eröffnungsworten von Prof. Dr. Scheele, dem damaligen Rektor der Hochschule. Es war ein feierlicher Augenblick für mich, als der Senat einmarschierte. Der Rektor mit der Amtskette voran. Die Atmosphäre erschien mir traditionell preußisch mit sozialistischen Akzenten, die in seiner Rede deutlich wurden.

Unsere Seminargruppe bestand aus zwanzig Mädchen und fünf männlichen Hoffnungsträgern, die sich im Jahre 1962 unter der betreuenden Obhut eines Herrn Grübe, dem Seminarbetreuer, formierte. Die anderen Studenten nannten uns »Bio-Bauern«, weil wir die Fächer »Biologie und Grundlagen der landwirtschaftlichen Produktion« belegten. Wir wollten Lehrer für diese Fächer werden.

Das Studium sollte vier Jahre dauern. Mit dem Fachbereich Grundlagen der sozialistischen Landwirtschaft war der künftige Einsatzort festgeschrieben. Wir wurden für die Bildung und Erziehung der Schüler auf dem Lande ausgebildet. Das war jedoch zu Beginn des Studiums nicht in meinem Fokus.

Wir fünf Herren der Schöpfung zogen gemeinsam in ein Studentenzimmer. Es war mehr eine »Bude« mit zwei Doppelstockbetten und einem Einzelbett. Dieses hatte sich unser Stubenältester, Walter, der Bauernsohn, ergattert. Durch seine Beziehungen zu hausgemachter Wurst hatte er eine Sonderstellung bei uns. Damals war das eine Leckerei, die uns so manche Dinge für ihn machen ließ. Fünf junge Männer im besten Alter in einem Zimmer, das war nicht immer gut zu händeln. Wenn dann einer mit seiner Freundin auf das Zimmer kam, mussten die anderen durch Kinokarten bestochen werden. Damit wurde die Bude sturmfrei.

Die Seminargruppe, die zugleich die FDJ-Gruppe war, setzte sich aus Jugendlichen der gesamten Republik zusammen. Unser Weltbild war auf eine Zukunft im Sozialismus gerichtet.

Im Mittelpunkt der damaligen Lehrerausbildung stand neben einer praxisorientierten pädagogisch-psychologischen Grundausbildung, die Schulung im Marxismus-Leninismus sowie vor allem eine umfangreiche Vermittlung von Wissen und Können in den für die naturwissenschaftlichen Fächer zuständigen Lehrer. Aus meiner Sicht waren hervorragende Hochschullehrer tätig, wie Prof. Günter und Prof. Bergan in der Botanik, Prof. Zehner in der Zoologie, deren wissenschaftlicher Ruf über unsere Hochschule reichte.

Wir erlebten eine Vielfalt von Methoden einer wissenschaftlichen Ausbildung. Seminare, Testate, Exkursionen und Prüfungen wechselten mit Vorlesungen und praktischen Verbindungen zur Schule. In den ersten Jahren kamen uns die schulpraktischen Ausbildungen zu kurz vor. Wir glaubten, zu Fachbiologen ausgebildet zu werden. Das hatte aber wiederum den Vorteil, dass wir in der Lehrerausbildung eine fundierte naturwissenschaftliche Bildung erhielten. Die Biologie wurde uns als eine Naturwissenschaft mit vielfältigen Beziehungen zur Physik, zur Chemie gelehrt.

Das Botanische Institut umfasste Lehrgebäude, Labore, Gewächshäuser und Gartenanlagen. Die Gewächshäuser ergänzten eine Pflanzenvielfalt, die im Park Sanssouci ihre Fortsetzung fand.

In der Zoologieausbildung wurde großen Wert auf ein vielfältiges Erkunden der Lebewesen in ihrem Lebensraum gelegt. Das Institut veranstaltete zahlreiche Exkursionen. In der Anatomie erlangten wir durch Selektionen und anatomische Untersuchungen Einblick in den Aufbau der verschiedenen Tiere.

Das so genannte Grundlagenstudium, wie der Name es bereits aussagte, sollte die Grundlagen der Lehrerbildung schaffen. Es gliederte sich in das Studium des Marxismus-Leninismus, das Studium der Pädagogik und der Psychologie. Es diente zugleich der umfassenden weltanschaulichen Prägungen der sozialistischen Lehrerpersönlichkeit.

Eine allgemeine sportliche Ausbildung, eine Sprachausbildung, eine Fremdsprachenausbildung und eine musische Ausbildung vervollständigten unseren Kanon.

Die Ausbildung in den polytechnischen Fächern steckte in den Kinderschuhen. Sie hatte gerade in der landwirtschaftlichen Variante ihre Tücken. Die Vielfalt der Ausbildung in der Landwirtschaft hat uns fast erschlagen. Die Lehrkonzeption für die Lehrerausbildung wurde mit unserem Studiengang ausprobiert. Ackerbau, Viehzucht, landwirtschaftliche Produkte in der Herstellung und Vermarktung, ökologische und wirtschaftliche Zwänge, soziale und volkswirtschaftliche Bedingungen, historische und örtliche Besonderheiten und noch vieles mehr beherrschte unseren Tagesablauf. So erlebte ich die breite Palette der landwirtschaftlichen Produktion. Wir lernten, wie man die Kühe melken muss. Das Traktorfahren mit den dazugehörigen Einsätzen von Bearbeitungsgeräten wurde uns vermittelt.

Wir konnten den Mähdrescher ebenso bedienen wie die Kartoffelvollerntemaschinen. Die Bodenbearbeitung, die Fruchtfolgen, die Düngung, die Schädlingsbekämpfung und schließlich die Ernte aller in Brandenburg vorhandenen Fruchtsorten waren uns vertraut. Das mühsame Verziehen von Rübenpflanzen oder das Lesen von Kartoffeln – der Studiengang beinhaltete alle Mühen, die die Bauern bei der Pflanzenproduktion hatten. Dieses komplexe Studienprogramm sollte uns in wenigen Monaten vermittelt werden. Damit dieses alles auch noch praxisnah geschah, wurden wir – also eine Seminargruppe – einer Landwirtschaftlichen Produktionsgenossenschaft (LPG) zugeteilt.

Respektvoll denke ich an die Bauern der LPG in Golm. Sie hatten sehr viel Geduld mit uns. Manches Wiegen der Kühe wurde da zum Abenteuer, wo es keiner vermutete, der nicht in der Landwirtschaft groß wurde.

Ich hatte großes Glück, als ich ziemlich sorglos einen Bullen an der Leine zur Waage führen wollte. Der bekam offensichtlich ein Gefühl der Freiheit und rannte mit mir nun in einem Affenzahn über den Bauernhof. Ein Telegrafenmast trennte uns kurzzeitig, führte uns jedoch in einem atemberaubenden Tempo wieder zusammen, dass ich links um den Mast und der Bulle rechts herum stürmte. Da ich mich dummerweise am Handgelenk mit dem Strick und dem Stier verknotete, kam ich nicht los. Ich fand mich dann in dem Krankenzimmer der LPG wieder, mit zahlreichen Blessuren. Dem Bullen ist allerdings nichts passiert… Für die Beteiligten oftmals makabere, dennoch lustige Geschichten haben diese Ausbildung geprägt.

Warum ich meine Lehrerausbildung heute in vielen inhaltlichen wie organisatorischen Dingen in Frage stelle, hat etwas mit der politisch-ideologischen Ausrichtung auf die Entwicklung der sozialistischen Lehrerpersönlichkeit zu tun. Das war das Leitbild der Erziehung und Bildung an den Lehrerbildungseinrichtungen der DDR. Es verband die politische Indoktrination mit allgemeinen pädagogischen Prozessen. Gerade in diesen Verbindungen steckten die Wurzeln für erfolgreiche Manipulationen der Studenten und später der Schüler im Sinne einer marxistisch-leninistischen Erziehungstheorie. Es wäre sicher von Bedeutung, die Lehrpläne genauer zu untersuchen, um zu Ursachen einer oft einseitigen Menschenbildprägung im Sozialismus zu gelangen. Ich sehe viele Notwendigkeiten zur differenzierten Analyse der Prägung dogmatischen Verhaltens einerseits und anderseits herausragender Fähigkeit der kulturellen und wissenschaftlichen Bildung bei Lehrkräften und Studenten.

In dieser Widersprüchlichkeit läge der Reiz der differenzierten Ursachenforschung.

Mit dem Blick darauf habe ich dennoch Respekt und Achtung vor den Lehrern an der Pädagogischen Hochschule Potsdam.

In unserer Seminargruppe waren politisch aktive Leute. Wir wollten verändern, Überholtes, Vergangenes bewältigen. Das wollten wir im Sinn der Partei der Arbeiterklasse tun, die sich Neuerungen auf ihre Fahnen schrieb. Viele meiner Kommilitonen waren ausgerüstet mit einer fundierten politischen Erziehung aus ihrem Elternhaus. Sie wollten sich in den Aufbau des neuen Staates in besonderer Weise einbringen. Als künftige Lehrer verstanden wir uns auch als Vertreter dieses Staates. Ich wollte dem und ihnen nicht nachstehen.

Wir gehörten zur sogenannten »68er Generation«, nur auf der anderen Seite der Mauer, wie wir uns später versuchten darzustellen. Da waren schnell ähnlich politisch motivierte Zielstellungen herbei argumentiert. Wir wollten Frieden, keinen Faschismus mehr und die gesellschaftlichen Verkrustungen aufbrechen. Die Frage war nun in besonderer Weise, was wir unter Verkrustungen verstanden. Für uns waren diejenigen ideologisch zu bekämpfen, die sich dem neuen Staat DDR entgegenstellten.

Die Friedensdoktrin sei in der DDR eine Staatsdoktrin geworden, hieß es. Ich vertraute dieser Losung. Das Gesellschaftskonzept des Sozialismus war für mich schlüssig. Um es umsetzen zu können, halfen uns die Lehren des Marxismus-Leninismus als Gesellschaftstheorie. Ich sah darin meine Weltanschauung. Der ideologische Lebenskompass war für mich ausgerichtet. Es war der Aufbau des Sozialismus in der DDR. Es kommt also besonders darauf an, den Marxismus–Leninismus gründlich zu studieren, lautete eine weitere Devise. Wir verstanden eine neue Gesellschaft als eine sozialistische Gesellschaft. Wir Lehrerstudenten in der DDR gehörten zu den Vorkämpfern. Bei vorhandenen Problemen bei der Umsetzung dieses Gesellschaftskonzeptes, verstanden wir diese als vorübergehend. Sie wurden fast zu einer Herausforderung, um diese Probleme zu beseitigen. Gemeinsam, also im Kollektiv, würde das lösbar sein. Mit dem Klassenstandpunkt der Arbeiterklasse und ihrer Partei ausgestattet, trugen wir das Vermächtnis der bisher in der Geschichte Leidtragenden.

Es war das Vermächtnis der Ausgebeuteten, Unterdrückten, derer, die in den Konzentrationslagern des Faschismus umgekommen waren und derjenigen, die für den Frieden eintraten.

Das waren doch Haltungen, die uns eine Überzeugung verinnerlichte – »Proletarier aller Länder – vereinigt Euch«, wir setzten das »Kommunistische Manifest« von Marx und Engels [11] in der neuen Zeit um. Wir sind dabei. Wir stehen auf der richtigen Seite.

Mit diesen hier sehr einfachen, oft zu oberflächlich klingenden skizzierten Standpunkten und Überzeugungen, vertrat ich diese politischen Grundsätze. Das geschah auf einer Welle der Begeisterung und Zustimmung.

Sie wurden zunehmend mehr zu meinen Überzeugungen. Mein Ehrgeiz wurde offensichtlich auch dadurch angeregt, weil ich zu denen gehören wollte, die die unterdrückte Klasse, die Arbeiterklasse ausmachten. Sie hatten mich als Kaufmannssohn studieren lassen. Ich war ihnen zu Dank verpflichtet. Das befähigte mich wiederum umso mehr, andere Jugendliche davon zu überzeugen. In meiner Oberschulzeit stand ich noch skeptisch den politischen Einflüssen gegenüber. Mir war die sportliche Betätigung wichtiger.

Jetzt änderte sich das fast sprunghaft. Ich fand in der politischen Argumentation ein Feld für mich.

Jugendliche, die eine andere Meinung hatten, wurden in endlosen Überredungsaktionen, die wir politische Gespräche nannten, von unserer Haltung »überzeugt«.

Ich war oft so sicher, selbstsicher, dass meine Argumentation stimmig war. In dieser Selbstsicherheit und Selbstgefälligkeit habe ich nicht einmal gemerkt, dass Andersdenkende sich abwandten. Immer wieder wurde Zustimmung signalisiert. Das forderte auch mich heraus, meinen Standpunkt in der Öffentlichkeit zu vertreten. Zustimmungen stärkten das Selbstbewusstsein. Selbstkritische Überlegungen traten zurück. Zweifel waren kaum entwickelt. Hierin lagen auch die Keime für die Entwicklung meiner Eitelkeit.

Eine besondere Herausforderung in den politischen Auseinandersetzungen waren Gespräche mit westdeutschen Jugendlichen in unendlichen Diskussionsrunden zu Jugendtreffen, Friedenstreffen, den Weltfestspielen der Jugend und Studenten auf den Straßen in Berlin, Karl-Marx-Stadt, Dresden. Als Ende der fünfziger Jahre in der Bundesrepublik Deutschland die Kommunistische Partei verboten wurde, war das fast wie ein Fanal für die Solidarisierung mit diesen Menschen. Die Verbotsbegründungen bezogen sich auf zahlreiche Inhalte aus dem Kommunistischen

Manifest. Wir waren entsetzt. Damit wurde uns signalisiert, dass Meinungsfreiheit in der Bundesrepublik nur eine Freiheit der Systemtreuen war. Jupp Angenfort, der Vorsitzende der FDJ in Westberlin wurde 1962 von der Adenauer-Regierung nach mehrmaliger Inhaftierung erneut festgenommen. Wir forderten seine Freilassung. Er floh dann in die DDR.

Überall, mit dem Blauhemd der FDJ und der aufgehenden Sonne als Emblem am Oberarm, fühlte ich mich als Vertreter der friedliebenden deutschen Jugend. Wir skandierten: »FDJ – SED!« Das geschah als Zustimmung, Begeisterung oder jugendlicher Freude am Argumentieren. Das überlagerte oft den Respekt vor politisch Andersdenkenden.

Wir demonstrierten diese »unzerbrechliche« Verbindung des Jugendverbandes mit der Partei der Arbeiterklasse, der SED. Da war es nur ein kleiner Schritt für mich, auch Mitglied dieser Millionenpartei zu werden. Es war damals mein Wunsch, Mitglied der SED (Sozialistische Einheitspartei Deutschland) zu werden. Ich empfand die Ziele, die sich diese Partei gab, nie wieder einen Krieg zuzulassen, soziale Gerechtigkeit zu vertreten, als gut.

Neben diesen emotionalen und massenhaft einwirkenden Faktoren, Stimmungen, die in den Demonstrationen, Vorbeimärschen, Massenveranstaltungen erzeugt wurden, kamen rationale Elemente.

Sie wurden im marxistisch-leninistischen Grundlagenstudium in besonderer Weise herausgearbeitet. Sie beeindruckten mich. Diese postulierten Gesetzmäßigkeiten der gesellschaftlichen Entwicklung wurden so vermittelt, dass sie, einem Naturgesetz ähnlich, sich in der Realität umsetzen, unabhängig vom Bewusstsein der Menschen. Ich war davon überzeugt.

Damals folgte ich der überzeugenden und logischen Vermittlung der Gesellschaftstheorie eines sozialistischen Staates. Ich begeisterte mich daran, diese Weltanschauung zu vertreten. Es war für mich ein konsequenter Wunsch, dass ich Mitglied dieser Partei werden möchte.

Sicher spielte bei mir auch eine Rolle, dass in unserer Seminargruppe eine junge Studentin war, zu der ich mich sehr hingezogen fühlte. Sie wurde später meine Frau. Sie gehörte mit zu den Streiterinnen für diese Sache. Ich war begeistert. Wir waren auf einer Wellenlänge. Mich faszinierte ihr politisches Argumentieren. Ich freute mich jedes Mal, wenn ich in ihrer Nähe sein konnte. Wir gingen im Park von Sanssouci stundenlang spazieren. Unsere Liebe entfaltete sich behutsam.

Meine Verführungskünste waren oft sehr bescheiden, wenn ich beispielsweise aus Dresden von einem privatem Fleischer Schinkenbrot mitbrachte. Ich sah in die freudigen Augen von Bärbel, wenn sie genussvoll in das Brot biss. Bereits hier hätte ich erkennen müssen, dass für sie das gute Essen einen besonderen Stellenwert hatte. Heute, nach einer über fünfzigjährigen liebevollen Beziehung, kann ich feststellen, dass es für mich auch ein wesentliches Argument in unserer Liebe war. Zu Ehren des VI. Parteitages der SED 1963 wurden fünf Studenten unserer Seminargruppe in die Partei aufgenommen. Meine spätere Frau und ich gehörten dazu. Das hatte ich damals als eine besondere Ehre empfunden. In die Partei der Arbeiterklasse, wie sie sich nannte, wurden vor allem Angehörige der Arbeiterklasse aufgenommen. Die Parteiaufnahme von Mitgliedern aus anderen Schichten der Gesellschaft erfolgte nach einem in jeder Kreisleitung der SED vorhandenem Aufnahmeschlüssel. Umso begeisterter war ich als Sohn eines Kaufmanns, Mitglied der »Avantgarde« zu werden.

Wir fünf Genossen bildeten sofort eine Parteigruppe. Unser Seminarleiter, Genosse G., wurde mein Parteipate, der mich in meiner Kandidatenzeit politisch zu begleiten hatte.

Das bedeutete vor allem, dass er mich nach einem Jahr, solange ging die Kandidatenzeit, daraufhin zu bewerten hatte, wie mein Klassenstandpunkt der Arbeiterklasse entwickelt war. Die Kriterien dazu konnte er dem Statut der Partei entnehmen. Ich selbst hatte entsprechende Kandidatenschulungen zu besuchen, auf denen Funktionäre der SED ideologische Vorträge hielten.

Meine Überzeugung verfestigte sich, dass man nur innerhalb der Partei an der Veränderung der Gesellschaft teilnehmen könne. Selbst meine negativen Erfahrungen aus meiner Kindheit, wenn ich nur an die Zwangsvergenossenschaftlichung meines Vaters oder meiner Tante dachte, stellte ich als Ausnahme oder Fehler hin. Ich hatte die naive Vorstellung, dass ich mich dafür einsetzen könnte, dass solche Fehlentscheidungen der Partei sich nicht wiederholen. An den Aufbau einer besseren Gesellschaft, einer besseren, als ich sie bisher erlebt hatte, klammerte ich mich. Die kann man doch nur verändern in einer Partei, davon war ich überzeugt. Nicht abseits stehen, drin sein.

An der Pädagogischen Hochschule in Potsdam wurde über eine dringend erforderliche Hochschulreform gerungen, es ging nicht nur um neue Strukturen sondern auch um neue Inhalte. Das hatte mich zusätzlich motiviert. Daran wollte ich mitwirken.

Die Schulpraxis sollte einen höheren Stellenwert in der Lehrerausbildung spielen. Wir scharrten als Studenten mit den »Hufen«, möglichst schnell mit den Schulkindern zu arbeiten. Ich wollte mein pädagogisches Handwerkszeug umfassend erwerben. Mit dem Ehrgeiz verbunden, ein guter Lehrer zu werden. Es machte mir bereits viel Freude, in den kleinen vorhandenen schulpraktischen Übungen mit Kindern zu arbeiten.

Ich trat in Veranstaltungen, wo es um die Hochschulreform ging, für eine praxisorientierte Ausbildung der Studenten ein. Meine Beiträge fanden Zustimmung. Meine Meinung war gefragt. Ich hatte den Eindruck, dass sich etwas ändert, zu Gunsten der Lehrerausbildung. Davon war ich damals echt überzeugt.

Die Anerkennung von den anderen Kommilitonen motivierte mich. Für mich war das ein Beispiel für jugendliches Aufbrechen. Es schuf mir kleine Spielräume für studentische Späße. Ich gewann den Eindruck, dass das Lustigsein weniger reglementiert wurde. Ein Stück persönliche Freiheit war für mich spürbar. Selbst Rechenschaftslegungen vor der Parteigruppe für jugendlichen Übermut blieben aus.

In den Semesterferien hatten wir regelmäßig Studenteneinsätzen in der Landwirtschaft. Wir fuhren mit jugendlichem Elan in die Gegend um Potsdam, um Kartoffeln zu ernten. Erntehelfer waren knapp. Wir sprangen ein. So halfen wir unserer Volkswirtschaft. Es wurde viel über »unsere Wirtschaft« gesprochen. Wir verstanden das als gemeinschaftliches Interesse. »Wenn es uns besser geht, dann geht es mir auch besser! Wir sind doch eine Gemeinschaft, helfen uns gegenseitig!« Das waren auch meine Gedanken.

Natürlich waren solche Einsätze auch eine Abwechslung im studentischen Alltag. Raus auf die LPG! Auf nach Hertefeld! Das war ein kleines Dorf im Berliner Umland. Die Dorfgaststätte hatte einen Saal, wo einmal die Woche Kino gespielt wurde. Ansonsten lebte man hier am Ende der Welt! Für mich hatte ich immer noch nicht realisiert, dass solche Gegenden meinen künftigen Lehrereinsatz bestimmen würden.

Nun kamen wir auf das Land, zwanzig Studentinnen und fünf Studenten im besten Alter. Die männliche Dorfjugend war begeistert. Wir nächtigten in dem einzigen Saal des Dorfes, eben diesem Kinosaal. Rechts und links an den Fenstern des Saales wurden Strohschütten gelegt. So konnten Männlein und Weiblein in nächtlichen Träumen schlafen, bis auf einen Tag in der Woche, da war nämlich Kino. Die Dorfbewohner saßen auf Bänken in der Mitte des Saales. Rechts und links lagen wir Studenten auf den Strohsäcken. So konnten wir gemeinsam die entsprechend eingespielten Filme sehen. Diese Art von Kino regte natürlich die Jugend des Dorfes in besonderer Weise an. Der Saal war brechend voll, was selten etwas mit den ausgestrahlten Filmen zu tun hatte. In diesem Dorf wurde ein besonderer Schnaps getrunken, ein Pfefferminzschnaps, den man dort »Pfeffi« nannte. Während der Film im Halbdunkel spielte, schenkte der Wirt diesen Trunk aus. Das geschah zur Freude aller. So gelangten die Dorfbänkler schneller hin zu den Lagern der Strohsäckler. Der grüne Geist vernebelte schnell die Geister. Es vereinigten sich Stadt und Land.

Am nächsten Tag hatten wir solche Kopfschmerzen vom »Pfeffi«, dass die aufzusammelnden Kartoffeln sich plötzlich zu verdoppeln schienen. Dazu kam, dass uns das Bücken an diesem Tag besonders schwer fiel.

So zählten wir diese Einsätze zu den obligaten Ereignissen eines studentischen Lebens. Ich hatte nicht die kritischen wirtschaftlichen Bewertungen im Kopf, über die heute zu lesen ist. Der Gedanke, dass dort, wo Hilfe in der Gesellschaft notwendig war, auch geholfen werden musste, war mir verinnerlicht.

Er überdeckte damals alle Gesichtspunkte, die heute zu hören sind, wenn gar ausbeutende Elemente für diese studentischen Einsätze unterstellt werden. An ein sichtbares Zeugnis der wirtschaftlichen Ohnmacht des Arbeiter-Bauernstaates hatte ich nicht im Entferntesten gedacht.

Zur Hochschulausbildung eines Lehrers in der DDR gehörte die vormilitärische Ausbildung. Das wurde mit zwei Argumenten begründet. Das erste war, dass jeder Student (Männlein, wie Weiblein) zur Verteidigung seiner Heimat-DDR eine gewisse militärische Grundausbildung besitzen sollte. Das zweite Argument bestand in der Überlegung, dass künftige Lehrer in der Lage sein müssen, auf ihre Kinder und Jugendliche in der Schule militärerzieherischen Einfluss auszuüben.

So fuhren wir, die Studenten des 1. und 2. Studienjahres, nach Scheibe Alsbach, einem kleinen Grenzort im Thüringischen. Von Potsdam ging es mit einem Sonderzug, bei brütender Hitze im Sommer 1963 mit weiteren ungefähr tausend Studenten los. Lüftungen durch offene Fenster oder Türen trugen kaum zur Besserung des allgemeinen Wohlbefindens bei. Wir lagen im eigenen Saft, wenn Saft mit Trockenheit eine Bindung eingegangen wären. Wir hatten nur noch die Badeanzüge an, die auch in dieser Zeit schon recht knapp bemessen waren. Das lag nicht an der allgemeinen Knappheit der Badeartikel, sondern es war der Trend.

Der Sonderzug fuhr zudem nicht schnell, sodass auch ein Fahrtwind nicht kühlend auf uns wirken konnte. Hinzu kam, dass dieser Zug auf jeder Klitsche hielt, um anderen Zügen die Vorfahrt zu gewähren.

Das waren für uns die einzigen Möglichkeiten, den Zug zu verlassen, um irgendwie etwas Trinkbares zu erhaschen, weil auch die gebunkerten Vorräte nach einigen Stunden aufgebraucht waren. So gab es ein blind vereinbartes Abkommen mit der Zugbegleiterin. Wenn der Zug wieder losfahren konnte, gab sie vorher per Trillerpfeife ein Signal. Die vorher in den Wagons befindlichen 1.000 Studenten stiegen wieder ein. Das sollte nun aber wieder schnell geschehen. Es konnte jedoch nicht, weil sich an den Türen Trauben mit Menschen bildeten, die sich nun in aller Hast drängten. Der Zugführer seinerseits hatte offensichtlich die Situation erfasst. Er fuhr sehr langsam, dass ein Aufspringen auf den Zug gelang. Das Spiel ging auch bislang gut aus, wir waren gewissermaßen eingespielt.

Dann fuhren wir in den Kopfbahnhof in Leipzig ein. Alle Studenten verließen sofort die Waggons, natürlich nur dürftig bekleidet. Sie strömten in den Bahnhof. Es begann eine wahre Hatz zur Mitropagaststätte, weil es dort vermutlich Getränke gab. Mitteilungen über die Lautsprecher waren kaum vernehmbar, wenn doch, war das Gesprochene nicht zu verstehen. Wir stellten uns scharenweise an den einzigen Stand auf dem Leipziger Bahnhof an. Wir warteten geduldig. Es kam zwar eine plötzliche Unruhe auf, aber in dem Bereich, wo ich stand, waren wir sehr vergnügt. Einer spielte auf einer Gitarre das Lied: »Hoch auf dem gelben Wagen!« Wir sangen mit… Es kam, wie es in solchen Fällen kommen musste. Als wir auf den Bahnsteig zurück schlenderten, war der Zug weg. Hinzu kam, dass das Wetter umschlug. Wir standen frierend auf dem Bahnsteig in unseren knappen Höschen, fünfzig Reststudenten, die nach Scheibe Alsbach wollten, zitterten vor sich hin. Eine Zugverbindung dorthin war abenteuerlich, weil man in ein Grenzgebiet der DDR fuhr, welches nur mit besonderen Genehmigungen zu erreichen war. Erschwerend kam hinzu, dass unsere Fahrt an einem Sonntag stattfand. Wir standen sehr bedröppelt auf dem Bahnsteig.

Auf dem gegenüberliegenden Bahnsteig fuhr der Interzonenzug der Deutschen Bundesbahn ein. Die Leute, die dort ausstiegen, müssen ein eigenwilliges Bild über die Jugend der DDR erhalten haben. Der Zugbegleiter erfasste offensichtlich sehr schnell die Situation. Er reichte uns Handtücher und Decken aus den Schlafabteilen, womit wir sehr notdürftig unsere nunmehr immer mehr frierenden Körper verdeckten.

Inzwischen hatte auch der Bahnhofsdienst in Leipzig unsere missliche Lage erfasst. Er stellte nun eine Abenteuerreise mit den Zügen der Deutschen Reichsbahn an einem Sonntag zusammen. Die Zugverbindungen schienen endlos zeitlich auseinander zu liegen. Die Umsteigenotwendigkeiten waren zahlreich. Die Ankunft war gegen Mitternacht anvisiert.

Neben Kälte kamen nun auch Hungergefühle auf. In solchen Situationen gibt es zwei Möglichkeiten, entweder man fügt sich geduldig seinem Schicksal oder die Gruppendynamik entwickelt sich. Man wird übermütig. Wir entschlossen uns für das Letztere.

In jedem nun von uns zu besetzenden Abteil der Züge sangen wir fröhliche Lieder. Einer ging mit einem Strohhut herum. Er sammelte kleine Gaben ein. Den Bürgern, die ihre Ruhe haben wollten, gefiel das nicht sonderlich. Ich gebe zu, dass wir nicht sehr melodisch sangen. Also verließen diese schnell die von uns ersungenen Abteile.

Hinzu kam ein Umstand, das stellte sich für uns später als äußerst belastend dar, dass wir die von der Bundesbahn gespendeten Tücher und Decken in der Öffentlichkeit trugen. Diese trugen die deutliche Aufschrift »DB = Deutsche Bundesbahn«. So eilten uns sicherlich Informationen voraus, die urplötzlich für uns ein politisches Gewicht bekamen. Wir ahnten jedoch nichts zu diesem Zeitpunkt

Unsere fröhliche Runde erreichte mit dem Einfahren in das Grenzgebiet einen weiteren Höhepunkt der Reise. Die Grenzposten der Nationalen Volksarmee betraten nunmehr die Abteile. Nach einer kurzen eingetretenen Stille begrüßten wir diese mit »Hallo, wie geht's! Kommt doch zu uns, wir singen zusammen!« Wir waren fast nackt, Mädchen wie Jungen. Allerdings waren wir leicht bekleidet mit den Decken der Bundesbahn, das muss die beiden Grenzer sehr irritiert haben. Sie versuchten sofort, telefonischen Kontakt zu ihren Vorgesetzten zu erhalten. »Genosse Hauptmann«, so hörten wir, »hier sind Naggsche im Zug mit Decken aus der BRDee…!« Im sächsischen Dialekt klang das aber nicht so ernsthaft, wie es die beiden Grenzer äußern wollten.

Als sie dann, offensichtlich auf Befehl ihres Vorgesetzten, ausriefen: »Ihre Personalausweise zur Kontrolle!« Da brachen wir in ein schallendes Gelächter aus. »Nun greife mal einem »Naggschen in die Tasche«, so dachten wir. Wir hatten unsere Personalausweise in dem bereits in Scheibe Alsbach befindlichen Zug.

Mit einem damals aufkommenden Ruf »Zugabe«, ließen wir uns in unserer fröhlichen Stimmung nicht einschränken. Der Zug kam auf freier Strecke zum Halten. Offensichtlich wurden nun Informationen eingeholt. Die Lage wurde besprochen. Inzwischen war unsere Stimmungslage nicht mehr ganz so fröhlich. Um Mitternacht kamen wir schließlich in Scheibe Alsbach an. Wir froren. Wir hatten Hunger. Wir wurden zum Durchzählen aufgefordert. Unsere Personalien wurden erfasst. Die Parteimitglieder, zu denen meine spätere Frau und ich gehörten, wurden zu Stellungnahmen sofort aufgefordert. Für uns belastend wurde die »Schaustellung westdeutscher Symbole« (DB) ermittelt. Weiterhin waren unsere Haltungen zu den Grenzposten gründlich zu überdenken.

Am nächsten Tag begannen die in Aussicht genommenen Parteiverfahren in einer Gesamtmitgliederversammlung. Wir kamen alle mit einer Verwarnung davon. Diese war mit der Auflage verbunden, dass wir uns im Wehrlager durch besondere politische Haltung und Einsatzbereitschaft im Sinne der Politik der Partei auszuzeichnen haben. In den politischen Schulungen im Wehrlager sollten wir uns bewähren.

Die weltpolitische Großwetterlage wurde vom Vietnamkrieg der Amerikaner dominiert. Diese wurde gerade Mitte der sechziger Jahre durch die Bombardierung Nordvietnams von amerikanischen Bombergeschwadern verschärft. Wir sahen die Bedrohung dieses kleinen Landes. Wir waren emotional mit den Vietnamesen verbunden. Hinzu kam, dass die Regierung der Bundesrepublik die amerikanischen Positionen unterstützte. Nahezu zeitgleich testete die Bundeswehr die ersten Raketen im Wattenmeer. Die Schraube der militärischen Aufrüstung durch die NATO wurde uns in den politischen Schulungen vor Augen geführt. Für mich war klar, dass sich das Bedrohungspotential immer weiter erhöhte. Es war für mich selbstverständlich, zur Friedenspolitik der DDR zu stehen. Ich war mir sicher, dass eine vormilitärische Ausbildung in dieser brisanten angespannten Weltlage richtig sei. Über die vorgefundenen Bedingungen und die Methoden wuchsen nur langsam Zweifel. Die militärische Aufrüstung des Warschauer Paktsystems wurde bewusst ausgeblendet. Für uns war klar, der Feind stand im Westen!

Im Wehrlager wurde das militärische Marschieren geübt. Wir trainierten, wie man sich bei Angriffen des Gegners im Gelände zu verhalten habe. Wir suchten kleine Hügel auf, um uns dahinter zu verbergen. Mit kleinen Zweigen tarnten wir uns. Es muss belustigend ausgesehen haben, wie junge Mädchen und Jungen im Gelände hin und her hopsten. Die etwas älteren Ausbilder, meist waren es Lehrkräfte der Hochschule, versuchten uns eine gewisse Ernsthaftigkeit der Lage zu vermitteln, was ihnen kaum gelang. Höhepunkt der ernsthaft geführten Ausbildung war die Annahme eines NATO Atomschlages. Jetzt wurden Richtungsberechnungen, Entfernungsschätzungen, Strahlenwirkungen angenommen, denen zu begegnen war. Kommandos ertönten: »Flach auf den Boden legen, die Fußsohlen zeigen in Richtung des Atompilzes!« Ich bin überaus glücklich, dass es niemals zu einem realen

Einsatz gekommen ist. Das Bild, was wir abgaben, war sicherlich amüsant. Viele Jahre später habe ich ernsthaft über militärische Lagen nachdenken müssen. Da war mir jeder Spaß an militärischen Übungen vergangen. Man muss sich weiterhin vorstellen, dass wir zu Schießübungen mit Luftgewehren aufgefordert wurden. Mit diesen Gewehren, ohne Munition, zogen wir auf Wache.

Das waren schon groteske Anblicke, wenn Studentinnen damit das Lager bewachen sollten.

Abgesehen von den uns vorgetragenen politischen Hintergründen war das vormilitärische Lager für uns Studenten natürlich auch ein willkommener Ort jugendgemäßer Freizeitgestaltung. Abendliche Musik- oder Tanzveranstaltungen waren sehr beliebt. Hier lebten wir unsere jugendlichen Gefühle aus.

Die Musik der Beatles eroberte unsere Herzen und Seelen. Beat-Musik war beliebt und ebenso gern tanzten wir Rock'n Roll. Wir tanzten bis zum Umfallen. Das von Elvis interpretierte Lied: »Muss ich denn, muss ich denn zum Städtele hinaus…!« wurde von den Lageroberst im Grenzgebiet ungern gehört. Umso öfter wurde es gespielt.

Zurück zum studentischen Alltag. »Studere« lat. – heißt sich mühen. Ich mühte mich redlich. Im Laufe der zweiten Hälfte des Studiums gehörte ich zu den Studenten mit sehr guten Studienergebnissen.

In der Parteigruppe der Studenten berieten wir über die Auswertung der Beschlüsse der Partei, die im Neuen Deutschland, dem Zentralorgan der SED, zu lesen waren. Das waren meist gesellschaftliche Fragen der Entwicklung der DDR, ökonomische Prozesse des Ringens um bessere Lebensbedingungen sowie Fragen der Klassenauseinandersetzung mit feindlichen Auffassungen. Personelle Fragen waren für uns mit Parteiaufträgen verbunden. Wer unterstützt Studenten, denen das sich Mühen schwer fällt? Wer kann bei sozialen Nöten helfen? Welche ideologischen Fragen sind bei wem zu klären?

Wir gehörten zur Parteiorganisation »Biologie«, zu der auch die Mehrheit unserer Lehrkräfte gehörte. Auch hier fanden wir Gehör, über die uns bewegenden Probleme des Studienganges.

Auseinandersetzungen zu ideologischen Problemen von Kommilitonen spielten sicher auch darum keine Rolle, weil diese bei den Lehrerstudenten weniger vorhanden oder nicht sichtbar wurden. Man war sich in den Grundpositionen einig, so schien es.

Einmal im Monat war Mitgliederversammlung. Der Parteisekretär hielt eine einführende Rede zu den politischen Orientierungen der verschiedenen Parteiebenen. Danach folgten vorbereitete Themendiskussionen. Anfragen oder gar ideologische Auseinandersetzungen fanden hier eher selten statt. Beschlüsse wurden meist einstimmig gefasst. Zur Ideologie und Weltanschauung der Partei der Arbeiterklasse standen wir »geschlossen«. Die ideologischen Auseinandersetzungen fanden oft mit einem uns vorgehaltenen imaginären Klassengegner statt, vor allem mit dem in der BRD.

Wir lernten die Klassiker des Marxismus- Leninismus oder die Beschlüsse der SED zu zitieren. Diese Zitate verbanden wir mit den aktuellen politischen Ereignissen und lernten schnell diese »Verbindungen« so anzuwenden, dass Klassenpositionen ersichtlich werden konnten. Derjenige, der sich mit dem Feindbild geschickt auseinandersetzen konnte, war im Vorteil. Hilfreich in der Argumentation war die Darstellung der Unfehlbarkeit der marxistisch-leninistischen Weltanschauung. Damit war es einfacher, die anderen Weltbetrachtungen in der Argumentation zu »übertreffen«.

Was damals noch nicht vollendet werden konnte, wurde in die Zukunft gelegt. Immer wieder war die Zukunft der Rettungsanker in der Diskussion. »Bau auf, bau auf, Freie Deutsche Jugend bau auf, für eine bessere Zukunft bauen wir die Heimat auf!« Das war ein Marschlied der Jugendorganisation. Zugleich war diese Strophe die Parteilinie. Ich wollte diese bessere Zukunft mit aufbauen. Am Bau dieser Zukunft wollte ich mich beteiligen, also engagierte ich mich.

An der Hochschule fand, vom Zentralrat der Freien Deutschen Jugend begleitet, eine studentische Konferenz statt zum Thema: »Unser Beitrag zur Hochschulreform«. Ich hatte einen Diskussionsbeitrag vorbereitet. Zunächst begrüßte ich in dem Diskussionsbeitrag die von der Parteiführung an uns gestellten Forderungen, noch besser zu studieren. Als künftiger Lehrer im Sozialismus wollte ich den Klassenstandpunkt der Arbeiterklasse umfassend vertreten. Nach diesem Einleitungsbogen, der offensichtlich nicht ungeschickt war, kam ich nun zum eigentlichen Anliegen meines Beitrages. Ich beschrieb die miserablen Studienbedingungen in einem ehemaligen Gutshaus in der Nähe von Potsdam. Ich beschrieb durchaus plastisch, dass wir als Studenten in einem Zimmer von sechzehn Quadratmetern mit fünf Kommilitonen leben mussten. Die Betten standen auf Ziegelsteinen. Wenn man mal »musste«, musste man über den Hof auf einen Donnerbalken gehen, was nicht gerade für die Haltung zum Aufbau des Sozialismus förderlich wäre.

Ich erntete viel Beifall für meinen Mut, diese Missstände öffentlich zu benennen. Natürlich hatte ich die Lacher auf meiner Seite. Ich zweifelte aber, ob ich die dafür Verantwortlichen ebenfalls auf meiner Seite wusste. Mir wurde schon mulmig. War ich zu weit in meiner Kritik gegangen?

Im abschließenden Wort des Sekretärs des Zentralrates der FDJ, Herger, unterstütze der meine, natürlich vom Klassenstandpunkt vorgetragene schöpferische Position. Im Anschluss kam er auf mich zu und sagte: »Solche, wie dich brauchen wir, die offen die Probleme ansprechen«.

Was ich nicht wusste, dass an der Hochschule die Funktion des hauptamtlichen FDJ Sekretärs vakant war. Nach einem weiteren Gespräch in der Hochschulparteileitung wurde mir dieses Amt angetragen. »Du willst doch mithelfen, Missstände zu beseitigen, also werde Funktionär!«

Zunächst schloss ich meine Ausbildung planmäßig als Lehrer für Biologie und Grundlagen der landwirtschaftlichen Produktion ab. Ich verteidigte meine Diplomarbeit zum Thema: »Der zeitliche Verlauf der Aufnahme von Magnesium bei Avena sativa L. (Grünhafer) unter dem Einfluss verschiedener hoher Stickstoffgaben« mit »cum laude«.

Dann war ich für kurze Zeit an der Polytechnischen Oberschule in Falkensee bei Potsdam als Lehrer tätig. Es verging nur eine kurze Zeit. Ich wurde zu einem weiteren Kadergespräch in der Parteileitung nach Potsdam bestellt. In diesem Gespräch wurde ich von der Notwendigkeit überzeugt, als hauptamtlicher FDJ-Sekretär an der Pädagogischen Hochschule Potsdam tätig zu sein.

Am 24. Dezember 1965 wurde unser Sohn Jörg geboren. Das war zwar ein heiliges Datum, hatte aber im realen Leben nicht nur Vorteile, was man sich denken kann.

Für Bärbel und für mich stand nun ein fast unlösbares Problem ins Haus. Wir befanden uns im Studienabschluss. Wir vollzogen die ersten Schritte in der Schulpraxis. Ich übernahm diese Funktion an der Hochschule. Wo können wir mit unserem Kind wohnen? Wie können wir das alles unter einen Hut bringen? Ohne Bärbels Eltern hätten wir das nicht geschafft.

Sie halfen uns in dieser kaum lösbaren Situation. Wir wohnten mit fünf Personen in einer 2 ½ Zimmerwohnung in Babelsberg in der Heinrich-von- Kleist-Straße. Unser Sohn bestimmte nun mehr oder weniger die Tages- und Nachtabläufe. Ich bin bis heute noch erstaunt, wie das unsere Schwiegereltern meisterten. Besonders Frieda, so nannte sie mein Schwiegervater, Erich. Betonte er das A, dann war etwas im Busch. Nicht nur Frieda, sondern wir alle verhielten uns entsprechend rücksichtsvoll. Friedchen war in besonderer Weise unsere helfende Hand.

Sie war berufstätig in einer Fabrik, die Eier aufkaufte, sortierte und den Versand tätigte. Sie hatte eine körperlich schwere Arbeit. Mit dem Transport schwerer Eierkisten war sie oft an der Grenze ihrer Belastbarkeit. Wenn sie abends nach Hause kam, fiel sie förmlich todmüde auf das einzige Sofa in der Wohnung. Ich habe sie oft bedauert und bewundert. Dennoch strahlte sie eine Ruhe und aufmerksame Liebe aus, die die kleine Frau so unbeschreiblich groß für mich machte. Friedchen war eine wunderbare Frau. Für unseren Jörg eine liebevolle Oma. Sie verkörperte für mich den Begriff mütterliche Liebe im umfassenden Sinn. Sie trug auch das Abzeichen mit den verschlungenen Händen. Diese Hände hatten bei ihr eine andere Symbolik, keine propagandistische. Für sie war es Nächstenliebe, die Sorge um die Familie, ein menschliches solidarisches Gefühl, ohne Pathos. Das war ihr Lebensgefühl. Dieses Gefühl der Sorge um ein besseres Leben verband sie mit der Partei.

Erich, ihr Mann, war Parteiarbeiter in der Landwirtschaft. Er war viel unterwegs. In den fünfziger Jahren fuhr er oft zu den Bauern aufs Land. Er gehörte zu den Agitatoren für die Kollektivierung der Landwirtschaft. Er half mit, die Beschlüsse der Partei zur Bodenreform umzusetzen. Wenn er dann spät nach Hause kam, beugte er sich oft über seine Bücher des Marxismus-Leninismus. Mit rotem oder blauem Stift fertigte er Unterstreichungen an. Er schrieb Zitate heraus. Er wollte so seine positiven Erkenntnisse mit einem roten Strich hervorheben. Die Stellen aus den Werken, mit denen er sich auseinandersetzen müsste, unterstrich er mit einem blauen Strich. Man merkte, dass ihm, dem ausgebildeten Hutarbeiter, der als Waise seine ersten Jahre durchbringen musste, das Studium sehr schwer fiel. Ich lernte ihn als einen bescheidenen Menschen kennen. Als Arbeiter schloss er sich der Hutarbeitergewerkschaft an. Er hatte immer in einfachen Verhältnissen gelebte. In der Zeit des Krieges war er wehrdienstverpflichtet. Über die Zeit des Krieges haben wir mit ihm kaum gesprochen. Er brachte nie von selbst die Rede darauf. Er hatte offensichtlich sein Erleben in der Kriegszeit verdrängt. Wir haben ihn auch nicht hinterfragt. Nach dem Krieg trat er der Sozialistischen Einheitspartei Deutschlands bei. Er war begeisterter Parteifunktionär und vertrat mit ganzer Seele die kommunistische Idee. Er wollte, wie er immer versicherte, kein Leid und Elend der arbeitenden Menschen mehr erleben. Das war sehr glaubhaft, wenn er sein Leben beschrieb. Er ließ keinen Zweifel daran, dass man dafür Entbehrungen auf sich nehmen musste. Eine schwere Motorradverletzung war dann Ursache einer Gehbehinderung, die ihm schwer zu schaffen machte. Umso herzlicher konnte er sich darüber freuen, wenn wir an den Wochenenden Skat, Halma oder Schach spielten. Mit einem strahlenden Lächeln sowie einem freudigen Ruf begannen diese Treffen: »Edel sei der Mensch, hilfreich und gut!« Dieser Ruf hatte jedoch den Bezug zu einem Weinbrand der Marke »Edel». Sein verschmitztes Lächeln ist in meiner Erinnerung, wenn er auf der Siegerstrasse war. Mit dem Verlieren hatte er es nicht so gern.

Damit Oma und Opa an den Wochenenden ihren Mittagsschlaf halten konnten, zog ich dann oft mit Jörg im Kinderwagen auf den Fußballplatz zum »Karli«, dem heutigen Karl Liebknecht Fußballplatz in Babelsberg, zu Motor Babelsberg. Da der Wagen mit meinem Sohn Jörg in ständiger Bewegung gehalten werden musste, war mein Zuschauen auf die Spielfeldaktionen nur begrenzt möglich. Verweilte ich etwas mit dem Kinderwagen, schrie er so laut, dass mir die Zuschauer böse wurden. So war mein Zuschauen mit ständiger Bewegungstherapie verbunden. Dieses dauerhafte Schütteln des Wagens hielten nun aber die Radnabenspangen, die die Räder auf den Achsen hielten, nicht durch. Sie gaben ihren Geist auf. Das hatte zur Folge, dass sich die Räder beim Fahren lösten. Mit einem schwungvollen Tritt mit dem Fuß konnte man die Fahrt fortsetzen, bis sich der Vorgang wiederholte. Aus einer zunächst sportlich erscheinenden Übung wurde immer mehr Ärger über den technischen Mangel.

Das Zusammenleben auf so engem Raum war natürlich eine große Belastung für die Schwiegereltern, die sich darüber uns gegenüber nicht ein einziges Mal beschwert haben. Hut ab, vor so einer Haltung, ihrer Hingabe, ihrer großen Liebe zu uns! Meine Frau begann ihre Berufstätigkeit an der Polytechnischen Oberschule in Fahrland in der Nähe von Potsdam. Fontane schrieb bei seinen Wanderungen durch die Mark Brandenburg über diesen Ort: »Im ganzen eine reizlose Landschaft, gleich arm an charakteristischen wie an Schönheitspunkten». Ein kleines Örtchen mit ca.

1.000 Einwohnern. Er fuhr in seinem »Wanderwerk» fort: »Prosaische Tristesse anstelle poetischer Gruseligkeit»…»das immerhin drei bemerkenswerte Stätten hat: das Amtshaus, die Kirche und die Pfarre« [12]. Der Name Schmidt kam in diesem Ort oft vor. Das lag sicher an zwei Persönlichkeiten. Zum einen war es der Poet Schmidt von Werneuchen und zum anderen der Pastor Schmidt, die über die Ortsgrenzen bekannt wurden. Der erstere schrieb Gedichte, der zweite schrieb eine bedeutungsvolle Ortschronik. Der Poet hatte Fahrland tiefsinnig beschrieben(ebenda, S.206)

> *»Drüben Fahrlands Turm, aus dessen Luke*
> *Hörbar kaum die Abendglocke singt!*
> *Sieh die Hirtenfrau, die Napf und Kruke*
> *Ihrem Mann nach jener Hutung bringt;*
> *Sieh den Waldrand, wo trotz härnen Schleifen*
> *Unbesorgt die Sommerdrosseln pfeifen, -*
> *Rings Wacholdersträuche, bunt zerstreut,*
> *Deren Frucht die Julisonne bläut.»*
> (18. Jahrhundert)

Man konnte den Eindruck gewinnen, dass vom 18. Jahrhundert bis in die Zeit, als wir unseren Lebensmittelpunkt dort fanden, der Schlaf über den Ort wachte.

Nach einigen Monaten erhielten wir eine kleine Wohnung in diesem Ort. Das war für uns ein großer Glücksmoment. Es herrschte Wohnungsnot. Wer eine Wohnung erhielt, war glücklich, auch wenn diese noch so klein oder der Ort ohne Sehenswürdigkeiten waren. Diese Wohnung befand sich in einem Neubau (Plattenbau), der kurzfristig errichtet wurde. Eine unterirdische Gaskammer im nahe gelegenen Ort Knoblauch war offensichtlich leck. Man erzählte sich, dass die Kühe auf der Weide wegen des Gases umfielen. Die Bevölkerung musste schnell umgesiedelt werden. Dadurch wurden diese Neubauten in der näheren Umgebung errichtet. Man versicherte uns, dass der Ortsname nichts mit dem ausgeströmten Gas zu tun hätte. Wir haben später immer gesagt, dass wir es dem Gas zu verdanken gehabt hätten, dass wir im besagten Neubau in Fahrland eine Wohnung erhielten.

Die Schule bildete den Mittelpunkt des Ortes. Der ortsansässige Tischler Gänserich, der Schmied, der Fischer, der Bäcker, der Gastwirt »Fiete», die freundliche »Frau Mohr» (der Einzelhandelsladen) und der Blumenladen der Frau Lehmann waren die privatwirtschaftlichen Stützen des Ortes. Der Zucht des »Gelben Köstlichen», einem durchaus schmackhaften Apfel, haben wir es zuverdanken, dass sich die umgebenden Gärtner in Genossenschaften bündelten. Der Bau eines Kühllagers für eben diesen »Köstlichen» schuf weitere Neuansiedlungen. Schließlich wurde eine alte Bockwindmühle mit anschließender Mühlenbaude das kulturelle »High leit» des Ortes. Bevor man aus Potsdam kommend, den Ort erreichte, fuhr man an historischen Kasernen, die die Sowjetische Armee belegt hatte, vorbei.

Wir waren alles Familien mit Kindern im fast gleichen Alter, die in diesen Neu-baublock zogen. Unter ihnen waren Bauern, Gärtner, Lehrer, Frisörinnen, Kranken-schwestern, Landtechniker, Melioratoren, Funktionäre, Sekretärinnen. Wir lebten, wie eine große Familie. Das klingt zwar pathetisch, es bringt aber die Befindlichkei-ten in unseren Beziehungen zum Ausdruck.

Jeder der Familien hatte eine 2 1/2 Zimmerwohnung. Die Minimalarchitektur ließ nicht viel Raum, um die Wohnungen individuell auszugestalten. Da standen im Wohnzimmer die Schrankwände rechts und das Sofa links. Dennoch fühlten wir uns in dieser Gemeinschaft wohl. Es waren die liebevoll hergestellten oder besorg-ten Kleinigkeiten, die jeder Wohnung ihr eigenes Gepräge gaben. Es war nicht nur eine Unterstützung in materiellen Dingen, im Sinne einer Tauschaktion; »Geb ich dir, gibst du mir«, die uns verband. Es war auch der Austausch unterschiedlicher kultureller Erfahrungen. Wir interessierten uns für das Leben der befreundeten Fa-milien. Ihre Sorgen haben uns bewegt. Wir freuten uns mit ihren Erfolgen. Wir wa-ren jung und hatten Spaß am Leben. Vielleicht war es das Hineinversetzen in die Bedürfnisse des anderen. Neid kam nicht auf, wie sollte der auch, bei den materiel-len Bedingungen auf ähnlichem Niveau. Ist es das, was Nostalgiker so hervorheben, wenn sie über das Leben in der DDR reden? Für mich ist es ein Mosaikstein. Dieser wiegt in der Erinnerung allerdings immer mehr.

Wir halfen uns. Eines Tages hatte unser Sohn Jörg, der aus seinem kleinen Zim-mer durch die Klappe des Kohleofens an den Fernsehsendungen in der Guten Stube teilhatte, gerade einen kleinen Moment mit seinem Traktor, der mit einem Anhänger verbindbar war, eine andere Ablenkung gefunden. In diesem Moment der Unkon-zentriertheit verschluckte er die Anhängerkupplung, die aus einem Dachpappnagel bestand. Er schrie wie am Spieß. Erst langsam kam in unser Bewusstsein, dass es sich um einen dringenden Notfall handeln müsse. Der Nachbar Reini holte blitz-schnell seinen »Trabant« herbei. Er fuhr wie ein Formel 1 Fahrer mit ständigem Hupen durch die Stadt Potsdam in die Kinderklinik. Wir befürchteten Schlimmes. Der uns empfangende Notarzt wies uns allerdings in einer mich schon aufregenden Ruhe darauf hin, dass der Kleine schnell ein Kilo Sauerkraut essen müsste, das wür-de helfen! Ich dachte an Notoperation oder ähnliche Dinge. Nach einem Tag fanden wir den blitzblanken Nagel in seinem Stuhl. Wir waren glücklich, dass unser Söhn-chen wieder wohlauf war.

Unsere beiden Söhne hatten mit Lisa und mit Marion überaus liebevolle Betreu-erinnen. Wir haben uns nie Sorgen machen müssen, Jörg und Uwe waren in den Händen der Nachbarinnen immer gut aufgehoben. Man behauptet ja immer noch, dass Eigenschaften nicht vererbbar seien. Ich würde gar noch einen Schritt dazule-gen. Unser Sohn Jörg hat die Liebe zum köstlichen Kuchen oder zu Süßigkeiten, die ihm Lisa so inniglich beibrachte, bis heute erhalten. Dass unser Sohn Uwe dagegen mit Leidenschaft heute am Grill steht und auf herzhaftes Essen schwört, ist mit Si-cherheit auf die Einflüsse von Marion rückführbar.

Unser unmittelbarer Nachbar Manfred war Sportlehrer. Er verstand es mit nachhaltiger Art, uns zur sportlichen Betätigung anzuregen. In unsern kleinen Gärten vor dem Neubau hatten wir uns eine Federballanlage geschaffen. Immer, wenn Zeit war, spielten wir mit Leidenschaft. Als die Schule eine Sporthalle zur Verfügung hatte, gelang es ihm, aus dem Ort kontinuierlich zwölf Sportfreunde für Volleyball zu begeistern.

Klaus und Gerhard waren für uns die Vorbilder in der gärtnerischen Arbeit. Ihrer hilfreichen Unterstützung war es zu danken, dass wir eine Vielzahl von Gemüsearten auf unserer kleinen Scholle anbauten.

Vielleicht konnte man sogar von einer Solidargemeinschaft sprechen. Die Kinder wurden betreut. In einem angrenzenden Garten wurden Feste gefeiert. Die kleinen Gärten wurden gepflegt. Die Freude über eine gelungene Pflanzung wurde geteilt.

Dennoch war es nicht das Paradies auf Erden. Es war aber der Raum, wo die Nachteile dieses einfachen Lebens, die demagogischen Orientierungen, die Eingrenzungen der vorhandenen Staatlichkeit verdrängt oder gar ausgeblendet wurden.

Dass sich diese persönlichen freundschaftlichen Verbindungen zu den Familien über 50 Jahre erhalten haben, unterstützt diejenigen, die differenzierter das Leben in der DDR betrachten.

An der Pädagogischen Hochschule in Potsdam war ich zwei Jahre FDJ Sekretär. Ich engagierte mich für die immer noch anstehende Hochschulreform. Ich versuchte, die Probleme zu lösen, die ich auch in meinem damaligen Diskussionsbeitrag benannt hatte. Jedoch merkte ich bald, dass zwischen Wünschen und der Realität eine große Lücke war. Die materiellen Bedingungen änderten sich nur schleppend. Die Vertröstungen in die Zukunft wurden zu den häufig verwendeten Argumenten. Die Verbesserungen der Lebensumstände gelangten immer mehr in die Zukunft.

Dennoch war ich immer noch überzeugt, dass es mit vereinten Kräften gelingen würde, mit der gestaltenden Kraft des Kollektivs Verbesserungen zu erreichen. Wir erfreuten uns an kleinen Erfolgen. Mit unzähligen kostenlosen Einsätzen der Studenten, einer wahren Schatzsuche nach Baumaterialien, dem uneigennützigen Engagement der Lehrkräfte wurde in einem Kellergewölbe der historischen Gemäuer von Sanssouci ein FDJ-Klub geschaffen. Das waren begeisternde Momente. Die Euphorie, etwas Derartiges geschaffen zu haben, war groß.

Die zahlreichen politischen Schulungen der Studenten hatten natürlich auch zur Folge, dass das Interesse der Studenten an den Ereignissen in der Welt groß war. Es richtete sich nicht nur auf die Entwicklung der sozialistischen Staaten. Die 68er Studentenunruhen in Westberlin waren ein Beispiel dafür, dass sich der politische Fokus der Studenten in Potsdam auch darauf richtete. Die politischen Aktionen der Studenten in Westberlin mit der Gruppe um Rudi Dutschke waren auch darum von Interesse für die Studenten, weil deren Zielstellung auf einen sozialistischen Staat gerichtet war. Beim genaueren Hinsehen konnte man schnell erkennen, dass es aber ein anderer Weg zum Sozialismus war als der in der DDR.

Die Politideologen der DDR kamen in Konflikte. Einerseits waren die Westberliner Studenten Unterstützer eines sozialistischen Deutschlands, andererseits wollten sie einen anderen Weg als den der DDR.

Die Studenten der Pädagogischen Hochschule Potsdams wollten im Juni 1967 ihre Solidarität mit den Studenten Westberlins zum Ausdruck bringen.

Dann ereilte uns die Mitteilung, dass Benno Ohnesorg, ein Westberliner Student und Sympathisant von Rudi Dutschke, erschossen worden sei. Die Studenten forderten mich auf, eine politische Aktion zu organisieren. Ich kam in Erklärungsnot. Das Dilemma nahm seinen Lauf.

Ich ging zu den Funktionären der SED-Kreisleitung und der FDJ-Kreisleitung mit dem Vorschlag der Studenten, ein Kondolenzspalier an der Autobahnbrücke, Richtung DDR, mit den Studenten der Pädagogischen Hochschule zu bilden. Wir hatten aus dem Rias erfahren, wir hörten Rias, obwohl wir als Genossen der SED nicht hören sollten, dass die Überführung des Toten von Westberlin in die Bundesrepublik per Auto durchgeführt werden sollte. Das war nur über den Kontrollpunkt Babelsberg möglich.

Zunächst nahmen die Funktionäre die Idee mit gebremster Begeisterung auf. Was mich etwas nachdenklich stimmte, dass ich nicht gefragt wurde, woher ich die Information hätte. Das wäre üblicherweise die erste Frage gewesen. Ich tappte weiter im Ungewissen. Ich hatte mir auch keine Gedanken darüber gemacht, wie ca. zweitausend Studenten an die Transitstrecke kommen konnten, die im Grenzgebiet lag.

Warum wir dennoch die Genehmigung zu dieser Aktion erhielten, ist mir immer noch ein Rätsel. Vielleicht war es aus gesamtpolitischer Sicht gerade günstig.

Es war eine Zeit der verhaltenen Aufmüpfigkeit. Umschreiben würde ich das so, dass eine Konfrontation mit den Beschlüssen der Partei nicht erkennbar war. Jedoch wurden die Beschlüsse genauer nach den möglichen toleranteren Umsetzungen durchforstet. Wir beschrieben es mit »einerseits und andererseits«. Wir lernten »nach Außen und Innen« zu diskutieren. Mit dieser »Benno Ohnesorg-Aktion« eröffnete sich für mich immer mehr eine Zeit des »zwischen den Zeilen Lesens«. Es waren die Spielräume des Umsetzens politischer Orientierungen. Einerseits musste man es verstehen, sich auf die Beschlüsse der Partei zu beziehen, andererseits erforderte das die Fähigkeit, solche Interpretationen zu entwickeln, die bei den Jugendlichen ankamen. Es war immer ein Spagat, der gelang oder misslang. zweitausend Studenten der Pädagogischen Hochschule wurden mit Lastkraftwagen der Nationalen Volksarmee an die Autobahn transportiert. Dazu gesellten sich zahlreiche Sicherheitskräfte im Blauhemd der FDJ. Wir standen gemeinsam Spalier. So richtig wussten wir auch nicht, wie wir uns verhalten sollten. Sollten wir winken oder betroffen dastehen? Obwohl alle im Spalier Stehenden das blaue Hemd trugen, beim genaueren Hinsehen ergab sich ein durchaus unterschiedliches Bild. Es mangelte an der sonst oft zu betrachtenden Geschlossenheit. Bereits während der Aktion merkte ich die sehr unterschiedliche Reaktion der territorialen Funktionäre. Ich hörte solche Standpunkte: »Diese intellektuellen Spinner mit ihren Sonderwünschen. Die sind doch politisch unreif. Das ist doch typisch, die sind dem Klassengegner auf den Leim gegangen». Vereinzelt kamen auch solche Stimmen auf: »Vielleicht ist diese Aktion gar nicht so schlecht. In den anderen sozialistischen Staaten brodelt es, wir öffnen damit ein Ventil».

Eine gewisse Distanz der übergeordneten Funktionäre zu mir konnte ich spüren. Ich verdrängte das. Ich war noch getragen von der Begeisterung der Studenten nach dieser Aktion. »Endlich eine politische Veranstaltung, die von den Studenten ausging, nicht von oben angeordnet wurde», das war die überwiegende Meinung.

Ich fühlte mich in meinen politischen Ansichten zu dieser Aktion bestätigt.

Dienen

Umso unverständlicher war dann für mich der jähe Abbruch meiner kaderpolitischen Entwicklung. Ich verstand die Welt nicht mehr. War ich etwa dem Klassengegner ins Netz gegangen? Hatte ich mich im »zwischen den Zeilen lesen« etwa verlesen?

Ich erhielt unmittelbar nach dieser politischen Aktion meinen Einberufungsbefehl für den »Ehrendienst in der Nationalen Volksarmee«. Ich war 26 Jahre alt. Noch während des Studiums hatte ich meine Frau geheiratet. Wir hatten einen Sohn und das zweite Kind war unterwegs. Anderen Funktionären wurden diese 1 ½ Jahre Ehrendienst nicht in ihrer Karriereleiter zugemutet, obwohl die Wehrpflicht für alle männlichen Jugendlichen im Alter bis 26 Jahren galt. Tapfer redete ich mir ein, dass es sich bei meiner Einberufung nicht um eine erzieherische Maßnahme gehandelt habe, was ich aus heutiger Sicht mindestens in Frage stelle. Ich fügte mich. Es galt auch für mich der Grundsatz: »Die Genossen werden sich schon etwas dabei gedacht haben«. Privilegien stünden mir nicht zu.

Im Einberufungsbefehl kam ich zu den Grenztruppen der Nationalen Volksarmee. Die Kasernen befanden sich in Glowe bei Havelberg. »Jeder Doofe – einmal nach Glowe«, so hatten es die Soldaten an die Wände der Toiletten geschrieben. Ein halbes Jahr war ich zur Ausbildung als Grenzsoldat kaserniert hier untergebracht. Meine Familie habe ich, wie die anderen Soldaten auch, in dieser Zeit nicht besuchen dürfen. Mein Konstrukt von Fröhlichkeit des Lebens im Sozialismus brach zusammen. Es begann für mich eine Zeit der persönlichen Verwerfungen.

Gemeinsam mit zwölf Soldaten, alles achtzehnjährige, war ich in einem Zimmer untergebracht. Man nannte mich den »Alten« oder »Opa«. An der soldatischen Einordnungen kam auch ich nicht vorbei. So wurde ich als »Rotarsch« oder »Fotze« bezeichnet, was für die einberufenen »Frischlinge« üblich war.

So war auch die Atmosphäre unter den Soldaten. Die bereits ein halbes Jahr gedient hatten, betrachteten die Neulinge als ihre persönlichen Diener. Auch ich gehörte dann zu den letzteren.

Das war für mich eine Zeit der Demütigung. Was ich in dieser Zeit erlebte, war mit meinen bisherigen politischen Überzeugungen einfach nicht in meinen Kopf zu bringen. Das Leitbild einer sozialistischen Persönlichkeit brach sich hier an einer dumpfen Realität.

In den politischen Schulungen der Ausbildungskompanie wurde von den Politoffizieren das Bild des NVA-Soldaten als vorbildlich gezeigt. Jedoch innerhalb der »Stube« waren Landsermanieren üblich. Ich verzweifelte fast daran.

Meine Überlebensstrategie bestand darin, dieses unwürdige Spiel mitzuspielen, den Wortführern, die meist auch die körperlich Überlegenen waren, zu Diensten zu sein. Das ergab sich, wenn es um das Anfertigen von Liebesbriefen ging. Oftmals waren Schreiben an die Behörden oder an die Betriebe zu erledigen. Ich übernahm gern diesen »Liebesdienst«. Ich diente mich als ihr Schreiber an. So schrieb ich emsig Liebesbriefe in einer Sprache, die ich erst lernen musste. In Erinnerung ist mir ein Spruch, der gut bei den Soldaten ankam: »Loch bleibt Loch – rein muss er doch!« Mit dieser Überschrift fertigte ich Annoncen an. Für mich doch etwas überraschend erhielten wir endlos viel Post von kontaktwilligen Mädchen. Wenn ich dann deren Antwortbriefe vorlas, stieg die Stimmung in der Kompanie. Ich erlangte mit der Zeit die Sympathie der »Kasernen Alpha-Tiere«. Es wurden auch Unteroffiziere und Offiziere auf mich aufmerksam. Ich hatte soviel zu tun, dass mir eine Reiseschreibmaschine von der Kompanieführung zugeteilt wurde. Das war eine Rarität. Als ein fleißiger Redakteur und Berater in Sachen Liebe war ich nun in meiner Freizeit gefragt.

Die Häufigkeit der körperlichen und seelischen Demütigungen nahm ab. Es waren mitunter Ekel erregende Prozeduren zu ertragen, die ich nicht beschreiben kann. In meinen Briefen an meine Frau oder an meine Freunde habe ich nie darüber geschrieben. Ich habe es immer verdrängt.

Ich sagte mir immer wieder: »Das musst du ertragen«. Mein Bettnachbar Rolf war ähnlich gestrickt. Wir verständigten uns, alles zu erdulden, auch dann, wenn der Unteroffizier beispielsweise zum x-ten Mal uns die Betten machen ließ, oder wenn die Unterwäsche im Spind zum hundertsten Mal auf »Junge Welt« Kante gelegt werden musste.

Zu den Objektwachen zogen wir mit aufmunitionierten Waffen. Bevor das geschah, wurden wir vergattert. Das war dann eine kurze Einweisung in den Fall, in dem von der Waffe Gebrauch zu machen wäre. Sie endete mit dem lauten Ausruf: »Ich diene der Deutschen Demokratischen Republik!«.

In dieser politisch motivierten sowie aufmunitionierten vergatterten Form erhielten wir plötzlich den Befehl, den Speisesaal zu reinigen. Das war ein Saal für 500 Soldaten. Dieser war bereits durch den »Revierdienst« bearbeitet worden. Wir empfanden diese Maßnahme als reine Schikane.

Nun dachte ich: »Jetzt musst du dich als Genosse der Partei beschweren!« Ich schrieb keinen Liebesbrief für den Kommandeur, sondern einen Beschwerdebrief an den Genossen K. Deswegen hatte ich natürlich bei meinen Mitsoldaten plötzlich einen Stein im Brett. Bei den Vorgesetzten fiel das für mich natürlich nicht so sehr günstig aus. Der Genosse Kommandeur befahl mich zu sich. Er erteilte mir eine politische Sonderbelehrung über den Klassenkampf im Allgemeinen. Einem Befehl des Vorgesetzten sei unbedingter Gehorsam zu leisten: »Diese Maßnahme dient der Erziehung des Soldaten!« Schließlich endete die Belehrung mit der Bemerkung: »Genosse Soldat, sie können sich als Mitglied der SED natürlich jederzeit an mich wenden!« Mit einer zackigen Grußerweisung verließ ich seine Stube. Danach zweifelte ich schon, ob ich mit der Beschwerde zum guten Verhältnis zwischen Soldaten und den Offizieren beigetragen hatte. Während ich auf den Hacken kehrt machte, rief er mir noch zu: »Ich sorge dafür, dass sich solche Befehle nicht wiederholen!«

54

Günstig war das Schreiben des Beschwerdebriefes für meinen Stand bei den Soldaten. Ungünstig war das Schreiben für mein Verhältnis zu den Vorgesetzten. Diese reagierten sofort. Ich durfte mit der NVA-Schreibmaschine nicht mehr für sie persönliche Briefe schreiben, was für die Offiziere ungünstig war, denn ihre Gefühlswelt war dadurch betroffen, weil ich ihnen nun nicht mehr die Kontaktbriefe schrieb.

Nach Wochen erhielt ich heimlich die erneute Freigabe. Der innere erotische Druck der Besteller war wohl zu groß?!

Um dem sehr tristen Leben in der Ausbildungskompanie zu entgehen, kam mir die Idee eine Singegruppe zu bilden. In dem Ausbildungszug war ein junger Soldat, der eine hervorragende musikalische Ausbildung hatte. Er konnte mehrere Instrumente spielen. Auf der Gitarre war er ein Meister. Gerold wurde unser musikalischer Leiter. In der DDR blühte gerade die Singebewegung auf. Der Berliner Oktoberklub, eine Gruppe, die sich dem politischen Lied zugewandt hatte, war in aller Munde. In den Grenztruppen der NVA unterstützten die Politoffiziere diese aufkommende Bewegung. Wir lagen mit unserer Idee auf der richtigen Welle.

Es mangelte aber an Texten aus dem Soldatenleben der NVA. Da schrieb ich einen Text für das Auftrittslied zum Singegruppenwettstreit unserer gerade gegründeten Singegruppe in Gardelegen.

»*Ja, der Koch, ja der Koch,*
der hat s gut, der hat s gut,
er macht den Soldaten Mut.
Mit seiner Erbsensuppe
erfreut er jede Gruppe!«

Heute schäme ich mich ein bisschen über dieses »literarische Meisterwerk». Ich belasse es bei dieser Strophe. Zu meiner Überraschung belegten wir den zweiten Platz. Ein Leutnant hatte die literarische Betreuung der Bewegung »Schreibender Soldaten« in der DDR inne. Bei der Überreichung der Urkunde sagte er mir: »Gar nicht so schlecht». Für mich bedeutete das ein Lob außer der Reihe. Dazu kam noch, dass das Fernsehen der DDR diesen Wettstreit übertrug. Wir schwelgten in übermütigen Glücksgefühlen. Sonderurlaub wurde für die ganze Gruppe befohlen. Gedanklich schmiedeten wir Pläne über weitere Auftritte. Wir sahen uns schon auf »den Brettern, die die Welt bedeuten».

Unser kultureller Höhenflug wurde jedoch jäh beendet. Wir konnten weder den Sonderurlaub antreten, noch einen weiteren künstlerischen Auftritt planen.

Das Jahr 1968 war ein politisch brisantes Jahr. Der Prager Frühling bescherte uns in der »Truppe« keine Frühlingsgefühle. Wir hatten kaum Ausgang. Ständig waren wir in Alarmbereitschaft. Oft wurden wir nachts alarmiert. Wir fuhren mit den Lastkraftwagen in Bereitstellungsräume. Dort wurden in der märkischen Heide Stellungen ausgebaut. Die Gegner waren die Nato Kräfte. In besonderer Weise war es die Bundeswehr. Damit wurde unsere Gefechtsbereitschaft motiviert.

Das Beschwerlichste für uns waren die angenommenen Atomschläge. Wir hatten mit der Schutzmaske und dem »Vollkörperkondom«, wie wir die Schutzplane nannten, die gefechtsnahe Ausbildung zu absolvieren. Manch ein Soldat stand das physisch und psychisch nicht durch. Mein Bettnachbar Rolf auch nicht.

Nachdem er mit einem Krankenwagen nach solch einer Ausbildung abtransportiert wurde, habe ich ihn nicht wieder gesehen. Später hat er mir geschrieben, dass er lange Zeit im Krankenhaus zugebracht hat.

Wir erhielten täglich Politinformationen über die Angriffspläne der Nato. Über die militärische Aufrüstung der Bundeswehr und des Bundesgrenzschutzes wurden wir informiert. Einfache, immer wiederkehrende Übungen erzielten eine so genannte LMA-Stimmung (unter den Soldaten gebräuchlich: »Leck mich am Arsch Stimmung«). So wurden uns die Vorzüge der Maschinenpistole Kalaschnikow schon dadurch in Fleisch und Blut eingeprägt, weil wir sie täglich auseinandernahmen und wieder zusammenbauten. Das erfolgte nach vorgegebenen Zeiten. Dazu kam, dass uns immer wieder die aggressiven Pläne der Nato vor Augen geführt wurden. Es sollte offensichtlich erreicht werden, dass sich in unserem Bewusstsein ein Feindbild festigen würde. Das mündete in der uns vorgetragenen militärischen Strategie, wie man sie uns zu erklären versuchte, den Gegner auf seinem Territorium zu schlagen.

Diese gesamte politisch-militärische Strategie, die für uns Soldaten kaum durchschaubar sowie belastend war, hatte jedoch ein Ziel erreicht. Wir hatten Angst. Dazu kamen die psychischen und physischen Belastungen der immer wiederkehrenden Alarmbereitschaften. Zunehmend mehr war es gelungen, solch ein »Feindbild« mehr oder weniger überzeugend bei uns Soldaten auszuprägen. Daraus versuchten wir, unsere Haltung abzuleiten. Ich erduldete die auf mich gekommenen Strapazen. Ich sah meine Aufgabe als Ältester unter den Soldaten darin, auf diese beruhigend zu wirken. Ich tröstete und vertröstete. Manchmal gelangen mir kleine Ablenkungen, indem ich kleine Geschichten erzählte. Es fällt mir immer noch schwer, diese angespannte Atmosphäre in den Nächten der Angst erfassbar darzustellen.

Später wurde ich gefragt: »Hast du nicht den Einmarsch der Sowjetischen Truppen in die CSSR verurteilt? Gab es nicht politische Überlegungen Andersdenkender? Wie hast du über den Prager Frühling gedacht?«

Nein, diese Fragen kamen alle später auf. Sie waren in diesen Nächten nicht vorhanden. Es ging darum die aktuellen bedrückenden Erlebnisse durchzustehen. Durch die ständige Gefechtsbereitschaft, wir konnten schon im Stehen schlafen, waren wir so mürbe, dass wir froh waren, als diese militärischen Aktionen beendet waren. Ich war nahezu glücklich, dass es zu keiner militärischen Konfrontation gekommen war. Aus den Bereitstellungsräumen zogen wir in die Kasernen zurück. So erlebte ich den Prager Frühling. Seit dieser Zeit sind für mich die militärischen Übungen ein Albtraum.

Die folgenden Beschreibungen sind mehr eine psychologische Umschreibung als eine, die die Umstände treffend erhellen kann.

Gerade in der Zeit der militärischen Grundausbildung traten menschliche Charaktere in einer Art Brennglas auf, die im normalen Alltagsleben nicht vorkamen. Ich überlege, ob ich meine Gedanken darüber veranschaulichen kann, oder ob ich es bei vorsichtigen Andeutungen belasse. Ich versuche letzteres.

Zur Grundausbildung der Soldaten gehörten die Schießübungen mit scharfer Munition im Gelände. Dazu wurden gegnerische Stellungen angenommen. Die von mir in ihren einfachen charakterlichen Strukturierungen beschriebenen unmittelbaren Vorgesetzten besaßen jetzt eine unvergleichlich andere Stellung. Wir Soldaten waren bisher von ihrem Willen, von ihrem Charakter völlig abhängig. War die Stimmung und Laune der Vorgesetzten gut, dann ging es uns einigermaßen gut. In dem Moment, wo mit scharfer Munition umgegangen wurde, veränderte sich ihre Stimmungslage. Aus einer Übungslage entstand eine militärische ernste Lage. Jetzt waren sie von den Reaktionen der Soldaten abhängig, deren Waffen nicht mehr Übungsgeräte, sondern Geräte mit Tötungseigenschaften wurden. Darüber hinaus entschieden unsere Schieß-Trefferleistungen, ob die entsprechenden Vorgesetzten Sonderurlaub oder Beförderungen erhielten. Jetzt wurden wir angespornt, unser Bestes zu geben. Wir sollten nun die an uns verübte Schikane vergessen. Mit Sonderurlaub wurden wir von ihnen motiviert.

Die Vorgesetzten entschieden willkürlich mit Bezugnahme auf entsprechende Befehle, welche militärische Angriffs- oder Verteidigungsstellungen auf den Truppenübungsplätzen von uns Soldaten schweißtreibend zu schaffen waren, wie tief mit dem Klappspaten zu buddeln war, wie lange der Nachtmarsch mit voller Montur durchgeführt werden musste, wie oft die Atomschläge simuliert wurden.

Das sollten wir nun alles ausblenden. Unsere Ausrüstungen waren die MPi, das leichte Maschinengewehr. Nie erkannte ich, was daran leicht war. Die Munition, die Panzerbüchse, die Handgranaten, der Schutzumhang, die Gasmaske, der Stahlhelm, das Seitengewehr, das Essgeschirr und der Klappspaten kamen noch dazu.

Mit diesen Vernichtungswerkzeugen sowie den dazu notwendigen Ausrüstungsgegenständen stürmten wir auf den angenommenen Gegner. Je mehr man in dem Höllenlärm auf die Pappkameraden traf, umso näher war man der Familie oder der Freundin, nach denen man sich sehnte. Das Militärische hat etwas Irrationales. Ja, ich kann es nicht leugnen, sobald mit scharfer Munition im Gelände geschossen wurde, entwickelte sich eine »Gruppendynamik« – jetzt wurde drauflos geballert. Mit der Panzerbüchse wurde ein alter Panzer ins Visier genommen. Es entstand beim Abschuss ein ohrenbetäubender Lärm. Eine unvorstellbare Energie wurde freigesetzt. Zugleich entwickelte sich eine diebische Freude, wenn das Ziel bekämpft war. Es winkte der Sonderurlaub!

Noch schlimmer ist mir der Rausch der Angriffsübungen in Erinnerung. Wenn in der Gruppe oder im Zug auf den angenommenen Gegner mit scharfer Munition geschossen wurde, dann veränderten sich die Gesichtszüge meiner Mitsoldaten fast wie im Rausch. Ich konnte mich nicht selbst beobachten, aber ich hatte sicherlich ähnliche Gefühle.

Diese offensichtlich im Unterbewusstsein entstehende Dynamik, die auf dem Gefechtsfeld entsteht, habe ich oft verdrängt. Ich habe nie geglaubt, dass Hemmschwellen bei Soldaten überschritten werden können. Dieses persönliche Erleben gehört zu einer differenzierten Betrachtung meines Lebens dazu, auch wenn sie schmerzt. Manche noch so umfassend begründete Friedensmission blendet oftmals den Soldaten mit allen seinen menschlichen Facetten aus. Übrig soll dann ein Befehlsempfänger bleiben. Er ist jedoch ein Mensch mit guten wie schlechten Gefühlen. Ich kann nur froh sein, dass es für mich nicht zu einem realen Gefechtseinsatz gekommen war. Für meine Schießerei auf dem Gefechtsfeld erhielt auch ich den ersehnten Sonderurlaub.

Diese erlebten Ereignisse stimmen mich heute immer wieder nachdenklich. Besonders auf dem Hintergrund des Kurt Tucholsky Ausspruches »Soldaten sind Mörder«, den er in einem Artikel der Weltbühne unter der Überschrift: »Der bewachte Kriegsschauplatz« formulierte. [13] Er beschrieb Hinrichtungen an der Front des 1. Weltkrieges. Dennoch drängt sich für mich ein aktueller Bezug immer wieder auf.

Nach dieser Ausbildungszeit wurde ich in eine Grenzkompanie der NVA verlegt, in die Nähe von Salzwedel. Aus der Übung wurde der Ernst.

Das war der Einsatz für ein Jahr an der innerdeutschen Grenze. Ein Bandmaß befand sich auch in meinem Spind, an dem ich täglich einen Zentimeter in der Hoffnung abschnitt, dass diese Zeit bald vorübergeht. Hier befand sich keine antifaschistische Mauer im wörtlichen Sinn, weil sich hier ein sehr moorastiges Gebiet in der Nähe der Lychener Niederung ausbreitete. Es handelte sich um eine sogenannte offene oder grüne Grenze. Diese bestand aus Warnanlagen, Grenzzäunen, Grenzmarkierungen, Hinterlandsicherungen. Wir Grenzsoldaten hatten den Befehl, keine Grenzverletzungen zuzulassen.

Dazu liefen wir rund um die Uhr die ausgebauten Grenzsicherungsanlagen ab. Wir kamen den Bundesgrenzschutzleuten auf westlicher Seite oft sehr nahe, wenn wir Kontrolle liefen.

Sie riefen uns einen »Guten Morgen« entgegen. Sie grüßten mit unseren Namen. Woher sie die wussten, blieb mir verschlossen. Wir hatten den Befehl, nicht zu grüßen. Das war eine merkwürdige groteske Atmosphäre. Das beschreibt aber noch lange nicht, wie ich gedacht und empfunden habe.

Wir bewachten das »Vorfeld«, ein vergleichsweise großes Gebiet der DDR zum Schutz der DDR vor Grenzverletzern, so nannten wir die Menschen, die aus unterschiedlichen Gründen die DDR verlassen wollten. Trotz der umfangreichen technischen Sicherungen, gelang es immer wieder Menschen zu fliehen. Wie viele es in meiner Dienstzeit in diesem Abschnitt waren, weiß ich nicht. Für uns bedeutete das dann immer wieder erhöhte Alarmbereitschaft. Während dieses Jahres kann ich mich auch an eine Grenzverletzung von westlicher Seite erinnern. Das geschah äußerst selten, gehört aber auch zu meinem Erleben. Dieses sumpfige zu bewachende Gebiet hatte darüber hinaus noch die Tücke, dass vom Frühjahr bis zum Herbst die Mücken so furchtbar bissen, als ob sie auf uns abgerichtet wären. Mein Gesicht und die freien Stellen der Hände waren oft furchterregend unkenntlich. »Ich diente der Deutschen Demokratischen Republik!?«

In den ersten Monaten ging ich als Grenzsoldat mit dem Postenführer auf Wacht. Das hatte für mich nichts Heldenhaftes. Am schlimmsten waren die Einsätze in der Nacht. Um meine Schwächen nicht zuzugeben, habe ich über viele Jahre meine Gefühle aus dieser Zeit verdrängt.

Ich hatte in dieser Zeit jämmerliche Angst. Oft lag ich nachts schweißgebadet im Bett. Den Motorklang des LO (einem kleinen LKW der NVA) werde ich bis heute nicht los. Wenn die Soldaten nachts von dem Einsatz kamen, war das Motorengeräusch zu hören. »Hoffentlich ist nichts passiert?!« Das waren immer meine Gedanken.

Es bestand ein latentes Misstrauen untereinander. Wir waren schließlich bewaffnet. Was geht im Kopf des Anderen vor? Sind meine ideologischen Grundsätze auch die gleichen wie seine? Oftmals waren es auch persönliche Konflikte, die zu unüberlegten spontanen Handlungen führen konnten. Eingetrichterte Vorstellungen, wie die Liebe zum Staat, brachen sich an der beklemmenden Realität. In diesen Momenten waren ideologische Überzeugungen auf die Frage des Überlebens fokussiert.

Unser Leben in der Kompanie bestand oft aus Heimlichkeiten und Verschlossenheiten, keiner erzählte dem anderen, was er wirklich dachte. Es herrschte dieses Misstrauen.

Immer noch war ich von der besseren Zukunft des Sozialismus überzeugt. Ich betrachtete das, was ich an der Grenze erlebte, als vorübergehend.

Es gab während der gesamten Zeit an der Grenze einen Moment, wo ich für einen kurzen Augenblick überlegt habe, ob ich nicht den Weg in die Bundesrepublik gehe. Ich wurde eines Tages zum Kompaniechef befohlen. Hauptmann W. eröffnete mir, dass ich in seinen Augen ein verlässlicher Genosse sei. »Heute Nachmittag gehen wir die Grenzsteine kontrollieren. Sie wissen, dass wir uns außerhalb der Grenzsicherungsanlagen in unmittelbarer Nähe zum Territorium der Bundesrepublik befinden. Erhöhte Wachsamkeit ist geboten. Ich kann mich auf sie verlassen!« Wir betraten die Grenzsicherungsanlagen an diesem Nachmittag. Nach einem nur ihm bekannten geheimen Weg überquerten wir den Außenzaun. Jetzt standen wir an der äußeren Grenzmarkierung. Es hätte nur eines Schrittes bedurft, ich wäre in der BRD gewesen. Ich ging vor ihm her. Die Waffe hatte ich im Hüft-Anschlag. Ich drehte mich nicht um. In diesem Moment ging es mir wie ein Blitz durch den Körper. Ich dachte an meine Verantwortung für meine Familie. Mir lief der Schweiß über die Augen. Die Mückenbisse spürte ich nicht. »Nein, ich gehe weiter vor ihm her. Ich erfülle diesen Befehl!« Alle Grenzsteine waren unbeschädigt. »Ich lasse meine Familie nicht im Stich«. Wir gingen zurück in die Kompanie. Auch über diesen Moment habe ich später oft nachgedacht. Momente können viel entscheiden. Ich dachte an meine Familie, nicht an ein staatsbewusstes Handeln. Meine Frau war in der Zeit meines Dienstes in der NVA mit unserm nunmehr dreijährigem Sohn Jörg allein zu Hause. Sie war Direktorin einer Polytechnischen Oberschule. Sie erwartete das zweite Kind. Ich kann heute nur ahnen, unter welchen Bedingungen sie das bewältigte. Ich bin sehr gerührt, nur wenn ich daran denke.

Meine persönlichen Sorgen konnte ich mit den deutlich jüngeren Soldaten im Zimmer der Grenzkompanie nicht besprechen. Ich war auf mich allein gestellt. Als unser zweiter Sohn geboren wurde, erhielt ich Sonderurlaub. Mit dem Zug fuhr ich von Salzwedel nach Potsdam. Auf der Fahrt wurde ich von »Kettenhunden« kontrolliert, so nannten wir heimlich die Militärkontrollen, die mit den weißen Ledergarnituren Streife gingen. Jedes Mal bekam ich einen Schreck, wenn ich diesen Leuten begegnet bin. »Sind die Dokumente alle richtig gestempelt? Sitzt der Kragen richtig? Ist die Mütze auch gerade auf dem Kopf? Kann ich den sauberen Kamm und das Taschentuch vorweisen? Ist das Kondom in der entsprechend dafür vorgesehenen Uniformtasche vorhanden? Sind die Stiefel geputzt?« Jeder Soldat war der Willkür dieser »Genossen« ausgesetzt.

Als ich im Krankenhaus in Babelsberg endlich meinen kleinen Uwe in den Armen von Bärbel sah, war ich sehr glücklich. Da wir damals eine begrenzte Besuchszeit hatten, stand ich noch lange im Hof der Klinik. Ich schaute zum Fenster im 2. Stock, wo Bärbel mit meinem Sohn winkend stand. Dieses Bild hat sich mir sehr fest eingeprägt.

Ich hatte eine Frau mit zwei Kindern, die ich sehr liebte. Ich dachte oft an sie. Immer hoffte ich, dass ich heil meine Liebsten in den Arm nehmen konnte. »Wenn nur nicht ein Mitsoldat mit der Waffe durchdreht, wenn es zum Grenzdienst geht!« Das waren immer meine Gedanken, als ich wieder in der Grenzkompanie war.

Natürlich gab es auch in dieser für mich existierenden besonderen Lage lebensfrohe Seiten, die sogenannte erträglicheren Seiten des Lebens in der Grenztruppe. Wir waren junge Leute voller Tatendrang.

Um aus dem täglichen Trott ausbrechen zu können, hatte ich einen inneren Trieb, für andere etwas zu organisieren. In meiner Nähe war immer etwas los. Ich organisierte Veranstaltungen, Zusammenkünfte. Damit sollte Leben in die Bude kommen.

Wo andere schon an einfachen Dingen scheiterten oder sich zurückzogen, manche sicher auch aus politischen Gründen, da wollte ich Aktion.

Diese Aktionen waren für mich gerade die Herausforderungen, auch die Genossen Mitsoldaten zu erreichen, die sich aus unterschiedlichen Gründen zurückzogen.

Für das Organisieren dieser gesellschaftlichen Veranstaltungen gab es auch Auszeichnungen, Ehrungen und Sonderurlaub, das letztere war mir besonders wichtig. In dem Politoffizier der Grenzkompanie fand ich einen Menschen, der mich stark förderte. Aus welchen Gründen auch immer, er unterstützte mich.

Ich habe jede sich bietende Gelegenheit in diesem Rahmen genutzt, um Sonderurlaub zu erhalten. Ich war glücklich, wenn meine Frau zu Besuch in Salzwedel sein durfte, wenn ich meine Kinder sehen konnte. So strengte ich mich mit der gleichen Energie an, die Schützenschnur für gute Schießleistungen zu erwerben, wie kulturelle oder politische Veranstaltungen zu organisieren. Das brachte Sonderurlaub oder Ausgang ein.

Ich organisierte in dem Grenzort Pioniernachmittage an der Schule. Dort erzählte ich von dem Leben der Soldaten in der Grenzkompanie zum Schutz des Friedens. Eine besondere »Attraktion« entstand durch meine Initiative. Mit Hilfe vieler Soldaten baute ich ein Grenzmuseum auf. Das erste Museum in einer Grenzkompanie der DDR. Ich sammelte Urkunden. Umfangreiche Geschichten über das Leben der Grenzsoldaten verfasste ich. Für Sonderurlaub anderer Soldaten ließen diese in ihren Heimatorten von Schreinern Vitrinen bauen. Ich schrieb Artikel in der Kreiszeitung über das »Leben der Soldaten in der NVA«. Zu kulturellen Veranstaltungen las ich aus Büchern vor. So organisierte ich selbst Lesungen zu Alexander Beks »Wolokolamsker Chaussee« [14].

Das war ein Buch, das mir die Parteileitung der Sektion Polytechnik der Pädagogischen Hochschule als Abschiedsgeschenk überreichte. Es enthielt folgende Widmung:

»Für jeden Jugendlichen ist es ein großes Glück, in dieser Zeit zu leben und in unserem Staat – dem Vaterland der deutschen Jugend – alle Möglichkeiten zur Bewährung seines Tatendranges zu besitzen« (aus dem Jugendgesetz der DDR).

Wenn die gewusst hätten, was mich damals wirklich als Vater von zwei Kindern bei den Grenztruppen bewegte! Aber ich war ja selbst einer, der solche formalen Sätze aufnahm als auch weitergab. Ich gestehe, dass ich mir nicht immer Gedanken darüber gemacht habe.

In diesem genannten Buch ging es um das Heldentum der Roten Armee bei der Verteidigung Moskaus. Es gab darin eine Schlüsselszene. Ein Soldat verweigerte das Schießen auf die angreifenden deutschen Truppen, weil er physisch und psychisch nicht mehr konnte. Ein Offizier gab den Befehl, den Soldaten zu erschießen. Er gab den Befehl, weil der Soldat nicht bereit oder in der Lage war, Moskau zu verteidigen. Das war eine Konfliktsituation, die immer wieder die Frage aufwarf: »Wie würdest du dich in einer solchen Situation verhalten?«

Schließlich waren alle Vorgesetzten zufrieden, wenn die Teilnehmer solcher Konfliktdiskussionen ihre Bereitschaft bekundeten, »unter allen Bedingungen den Frieden verteidigen zu wollen, selbst unter Einsatz ihres Lebens«.

In den Diskussionsrunden waren aber die meisten Anwesenden schweigsam. Oft wurde auch dieses Verhalten von den Vorgesetzten als Zustimmung aufgenommen. Eine freimütige Diskussion entstand nicht. Die Soldaten zogen es vor, möglichst schnell auf die Stuben zu gehen. Solcherart von Veranstaltungen empfanden viele in der Kompanie als belastend. Zustimmungen zu politischen Entscheidungen oder

Erklärungen der Staatspartei SED wurden schnell gegeben: »Man wollte seine Ruhe haben».

Der Versuch, die Atmosphäre in einer Grenzkompanie zu beschreiben, ist auch darum so kompliziert, weil es sich dabei um ein von außen kaum deutbares Eigenleben handelte. Obwohl sich alle mit »Genosse« ansprachen, war die Distanz untereinander oft zu spüren.

Daran änderte auch nichts, dass ich in der Zeit des Dienstes in der NVA einen Kompaniechef kennenlernte, der sich mir gegenüber etwas öffnete. Er überließ mir die Aufgaben eines Schreibers in der Kompanie. Ich konnte mich manchmal in eine Schreibstube zurückziehen. Für mich erschlossen sich etwas mehr die Möglichkeiten kultureller Aktivitäten. Der unmittelbare Grenzdienst reduzierte sich für mich etwas. Ich hatte nun mehr die Möglichkeit, mit vielen Soldaten über ihre eigentlichen Sorgen in den Familien zu sprechen. Darüber hinaus ergaben sich Gespräche mit den Offizieren. Es entwickelte sich zunehmend mehr das Bedürfnis des Kompaniechefs, mit mir ins Gespräch zu kommen.

Er kam aus einfachen Verhältnissen. Sein Vater war als Soldat im Krieg gefallen. Seine Mutter zog ihn groß. Mit der deutschen Sprache hatte er Schwierigkeiten, wie er mir gestand. Ich half ihm, seine Korrespondenz zu erledigen. So lernte ich sein Innenleben kennen. Er liebte seine Familie. Seine Offizierslaufbahn war mit vielen Ortswechseln verbunden. Als Grenzoffizier waren das meist abgelegene Orte. Die Familie bewohnte oft kleine Dienstwohnung im Grenzgebiet. Wenn er mir seine Berichte oder Schreiben in die Schreibmaschine diktierte, stockte er manchmal voll Rührung. Er war sich im Zweifel, ob er nicht seiner Familie mit seiner Pflichterfüllung, wie er immer wieder sagte, zu viel zumuten würde. Plötzlich stand ein Mann neben mir mit Gefühlen, die er sonst unterdrückte. Er konnte sich wie ein Kind freuen, wenn er eine Auszeichnung erhielt, andererseits brüllte er auch unverhohlen, wenn aus seiner Sicht etwas schief gegangen war.

Ich beschreibe diesen Mann, diesen Genossen, hier soll das Wort »Genosse« menschlich klingen, weil es der Genosse Major W. war, der am 9. November 1989 als einer der ersten Offiziere der NVA den Befehl zur Grenzöffnung in Marienborn/Helmstedt gab, obwohl er selbst keinen Befehl dazu hatte.

Bei Jahrestagen der Einheit Deutschlands war er in den Medien mitunter zu sehen, wenn es um die Beispiele für gewaltfreie Öffnung der deutschen Grenze geht.

Jedes Mal, wenn ich mit dem Auto später von Ost nach West und zurück gefahren bin, habe ich mich an ihn erinnert. Am Grenzübergang steht heute ein Mauermuseum. Ich sollte anhalten! Dieser Mann würde aus meiner Sicht auch Respekt verdienen, auch deshalb, weil die Grenzer der DDR heute medial oft als »vertrottelte Gesellen« dargestellt werden.

Meine zahlreichen Aktivitäten in der Grenzkompanie in der Nähe von Salzwedel haben mir dazu verholfen, dass ich unter vielen Soldaten der NVA ausgewählt wurde, auf dem Kongress des Nationalrates der Nationalen Front der DDR einen

Diskussionsbeitrag zu halten. Ich bereitete meinen Diskussionsbeitrag vor. Darin versuchte, ich die gesellschaftlichen Aktivitäten in dem Grenzort vorzustellen. Für mich war es selbstverständlich, dass ich von der führenden Rolle der Partei ausging. Ich verstand diese als Motor der gesellschaftlichen Entwicklung. Schließlich vermittelte ich, dass sich die Bürger der DDR auf die Soldaten der NVA verlassen können. Ich diente dem Frieden, so argumentierte ich.

An diesem Beitrag feilten plötzlich die leitenden Genossen aller Ebenen der Parteileitungen, vom Regiment bis zum Kommando der Grenztruppen der NVA. Immer wieder wurde der Beitrag umformuliert. Die auf Satzfolgen festgelegten Medienvertreter taten dann noch ihren Senf dazu.

Das war ein sicheres Zeichen dafür, dass ich zu den Auserwählten zählte, die den Beitrag halten werden. Das Fernsehen übertrug diesen gesellschaftlichen Höhepunkt in der DDR, darunter auch meinen Diskussionsbeitrag. Ich könnte erklärend feststellen, dass sei schließlich nicht mehr der Diskussionsbeitrag aus meiner Feder gewesen. Ich habe ihn vorgetragen, also stehe ich dazu. Es war so üblich, wie ich immer wieder tröstend erfuhr.

Damals war für mich in besonderer Weise wichtig, dass ich in die Hauptstadt der DDR nach Berlin fahren konnte. Vorher wurde ich neu eingekleidet. Meine Eitelkeit wurde mit einer neuen maßgeschneiderten Ausgangsuniform befriedigt. Ich fühlte mich als schmucker Soldat. Die ganze Schmach, Demütigung, Erniedrigung, die ich in der NVA erlebte, blendete ich aus.

Warum ich das tat, wurde ich oft gefragt. Wieder und wieder spielte mir mein Ehrgeiz einen Streich. Meine Eitelkeit wurde geradezu herausgefordert. Sie spielte mit mir »Katz und Maus«. Heute würde ich mich in dieser Zeit als ambivalent betrachten. Das Allerwichtigste für mich aber war, dass Bärbel mit nach Berlin in das Hotel »Unter den Linden« eingeladen wurde. Wir konnten unter uns sein und verbrachten herrliche Stunden.

An den folgenden Tagen fand dieser Kongress des Nationalrates der Nationalen Front der DDR in Berlin statt. Das war eine Organisation, in der alle Parteien der DDR, die Sozialistische Einheitspartei Deutschlands, die Liberal Demokratische Partei Deutschlands, die National Demokratische Partei Deutschlands, die Christlich Demokratische Partei Deutschlands, die Demokratische Bauernpartei Deutschlands und Massenorganisationen, wie der Freie Deutsche Gewerkschaftsbund und die Freie Deutsche Jugend im Bunde vertreten waren.

Es war für mich ein unüberschaubarer Kreis der verschiedenen Organisationen, Vereine und Verbände der DDR. Sie alle brachten ihre tiefe Verbundenheit zur Partei der Arbeiterklasse, der Sozialistischen Einheitspartei Deutschland, zum Ausdruck. Jeder der Redner nahm Partei für den Friedensstaat der DDR ein. In dieser überschwänglichen Zustimmung zur Politik der Partei lagen schon wieder makabere Züge, die damals in ihrem ganzen Ausmaß für mich nicht erkennbar waren. Die erzeugte Begeisterung der Teilnehmer, die medial dargestellte Übereinstimmung mit der Bevölkerung lösten auch bei mir eine fast rauschähnliche Stimmung aus. Ich vergaß schnell meine Zweifel.

Auch ich erhielt viel Beifall in der Werner Seelenbinder Halle von den 3.000 Delegierten. Das Fernsehen der DDR machte mit mir Sendungen. Es begannen für mich die Zeiten der Auswertung dieser Tagung vor den Parteiorganisationen des Kommandos der Grenztruppen der DDR.

An eine Veranstaltung erinnere ich mich besonders. So wurde ich vom Kommandeur des Ausbildungsregimentes in Glowe überaus herzlich begrüßt. Es war der Genossen K., der mir in meiner Ausbildungszeit eine Erziehungslehre erteilt hatte. Nun brachte er seinen Stolz zum Ausdruck. Er habe mich in seinem Regiment zu einem würdigen Soldaten gemacht. Über den Beschwerdebrief und die Folgen sprachen wir nicht mehr.

Damals fühlte ich mich nicht benutzt, ich war sogar froh, dem täglichen Grenzalltag entkommen zu sein. Ich diente der Deutschen Demokratischen Republik – auf diese Weise.

Das Leben an der Grenze brachte mich jedoch schnell auf die nüchterne Realität zurück. Das war schneller als mir lieb sein konnte. Von der Höhe des Jubelns fiel ich in das Tal der menschlichen Tragödien.

Natürlich wussten wir von den Grenzdurchbrüchen auch in anderen Grenzabschnitten. In den Zügen zum Urlaub tauschten wir Soldaten uns untereinander aus. Manchmal erhielten wir im Politunterricht Auskunft. Dann wurde es als ein Beispiel dafür mitgeteilt, dass die Grenzsoldaten vorbildlich ihre Pflicht bei der Festnahme von Grenzverletzern erfüllt hatten.

Obwohl bei Festnahmen von Grenzverletzern Sonderurlaub und Auszeichnungen motivieren sollten, hatte ich nicht den Eindruck, dass die Soldaten, die ich kennen gelernt hatte, unter den gegebenen Umständen »scharf« darauf waren. Das waren meine persönlichen Erfahrungen. Ich hatte Angst vor einem möglichen Grenzdurchbruch, von welcher Seite auch immer.

Eines Nachmittags ging ein Soldat aus unserer Stube mit der Waffe über die Grenze. Er hatte diesen Gang offensichtlich allein geplant. Nach dem Reinigen der Waffen verließ er die Gruppe. Wir dachten alle, dass er mal wieder zum Einholen ging. Der Zaun der Kasernenanlage hatte ein Loch. Mühsam hatten wir Soldaten diesen Ausgang geschaffen. Er diente uns immer als willkommene Möglichkeit, heimlich Schnaps und Bier aus dem nahe gelegenen Dorfkonsum einzuschleusen. Das war natürlich streng verboten. Wir glaubten, dass er in dieser Mission unterwegs wäre. Von der Kaserne bis zu den Grenzanlagen waren es ungefähr drei Kilometer. Er nutzte diese Gelegenheit zur Republikflucht.

Gunter war ein verschlossener schmächtiger Junge, oft wurde er gehänselt, weil er die körperlichen Anforderungen nicht schaffte. In der Stube gehörte er auch nicht zu denen, die mal »einen krachen ließen«. In seiner Beurteilung wurde ihm ein fester Klassenstandpunkt bescheinigt. Nun das?

Wir hatten danach ständige Verhöre. Das Misstrauen unter uns wuchs. Immer wieder wurden wir aufgefordert, solche Fragen zu beantworten: »Wer wusste von dem Vorhaben? Gab es Helfer?« In jeder Grenzkompanie war ein Offizier des Ministeriums für Staatssicherheit, der bis zu diesem Zeitpunkt kaum in Erscheinung getreten war. Der wurde aktiv. Immer wieder stellte er mir und den anderen Stubengenossen die Frage: »Wo war deine Wachsamkeit, Genosse?«

Ich musste in den Parteiversammlungen Stellung beziehen. Behandelt wurde ich so, als ob ich dem Klassenfeind hilfreich gewesen wäre. Was mich stark bedrückte war die Tatsache, dass ich auf eine Stufe mit den ideologischen Gegnern gestellt wurde. Nach Wochen wurden diese Verhöre eingestellt. Die Ausgangssperre, die wir erdulden mussten, wurde aufgehoben.

Ich hatte das Glück, ich schreibe ausdrücklich das Glück, während des gesamten einjährigen Einsatzes an der Grenze nie in die für mich komplizierte Lage gekommen zu sein, auf einen Menschen diese Waffe namens Kalaschnikow zu richten.

Immer wieder stelle ich mir heute die Frage: »Hatten wir Soldaten eigentlich einen juristisch abgesicherten Schießbefehl? Hatten wir die Erlaubnis, auf Menschen zu schießen?« Die Grenzverletzer begaben sich in diesen Konflikt in Kenntnis der möglichen Folgen für ihr Leben. Sie taten es dennoch. Welche Motive waren es? Das sind teuflische Fragen, vor allem, wenn ich sie heute erst stelle. Ich frage mich heute: »Waren wir Soldaten über die rechtlichen Folgen dieses Befehls in Kenntnis gesetzt?« Über eine Befehlsverweigerung und deren Konsequenzen habe ich damals nicht nachgedacht. Heute mache ich mir auch darüber meine Gedanken

Wir hatten den Befehl, Grenzdurchbrüche zu verhindern. Das war allen bekannt. Wir wurden über den »Ablauf bei der möglichen Anwendung der Schusswaffe« belehrt. Erst sollte ein Warnschuss in die Luft erfolgen, dann sollte in die Beine geschossen werden. Eine Tötung sollte verhindert werde. Das hört sich alles so einfach und doch menschenverachtend an. Die Realität aus dem Blickwinkel vieler Soldaten sah anders aus.

Die heute einsichtigen juristischen Regeln blenden die Gefühle der meisten Soldaten aus. Die psychologische Belastung war für mich bereits bei dem Gedanken groß, mir nur diese Situation vorzustellen. Wie mag erst der Soldat empfunden haben, der in solch eine Situation gekommen ist? Auf ein bewegtes Ziel mit einer Genauigkeit zu schießen, die sich nur Schreibtischtäter ausdenken können. Es bleibt für mich ein Phantomgedanke.

Über die Konsequenzen, über die heute juristisch einleuchtend bemessen wird, waren wir uns nicht umfassend bewusst. Das entschuldigt nichts – das ist mir schon klar. Es bleibt ein merkwürdiges Gefühl, was nicht zu beschreiben ist. Ich versuche es zu verdrängen, weil es mich belastet. Nicht nur mich.

Es blieb etwas Beklemmendes. Es lag zwischen Pflichterfüllung, Ratlosigkeit und dem Glück, dass man nicht in unüberwindbare Konflikte geraten war. Ich schreibe dieses auch, weil militärische Strukturen eine Eigendynamik haben, die ein Außenstehender kaum bewerten kann. Selbst die militärischen Einheiten, die einer gerechten Sache dienen, unterliegen Interessenerfüllungen. Für die oft beschriebene Freiheit anderer sich einsetzen zu wollen, unterliegt diesem Eigenleben ebenso. Das sollten Bewertende immer auch bedenken.

Alles das habe ich durchgestanden in dem festen Bewusstsein, einer Friedensmission an der Nahtstelle zwischen Kapitalismus und Sozialismus zu dienen. Großmächte haben im Ergebnis des 2. Weltkrieges die Teilung Deutschlands in Teheran und Potsdam beschlossen. Aus diesen historischen Tatsachen erwuchs meine Haltung. Diese Überzeugung war immer der Anker, der Halt, auf den ich mich zurückzog, den ich so verinnerlicht hatte, dass ich die Strapazen, Demütigungen, Ungerechtigkeiten des Dienstes in der NVA überstanden habe. Für mich war bestimmend, dass ich einer Friedensmission diente. Heute erschließen sich mir andere Zusammenhänge.

Als ich in den folgenden Jahren an der Pädagogische Hochschule Potsdam tätig war, immer noch mit den Gedanken und Gefühlen dieser Zeit des »Ehrendienstes in der NVA« belastet, wird mir eine kleine Geschichte in Erinnerung bleiben.

Der Rektor zeichnet verdienstvolle Angehörige der Kampfgruppenhundertschaft der Pädagogischen Hochschule aus.

Als er dem Genossen K. eine Urkunde überreichte, schmetterte der laut: »Ich diene der Deutschen Demokratischen Republik.« Was die militärische Antwort der Ausgezeichneten war.

Darauf der Rektor: »Das will ich auch hoffen!«

Weg vom Katzentisch!

Oft frage ich mich heute, wie ich die Zeit, die Bedingungen und das System einer Armee überstanden habe. An erster Stelle steht da der Beistand, das Verständnis der Familie.

Dann liegt mir am Herzen, Freunde, Bekannte, Gleichgesinnte, Helfer im umfassenden Sinn zu nennen. Da sind auch Menschen dabei, die heute klischeehaft in politisch motivierte Schubfächer zerlegt werden. Ich denke an einen Parteisekretär der Hochschule, der während der 1 ½ Jahre »Ehrendienst in der NVA« mit mir in brieflicher Verbindung stand. Er war oft derjenige, der die politisch komplizierten Bedingungen zu erklären versuchte. Seine Sprache war anders als das sich ausbreitende Parteikauderwelsch. Er vermochte, eine emotionale Bindung zu mir herzustellen. Er traf meinen Nerv. Fred machte mir in seinen Briefen Mut. Er erkundigte sich nach meinen persönlichen Befindlichkeiten. Ich hatte immer den Eindruck, dass er es ehrlich meinte. Er kümmerte sich um mich. In seinen Briefen beschrieb er die Widersprüche des Lebens im Sozialismus in der DDR. Diese Widersprüche, so schrieb er oft, seien nicht hinzunehmen, man müsse sie lösen. Deren Lösungen beinhalteten Spannungen. So wurde das sozialistische Gesellschaftskonzept für mich nicht abstrakt. Der Aufbau dieses neuen Gesellschaftssystems hatte etwas Mühevolles. Er verwies oft auf die Mühen der Ebenen (B. Brecht). Die kleinen Leute standen im Fokus. In der Lösung von Problemen sah er eine Herausforderung. Anstrengungen und Entbehrungen seien notwendig für das Ringen um eine menschenwürdige Gesellschaft. Diese sei noch lange nicht erreicht. Dummheit, Schludrigkeit und doktrinäres Verhalten seien zu bekämpfen. Es würde sich lohnen, wenn man sich einbringen würde.

Er schrieb verbindlich, menschlich bindend, eben persönlich. Wenn er über die Mühen der Ebenen sprach, war das glaubwürdig, weil auch ihn übertriebene Zukunftsphänomene irritierten. Im Zuge der Zeit sind diese Briefe nicht mehr vorhanden. Es wären Zeugen der vielschichtigen Betrachtung von Menschen, die an den Sozialismus glaubten.

Leider sind diese Gedanken zahlloser humanistisch denkender und handelnder Menschen der DDR, die sich dem demokratischen Sozialismus in aller Widersprüchlichkeit zugewandt hatten, verschüttet. Ich schließe auch nicht aus, dass ihre Enttäuschungen besonders groß waren, als ihr Bild vom Sozialismus am realen Sozialismus der DDR zerbrach.

Leider wird das Ringen dieser Menschen um eine bessere Bildung und Kultur in der DDR in der Verurteilung des Staates untergehen. Im Überwinden der akuten Schwierigkeiten sahen zahlreiche Mitstreiter ihren persönlichen Beitrag für eine neue Gesellschaft. Jeder noch so kleine Fortschritt war für diese Menschen eine Erfolgsschiene, auf der sie weiter fahren wollten. Diese Erfolge waren offensichtlich viel zu klein, dass man ihnen heute eine Bedeutung beimisst. Schade, weil es dieses

Mühen verunglimpft. Das sage ich bewusst nach meiner für mich nicht leichten Zeit in einer sozialistischen Armee, die viele Züge der Menschenverachtung enthielt. Es ist aus heutiger Sicht schwer verständlich zu machen, dass immer wieder die Hoffnung auf ein besseres Leben in einer besseren Gesellschaft, für mich dennoch immer noch vorhanden war.

Schließlich bleibt auch zu erwähnen, dass sich diese Armee, in der ich diente, an keiner Aggression beteiligte. Sie hat nie an einem Krieg teilgenommen.

Eine kleine Fabel stützt meine Denkansätze ein wenig: »Zähnefletschen allein reicht nicht, um zu einem Tiger zu werden!« Dabei übersehe ich nicht die Opfer an der Mauer, die Repressalien gegenüber Andersdenkenden, die ganze Demagogie, die im Staatswesen und insbesondere in der Führung durch die Partei lag.

Die Aluminiummarke, die ich als Soldat der Nationalen Volksarmee zu Beginn des Dienstes mit der Nummer 040144406182 erhielt, aus zwei gleichen Hälften bestehend, gab ich ab. Ich war froh, dass sie noch zweihälftig war. Im Falle eines Krieges hätten meine Hinterbliebenen einen Teil dieser Aluminiummarke mit meiner Identifikationsnummer erhalten, atomstrahlgesichert. So hatte ich das Glück, dass ich beide Teile abgab. Daran hatte der Staat, dem ich diente, auch einen Anteil, was zur Vollständigkeit meiner bisherigen Erfahrungen gehört.

Es wäre sicher von größtem Vorteil, wenn wir vorurteilsfrei und differenziert in der Betrachtung miteinander umgehen lernen würden. Das fällt mir gerade ein, wenn ich über diese Menschen in der Armee nachdenke. Es ist zugleich eine Anforderung an mich selbst.

Nach der Rückkehr aus der Armeezeit bewarb ich mich für eine planmäßige Aspirantur. Ich wollte die politische Ebene verlassen. Es war mein ausdrücklicher Wunsch, mich der Wissenschaft zuzuwenden. Ich sah darin auch meine Perspektiven.

Das waren drei Jahre der intensiven wissenschaftlichen Arbeit an der Pädagogischen Hochschule in Potsdam in der Sektion Polytechnik mit dem Ziel, eine Promotionsarbeit zu verteidigen.

Das waren auch drei weitere Jahre des Lebens mit einem Stipendium von monatlich 250 Mark der DDR. Meine Familie war inzwischen auf vier Personen angewachsen. Wir lebten immer noch in der 2 1/2 Zimmer Plattenbauwohnung in Fahrland.

Ich promovierte zum Thema: »Beiträge zur weltanschaulichen Erziehung der Studenten der Sektion Polytechnik – dargestellt an der Methodikausbildung.«

Meine von mir geschätzten Doktorväter und eine Doktormutter waren die Professoren Frau Goetz, Herr Wachner und Herr Wächtler. Es sollte eine integrative Arbeit werden, die, ausgehend von philosophischen Fragen der Entwicklung der Technik, pädagogische Fragen des sozialistischen Menschenbildes mit den Anforderungen an eine moderne Methodikausbildung von Studenten verband. In dieser Arbeit ging ich von den Gesetzmäßigkeiten der marxistisch-leninistischen Weltanschauung aus. Ich setzte mich mit Technikauffassungen bürgerlicher Prägung auseinander. Als ich versuchte, mich mit philosophischen Kategorien zu beschäftigen, merkte ich bald, dass es ein schwieriges Unternehmen war, philosophisches Denken mit pädagogischen Sachverhalten zu verbinden. Ein Abgleiten in allgemeine schematische Zuordnungen war kaum zu verhindern.

Ich stützte mich auf die Möglichkeiten der Anwendung des dialektischen Materialismus für die Ausbildungskonzepte der Studenten. Diese stellte ich differenziert nach Fächern zusammen. Das bildete den Grundstock der Arbeit. Daraus leitete ich Ziele, Inhalte und Methoden der Lehrerausbildung im Bereich Methodik der Sektion Polytechnik ab, die schließlich in Unterrichtvorbereitungen der Schule mündeten.

Mit meiner Doktormutter, Frau Prof. Goetz, entwickelte sich bald ein freundschaftliches Verhältnis. Ihre Art, mit Studenten zu arbeiten, faszinierte mich. Im kleinen Kreis führte sie offen politische Diskussionen. Ich erlebte erstmals, dass auch andere Positionen der Weltanschauung zu respektieren wären. Sie eröffnete für mich neue Ansätze einer freien politischen Meinungsäußerung. Sie war es auch, die mir eine Teilnahme an dem »Kühlungsborner Kreis« ermöglichte Das war eine gefragte philosophische Sommerschule, die der Philosoph Ley initiierte, wo Naturwissenschaftler, Ökonomen und Philosophen der DDR ins Gespräch kamen.

Junge Leute, von denen die Mehrheit das Parteiabzeichen trug, entluden ihre Sorgen. Sie entwickelten eigene Konzepte der Entwicklung des Sozialismus. Das war für mich eine neue Erfahrung. Mir haben bereits beim Zuhören die Ohren geglüht. Das Gesellschaftskonzept des Sozialismus war für viele Teilnehmer eine Vision, die mit dem realen Sozialismus der DDR im Widerspruch stand. Ihre Ideen wären sicher für heutige linke politische Ansichten von Bedeutung. Diese Gesprächsabende begannen nicht, wie sonst üblich, mit allgemeinen Statements der Bestätigungen der Politik der Partei. Die Gesprächsleiter hatten jedoch die Fähigkeit entwickelt, solche Bögen zu spannen, die nach außen den Eindruck vermittelten, dass hier keine konterrevolutionären Ideen entspringen würden. Geistvolle Formulierungen, die im Einerseits und Andererseits mündeten, verhinderten sicherlich parteiliches Eingreifen.

Solche Professoren, wie der Verhaltensforscher Tembrock oder der Philosoph Wessel, bestimmten die freie Diskussion.

Ich stelle heute fest, dass ich mit »auf diese Reise des Geistes, der im Futur schwelgte«, gegangen bin.

Das hatte mich fasziniert. Ich erlebte offene, freie Diskussionen, ohne die ständige Rückversicherung auf die Beschlüsse der Partei.

Ich kam jedes Mal mit zahlreichen Fragen zurück, die ich Frau Prof. Goetz stellte. Sie umgab sich mit einigen Studenten und jungen Wissenschaftlern der Hochschule, die sie zu Klavierabenden in ihr kleines Häuschen einlud. Ihre überaus freundliche Mutter bewirtete uns mit Tee und Gebäck.

Professorin Goetz konnte hervorragend Klavier spielen. Nachdem wir ihren Vortrag klassischer Klavierstücke mit viel Applaus bedachten, entwickelten sich philosophische und politische Gespräche. Sie war nicht eine derjenigen, die auf alle Fragen eine sofortige Antwort wussten. Das machte sie für mich sehr sympathisch. Sie vermied die üblichen Argumentationsketten, die immer zu richtigen Lösungen führen sollten.

An eine Thematik kann ich mich gut erinnern. Es ging um die Rolle der Arbeiterklasse in der Gesellschaft. Prof. Goetz stellte die These auf, dass die Sowjetunion, aus der feudalen Gesellschaft kommend, sofort den Aufbau des Sozialismus vollzog. Wir hatten gelernt, dass sich eine Gesellschaftsformation aus der anderen entwickele und schließlich im Kommunismus münde: »Bäuerliche Verhältnisse dominierte die Sowjetunion nach der Oktoberrevolution. Die Arbeiterschaft hatte die kapitalistische Gesellschaft nicht durchlebt. Es mangelte der Arbeiterklasse an den Erfahrungen aus dem Maschinenkapitalismus. Der von den Ideologen des Marxismus erklärte gesetzmäßige historische Prozess war unterbrochen. Er führt unweigerlich zum Scheitern.« Zum Scheitern?! Unser Vorbild, die Sowjetunion würde scheitern? Es trat betretene Stille unter uns Zuhörern ein. Sie schwieg, stand auf und schenkte uns grusinischen Tee ein.

Welche weitreichende These hatte sie aufgestellt? Die Antwort darauf gaben die gesellschaftlichen Veränderungen in den achtziger Jahren in der Sowjetunion, fast zwanzig Jahre später.

Sie war es auch, die die Frage an uns richtete. »Gibt es stalinistische Rudimente in der Politik der SED?« Wir diskutierten leidenschaftlich, dass es so etwas in der Politik unserer SED nicht gäbe. Daraufhin stand sie erneut auf, kommentierte unsere spontane Diskussion nicht und schenkte uns wiederum grusinischen Tee ein. Ich bemerkte nur ein fast nicht erkennbares Kopfschütteln, man hätte es auch als Blickbeziehung zu ihrer Mutter deuten können. Sie war eine kluge, empathische Frau. Sie war es, die mir ermöglichte, im so genannten Giftraum der Landesbibliothek die Schriften von Adorno und Spengler (bürgerliche Philosophen) im Original zu lesen. Diese Werke befanden sich in einem Extraraum, den wir Giftraum nannten. Es bedurfte eines Genehmigungsverfahrens, um diesen Raum betreten zu können. Diese Genehmigung erhielten nur ausgewählte, politisch zuverlässige Wissenschaftler.

Ich gehörte offenbar dazu. Ich nutzte die Gelegenheit, die mir nunmehr zugänglichen Schriften aus der Bundesrepublik zu studieren. Diese konnten nur in den dafür vorgesehenen Räumen eingesehen werden.

Das war schon ein Privileg für mich. Damals hatte ich es als solches nicht empfunden. In der Bewertung dieser sensiblen Dinge war ich oberflächlich.

Mehr noch, diese heute für mich bedrückende Tatsache, dass die Freiheit der Wissenschaften, gerade der Geisteswissenschaften, durch solche Maßnahmen eingeschränkt wurden, zeugt von engstirnigen Absichten, die nicht zu leugnen sind und die zu erklären, so viel Mühe bereitet, weil sie letztlich nur in den Gesamtkontext der politisch Mächtigen passten. Nach zweieinhalb Jahren war ich vor der Frist fertig, verteidigte die Arbeit mit »Summa cum laude».

Heute stehe ich kritisch zu dieser Arbeit. Das trifft besonders auf die einseitige Auseinandersetzung mit der Technikauffassung als einer Hegemonieposition der Lehren des Marxismus-Leninismus zu.

Auch die Entwicklung eines sozialistischen Menschenbildes durch Überzeugungen, bewusstes klassenmäßiges Handeln kann nur einseitig in den damaligen gesellschaftlichen Umständen angesiedelt werden.

Nach der Verteidigung der Arbeit wurde ich zu einem Kadergespräch zum damaligen Rektor der Pädagogischen Hochschule Potsdam bestellt. Es war Prof. Dr. Gerhard J.

Er suchte einen Wissenschaftssekretär des Rektors. Nach einem kurzen Gespräch mit mir, bat er seine Sekretärin Marion um Einverständnis. Sie nickte zustimmend. Schließlich sollten wir gemeinsam die Arbeit machen. Damit stand meinem wissenschaftlichen Weg, wie ich damals dachte, nichts mehr im Weg.

Professor J. war ein wissenschaftlich ausgewiesener Physiker. In meinen Augen verfügte er über einen gesunden Menschenverstand, wie man damals sagte. Politische Situationen verstand er klug zu analysieren. Mitunter setzte er sich kritisch mit den oft unzumutbaren materiellen Zuständen in der Ausstattung der Fakultäten auseinander. Damit schuf er sich nicht nur Freunde.

Wir haben oft über die politischen Verhältnisse in dieser Zeit gesprochen. An einem kleinen runden Tisch im Rektorat saßen wir bis in die abendlichen Stunden. Er rauchte dann eine Zigarre und wir tauschten die Meinungen aus. Wir brachten unseren Ärger über die permanent vorhandene Mangelwirtschaft zum Ausdruck. Die Hochschule befand sich in maroden Gebäuden. Restaurierungsarbeiten waren rar. Uns ärgerte die in den Presseorganen vermittelten Siegesmeldungen der Wirtschaft im Gegensatz zu den realen Bedingungen, mit denen wir uns täglich herumschlugen.

Wieder lernte ich zwischen den Zeilen zu lesen. Es war ein geistvolles Lavieren zwischen den linientreuen Forderungen der Partei sowie den existierenden Bedingungen. Heute würde ich fast von Kunst sprechen. Es war ein Suchen nach der vermeintlich besseren Lösung, ohne vorher bereits festgelegt zu sein. Es gab nur wenige, die das beherrschten. Einer davon war in meiner Vorstellung der Rektor. Seinen Standpunkt konnte er immer so beschreiben, dass Außenstehende kaum Zweifel daran hatten, dass die Partei der Arbeiterklasse seine Heimat war. Seine kritischen Äußerungen verpackte er immer im angemessenen Verhältnis von Kritik und Selbstkritik.

Eine Hochschule damals zu leiten, war ein Spagat zwischen wissenschaftlichen Anforderungen, die durchaus den internationalen Maßstäben entsprachen und den sich bietenden materiellen Bedingungen. Dazu kam die exponierte Stellung dieser Hochschule im gesellschaftlichen Umfeld Potsdams. Am 19. März 1948 wurde diese Alma Mater auf Befehl Nr. 45 der Sowjetischen Militäradministration gegründet. Dort heißt es: »In Potsdam (ist) eine Hochschule unter dem Namen »Brandenburgische Pädagogische Hochschule» bestehend aus zwei Fakultäten» zu gründen (15). Es ist heute kaum vermittelbar, aber es war ein Befehl der Sowjetarmee. Der Lehrermangel nach dem Krieg war akut. Die Lehrer in einer künftigen sozialistischen Gesellschaft sollten nach den Zielen und Inhalten einer kommunistischen Pädagogik unterrichten. Sofort kam der Ruf einer »roten Hochschule» auf.

In allen Leitungsebenen bestimmten die parteilichen Funktionäre über die personellen und materiellen Entwicklungen mit. Deren Berichterstattungen an ihre entsprechenden übergeordneten Leitungen waren für die Entwicklung der Hochschule allerdings von entscheidender Bedeutung.

Im Laufe der Jahre hat sich die Hochschule darüber hinaus einen guten Ruf in zahlreichen Wissenschaftsdisziplinen, wie der Sprachwissenschaft, der Biologie, der Zoologie, der Geografie, der Mathematik, der Physik, der Chemie und der Sportwissenschaft erworben. In den Geisteswissenschaften war das nicht in dem Maße der Fall.

Das lag sicher an den hier tätigen Wissenschaftlern ebenso wie an den stark marxistisch-leninistisch orientierten Wissenschaften. Von den Instituten für Gesellschaftswissenschaften beim Zentralkomitee der SED gingen die wissenschaftlichen Orientierungen aus. Damit hatte die Partei die Anleitung und Kontrolle über deren inhaltliche Profilierung. Das waren Leitinstitute, die unter direkter Einflussnahme der entsprechenden Abteilungen des Zentralkomitees der SED standen.

Die Orientierung in der pädagogischen Wissenschaft ging vom Ministerium für Volksbildung und ihren Leitinstituten aus. Das war unter anderem die Akademie der Pädagogischen Wissenschaft der DDR.

Hier wirkte der Zentralismus in besonderer Weise, der auch in der Person von Frau Honecker, der langjährigen Ministerin für Volksbildung, einen spezifischen Anstrich hatte.

Die Pädagogische Hochschule in Potsdam war oft der Austragungsort von Veranstaltungen von zentralen Parteiorganen, dem Ministerium für Volksbildung oder dem Ministerium für Wissenschaft zu Höhepunkten des gesellschaftlichen Lebens.

Den organisatorischen Rahmen dafür zu leisten war ebenso meine Aufgabe, wie die systemgetreue Ausbildung von Lehrern mit einem hohen Maß an wissenschaftlicher Fundierung in den Fachbereichen mit zu organisieren.

Oft kam es zu Gesprächen im kleinen Kreis gerade anlässlich solcher Veranstaltungen mit den führenden Genossen des Bezirkes oder der Ministerien. Diese Genossen zogen sich in einem kleinen Kreis Auserwählter zurück. Hier wurde dann auch Klartext gesprochen. Diese Gespräche ergaben manchmal partielle Lösungen der vorhandenen materiellen Unzulänglichkeiten für die Hochschule. Die volkswirtschaftlichen Pläne wurden durch Fallentscheidungen (von Fall zu Fall…) der Funktionäre durchbrochen. Leidtragende waren wieder andere an der zu kurzen Decke. Diese Gesprächsrunden prägten dann auch mein Verständnis von der Teilhabe am Aufbau des Sozialismus. Ich merkte, dass hier nun doch einige Dinge entschieden wurden. Dass es dabei auf Kosten anderer geplanter Bereiche der Wirtschaft ging, blendete ich aus. Selbst der Berichterstatterweg erschien mir jetzt abgekürzt. Ich fühlte, hier werden doch die wirklichen Dinge des Lebens besprochen, auf dem »Gefreitenweg«, wie wir es nannten.

Ich saß am Katzentisch derer, die das Sagen hatten. Mein Ehrgeiz war angespornt. Ich liebäugelte damit, zu denen zu gehören.

Der Rektor sagte zwar immer lächelnd: »Je höher du auf der Kaderleiter steigst, umso tiefer fällst du. Denke ja nicht, dass mit Abnahme der Sprossen die Freiheit deiner Entscheidungen größer wird!«

Um die Verbindung zur studentischen Ausbildung weiter zu behalten, erhielt ich vom Senat der Hochschule eine Dozentenstelle an der Sektion Polytechnik für den Fachbereich »Philosophische Probleme der Technik«. Die direkte Zusammenarbeit mit den Studenten bereitete mir große Freude. Ich sah in der weiteren wissenschaftlichen Karriere meine Zukunft.

Doch es kam, wie so oft in den Jahren davor, anders. Ich wurde zum amtierenden Parteisekretär der Hochschule bestellt. Der unterbreitete mir die Vorstellung der Parteikaderkommission, dass ich seine Funktion übernehmen sollte. Heiner B. würde mit mir im Duett diese Aufgabe schultern.

Sicher habe ich mich nun in meiner politischen und wissenschaftlichen Arbeit bestätigt gefühlt. Ich rückte näher an die heran, die das Sagen an der Hochschule hatten. Jetzt konnte ich mit der Hochschulparteileitung an Entscheidungen mitwirken. Ich sah das als eine Herausforderung für mich an.

Der gesamte Umfang dieser Funktion war mir an diesen Tagen nicht bewusst. Ich hatte mir bestimmte Vorstellungen zurechtgelegt. Aus dem Umgang mit den Führungsgremien der Hochschule die ich am Katzentisch erlebte, konnte ich mir meinen Reim bilden. Dennoch hatte ich nicht erwartet, dass vom ersten Tag der Bestätigung meiner Wahlfunktion durch die Kaderkommissionen der SED ein für mich bis zu diesem Zeitpunkt neuer Anspruch in der Luft lag. Jetzt gehörte ich zu den Nomenklaturkadern der SED.

Nomenklaturkader waren diejenigen Genossen der Partei, die besonders gefördert wurden, ihnen waren Posten in der Gesellschaft vorbehalten. Sie wurden in den Parteischulen der SED gründlich geschult.

Ich habe den Ausspruch eines für die Hochschule zugeordneten Mitarbeiters der Bezirksleitung der SED immer im Ohr: »Jetzt kannst du deine Promotion vergessen. A, B oder C Promotionen kannst du an den Nagel hängen (In seiner Rage hatte er gar von einer C- Promotion gesprochen, die es nun wirklich nicht gab). Jetzt bist du ein Parteiarbeiter!« Für ihn waren diese akademischen Graduierungen, das ganze akademische Leben alles Teufelszeug.

Ich gehörte jetzt zwar formell zu den Nomenklatur-Genossen. Im Umgang mit meiner Person spürte ich jedoch eine latente Distanz, die mir gegenüber einige obere Genossen zeigten. Diese resultierte daraus, dass diese Funktionäre zu den Angehörigen der Intelligenz ein gebrochenes Verhältnis hatten. Einerseits waren sie auf diese in bestimmtem Umfang angewiesen, andererseits wollten sie ihre Allmacht gerade vor denen dokumentieren.

Als ich zum ersten Kadergespräch in die SED-Kreisleitung beordert wurde, erklärte mir der 2. Sekretär schulmeisterlich, dass es auf die unbedingte Erfüllung der Beschlüsse der Partei gerade an der Hochschule ankomme. »Für dich, Genosse, ist das zwischen den Zeilen lesen beendet!« Das waren seine belehrenden Worte. Ich könne ihm sowieso nichts vormachen, er sorge für die linientreue Umsetzung der Beschlüsse der SED. So lernte ich gleich, wer hier die führende Rolle der Partei vertrat. Er ließ keinen Zweifel daran, dass das die übergeordneten Leitungen der Partei seien, deren Vertreter er war. Später habe ich jedoch feststellen müssen, dass solche Parteisoldaten wiederum benutzt wurden, um anderen Funktionären Spielräume für Ihre Entscheidungen zu geben. Ich wurde in dieses Ränkespiel einbezogen.

Nach den ersten Einlassungen in die Innereien der Partei auf dieser strukturellen Ebene war ich doch etwas ernüchtert. Ich hatte dennoch die Hoffnung, dass ich Genossen antreffe, die an der Verbesserung des Führungsstils innerhalb der Partei Interesse hatten.

Schließlich wählten mich die Mitglieder der SED, die Hochschullehrer, wissenschaftliche Mitarbeiter, Arbeiter, Angestellte und Studenten an der Hochschule einstimmig zu ihrem Sekretär. Das waren ca. 400 von ca. 3.000 an der Pädagogischen Hochschule tätigen Hochschullehrer, Mitarbeitern und Studenten. Diese Wahlen liefen nach den Regeln des Statutes dieser Partei ab. Für einen Posten wurde ein Kandidat von der entsprechenden Parteileitung vorgeschlagen. Die Mitglieder wurden aufgefordert, dem zuzustimmen. Die Zustimmung wurde dann als Einheit und Geschlossenheit der Mitglieder von den übergeordneten Leitungen bewertet. Beschlusstreue und Parteidisziplin waren die Grundlagen parteilicher Tätigkeit. Die Erkenntnis, dass die Ideologie der Totengräber der Vernunft ist, diese Erkenntnis wuchs später für mich in drastischer Weise.

Die Macht des Berichtes über die Realität

Gemeinsam mit Heiner B. bildeten wir das Gespann der Parteisekretäre an der Pädagogischen Hochschule Potsdam. Mitte der siebziger Jahre verkörperten wir mit weiteren ca. 400 Mitgliedern der SED die Führungsrolle der Partei an dieser Alma Mater.

Das kollektive Führungsgremium war die Hochschulparteileitung. In ihr waren Vertreter aus allen Bereichen der Hochschule. In den Leitungssitzungen war neben den Studenten, Arbeitern, Angestellten und Wissenschaftlern auch der Rektor vertreten. Im Mittelpunkt der Sitzungen standen politisch-ideologische Fragen. Sie waren nicht von den Problemen des Alltages zu trennen.

Den Wochenbeginn gestalteten wir mit körperlicher Betätigung. Eine Stunde am Morgen förderte die Fitness der sogenannten Leitungskader der Hochschule. Im Anschluss daran wurde ein Koordinierungsgespräch mit dem Rektor, den FDJ Sekretären, dem Vorsitzenden des FDGB und weiteren Leitungsfunktionären unter Führung der Partei angesetzt. Oft wurden Personalfragen beraten. Soziale Fragen, vor allem Probleme der materiellen Sicherung des täglichen Studienalltages beschäftigten uns. Genehmigungsverfahren zu wissenschaftliche Veröffentlichungen in westlichen Ländern wurden ebenso behandelt wie Reiseanträge von Hochschullehrern zu wissenschaftlichen Vorträgen in das westliche Ausland. Über Auszeichnungen und Beförderungen von Hochschulangehörigen zu bestimmten Jahrestagen wurde oft lange debattiert.

Die Wunschliste von zahlreichen Hochschulangehörigen, Mitglied der SED zu werden, war lang. Es konnte aber, nach einem Schlüssel der SED Kreisleitung, nur ein geringer Teil aufgenommen werden. Heute wird der Vorgang der Aufnahme in die Partei so dargestellt, als ob jeder, der es nur wollte, dieses auch konnte. Weder eine Zwangsmitgliedschaft noch Werbeaktionen waren erforderlich. Die Kandidaten stellten sich meist als klassenbewusste Mitstreiter vor. Dabei war das Karrieredenken nicht auszuschließen. Derjenige, der Mitglied der SED war, hatte bessere Chancen, eine Karriereleiter zu erklimmen.

Die Hochschule hatte eine eigene Kampfgruppenhundertschaft der Partei der Arbeiterklasse, in der auch Parteilose gedient haben. Die gesamte Führung dieser Gruppe lag in den Händen der Hochschulparteileitung. Die Bewaffnung erfolgte durch das Volkspolizeikreisamt. Die Hundertschaft war mit Maschinenpistolen der Marke »Kalaschnikow« ausgerüstet. Das war der Beitrag der Hochschule an der militärischen Sicherheitsstrategie der Partei gegenüber einer möglichen kriegerischen Handlung der NATO-Streitkräfte. Ohne den Mitgliedern dieser Hundertschaft ihren Verteidigungswillen absprechen zu wollen, rein militärstrategisch war wohl kaum mit einer wirklichen Verteidigungskraft zu rechnen. Man versprach sich mehr einen moralischen Rückhalt. Die Hochschule qualifizierte jährlich ca. fünfhundert diplomierte Lehrer mit einer Lehrbefähigung bis zur Abiturstufe. Die fachliche Ausbildung befand sich auf einem hohen Niveau. Das fand auch internationale Anerkennung.

Die mathematische-naturwissenschaftliche Fakultät war weit über die Hochschule hinaus bekannt und international gewürdigt. Die praxisorientierte vierjährige Lehrerausbildung hatte sich bewährt.

Ende der siebziger Jahre besuchte die Bildungsministerin Finnlands mit einem ganzen Stab von finnischen Bildungsexperten die Hochschule [16]. Sie untersuchten über mehrere Wochen sowohl die strukturelle als auch die inhaltliche Entwicklung der Lehrerausbildung an der Hochschule. In den Gesprächen wurde immer die hohe Wertschätzung der Diplomlehrerausbildung in Potsdam hervorgehoben. Die Finnen brachten ihren Willen zum Ausdruck, nach den in der Hochschule entwickelten Lehrprogrammen in ihrem Land zu arbeiten.

In einem Gespräch in kleinem Kreis betonten die Gäste, dass es auf zwei Bedingungen einer guten pädagogischen Arbeit in ihrem Land ankäme. Die erste Bedingung sei Geduld zu haben, immer davon auszugehen, dass pädagogische Konzepte sich erst in zwanzig bis dreißig Jahren erfolgreich umsetzen lassen. Die zweite Bedingung sei, dass sich im Ministerium in Finnland eine klare Orientierung auf die Bildungsstrukturen und Inhalte der DDR durchgesetzt habe, deren ideologischen Ausgangslinien ausgespart wurden. Es erfüllt mich mit Freude, dass gerade Finnland an der Spitze der heutigen internationalen Bewertung einer erfolgreichen Bildung steht.

Solche Gespräche haben uns in unserer Arbeit beflügelt. Manches Ringen um materielle Bedingungen und ideologische Querelen wurden vergessen gemacht.

Natürlich oblag es dem Parteisekretär, über Kaderentwicklungen zu entscheiden. Damit wurden die Lebenswege von Menschen bestimmt. Die meisten politischen Diskussionen wurden vom Klassenstandpunkt aus geführt. Sie ließen keinen Zweifel über die Richtigkeit der marxistisch-leninistischen Weltanschauung zu. Die Umsetzung zahlreicher Beschlüsse der übergeordneten Parteiebenen war mit der Delegierung von Studenten zu politischen Demonstrationen verbunden. In der Regel wurden sie erfüllt.

Wer sich auf diese Grundpositionen einließ, befand sich in einem Umfeld von Zuwendung, Freundschaft, Hilfsbereitschaft und Solidarität. Er konnte mit Dank und Anerkennung rechnen. Seine Laufbahn wurde unterstützt.

Diejenigen, die sich nicht darauf einließen, hatten es in dieser Hinsicht schwierig oder kamen erst gar nicht in die engere Wahl. Darum konnte ich in diesen drei Jahren an der Hochschule politische Konflikte vor Ort nur in sehr geringem Umfang erleben. Zustimmungserklärungen überwogen in der täglichen politischen Tätigkeit. Auf Versammlungen oder in Gesprächen standen Fragen der Umsetzung der zentralen Parteibeschlüsse mehr im Vordergrund als kritische Anmerkungen. Wenn diese auftraten, wurden Argumente gesammelt, um diese zu zerstreuen.

Schließlich waren unsere Berichterstattungen an die übergeordneten Leitungen ebenso klassenbewusst verfasst wie die anderer Parteiorganisationen.

Wir verfielen genau wie sie in ein erschreckend formales Berichtswesen. Ich sehe heute darin eine der Methoden der Partei, zahlreiche Menschen zu bereitwilligen Informanten geprägt zu haben. Es gehörte zum System der dogmatischen Arbeitsweise der Partei. Gerade dadurch entstand ein politisches Klima, welches für die Charakterisierung der damaligen Gesellschaft bedeutungsvoll war.

Ich will versuchen, diese Wurzel des Dogmatismus zu erklären, in die ich eingebunden war. Die ich selbst nicht nur geduldet habe, sondern wie selbstverständlich von anderen forderte.

Monatlich verfassten die Parteisekretäre der Grundorganisationen Berichte zur politisch-ideologischen Lage. Diese Berichte verschlangen die meiste Zeit, da vom Inhalt der Berichte die persönliche Entwicklung und die Stellung der Grundorganisation innerhalb des Territoriums abhingen. Die Grundorganisation war immer zum Synonym der gesamten Pädagogischen Hochschule Potsdam von den zentralen Parteigremien betrachtet worden.

Zunächst wurden in den politisch-ideologischen Berichten die Zitate aus den Parteitagen der SED herangezogen. Die wesentlichen Stellen wurden so herausgehoben, als ob die Mitarbeiter der Hochschule sie begrüßt hätten. Sie wurden mit ihren Stellungnahmen zitiert. Die Beurteilung von Mitarbeitern in ihren politischen Überzeugungen, Haltungen und Handlungen sollten aus diesen Berichten ableitbar sein. Da es zur Selbstverständlichkeit der politischen Arbeit von der Pioniergruppe, der FDJ Gruppe, der Gewerkschaftsgruppe bis hin zur gesamten Gesellschaft der DDR gehörte, diese Beurteilungen ständig anzufertigen, merkte ich nicht die perfide Art dieser Aufgabe. Eine politische Indoktrination, die ich als solche damals nicht erkannte. Ich war ihr erlegen. Nun praktizierte ich diese selbst.

Ich zeigte Wege auf, wie die Hochschulangehörigen um die Umsetzung der Beschlüsse kämpften. Schließlich wurden die Berichte abgerundet durch Bekenntnisse einzelner oder noch peinlicher, indem besondere wissenschaftliche oder kulturelle Leistungen, wie selbstverständlich als Ausdruck der Bekenntnisse zur Partei der Arbeiterklasse dargestellt wurden.

Das alles geschah Monat für Monat und Jahr für Jahr mit einem riesigen zeitlichen Aufwand. Diese Berichte wurden immer mehr zur Routine. Inhaltlich und stilistisch konnte man aus ihnen Selbstdarstellungen, Selbstgefälligkeiten, Parteitreue, Denunziationen ebenso entnehmen wie realitätsfremde Erfolgsmeldungen. Dieses Berichtswesen war zur Selbstverständlichkeit mutiert. Das gerade darin eine perfide Methode dogmatischer Beeinflussung wurzelte, war mir in dieser Zeit nicht bewusst. Nach heutiger Betrachtung der Zusammenhänge beschämt mich das.

Fußnote zum System der Berichterstattung, die keine ist

Die Berichterstattung war ein sich menschlich und notwendig gebendes System, welche auf die allseitige Entwicklung der sozialistischen Persönlichkeit gerichtet schien. Scheinbar trug sie zur Systemstabilisierung bei. Doktrinäre Systeme erklärten sie zur objektiven Notwendigkeit. Nach gründlicher Analyse wurde sie zum scheinwissenschaftlichen Schwachsinn und menschenunwürdig. Sie förderte Lügen, Übertreibungen, Schutzbehauptungen. Sie war Produktivität verschwendend. Damit trug sie zum eigenen Untergang bei. Sie erwuchs keiner Gesetzmäßigkeit einer sich menschlich gebenden Gesellschaftsordnung.

Sie war einer der Mosaiksteine, die zum Untergang des Staates führte, der diese Berichte pries. Konstruktives Lügen war zum Erhalt eigener Positionen erforderlich. Sprachliches Unverständnis lag oft den Aussagen zu Grunde. Der Begriff »Funktionärsdeutsch« umschrieb die in den Schriftdokumenten gefundenen Aussagen. Sie glichen einer Geheimsprache, in der Sachverhalte nur von denen interpretierbar waren, die sie einführten. Zum Beispiel wurde in einem Bericht über »leichte Fortschritte« berichtet, dann waren sowohl positive Entwicklungen interpretierbar, es ließ aber auch den Mangel an schnelleren Entwicklungen zu. Nur Insider konnten die Texte übersetzen. Heute wäre ein Wörterbuch zur Übersetzung mancher verschleierten Formulierungen notwendig.

Der Berichterstatter war eine sich in politischer und persönlicher Abhängigkeit befindende Person. Sie konnte daher nicht annähernd objektiv sein. Ihre Selbsterhaltung und ihre Karriere standen im Mittelpunkt. Ihre Formulierungskünste entsprachen den ihr aufgetragenen Zielen. Sie blieb subjektiv in allen ihren Aussagen. Sie war ihren Vorgesetzten gegenüber abhängig in der Bewertung und im Stil. Ihre Existenz geriet ins Schwanken, wenn ihre Schriften nicht zielkonform waren. Ihre Befangenheit und Abhängigkeit nahm auf dem Weg in die Leitungspyramidenspitze zu. Ihre sprachlichen Aussagen waren oft vom Grad der kulturellen Bildung und der Fähigkeit des konstruktiven Verschleierns des Berichterstatters abhängig. Die realen Bedingungen waren oft so dargestellt, dass diese einem erhofften oder gewünschten Zustand nahe kamen. Es galt mehr über den Schein als über das Sein zu informieren.

Die Berichtsnehmer nahmen die Berichte entgegen. Sie trafen die ersten Wertungen. Ihre Kunst bestand in dem Auslassen kritischer Ereignisse. Sie konnten Meinungen manipulieren. Sie formulierten Schlussfolgerungen an die nächst höheren Leitungen. Sie waren die »Filter« oder »Verdichter« von Ereignissen oder politischen Haltungen. Ihre Abhängigkeiten ergaben sich aus dem Grad ihrer Verflechtung mit anderen Berichtsnehmern, den möglichen Kaderentwicklungen der Person im System und der Stellung in den Leitungsstrukturen. Es kam vor, dass ein Berichtsnehmer im Prozess der Berichterstattung zum Berichterstatter wurde.

Die Berichte waren als Lagebericht oder als Bericht zu Personen zu unterscheiden. Beim Lagebericht war dem Grundsatz zu entsprechen, dass die politischen Orientierungen ausschließlich von der Parteiführung ausgingen. Es wurden Zitate aus den Parteitagen, Aussprüche des Generalsekretärs oder Sprüche Lenins herangezogen. Erfolge standen im Mittelpunk. Diese wurden mit übertriebenen Formulierungen versehen. Statistische Erhebungen wurden so frisiert, dass der Erfolg selbst aus dem Nichterfolg sichtbar gemacht wurde. Ein gesonderter Abschnitt beschäftigte sich mit Hinweisen und Kritiken. Dieser oblag einer besonders intensiven Bewertung aller Leitungsebenen. Hier wurden auch vorhandene Mängel nicht ausgespart.

Bei Mängeln wurde die kollektive Kraft herbei geschrieben, die diese schnell beseitigen würden. Argumentationen wurden oft auf Losungen reduziert. Eine herbei geschriebene Zukunftsphobie garantierte die Kritiklosigkeit. Die phantomartige Zukunft würde die Probleme lösen. Die vorhandenen Mängeln wurden oft dem Klassengegner in die Schuhe geschoben.

Der Bericht zu den Personen war leichter zu fertigen, wenn es sich um herausragende Leistungen eines sozialistischen Kollektivs handelte. Bei Nichterfüllung von Beschlüssen und Fehlleistungen einzelner oblag dem Bericht ein gewisser Erklärungsnotstand. Kleine Formulierungen halfen der Berichtsaussage. Erklärungen, dass das Kollektiv bereits wirksam geholfen habe, den »Wandler« des falschen Weges wieder auf einen richtigen zu führen, waren hilfreich. Besonderes Gewicht konnte die Darstellung der helfenden Hände der Partei bewirken. Wenn die helfenden Hände nicht mehr reichten, wurden dann für den betroffenen Menschen zunächst »Patenschaften« und ideologische »Hilfen« ausgewiesen.

Stellte der Bericht eine gewisse Hoffnungslosigkeit in den Erziehungserfolgen dar, gelangte er in den Zirkulär übergeordneter Leitungen. Daraus erfolgten oft personelle Konsequenzen.

Die Berichtsstruktur war zentralistisch aufgebaut. Von der Parteigruppe, der Grundorganisation, der Kreisleitung, der Bezirksleitung, dem Zentralkomitee und deren Abteilungen, den Sekretariaten bis zum Politbüro, von unten nach oben, in jeder Struktur wurden Berichte erarbeitet, korrigiert sowie bewertet. Die staatlichen Kaderabteilungen in jedem Betrieb oder Einrichtung fertigten regelmäßig Beurteilungen über die politische Meinung von Werktätigen an. Die Informellen Mitarbeiter des Ministeriums für Staatssicherheit gaben mündliche oder schriftliche Berichte ab. Mitarbeiter dieses Ministeriums sicherten, wie in einem Netz, eine regelmäßige Lagebeurteilung. In den Wohnhäusern wurden Hausbücher geführt, in denen über Besucher Nachweise geführt wurden. Die Abschnittsbevollmächtigten der Volkspolizei erfassten Informationen zu politische Meinungen der Bürger. Eine perfide Berichtsstruktur sollte die ideologische Haltung von Menschen regelmäßig einschätzbar machen.

Wie in einem Trichter gelangten die Berichte zu den Parteileitungen aller Ebenen. Damit sicherte die Sozialistische Einheitspartei Deutschlands ihre Führungsrolle. Vom Betrieb bis zum entsprechenden Ministerium, vom Bürgermeister über die Räte der Kreises, die Räte der Bezirke bis zum Ministerrat gelangten die Berichte.

Auf allen Ebenen der gesellschaftlichen Organisationen beschäftigten sich Leitungen mit diesen Berichten. Parallel waren dazu die Kreisdienststellen, Bezirksdienststellen und das Ministerium für Staatssicherheit ebenso wie die Polizeidienststellen bis zum Ministerium des Inneren in entsprechenden Abteilungen gegliedert. Sie hatten darüber hinaus ein Netz an Informanten aufgebaut. Sie alle waren mit den Berichten involviert, tauschten sie untereinander aus oder gaben sie an unterschiedliche übergeordnete Leitungen weiter. Die erschreckende Dimension wird in ihrer Unübersichtlichkeit schwer erkennbar. Allein, wie viele Menschen in diesem Berichtssystem involviert waren, ist kaum nachzuvollziehen.

Vielleicht war es die Ironie des Schicksals, dass sich dieser Systemkrake selbst zerstörte. Es entstand für mich das Zeitalter der Macht des Berichtes über die Realität.

In der Existenz des Berichtswesens lag schon der Ansatz des Unfassbaren. Schlimmer jedoch war, dass dieses Berichtswesen sich zur Normalität und Selbstverständlichkeit entwickelte. Kaum einer regte sich darüber auf. Ich auch nicht. Viele machten mit. Es war die Mehrheit, wie ich glaubte.

Berichte an übergeordnete Leitungen wurden ergänzt durch Vorlagen zu bestimmten Themen. Hier wurden die Berichterstatter in die Leitungen eingeladen. Sie sollten diese Vorlagen, die sie vorher eingereicht hatten, verteidigten. Das war ein ebenso deprimierender Vorgang.

Als ich auf einer höheren Sprosse der Kaderleiter nun selbst in der Rolle derer war, die Vorlagen zu bewerten hatten, war ich in dem »Hamsterrad der Unredlichkeit« eingebunden.

Bewusst schreibe ich das so ausführlich, weil es zugleich mein Unverständnis darüber zum Ausdruck bringen soll, dass heutige Politiker, Historiker und Journalisten die Bewertung des Staates »DDR« fast ausschließlich aus diesen Berichten abzuleiten bereit sind. Die von mir gefertigte »Fußnote« sollte bedacht werden, selbst oder gerade weil eine Gesellschaft und deren Menschenschicksale an die »Außenbewertung« von diesen »Berichten« geknüpft wurden. Die Gaucksche Behörde ist für mich ein beredtes Zeugnis von undifferenzierter Bewertung. Wer die »Wahrheiten« ausschließlich aus den »Berichten« schöpft, muss sich mindestens fragen lassen, ob er zur differenzierten Aufarbeitung beiträgt oder erneut seinen gesteuerten Interessen erliegt.

Es gab durchaus vernünftige Menschen in diesem vertrackten System der Berichterstattungen, die relativieren, die differenzieren konnten, die sich vor allem einen gesunden Menschenverstand bewahrten. Sie waren klug im Abwägen der Aussagen in solchen Berichten gegenüber der erlebten Realität. Es waren wenige in meinem damaligen Umfeld, dennoch waren sie es gerade, die mich beeindruckten.

Mich beeinflusste ihr intelligenteres Argumentieren. Das war verbunden mit einem flexibleren Denkstil. Eingeschliffene Worthülsen von der Sieghaftigkeit des Sozialismus gehörten bald nicht mehr zu meinen alleinigen Denkschemen, die ich ohne Zweifel noch benutzte. Ich merkte, dass ein Ankommen bei den Mitarbeitern nur dann einigermaßen gegeben war, wenn eine intellektuell verständliche Sprache mit bildhaften Beispielen gewürzt war. Das erforderte vor allem eine Ernsthaftigkeit im Erfassen der Sorgen der Leute im täglichen Lebenskampf. Das reichte jedoch nicht, da erst Lösungen zu Verständnis und Achtung führten. Darin lag nun aber der Hase im Pfeffer, da im zunehmenden Mangelwarensystem. Versprechungen oft nicht gehalten werden konnten.

Man wurde dann ernst genommen, wenn man sich für die Nöte, Sorgen und Probleme der Leute nicht nur interessierte, sondern wenn man zur Lösung der Sorgen beitragen konnte. Das war oft verbunden mit der Beschaffung sowie Besorgung von Mangelartikeln des täglichen Bedarfs. Es beinhaltete auch Informationen, die die Partei als parteiintern charakterisierte. Dieses »etwas mehr wissen, als die öffentliche Presse kundtat, lokale Zusammenhänge herzustellen, die der Öffentlichkeit vorenthalten wurde, personelle Veränderungen nicht im öffentlichen Rahmen preiszugeben« machte diese Funktionen in der Partei mindestens für Außenstehende interessant. Diejenigen Parteifunktionäre, die daraus keinen Hehl machten, die Informationen, die sie hatten, nicht als Geheimniskrämer hüteten, sondern weitergaben, die ihre Kontakte auch zur Lösung der Probleme anderer Menschen nutzten, schufen sich eine mehr oder weniger gute Vertrauensbasis.

Mit Heiner B. hatte ich einen Mitstreiter an der Seite, der in dieser Richtung dachte sowie handelte. Er verstand es, sehr pragmatisch vorzugehen. Die Idee vom Aufbau einer sozialistischen Gesellschaft mit den Idealen, wie Frieden, Freiheit, Gerechtigkeit und Solidarität waren bei ihm unverrückbar. Dennoch kroch er nicht den territorialen Parteifunktionären in den Hintern, wenn es in deren Auslegungen gerade passte. Er sprang auch nicht über jedes Stöckchen ideologischer Demagogie: »Verbesserungen im Leben der Mitarbeiter seien nur zu erreichen, wenn sich der Sachverstand verbessern würde.« Er forderte den Mut dazu heraus, Andersdenkende mit einzubeziehen.

Das war nicht überall gegeben. Man kann es vergleichen mit einem vorsichtigen Abtasten des Möglichen, in eine Politik des Machbaren umzusetzen.

Mit dieser Haltung warb er für eine aktive Teilnahme am Aufbau des Sozialismus. Um sich herum schuf er Mitarbeiter, die ebenso dachten. »Wir müssen es doch schaffen, wenn alle mitarbeiten, wenn wir Veränderungen erreichen, wenn wir die Leute für unsere Idee gewinnen, wenn wir menschlich miteinander umgehen, wenn wir bescheiden bleiben.« Es sind viele »Wenns«, die einer Vision entspringen. Die Realität bezog sich auf andere »Wenns«. Wir lebten ja nicht im »luftleeren Raum«, auch wenn die Hochschule im Park von Sanssouci lag und damit vom Zentrum Potsdams etwas entfernt. Das betraf die Lageentfernung vom politischen Zentrum der Stadt.

Der Westen lag nicht nur geopolitisch in der Nähe. Die familiären Bindungen und die damit zusammenhängenden Kontakte zu den Menschen in der BRD und

Westberlin bestanden von einem großen Teil der Bürger der Stadt permanent. Die Westmedien waren in Potsdam immer präsent. Das Vortäuschen einer falschen DDR-Überlegenheit in den Konsumbereichen war grotesk. Begehrlichkeiten wurden kontinuierlich durch die Westmedien geweckt, deren Erfüllbarkeit vermeintlich im Leben in der westlichen Welt lag.

Freies Reisen in die Welt wurde zum Symbol für die Freiheit. Wer wollte sich dem entziehen? Es war schon peinlich, wenn in Elternabenden von den Lehrern mit Unterschrift der Eltern gefordert wurde, dass die Kinder kein Westfernsehen sehen. Die Lehrer fügten sich oftmals den Weisungen ihrer Vorgesetzten, weil es Parteibeschlüsse forderten. Andererseits gingen die meisten vernünftigen Menschen davon aus, dass die Westmedien überall präsent waren. Diese schizophrene Denkart war und ist nicht zu erklären. Sie hat jedoch Menschen geprägt, auch mich, die sich ambivalent durch ihr Leben schlugen. Es konnte gar zum Ausschluss aus der Partei führen, wenn man zugab, aus dem Westfernsehen die aktuellen Nachrichten gesehen zu haben. Also schwieg ich, wie viele andere auch. Das war meine Version von den befreienden Worten eines bekannten Volksliedes:

» Die Gedanken sind frei, wer kann sie erraten,
sie fliegen vorbei, wie nächtliche Schatten.
Kein Mensch kann sie wissen, kein Jäger erschießen.
Es bleibet dabei: Die Gedanken sind frei!«

Die konnte keiner entdecken! Ich benutzte diese Volksweisheit jedoch nicht dazu, um mich von diesem unsäglichen Argumentationsdickicht zu lösen. Ich steckte tief darin.

Eine kleine Möglichkeit diesem Konflikt ein Schnippchen zu schlagen bestand im Verweis auf den »Schwarzen Kanal« von und mit Karl Eduard von Schnitzler aus dem DDR-Fernsehen. Da diese Sendung weniger Zuseher verfolgten als sie Westfernsehen sahen, war die Möglichkeit groß, eine eigene westliche Argumentation dorthin zu autorisieren. Damit wurde Karl Eduard zum Feigenblatt der Argumentation.

Es war ein ständiger Tanz auf der Rasierklinge. Aber es gab unter den Funktionären aus meinem Umfeld nicht wenige, die zu diesem Tanz bereit waren. Sie tanzten ihn mit.

Mitte der siebziger Jahre spürte ich eine Öffnung in der dogmatischen Führung innerhalb der Parteistrukturen. Neben dem faktischen in Kauf nehmen der westlichen Medien gab es durchaus Tendenzen, die Konsumbedürfnisse der Bevölkerung besser zu befriedigen. Die Konsumgüterproduktion wurde nun stärker auf die Verbesserung der Arbeits- und Lebensbedingungen gerichtet. Die Kultur- und Wissenschaftspolitik der Partei bot einen breiteren Raum für internationale Einflüsse. Die diplomatischen Aktivitäten nahmen zu. Die internationale Anerkennung der DDR rückte immer mehr in den Fokus. Das war nach meinen Eindrücken damit verbunden, die Intellektuellen stärker in die Funktionärsgarde der SED einzubinden. Es war eine Wende in den kaderpolitischen Richtlinien, nicht nur die reinen Vertreter der Arbeiterklasse zu berücksichtigen, sondern die Vertreter der sozialen Schichten der Intelligenz und die Vertreter der Kultur in die Führungsetagen zu integrieren.

Das hatte aber auch zur Folge, dass nunmehr die Parteiapparate die gesamten wirtschaftlichen, kulturellen, städtebaulichen, wissenschaftlichen, bildungspolitischen Vorgänge immer mehr an sich banden. Die staatlichen Leiter, Rektoren der Universitäten und Hochschulen, Bürgermeister, Minister usw. wurden immer mehr zu Vollstreckern der Ideen sowie der Beschlüsse der Partei und deren Sekretariaten.

In den Parteiapparaten wurden stärker die Intellektuellen zu Funktionären entwickelt. Das sollte sicher die »neue Toleranz der Ideen« dokumentieren. Die vermeintlich gewonnene Stärke der Partei der Arbeiterklasse im Bündnis mit den Angehörigen der Intelligenz wurde dadurch nach außen gezeigt.

Wenn ich darüber nachdenke, so kann ich nicht umhin, dass ich auch zu denen gehörte, die benutzt wurden, sich benutzen ließen und sich im System einbezogen fühlten.

Die führende Rolle der SED wurde nun immer umfangreicher zur Führung des Staates ausgebaut, zur Diktatur der Partei. Das sollte nach außen so erscheinen, als würde es demokratischen Regeln folgen, scheinbar von unten nach oben durch Beschlüsse von oben nach unten. Umso bemerkenswerter bleiben die Menschen in meiner Erinnerung, die selbst in diesem scheinbar durchstrukturierten System sich menschliche Wärme und Haltung für Menschen bewahrt haben. Für mich bedeutsam bleiben also die zwischenmenschlichen Haltungen im Bewusstsein, als etwas Bleibendes und nicht ausschließlich diese strukturellen Hintergründe.

Eine kleine Anekdote kann vielleicht das Bild zeichnen, worüber es sich auch nachzudenken lohnt, wenn selbst in der parteilichen Funktion von menschlicher Wärme und Sorge um andere Angehörige der Hochschule die Rede war. Wir besuchten Hochschulangehörige, denen es gesundheitlich nicht gut ging, gelegentlich mit einem Blumenstrauß zu einem Krankenbesuch. Wenn es sich um Frauen handelte, waren die Blumensträuße, der Heiner B. nannte sie immer Riechbesen, von besonderer Bedeutung. Bei den Männern spielten mehr die aufbauenden Getränke eine Rolle. Da es sich um eine Frau handelte, sollte es ein schöner Blumenstrauß sein. Mit so einem ausgerüstet, fuhren wir in seinem Trabant zum Krankenbesuch. Ich hatte einen besonders schönen Riechbesen ergattert. Blumen waren auch in der DDR rar. Es waren drei wunderschöne Strelizia reginae. Sie sahen wie Hahnenköpfe aus, die Paradiesvogelblumen, die zu einem Buket gebunden waren. Heiner B. war ein korpulenter Zeitgenosse. Er passte so gerade in das Auto. Ich legte die Blumen auf die Rückbank. Wir waren an der Wohnung von Thea G. angekommen. Mit gewaltigem Schwung kam er aus dem Auto. Er griff mit der linken Hand das Buket. Mit dem Knie schlug er die Tür zu. Er hatte aber versäumt, das Buket rechtzeitig aus dem Auto zu halten. Also schlug die Tür, obwohl aus Pappe, unser Buket in zwei Teile, die schönen Blüten und drei Stiele. Nicht, dass das Heiner B. hätte aus der Ruhe bringen können. Er nahm drei Streichhölzer und biss mit seinen Zähnen Spitzen an die Hölzer. Er steckte die eine Seite der Hölzer in die Stängel, die andere in die Blüte. Als ob nichts geschehen sei hatten wir den reparierten Strauss in unseren nun doch vor Aufregung feuchten Händen. Über die Haltbarkeit der Blumen verlor keiner ein Wort. Solche schönen Blumen habe die Krankenbesuchte noch nie gesehen, wie sie immer wieder versicherte. Wir waren in diesem Moment die Größten.

Wir dehnten den Krankenbesuch unter den beschriebenen Umständen zeitlich nicht lange aus, in der Hoffnung, dass die Heinersche Konstruktion diese Besuchszeit ja überstehen möge. Später haben wir immer auf diese Heinersche Konstruktion verwiesen, wenn es um einfache Lösungen komplizierter Vorgänge ging.

Viel wesentlicher waren jedoch die fürsorglichen Gespräche, die Sorge um die Gesundheit von Thea G. Sie lebte mit ihrer Mutter allein und hatte ein Kind adoptiert. Wir versuchten uns in ihre Situation zu versetzen, gaben Ratschläge, boten Hilfe an. Wir konnten sehen, wie sich ihre Stimmungslage verbesserte. Geistvolle sowie humorvolle Gespräche bereicherten unseren Besuch. In ihren Augen war wieder der Glanz zu sehen, der sie auszeichnete. Ich spürte, dass sich hier auf vertrauensvolle Weise Menschen begegneten, die respektvoll miteinander umgehen, humanistisch und anspruchsvoll.

Nachmachen konnte ich Heiner B. nicht. Ich musste einen eigenen Stil finden, aber viele Anregungen waren mehr als hilfreich, sie haben auf mich bleibend gewirkt. Einer seiner Sätze war: »Macht zu besitzen heißt noch nicht, sie auch auszunutzen«.

Ich verstand mich mehr als Vermittler zwischen den verschiedenen Leitungen, auch als Vermittler einer Ideologie, selbstredend.

Wenn es nicht mehr weiter ging, gehe man zum Parteisekretär, mit oder ohne Parteibuch, das waren oft geäußerte Hoffnungen. In solch einer Atmosphäre fühlte ich mich wohl. Das waren für mich wichtige Momente meines täglichen Wirkens. Gefragt zu sein, manchmal auch helfen zu können, einfach für andere da zu sein. Unkompliziert, den Gefreitenweg zu gehen, waren meine Motive. Ich habe oft die Mülltonne der Revolution gegeben. So sprachen wir, wenn sich Menschen an uns mit Sorgen und Nöten wandten. Es gab viele Wohnungssuchende, deren Ringen um eine Unterkunft in Potsdam überstieg unsere Möglichkeiten. Mängel in der Versorgung mit Lehrmitteln traten ebenso auf, wie die bei der Mensaverpflegung. Die materiellen Bedingungen, die Gebäudezustände waren oft Anlass zur berechtigten Kritik. Zwischenmenschliche Konflikte waren Grund, dass Hochschulangehörige den Weg zur Parteileitung gingen. Ideologische Auseinandersetzungen wurden meist über tagespolitischen Ereignissen geführt. Über die Umsetzung der zentralen Beschlüsse der Partei wurde oft diskutiert, in Frage wurden sie kaum gestellt. Das lag sicher an der politischen Auswahl derer, die an eine Pädagogische Hochschule kamen. Ich schließe nicht aus, dass die ideologische Auseinandersetzung mit einem Parteisekretär mindestens Laufbahnnachteile zur Folge haben konnte. Auch darum begegneten mir ideologisch Andersdenkende hier nur selten.

Dennoch nehme ich für mich in Anspruch, dass ich bereits in dieser beschriebenen Zeit oftmals den Spagat versucht habe, zwischen den Betonköpfigen und den Veränderern zu vermitteln. Das war nicht immer einfach. Es ist mir nicht immer gelungen. Ich habe in diesem Spannungsfeld gelebt. Es hat mich oft zu einem Zauderer gemacht. Mit dem »Einerseits und Andererseits«, versuchte ich mich durchzulavieren, was mir mehr Beulen einbrachte als ich glaubte.

Oftmals blieben die sachlichen Argumente aus. Veränderungen zu erreichen, war oft ein schwerer Weg. Antworten wurden immer wieder auf die Grundfragen der Zeit reduziert. »Bist du für den Frieden oder bist du für den Krieg?« Die SED kämpft schließlich für den Frieden – also kämpfe mit! Diese Argumentationskette klingt sehr banal. Sie war aber nicht unwirksam. Da ich natürlich selbstverständlich für den Frieden war, waren um die »Ecke Denker« nicht gefragt. Ich kam auch nicht besonders bei den Funktionären an, die den Weg in die lichte Zukunft des Kommunismus ausbetoniert hatten.

Es blieb für mich überzeugend, wenn man etwas verändern wollte, muss man Verantwortung übernehmen, also auch Funktionen der Machtausübung übernehmen, nicht abseits stehen und sich dann über die Schärfe der Kritik heimlich freuen.

Ich erfreute mich an kleinen Erfolgen. So gelang es uns, für die Hochschule ein neues Studentenwohnheim im Stadtteil Eiche aufzubauen. Hierzu brauchten wir die Unterstützung der territorialen Leitungen. Da konnte ich vermitteln.

Ich habe schon darüber erzählt, dass ich ein besonderes Verhältnis zur Bildenden Kunst besaß. Mein heimlicher Wunsch war es immer, mit diesen produktiven Menschen ins Gespräch zu kommen. Ich wollte ihre Gedanken und Gefühle aufsaugen. Meinem Onkel Günter hatte ich oft über die Schulter geschaut, wenn er Bilder malte. Ich war fasziniert von seiner Kreativität. Er zeigte mir die Ausdrucksmöglichkeit eines kreativen Bildes. Darin schloss er immer auch die persönlichen Haltungen mit ein, die freie Interpretationsmöglichkeiten einschlossen. Das war eine kleine Möglichkeit des freien Gedankenspiels in dieser ummauerten Zeit. Ich habe es später oft bedauert, mich diesem schöpferischen Prozess nicht in meinem Leben hingegeben zu haben.

Jetzt konnte ich meine Funktion nutzen, um wenigstens mit den Künstlern, die mir über den Weg liefen, ins Gespräch zu kommen. Sie dachten oft anders, als es die Kulturpropaganda der SED vorgab.

Das waren dann oft auch provozierende Gespräche, die ich sehr schätzte, weil hier nicht die im Parteilehrjahr erfahrenen Argumentationen gefragt waren. Die Kulturpolitik der SED zu vertreten, war immer ein Spagat zwischen klassenmäßigem Standpunkt der Arbeiterklasse und ihrer Avantgarde und den realen Blickbeziehungen der individuellen Künstler. Einer dieser Künstler der Stadt Potsdam, der sich durch individuelle Besonderheiten bekannt gemacht hatte, war Achim Buhlmann, ein kauziger Querdenker. Für Auftragswerke, die von den Gewerkschaftsleitungen oder von den Kulturabteilungen des Rates der Stadt bzw. des Bezirkes vergeben wurden, erschien er nicht würdig. Vielleicht war es meine Naivität oder der Reiz, den er auf mich ausstrahlte, dass ich mich dafür einsetzte, dass er einen kleinen Auftrag in der Eingangsgestaltung des Wohnheimes der Pädagogischen Hochschule erhielt. Sein Mosaikwerk hieß »Angst der Kinder«. Er lud meine Frau und mich zu Gesprächen in sein Atelier ein. Er war versessen daraus, uns seine Gedanken zum »Ego« des Menschen zu vermitteln. Nachdenklich verließen wir die Gesprächsrunden. Dennoch blieb bei mir seine andere Denkart haften. »Hoppla, hier ist einer, den man ernst nehmen sollte, ein Andersdenkender, der in Bildern seine Gefühle und Gedanken zum Ausdruck bringen will.« Er sei ein Spinner sagten nicht wenige, sie winkten ab. Ich nahm ihn ernst, was er mir immer wieder anerkennend bestätigte, wenn wir uns begegneten. Im Zentrum seines Kunstwerkes waren zwei ängstliche Kinder zu sehen, die sich in einer von einer Waffen strotzenden Umgebung bedroht sahen. Er wollte die Waffenindustrie, das Wettrüsten in Ost und West anprangern. Ich erfuhr einen Sturm der Entrüstung darüber, dass ich als Parteisekretär einem Werk zugestimmt hätte, welches sich klassenindifferent zur Rüstung verhielt.

Ich widerstand der folgenden parteilichen Auseinandersetzung, weil ich meine Interpretation zur Waffendarstellung des Künstlers immer so gebrauchte, dass ich auf ausschließlich amerikanische Waffen in der Darstellung verwies. Schließlich hatte der Künstler auf eine sichtbare Zuordnung verzichtet. So konnte jeder frei interpretieren. Das war mein Glück.

Später gestaltete er mit seiner Frau eine Keramikplastikgruppe, die »Familie Grün«, seine Familie, die in Potsdams Fußgängerzone zu sehen ist. Wenn ich daran vorbeigehe, sehe ich immer diesen kauzigen bemerkenswerten Künstler vor mir. Mit einem Auge blinzle ich ihm zu.

Dieses kleine Beispiel der möglichen differenzierten Auslegung kulturpolitischer Propaganda der Partei war dann gegeben, wenn es Lichtblicke in der politischen Großwetterlage gab. Wie in einem Monopolyspiel musste man die Umstände, die politische Atmosphäre in einem Territorium, die aufkeimende Meinung der Machthaber erahnen.

Insofern war die Rolle eines Parteisekretärs von vielen Umständen abhängig, die nicht immer rational erklärbar waren, vernünftig waren sie vielleicht im Erkennen der besonderen Umstände. Es war nur begrenzt möglich, im Sinne der menschlichen Vernunft als einer Fähigkeit des menschlichen Denkens, den subjektiven Verstand durch Beobachtung und Erfahrung einzusetzen, um Sachverhalte oder universelle Zusammenhänge der Wirklichkeit herzustellen. Für eigene Regeln oder Prinzipien, die sich außerhalb der Parteilinie befanden, gab es innerhalb der Hochschule, wie auch in anderen Grundorganisationen der Partei, kaum Gelegenheiten. Das war in diesem doktrinären Umfeld, bezogen auf politische bzw. ideologische Zusammenhänge, kaum möglich. Solch ein Verständnis war auf ein kollektives Gremium fokussiert, welches sich »die Partei« nannte. Auf dieses Gremium war ich auch orientiert. Die Rolle eines überzeugten Getriebenen, der mit dieser Rolle nicht nur einverstanden war, sondern sie auch auszufüllen versuchte, kommt der Situationsbeschreibung nahe. Da ich mich in dieses Getriebe im ehrgeizigen Bewusstsein eingebracht hatte, waren es Erfahrungen, die mit der heutigen Sicht auf die Vernunft oft nicht in Übereinstimmung standen. Es war oft leichter, in persönlichen Gesprächen politische Einsichten zu erreichen, Verständnis zu erringen oder ideologische Probleme zu lösen, selbst wenn ich unterstellen würde, dass diese nicht von Überzeugungskraft geprägt waren. Viel komplizierter wäre der Versuch, die zahlreichen ideologischen oder propagandistischen Statements, die ich als Parteisekretär einer Hochschule abgab, in ihrer Wirkung auf die ideologische Haltung der Hochschulangehörigen bewerten zu wollen. Sie waren zeitgetreu, den Umständen entsprechend, der »Vernunft der Partei« folgend. Auf mein damaliges Verständnis von Erfolg und Karrieredenken waren sie so, wie sie waren. Dennoch gab es Spielräume in der Tätigkeit eines Sekretärs der Partei in einer Grundorganisation, die im Bemühen um ein anständiges Verhalten zu den Mitarbeitern und Studenten gegeben waren.

Dazu gab es tägliche Anlässe, die im Übertragen der sogenannten zentralen Beschlüsse der Partei auf die Bedingungen einer Hochschule lagen. Beschlüsse waren so formuliert, dass sie keine ideologischen Spielräume zuließen. Wenn zum Beispiel alle Studierenden in den Studentenwohnheimen keine westlichen Medien hören oder sehen durften, dann befand sich dieser Beschluss weit entfernt von der Realität. In der Sicht auf diese Realität meldete ich als Parteisekretär an die übergeordneten Parteiorgane die »unüberwindliche Treue alles Lehrerstudenten zu den Beschlüssen der Partei, die mit dem bedingungslosen Ablehnen von Einflüssen westlicher Medien verbunden sind«. Mit dieser Erklärung umging ich zwar eine klare Antwort auf die Frage, ob oder ob nicht gesehen wurde. Ich hatte jedoch einen Spielraum genutzt, der in der etwas überzogenen Lagedarstellung lag, um Rückfragen oder Zweifel übergeordneter Organe einzugrenzen. Auch hier war mein ambivalentes Verhalten möglich. Ich wusste aber auch, dass das Parkett, auf dem ich mich befand, sehr glatt war.

Ähnlich differenziert verhielt es sich mit der unverbrüchlichen Freundschaft zur Sowjetunion sowie dem Glauben an die Führungsrolle der sowjetischen Pädagogik für die Lehrerbildung in der DDR.

In der Nähe der Hochschule waren unzählige Standorte der Sowjetarmee – man sprach von Potsdam auch als Garnisonsstadt. Viele Institutionen hatten Freundschaftsverträge mit Einheiten geschlossen, um Beziehungen zu den sowjetischen Menschen herzustellen. Viele dieser Beziehungen waren ehrliche freundschaftliche Kontakte, andere waren vordergründig ideologisch motiviert. Wir hatten als Hochschulleitung Kontakt zur sowjetischen Einheit in der Pappelallee in Potsdam. Diese Kontakte wurden alle vierzehn Tage durch ein Volleyballspiel mit Offizieren der sowjetischen Garnison mit Leben erfüllt. Der Sport war der Anlass, allerdings waren wir regelmäßig die sportlichen Verlierer. Im Anschluss an das Spiel gab es die legendären Treffen mit den sowjetischen Sportfreunden. Diese Menschen kamen aus den verschiedensten Unionsrepubliken der Sowjetunion. Die Ehefrauen waren immer mit einbezogen. So lernten wir die unterschiedlichen nationalen Besonderheiten kennen.

Wir erfuhren, wie man richtig Wodka trinkt. Wodka trinken, ohne einen Toast auszusprechen, das ist Saufen. So gaben es zahlreiche russische Sprüche her. Saufen wollten wir natürlich nicht – also wurde getoastet. So entstanden regelrechte künstlerische Auftritte, weil kleine humorvolle Episoden verknüpft wurden mit den großen politischen Geschehnissen.

»Auf die ruhmreiche Sowjetarmee!» – »Auf den Frieden in der Welt!» – »Auf die hübschen Frauen!» – »Auf die niedlichen Kinder!» – »Auf die ruhmreiche Partei!» – »Auf den Generalsekretär der KPdSU, Genossen Leonid Breschnew!» – »Auf den Generalsekretär der SED, Genossen Erich Honecker!» – »Auf die lieben Eltern!» – » Auf Großmama und Großpapa!» – »Auf die immerwährende Liebe!» Das waren schon einmal 10 x 100 Gramm. Das Trinken geschah auf Kosakenart. Das war eine Trinkgewohnheit, die man »do dna»- nannte, was bis auf den Grund zu trinken bedeutete. Da lagen wir bereits auf dem Grund, konnten es kaum fassen, als unsere Freunde, wie wir sie nannten, uns brüderlich wieder auf die Stühle setzten.

Diese Toasts waren oft immer kleine humorvolle Kostbarkeiten. Sie brachten die menschliche Seite dieser hier in der DDR dienenden Soldaten zum Ausdruck.

Die russische Sprache ist eine sehr blumenreiche Sprache. Puschkin, Tolstoi, Dostojewski sind große Vertreter einer bleibenden Weltkultur. Liebe, Sehnsucht und Patriotismus ebenso wie viele menschliche Gefühle erlebbar zu empfinden, führte mich auf ihre Spuren. Die Anregungen dazu gaben die Menschen, die wir auf diesen Veranstaltungen kennen lernten. Oft standen uns Tränen in den Augen oder wir konnten uns vor Freude über den gelungenen Humor begeistern.

Meine Frau hatte ihrerseits, sie leitete inzwischen eine Polytechnische Oberschule in Fahrland, ebenso gute Kontakte mit der sowjetischen Einheit in der Döberitzer Heide geknüpft. Diese Panzereinheit hatte eine Schule, in die die Kinder der stationierten Offiziere gingen. Gennadi hieß der Direktor der Schule, er war ein sehr kulturell interessierter und engagierter Lehrer. In fast allen sowjetischen Einheiten war es üblich, dass ein Orchester zur Freude aller Zuhörer bei den zahllosen Festlichkeiten aufspielte. Sein Leiter war Kolja, ein fröhlicher, sympathischer Musikant – ein »kulturni tschelowek» – ein kulturvoller Mensch.

Meine Frau hatte sich das Ziel gestellt, aus einer alten Dorfschule eine einigermaßen ausgestaltete Schule zu machen, was in dieser Zeit der baulichen Mangelsituation ein schweres Unterfangen war. Aber mit Hilfe des »Großen Bruders« Sowjetunion, deren Repräsentanten Gennadi und Kolja waren, sollte es gelingen. So fuhr ein Konvoi einer sowjetischen Panzereinheit mit schwerem Baugerät in Fahrland, einem Ortsteil von Potsdam, die Dorfstraße entlang. An der Spitze marschierte ein Orchester, von Kolja geleitet, mit russischen sowie deutschen Märschen voran. Neugierige versammelten sich an den Straßenrändern. »Was ist denn nun los?«, fragten sich die Leute. Wie ein Lauffeuer machte sich die Information breit, dass eine sowjetische Panzerbrigade in Fahrland einen Sportplatz bauen wollte. Sie bauten tatsächlich für damalige Verhältnisse einen passablen Sportplatz für die Schulkinder auf.

In den folgenden Jahren war zu allen Feierlichkeiten der Schule Kolja mit seinem Orchester da. Er erfreute die Schüler und Ortsansässigen mit seinen Liedinterpretationen. Manchmal rezitierte er frei in deutscher Sprache Gedichte von Heinrich Heine. Es entstand zwischen uns ein persönlicher freundschaftlicher Kontakt. Die beiden liebevollen Menschen Kolja und Gennadi gingen bei uns zu Hause ein und aus.

Es konnte geschehen, dass Gennadi und Kolja überraschend mit einem halben Schwein vor der Tür standen. »Barbara, Werner – wir machen georgischen Schaschlik!« Diesen Duft in meiner Nase werde ich nie vergessen, einfach einmalig – klasse. Mehr noch waren es die herzlichen Gesten, die unübertroffenen humorvollen Gespräche, die eine Wärme sowie Geborgenheit ausstrahlten, die unwiederbringlich waren. Es entsteht Wehmut, wenn ich an die herrlichen Abende mit Koljas Liedern auf dem Akkordeon denke, wo wir endlos lange die Lieder der russischen Heimat sangen oder mitsummten. Das waren Freundschaften, die nicht verordnet, noch ideologisch fundamentiert waren.

Verordnete Freundschaft zu einem System oder Organisation, das haben wir später mit aller Deutlichkeit, vielleicht auch schmerzhaft erfahren, ist nicht möglich. Auch ich wusste, dass einfache sowjetische Soldaten keinen Ausgang erhielten und die DDR nur aus ihren Kasernen kannten, dass sowjetische Soldaten in den Kasernen in fast unmenschlichen Zuständen untergebracht waren. Warum ich dazu nicht sensibilisiert war, nehme ich mir heute noch übel.

Wir haben die freundschaftlichen Gefühle zu den sowjetischen Menschen, die wir kannten, mit ganzer Hingabe und Vertrauen gestaltet. Die Zeit und die gesellschaftlichen Umstände trennten uns. Ich suche immer noch nach den Gründen dieser verloren gegangenen Freundschaften, die mir damals so viel bedeutete.

Mit einer anderen, zunächst sehr theoretisch scheinenden Frage, habe ich mich später intensiv beschäftigen müssen. Der Glaube an die Führungsrolle der sowjetischen Erziehungstheorie, die in manchen Vorlesungen an der Hochschule als Grundlage für die Entwicklung der sozialistischen Lehrerpersönlichkeit gelehrt wurde, war schon in den siebziger Jahren mit skeptischen Fragen verbunden. Unverbrüchlich war der Glaube daran schon nicht mehr. Eigenständige pädagogische Konzepte, eigene Werke der Didaktik, der Erziehungstheorie, der Lernpsychologie wurden stärker vermittelt. Allerdings bezog man sich immer noch auf Grundthesen Krupskajas [17], Makarenkos [18], Suchomlinskis [19], Dobroljubows [20], Rubinsteins [21] und die Werke Lenins zur Erziehung der jungen Generation [22]. Sie waren die Fundamente der Erziehungstheorie in der DDR. Die Forderungen nach einer eigenständigen sozialistischen Pädagogik wurden vor allem durch eine zunehmende Erkenntnis spezifischer Umstände in der Entwicklung der DDR gesehen. Die Schulpraxis stellte an die Erziehungstheorie neue Herausforderungen. Das gesellschaftliche und kulturelle Leben in der DDR der 70er Jahre war anders als das in der Sowjetunion. Dazu kamen die Einflüsse des Westens an der Nahtstelle zum konsumorientierten Kapitalismus.

In den Parteiorganen des Territoriums glaubten allerdings die Funktionäre, dass an der Pädagogischen Hochschule eine Abkehr von der Führungsrolle der Sowjetunion zu verzeichnen wäre. Ich wurde zu Erklärungen in die Kreisleitung der SED beordert. Vor dem Sekretariat hatte ich als Parteisekretär die Erklärung abzugeben, dass »Dank der helfenden Wachsamkeit der SED Kreisleitung, die Genossen der Sektion Pädagogik und Psychologie wieder auf dem Weg der Erkenntnis von der Führungsrolle der sowjetischen Pädagogik gebracht wurden. Sie haben versprochen, in den Vorlesungen, Seminaren und Übungen die sowjetische Erziehungstheorie zur Grundlage für die Entwicklung sozialistischer Lehrerpersönlichkeiten zu gestalten!«

Solche Lehrkräfte verdienten meinen Respekt, die den Weg nach einer eigenständigen Erziehungstheorie unbeirrt von meiner Erklärung fortsetzten. Sie fanden allerdings geschickte Kompromisse und gingen damit einer Konfrontation mit dem Sekretariat der SED Kreisleitung aus dem Weg. Damit brachten sie mich nicht in Erklärungsnöte, weil auch ich von ihrem eingeschlagenen Weg überzeugt war. Ich hatte jedoch nicht den Mut, es ihnen zu sagen. Für mich waren es zwei Seiten einer Medaille. Mich haben die vielfältigen Berührungen mit sowjetischen Menschen, mit ihrer Kultur, mit ihren nationalen Gefühlen stark berührt. Vielleicht waren darum plakative oder gar dogmatische Beziehungen für mich zunehmend mehr abstoßend.

An dieser Stelle mache ich einen Sprung in die Gegenwart. 30 Jahre später organisierten die Veranstalter des Zentrums für Zeithistorische Forschung Potsdam und die Beauftragte des Landes Brandenburg zur Aufarbeitung der Folgen der kommunistischen Diktatur einen Vortrag von Herrn Dr. A. zum Thema: »*Die sowjetischen Truppen in Brandenburg, Rückblick auf fünf Jahrzehnte wechselvollen Nebeneinanderlebens, in der Gedenkstätte Lindenstrasse*«. Ein Historiker, über den ich später noch schreiben werde, lud mich ein [23]. So wurde ich 30 Jahre nach den freundschaftlichen Kontakten zu Kolja und Gennadi im Jahre 2013 von ihm aufgefordert, an einer Abendveranstaltung teilzunehmen.

Die Zusage zu der Veranstaltung fiel mir nach so vielen Jahren nicht leicht, ich war doch in besonderer Weise immer wieder mit sowjetischen Menschen in Berührung gekommen, verlebte mit ihnen den Alltag, habe über ein Jahr unter ihnen gelebt, die russische Seele war mir sehr vertraut, ich habe sie genossen.

Natürlich wurden mir auch Grenzen aufgezeigt, aber die unkomplizierten, kulturvollen, humorvollen Begegnungen haben das überlagert. Jetzt sollte ich meine Erlebnisse reflektieren und diese einer veränderten Forschungssicht zuordnen. Mir wurde ganz schön schlecht schon bei dem Gedanken daran.

Vom Jägertor in Potsdam wechselte ich auf die Straßenseite mit den niedrigen Hausnummern der Lindenstraße und blickte auf das Gebäude mit den Nummern 54 und 55. Es war ein Backsteingebäude mit einer erschütternden Vergangenheit, hob sich bautechnisch gegenüber den Nachbarhäusern etwas ab und wirkte durch die Vergitterung der Fenster bedrückend.

Die untere Etage war beleuchtet, sicher weil hier der Vortrag stattfinden sollte. Das Licht brach sich auf dem schneebedeckten Fußweg, es war Abend. Ich ging zur Kasse, um meinen Obolus zu entrichten. Der Kassierer merkte meine Unsicherheit. Er half mir, indem er voranging, um mir den Vortragsraum zu zeigen. An dem Rand einer Sitzreihe nahm ich Platz. Nebenbei dachte ich, vielleicht füllt sich der Raum noch, es ist etwas Zeit. Das geschah nicht. Wir saßen vielleicht zu 20 Personen in Einzelpositionen, Abstand wahrend. Die Power-Point-Software war bereit. Der Vortragende nahm es offensichtlich mit dem Vortrag sehr ernst. Er las, den Zeilen seines Manuskripts stoisch folgend, im gleichlaufenden Ton ab. Zwischendurch wechselte er auf die Power-Point-Seiten, damit statistische Zahlen sein Gelesenes unterstützten.

Leider fand der Vortragende kaum eine Brücke zu meinen Erfahrungen, die er hier und da nur belanglos streifte, als wären das nur Randerscheinungen. Für mich waren es aber die menschlichen Kontakte und Beziehungen mit den sowjetischen Menschen, die mir so viel bedeuteten. »Warum nennt man die sowjetischen Soldaten eigentlich »Russen«? Sie gehörten doch vielen Nationalitäten der UdSSR an, die in der DDR waren?« Diese Fragen versuchte er nun wissenschaftlich zu beantworten. Der Begriff »Russen« sei wissenschaftlich nicht haltbar. Na gut, dachte ich, wenn seine Forschung das ermittelt hat. Das hätte ich ihm auch sagen können. Mir ging es um die menschlichen Beziehungen, die mein weiteres Leben so beeinflusst haben, dass mich immer noch die Gefühlslage fest im Griff hatte. Ihm ging es um die Begrifflichkeit.

Dann jedoch nahm der Vortragende Fahrt auf. Er schilderte die grausamen Bedingungen und Situationen zum Ende des von Deutschland ausgegangenen Weltkrieges, mit grauenvollen Bildern der Rache und der Feindschaften durch die Rote Armee, die sich 1943 Sowjetarmee nannte.

Seine Statistiken waren hilfreich und er konnte nun darstellen, wie schrecklich sich die Rotarmisten und Sowjetsoldaten in Deutschland benommen haben. Da war sie wieder in meinem Bewusstsein, die quälende Frage nach Ursache und Wirkung. Selbstverständlich wird keiner die schrecklichen Kriegs- und Nachkriegszeiten leugnen oder gar einseitig darstellen. Ich dachte an meine Mutter und ihr nie gebrochenes Schweigen ihrer Erlebnisse in der Nachkriegszeit. Mein Vater verdrängte seine Erlebnisse in der russischen Kriegsgefangenschaft. Als der Referent jedoch die Kriegsschuld des deutschen Faschismus in Frage stellte, war mir schlagartig bewusst, dass der Versuch einer anderen Geschichtsbetrachtung folgen würde. Dann legte er los. Er ordnete der Ideologie des Kommunismus die Verantwortung für den Ausbruch des 2. Weltkrieges zu, machte diese verantwortlich für die von ihm statistisch belegten Untaten der Sowjetarmee in der unmittelbaren Zeit des Nachkrieges. Schließlich verschlug es mir doch die Sprache, wenn er, Power Point unterstützt, die einseitige Aggressivität der sowjetischen Militärdoktrin darlegte und den Kampf um das Wettrüsten in der Welt der Sowjetunion ursächlich zuschob.

Diese Darlegungen konnten mich nicht überzeugen.

Wie versteinert blieb ich sitzen, als er das für mich so emotional geladene Lied von Jewgeni Jewtuschenko einspielte. Er kommentierte, dass der Text in den siebziger Jahren in der UdSSR durch seinen pazifistischen Inhalt unerwünscht gewesen wäre.

Ich habe dieses Lied sehr gemocht. Jewtuschenko hat es 1961 [24] geschrieben. Für mich gilt es als eines der Lieder, das mich sehr berührt hat. Es hat meine persönliche Haltung zu vielen sowjetischen Menschen bestimmt.

Meinst du, die Russen wollen Krieg?
Befrag die Stille, die da schwieg
Im weiten Feld, am Pappelhain,
Befrag die Birken an dem Rain
Dort, wo er liegt in seinem Grab,
den russischen Soldaten frag!
Sein Sohn dir drauf Antwort gibt:
Meinst du, die Russen woll'n
meinst du die Russen woll'n
meinst du die Russen wollen Krieg?

Nicht fürs eig'ne Vaterland
Fiel der Soldat im Weltenbrand.
Nein, dass auf Erden jedermann
In Ruhe schlafen kann.
Holt euch bei jenen Kämpfern Rat,
der siegend an die Elbe trat,
was tief im Herzen blieb:

Der Kampf hat uns nicht schwach gesehn,
doch nie mehr möge es geschehn,
Dass Menschenblut, so rot und heiß,
der bitt`ren Erde werd` zum Preis.
Frag Mütter, die seit damals grau,
Befrag doch bitte meine Frau.
Die Antwort in der Frage liegt:

Es weiß, wer schmiedet und wer webt
es weiß, wer ackert und wer sät –
ein jedes Volk die Wahrheit sieht:
meinst du, die Russen woll`n ....

Ich habe nie bereut, dass ich in tiefen Emotionen an zahlreichen Gedenkstätten der Opfer des Faschismus in der UdSSR gestanden habe. Zahlreichen sowjetischen Menschen, die am Krieg teilgenommen haben, habe ich zugehört. Ihre Eindrücke, Erlebnisse, ihre Gefühle habe ich versucht zu verstehen. In meinem tiefsten Herzen lag immer ein Schatten der Mitschuld, mindestens aber der der Demut. Das bestimmte meine Haltung zu ihnen. Ich sage das auch, ohne dass mir unterstellt wird, in ideologischer Verklärung gehandelt zu haben. Ich gebe zu, dass manches Theatralische dabei war. Das verbindende Gefühl zu diesen Menschen, die die Leiden des Krieges erlebt haben, hat sich für mich nicht verändert. Ich bedaure heute, dass die zahlreichen Kontakte zu denen, die ich ins Herz geschlossen hatte, unterbrochen sind, was sicherlich auch an mir lag.

Heute stelle ich fest, dass sowohl die dogmatische Führungsrolle der Sowjetunion, die in der Zeit des Stalinismus ihre Wurzeln hatte und von der SED gepflegt wurde, ebenso kulturlos war, wie die einseitige Schuldzuweisung auf den Kommunismus der Sowjetunion, die ich heute erlebe.

Ich komme auf die Zeit der siebziger Jahre zurück, in der ich als Parteisekretär der SED in der Grundorganisation der Pädagogischen Hochschule »Karl Liebknecht« tätig war. Zu den Tätigkeiten in einer zweifelsfrei dogmatischen Partei, wie es die SED war, gehörten vor allem die Einhaltung der Parteitreue, die Treue zur Durchsetzung der Beschlüsse, die unbedingte Erfüllung der Statuten der Partei. Aus heutiger Sicht die Tätigkeiten eines Parteisekretärs einer Hochschule zu beschreiben, verliert sich oft in Umschreibungen, denen ich auch erlegen bin. Oft handelte es sich dabei um Seiten, die unangenehm waren, nämlich dann, wenn ideologische Auseinandersetzungen mit Strafen für diejenigen belegt wurden, die anders dachten oder handelten, als es das Statut der SED vorsah. Auch ich gehörte zu denen, dem das parteiliche Regelwerk die Richtschnur des Handelns vorgab. Da begannen die unangenehmen Wahrheiten über die Tätigkeiten in dieser Funktion.

Wie in den Kaderkommissionen, Parteileitungssitzungen, Kontrollkommissionen und Mitgliederversammlungen in immer wiederkehrenden Ritualen stundenlang über sogenannte Verfehlungen einzelner Mitglieder gesprochen wurde, Protokolle angefertigt, Stellungnahmen geschrieben wurden und schließlich parteierzieherisch gewirkt wurde, darüber bin ich heute sehr nachdenklich sowie peinlich berührt. Das geschah immer von der Plattform einer unbedingten Treue zur Partei, die sich in einer gewissen Ergebenheit zu den Personen der übergeordneten Leitungen in den Funktionärsstrukturen ausdrückte. Meine deklamatorischen Reden in den Zusammenkünften mit den Mitgliedern der Partei, auf den Parteiaktivtagungen oder den

Delegiertenkonferenzen, die archiviert vorliegen, spiegeln diese Zeit wider. Hier kommt man der Einstellung der Menschen näher, so auch der meinigen in einer Gesellschaft, die diese Haltungen offiziell herausforderten. Dennoch sind daraus die Motive der Erklärungen und Standpunkte kaum einsichtig. Oft sind es Nuancen, Impulse des Nachdenkens, die die Umstände sowie die vorgetragenen Standpunkte differenzieren.

Das schließt sicherlich ein, dass sich Betroffene und die damals so Treffsicheren aufschließen. Förderlich wäre, wenn Überheblichkeiten ausblieben. Vielleicht könnte man zu einer neuen Form der Kritik und Selbstkritik kommen, die Respekt vor dem anderen als eine Basis für Gespräche hätte. Menschen verändern sich im Laufe ihres Lebens, gewinnen Einsichten. Es wird nicht einfach sein über eine Zeit zu reden, in der die eigene Person am Pranger der heutigen Auseinandersetzung zu Recht oder zu Unrecht steht. Dazu gehört, auf persönliche Fehler einzugehen, sie weder klein zu reden, noch zu dramatisieren.

Meine Bereitschaft zum Dialog liegt dem zugrunde.

Ich habe verletzte Menschen erlebt, weil sie sich nicht parteigemäß verhielten. Das empfinde ich heute beschämend. Dieses ständige Herumschlagen mit dogmatischen Beschlüssen der Parteiführung machen mich heute betroffen. Ich verband es oft mit der Suche nach erfolgversprechenden Ideen, um Anerkennung bei der Obrigkeit zu finden. Das waren wiederum die Voraussetzungen, um in der Nomenklaturstiege nach oben zu kommen. Andererseits war es für meine Reputation wichtig, bei den Mitgliedern der Partei Vertrauen in diese Art der Parteiarbeit zu finden. Schließlich ging es um die Zustimmung für die eigene politische Tätigkeit. Alles das war ein Ritt auf einem Pferderücken, der noch nicht eingeritten war. Die Stöße an meinem Hinterteil spürte ich noch lange. Ich machte mich selbst zum Spielball, weil ganz offensichtlich meine »Kleinbürgerseele« unter meiner »Erbsünde« litt, nicht als Industrieproletarier geboren worden zu sein. Vielleicht war auch Neid im Spiel. Wenn ich die Begriffe der Kritik und Selbstkritik in Anwendung sah, dann in der Erkenntnis, dass sie in der Zeit meiner politischen Tätigkeit zur Unwürdigkeit degradiert waren.

Sie trugen gar stalinistische Züge. Menschlich unwürdige Parteiverfahren zu belanglosen politischen oder persönlichen Verfehlungen, die von Parteikontrollkommissionen bewacht wurden, waren in einer Arbeiterpartei, wie sie sich gern darstellte, absurd.

Ein kleines Beispiel, welches dazu noch groteske Züge trug, kann, einem Mosaiksteinchen gleich, zur Erhellung der parteiinternen Atmosphäre beitragen. Eines Tages, Mitte der siebziger Jahre, rief der 2. Sekretär der SED Kreisleitung Potsdam mit den kernigen Worten an: »Der Klassengegner hat Einfluss an der Hochschule gewonnen. Jetzt ist schnell zu handeln! Der Partei ergebene Genossen sind zu formieren!« Diese telefonische befehlsartige Stimme verhieß nichts Gutes. Dann erfolgte die Aufgabenstellung: »Sofort haben zuverlässige Genossen, mit Säcken und Harken ausgerüstet, in den Ravensbergen zu sein. Wachsame Genossen haben wichtige Parteidokumente sowie parteiinternes Material im Wald gefunden, das zweifelsfrei aus der SED-Grundorganisation der Pädagogischen Hochschule stammt!» Er ging davon aus, dass noch weitere »Dokumente« im Wald verstreut seien. Ich sollte die Aktion leiten und die gesammelten Materialien unverzüglich dem 2. Sekretär zur Kontrolle vorlegen. Dann folgte noch ein belehrender Satz von ihm: »Dem Klassengegner darf unter keinen Umständen dieses Material in die Hände fallen!« Wenn die Umstände etwas heikel wurden, kam der Klassengegner als Ursache der misslichen Lage ins Spiel.

Wir zogen los und sammelten Papierschnipsel, vom Winde verwehte Seiten auf. Es war Herbst und der Laubfall hatte bereits begonnen. Also harkten wir im Wald eine Fläche von ca. 200 Quadratmetern, stopften alles in Säcke. Mit den fünf prall gefüllten Säcken zogen wir dann in die SED Kreisleitung, die ihren Sitz auf dem Kreml, dem Brauhausberg in Potsdam, hatte. Dort angekommen, schütteten wir wie befohlen, die mit Laub und anderen Waldresten vermengten Restdokumente auf dem Beratungstisch des 2. Sekretärs aus. Der ging nun akribisch zu Werke. Jede einzelne Seite hielt er uns vor, als wären wir dem Klassengegner auf den Leim gegangen. Dank seiner Wachsamkeit habe er großen Schaden von der Partei abwenden können. Fast artig bedankten wir uns bei ihm für seine Weitsicht.

Es war ein makaberes Bild. Es macht in aberwitziger Form die oftmals zur Bedeutungslosigkeit verkommenen Aktionen sichtbar. Er hatte aber sein Ziel erreicht – wir wurden gedemütigt und parteilich erzogen.

Was war aber passiert? Der Genosse K. hatte seinen Keller aufgeräumt. Den Abfall hatte er im Wald der Ravensberge entsorgt. Leider hatte der Herbststurm sein Abfallhäufchen verwehen können. Da er an der Hochschule verschiedene Parteifunktionen hatte, war er im Besitz dieser Materialien. Da es sich um Materialien handelte, die viele Jahre zurück lagen, war ihm sein parteischädigendes Verhalten nicht bewusst. Worin bestand seine vermeintliche Straftat? Er hatte die Beschlüsse der Partei im Umgang mit parteiinternem Material verletzt. Damit verstieß er gegen das Statut. In der Begründung zur »Strengen Rüge« stand: »Er hat dem Klassengegner ermöglicht, in das Innenleben der Partei Einblick zu nehmen». Ich war froh, dass wir dafür eintreten konnten, dass er nicht deswegen aus der Partei ausgeschlossen wurde.

Parteiaufträge waren unbedingt einzuhalten, wer gegen sie verstieß, wurde zur Verantwortung gezogen. Unter der Rubrik Parteiaufträge waren auch die zu erfüllen, die einem höheren diplomatischen Dienst zuzuordnen waren. Wir erhielten als Hochschule regelmäßig den Parteiauftrag, mit zahlreichen Studenten – die Anzahl wurde dogmatisch festgelegt – nach Schönefeld zu fahren.

Von Potsdam bis Schönefeld fuhr der »Sputnik«, ein Zug der Reichsbahn, der in ca. einer Stunde den Zielbahnhof erreichte. Schönefeld war der zentrale Flugplatz der DDR, wo die Partei und Staatsführung ihre Gäste empfing. Dazu bedurfte es, laut Protokoll, winkender Bürger der DDR. Also bestand der Auftrag darin, mit Winkelementen ausgerüstet, im Blauhemd bei Wind und Wetter, mit freundlichen Gesichtern die Ehrengäste zu begrüßen und zu feiern. Winkelemente waren Fähnchen oder Tücher, die kraftvoll hin und her gewedelt wurden. Durch die DEWAG, einem Betrieb der SED, wurden gefertigte Transparente mit Losungen zusätzlich den Winkenden zur Verfügung gestellt. Das Blauhemd war das Hemd der Freien Deutschen Jugend mit der aufgehenden Sonne am Oberarm, welches in besonderer Weise die Einheit und Geschlossenheit der Jugend der DDR verkörperte. Es galt als Pflicht, dieses unbedingt zu diesen Aktionen anzuziehen. Das Alter der Träger spielte keine Rolle. Die Veteranen verkleideten sich im Hemd der Jugend.

In der von mir beschriebenen Zeit brach offensichtlich eine internationale Anerkennungswelle der DDR los. Staaten, deren Namen ich kaum kannte, besuchten die DDR. Laut Zeitungsinformationen wurden sie von »begeisterten Berliner Werktätigen« empfangen. Diese »begeisterten Berliner Werktätige« waren meist Schüler, Studenten mit ihren Lehrern oder ausgewählte Funktionäre aus Potsdam. Diese wurden mit Parteiauftrag an entsprechende Stellplätze beordert. Ich habe heute noch das Gefühl, dass wir in fast jeder Woche eine Aktion hatten. Die Gäste stiegen aus ihren Staatsflugzeugen in bereit gestellte Autos. Dann donnerten sie an uns vorbei. Ich habe während der zahlreichen Aktionen nicht ein Gesicht oder gar eine Person aus den vorbeirauschenden Autos wahrgenommen. Oft dachte ich: »Was geht in den Köpfen der Gäste aus aller Welt eigentlich vor, wenn sie diese Schau sehen?« Andererseits haben wir das Spektakel jedes Mal ertragen oder gar getragen. Oft wurde zu den entsprechenden Gästen ein parteiinternes Material herausgegeben, was mit belanglosen Statistiken ausgestaltet, die Bedeutung gerade dieses Staates für die Anerkennung der DDR darstellen sollte.

Die Aufgabe des Parteisekretärs bestand nun darin, diesen zu bejubelnden Gast in seiner Bedeutung für die DDR hervorzuheben. Die Wirkung auf die »Jubelnden« war sicherlich gering. Menschen von der Arbeit oder vom Lernen für diese Aktionen abzuhalten, ihnen per Parteiauftrag eine Verpflichtung aufzulegen, gehörte zum dogmatischen Umgang.

Woher habe ich dennoch meine Motivation für diese Parteitätigkeit gewonnen? In der Nähe unserer Wohnung hatte eine ältere Dame ein sehr bescheidenes Wochenendgrundstück mit ihrem Lebensgefährten namens Willi. Unsere Kinder halfen beiden bei der Besorgung von Kleinigkeiten, die ältere Dame war behindert und ging an Krücken. Eines Tages luden sie uns ein. Wir hatten einen Abend voller bewegender Momente. Sie erzählte aus ihrer Jugend. Das war die Zeit um 1900, vor dem Ersten Weltkrieg. Sie war in der kommunistischen Jugendbewegung aktiv. Die ältere Dame hieß Gerda Sucker. Sie war später Mitglied in der Gruppe »Ernst Thälmann«, dem Führer der Kommunistischen Partei Deutschlands. Sie berichtete mit großer Leidenschaft. Überzeugend erzählte sie über die Zeit des Kampfes der KPD gegen Faschismus und Krieg. Ihre Augen sprühten voller Begeisterung. Sie malte

Bilder, die sich fest in meinem Kopf einprägten. Vor meinen Augen sah ich, wie diese kleine Frau in den Straßenkämpfen Pflastersteine gegen die faschistischen Horden warf, wie mühevoll ihr Kampf gegen das Ermächtigungsgesetz war, wie sie mit ihrem Leben für die Sache des Kommunismus eintrat, wie sie gemeinsam mit Teddy, so nannte sie Thälmann, in Buchenwald im Konzentrationslager gelitten hatte. Sie schilderte anschaulich die unmenschlichen Bedingungen, in denen sie in den Gefängnissen und Konzentrationslagern hausen musste. In Verhören wurde sie gefoltert. Schmerzhafte Verletzungen wurden ihr zugeführt. Man hatte ihre Hüfte zerbrochen. Sie litt sehr darunter. Sie konnte in dramatischer Weise erzählen, wie der Teddy, ihr Teddy, hingerichtet wurde.

Sie schilderte ihr Leben voller Opfer und Tatendrang, voller Leidenschaft für die Idee des Kommunismus. Aus dieser Idee schöpfte sie die unvorstellbare Kraft zum Überleben, wie sie immer wieder betonte. Was war das für eine Kraft? Die Idee des Kommunismus war scheinbar so stark. Sie hatte sich für das Leben anderer Menschen eingesetzt. Sie hatte gegen den übermächtigen Faschismus getrotzt. Sie war in meinen Augen ein Vorbild.

In unseren Köpfen wurden die Filme, die wir als Jugendliche sahen, wie »Ernst Thälmann – Sohn seiner Klasse« und »Ernst Thälmann – Führer seiner Klasse«(-vgl. oben) lebendig und plastisch. Sie strahlte Bescheidenheit und Zuversicht aus. Sie hatte die schreckliche Zeit des Faschismus überlebt. Ich dachte, auf sie kann man sich verlassen. Ihre Ideologie ist menschlich überzeugend!

Für die gleiche Ideologie einzutreten, war nach diesen Abenden – wir trafen uns dann oft – für mich selbstverständlich.

Solche Bücher, wie »Nackt unter Wölfen« von B. Apitz [25] oder »Das siebte Kreuz« von A. Seghers [26] sahen wir in einem besonderen Licht. Wir kannten doch persönlich eine Antifaschistin. Sie war für uns – für meine Familie – ein Vorbild. Wir glaubten ihren Erzählungen und hatten nie Zweifel an deren Richtigkeit. Wir haben aus Respekt vor ihrem Leben zugehört und ich wurde von ihr in meiner Tätigkeit für die Partei bestärkt. Ihr ganzes Bild von einem besseren Leben lag nur im Kommunismus begründet und die Gegenwarts-DDR ist eine Übergangsform dorthin, da müssen wir durch und manche Bescheidenheit ertragen. Wir gehören doch zu denen, die eine menschliche Zukunft erbauen. Das waren immer wieder ihre mahnenden und zugleich für uns ermunternden Worte. Aus ihrem Mund klang das sehr überzeugend. Sie hatte für uns gelitten, also haben wir diesen, ihren Weg zu gehen, diesem Vermächtnis zu folgen. Davon war ich überzeugt. Leiden und Verantwortung waren personifiziert. Da waren Zweifel oder andere Deutungen fast ausgeschlossen. Für mich glaubwürdige Zeitzeugen, wie sie eine war, haben meine Haltung für ein Mitwirken am Aufbau einer kommunistischen Gesellschaft befördert.

Mir ist es besonders wichtig zwei Ereignisse hervorzuheben, die meine Gefühle und mein Handeln in besonderer Weise prägten. Einerseits sind es die zahlreichen

Begegnungen mit sowjetischen Menschen und andererseits ist es der mich tief bewegende Kontakt zu einer Kommunistin.

Einmal im Jahr fanden Beratungen aller Parteisekretäre der Hoch- und Fachschulen der DDR statt. Für die DDR maßgebende Gesellschaftswissenschaftler erläuterten die Gesetzmäßigkeiten des Aufbaus des Sozialismus/Kommunismus. Ich nahm an diesen Zusammenkünften ebenfalls teil.

Abschließend orientierte Kurt Hager, Mitglied des Politbüros der Sozialistischen Einheitspartei Deutschlands und zuständig für Wissenschaft und Kultur der DDR, den versammelten Kreis über die politischen Aufgaben beim Aufbau des real existierenden Sozialismus.

Das war dann gewissermaßen die »politische Linie«. Diese wurde abgeleitet von den zentralen Beschlüssen der Partei und beinhaltete immer die Auseinandersetzung mit dem Klassengegner in der Bundesrepublik Deutschland. Hager setzte sich z. B. mit dem Nato-Doppelbeschluss auseinander, analysierte den Einmarsch der sowjetischen Truppen in Afghanistan als Hilfe für das afghanische Volk, sprach von Aggressivität der Nato-Staaten, insbesondere der Bundesrepublik. Schließlich leitete er die erhöhte Wachsamkeit und klassenmäßige Haltung aller Hochschulangehörigen daraus ab.

Das sollte die Arbeitsgrundlage für die Parteileitungen aller Universitäten und Hochschulen der DDR bilden. Ende der siebziger Jahre war die Hochschule in Potsdam Austragungsort dieser Veranstaltung.

Ich hatte die Aufgabe, eine kleine Begrüßungsrede zu halten. Darin versuchte ich den Bogen von preußischen Tugenden und sozialistischem Menschenbild zu schlagen. Die offensichtliche Wirkung, die meine Rede hatte, konnte ich nicht erahnen. Sie hat mein weiteres politisches Leben nachhaltig bestimmt. Das Buch von Ingrid Mittenzwei:»Preußen nach dem Siebenjährigen Krieg« [27] war gerade veröffentlicht. Darin zeichnete sie ein differenziertes Bild Preußens und deren Herrscher. Bis dahin wurde der deutsche Militarismus aus der preußischen Militärdoktrin abgeleitet. Andere preußische Tugenden, wie Toleranz zu den Religionen, Ordnung, Disziplin, Pünktlichkeit, die Förderung musischer Fähigkeiten, die schulische Bildung sowie rechtsstaatliche Regeln wurden gering geschätzt. In dem für DDR-Bürger neuem Preußenbild wurden diese Seiten aufgedeckt. Diese und weitere Bücher von ihr lösten offensichtlich in der Parteiführung einen Wandel in der Betrachtung Preußens aus.

Meine humorigen Anspielungen zu den preußischen Tugenden kamen an. Da die Veranstaltung im Neuen Palais stattfand, bot der äußere Rahmen den entsprechenden Hintergrund. Ich merkte, wie Kurt Hager während meiner kleinen Rede nickte und erfreut klatschte. Das hatte vierzehn Tage später möglicherweise zur Folge, dass ich in die Abteilung des Zentralkomitees der SED nach Berlin zu einem Kadergespräch eingeladen wurde. Der Abteilungsleiter teilte mir mit, dass ich für weitere Aufgaben als nunmehriger Nomenklaturkader der Abteilung Wissenschaften und Kultur des Zentralkomitees der Sozialistischen Einheitspartei Deutschlands in Berlin vorgesehen sei.

Von der Sowjetunion lernen heißt: fliegen lernen...

In diesem Kadergespräch, wo nur einer sprach und ich der Zuhörer war, kam der Kaderverantwortliche nach langen Reden über die politische Lage im Allgemeinen und den besonderen Klassenkampf im Besonderen endlich auf den Punkt:

»Um künftige Aufgaben besser erfüllen zu können, haben wir deine Delegierung an die Parteihochschule beim Zentralkomitee der Kommunistischen Partei der Sowjetunion nach Moskau beschlossen«. Dann schloss er an: »Damit bist du doch einverstanden, Genosse!«

Jetzt plötzlich stolperte ich die Kaderleiter aufwärts, in einem Tempo, dem ich kaum folgen konnte. Ich war sprachlos. Sicher habe ich gestammelt: »Dass ich alles tun werde, das mir entgegengebrachte Vertrauen zu rechtfertigen!« Oder so ähnlich.

Ich fühlte mich wie im siebenten Himmel. Endlich war ich angekommen, nun würde mir die Welt offenstehen. Als er dann noch sagte, dass die Kaderkommission meinem Wunsch entsprechen werde, nach dem erfolgreichen Parteischulbesuch sich für meinen wissenschaftlichen Weg einzusetzen, hätte ich ihn am liebsten umarmt. »Du machst dann die Promotion B, wirst Professor.« Ich war glücklich. Meinem sehnlichsten Wunsch, eine Professur mit einem Lehrstuhl zu erhalten, würde nichts mehr im Wege stehen. Die ganzen Mühen der Ebenen waren in diesem Augenblick vergessen. Ich, der Kaufmannssohn, wurde durch die Partei der Arbeiterklasse gefördert und wie! Meine »Erbsünde«, nicht zur Arbeiterklasse gehört zu haben, war vergessen.

Ich blendete zunächst alle Gedanken aus, die mir ein reales Bild von meiner Lage, den Umständen, meiner familiären Situation hätten vor Augen führen müssen. Langsam kam ich zu mir. Die Gedanken des realen Lebens holten mich schnell ein. Mir schoss blitzartig durch den Kopf: »Was würden meine Frau und die Kinder denken, wenn ihr Mann und Papa wieder über ein Jahr nicht zu Hause ist?« Skeptische Gedanken wurden von mir verdrängt. Bei meinem Höhenflug sah ich weder rechts noch links mögliche Widerstände.

Auf Bärbel konnte ich mich verlassen. Sie würde dem sicher zustimmen. Wir hatten politisch die gleiche Wellenlänge. Dennoch hatte ich ein ungutes Gefühl. »Würde sie die Last tragen?«.

»Vielleicht ist sie stolz auf mich«, überlegte ich. So eine Chance in der Karrierelaufbahn bekam ich nie wieder. Trug das auch unsere Liebe?

Mit diesen Gefühlen fuhr ich nach Hause. Bärbel stimmte zu. Wir ahnten beide nicht, was auf uns zukam.

Eine politische Schule hatte ich bisher auch noch nicht besucht. Wie kam die Abteilung des ZK der SED dazu, gerade mich zu delegieren? Ich hatte ja bisher weder eine FDJ-Schule noch eine SED-Parteischule auf den Ebenen besucht, die Voraussetzungen waren für diese »höchste« Ausbildungsstätte im kommunistischen Kosmos. Ich war doch ein Seiteneinsteiger. Ich konnte diese Entscheidung immer noch nicht fassen. Offensichtlich war ich wieder einmal meinem Ehrgeiz erlegen. Ich fühlte mich geehrt. Dazu kam noch eine Einjahresausbildung in Moskau. Das war nur den Genossen vorbehalten, die bereits in höheren Funktionen tätig waren, also den älteren Parteikadern. Sie hatten bereits alle notwendigen Parteischulen der DDR absolviert. Ich war mit 34 Jahren der jüngste Kader, der in diesem Jahrgang auf diese höchste Schule der Partei delegiert wurde.

Mein Höhenflug in den kommunistischen Kosmos wurde durch eine Nachricht gedämpft.

Mein Vater teilte mir telefonisch mit, dass meine Mutter am 20. April 1978 im Alter von 72 Jahren in Dresden verstorben war. Hatte es mit der Nachricht zu tun, die ich ihr über meinen beruflichen Weg Wochen vorher, nicht ohne Stolz, mitteilte? Meine Mutter war eine sehr sensible Frau. Sie hat sich sicher über meine Nachricht gefreut. Ihr Wernerlein hatte es geschafft. Sie hatte sich nach dem Krieg so für ihren Jungen eingesetzt, nun wird er ein Professor! War es dieses Glück, was ihr schwaches Herz nicht aushielt? Waren es gar Bilder aus der Nachkriegszeit, die meine Mutter immer verdrängt hat, die mit meinem Studium in der Sowjetunion verbunden waren? Ich habe diese Fragen immer unterdrückt, nach über 40 Jahren brachen sie wieder auf, ohne dass ich eine Antwort geben konnte.

Als ich mit meiner Frau nach Dresden zur Beerdigung meiner Mutter fuhr, gingen mir viele Gedanken durch den Kopf. Sie mündeten immer wieder in der Frage: »Warum habe ich mich mehr um meine Karriere gesorgt, als um die Sorgen meiner Mutter?« Der Pastor fand rührende Worte und tröstende Sätze richtete er an mich, ihrem einzigen Sohn. Ich war tief berührt. Mit dem Largo von Händel, welches nach seiner Trauerrede einsetzte, brachen bei mir alle Gefühlsdämme. Ich heulte wie ein Schlosshund. Die Tränen schossen aus meinen Augen. Ich hatte meinen Gefühlen immer Grenzen gesetzt, jetzt kam dieser Ausbruch. Ich nahm meinen Vater in die Arme. Wir standen lange und hielten uns fest.

Monate später fuhr ich zur Sprachausbildung. Die älteren Genossen hatten bereits über Monate eine Sonderausbildung in der russischen Sprache in der Nähe von Bad Muskau absolviert. Offensichtlich gingen die Kaderleute des ZK der SED davon aus, dass ich durch meine Vorkenntnisse aus den guten Kontakten mit Russischsprechenden diesen vermeintlichen Vorsprung schnell einholen könnte.

In den laufenden Lehrgang wurde ich eingegliedert. Wir waren in einem kleinen Zimmer mit drei Genossen untergebracht. Über mir schlief der Botschafter von Sri Lanka, neben mir der Abteilungsleiter Wirtschaft beim Zentralkomitee der Sozialistischen Einheitspartei Deutschlands, daneben der Leiter des Statistischen Zentralamtes der DDR. Ich war also in »gestandener Runde«.

Die Russischkenntnisse meiner Lehrgangsteilnehmer waren nicht sonderlich gut. Da half auch nicht dieser Sonderlehrgang, der für sie ein halbes Jahr ausmachte. Trotz des monatlichen Vorsprunges war ihr Sprachvermögen in der russischen Sprache begrenzt. So waren diejenigen, die einen kleinen Sprachvorsprung hatten in der Runde der 30 Delegierten nunmehr diejenigen, die den anderen halfen. Sie waren leicht begünstigt – eben sprachlich – also auch ich.

Nach der wöchentlichen Sprachausbildung in der Schule fuhren wir an den Wochenenden zu unseren Familien. Die etwas älteren Parteikader ließen sich von ihren Kraftfahrern abholen. Manchmal konnte ich mitfahren.

In den Gesprächen auf der Fahrt lernte ich ihre Sorgen, Erfolge und Nöte kennen. Sie waren ja näher an der Macht als ich es war.

Umso erstaunter war ich dann doch, dass die Gesprächsinhalte oft um persönliche Versorgungsprobleme gingen. Sie beherrschten den Tausch der Produkte, ließen sich von den Kraftfahrern und Sekretärinnen Besorgungen machen. Ich erfuhr, wie sie zu einem Kästchen Radeberger Pilsner gelangten. Das Warenangebot in speziellen Läden im Hause des Zentralkomitees oder in den Bezirksleitungen war für mich erstaunlich reichhaltig. Selbst solche Artikel mit der Aufschrift »West Germany« hatten einen besonderen Stellenwert in ihrem persönlichen Versorgungsprogramm. Das waren schon Privilegien, die ich bisher nicht kannte. Es war für mich zugleich eine verlockende Tatsache, dass ich bei entsprechendem Kaderaufstieg ähnliche Vorzüge genießen würde.

Ich hatte außer dem Vorteil in Sachen russischer Sprache im Lande »des freien Warenaustausches« nach dem Motto: »Hast du das – gebe ich dir das«, nichts zu bieten. Als Nachwuchskader wurde ich fast väterlich von ihnen beraten und auf die Zukunft vertröstet.

Kurz bevor der Flug von Schönefeld nach Moskau startete, erhielten wir von den »Goditschnikis«, denjenigen, die bereits eine Jahr Moskau hinter sich hatten, Ratschläge, was so alles mitzunehmen und wie es am besten zu verpacken sei. Wir sollten Kisten herstellen lassen, die zugleich passable Möbel waren. Vom Tischler Gänserich in Fahrland ließ ich zwei Kisten bauen, 1 m x 0,50 m x 0,50 m.

Darin wurden harte Wurst, Schinken, Schwarzbrot, Konserven, Wasserkocher, Kochplatte, Kofferradio, Winterschuhe, Bücher, Kosmetik, Damenunterwäsche, Damenstrümpfe und Konfekt verstaut. Ich kam mir vor, als ob ich eine Jahresreise mit dem Campingzelt in den Kaukasus machen sollte.

Dabei ging doch die Reise in das Zentrum des Kommunismus, der »lichten Zukunft« entgegen. Mein Weltbild fing an zu zerbröseln. Diese Kisten wurden per Bahn nach Moskau geschickt, zum Mijuskaja Platz in der Nähe der Gorkistrasse.

Die Parteihochschüler aus der DDR wohnten in einem Zimmer mit jeweils fünf Betten. Ein Spind, den ich aus NVA-Zeiten bereits kannte, wurde durch meine Kisten ergänzt.

Die Zimmer entsprachen dem Stil, der in dem Film über das Hotel Lux vor einigen Jahren in Deutschland gezeigt wurde. Aneinandergereiht waren die Zimmer durch einen dunklen Flur verbunden, an deren Ende eine Deschurnaja saß. Das war meist eine Frau in gehobenem Alter, die für Ordnung und Disziplin sorgen sollte. Über ihre weiteren Befugnisse wurde geschwiegen.

Die Verpflegung sollte in der Stalowaja, einem eigens dafür vorhandenem Verpflegungsraum erfolgen. Die meisten der »DDR-Einjährigen« machten sich das Essen selbst. Die sowjetische Kost war offensichtlich nichts für sie. Sie hatten darum diverse Kocheinrichtungen zum individuellen Verpflegungsbedarf in ihren Zimmern installiert.

In den ohnehin schon kleinen Zimmern wurde nun noch gekocht. Diese Art sich zu verpflegen, löste einen unverkennbaren Duft aus. In der kalten Jahreszeit waren die Fenster dieses Raumes wegen des kalten Windes zudem vernagelt. Nur aus einer kleinen »Fortotschka«, einem kleinen Fensterchen, konnte die schlechte Luft entweichen. Dazu kamen die Transpirationen von fünf gestandenen Mannsbildern…

Ich zog es vor, in die Stolowaja zu gehen. Hier konnte ich Kontakte zu den sowjetischen Studenten sowie den Studenten aus anderen sozialistischen Staaten herstellen. Das tat ich mit großer Freude. Meine mitgebrachten Konserven verteilte ich oder benutzte sie für entsprechende Tauschgeschäfte für Theaterkarten oder Karten für Sportveranstaltungen. Vor allem konnte ich mich etwas den Ausdünstungen meiner vier Zimmernachbarn entziehen.

Das Essen in der »Stolowaja« war typisch russisch. Ich gewöhnte mich an Kwas, Borschtsch, Soljanka, Smetana, Kascha, Pelmeni sowie viele andere durchaus schmackhafte Gerichte. Ich war froh, hier essen zu können. Geschmacklich war das alles sehr einfach zubereitet. Später habe ich die russische Küche schätzen gelernt, als ich von sowjetischen Familien eingeladen wurde. Das war natürlich ein riesiger Unterschied zu dieser Großküche.

Nachdem wir die ersten Vorlesungen in russischer Sprache hörten, beschwerten sich meine Mitstreiter, weil vieles schwer verständlich für sie war. Daraufhin erhielten wir Dolmetscher.

Ich war froh, dass ich die russische Sprache schon ganz gut beherrschte. Nach den Vorlesungen kamen die Genossen auf diejenigen aus dem Kurs der DDR zu, die russisch sprachen, weil sie nicht alles verstanden hatten. Die Dolmetscher waren junge Leute, die gerade von der Uni kamen. Sie hatten keine große Sprachpraxis. So waren wir gefragte Leute. Mir machte es große Freude, ihnen helfen zu können. Später erhielten wir dann sehr gute Dolmetscher.

Die Kosmetikartikel, die Damenunterwäsche, das Konfekt aus der DDR, was wir zum Mitnehmen empfohlen bekamen, waren wichtig. Wir lebten ja im Land des Warenaustausches und des Mangels an vielen Produkten des täglichen Bedarfs, wie ich es in dieser Dramatik erst vor Ort erfuhr.

Wenn in der DDR schon Schlangen bei angebotenen Waren standen, dann konnte man die in Moskau schon nicht mehr als Schlangen bezeichnen.

Das waren kleine Demonstrationszüge mit inneren Strukturen, die ein Ausländer nicht durchschauen konnte. Es wurde angestanden mit familiärem Auftrag. Das hieß, dass die in der Reihe stehenden Mitkäufer Platz für Bekannte und Familienmitglieder besetzt hielten. So erweiterten sich die Reihen zusehend. Mir fällt die Beschreibung schwer, weil die wartenden Menschen oft nach Grundnahrungsmitteln anstanden. Moskau war für mich bis dahin eine traumhafte Stadt, die mir von den sozialistischen Medien in allen Farben einer Märchenwelt vorschwebte. Nun erlebte ich die Realität.

Diese mitgebrachten DDR-Produkte hatten in Moskau einen hohen Stellenwert. Sie wurden Zahlungsmittel und erhellten oft die Stimmung zum »Öffnen der Herzen«.

Da war zunächst die Deschurnaja (Wächterin im Studentenheim) milde zu stimmen, wenn wir etwas später als 23 Uhr eintrafen. Sie machte dann keine Meldung an die Parteileitungen der Lehrgänge. Wir hätten sonst in ellenlangen Stellungnahmen Erklärungen abgeben müssen. Wir glaubten jedenfalls, dass sie schweigen würde. Ihre Zuständigkeit für »andere« Ämter war mir damals nicht im Bewusstsein. Die Verkäuferinnen an den Kassen waren wiederum in der Kette der Besorger nur ein Glied. Während der gesamten Studienzeit bin ich niemals hinter dieses System der Beschaffung gekommen.

Karten für Veranstaltungen im Kreml oder im Bolschoji Theater waren nur zu erhalten, wenn Strumpfhosen oder Kosmetik »über den Tisch« gingen. Importbier oder die Sossiskis (ähnlich den Wiener Würstchen), konnten im Tauschgeschäft ergattert werden. Nicht ganz so kompliziert zu beschaffen war der Stolitschnaja – der berühmte russische Wodka. Der wurde oft getrunken, da die Gründe zum Umtrunk nicht ausblieben.

Ohne ihn gab es keine Geburtstagsfeiern. Es trafen sich die Landsmannschaften, das waren Gruppen aus den Herkunftsländern Sachsens, Thüringens, Brandenburgs usw.

Dann wurden Jahrestage der UdSSR und der DDR begangen. Die Geburtstage der eigenen Kinder wurden gemeinsam gefeiert. Belobigungen im Seminar waren sichere Gründe zum Feiern. Die Treffen mit Delegationen anderer Studiengänge aus anderen Staaten wurden dankbar zum Anlass genommen. Da blieben nur wenige Tage übrig, wo der Stolitschnaja in der Flasche blieb. Ja, selbst darauf wurde getrunken. Ich habe mich später oft gefragt, wie ich das körperlich überstanden habe?

Andererseits hatten diese Zusammenkünfte sowie Trinkanlässe für mich durchaus bildende Funktionen. Ich erhielt hier in den zahlreichen persönlichen Gesprächen tiefere Einblicke in das Innenleben des sozialistischen Realismus der Marke DDR.

Es saßen immerhin leitende Genossen der DDR aus den verschiedensten Bereichen, Aufgabengebieten, Verantwortlichkeiten zusammen. Es wurde »Klartext« gesprochen. Solch einen Einblick in die politischen Zusammenhänge, Strukturen und Bedingungen habe ich nie wieder erhalten können. Ich spürte die Ernsthaftigkeit, Sachlichkeit und Gründlichkeit politischer Analysen. Keiner der Anwesenden brauchte dem anderen etwas vorzumachen. Es fiel mir wie ein Schleier von den Augen, wie hier über das reale Leben in der DDR gesprochen wurde. Korrespondenten der DDR in den USA berichteten über ihre schwierigen Aufgaben ebenso, wie der Leiter des Statistischen Zentralamtes der DDR, der Leiter der Abteilung Wirtschaft im Zentralkomitee der SED, wie der Wissenschaftler vom Institut für Gesellschaftswissenschaften beim Zentralkomitee der SED oder der Botschafter der DDR in Sri Lanka, wie auch Sekretäre der SED in den Bezirken. Unter ihnen war ich der »Kleine«.

Ich kam aus dem Staunen nicht heraus, wenn sie über ihre Schwierigkeiten bei der Umsetzung der Beschlüsse der Partei berichteten. Oftmals hatten sie diese selbst mitbeschlossen.

In diesen Nächten erfuhr ich die ganze Komplexität sowie Widersprüchlichkeit ihres politischen Handelns. Ich spürte, dass durchaus verantwortungsbewusste Menschen die Grenzen ihrer Arbeit als Funktionäre aufzeigten. Sie gestanden Fehler ein und wiesen auf Schwächen hin. Sie hatten zwar den Willen zur Veränderung der Gesellschaft in der DDR, deuteten jedoch immer wieder auf unüberwindbare Probleme hin. Sogar auf Fehlentwicklungen machten sie aufmerksam, über die ich bis dahin nicht nachgedacht hatte. Zunehmend mehr wurden sie mir sympathisch. Theoretische Grundsätze oder Lehren brachen sich hier an den konkreten Erzählungen, an der Sicht auf das reale Leben.

Ich hatte den Eindruck, dass viele der im Lehrgang teilnehmenden Genossen auf der Suche nach besseren Wegen für die Gestaltung einer sozialistischen Gesellschaft waren. Manche glaubten, hier im Studium Antworten auf die Lösung ihrer Probleme zu erhalten.

In diesen Nächten erlebte ich auch emotionale Ausbrüche einiger Mitstudenten. Gestandenen Genossen brachen in Tränen aus. Sie suchten Trost. Sicher regte auch manchmal der Wodka dazu an. Der Folgetag war dann eine einzige Tristesse.

Mit meinem Mitstudenten Erwin konnten ich mich nach einigen Monaten manchmal von diesen Zusammenkünften loseisen. Da handelten wir uns eine Diskussion vor der Parteileitung ein, dass wir uns nicht kollektivfördernd verhalten würden. Dieser Umstand hatte später meine Kaderleiter ein wenig zum Wanken gebracht.

Wir zogen es oftmals vor, wie wir sagten, auf die Gorkistrasse zu gehen. Unsere Begründung war immer, dass wir die russische Sprache vertiefen wollten. Gegen dieses Argument konnte keiner etwas haben. Also ließ man uns laufen und witzelte: »Ja, mit einem langhaarigen Wörterbuch kann man besser Russisch lernen…«

Wir ließen sie in ihren Fantasien zurück. Wir hatten damit die Möglichkeit, Land und Leute zu treffen. Das damalige Leben in Moskau mit einer Bevölkerungszahl von über zwölf Millionen Menschen war für mich aufregend. Ich kam von einer relativ kleinen Hochschule aus einer Stadt mit ca. 120.000 Einwohnern. Es war für mich ein Rausch der Größe und des quirligen Lebens der Menschen aus über 120 Nationalitäten, die sich in dieser Millionenstadt trafen.

Wir fuhren mit der Metro stundenlang den »Ring« ab. Diese Bahn war für mich faszinierend. Jede Bahnstation war künstlerisch anders gestaltet. Die Stationen glänzten vor Sauberkeit. Es hat sich offensichtlich keiner gewagt, auch nur eine Zigarettenkippe wegzuwerfen.

In der Bahn kamen wir immer ins Gespräch mit den Leuten. Ausländer waren für viele Menschen nicht nur interessant, sondern wir lösten oftmals freudige Emotionen aus. »DDR-Nicks« waren für viele Menschen sofortiger Anlass, ein Gespräch mit uns zu führen. Dann waren wir so vertieft, dass wir aufpassen mussten, wenn ausgerufen wurde: »Sledujuschaja stanzia - Nowoslabodskaja!«(Die nächste Station – Nowoslabodskaja) Dann mussten wir raus. Das war die Metrostation in der Nähe der Parteihochschule.

Anregend für mich waren immer die Fahrten mit der Rolltreppe der Metro, wenn auf der gegenüberliegenden Fahrbahn schöne Moskauerinnen wie in einem Endlosfilm an uns vorbeifuhren. Im Winter trugen sie hübsche Pelzmützen. Wir folgten diesen traumhaften Geschöpfen sehnsüchtig mit den Augen. Später sagten wir kurzerhand: »Wir gehen dann mal Pelzmützen schauen!» Sofort wussten die Eingeweihten Bescheid.

Einer unserer beliebtesten Orte war der Puschkinplatz. Hier trafen wir mit jungen Leuten zusammen. Ich war überrascht über die offenen und freimütigen Gespräche in kleinen Gruppen. Immer wieder hörten wir kritische Stimmen zur wirtschaftlichen Situation in Moskau. Ein reges Interesse galt dem Einmarsch sowjetischer Truppen in Afghanistan. Manchmal war es fast beängstigend, mit welchen Emotionen ältere Bürger auf die jüngeren einredeten. Was hat die Menschen Ende der 70ziger Jahre auf den Puschkinplatz in Moskau regelrecht getrieben? Was war es, was auch mich faszinierte? Fast magnetisch zog es mich an den freien Nachmittagen und Abenden dort hin.

Gemeinsam mit Erwin mischte ich mich unter die kleinen Gruppen von Menschen, hörte einfach nur zu, worüber sie sich unterhielten. Worüber stritten sie eigentlich? Scheinbar belanglose Inhalte wurden zum Anlass genommen, um gesellschaftliche Fragen leidenschaftlich zu diskutieren. Ich hatte den Eindruck, dass sie die Welt verändern wollten. Ich erinnere mich an eine Gruppe von jungen Leuten, die kontrovers über den Spielplan des Bolschoi-Theaters in Moskau stritten. Sie wollten neue moderne Stücke dort aufgeführt sehen. Die Gedanken der Erneuerung waren es offensichtlich, die andere Menschen, die mit dem Theater nicht in Verbindung standen, anregten. Sie machten sich Gedanken über das Theater hinaus. Es war für mich ein bleibender Eindruck, wie Menschen in der Öffentlichkeit freimütig und friedlich, jedoch mit Leidenschaft, Veränderungen in ihrer Gesellschaft diskutierten.

Der Kreis der Zuhörer wurde oft größer, unübersichtlicher. Es bildeten sich Menschentrauben um die Diskussionsfreudigen. Ihre leidenschaftlichen Reden suchten nach Veränderungen. Schließlich mündeten sie oft im Protest gegen die Parteiführung. Das war in der scheinbaren Anonymität nicht ungefährlich. Protestierer verschwanden. Sie wurden durch neue ersetzt. Die Szene bekam eine eigene Dynamik.

Jetzt dachten einige laut artikulierend über ihre Befindlichkeiten nach, äußerten sich, erst mit Gesten der Zustimmung, dann mit wortstarken Beiträgen.

Ich dachte über die Macht der Öffentlichkeit nach. Welche Wirkung hat die Anonymität in einer Ansammlung von Menschen? Woraus entstehen spontane Zustimmungen für vorgetragene Standpunkte. Woraus ist diese Gruppendynamik abzuleiten, die mit einem Herdentrieb vergleichbar war? Beifall, Zustimmung, Gefühle der geistigen Verbundenheit brachen öffentlich auf. Lautstark geäußerte Gedanken, denen man zustimmte, wuchsen zu Begeisterungsbekundungen.

Ich bewunderte diese Art von Radikalität. Sie äußerten sie ohne langweilige Argumentationen, einfach so. Forderungen wurden laut gestellt, ohne auf deren Umsetzbarkeit zu achten. Gedankenanstöße wurden mit der Aufforderung gegeben, die eigene »Rübe« doch bitteschön anzustrengen.

Hier wurden die Gedanken geachtet, selbst wenn sie skurril oder gar grotesk waren. Das war sicher ein Vorzug der Anonymität. Hier wurde geredet, ohne dass ein Redner unterbrochen oder gar reglementiert wurde.

Es geschah, ohne dass eine Autorität oder ein eingeladener Redner in fertigen Grundsätzen sprach.

Gedankenbrüche, Wortfetzen konnte ich reflektieren. Sie veranlassten mich, über diese Form öffentlicher Meinungsbildung nachzudenken. Irgendwie fühlte ich mich, wie offensichtlich die Umstehenden auch, wie auf einem »Marktplatz der freien Meinungen«. Viele Ausdrucksformen lernte ich auf dem Platz kennen, wie das Wort, die Musik, die bildende Kunst, den Tanz und das Spiel. Immer dann, wenn offensichtlich Vertreter der Macht in der Nähe waren, wurden auch die Formen gewechselt. Von der Agitation wurde in fast spielerischer Weise blitzartig auf Satire oder Ironie umgestellt. Ich war fasziniert. Es war schon fast ein eingespieltes Ensemble derer, die auf dem Platz standen, ohne einen Regisseur, aber mit einer inneren Regie. Es hat mich jedenfalls nachdenklich gemacht. Ich gebe zu, dass ich damals die Rolle des Beobachters einnahm. Die Befindlichkeiten der Akteure konnte ich nicht genau erkennen. Angeregt hat es mich zweifelsfrei. Ich schaute zum Puschkin-Denkmal auf, welches den Platz irgendwie zentrierte. Auf dem Kopf der bronzenen Figur saß oft eine Taube. Der Anblick war für mich schon fast symbolträchtig zu nennen.

Die Schattenseiten einer Großstadt lernte ich auch kennen. Zahlreiche kleine Kneipen rochen nach einem Gemisch aus schalem Bier und Trockenfisch.

Ich sah in den Nebenstrassen der Gorkistrasse ältere Menschen mit ihren Orden und Ehrenzeichen aus dem Grossen Vaterländischen Krieg, so nannten sie den Weltkrieg, in ihrem eigenen Erbrochenen liegen. Der Wodkadunst lag über ihnen. Selten erlebten wir Menschen, die, wenn sie erkannten, dass wir aus Germania kamen, uns als Faschisten beschimpften. Nach 40 Jahren waren die Wunden, die ihnen der deutsche Faschismus geschlagen hatte, nicht verheilt. Es gab auch ein anderes Bild von jungen Leuten, die mit Enthusiasmus und Lebensfreude auf den Straßen tanzten und sangen, musizierten und spielten. Sie rissen uns in ihrer Lebensfreude mit. Die

106

russischen Lieder und Tänze können so wunderschön alle menschlichen Emotionen wiedergeben.

Sie boten oftmals ein lebendiges Bild in der Hauptstadt des Kommunismus. Farbtupfer bildeten Plakate und Losungen über den Straßen und Plätzen, die kaum jemand zur Kenntnis nahm, höchstens diejenigen, die diese veranlassten.

Ein für mich damals überzeugendes Beispiel dieser vielfältigen sowjetischen Kulturen bildete die gigantische Allunionsausstellung am Prospekt Mira. An der Metrostation WDNCh ((Wüstawka dostischenie narodnowo choseistwa SSSR) stiegen wir aus. Eine für mich verblüffende Vielfalt kultureller sowie wirtschaftlicher Leistungen in über 100 Pavillons war zu erleben. Es wurde der Eindruck vermittelt, dass in diesem Vielvölkerstaat Sowjetunion die Menschen Dank der sowjetischen Führung miteinander im Einklang lebten. Unvergesslich war für mich der Besuch des Pavillons der Kosmonauten. Das war eine Demonstration der Macht sowie der Überlegenheit der Sowjetunion auf dem Gebiet der Weltraumforschung gegenüber den USA. Diese Gedanken wurden für mich noch vertieft, als ich mit der Studentengruppe das Sternenstädchen in der Nähe des Ortes Schtscholkowo nordöstlich von Moskau besuchen konnte. Swjosdny Gorodok, so hieß das Sternenstädtchen auf Russisch, war für die Öffentlichkeit nicht zugänglich. Ich fühlte mich geehrt, die Stätte sehen zu können, wo Juri Gagarin trainiert hatte. Walentina Tereschkowa, eine sowjetische Kosmonautin, führte uns durch den Ort, wo die Kosmonauten mit ihren Familien lebten. Die größte Zentrifuge der Welt, die sich gerade im Bau befand, war für mich ein beeindruckendes technisches Meisterwerk. Ich kam aus dem Staunen nicht heraus.

Wenn ich dann noch auf eines der höchsten Bauten der Welt, dem Fernsehturm in Ostankino mit seinen 540 m Höhe stand und über Moskau schauen konnte, war ich gefühlsmäßig dem Kommunismus sehr nahe gekommen. Gigantismus hatte schon eine ideologische Funktion in der Geschichte der Menschheit. Hier erlebte ich mein ideologisch geprägtes Bild vom Kommunismus. Es verdrängte die reale komplizierte Ernährungslage in Moskau ebenso wie die politischen Diskussionen auf dem Puschkin Platz.

Einmalig in der Welt waren damals die Rundkinos, die in Moskau aufgebaut wurden. Sie waren sehr beliebt. Fantastische Naturaufnahmen eines Landes mit elf Zeitzonen wurden propagandistisch geschickt verbunden mit fröhlichen Menschen. Das Bild glücklicher Sowjetmenschen strahlte auch auf mich. Ich habe die dargestellten Erfolge in mich aufgesogen. Sie prägten mein weiteres Weltbild. Ich konnte beim besten Willen nicht ahnen, dass so manche Errungenschaften sich zehn Jahre später als »Potemkinsche Dörfer« erwiesen haben.

Die Gorkistrasse und der Arbat, das waren neu geschaffene Zentren Moskaus, wo zahlreiche Kleinkünstler ihre Werke zum Verkauf anboten. Sie waren für mich besondere Anker für das Leben in Moskau. Ich habe die Atmosphäre dort genossen. Die Tretjakow Galerie, die Galerie am Roten Platz, die Manege, die Nationalgalerie, das Puschkinmuseum, die kleinen Galerien in der Gorkistrasse waren für mich oft besuchte Stätten. So gelang es mir auch, eine kleine Rarität zu entdecken, was mir wieder bei den Mitstreitern an der Hochschule einen »Stein im Brett« einbrachte.

Auf dem Arbat lernte ich einen Restaurator der Tretjakow Galerie Moskaus kennen. Ich interessierte mich für das Bild von Repin »Brief der saporosher Kosaken an den türkischen Sultan« [28]. Es lag daher nahe, doch mal zu erfahren, was denn der Inhalt des Briefes sei, über den, in Künstlerkreisen hinter vorgehaltener Hand, gesprochen wurde.

Es wurde immer getuschelt: »Wenn Du die Seele der Russen erfahren willst, dann lies den Brief«. Andere sagten: »Wenn du mal in Russisch richtig fluchen lernen willst, dann musst du den Inhalt des Briefes kennen«.

Es hat mich »einige Fläschchen« gekostet. Schließlich zeigte er mir den Inhalt des Briefes.

Die Vorstellung, mit welcher diebischen Freude die Saporosher Soldaten diesen Brief verfassten, war für mich ein Ausdruck der Kraft und Lebensfreude. Zugleich kommen Mentalitäten von Völkern zum Ausbruch, die ich bis dahin nicht erfasste.

Es steckt auch die Freude am Widerstand, die Kraft der Menschen dahinter, wenn sie sich widersetzen, ihren Stolz ausdrücken.

Heute wirkt dieser Briefwechsel auf mich, der im arabischen konfliktreichen Raum handelte, als wäre er gerade vor wenigen Tagen geschrieben worden. Ob er tatsächlich so verfasst wurde, gar noch deftiger ausfiel, ob er der Fantasie eines Museumsmenschen entsprungen war, werden Kunsthistoriker sicher schon bewertet haben.

» Note des türkischen Sultans Mohammed an die Saporosher :

Ich, der Sultan, Sohn Mohammeds, Bruder der Sonne, Enkel und Nachfolger Allahs, Herrscher über das Mazedonische und Jerusalemer Reich, des großen und des kleinen Ägyptens, Kaiser der Kaiser und Herrscher der Herrscher, der unbesiegbare Ritter und der unbesiegbare Schutzherr von Mohammeds Grab, Vollstrecker Mohammeds, der große Beschützer der Christen; gebiete Euch gottlosen Saporoshern, Euch freiwillig ohne Widerstand zu ergeben und mich nicht mit Euren Überfällen dazu zwingt Euch Angst und Schrecken einzujagen

Der türkische Sultan

Antwort der Saporosher an den Sultan:

Du, Sultan, türkischer Sack, Bruder und Genosse des Teufels und des Arschfickers selbst, was für ein Ritter bist Du, wenn Du mit Deinem Schwanz keinen Igel erschlagen kannst?

Du, Sohn einer räudigen Hündin, Christenköter wirst uns nicht schrecken, wir werden Dich und Dein Heer ficken.

Dein Heer, feindlicher Sohn, fürchten wir nicht, und wir werden mit Dir kämpfen und

Deine Mutter durchvögeln.

Du babylonischer Sack, Du mazedonischer Scheißer und Schweinepriester, Du jerusale-mer Ziegenficker, Du armenischer Astlochficker, Du podolsker Schweinemist und Hurenbock der ganzen Welt, Du Hurensohn und Enkel unseres Sackes, Du Saukopf, Schweineschnauze und beschissener Hirtenarsch, Du eingetanzte Fotze, ficke Deine Mutter!

So antworten die Saporosher Kosaken und zeigen Dir die Ärsche.

Jetzt schließen wir, kennen das Datum nicht, weil wir keinen Kalender haben, suche Dir das Datum selbst aus.

Aber der Tag ist hier derselbe wie bei Euch – lecke uns am Arsch! Die Saporosher Iwan Sarko und Kosaken.»

Der übersetzte Text ins Deutsche gibt sicherlich noch lange nicht die Kraft der russischen Sprache wieder, aber immerhin. Andererseits gibt das Bild die kulturellen Widersprüche der Menschen, ihre Gefühlsausbrüche wieder. Eine für mich direkte Erfahrung springt mir aus dem Bild Repins fast entgegen. Im Innersten der Menschen liegen historische oder ethnische Besonderheiten, die Konflikte auslösen können. Sie zu befrieden, wird durch Ideologien kaum möglich sein.

Wie gesagt, mit dieser kleinen Übersetzungsrarität kam ich gut an. Manche Eskapade wurde mir offensichtlich verziehen. Ob die Verzeihenden mehr den vulgären Hintergrund in die Waagschale warfen, konnte ich nicht ausmachen.

Fast wie die Sucht nach einer Droge nutzte ich die sich mir bietenden Gelegenheiten nach kulturellen Eindrücken.

Meine musischen Empfindungen wurden immer wieder durch den Besuch zahlreicher klassischer Konzerte in Moskau angeregt. Im großen Saal des Konservatoriums spielte der großartige Pianist Swjatoslaw Teofilowitsch Richter das legendäre b-Moll- Klavierkonzert von Tschaikowski. Der Kampf um eine Karte war schließlich für mich erfolgreich. Während des Konzerts liefen mir die Tränen über die Wangen. Offensichtlich regte er meine tiefsten Gefühle an.

Ganz bewusst habe ich mich auf die im Umfeld der Parteihochschule wirkenden kulturellen Ereignisse eingelassen. Es verging kaum ein Wochenende, an dem ich mich nicht auf die Socken machte, um an kleinen Konzerten, Eröffnungen von Galerien oder musischen Veranstaltungen teilzunehmen. Die Stadt war in dieser Hinsicht wie ein Eldorado für mich. Diese kulturelle Vielfalt hat mich beeindruckt.

Die bildende Kunst war im Aufbruch. Den Darstellungen des neuen kommunistischen Menschen wichen zahlreichen streitbaren Bildern von Konflikten in der Sowjetunion. Es waren kleine Ansätze, die ich mit Aufmerksamkeit wahrnahm. Bilder der heute bekannten Dissidenten waren mir damals nicht zugänglich. Ich hatte auch einen viel zu kleinen Überblick und bescheidene Einsichten.

Die Lehrveranstaltungen an der Parteihochschule waren für mich Pflichtveranstaltungen, die ich in parteilicher Disziplin absolvierte. Die Vorlesungen der Hochschule fanden oft im Leninsaal statt. Im Vorraum war eine Ahnengalerie berühmter

Studenten dokumentiert. An einer riesigen roten Marmorplatte konnte ich in goldenen Buchstaben eingraviert lesen: »Breschnew, Chruschtschow, Mubarak, Arafat, Honecker, Castro, Tschernenkow, Andropow.»

Aus der Biografie Gorbatschows konnte ich entnehmen, dass er in dieser Zeit ebenfalls an der Parteihochschule studierte. Es relativierte vielleicht den Ruf der Hochschule etwas. Das füge ich ironisch im Bewusstsein bei, dass an dieser Alma Mater zahllose Parteifunktionäre die Sieghaftigkeit des Kommunismus vermittelt bekamen, die sich in einer historisch kurzen Zeit verflüchtigte.

Die Fächer Politische Ökonomie des Sozialismus, Philosophie, Wissenschaftlicher Kommunismus und Geschichte der KPdSU sind mir in Erinnerung. In ihnen wurden natürlich die Gesetzmäßigkeiten der gesellschaftlichen Entwicklung herausgestellt. Der Weg zum Kommunismus sei gesetzmäßig bestimmt. Die wirtschaftliche Überlegenheit der sozialistischen Staatengemeinschaft unter der Führung der Sowjetunion wurde statistisch belegt. Ein neues ökonomisches System der Planung und Leitung der Volkswirtschaft wurde uns vorgestellt. Aus der Geschichte der KPdSU vermittelten die Lehrer die Führungsrolle der Partei beim Aufbau der kommunistischen Gesellschaft. Immer wieder waren die Lehren des Aufbaus in den anderen sozialistischen Staaten, so auch in der DDR, nur aus der Vorbildfunktion der UdSSR ableitbar. Manchmal erfuhren wir aus kleinen Geschichten aus dem Leben der Führer der Sowjetunion, dass der Weg in die lichte Zukunft des Kommunismus mit Stolpersteinen belegt war.

Es gab einige Deutungen, die an den Instituten für Gesellschaftswissenschaften beim Zentralkomitee der SED in der DDR Verwunderung auslösten, wie wir später erfahren haben. Die Geschichte der KPdSU wurde als Geschichte von Kompromissen vermittelt, was in der DDR-Gruppe größte Diskussionen auslöste. War es ein Übersetzungsfehler, oder hatten die sowjetischen Genossen einen neuen Blick auf ihre Geschichte? War das ein Vorgriff auf eine gründlichere Auseinandersetzung mit dem Stalinismus? Nein, ich sah es als einen ersten Versuch einer kritischeren Geschichtsbetrachtung, mehr nicht. Die Zeit des Stalinismus wurde scheinbar nicht ausgespart. Die vollständige Rede Chruschtschows auf dem 20. Parteitag der KPdSU [29] konnten wir einsehen. Die sollte die Wende in dem Personenkult und Reformen in der UdSSR einleiten. Hinter vorgehaltener Hand erhielten wir in den Seminaren Informationen darüber, dass Chruschtschow selbst als treuer Verbündeter Stalins an den unmenschlichen Machenschaften beteiligt war. Eine umfassende Auseinandersetzung mit dem Stalinismus blieb aus.

Der Philosophieprofessor, ein gebürtiger Österreicher, stellte gar die nationale Frage Deutschlands, wie sie in der DDR als zweigeteilt begründet wurde, in Frage. Das war schon ein Fall für die Diskussion in der Parteileitung des Lehrganges. In dem Folgeseminar stellte er die Frage, warum die DDR-Führung die Teilung Deutschlands zementiere? Er sehe die Einheit Deutschlands als eine wichtige aktuelle Frage an! Er forderte uns auf, darüber nachzudenken. Es sei auch im Hinblick auf das Eingehen von Kompromissen zu bedenken. Er wisse sich nicht alleine mit dieser Frage, er hoffe, dass es hier bald Fortschritte geben werde.

Mir blieb der Mund offen stehen. Es war immerhin eine indirekte Aufforderung an die SED, sich im Jahre 1979 mit der Einheit Deutschlands zu beschäftigen. An der Führungsrolle der Kommunistischen Partei der Sowjetunion wurde kein Zweifel gelassen. Andere Deutungen politischer Wege wurden als Meinung einzelner Genossen zwar zur Kenntnis genommen, was sich hinter den Kulissen abspielte, drang nicht an mein Ohr.

Später erklärte er vor der Lehrgangsleitung, dass er nur auf einen möglichen Weg hinweisen wollte. Offensichtlich wurde er von »wachsamen Genossen« darauf hingewiesen, dass er zu weit in seinen philosophischen Überlegungen gegangen war. Ich merkte an verschiedenen weiteren Beispielen, dass es durchaus widersprüchliche Auffassungen zwischen den Parteidoktrinen gegeben hat. Sie wurden jedoch durch wachsame Parteikader schnell korrigiert.

Im Seminar »Politische Ökonomie« erhielten wir Studenten den Auftrag, verschiedene Vortragsthemen selbst zu übernehmen. Das sollte die Seminare offensichtlich auflockern. Hier konnten wir in unserer Muttersprache umfassender diskutieren. Da bekannt war, dass ich von Beruf Biologie-Lehrer war, erhielt ich das Thema: »*Wirken die Erkenntnisse über die DNS (Desoxyribonukleinsäure), die die Basis der Gen-Forschung bilden, auf die ideologische Haltung der Menschen?*«

Die Gen-Forschung erhielt als ein wichtiger Zweig in der Biologie des Menschen plötzlich Aufmerksamkeit. Besonders interessant waren erste Versuche der Genmanipulation am Menschen. Schlaglichtartig begann eine breitere Diskussion über die Möglichkeiten der Manipulationen an Persönlichkeitseigenschaften der Menschen. »Sind ideologische Veränderungen durch Genmanipulation zu erreichen?«

Das beinhaltete aber auch die andere Möglichkeit, nämlich die ideologischen Strukturen zu entzaubern. Darin sah man eine Gefahr. Ich merkte erst im Laufe des Seminars, auf welches Minenfeld ich mich eingelassen hatte.

Dennoch wurde mein Vortrag als »außerordentlich« bewertet. Ich hatte meinen Spitznahmen für einen kleinen Zeitraum als »Genschik« weg.

In dem mit umfangreichen Werken der marxistisch-leninistischen Literatur ausgestalteten Saal der »Leninbibliothek« lasen wir in den entsprechenden Werken. Es fiel mir auf, dass einer unserer Lehrer mächtig zu fluchen begann. Ich drehte mich um und sah, wie er in einer Mappe versteckt, den »Spiegel« las, die Wochenzeitschrift der Bundesrepublik Deutschland. Er fluchte, weil dieser »Spiegel« der Kontrolle unterzogen war. Er sah aus wie ein Schnittmusterbogen. Alle Stellen, die erotisierend sein konnten oder die sich gegen die UdSSR richteten, waren herausgeschnitten. Oft waren die für ihn wichtigen Artikel somit nur noch Stückwerk. Er fragte dann, ob wir wenigstens die Ganzschriften in der DDR erhielten. Er konnte sich nicht vorstellen, dass in der DDR diese Veröffentlichungen nicht vertrieben wurden. Diese ideologische Überwachung der Studenten sowie der Lehrkräfte war

latent immer zu spüren. Es hing wie ein Netz über mir. Ich hatte mich darauf eingelassen und es als selbstverständlich hingenommen. Telefongespräche aus Moskau in
die DDR wurden grundsätzlich abgehört. Ein mehrmaliges Klicken in der Leitung
verriet die Mithörer. Die Gespräche wurden dann plötzlich getrennt, wenn politische Aussagen, gar Kritiken an gesellschaftlichen Umständen abgegeben wurden.
Immer dann, wenn wir über unsere Kinder sprachen, konnten wir die begrenzte
Gesprächszeit in die Länge ziehen. Das machte ich mir bald zunutze. Voraussetzung
für ein Telefongespräch war immer eine vorherige Anmeldung, die oft mit einer lan-
gen Wartezeit verbunden war. Es waren oft qualvolle Stunden des Wartens, ehe eine
Verbindung zu den Angehörigen hergestellt wurde. Demütig habe ich mich diesen
Umständen angepasst. Ich habe es nicht gewagt, diese Eingriffe in die persönliche
Sphäre der Studenten der Parteileitung des Lehrganges mitzuteilen. Ich nahm diese
Umstände als gegeben hin. Mir war natürlich auch bewusst, dass eine Beschwerde
zum sofortigen Abbruch des Studiums geführt hätte. Als Studenten nahmen wir die
Kontrollen, das Abhören und die ständigen Bewertungen ideologischer Äußerun-
gen als Maßnahme im Kampf gegen imperialistische Feinde hin.

In der Freizeit spielte ich Volleyball und war in der Auswahlmannschaft der
Hochschule. Bei einem Turnier verletzte ich mich so, dass eine Perforierung des
Blinddarms diagnostiziert wurde. Ich kam mit der Schnellen Medizinischen Hilfe in
ein Krankenhaus etwas außerhalb von Moskau. Dort wurde ich operiert. Es stellten
sich Komplikationen ein. Ich war vier Wochen in diesem Krankenhaus.

Neben mir im Bett lag Wolodja. Er war Vorsitzender einer Kolchose in der Nähe
von Moskau. Ich schätzte, dass er in meinem Alter war. Wir redeten russisch miteinander, was mir sprachlich sehr half. Wir erzählten unsere Familiengeschichten.
Seine Eltern waren im 2. Weltkrieg von den Deutschen umgebracht worden. Aus
seinen Reden spürte ich in keiner Weise Hass auf die Deutschen, im Gegenteil. Er
vermittelte mir bald eine tiefe Verbundenheit. Seine zwei Brüder und zwei Schwestern besuchten ihn regelmäßig. Sie brachten köstliche russische Spezialitäten mit,
die sie selbst gebacken oder gekocht hatten.

Wäre nicht die Krankheit gewesen, wir hätten uns nudeldick essen können. Hier
spürte ich die Verbundenheit der Geschwister, der ganzen Familie. Jedes Mal, wenn
sie in unser Krankenzimmer einfielen, war Stimmung und Freude zu spüren. Wenn
sie uns dann verlassen hatten, lag ich oft einsam und traurig im Bett. Mein Bettnachbar versuchte mich mit allen Überredungskünsten aufzurichten. Meistens gelang
ihm das.

Meine Familie war tausende Kilometer entfernt. Sie konnte mich nicht besuchen.
Die einmalige Einreise meiner Frau während des Hochschuljahres war erst Monate
später vorgesehen. Die Partner der Studenten reisten in einer extra gebuchten Maschine gemeinsam an. So sah es das Vertragsabkommen beider Parteien vor. Ich
fügte mich.

Hier in diesem Krankenhaus begann wieder eine so herzliche Freundschaft. Als wir beide gesund entlassen wurden, besuchte ich ihn, so oft ich konnte. Ich musste mit einer Vorortbahn ein Stück aus Moskau fahren. Dazu bedurfte es einer Sondergenehmigung der Hochschulleitung. Die Besuche waren aber nur auf einmal im Monat rationiert. Das Dorf war in der Nähe von Jasnaja Poljana, wo einst Tolstoi lebte. Das ist eine Landschaft, in der man träumen kann.

Niedrige Birkenstämmchen waren von Heidekraut und wilden Gräsern umsäumt. Unbefestigte Wege schlängelten sich durch die weitestgehend ungenutzte Natur. Der Blick nahm eine Weite wahr, die zum Nachdenken anregte. Irgendwie fühlte ich eine Ruhe, fast eine menschliche Geborgenheit in dieser Landschaft. Erzählungen von Tolstoi [30] oder Dostojewski [31] wurden sofort lebendig – »Mütterchen Russland« öffnete sich mir.

Wolodja, mein Freund, lebte in bescheidenen Verhältnissen, aber wenn ich zu ihm kam, da wurde das Dorf mit fünfzig Leuten mobilisiert. Es waren immer fröhliche Feste.

Musik wurde gespielt, man tanzte, erzählte Geschichten und aß – die russische Küche kann so herrlich sein!

Da ich im Krankenhaus viel Zeit hatte, empfahl mir Wolodja doch ein russisches Buch ins Deutsche zu übersetzen. Er kramte aus seiner Ablage das Buch von Breschnew »Malaja semelja»[32] (Die kleine Erde) hervor. Breschnew stellt sich in diesem Buch als militärischer Führer und Held dar. Er war der aktuelle Generalsekretär des Zentralkomitees der KPdSU und Vorsitzender des Obersten Sowjets der Sowjetunion.

Beim Übersetzen fehlten mir die Steigerungsformen der Adjektive. Bei der Suche nach Superlativformen in der deutschen Sprache stolperte ich und hatte meine Zweifel.

Nachdem ich fertig damit war, ich hatte mich vierzehn Tage dafür gequält, lächelte Wolodja. Er freute sich ungemein. Ich fragte ihn: »Warum lächelst du so komisch?«

Da sagte er verschmitzt: »Siehst du, wer sich so darstellt wie der«, dabei zeigte er auf den Autor, »der lügt! Wer so was liest oder gar übersetzt, ist selber schuld.« Ich war sprachlos.

Ich merkte deutlich, dass ich befangen war von dem dargestellten Heldentum des Führers der Kommunistischen Partei der Sowjetunion. Bis dahin waren mir diese Heldenepen schon zur Selbstverständlichkeit geworden. Der in solcher Art von Büchern dokumentierte Personenkult wurde mir durch Wolodja erst deutlich bewusst. Als ich meine Übersetzung später zur Hand nahm, erkannte ich mit Entsetzen diese Art von Manipulation. Ich wollte aus Scham darüber nicht sprechen, während Wolodja seine Hand vors Gesicht nahm. Das kleine Kofferradio spielte gerade sowjetische Marschmusik, die er noch lauter drehte. Er winkte mich zu sich heran. Flüsternd sprach er in mein Ohr: »Personenkult ist der Tod der sozialistischen Idee!« Dann drehte er sich um. Sein Kofferradio drehte er wieder ab.

Nach einem halben Jahr kam endlich meine Frau zu Besuch. Für mich war das ein Freudenfest. Ich war glücklich. Endlich hatten wir etwas Zeit für uns. Glückliche Stunden sind nicht zählbar. Unendlich viel hatten wir uns zu erzählen. Ich habe meine Bärbel in ihrer liebevollen Sorge um unsere Kinder bewundert. Für diese Besuchstage war für die Frauen von der Schule ein Programm der Besichtigung verschiedener Sehenswürdigkeiten Moskaus vorgesehen. Etwas Freizeit konnte ich auch mit meiner Bärbel verplanen. So versuchte ich eine kleine Reise in den Süden zu organisieren.

Das war aber nur mit einer Vielzahl von Sondergenehmigungen möglich. Ich jagte mit dem Taxi durch Moskau, um die verschiedenen Genehmigungen und Tickets einzuholen. Das gelang mir nur mit Strumpfhosen, Konfekt, Marke GDR (Deutsche Demokratische Republik).

Ich hatte Glück. Die entsprechenden Deschurnajas (Frauen, die am Einlass saßen) ließen sich von den deutschen Marken überzeugen. Wir erhielten eine Genehmigung. Möglicherweise hatte der sowjetische Geheimdienst ein Einsehen. Er gab »grünes Licht« für eine Reise nach Suchumi an das Schwarze Meer. Ich war froh.

Als wir jedoch einige Jahre später erneut von Moskau aus in das Innere des Sowjetlandes fahren wollten, erlebten wir eine deutliche Ernüchterung.

Meine Frau und ich wollten von Moskau aus unseren Sohn besuchen, der in der Mitte der achtziger Jahre in Frunse, das liegt in Kirgisien, eine Ausbildung als Militärflieger erhielt. Wir hatten uns beide sehr darauf gefreut, unseren Sohn nach längerer Zeit wieder in die Arme zu nehmen. Ich war überzeugt davon, dass ich als Absolvent der Parteihochschule der KPdSU es schaffen würde, eine Reise zu unserem Sohn zu organisieren. Den Sonderausweis des Zentralkomitees der Kommunistischen Partei der Sowjetunion (Propusk) zeigte ich den Genehmigungsstellen vor. Darüber hinaus hatte ich mich mit Markenware aus Deutschland eingedeckt, um die Deschurnajas freundlicher zu stimmen. Ich hatte mir zahlreiche liebliche Worte in der russischen Sprache zurechtgelegt. Ich war vom Gelingen meiner Mission überzeugt. Mit Freundlichkeit hoch drei war ich unterwegs.

Alles das half nichts. Wir erhielten keine Genehmigung zum Besuch unseres Sohnes. Immer mit der Begründung » ne moschno – abjesatelno« (nicht möglich – unter keinen Umständen). Wir durften nicht einmal in die Nähe dieser militärischen Ausbildungsstätte. Wir waren sehr enttäuscht. Was wir allerdings dann erlebten, belastete unsere Seelen noch mehr. Wir packten nunmehr – wir konnten ja nicht zu ihm, die Dinge, die wir als »Mitbringsel« überreichen wollten, in ein Paket. Liebevoll verstauten wir alles. Wir stellten uns seine freudestrahlenden Augen vor, wenn er das Paket öffnen würde. Darin waren Süßigkeiten, Kosmetik, Kleidungsstücke sowie liebe Zeilen von uns.

Meine Frau begab sich also eilends auf die Post in Moskau. Nach längerem Warten kam sie an einem Schalter dran, hinter der eine junge Beamtin ihren Dienst tat. Zunächst musste meine Frau das Paket öffnen, was wir wundervoll verpackt hatten.

Jedes Stück einzeln ließ sich die »Dame« vorlegen. Sie prüfte die Gegenstände. Dann erklärte sie mit grimmiger Mine »Net»(nein), ohne eine Begründung zu nennen. Zur völligen Verblüffung meiner Frau blieb von den ausgesonderten Gegenständen eine Tube Zahnpasta übrig, die die Diensthabende allerdings mit einer Nadel durchstochen hatte.

Diese hätten wir nach dem Ausfüllen eines langen Bogens in russischer Sprache unserem Sohn schicken können. Wortlos und enttäuscht verließ meine Frau die Post.

Dieses Ereignis hatte sich bei uns eingeprägt. Es bedrückte uns später noch. Diese Formen der klassenmäßigen Wachsamkeit haben wir geduldet. Ich habe manchmal versucht, diese unmenschliche Bürokratie zu entschuldigen. Das betrübte mich am meisten.

Meine Gefühle waren demütig, meine Abhängigkeiten wurden immer deutlicher. Enttäuscht war ich vor allem, weil meine Gefühle von der unverbrüchlichen Freundschaft zur Sowjetunion hart auf die Probe gestellt wurden. Wir waren in der Sowjetunion, im Zentrum des Kommunismus, unserem Sohn nahe, der in sowjetischer Ausbildung zum Hubschrauberpiloten war. Wir, seine kommunistischen Eltern, konnten ihn weder besuchen, noch faktisch ein Paket schicken. Warum misstraute man uns?

»Net« – war die Antwort! Beschwerdeführend aktiv zu werden, war immer verbunden mit Konflikten, die ich aus Angst, meiner Karriere zu schaden, nicht eingehen wollte. Ich suchte nach vernünftigen Argumenten, die ich in diesem Zusammenhang nicht fand.

Einige Jahre zuvor, hatte ich eine Genehmigung zur Reise mit meiner Frau außerhalb von Moskau erhalten, umso verzweifelter war ich über die Ablehnung.

Diesen Wert der genehmigten Reise in der Zeit meines Studiums an der Parteihochschule konnte ich also erst viel später richtig erfassen.

Nun zurück zu der Reise, die meine Frau und ich 1979 machen konnten. Ich hatte also alle Dokumente und Genehmigungen zusammengeholt. Jetzt konnte ich mich auf den Weg von den Genehmigungsstellen zum Kreml machen, wo meine Frau auf mich ungeduldig bereits im Saal wartete.

Ich erreichte auf dem letzten Drücker den Kremlpalast. Ich stürze aus dem Taxi, rannte an den Kontrollen mit gezücktem Ausweis vorbei, den Weg zum Palast entlang, rannte die Treppen zum Eingang hinauf.

In meinen Augen war sicherlich die Freude darüber zu lesen, dass ich erfolgreich alle Dokumente erhalten hatte. Ich war schweißnass.

Wir hatten Karten für die legendäre Aufführung des Balletts » Schwanensee« mit der Plisetzkaja (einer grandiosen Tänzerin). Meine Frau hatte bereits Platz genommen. Sie war voller Unruhe, ob ich es denn schaffen würde.

In dem Moment, als ich etwas verspätet in den Theateraal stürze, um meinen Platz neben meiner Frau zu suchen, erhoben sich alle Theaterbesucher von ihren Plätzen. Sie klatschten heftig Beifall. Ich war sehr erstaunt, der Vorhang war noch geschlossen. Mein Gesicht rötete sich zusehends. So etwas hatte ich nicht vermutet. Galt das etwa mir?

Schnell stellte sich mein Irrtum heraus. Auf der Galerie hatte Breschnew mit Gästen Platz genommen. Darum erhoben sich die Zuschauer. Das war mein erster Sichtkontakt mit dem Generalsekretär der KPdSU. Meinen zweiten und letzten Sichtkontakt hatte ich als Student der Parteihochschule am 1. Mai 1979 auf der Tribüne an der Kremlmauer. Diese Maiparaden waren der Höhepunkt in der Machtdemonstration der KPdSU. Es war für mich ein berauschendes Ereignis. Ich konnte den scheinbar begeisterten Bürgern Moskaus zuwinken. Der Rote Platz ist umgeben von der Basilius Kathedrale, dem Lenin Mausoleum, dem Warenhaus GUM, dem historischen Museum und dem Hotel Rossija. Auf dem Platz drängten sich die unzähligen Menschen mit Fahnen und Transparenten.

Er, der Generalsekretär der KPdSU, Breschnew, stand über dem einbalsamierten Lenin auf der Ehrentribüne des Mausoleums. Er nahm die Parade ab. In bekannter Pose hob er seinen Arm. Allerdings war er schon durch seine Krankheit gezeichnet. Sein Gesicht wirkte wie versteinert. Sein Arm wurde gestützt.

Es galt in der Sowjetunion als hohe Auszeichnung, auf der Tribüne an der Kremlmauer als Ehrengast stehen zu dürfen. Ich gebe unumwunden zu, dass mich diese Ehrung rührte. Es war für mich ein bleibendes Ereignis, hunderttausend jubelnde Menschen zu erleben, die dem Generalsekretär zujubelten. Ich war von dieser Atmosphäre überwältigt.

Die Tribüne, auf der ich stand, war auf der Stelle errichtet worden, wo sonst in unübersichtlich langen Schlangen die Menschen anstanden, um dem aufgebahrten Lenin ihre Ehre zu erweisen.

Als ich ebenfalls diese Ehrerweisung vollzog, war ich betroffen, bewegt und erregt. In dem abgedunkelten Raum war sein fahles Gesicht zu sehen. »Das war also der große Lenin«, dachte ich nach einem schnellen Blickkontakt. Die wartenden Besucher drängten mich aus dem Raum. Die Augen gewöhnten sich wieder an das Tageslicht. Der Ausgang des Mausoleums ging in Richtung Kremlmauer. Da standen die granitenen Stelen anderer bisheriger kommunistischer Führer und Helden der Sowjetunion in Reih und Glied. Ich wollte es gar nicht glauben, aber da stand auch die Stele von Stalin. Damals fiel mir besonders auf, dass an dieser Stele die meisten Blumen niedergelegt wurden. Die Gedanken über den Stalinismus, den Personenkult, die Verschleppung Andersdenkender, die Vernichtung von Millionen kommunistischer Menschen, der Hitler-Stalin-Pakt, die unbewältigten stalinistischen Methoden der Gegenwart, sie stürzten auf mich ein, ohne dass ich einen Ausweg fand.

Es waren oft die Kleinigkeiten, die von geschichtlicher Bedeutung waren. Sie spiegelten mit besonderer Schärfe die Konfliktlagen. Sie veranlassten jedoch auch mich, vieles zu verdrängen. Sie wiesen auf Einsichten hin, zu denen ich noch nicht bereit war. Die Zusammenhänge mit dem Personenkult, die diktatorischen Gesten, die bewusste Darstellung der Führer der kommunistischen Bewegung, die zum Jubeln befohlenen Menschen – alle diese Methoden dogmatischer Herrschaft waren mir damals in ihrer Tragweite nicht bewusst.

Es gehörte zur Vollständigkeit meiner Gefühlslage auf der Tribüne am 1. Mai 1979, dass mir ein historisches Ereignis ins Gedächtnis kam.. Am 24. Juni 1945 wurden hier über 200 Fahnen der deutschen Wehrmacht zum Zeichen des Sieges über den deutschen Faschismus symbolhaft auf die Pflaster des Roten Platzes gelegt. Dieses Bild überlagerte die Einsichten, zu denen ich später gelangt bin.

Als ich am Grabmal des »Unbekannten Soldaten« an der Kremlmauer als Delegationsmitglied der Studenten der Parteihochschule einen Kranz niederlegte, ist es mir als gebürtiger Deutscher schwergefallen, die Generationenschuld abzulegen.

Vielleicht liegt mein Gefühl auch darin begründet, mit denen verbunden zu sein, die historisch die Befreiungstat vom Faschismus für das deutsche Volk geleistet haben.

Ich denke oft an die Stellen auf dem Roten Platz, wo ich später oft verweilte, als keine Paraden abgehalten wurden. Ich war in Gedanken versunken. Mich bedrückten solche Überlegungen wie: »Geht von hier die Kraft für eine bessere menschliche Gesellschaft aus? Sie, die Sowjetmacht, wird doch die Kraft für eine bessere menschliche Gesellschaft haben. Sie werden die Versorgungsprobleme meistern. Sie werden die rudimentären Methoden der Überwachung ablegen. Sie werden den Frieden in der Welt sichern.« Trotz aller Konflikte, traute ich es denen zu, die mit mir auf der Tribüne standen sowie denen, die scheinbar jubelnd an uns vorbeizogen.

Dieses Verständnis für die sowjetischen Menschen, für ihre Seelen, wurde in diesem Studienjahr für mich zu einem unschätzbaren Fundus. Ich lernte bei meinen sportlichen sowie kulturellen Betätigungen in der Freizeit die unterschiedlichen nationalen Besonderheiten dieses großen Vielvölkerstaates kennen. Ich merkte auch, dass die Nationalitätenpolitik der Partei sehr oberflächlich oder gar hegemonial war. Zwangsumsiedlungen verschärften diese Konflikte, die immer schwelten. Ethnische oder religiöse Konflikte wurden unter der Decke gehalten. Sie brachen manchmal aus, wenn in Moskau über die sogenannten »Schwarzen« gesprochen wurde. Das waren die Menschen aus dem Süden der Sowjetunion, vor denen man sich in Acht nehmen sollte. Gigantische Arbeitsleistungen der Werktätigen standen erschreckende einfache Lebensbedingungen entgegen. Es war ein Leben in ständigen Widersprüchen.

Die von der Parteihochschule organisierten Studienreisen führten mich ins Wolgadelta nach Astrachan. Ich wurde eingetragen in das Goldene Buch der Stadt. So galt ich als Ehrenbürger mit Urkunde und Plakette. Die in der Nähe lebende Nationalität der Kalmücken hat mich äußerlich durch ihre eigenwillige Haarknotung überrascht. Ich lernte ihr Leben in Lehmhöhlen kennen. Ich erschrak über die einfachen Lebensbedingungen der dort lebenden Menschen. »Kommunismus ist Sowjetmacht + Elektrifizierung des Landes!« Lenin hatte diese Losung verkündet. Ich hatte bei meinen Studienreisen den Eindruck, dass es oft bei der Verkündung geblieben war.

Bemerkenswert fand ich aber, dass die Menschen in der großen Sowjetunion mit einer unnachahmlichen Gastlichkeit, Freundlichkeit und Herzensgüte lebten. Als ich mit dem Schiff auf der Wolga fuhr, spürte ich diese menschliche Wärme. Unvergesslich sind mir die geistvollen kleinen Geschichten, die bei Sonnenuntergang auf dem Schiffchen erzählt wurden und die Gesänge der Fischer auf dem nächtlichen Gewässer, begleitet von einer Quetsche, einem kleinen Akkordeon sowie mit der berühmten Balalaika, einem Saiteninstrument. Ich habe heute noch die »Ucha«, die Fischsuppe, geschmacklich in Erinnerung, die mit frischem Kaviar aus dem Stör gewürzt wurde. Mein Schwiegervater, Erich, sang oft sein Lieblingslied aus der Operette » Der Zarewitsch« von Franz Lehar 1926 komponiert, es war das Wolgalied:

Allein! Wieder allein!
Einsam wie immer.
Vorüber rauscht die Jugendzeit
In langer, banger Einsamkeit.
Mein Herz ist schwer und trüb mein Sinn!
Ich sitze im goldenen Käfig drin.
Es steht ein Soldat am Wolgastrand.
Hält Wache für sein Vaterland.
In dunkler Nacht allein und fern
Es leuchtet ihm kein Mond, kein Stern!
Regungslos die Steppe schweigt.
Eine Träne ihm ins Auge steigt.
Und er fühlt, wie`s im Herzen frisst und nagt.
Wenn ein Mensch verlassen ist und er klagt.
Und er fragt!
Hast du dort oben vergessen auch mich?
Es sehnt doch mein Herz nach Liebe sich.
Du hast im Himmel viel Engel bei dir!
Schick doch einen davon auch zu mir.

Das Lied hatte ich in Erinnerung. Damals hatte ich es historisch falsch zugeordnet. Es passte jedoch in diese Atmosphäre. Ich konnte meine Rührung in diesem Augenblick nicht unterdrücken. Ich versetzte mich in die Gefühle des wachenden Soldaten. Ich ersehnte, wie er, einen weiblichen Engel zu mir herab. Bilder vom »Mütterchen Russlands«, dem Denkmal für die Opfer der Schlacht im 2. Weltkrieg um Stalingrad hier an der Wolga rücken in meine Gefühlswelt ebenso wie meine Einsamkeit auf diesem Boot, obwohl mich die Studiengenossen umgaben. Dieser Fluss hat eine eigene Kraft, die im Wolgadelta in einer endlosen Breite sich aufzulösen scheint. Es hatte etwas Symbolisches, was ich damals nicht ahnte. Es war immer ein Wechsel zwischen Weite und Enge, zwischen Hoffnung und realem Leben, zwischen Einsamkeit und kollektivem Erleben, zwischen Sehnsucht und unerreichbarer Liebe.

Im Aktionismus habe ich Trost finden wollen. Ich suchte nach Aktivitäten, die mich ablenken sollten. Wenn Exkursionen an der Tafel der Hochschule angeboten wurden, habe ich teilgenommen. Täglich ging ich zur Wandtafel in der Hoffnung, dass ich von dem Studienalltag entfliehen konnte.

Es war für mich ein bleibendes Ereignis, mit der Transsibirischen Eisenbahn bis Irkutsk zu fahren. Eine Reise, die die Landschaft mit den Mitreisenden auf eine besondere Weise verschmelzen ließ. Auf engstem Raum kam man sich nahe. Die Zeit verlor ihre Bedeutung. Die Erzählungen der Mitreisenden erfuhren durch die Enge in den Abteilen eine besondere Atmosphäre. Sie wurden nur dann unterbrochen, wenn die häufigen angebotenen Zwischenmalzeiten in Form von Wodka gereicht wurden. Die Deschurnajas (Zugbegleiterinnen) kochten ununterbrochen Tee. Die endlos an den kleinen Fenstern vorbeiziehenden Landschaften gaben der Reise einen unbeschreiblichen Reiz.

Die Gespräche mit den Mitreisenden kreisten damals um den militärischen Einsatz der Sowjetarmee in Afghanistan, Unverständnis mischte sich mit Ablehnung. In dieser Schärfe erlebte ich erstmals eine Ablehnung der Beschlüsse der KPdSU. Ich war doch erstaunt, dass kein Mitreisender für diesen militärischen Einsatz Partei ergriff. Die mit mir gereisten Parteihochschüler schwiegen ebenso wie ich auch.

Zahlreiche Zusammenkünfte mit Vertretern verschiedener Nationalitäten, Betriebsbesichtigungen, Besichtigungen von Kolchosen (Kollektive Wirtschaft) und Sowchosen (Sowjetische Wirtschaft, vergleichbar mit Staatsbetrieben) haben mein Bild von der Sowjetunion sehr differenziert erweitert. Ich erlebte die große Diskrepanz zwischen den in der DDR dargestellten »grandiosen Leistungen der sowjetischen Wirtschaft« und den erlebten realen Bedingungen. Vor allem lebten die Menschen auf den Dörfern in bescheidenen Verhältnissen. Moskauer Verhältnisse widerspiegelten niemals sowjetische Verhältnisse. Die Schere war zu groß. Dennoch wurden uns in den Veranstaltungen der Parteihochschule statistische Daten vermittelt, die einer Wunschvorstellung glich. Sie wurden uns in einer überzeugenden Art vermittelt, dass ich keine Zweifel daran hatte. Meine Erlebnisse ordnete ich damals als Einzelbeispiele ein, was ein großer Fehler war. Meine Vorstellungen waren zu sehr von dem Wunsch nach der Überlegenheit der sowjetischen Wirtschaft geprägt, sodass ich mich den allgemeinen agitatorischen oder propagandistischen Vorstellungen der KPdSU fügte.

Dennoch bröckelten meine überzogenen Vorstellungen von der Sieghaftigkeit des Sozialismus sowie der Führungsrolle der Sowjetunion. »Von der Sowjetunion lernen, heißt siegen lernen!«, diese Losung gebrauchte ich zunehmend mehr ironisch, was in Funktionärskreisen argwöhnisch betrachtet wurde: »Der hat ja da studiert, wer weiß, was man dem beigebracht hat?« Zweifel nagten an meinen bis dahin immer noch festen Vorstellungen von der Überlegenheit des Sozialismus nach dem Vorbild der UdSSR.

Mein Bild von der Sowjetunion war vergleichbar mit der Vorstellung eines Gesamtgemäldes mit Bildern von Otto Dix, Repin, Walter Sitte, Picasso, van Gogh, die ineinander übergingen, verschwammen, bizarr, gar grotesk auf mich wirkten. Wie konnte ich anders mein ambivalentes Verhalten veranschaulichen? Im Laufe meines Lebens habe ich noch oft mein Bild von der Sowjetunion gezeichnet und verworfen, leidenschaftlich vereinnahmt und beinahe achtlos verdrängt.

Durch dieses Studium an der Parteihochschule beim Zentralkomitee der Kommunistischen Partei der Sowjetunion hatte ich meine Kaderakte »vergoldet«, wie ich später oft erzählte. So nannte man in der DDR die politischen Weiterbildungen, das zum Erklimmen der Kaderleiter eine wichtige Voraussetzung darstellte.

Fast eineinhalb Jahre lebte ich von meiner Familie getrennt. Ich hatte große Sehnsucht nach Hause zu meiner Frau und meinen Kindern. Das Leben in Moskau hatte mich gesundheitlich angeschlagen. Meine Belastbarkeit, das merkte ich auf dem Rückflug, war nicht mehr sehr groß. Ich hatte im »Herzen des Kommunismus« gelebt. Ich habe viele Menschen kennen gelernt, die mit viel Mühe und Entbehrungen ihr Leben gestalteten. Die Belastbarkeit der sowjetischen Menschen war sehr hoch. Euphorisch kam ich nicht zurück. Weniger das Studium der marxistisch-leninistischen Lektüren habe mich bereichert, es waren mehr die unterschiedlichen Lebensformen, die Art und Weise, wie die Menschen in der Sowjetunion ihr Leben gestalteten. Zahlreiche Begegnungen belegten eine ungeahnte Toleranz zu mir als einem deutschen Menschen. Beeindruckt haben mich die bescheidene Lebensart und die unnachahmliche Gastfreundschaft.

Auf dem Vorplatz des Flughafens in Scheremetjewo hat mir eine russische Wahrsagerin aus der Hand gelesen: »Söhnchen, du bist im Sternzeichen des Steinbocks geboren. Du führst ein Leben wie ein Einzelgänger. Hüte deine Zunge. Du trägst Dein Herz darauf!« Als ich in das Flugzeug zum Rückflug in die DDR einstieg, da liefen meine Sehnsüchte in eine völlig andere Richtung. Ich sehnte mich nach familiärer Wärme, nach meiner Bärbel, nach Freunden, die nicht über Kaderleitern oder »vergoldete Akten« nachdachten.

Meine Fähigkeit, russisch zu sprechen, hatte ich verbessert. Ich war vor allem froh, wieder bei meiner Familie zu sein. Meine Sehnsucht nach meiner Frau war groß.

Als wir, die dreißig »Geschulten«, aus dem Flieger der Aeroflot ausstiegen, erhielten wir bereits eine schriftliche Einladung zu den Kadergesprächen in einem Briefumschlag gereicht.

Zu einem bestimmten Termin wurde ich in das Haus des Zentralkomitees der Sozialistischen Einheitspartei Deutschlands nach Berlin bestellt.

Im Winter 1979 betrat ich das Gebäude, wo heute ministerielle Beamte der Bundesregierung Platz gefunden haben, um Deutschland nach außen zu vertreten. Im Zimmer des Abteilungsleiters für Kader erhielt ich den Parteiauftrag, die Funktion des Sekretärs für Kultur, Volksbildung, Wissenschaft und Gesundheitswesen in der

Kreisleitung der Sozialistischen Einheitspartei Deutschlands in Potsdam zu übernehmen. Als Nomenklaturkader hatte ich mich den Beschlüssen der Partei zu fügen. Mit dieser Entscheidung der Kadergremien war meinem wissenschaftlichen Weg eine Schranke gesetzt. Das bedeutete, dass ich keine Möglichkeit erhielt, die Promotion B zu erarbeiten. Eine Professur war für mich nicht mehr vorgesehen. Ich war sehr traurig, fast zornig. Wieder beugte ich mich den Beschlüssen der Partei. Als ich meine Kaderentwicklung meinem Vater erzählte, da lächelte er verschmitzt: »Weißt du, mein Sohn, ich wollte immer an die Börse. Die hat mich als Kaufmann fasziniert. Was ist für mich geblieben? Ich habe eine dünne Börse in meiner Gesäßtasche mit fast wertlosen Aluminiumpfennigen! So ist das Leben!«

Im Kreml brennt noch Licht

(»Wem Gott ein Amt gibt,/dem/ raubt er den Verstand.« Hymnus an die Zeit, Erich Kästner)

Als ich in Moskau auf dem Roten Platz stand, schaute ich zaghaft zu dem Fenster im Kreml hinauf, hinter dem, der Legende zur Folge, Stalin in den Nächten gesessen haben soll. Er habe sich sorgenvoll den Staatsgeschäften zugewandt. Die Moskauer tuschelten dann: »Im Kreml brennt noch Licht!« Mit diesem geflügelten Satz zog ich wieder in einen »Kreml« ein. In Potsdam wurde das Haus der SED Bezirks- und Kreisleitung nicht ohne Hintersinn so genannt. Dieses rote Gebäude, was den Brauhausberg überragt, beherbergte bis 1945 die Reichskriegsschule. Der »neue Geist«, der nun einzog, sollte historische Erinnerungen tilgen. Nach dem Weltkrieg war von weitem an dem wieder aufgebauten Turm das Zeichen der verbundenen Hände zu sehen. Es deutete auf die Vereinigung von KPD und SPD hin. Das war das Symbol der Partei, deren Bezirksleitung den größten Teil des Gebäudekomplexes vereinnahmte. In einem kleinen Teil war die SED Kreisleitung untergebracht. Dieser Anbau symbolisierte die untergeordnete Stellung der Kreisleitung Potsdam im politischen Sphärenbereich. Nun sollte ich von einem kleinen Fenster aus etwas Licht von diesem Gebäude auf die Stadt strahlen lassen.

Ich war von meinem sowjetischen Höhenflug in den parteilichen Niederungen gelandet. Was bedeutete die Stadt Potsdam Anfang der achtziger Jahre für mich? Sie war eine Stadt mit ca. 120.000 Einwohnern, darunter waren ungefähr 25.000 Parteimitglieder.

Die Parteikreisleitung hatte die Führung des gesellschaftlichen und politischen Lebens der Stadt und des Landkreises Potsdam. Dieser Führungsanspruch beinhaltete die ideologische Orientierung der Mitglieder der SED in diesem Territorium, die in der regelmäßigen Agitations- und Propagandaarbeit sowie in der Schulung im Parteilehrjahr verankert waren. Eine extra Abteilung Sicherheit bündelte die gesamten sicherheitspolitischen Aufgaben, während die Landwirtschaftsabteilung, die Wirtschaftsabteilung, die Abteilung Kultur und Bildung, Wissenschaft, Gesundheitswesen sich mit der strikten Durchsetzung der Führungsrolle der Partei in den spezifischen Bereichen zu beschäftigen hatte. Eine Kaderabteilung nahm darauf Einfluss, dass der Anteil der Mitglieder der SED in den staatlichen und gesellschaftlichen Leitungen diesen Führungsanspruch umsetzen konnte.

Im Laufe meiner Tätigkeit lernte ich, dass diese Stadt viel mehr war als eine ideologisch zu beeinflussende Gemeinschaft von Einwohnern. Hier lebten Menschen mit tiefen historischen Wurzeln, Menschen, die eine enge Bindung mit der Geschichte der Stadt hatten. Täglich stolperte ich über deren Geschichte oder in die Geschichte.

Es war die Stadt unter den Eichen, die sozialistische Bezirksstadt, die Stadt der Hohenzollern, die preußische Militärstadt, die Stadt Hitlerscher Machtübernahme, die Kulturstadt, die Garnisonsstadt, die Grenzstadt, die Friedensstadt, die Stadt der Schlösser und Gärten, die Stadt des Potsdamer Abkommens, die Stadt der sowjetischen Garnisonen. Es war eine Stadt ohne bemerkenswerte industrielle Struktur. Sie wurde parteistrukturell durch den Kreis Potsdam, Babelsberg, Teltow, Stahnsdorf usw. erweitert, weil dort die Industrie und damit die Arbeiterschaft dominierte. Die Geschichte der Stadt war auf die Gegenwart fixiert. Diese war kompliziert genug.

In dieser Gegenwart zu Beginn der achtziger Jahre sollte ich den Parteiauftrag erfüllen, wo die Pflicht und nicht die Neigung des Betroffenen im Mittelpunkt stand. So stellte ich mich pflichtbewusst dieser Aufgabe. Ich wurde mit dem Beschluss der zentralen Parteiführung hier in Potsdam »eingepfropft«. Als ich meine Funktionstätigkeit antrat, fuhr ich mit der Straßenbahn zum Leipziger Dreieck. Ich überquerte die Straße. Mein erster Blick fiel auf das übergroße Parteiabzeichen am Turm des »Kreml«. Der 88 m hohe Brauhausberg war über zwei Zugänge zu erreichen. Der eine ging über eine Treppe, den Brauhausberg empor, der andere führte für die gehobenen Funktionäre, die im Auto kutschiert wurden, über den Hof.

Ich gehörte zu den morgendlichen Treppensteigern. Im Dienstverkehr durfte ich auch schon mal den hinteren Eingang benutzen.

Ich hatte von meinem Parteibüro, einem Zimmer mit zwölf Quadratmetern, einen sehr schönen Ausblick über Potsdam. Einige tiefere Einblicke erhielt ich erst später.

Die Führungsrolle der SED in der Stadt und im Landkreis Potsdam lag strukturell und inhaltlich in den Händen des Sekretariats der SED Kreisleitung. Rund um die Uhr bestand ein diensthabendes System, einem Meldesystem gleich. Die von mir bereits geschilderten Informationen sowie Berichte liefen hier wie in einem Trichter zusammen. Die Einsatzleitung sicherte die politische und militärische Lage. Circa jeder fünfte erwachsene Einwohner war Mitglied der SED. Damit sicherte sich die Partei vermutlich ihren Einfluss auf die Bevölkerung. Menschen wurden in ihrer politischen und weltanschaulichen Haltung danach beurteilt, ob sie für die Führungsrolle der Partei, für die Weltanschauung des Marxismus/Leninismus waren.

Die Beschlüsse des Sekretariats waren darauf gerichtet, die politische Lage stabil zu halten. Dazu waren vielfältige Methoden, wie erzieherische Maßnahmen, Parteiaufträge zur Einbeziehung in den Aufbau des Sozialismus ebenso möglich wie dogmatische Ausgrenzungen.

Die weltpolitische Lage bot ihrerseits zu Beginn der achtziger Jahre ein Bild zunehmender Spannungen, die sich im Nato-Doppelbeschluss und im Einmarsch sowjetischer Truppen in Afghanistan zeigten. Das führte zu einer Abkühlung der Beziehungen zwischen beiden deutschen Staaten. Diese Lage wirkte sich auf die allgemeine politische Arbeit in den Kreisen aus. Die kommunale tägliche Arbeit um Wohnraumausbau und Verbesserung der Versorgung der Bevölkerung wurden immer eingebettet in den weltweiten Friedenskampf. Gründe des nicht plangerechten Erfolges auf diesen Gebieten wurden den erhöhten Belastungen im Kampf der Systeme zugeordnet. Der Kampf für die Erhaltung des Friedens wurde damit allgegenwärtig. Er war immer präsent.

Er verschärfte auch die Maßnahmen, die die Repressalien auf den Teil der Bevölkerung richteten, die sich nicht an der Gestaltung der DDR aktiv einbrachten. Dennoch waren nicht alle politischen Maßnahmen und Beschlüsse einer Kreisleitung auf den Klassenkampf gerichtet. Abgeleitet wurden sie jedoch im Grundsatz daraus immer wieder.

Als ich Ende 1979 in das Sekretariat der SED Kreisleitung kooptiert (Einsatz bis zur Wahl auf der SED-Kreisdelegiertenkonferenz) wurde, gab es eine für Potsdam bemerkenswerte Situation. Die Parteiführung der DDR konzentrierte alle baulichen Kapazitäten auf die Entwicklung der Hauptstadt Berlin. Diese sollte zu einer aufblühenden sozialistischen Hauptstadt gestaltet werden. Alle Bezirke und Kreise erhielten Aufträge zur Unterstützung dieses Ziels. Damit waren für die Bezirke so enge Bandagen angelegt, dass kaum Spielräume für eine wirkungsvolle Stadtgestaltung gegeben waren. Die Stadt Potsdam bildete jedoch anfangs der achtziger Jahre eine kleine Ausnahme. Ein großes Friedensfest sollte in Potsdam stattfinden. Dazu erhielten nun wiederum die Landkreise den Auftrag, die Bezirksstadt kulturell und städtebaulich auszugestalten.

Für die Kreise des Bezirkes Potsdam war das ein beschwerlicher Auftrag, weil sie die Notreparaturen in ihren Orten kaum erfüllen konnten. Wie sollten sie noch Kapazitäten (hier sprachlich als Baumaterial und Bauarbeiter usw. zu verstehen) nach Potsdam abgeben? Der Mangel war kaum noch ideologisch zu begründen.

Da der Bezirk Potsdam (entspricht zum größten Teil dem heutigen Land Brandenburg) in Kreisstrukturen gegliedert war, verstärkten Beschlüsse aus dieser gehobenen Struktur oftmals die bereits vorhandenen Ungleichheiten der Entwicklung der Kreise. Zahlreiche zentrale politische Veranstaltungen wurden in der Bezirkshauptstadt Potsdam durchgeführt. Zu Beginn der achtziger Jahre fand in Potsdam unter anderem eine Friedensdemonstration statt, zu der die Stadt Potsdam ein entsprechend freundliches Bild für die Weltöffentlichkeit abgeben sollte. Ohne Rücksicht auf die sich weiter verschärfenden Diskrepanzen in den ländlichen Kreisen des Bezirkes Potsdam erhielten diese Auflagen zum Bauen in der Stadt Potsdam. Das verschärfte wiederum die schon vorhandenen Mängel in den Städten und Gemeinden des Umlandes. Es war, wie in vielen Fällen der Wirtschaft, ein Ziehen an der viel zu kurzen Decke. Andererseits nahmen diejenigen, die von solchen Beschlüssen profitierten, kaum Rücksicht. Das Beziehen auf zentrale Parteibeschlüsse überwog manche sachlich begründeten Einwände. In meiner politischen Funktion in der SED Kreisleitung Potsdam waren solcherart Beschlüsse durchaus hilfreich, da sie für die kulturelle Entwicklung der Stadt Potsdam einen bescheidenen Fortschritt ermöglichten. In diesem Zeitraum konnten in einem kleinen Umfang städtebauliche Entwicklungen vollzogen werden, von denen die Potsdamer Bürger schon lange träumten. Allerdings rieben sich dringend notwendige Sanierungsarbeiten an den historischen Bauten, die nun einmal den Charakter einer Stadt ausmachen mit den sozial dringend notwendigen Wohnungsbauten. Die materiellen Mittel reichten weder für die eine noch für die andere Aufgabe.

Das Sekretariat der SED Kreisleitung Potsdam, deren Mitglied ich war, konnte etwas tun, was für andere Kreise der DDR kaum möglich war. Sie konnten etwas für die städtebauliche Entwicklung der Stadt tun. Das eröffnete auch für mich einen kleinen bescheidenen Spalt an einer Entwicklung mitzuwirken, von der die Potsdamer Einwohner schon lange träumten. Bei den nun vorhandenen bescheidenen Möglichkeiten stand immer die Entscheidungsfrage im Raum, entweder für den Wohnungsbau oder für den Erhalt der historischen Bauten, die den Charakter einer Stadt ausmachten, diese bescheidenen materiellen sowie finanziellen Mittel einzusetzen.

Im wirtschaftlich begrenzten Umfeld Antworten darauf zu finden, war in dieser Zeit ein Spagat zwischen politischem Wollen und materiellem Können. Die Mehrheit der Bevölkerung war froh, wenn Wohnungen bezugsfertig wurden. Es herrschte in der Stadt ein permanenter Wohnungsnotstand. Die hygienischen Bedingungen in den Altbauten waren oft erschreckend. Eine neue Wohnung im Plattenbau zu beziehen, das war für viele Familien damals ein Synonym für Fortschritt. Es war nicht der Bevölkerung anzulasten, wenn ihr Wunsch, aus der verfallenden Innenstadt in entstehende Neubauviertel zu ziehen, einer Erhaltung der historisch wertvollen Innenstadt, wie es Potsdam war, vollkommen widersprach. Während in Erfurt, Suhl, Rostock, Neubrandenburg die Innenstädte immer mehr verfielen, konnte die Stadt Potsdam einen kleinen Schritt zur Erhaltung der Innenstadt versuchen. Das war unter den damaligen Verhältnissen ein richtiger Aufwind.

Einfluss darauf zu nehmen, bescheidene Kapazitäten für die Rekonstruktion mitzuverteilen, Wohnungen für die Innenstadt planen zu können, das waren Sternstunden meiner Tätigkeit. Das erforderte vor allem, mit den dafür zuständigen verantwortlichen Mitarbeitern für Kultur sowie für die Stadtgestaltung im Rat der Stadt Potsdam engen Kontakt zu halten.

Bisher waren immer wieder Begründungen zu geben, warum etwas nicht funktionierte. Das lähmte jeden Ansatz, Menschen zu motivieren. Mangel zu erleben war schon schwierig und deprimierend, diesen dann noch zu verwalten, war kaum nachvollziehbar. Da halfen auch keine Vertröstungen auf Künftiges.

Dort, wo mit den bescheidenen Mitteln etwas für die Gestaltung Potsdams geschah, konnte man die Begeisterung der Potsdamer spüren. Ja, sie ließen sich dann auf ideologische Argumente der Partei stärker ein. Für mich waren die Aktionen »Asphalt und Kreide« unvergesslich, die die Oberbürgermeisterin mit Leidenschaft und Empathie für die Kinder jährlich eröffnete. Ich sah, wie die Kinder farbenfrohe Häuser malten, wie sie ihre Freude am Leben künstlerisch gestalteten. Sie malten das, was sie erlebten, was sie dachten und fühlten. Selbst wenn ideologische Kriterien zu unterstellen waren, lebensfrohe kindliche Malerei war hier ungekünstelt im Spiel.

Ich empfand diese Bilder als Reflexion auf die Neugestaltung der Gutenbergstraße als Boulevard, im desolaten Holländerviertel konnten einige wenige Gebäude saniert werden, die damalige Wilhelm-Külz-Straße – die heutige Breite Straße – wurde zu einem Beispiel der Verbindung des städtischen Wohnungsbaus und der Rekonstruktion historischer Gebäude. Vor allem aber konnten Architekten und Künstler ihre Fähigkeiten ausprobieren, sie erhielten Aufträge.

Ich hatte die Möglichkeit, an der Entwicklung einer Stadt mitzuwirken, die im Vergleich zu anderen Städten der DDR ein bescheidenes schöpferisches Potential freilegen konnte. Mit wenigen Mitteln konnte gebaut werden, aber immerhin wurde gebaut und die Künstler konnten sich in bescheidenem Umfang verwirklichen. Das war schon etwas!

Für die Stimmungslage der Bevölkerung war das sehr positiv. Es wirkte sich auch auf mich aus. Ich ging meinen Parteiauftrag mit positiver Grundeinstellung an. Heute würde ich diese Zeit als einen kleinen Aufbruch für die sozialistische Gesellschaft bezeichnen. Ich freute mich schon über die kleinsten Fortschritte.

Die gesundheitliche Versorgung wurde unter den damaligen einfachen Bedingungen weitestgehend gewährleistet. Ein Krankenhaus wurde im Rahmen eines Parteitagobjektes erneuert sowie ausgebaut. Die Umstände des Baus waren jedoch typisch für diese Zeit. Jedem sollte durch die politische Einordnung des Baus bewusst gemacht werden, dass es sich dabei um erste Priorität handeln würde. »Hier würde die Post abgehen«, konnte man den täglichen Pressemitteilungen entnehmen. Weit gefehlt! Es war ein zähes Ringen um einen Fertigungstermin, der von den zur Verfügung gestellten Baumaterialien abhing. Obwohl es sich um ein »Parteitagsobjekt« handelte, ging der Bau schleppend voran. Menschen, wie der bekannte Chirurg Röding, der Direktor des Krankenhauses, wurden mit fast wöchentlichen Rapporten und Parteiaktivberatungen von ihren eigentlichen medizinischen Aufgaben abgehalten. Sie hatten sich vor parteilichen Gremien zu verantworten, wo doch die Bauträger zur Verantwortung gezogen werden sollten. Der Mangel an den baulichen Kapazitäten und Schluderei am Bau wurden oft gedeckt. Es wurde verdrängt, dass hier die Bauarbeiter und Bauleiter mangelhaft ihrer Verantwortung nachgingen oder auch nachgehen konnten. Kritische Stimmen an den Leistungen der Werktätigen am Bau waren unpopulär. Das Umfeld musste oft dafür herhalten.

Mit welcher unnachahmlichen Geduld der Direktor des Bezirkskrankenhauses Prof. Dr. Röding seinen Buckel für andere hinhielt, nur um den Fortgang der baulichen Seite nicht zu gefährden, war bemerkenswert. Die Belastungen für Menschen, die immer wieder in verantwortlichen Positionen für einen kleinen Fortschritt in der gesundheitlichen Betreuung oder im Bereich der Bildung und Kultur eintraten, waren sehr groß.

In einem persönlichen Gespräch vertraute mir Prof. Röding an, dass es seine humanistische Lebensauffassung war, die ihn zum Mitglied der Partei werden ließ. Er hoffte, wie viele andere auch, auf eine bessere demokratischere Gesellschaft. Dafür wollte er mit allen seinen Fähigkeiten und Kräften eintreten.

Solche Persönlichkeiten waren nicht selten in den wissenschaftlichen Einrichtungen, den Hochschulen, Schulen, den kulturellen Einrichtungen der Stadt Potsdam.

Krippen und Kindergärten, Schulen und Hochschulen standen in ausreichender Zahl zur Verfügung. Die meisten Künstler hatten Aufträge. Die DEFA, dort wurden Filme produziert, hatte in der Stadt eine herausgestellte Rolle. Schauspieler, Regisseure bereicherten das kulturelle Leben der Stadt.

Die wissenschaftlichen Einrichtungen konnten Forschungsergebnisse aufweisen, die sie auch im Ausland bekannt machten. Die Potsdamer Zentralinstitute verschiedener naturwissenschaftlicher Zweige hatten weltweit ein gutes Ansehen. Die Pädagogische Hochschule, die Hochschule für Film und Fernsehen, die Akademie für Staats- und Rechtswissenschaften und das Institut für Ernährung waren führende Institutionen in der DDR.

Mit einem oberflächlichen Blick schien es in den Bereichen, für die ich zuständig war, den oft satirisch beschriebenen »sozialistischen Gang« zu gehen.

Es war festzustellen, dass den Bürgern der Eindruck vermittelt werden konnte, dass es jetzt – nun endlich – aufwärts ginge. Die Mühen haben sich doch gelohnt. Jetzt muss man persönlich dabei sein, sich einbringen, mitgestalten – ja, So geht's..! Das beschrieb die Stimmungslage vieler Potsdamer. Wie kann man sich besser einbringen als durch die Mitarbeit in der Partei, so waren meine Gedanken.

Das waren sicherlich einige Motive, die mich in meinem Engagement beförderten. Und da gab es noch etwas, was mich bestärkte.

Das waren die Freunde in meiner kleinen Abteilung der SED Kreisleitung. Sie waren fachlich versiert. Sie engagierten sich für die Stadt. Sie hatten Erfahrungen aus ihrer beruflichen Praxis mitgebracht. In ihren Herkunftsbereichen gehörten sie zu den Erfolgreichen. In den Bereichen, wo sie auftraten, hatten sie sich Anerkennung erworben. Nicht so sehr durch die Vermittlung ideologischer Lehren, sondern durch hilfreiche Unterstützung der Arbeit vor Ort. Aus den Gesprächen mit ihnen schöpfte ich Kraft.

Sie sorgten sich um die täglichen kleinen Verbesserungen in den Schulen, den Hochschulen, den Krankenhäusern und den kulturellen Bereichen. Es waren oft die kleinen Dinge, die das Leben besser oder freundlicher gestalteten.

Die Glaubwürdigkeit der ideologischen Arbeit der Partei wurde dort gestärkt, wo anderen Menschen und Gruppen geholfen werden konnte. Eine kleine Verbesserung der Arbeits- und Lebensbedingungen stimmte uns froh. Daraus resultierten oft euphorisch zu nennende Berichte, über die ich heute schmunzeln muss, wenn ich Zeitungsartikel aus der damaligen Zeit lese. Oft standen Beschaffungen und Besorgungen im Mittelpunkt. Ideologische Sprüche zuklopfen war da nicht groß angesagt, die Mühen der Überwindung der bescheidenen Lebensbedingungen waren es, die uns antrieben und Entscheidungen beförderten.

Besonders die in Potsdam agierenden Künstler bei der Stange zu halten, war oft mit dem Besorgen von Wohnungen, Studienplätzen für deren Kinder, Autoanmeldungen, Sonderrechten verbunden. Fast ein Drittel meiner Funktionärstätigkeit war damit ausgefüllt.

Da war es wichtig, viele Menschen zu kennen, zu wissen, wer kann helfen. Bücher hatten damals einen kulturellen Wert. Sie waren preislich erschwinglich. Sie lagen im Ranking der Geschenke weit oben. Wenn es sich dann noch um Raritäten im Sinne von kritischer Literatur oder Weltliteratur handelte, war der Empfänger froh zu stimmen. Vorrausetzung war, dass man an diese »Bückware« herankam. Der Begriff »Bückware« resultierte aus der Bewegung des Verkäufers, wenn er unter dem Ladentisch die Rarität hervorholen konnte. Theaterkarten waren stark subventioniert. Viele Familien konnten sich entsprechende Karten leisten. Klassische Musikveranstaltungen besaßen ein international hohes Niveau. Moderne Theaterinszenierungen in den achtziger Jahren hatten oft den Reiz der ideologischen Auseinandersetzung mit den Machtausübenden. Da lag viel Potential der Gespräche mit den Künstlern des Hans Otto Theaters in Potsdam. Sie besaßen den Anspruch des gestiegenen geistigen Diskurses.

Andererseits zeigten die Forderungen nach Veränderungen, die die Parteifunktionäre im Auftrag der oberen Zentralen durchsetzen sollten, die Ängstlichkeit vor kritischen Haltungen oder Aufführungen gegenüber der Partei. Ich befand mich mitten in diesen Turbulenzen. Über DEFA-Filme im Kino wurde gesprochen, gestritten, geweint und gelacht. Die künstlerische oder politische Zensur oblag den zentralen Parteiinstanzen. Die SED Kreisleitung hatte manchmal den politischen Auftrag, eine Veranstaltung eines kritischen Films mit entsprechend »klassenbewussten Zuschauern« zu füllen, die dann ihren Unmut äußern sollten. Solche Art Veranstaltungen misslangen meistens. Die Filmveranstaltung zum Film »Spur der Steine« oder »Paul und Paula« gerieten nicht zu gewünschten Protesten der Zuschauer, sondern waren Beispiele für die Haltung eines gewachsenen kritischen Kinobesuchers. Proteste blieben aus.

Es entging mir nicht, dass sich zunehmend mehr Bürger von den praktizierten politisch-ideologischen Einflüssen zahlreicher Parteifunktionäre in den privaten Bereich zurückzogen und sich dem bewusst verweigerten.

Zahlreiche Bürger der Stadt zogen sich auf kleine Gartengrundstücke (Datschen) als Zentrum für ihre Freizeitgestaltung zurück. Das waren Orte des individuellen Lebens. Es waren auch Orte des geselligen Zusammenlebens fern von gesellschaftlicher Zielorientierung.

Wir hatten uns eingerichtet in dieser Stadt, mit diesen gesellschaftlichen Bedingungen, mit diesen politischen Indoktrinationen. Ich war involviert.

Es waren einfache Bedingungen, in denen wir lebten. Oft waren sie spartanisch einfach, gemessen an heutigen Ansprüchen. Sie hatten damals vielleicht ihren Reiz, der unser Miteinander prägte. Es gab kaum Niveauunterschiede in den Löhnen, im Ansehen der Berufsgruppen, im Privatbesitz. Nur ein geringer Teil der Potsdamer besaß Wohneigentum oder Eigentum an Grund und Boden. Das waren die Ausnahmen. Privateigentum war überwiegend vergesellschaftet. Die Basis für Neid war kaum gegeben. Ich wusste, dass viele Menschen in noch einfacheren Verhältnissen lebten, wie ich sie beschrieb. Dass sich Menschen eingeengt oder gar unterdrückt fühlten, war mir allerdings in der heute dargestellten Dimension nicht bewusst. Es gab sie, das schließe ich damit nicht aus. Ich mache mir bedrückende Gedanken darüber, dass ich offensichtlich viel zu oberflächlich die allgemeine Stimmungslage der Potsdamer damals gesehen habe. Meine Freude galt bereits kleinen erfolgreichen Dingen im Zusammenleben der Bürger. Zweifel am bevorstehenden Aufschwung hatte ich zu Beginn der achtziger Jahre nicht. Diese kamen erst in der Mitte dieses Jahrzehnts bei mir auf.

In den kritischen oder satirischen Äußerungen gegenüber den führenden Parteifunktionären sah ich keinen Grund, dass der Aufbau des Sozialismus dadurch in Frage stand. Im Gegenteil, ich war angetan von kritischen, sachlichen oder ironischen Haltungen zum realen Sozialismus in der DDR.

Worin lagen nun meine Bindungen zu dem Staat und zu der Partei, der ich diente?

In erster Linie darin, dass sie meiner Vision eines gerechteren Lebens etwas entsprachen. Als Nachkriegskind waren mir die Schrecken eines Krieges immer noch präsent. Ich glaubte daran, dass diese Partei, die die Macht in dem Staat verkörperte, für die Friedenszeit, in der ich lebte die Verantwortung trug. Meine Familie und ich hatten keine Angst, wenn wir abends auf die Straße gingen. Die sozialen fast gleichen Bedingungen betrachtete ich als ein Gewinn für ein gutes gesellschaftliches Leben. Arbeitsplätze waren ausreichend vorhanden. Die Arbeit als Lebenszentrum lernte ich schätzen. Ich definierte mich, wie viele meiner Freunde, über die Arbeit.

Ich fühlte mich wohl im Leben mit Menschen, die Zugang zur Bildung und Kultur hatten – ohne soziale Schranken. Ideologisch begründete Einschränkungen nahm ich hin. Sehnsüchte nach Reisefreiheit verdrängte ich. Die vielfältigen kostenfreien Möglichkeiten der kulturellen und sportlichen Betätigung für mich und meine Familie waren für uns ein unverzichtbarer Reichtum geworden.

Die fast kostenfreien Freizeitgestaltungsmöglichkeiten, die geringen Mieten, die subventionierten Preise für einfache Dinge des täglichen Lebens waren bestechend.

Für eine kostenfreie Grundversorgung im Falle der Krankheit war gesorgt.

Mit einem Wort – das Leben war aus meiner Sicht sozial gesichert – allerdings sehr bescheiden. Es kam immer auf die Blickrichtungen an. Der mediale Blick nach Westen legte größere Bedürftigkeiten frei. Der Blick nach Osten ernüchterte. Da wurde das Gefühl erreichter größerer Errungenschaften als sie dort gegeben waren angesprochen. Ich erlebte das Leben in der Sowjetunion. Aus dieser Blickrichtung war das Leben in der DDR epochal besser.

Woran waren die demagogischen, autoritären und dogmatischen Einflüsse der Partei auf die Bevölkerung erkennbar?

Sie waren systemimmanent und daher oberflächlich schwer erkennbar. Ihre Reden verwiesen auf unumstößliche Lehren, die verbindlich und verbindend zu erfüllen wären. Ihr Wahrheitsanspruch machte sie zu Dogmatikern. Strittmatter beschrieb in seinem Werk »Wundertäter III« (33) diese Art und Weise, wie manche Funktionäre sich in ihrer Rechthaberei gefielen. Vielleicht ist es ihnen entgangen, dass sie auch dadurch die Vision von einer gerechteren Gesellschaft im Sozialismus in Frage stellten, obwohl oder gerade weil sie sich auf diese Vision ständig bezogen. Die von ihm skizzierten Parteifunktionäre, die in der Person des »Genossen Wummer« kulminierten, hätten wie eine Lichtpause auf einige Funktionäre in Potsdam gepasst. »Wummers« gab es in den Sekretariaten der Partei mehrheitlich. Parteiergebenheit, Ergebenheit zur Sache des Sozialismus nach vorher beschlossenen Grundsätzen, war diesen Funktionären offenbar in die Wiege gelegt. Ich gewann den Eindruck, dass sie über der Sache standen. Sie gaben sich als Gralshüter einer Sache, der sie ergeben waren und bedingungslos dienten.

Bereits in diesem verstandenen Geist mitzumachen, wie ich es tat, war gebunden an die Einsichten, die die Partei forderte. Mitzumachen war auch gebunden an die unbedingte Erfüllung der Aufgaben, die aus diesen Beschlusskollektiven erwuchsen. Darin lag eine Wurzel für die konkrete Verführbarkeit sowie für die Oberflächlichkeit im kollektiven Gleichklang. »Die da oben haben ja beschlossen, die haben ja den besseren Einblick«, das waren einige Überlegungen, die in der damaligen Lebensmaxime gipfelte: »Es geht schon seinen sozialistischen Gang!«

Die Macht der Mächtigen bestand darin, alternativlos zu argumentieren, verbunden mit der gewissen Selbstgefälligkeit, das Recht auf ihrer Seite zu haben. Das Lied: »Die Partei, die Partei, die hat immer recht…«, wurde zum Leitgedanken [34] Das Leben wurde auf Lehren fokussiert. Die Lehre von der Sieghaftigkeit des Sozialismus, die Lehren des Marxismus-Leninismus, die Lehren von der führenden Rolle der Partei der Arbeiterklasse usw. führten dazu, sich diesen Lehren zu fügen. Schließlich waren es ja Lehren, die sich im Kampf der Partei bewährt hatten, wie ich glaubte.

Das tägliche Leben wurde diesem »Kampf« untergeordnet. An der Spitze des Kampfes stand die Partei, sie führte schließlich. Dieses Pathos war manchmal stärker, manchmal schwächer, vorhanden war es latent.

Gerichtet war der Kampf auf die westdeutschen Imperialisten. Im kalten Krieg war es mitunter leicht möglich, mit dem Finger auf allgemeine Störenfriede im Ringen um eine friedliche Koexistenz zu zeigen. Beide Seiten deutscher Politik erwiesen sich nicht ständig als friedensstiftende Partner. Die Politik der SED war darauf gerichtet, mit wachsendem Nachdruck jede sich bietende Gelegenheit zu nutzen, auf die aggressive Haltung der gegnerischen Seite propagandistisch zu reagieren. Die tägliche politisch-ideologische Arbeitsweise der Partei auf dem kommunalen Sektor war davon ebenso geleitet. Selbst eigene Fehler wurden reflexartig diesem Kampf gegen den Klassengegner zugeordnet.

Vielleicht führte die fast schon gebetsmühlenartige Propaganda zur Treue und Ergebenheit zu den Beschlüssen der Partei. Das bezog sich meiner Meinung auf eine Mehrheit von Genossen innerhalb der Partei. Zweifel kamen zu dieser Zeit kaum auf. Sogar Beschlüsse, die ich selbst als problematisch betrachtete, wurden von mir nicht hinterfragt. Es wird schon funktionieren, waren meine Überlegungen.

Ich war von dieser Selbstgefälligkeit infiziert. Maßnahmen mitzubeschließen, deren Wirkungen von mir nur oberflächlich betrachtet wurden, sind unverzeihliche Beispiele meiner Tätigkeit im Sekretariat. Fast schon dienend, sich selbst darstellend sowie den in der Hierarchie der Macht sich weiter oben Befindenden nach dem Munde zu reden, sind Eigenschaften einer Erziehungsdoktrin, der ich erlegen war. »Wir sind doch alle gleich! Wir wollen doch alle das gleiche Ziel!« Solche und ähnliche Gedanken, die einer visionären Gesellschaft, wie der des Sozialismus entsprangen, waren verführerisch. Die Losung: »Vorwärts Genossen, wir müssen zurück!« hatte zwar einen satirischen Hintergrund, der reale Bezug wurde nicht ernsthaft gedeutet, noch nicht…

»Alle sind dafür, alle machen mit…!« Die Beweise der Zustimmung wurden von den endlosen Massenaufmärschen und plakativen Zustimmungen in den Großveranstaltungen entnommen. »Uns gehört die Zukunft!« Die Demonstrationen zum 1. Mai oder zur Friedensmanifestation auf dem Platz der Nationen oder der Wilhelm-Külz-Straße waren für mich solche Zeugnisse.

Teuflisch daran war vor allem, dass es nicht gleich ins Auge stach. Ich glaubte, wie viele andere auch, dass ich mit meinen Meinungen zur Mehrheit der Potsdamer Bevölkerung gehörte. Ich fühlte mich im Chor der Gleichgesinnten, von der Presse hofiert, selbstgefällig.

Da bedurfte es nur noch einer sich demokratisch gebenden Wahlveranstaltung und die Weihen meiner Eitelkeit waren vollzogen. Die Rückversicherung erfüllte sich bei den Kommunalwahlen. Die Zustimmung der Bevölkerung zur Führungsrolle der Partei wurde an der Wahlbeteiligung sowie an der Zustimmung für die Kandidaten der Nationalen Front abgelesen. Sie näherten sich der 100 %-Marke, ansonsten wurde durch die SED nachgeholfen. Das war ein für mich unvorstellbarer Selbstbetrug, wie ich Jahre später erfuhr. Noch unvorstellbarer war allerdings für mich, wenn die Manipulation dann einsetzte, wenn die als Ziel formulierten Ergebnisse nicht erreicht wurden. Wenn diese Manipulationen der Bevölkerung gegenüber verschwiegen wurden, war das schon strafrechtlich zu verfolgen. Es wurde aber auch denen in der Partei verschwiegen, die um ehrliche Haltungen stritten. Ich nahm die sogenannten Wahlergebnisse als bare Münze. Dass ich einer Lüge aufsaß, verstärkte meine kritische Sicht auf diese vier Jahre meiner Tätigkeit in der Kreisleitung. Auf der einen Seite wurde durch die Partei ein sozialistisches Menschenbild ohne Fehl und Tadel mit hohen moralischen Ansprüchen gezeichnet, andererseits wurde bewusst gefälscht. Mit dem mir vertrauten Zukunftsbild von einem menschlichen Sozialismus wurde verantwortungslos von solchen Personen umgegangen, die ihre Macht zur Manipulation von Menschen missbrauchten. Das gehörte zu den schrecklichen Dingen einer Diktatur der Partei.

Ich lernte die ganze Komplexität der politischen Indoktrination der Parteiführung kennen. Menschen wurden nach ihrer politischen Haltung bewertet. Positive Leistungen wurden positiven Haltungen gegenüber der Partei zugeordnet. Kritische Meinungen wurden gründlich herausfiltriert. Aufträge zur Veränderung dieser Meinungen der betroffenen Kritiker wurden abgeleitet. Parteimitglieder oder Leitungen der Kreisdienststellen des Ministeriums für Staatssicherheit, des Ministeriums des Inneren oder des Wehrkreiskommandos erhielten entsprechende Parteiaufträge. Die Partei hatte hier in besonderer Weise die Führung übernommen.

Die Durchsetzung der Beschlüsse wurde mit einem Geflecht an Kontrollmechanismen durchzogen. Das gehörte zu einem weiteren Mosaikstein hinsichtlich der Charakteristik der Diktatur einer Partei.

Zugleich gab es innerhalb der Kreisleitung der SED entsprechende Kontrollorgane. Eine eigenständige Parteikontrollkommission mit einem Vorsitzenden bewachte die parteierzieherischen Maßnahmen innerhalb der Partei. Eine eigenständige Organisations- und Kaderabteilung unterstand dem 2. Sekretär. Sie wiederum übte ihrerseits Kontrollfunktionen gegenüber den sogenannten Fachabteilungen in einer Kreisleitung aus.

Nicht nur, dass die Partei die Kontrolle und damit die Führung der Stadt und des Landkreises nach außen durchsetzte, auch innerhalb der Partei wurde kontrolliert. Die Mitarbeiter der SED Bezirksleitung kontrollierten die Umsetzung der Parteibeschlüsse durch die Mitarbeiter der SED Kreisleitungen. Diese kontrollierten deren Umsetzung in den Grundorganisationen.

Eine Einsatzleitung verband alle Sicherheitsabteilungen des Kreises und wurde vom 1. Sekretär geleitet, zu ihr gehörten der Chef der Kreisdienststelle des Ministeriums für Staatssicherheit, der Oberbürgermeister, der Chef des Wehrkreiskommandos, der Kreisdienststelle der Volkspolizei. Oft wurden auch Vertreter der Kirchen sowie anderer Organisationen einbezogen.

Die reale Lage entfernte sich immer mehr von den Lageeinschätzungen. Die Macht der Berichte siegte über die Realität. Die Realität nahm ihren Lauf.

Dazu kam der perfide Wettbewerbskampf der Kreise gegenüber den übergeordneten Leitungen im Parteiapparat. Wenn die reale Lage einen kleinen Vorsprung gegenüber einem anderen Kreis in der Mitgliederbewegung, der Werbung der Offiziersanwärter, der Arbeitsproduktivitätskennziffer, der Konsumgüterproduktion nicht hergab, half der Bericht. Das, was sich nicht verbiegen ließ, war die Realität.

Wie viele Menschen sich gegenseitig kontrollierten und in Berichten über erfolgreiches Arbeiten und Funktionieren ihrer Tätigkeit Auskunft gaben, das ist kaum vorstellbar.

Ich nahm an wöchentlichen Sekretariatssitzungen der Kreisleitung teil, in denen die kaum vorhandenen Waren für die steigenden Lebensbedürfnisse der Bevölkerung zu wirtschaftlichen Erfolgen uminterpretiert wurden.

Immer wieder wurde durch Beschlüsse der Partei in die eigentlichen staatlichen Entscheidungen eingegriffen. Man hoffte auf Mobilisierungseffekte. Dabei wurden die erreichten dargestellten Ergebnisse in Zweifel gezogen. Entscheidungen des Ratsvorsitzenden oder der Oberbürgermeisterin wurden vielfach außer Kraft gesetzt und durch neue ersetzt. Die Partei versuchte ihre Führung durchzusetzen. Von der Brötchenbelieferung einer Stadt bis zur Wohnungsbeschaffung, es gab kaum einen Bereich, indem nicht die Parteiorgane hinein regiert hätten. Bei kleinen Erfolgen wurde das der Weitsicht der Partei zugeordnet, bei Misserfolgen mussten sich die entsprechenden staatlichen Leiter verantworten. Das war ein weiterer Mosaikstein der Diktatur einer Partei.

Unzählige Beschlüsse wurden in den Parteisekretariaten gefasst. Die wiederum hatten ihr Eigenleben. Sie wurden nur soweit umgesetzt, wie die Bedingungen vorhanden waren. Die waren oft weit weg von den parteilichen Strategien. So korrigierte das Leben zahlreiche überzogene oder unrealistische Beschlüsse. Es wurde zunehmend nicht mehr so heiß gegessen, wie es gekocht wurde! Anfängliche ängstliche Vorstellungen von Genossen, bei Nichterfüllung zur Verantwortung gezogen zu werden, gingen über in Gleichgültigkeit, weil die materiellen Bedingungen den Beschlüssen hinterherhinkten.

Monatliche Schulungen aller Agitatoren in den Grundorganisationen über die Beschlüsse der Partei, Anleitungen zur Durchführung des Parteilehrjahres in jeder Grundorganisation nach festgelegten Inhalten, die in Broschüren jedem Genossen zur Verfügung standen, bestimmten die Tätigkeit der Sekretariatsmitglieder. Diese sogenannten Weiterbildungsveranstaltungen der Partei waren der Versuch, alle Parteimitglieder auf Linie zu bringen. Diese bildeten eine weitere Säule der Parteidiktatur. Wie die Ergebnisse zeigten, waren es unwirksame, aufwendige, überzogene, dogmatische Veranstaltungen.

Jedes Mitglied der Partei wusste, dass der Montag jeder Woche ausgeplant war für die abendlichen Parteiveranstaltungen; die Mitgliederversammlung, die Parteigruppenversammlung, das Parteilehrjahr, die Parteileitungssitzung für die leitenden Genossen. Der Aufwand an politischer Einflussnahme war immens. Es war auch üblich, dass anschließend sich kleinere Gruppen der Genossen in Gasstätten zusammenfanden. Jetzt kam der gemütliche Teil dran. Im kleinen Kreis gingen die eigentlichen Diskussionen zu den Ereignissen des Tages los. Die Versammlungen waren oft ritualisiert. Hier in den Kneipen entbrannten aber die Diskussionen. Hier konnte jeder entflammen. Die Flamme war jedoch vom Vertrauen auf den Gesprächspartner bestimmt.

Es war offensichtlich politisch gewollt, dass Meinungsbildung und Äußerung zweigeteilt waren. Zwischen einer Äußerung und einer von einem Mithörer vermuteten Ableitung einer Haltung waren große Spielräume. Eine ambivalente Haltung wurde durch diese dogmatischen Methoden der Partei förmlich herausgebildet.

Darin lag meines Erachtens auch ein Grund, dass die meisten Bürger sich umfangreich berieseln ließen (politische Schulungen). Manche standen sogar selbst an der Berieselungsanlage. Zwischen ihrer tatsächlichen Meinung und der offiziell geforderten Haltung gab es aber oft Unterschiede.

Viele Menschen haben gerade hier ein sehr sensibles Empfinden für die Realität gewonnen. Sie lernten zwischen »Schaumschlägereien« und ernsthaften Auseinandersetzungen zu unterscheiden. Das haben sie nicht aufgegeben. Im Gegenteil, ihr soziales Empfinden und ihr politisches Wachsein schärften sich, was meines Erachtens bis in die Gegenwart wirkte.

Die Zahl derer, die sich den realen Bezug zum Leben bewahrten, mit denen ich offene politische Diskussionen führte, ohne dass ich von Berichterstattern und Kontrolleuren gleich in die Nähe der Klassengegner gestellt wurde, nahm in den 80er Jahren zu.

Oft habe ich Gespräche mit Künstlern der Bildenden Kunst in der Stadt Potsdam gesucht. Als es um ein kleines Glockenspiel auf dem Friedhof in Potsdam ging, es sollte nach langen politischen Diskussionen eine Stätte des Gedenkens, der Trauer mit einem historischen Bezug zur Stadt werden, kam ich mit Werner Nerlich ins Gespräch. Er war ein exzellenter, sachlicher, freundlicher Gesprächspartner, der mit seiner Frau ein Beispiel für die Art von Menschen war, die sich nicht durch dogmatischen Subjektivismus leiten ließen.

Er überlebte und widerstand den Menschenschlachtungen um Stalingrad im 2. Weltkrieg. Er lief zu den Sowjetsoldaten über. In Flugblättern richtete er sich an die Wehrmachtsangehörigen, die Sinnlosigkeit des Krieges zu erkennen. Als er nach Kriegsende in der Uniform der Roten Armee in Potsdam eintraf, staunten oder erschraken die Potsdamer, die ihn kannten. Welche Gefühle müssen in ihm vorgegangen sein? In meinen Augen verkörperte er eine tolerante Persönlichkeit mit menschlicher Wärme. Um Nerlichs bildete sich ein Kreis von Potsdamern, die ähnlich dachten und fühlten. Ich war froh, dass ich zu diesem Kreis zählte. Hier wurden Anfang der achtziger Jahre bereits Ideen einer besseren Gestaltung des Sozialismus Marke DDR, einem demokratischen Sozialismus folgend, diskutiert. Wir blieben »DDR-Nicks«, sahen aber mit Sorge auf die sich abzeichnenden Fehlentwicklungen. Immer wieder drehten sich die Gespräche um die Wirkung der Kunst, die Stellung des Künstlers in der Gesellschaft.

Die meisten Künstler, so auch er, waren an Auftragswerke von Staat, Partei, FDGB oder anderen gesellschaftlichen Organisationen materiell gebunden. Sie unterschieden sich jedoch wesentlich in der Art und Weise, wie sie ihre schöpferischen Fähigkeiten in ihren Kunstwerken entfalteten. Beim genauen Hinsehen konnte man vielfältiges Experimentieren, natürlich auch Provozieren erkennen. Dieses schöpferische Wirken unter den sogenannten sozialistischen Realismus zu zwängen, halte ich für sehr tendenziös. Stellung und Existenz hingen für die meisten Künstler von den Aufträgen ab. Einige von ihnen dienten sich darüber an, andere konnten sich in den Auftragswerken verwirklichen, wieder andere nutzten diese, um schöpferische Arbeiten anzufertigen, die in ihren Ateliers standen. Fantasievolle, individuelle Arbeiten entstanden in diesen Zeiten, andere drückten ihre Konflikte mit der Gesellschaft in ihren Werken aus.

Ich erinnerte mich gern an die Kunstausstellungen in Dresden. Es waren umfangreiche Diskussionen gerade über solche Bilder, Skulpturen und Plastiken, die politische und gesellschaftliche Konflikte zum Inhalt hatten. Es war ein großes Potential an künstlerischen Möglichkeiten vorhanden.

Diese Kunst heute in einen Topf zu werfen, mit der Aufschrift »der Sozialistische Realismus im Dienste der Diktatur«, halte ich für oberflächlich. Es erfasst nicht die zu differenzierenden schöpferischen Arbeiten. Die Diskussion über zahlreiche gesellschaftskritische Bilder haben mich angeregt, um über mein damaliges Gesellschaftsbild nachzudenken.

Das betraf in besonderer Weise Werke von Künstlern, die mit Potsdam und ihren Bürgern verbunden waren. In Potsdam entstand eine Begegnungsstätte für die Künstler und Architekten mit den Bürgern der Stadt, der Klub der Künstler und Architekten »Eduard Claudius« in der heutigen Schloßstraße 14, gegenüber dem Lustgarten. In diesem von Knobelsdorf geschaffenen Gebäude hat sich heute eine Spielbank etabliert.

In den in diesem Haus 1982 geführten Gesprächsrunden in Potsdam, die ich in Erinnerung habe, dominierten kritische Meinungen zu den eingeschlagenen Wegen der Parteiführung zur Kulturpolitik. Das als oppositionell zu betrachten, wäre übertrieben. Es ging immer um Veränderungen, Verbesserungen und liebenswerte Gestaltungen in einem menschlichen Umfeld. Verbissene Parteiprinzipien waren in den Gesprächen verpönt. Leider gingen viele Ideen oder Vorstellungen ins Leere. Zahlreiche Künstler traten einen Rückzug ins Private an. Im Kreise Vertrauter wurden die täglichen Sorgen kleiner. Es entstanden herzliche und fröhliche Kontakte in einer Umgebung, die Bescheidenheit und Wärme verströmte. Über eine mögliche Überwachung haben wir nicht nachgedacht. Vielleicht war das bereits sehr naiv.

Ich habe mit meiner Frau und unseren Freunden zahlreiche Stätten der Muse, des Sports, der Entspannung besucht und glückliche Stunden verlebt.

Hier wurde kaum agitiert. Es wurde mit den Gleichgesinnten im wahrsten Sinne des Wortes gesprochen, freimütig und offen. Ich war 36 Jahre alt, mit allem Saft und aller Kraft eines jungen Menschen, der auf der Suche nach Lebensbildern war. Da gehörte das Feiern von Festen zum Leben.

Silvester wurde traditionell im Kreise der Familie und mit Freunden gefeiert. Silvester verbindet in der russischen Tradition das Fest des Väterchen Frosts mit dem Fest zur Begrüßung des neuen Jahres. Damit hatten die sowjetischen Kinder, die hier in Deutschland lebten, eine doppelte Bescherung. Die sowjetischen Familien, die wir kannten, feierten oft mit uns gemeinsam. Das war auch so zu Beginn der achtziger Jahre in Potsdam. Wir schenkten den Kindern Spielsachen an diesem Tag und die Erwachsenen feierten mit Böllern und entsprechend spritzigen Getränken. Es wurde getanzt und gesungen. Die Feiern gingen meist bis in die Morgenstunden.

Traditionell trafen sich zu Beginn des Jahres die Rentnerinnen und Rentner in dem großen Saal in Potsdam – Drushba – genannt. Sie feierten gemeinsam in einer kleinen Veranstaltung der Konzert – und Gastspieldirektion den Jahresbeginn.

Auf dieser Veranstaltung sprach immer ein Vertreter der Kreisleitung der SED. Ich war für 1980 vorgesehen. Wir hatten die Nacht bereits ausgelassen das neue Jahr bei einer Silvesterfeier mit sowjetischen Freunden begangen. Am Morgen des 1. Januars stand vor unserer Tür ein Jeep der Sowjetarmee. Der noch sehr fröhliche Stadtkommandant rief mit unmissverständlicher Stimme: »Ded maros (Väterchen Frost), s nowim godom (Auf das Neue Jahr)!« Damit lud er meine Frau und mich zum russischen Neujahrsfest ein, welches traditionell vom 31. Dezember bis 8. Januar gehen konnte.

Wir waren jedoch noch in einem Zustand, der keine Widerrede formulieren konnte, also setzten wir uns ahnungslos in diesen Militärjeep. Wir schaukelten in die Wohnung des Stadtkommandanten, der bereits mit seiner Familie und Gästen auf uns wartete, damit sein Fest sich fortsetzen konnte. Wenn man von sowjetischen Menschen in ihre Wohnunterkünfte eingeladen wurde, gehörte man zu den Vertrauten. Mit dem Trinkspruch: »Auf Väterchen Frost mit dem Schneemädchen (snegurotschka)« wurde mit kalten Getränken angestoßen. Der Wodka kreiste zu den von mir schon vorher beschriebenen Toasts. Was sollten wir tun? Unsere Körper waren noch vom Vorabend geschwächt. »Trinkt den guten grusinischen Tee!«, rief die Frau des Kommandanten. Man las unsere Wünsche von den Lippen ab. Leider half das nicht besonders. Daraufhin sagte ein mit vielen Orden Gezierter: »Genosse, ich habe eine einfache Lösung. Du musst einen richtigen Schluck Wodka trinken!« Und er setzte seine im wissenschaftlichen Ton gehaltene Verhaltensregel fort: »Du musst immer mit dem Getränk den neuen Tag beginnen, mit dem du den alten verlassen hast!« So einer Weisheit aus seinem Munde konnte ich mich nicht entziehen. Wir glaubten es kaum, aber es half vorübergehend. Ich konnte wieder übersetzen und hatte zudem noch meine Festansprache für die Rentner im Kopf.

Nachdem wir das Silvesterfest, schließlich auch das russische Neujahrsfest ausgiebig begangen hatten, ging es gleich weiter in den Rentnersaal. Meine Zunge schien gelockert zu sein, mein Kopf war im Gegenzug etwas vernebelt.

Dort waren bereits ungefähr dreihundert Rentner versammelt, die meiner frei vorgetragenen Festrede lauschten. Zu meiner Frau sagte dann eine Rentnerin: »Ich habe die Worte der Partei erstmals verstanden! Ihr Mann hat so langsam gesprochen, hat einige Sätze wiederholt, verständlich laut hat er geredet. Das hat mir sehr gefallen...!«

Auf dieser Veranstaltung sammelten die Rentner für das erste Neugeborene der Stadt in einem »Schweinerl« Geld zur Unterstützung der Familie. Auch in diesem Jahr kam einiges Geld zusammen. Ich hatte die Aufgabe, der Mutter des Babys mit einem kleinen Blumenstrauß die Grüße der Veranstaltung zu übermitteln. Ich fuhr ins Krankenhaus in die Entbindungsstation. Das tat ich mit großer Freude. Die Mutter des Neugeborenen freute sich sehr über den Inhalt des »Schweinchens«.

Im Anschluss nutzte ich die Möglichkeit, mit den Medizinern des Bezirkskrankenhauses zu sprechen. Ich überbrachte Neujahrswünsche. Ich bedankte mich bei ihnen für ihre unermüdliche Arbeit.

Prof. Röding, der Leiter des Krankenhauses, den ich bereits erwähnte, hatte Dienst. Auf meine Frage: »Was war denn so in der Nacht los?« erzählte er: »In der Nacht habe ich eine komplizierte OP an einem Volkspolizisten gemacht. Stell dir vor, der Mann war auf Streife in der Innenstadt. Er hatte als Hüter der Ordnung einigen Jugendlichen die Blitzknaller entwendet. Diese hatte er in seiner Hosentasche sichergestellt.

Bei seinem weiteren Ordnungsgang ist ihm der Querschläger einer Rakete just an die Stelle geraten, wo die konfiszierten Blitzknaller schlummerten. Es muss einen höllischen Knall gegeben haben. Der Mann war sein gutes Stück los. Nun habe ich ihm in mühevoller Arbeit unter Verwendung seiner noch vorhandenen Restbestände ein neues Teil eingesetzt«.

Verschmitzt fügte er hinzu:»Ich habe mir Mühe gegeben, es ist schöner, als das alte…«

Mit dieser kleinen Geschichte, die für den Betroffenen sicher sensibel bzw. makaber war, konnte ich zur Erheiterung der Rentnerinnen und Rentner beitragen, die meinem Bericht aus dem Krankenhaus lauschten.

Diese Veranstaltungen gehörten zu den angenehmen Aufgaben eines Kreissekretärs für Kultur und Bildung.

In den fast vier Jahren meiner Tätigkeit in der Kreisleitung waren auch für mich sehr belastende Situationen zu bestehen. Durch meine Russischkenntnisse sowie den guten Kontakten zum sowjetischen Stadtkommandanten wurde ich bei komplizierten Situationen im Zusammenleben der Sowjetarmee mit den Bürgern Potsdams hinzugezogen.

Es ereignete sich eines Tages ein folgenschwerer Unfall auf der Nedlitzer Strasse in Richtung Neu Fahrland. Ein Potsdamer LKW Fahrer hatte bei Nebel und Dunkelheit eine Marschkolonne der Sowjetarmee übersehen. Dabei verletzte er eine Gruppe Soldaten tödlich.

Eine Mitschuld wurde dem Kompanieführer der sowjetischen Soldaten zugesprochen, der die Beleuchtung der Kolonne missachtete. Der letzte Soldat sollte zur Absicherung der Marschkolonne eine rotes Warnlicht tragen. Die Untersuchungen ergaben, dass das nicht der Fall war.

Mit dem Stadtkommandanten betrat ich die Kaserne der Soldaten, wo sich mir ein erschütterndes Bild bot. Die überlebenden Soldaten waren betroffen. Sie befanden sich noch im Schockzustand. Der Kompanieführer stand im Hintergrund. Ich sah gerade noch, wie er an seiner Pistolentasche nestelte. Schließlich brach ein

Schuss los. Er tötete sich selbst. Ich werde diesen peitschenden Schuss nicht vergessen, vor allem aber das sich mir dargebotene Bild der betroffenen Soldaten und des toten Offiziers. Ich habe lange versucht, diese Bilder zu verdrängen. Die Öffentlichkeit hatte davon keine Kenntnis, aber manchmal brechen solche Bilder bei mir wieder hervor. Das breite Spektrum menschlichen Zusammenlebens auf engstem Raum war für mich gegenwärtig.

Das Zusammenleben mit den Angehörigen der Gruppe der Sowjetischen Streitkräfte in Deutschland (GSSD) war widerspruchsvoll. Freundschaftliche Kontakte schlossen vorhandenes Misstrauen nicht aus. Ein nach dem Krieg befohlenes Miteinander führte oft zu einem Nebeneinander. Ein abgeschottetes Soldatenleben brach durch lebendige kulturelle Kontakte etwas auf. Zahlreiche Erntehilfen schufen Vertrauensbeweise, die zu selten für die Bevölkerung spürbar waren. Überzogene agitatorische Mediendarstellungen von der tiefen Freundschaft zur Sowjetunion bewirkten nicht die erwünschte Wirkung. Zwei Divisionen, die 34. Artilleriedivision und die 35. Mot. Schützendivision, weitere zwei Garde-Brigaden und drei Regimenter der Sowjetarmee waren in der Stadt stationiert.

Nach meiner Schätzung war die Zahl der Einwohner mit denen in den Garnisonen befindlichen sowjetischen Angehörigen fast identisch. Das war eine unvorstellbare Dimension, die unsere Stadt zu tragen hatte.

Ich habe in den Reden zur Jugendweihe oft auf den heldenhaften Einsatz des Kulturoffiziers Lutschuweit [35] verwiesen, der angeblich zur Rettung der Kunstschätze in Sanssouci im Kampf der sowjetischen Truppen zur Befreiung Potsdams 1945 von den restlichen faschistischen Strukturen und Einheiten beigetragen hatte. Es war eine Legende, die ihn zum Ehrenbürger der Stadt Potsdams machte. Im Übereifer zur Schaffung neuer Inhalte wurde diese Legende nach 1990 verworfen. (Ich würde eine historisch gründliche Analyse sehr begrüßen.)

Gerade diese Legende gab mir ein Beispiel für die Widersprüche in der Darstellung historischer Ereignisse. Immerhin wurden die Schlösser und Gärten Potsdams durch sowjetische Truppen nicht total zerstört, Plünderungen wurden verhindert. Sollte dieser Kulturoffizier dazu beigetragen haben, dann bleibe ich bei meinen Darstellungen. Tendenzielle Legenden gab es in der Geschichte immer. Mich berührte sie dennoch.

Es gehört heute zur differenzierten Betrachtung des Zusammenlebens mit den sowjetischen Freunden, Besatzern oder Genossen dazu, auf eine düstere Seite einzugehen, die mir heute erst so richtig in mein Bewusstsein gelangte.

Mit meiner Frau machte ich, nach längerer Besuchspause, im Jahre 2010, wie ein Tourist, eine Stadtrundfahrt durch unsere Stadt Potsdam. Ich war beeindruckt von den zahlreich entstandenen neuen Bauten, den rekonstruierten historischen Stätten der Stadt Potsdam. Wir saßen in dem Bus mit freudiger Stimmung, angeregt durch die Wirkung solcher wundervoller und liebevoller Aufbauleistungen. In aller Ruhe ließen wir das Bild dieser schönen barocken Stadt auf uns wirken. Mit großer Bewunderung erlebten wir eine sich den Traditionen verpflichtende Erneuerung dieser Stadt. Es fiel der Satz: »Das wir das noch erleben dürfen!«

Dann ging die Fahrt in Richtung Nauener Vorstadt. Die Straßenführung war mir nicht mehr in meiner Erinnerung. Die zahlreichen Villen waren mir unbekannt. Wir fuhren in das geheime »Städtchen« ein. Das war der kleine Stadtteil Potsdams, zu dem der Zugang zu DDR-Zeiten von sowjetischen Soldaten versperrt war. Nach 25 Jahren stellte ich meine Unkenntnis über diesen schrecklichen Ort fest. Hier hatte der KGB eine Zentrale bereits 1945 in der Leistikowstrasse im Zentrum dieses Stadtteils, der heutigen Gedenkstätte der Opfer des KGB (Komitet Gosudarstwennoi Besopastnosti pri Sowjet Ministerstwo SSSR), des Komitees für Staatssicherheit beim Ministerrat der UdSSR, des sowjetischen Geheimdienstes aufgebaut. Meine so angeregte Stimmung schlug plötzlich um. Ich saß betroffen unter den Touristen im Bus.

Mir wurde schlagartig bewusst, dass dieser kleine Stadtteil Potsdams zu den Militärobjekten der Sowjetarmee gehörte, zu denen ich vor über 30 Jahren keinen Zugang hatte, obwohl ich, wie ich schon darstellte, zum sowjetischen Stadtkommandanten ein gutes Verhältnis hatte, wie ich glaubte. Er hat darüber geschwiegen. Ich habe auch zu dieser Zeit nie eine Frage in diese Richtung gestellt. Das Verhältnis war von Freundschaft und nicht von Misstrauen, von kulturvollen Beziehungen und ideologischen Demonstrationen, von Vertrauen und ängstlicher Unterordnung getragen. Diese Ambivalenz prägte mein Leben in dieser Zeit besonders.

Ähnlich Gefühle habe ich heute, wenn ich über die Wehrerziehung der Kinder und Jugendlichen nachdenke. Es war ein wesentlicher Inhalt der sozialistischen Erziehung der Kinder an den Schulen. Die Partei kontrollierte deren Umsetzung in besonderer Weise. Dieses Erziehungsziel entsprang der Angst vor einem militärischen Gegner. Es trug Züge der Disziplinierung. Ihrer Umsetzung war oft makaber.

Zu den nicht zu verdrängenden Ereignissen gehörte zweifellos die Umsetzung der Direktive Nr. 3 des Ministeriums für Volksbildung zur Einführung und Gestaltung des Wehrunterrichtes für die Schüler der 9.und 10. Klassen [36]. Diese Direktive charakterisierte in besonderer Weise die dogmatische Erziehungsdoktrin der Partei. Sie ist in Ansätzen nur vermittelbar aus der dramatischen Zuspitzung des Kalten Krieges.

Anmerkung: Aus der Direktive Nr. 3

Der Wehrunterricht umfasste für die neunten Klassen vier Doppelstunden zu Fragen der sozialistischen Landesverteidigung für alle Schüler, die Wehrausbildung im Lager für Jungen, die daran zunächst freiwillig teilnahmen in zwölf Ausbildungstagen zu je acht Stunden, der Lehrgang »Zivilverteidigung« für alle Mädchen und den Teil der Jungen, der nicht an der Wehrausbildung im Lager teilnimmt, in 12 Lehrgangstagen zu je sechs Stunden und für die 10. Klassen vier Doppelstunden zu Fragen der sozialistischen Landesverteidigung für alle Schüler und drei Tage Wehrbereitschaft mit insgesamt achtzehn Stunden für alle Schüler.

Diese Direktive stieß in den Schulen nicht immer auf Begeisterung der Lehrer. Zu Beginn der achtziger Jahre beschloss die BRD den Nato Doppelbeschluss zur Aufrüstung. Die Pershing II wurde stationiert. Die Friedensbewegung in der BRD reagierte mit großen Demonstrationen. Andererseits forciert die Sowjetarmee die atomare Bewaffnung mit der SS 20 Rakete. Die Rüstungsschraube drehte sich immer weiter. »Stehen wir vor einem 3. Weltkrieg?«, waren die Argumentationen, deren Angst um das Überleben zu Grunde lag. Die Positionen für die Umsetzung der Direktive waren ähnlich begründet.

In den damaligen Argumentationen war der Kampf für den Frieden der moralische Anknüpfungspunkt für den Aufbau des Sozialismus. Jetzt wurden die Argumente komplizierter. »Die Sowjetunion und die sozialistische Staatengemeinschaft rüsten ebenso auf!« Jetzt galt stärker als vordem: »Der Frieden muss bewaffnet sein!« »Ist die SS 20 nicht auch eine Bedrohung für die westliche Welt?« Die Antworten gingen nicht mehr so flüssig über die Lippen. Es gab kein: »Entweder – oder!«

Dazu kam, dass die Friedensbewegung der Welt, die bisher von der politischen Führung der DDR unterstützt wurde, mit dem Symbol »Schwerter zu Pflugscharen« aus der biblischen Geschichte des Propheten Mischa einen »Volltreffer« landete. (»*Sie werden ihre Schwerter zu Pflugscharen und ihre Spieße zu Sicheln machen*«).

Einerseits war man ja in der politischen Führung für den Frieden, andererseits konnte man der pazifistisch erklärenden Symbolik nicht folgen. Diese Symbolik wurde von der Partei in den Schulen verboten. Das war ein folgenschwerer Fehler.

Ich wusste, dass diese Symbolik am 4. Dezember 1959 ein Geschenk der Sowjetunion an die UNO war und vor dem UNO Gebäude als Bronzeskulptur von Jewgeni Wutschetitsch stand, da ich mich bei der Vorbereitung auf Reden zur Jugendweihe mit den historischen Zusammenhängen beschäftigte [37]. Es sollte die Bereitschaft der Sowjetunion zur friedlichen Koexistenz darstellen. In den Geschichtsbüchern der sechsten Klassen und dem Jugendweihebuch 1975 waren die Abbildungen vorhanden. Ein Schmied schlägt ein Schwert zu einer Pflugschar um.

Die evangelische Jugend bereitete ihre Friedensdekade vor. Sie wollten zur Entmilitarisierung beider deutscher Staaten ihren persönlichen Beitrag leisten. Dazu fertigten sie 100.000 Aufnäher mit diesem Bild an. Auch in Potsdam war die evangelische Jugend aktiv und wirkte in den Schulen. Nun stand die Parteiführung vor dem sich immer mehr zuspitzenden Konflikt – einerseits in den Schulen die Direktive Nr. 3 (vgl. oben) zur Wehrerziehung umsetzen und andererseits den Kampf gegen eine Symbolik zu führen, mit der die Politik der friedlichen Koexistenz durch die Sowjetunion in der Welt symbolisiert war.

Die sonst so logische Argumentation des Kampfes für den Frieden durch die sozialistischen Staaten verlor an Wirkung, weil auch immer mehr unbeantwortete Fragen blieben. Ich floh in die Argumente der Klassenkampfparolen. Ich philosophierte über gerechte und ungerechte Kriege. Plötzlich wurde die Auseinandersetzung mit dem Pazifismus hoffähig. Es war ein krampfartiges Argumentieren.

Eines Tages meldete sich zu einem Gespräch in der SED Kreisleitung Pastor Manz an. Er war geschäftsführender Direktor des Evangelischen Stifts Hermannswerder in Potsdam. Er wollte, wie er mir versicherte, die Spannungen entschärfen. Er bot mir Gespräche an. Er habe erfahren, dass ich ein kompromissfähiger Partner sei. In unserem Gespräch stimmte er mich sehr nachdenklich. Über unser Gespräch habe ich das Sekretariat nicht informiert. Er beeindruckte mich durch seine tolerante Art. Waren seine Überlegungen nicht in mancher Hinsicht den humanistischen Vorstellungen meiner kommunistischen Vorbilder ähnlich? Ob das Gespräch tatsächlich »unter uns« geblieben ist, kann ich nicht sagen. Wir sprachen auch über die persönlichen Befindlichkeiten, die wir als Nachkriegsgeneration hatten. Wir stellten Gemeinsamkeiten in unseren Anschauungen fest. Wir versprachen uns, dass wir weiter im Gespräch bleiben wollten. Im Nachhinein stelle ich immer wieder fest, dass er in diesem Moment meine Sympathie und meinen Respekt hatte.

Das verstärkte sich noch, als er mir zum Ableben meines Vaters einen mich tief bewegenden Brief schrieb:

»Sehr geehrter Doktor, es ist mir ein Bedürfnis Ihnen meine herzliche Anteilnahme zum Ableben Ihres Herrn Vater zu schreiben. Wir alle haben nur einen Vater, den herzugeben, fällt uns nicht leicht. Sie sollen wissen, dass ich an Sie gedacht habe und Sie werden verstehen, dass ich als Pastor nicht anders konnte, als auch für Sie, Ihren Vater und Ihre Familie zu beten.

Nehmen Sie diese Zeilen bitte entgegen. In herzlicher Anteilnahme und mit freundlichen Grüßen, Pastor Manz.«

Diesen Brief habe ich aufgehoben und bewahre ihn mit Respekt in meiner tiefsten Seele. Leider haben wir uns nicht mehr getroffen.

Diese achtziger Jahre gruben sich in vielerlei Hinsicht in mein Gedächtnis. Mein Vater verstarb, der mir sehr viel bedeutete. Ich war emotional gerührt von seinem Lebensmut, seinem unbändigen Optimismus und seiner tiefen Liebe zu mir. Oft legte ich mir die Frage vor: »Habe ich meinen Vater in seinem Tun verstanden? Habe ich ihm Kraft gegeben, so, wie er mir ständig geholfen hatte und mir Kraft gab?«

Diese Fragen beschäftigten mich immer wieder. Sie ließen mich nie los. Für mich war mein Vater ein Vorbild. Ich habe mich immer wieder an ihn erinnert, mit welchem Lebensmut er die Konflikte seines Lebens meisterte, mit welcher Toleranz, mit welchem Harmoniebedürfnis und in welcher Freundlichkeit er durchs Leben ging. Die Sicherung der Existenz seiner Familie stand bei ihm vor politischen Regeln, Strukturen, Ordnungen. Letzteres habe ich erst in späteren Jahren auch für mich als Lebensmuster erkannt.

In der politischen Arbeit spürte ich Grenzen meines Handelns. Die betonköpfigen Kräfte in der Partei nahmen zu. Diejenigen, die Kompromisse suchten, wurden argwöhnisch betrachtet.

Diese Argwöhnischen, die mich offensichtlich beneideten, weil ich durch meine offene Art Kontakte zu Künstlern, Wissenschaftlern, Ärzten und Lehrern der

Stadt herstellen konnte, versuchten, mich zu belehren. Es waren auch diejenigen, die kleinste Abweichungen von der Parteilinie sofort in Grundsatzdiskussionen mit mir münden ließen.

Als ich geringe Zweifel an der Antwort der SED auf die Nato-Strategie hatte, die friedliche Koexistenz der Blöcke war für mich ohne jeden Zweifel meine Vorstellung von Friedenspolitik, wurde ich zum 2. Sekretär bestellt. Er belehrte mich über die Aggressivität der Nato-Mächte. Diese Art der ideologischen Belehrung kränkte mein Selbstwertgefühl, zumal es vor einem, von ihm hinzugezogenen Mitarbeiter erfolgte. Es war oft ein Tanz auf dem Seil politischer Anerkennung oder Verurteilung innerhalb der Parteihierachie.

Mitunter war die Familie involviert.

Unser Sohn Jörg, der in einer Kleinmachnower Schule sein Abitur machte, hatte offensichtlich aus Langeweile mit seinem Kumpel die Wirkung von Kupfervitriol prüfen wollen. Dazu mischten sie diese chemische Substanz in den Tee, der im Gemeinschaftsraum in einem fassähnlichen Behälter war.

Damit der Streich nicht auffiel, tranken sie den Trunk mit.

Es passierte nun etwas, was nach naturwissenschaftlichen Regeln kommen musste, diejenigen, die sich dem Trank hingaben, erbrachen sich, hatten Schwindelgefühle. Es wurde ihnen schlecht. Die Schnelle Medizinische Hilfe wurde alarmiert. Die halbe Klasse wurde ins Bezirkskrankenhaus transportiert und medizinisch behandelt. »Vergiftungen an der Erweiterten Oberschule« – »Täter unbekannt«. »Ermittlungen der verschiedenen Dienste laufen auf Hochtouren.« »Sicher war der Klassengegner am Werk«. Das waren nur einige Meldungen an die Kreisleitung der SED.

Unverzüglich fuhr ich in das Bezirkskrankenhaus, wo ich meinen Jungen mit den anderen Mitschülern sitzen sah. Ein jammervoller Anblick von bleichen Gesichtern, die sich den medizinischen Maßnahmen ergaben und schwiegen.

Der zuständige Facharzt, der in seinen jungen Jahren den »Kleinen Muck« in dem gleichnamigen weltbekannten DEFA Film spielte, versicherte mir, dass keine Lebensgefahr bestünde. Er war auch derjenige, der die »Vergiftung« als Dummejungenstreich erklärte und das auch öffentlich vertrat. Er hätte den Umstand dramatisieren können. Das tat er nicht. Er vertrat vor allem vor den im Kreise der Jugendlichen bereits anwesenden Mitarbeitern des Ministeriums für Staatssicherheit diese Position.

Die hatten nun ihrerseits die Gespräche der Jugendlichen abgehört. Sie wussten, wer die »Täter« waren. Unser Sohn und sein Kumpel erhielten Verweise.

Ich spürte hier emotionale Bindung zu denen, die dieses Ereignis mit Vernunft bewerteten. Zugleich erlebte ich, wie plötzlich andere Bewertende versuchten, sich von mir zu distanzieren. Ich war mindestens einer stärkeren Beobachtung durch eine Reihe von Genossen im Apparat ausgesetzt.

Leider habe ich damals nicht daran gedacht, ob mir mein Sohn mit dieser Aktion nicht sagen wollte: »He, Papa, ich möchte mehr deine Nähe spüren, deine Zuwendung!« Setzte er mir nicht ein Zeichen? Wollte er nicht sagen: »Du bist mehr mit der Partei verheiratet, kümmerst dich um alles mögliche, kümmere dich mehr um meinen Bruder, um mich, um unsere Familie!«

Ich hätte mehr auf seine Gefühle achten sollen.

Ich stürzte mich auf die gerade wirkenden gesellschaftlichen Vorgänge, die im Bildungsbereich Ende der siebziger Jahre eine Offensive erfuhren.

Den Schülern sollten sowohl allgemein menschliche als auch klassenmäßige Tugenden anerzogen werden, das eine mit dem anderen verflochten. Eine klassenmäßige Erziehung hatte das Ziel, allseitig gebildete Persönlichkeiten zu entwickeln. Aus diesem Verständnis sollte die Klassenfrage gelöst werden, musste die Ausbeuterklasse entmachtet werden und die Arbeiterklasse die politische Macht übernehmen. Dazu bedurfte es kluger, mutiger Menschen. Insofern speiste sich die Erziehungspolitik der SED einerseits aus der kommunistischen Theorie und Bewegung, andererseits aus dem humanistischen Anliegen der europäischen Aufklärung. Der Pädagogische Kongress im Oktober 1978 (pädagogische Kongresse fanden in der DDR zu bildungspolitischen Profilierungen statt, insgesamt neun, der letzte war im Oktober1989) sollte in deutlicher Weise die Seite der kommunistischen Erziehung verstärken. Innerhalb dieser politischen Fundierung bildeten sich jedoch stärker Forderungen der Schule nach einem optimalen Bildungskonzept heraus.

Die optimale Erziehung der Schüler wurde in das Blickfeld gerückt, welches auf die Förderung der Schwachen ebenso gerichtet war, wie auf die Begabtenförderung. Die allseitige Bildung der Persönlichkeit mit dem Fundament einer kommunistischen Prägung bildete den zentralen Mittelpunkt der Schulpolitik. Die Stellung des Lehrers in der Gesellschaft wurde nicht nur politisch gefördert. Die Bildung erfuhr insgesamt einen höheren Stellenwert. Die Umsetzung zentraler fachlicher Weiterbildungskonzepte sollte zu einer Qualitätsverbesserung des Unterrichts führen. Dieser stand im Mittelpunkt der Aufmerksamkeit. Fachberater evaluierten systematisch den Unterricht. Die LehrerInnen in den Potsdamer Schulen engagierten sich in dieser Richtung. Ihre erfolgreiche Arbeit fand Anerkennung. Das trug wesentlich zu einer Verbesserung der Atmosphäre in den Schulen bei. Dass diese Bildungsstrukturen und fachlichen Inhalte international viel Beachtung erfuhren, war dem vielfältigen Engagement der Lehrer zu danken.

Diese erfolgreiche Arbeit war immer im Kontext zum politisch-ideologischen Führungsanspruch der Partei zu sehen.

Es begann eine Zeit der verstärkten ideologischen Angstargumentationen, die von der Partei bewusst befördert wurde. Der immer stärker aufkommende Neoliberalismus hatte erste Erfolge in der Strategie des Todrüstens der sozialistischen Staaten erreicht. Das Wettrüsten bzw. die ökonomischen Stärken dieser Strategie förderten immer mehr markige Reaktionen anstelle besserer wirtschaftlicher Konzepte oder gar Strategien in der DDR. Der Parteiapparat verfiel immer mehr in einen Klassenkampfstil aus den fünfziger Jahren. Damals habe ich das hingenommen oder gar mitgetragen.

Vorgegebene Losungen, die schnell wiederholbar waren, sollten sich einprägen. Losungen und Symbole sollten die politische Überzeugungsarbeit erleichtern. So glaubten einige Parteikader, dass diese Art des Argumentierens die Massen für ihre Politik begeistern würde.

Begleitet wurden diese Losungen durch ein System von parteiinternen Informationen. Dadurch erhielten die Parteikader eine bessere Kenntnis der Lage als diejenigen, die an die Zeitungsinformationen gebunden waren.

Damit versuchten sich einige Funktionäre interessant zu machen.

Die Realität war aber oft, dass die Mehrheit der Bevölkerung sich aus den Medien der Welt informierte. So standen ihnen mindestens vier Informationsebenen zur Verfügung. Es waren die Informationen, die aus den zentralistischen Informationsmedien der Partei, der Massenorganisationen, der Gewerkschaft und der Blockparteien vorhanden waren. Weiterhin waren es die Informationen, die aus den westlichen Medien kamen. Sie waren für viele Menschen zur entscheidenden Quelle geworden. An dritter Stelle kann man die Informationen nennen, die aus den zahllosen Versammlungen verschiedener Organisationen kamen. Schließlich bildeten Bibliotheken, die umfangreiche Literatur, verschiedene Kunstformen sowie die eigenen realen Erfahrungen des täglichen Lebens die vierte Ebene.

Die Hoffnung, die aus der Friedensbewegung entsprang, dass die sozialistischen Staaten vorbildlich, weil systemimmanent, den Kurs der Friedenspolitik fortsetzen, kehrte sich bald in eine weitere Zuspitzung der Notwendigkeit der Wehrbereitschaft um.

Es wurden militärische oder paramilitärische Übungen in allen Bereichen durchgeführt. Die Annahme, dass ein Konflikt mit militärischen Mitteln auszutragen wäre, nahm zu. Partielle militärische Erfolge des Gegners wurden durch militärische Übungen simuliert. Man wollte schließlich gewappnet sein. In regelmäßigen Abständen fanden diese Übungen auch im Parteiapparat statt. Die Mitarbeiter der SED Kreisleitung wurden nachts durch Alarmierung geweckt. Sie hatten, so schnell wie möglich in den vorgesehenen Bereitstellungsräumen zu sein. Dort wurden Lagemeldungen in speziell vorbereiteten Briefumschlägen verteilt.

Wir, die Abteilung mit dem langen Namen sowie einige Mitarbeiter der Mitgliederbewegung erhielten die Aufgabe, mit Hilfe einer Sprengladung, die Dokumente aller SED Mitglieder, sollte der Abwehrkampf nicht erfolgreich verlaufen, in die Luft zu sprengen. Die höheren Funktionäre führten nunmehr aus den »sicheren« Bunkern die »strategischen Gefechte gegen die angenommenen Nato–Verbände«. Der Gedanke, dass wir mit der Sprengung unser eigenes Leben aufs Spiel gesetzt hätten, kam mir erst viele Jahre später. Dazu kam es dank der Ereignisse 1989 nicht.

Solche oder ähnliche militärische Übungen wurden in allen Bereichen des gesellschaftlichen Lebens durchgeführt. Es war aber auch die Zeit, in der sich politische

Führer aller Ebenen überschwänglich feiern ließen. Auf Friedensfesten, Maidemonstrationen, zu Feiertagen der Berufgruppen – immer wieder waren die Jubelchöre der aufmarschierten Massen zu hören.

Aus dieser oftmals befohlenen Jubelei zustimmende oder ablehnende Haltungen der Bevölkerung zu entnehmen, wurde für mich sehr fragwürdig. Wenn ich daran denke, dass zu Geburtstagen der politischen Führer Geschenke für damalige Verhältnisse in übertriebenen Dimensionen dargebracht wurden, bin ich heute noch im Zwiespalt. Zum runden Geburtstag des 1. Bezirkssekretärs standen die Künstler, Wissenschaftler, Schüler, Lehrer, Vertreter der Arbeiterklasse, Organisationsvertreter alle Berufsgruppen in unübersehbarer Schlange auf den Treppen des »Kreml« und warteten geduldig, bis sie dran waren, gaben ihr Geschenk oder den Gruß einfach ab. Der gesamte Tag diente der Gratulationszeremonie. Es war ein Gang, der nicht befohlen war. Selbst wenn ich Abhängigkeiten unterstellte, waren es scheinbare Zustimmungsveranstaltungen zur Politik des jeweilig Geehrten. Andienend und darbietend waren diese Veranstaltungen.

Auch hier wäre ein Hinterfragen angesagt gewesen. Wie sich die führende Rolle der Partei innerhalb einer Stadt gelegentlich darstellte, soll ein Beispiel verdeutlichen.

Die SED Bezirksleitung, deren Sitz in Potsdam auf dem Brauhausberg war, hatte entscheidenden Einfluss auf die Durchsetzung der führenden Rolle der SED in dem gesellschaftlichen Leben der Stadt Potsdam, zudem wohnten die meisten Funktionäre auch in der Stadt. Ihre Problemsicht richtete sich naturgemäß auf die Stadt, in der sie lebten. Eine untergeordnete Kreisleitung spielte in der Wahrnehmung zahlreicher Potsdamer ohnehin nicht die Rolle. Gelegentlich versuchte der 1. Bezirkssekretär der SED auf Zusammenkünften die gemeinsame politische Verantwortung für die Stadtentwicklung öffentlich darzustellen. Zur Dokumentation wurden die Funktionäre der Stadt und des Bezirkes mit Bussen an sogenannte Brennpunkte der Stadt gefahren. Das war dann oftmals eine Veranstaltung der Kritik und Selbstkritik vor Ort. Hierbei wurde auf vorhandene Mängel und Unzulänglichkeiten u.a. im Wohnungsbau, bei der Rekonstruktion historischer Bauten, bei der Stadtreinigung oder bei der Sicherheit der Bürger hingewiesen. Ursachen für das Unvermögen bei der Gestaltung einer sozialistischen Bezirkshauptstadt wurden durch zahlreiche Vergaben von Aufträgen an die unteren politischen Ebenen verdeutlicht, die nun endlich abgearbeitet werden sollten. Eine Disziplinierung der Genossen der unteren Parteiebenen war nicht von der Hand zu weisen. Leider reichte die Kraft der Partei nicht aus, um fehlende Arbeitskräfte, Mängel der wirtschaftlichen Entwicklung, notwendige Sanierungsmaßnahmen so zu erfüllen, wie es Beschlüsse der verschieden Ebenen der Partei vorgaben. Immer sollten Reserven erschlossen werden, Improvisationen blieben übrig.

Oft ging es bei den Fahrten um die Verteilung von Parteiaufträgen, die im Parteibeschlussstil verfasst wurden. Es sollte der Öffentlichkeit suggeriert werden, dass sich die Mächtigen um die Stadtentwicklung sorgten. Dazu informierte die Parteipresse die Öffentlichkeit in Artikeln, die vorher mit den Parteiführern abgesprochen waren.

Auf einer dieser Fahrten erhielt ich den Auftrag, eine Eingabe eines Bürgers umgehend zu beantworten, der sich an die sowjetische Parteiführung gewandt hatte. Es ging darum, die Lenneschen Blickachsen [38], die für eine Stadt, wie Potsdam es ist, von kulturhistorischer Bedeutung sind, wieder herzustellen. Ich ahnte nicht, welche Konsequenzen sich ergaben.

Nach dieser Buskritik machte ich mich sachkundig. In den Jahren zuvor hatte die Stadt bei den Bebauungsplänen diesen Gesichtspunkt nicht berücksichtigt. Nun waren mit dem Bau von hohen Wohnhäusern und dem Interhotel Tatsachen geschaffen. Ein Abriss war nicht vermittelbar.

Außer der belustigenden Bemerkung, dass auch in Potsdam die Blickachse der Partei umzusetzen sei und ein Lenné nicht Mitglied der Partei sei, was bei den Businsassen ein lautes Lachen auslöste, wussten nur wenige Anwesende die kulturhistorische Dimension zu bewerten.

Dazu kam, dass der Baumwuchs der Parkanlagen des Babelsberger Parks, des Brauhausberges, des Pfingstberges und des Ruinenberges die Blickbeziehungen verdeckte.

Man hätte also Bäume fällen müssen, was wiederum die Naturfreunde auf die »Bäume« gebracht hätte.

Ich habe mit dem Bürger gesprochen. Ich lernte einen sehr sachkundigen Menschen kennen, der aus tiefster Überzeugung diese Sichtachsen sichern wollte.

Dieses berechtigte Anliegen reihte sich ein in vieles Wünschenswerte und zu Erhaltende für eine Stadt mit vielfältigen kulturellen Wurzeln, welches in dieser Zeit nicht realisiert werden konnte. Dazu mangelte es an Baukapazitäten, mitunter auch an Einsichten – schließlich stand der Wohnungsbau im Mittelpunkt.

Zahlreiche marode Gebäude mit historischem Wert konnten nicht rekonstruiert werden. Potsdam stand in vielfältiger Hinsicht im Zentrum der Aufmerksamkeit übergeordneter Leitungen. Auf einer dieser Fahrten erhielt ich den Auftrag, ein Vorkommnis zu bearbeiten. Dieses beinhaltete den Konflikt zwischen den im weitesten Sinn vorhandenen militärischen Bedürfnissen mit den pädagogischen Ansprüchen Für letztere war ich im Territorium zuständig.

Das Kommando der Landstreitkräfte der Nationalen Volksarmee der DDR war in der Nähe von Potsdam stationiert.

Die Offiziere lebten mit ihren Familien in Potsdam. Hohe Offiziere hatten eher einen schnelleren Zugang zu privaten Autos als die übrige Bevölkerung. Für diese Autos wünschten sich die Eigentümer entsprechende Garagen.

Die Offiziere der NVA ließen am Bahndamm in Potsdam West Garagen errichten, offensichtlich mit der Baugenehmigung der Stadt. Für solche Vorhaben wurde der VEB Spezialbau beauftragt. Das war ein Betrieb, der sich vor allem mit dem Bau militärischer Anlagen beschäftigte. Bei der Verteilung von Baumaterialien aus den entsprechenden Ministerien lag er in der Prioritätenliste weit vorn. Auf diese Materialien, die streng kontingentiert waren, hatten nur wenige Zugriff. In diesem Fall gelang den Betreibern offensichtlich eine Ausnahme oder wie man im Volksmund sagte »eine Hand wäscht die andere«. Die Garagen wurden gebaut. Nun befand sich in der Nähe ihres Bauplatzes eine Schule mit einem Sportplatz. Die Laufbahn der Sportanlage wurde durch das Bauvorhaben eingeschränkt. Es entbrannte ein Konflikt zwischen Volksbildungsbedarf und NVA-Bedarf. Also schalteten sich Frau Honecker seitens des Ministeriums für Volksbildung und der Armeegeneral Hoffmann seitens des Ministeriums für Nationale Verteidigung ein. Jede Seite begründete ihre notwendigen Bedürfnisse mit skurrilen Schriften. Tatsachen hatten die Militärs bereits durch die Baulichkeiten geschaffen. Sie glaubten sich auf der sicheren Seite.

Den Konflikt gewann allerdings auf politischer Ebene Frau Honecker, die Volksbildungsministerin. Die Garagen sollten wieder entfernt werden. Jetzt wurden Schuldige gesucht, die nicht auf der oberen Ebene gefunden wurden, sondern hier musste die unterste Ebene den Rücken hinhalten. Baugenehmigungsverfahren wurden politisiert. Die Frage wurde von beiden Konfliktparteien gestellt: »Wer trägt denn hier die politische Verantwortung?« Während die Sündenböcke gesucht wurden, wurde insgeheim der Bau durch die Militärs fortgesetzt. »Die Verantwortlichen müssen zur Verantwortung gezogen werden!« Das war der Ruf der oberen Parteiebene.

Es begann eine mühsame Untersuchung. Die Genehmigungsverfahren waren immer auf der Grundlage von Weisungen oberer Dienststellen ergangen. Die zogen sich wie Schnecken in ihr Haus zurück.

Am Schluss blieb übrig, dass ein Mitarbeiter der Stadt und des Parteiapparates eine Parteistrafe in Form einer Verwarnung erhielt. Mit mir wurde eine erzieherische Aussprache vor dem Sekretariat geführt. Ich hätte wachsamer sein müssen.

Die Parteierzogenen hatten mit dem Geschehen nichts zu tun. Wir hatten die politische Verantwortung zu übernehmen, was wir auch schuldbewusst taten. Die Konfliktseite in Form des Ministeriums für Volksbildung hatte den politischen Sieg errungen. An den geschaffenen materiellen Tatsachen hatte sich jedoch kaum etwas geändert.

Der Sportplatz für die Schule wurde gebaut, etwas kleiner, mit qualitativ besseren Baumaterialien. Solche oder ähnliche Vorkommnisse erhielten plötzlich einen großen Stellenwert, besonders dann, wenn Interessen von hohen Funktionären berührt waren.

Zu Beginn jedes Schuljahres gab es in den Kreisen Volksbildungsaktivtagungen. Auf diesen Großveranstaltungen aller Direktoren, Schulparteisekretäre, Staatsbürgerkundelehrer, Gewerkschafts- und Jugendfunktionäre der Stadt sprach der 1. Sekretär der SED Kreisleitung zur politischen Lage des Gebietes sowie zu den künftigen politischen Aufgaben der Schulen im Territorium.

Diese Rede wurde durch die Abteilung Volksbildung der SED Kreisleitung, der ich vorstand, vorbereitet. Auf diesen Konferenzen waren immer Vertreter übergeordneter Leitungen. Sie meldeten Ergebnisse sowie Stimmungslagen nach oben.

Offensichtlich hatte der Vorsitzende der Gewerkschaft Unterricht und Erziehung der DDR aus Berlin, Paul Ruhig, die Potsdamer Konferenz in positiver Erinnerung. Er hatte sich meinen Namen gemerkt. Er war, wie er mir später sagte, auf der Suche nach einem Nachfolger. Er erinnerte sich an ein Gespräch mit mir bei der Auswertung der Konferenz. Ich soll mich wohl kritisch zur schwindenden Rolle der Gewerkschaft in den Schulen ausgesprochen haben.

Später habe ich dann immer in solcherart Fällen gedacht, äußere dich nicht kritisch, du könntest den »Laden« übernehmen müssen.

Bereits am nächsten Tag wurde ich zu einem Kadergespräch in das Zentralkomitee der SED bestellt, dieses Mal in die Abteilung Gewerkschaften. Dort erhielt ich folgenden Parteiauftrag: »Du bereitest dich auf die Funktion des Vorsitzenden der Gewerkschaft Unterricht und Erziehung der DDR vor«.

Dazu müssten meine Familie und ich nach Berlin ziehen. Meine Frau müsste eine Tätigkeit im Ministerium für Volksbildung übernehmen. Sie sei für die Leitung der Abteilung Grundschule vorgesehen. Mit Frau Minister Honecker sei das bereits besprochen.

Nun hatte ich ja spätestens nach der Garagenaffäre mit dem Namen »Honecker« meine Erfahrungen gemacht.

Ich fügte mich dieser Entscheidung. Wieder war mein Ehrgeiz angeregt, die Karriereleiter weiter zu erklimmen. Anerkennung erstrebend stieg mein Selbstbewusstsein. Dennoch suchte ich nach einer inneren, für mich überzeugenden Haltung, dass es außerhalb der Partei in der DDR noch weitere gesellschaftlich wichtige Funktionen gäbe. Mein Ego war immer noch parteilich ausgerichtet.

Die direkte Parteikaderleiter im Apparat war damit für mich beendet. Diese Sprossenleiter betrat ich nicht mehr. Das habe ich nicht entschieden, sondern die Kaderfunktionäre der Partei legten das fest. Über die Gründe der Beendigung meiner Karriere im Parteiapparat habe ich später oft nachgedacht.

Natürlich hatte ich auch die Worte der Frau Flinz aus dem gleichnamigen Theaterstück von Helmut Baierl im Ohr, die zu einem ihrer Söhne sagte:» Du bist der langsamste, du gehst zur Gewerkschaft«[39]. Warum die Kadermächtigen ausgerechnet diesen Weg für mich vorsahen, weckte später bei mir zahlreiche Spekulationen. Bei eigener Spiegelbetrachtung fand ich mich damit relativ schnell ab. Vielleicht war das auch ein Wink des Schicksals. Mein »Aufstieg« in der SED war beendet. Ich wurde parteilich entschleunigt.

Warum es eine Funktion in einer Einzelgewerkschaft sein sollte, die im System der Gewerkschaftsstrukturen als eine kleine Unterordnung des mächtigen Freien Deutschen Gewerkschaftsbundes galt, erschloss sich mir damals nicht. Ich wusste aus dem politischen Leben an der Basis, dass es zwischen dem FDGB und seinen

Einzelgewerkschaften einen großen Unterschied in der politischen Stellung gab. Die Einzelgewerkschaften waren im Verständnis der Gewerkschaftsstruktur der DDR ein historisch gegebenes Element, welches im Sinne einer Übergangsbetrachtung mit einer strengen Einbindung innerhalb des Freien Deutschen Gewerkschaftsbundes ausgestattet war.

Im Gewerkschaftsausweis war man Mitglied des FDGB. Auf Seite acht dieses Ausweises [40] war dann die Rubrik zu lesen: »Mitglied einer Industriegewerkschaft/ Gewerkschaft«. Dort war der Eintrag vermerkt, in welcher Industriegewerkschaft man Mitglied war. Das brachte die Stellung der Einzelgewerkschaften im System des Freien Deutschen Gewerkschaftsbundes sichtbar zum Ausdruck.

In meinem bisherigen politischen Leben hatten die Gewerkschaften kaum einen Stellenwert. Die Partei führte. Das hatte ich praktisch erlebt. So stand es in der Verfassung der DDR im Artikel 1: »Die DDR ist ein sozialistischer Staat der Arbeiter und Bauern. Sie ist die politische Organisation der Werktätigen in Stadt und Land unter der Führung der Arbeiterklasse und ihrer marxistisch-leninistischen Partei.«[41]

Meine Verantwortung sah ich wieder einmal in der Erfüllung eines Parteiauftrages. Ich liebäugelte etwas mit dem für mich verlockende Gedanken, nach Berlin, in die Hauptstadt der DDR zu ziehen.

Darin sah ich offensichtlich auch ein Sprungbrett für weitere Aufgaben, die die Partei an mich stellen würde. Mein Ehrgeiz beförderte mich immer noch.

Die Avantgarde – ein Monolog

Ich habe in etwas mehr als drei Jahren Tätigkeit im Parteiapparat in Potsdam die vielfältigen Methoden einer Diktatur des Proletariats erlebt, die sich immer mehr zu einer Diktatur der Partei entfaltete. Der in der Verfassung der DDR stehende Führungsanspruch der Partei wurde mit allen Mitteln umgesetzt.

Die Antifaschisten, die ich kennen gelernt hatte, waren alle Mitglieder dieser Partei und für mich die Vorbilder meines Lebens. Mit denen hatte ich oft Umgang in den drei Jahren der Arbeit als »Parteisoldat«.

Sie hatte ich aber niemals hinterfragt, hatte ihnen blind vertraut. Sie stellten den Aufbau des Sozialismus als ihr Lebensziel dar. Dafür hatten sie die Qualen des Faschismus auf sich genommen. Warum sollte man ihnen nicht glauben? Einige von ihnen hatten die schrecklichen Untaten des Stalinismus darüber hinaus erlebt. Dazu haben sie geschwiegen. Sie wollten offensichtlich das Bild des Sozialismus nicht beschmutzen. Sie haben mit ihrem Schweigen eine Last auf sich genommen, die sicher erst kommende Generationen verarbeiten werden.

Dazu kam die latente Ängstlichkeit, Fehler zu machen, möglicherweise in Ungnade zu fallen, die Existenz meiner Familie zu gefährden oder mindestens einen anderen beschwerlicheren Weg gehen zu müssen. Dieses Risiko habe ich nicht auf mich genommen. Ich hatte es auch nicht in meinem Bewusstsein. Die Anerkennung der eigenen Tätigkeit war für mich wichtig. Diese hing von ihnen, den Mächtigen, ab.

Sie selbst umgaben sich mit den Ja-Sagern. Damit schufen sie sich selbst den Grundstein ihres Scheiterns. Schließlich mangelte es an Reflektion der eigenen Unfähigkeit. Direkte Kritik an ihrer Tätigkeit ging auch von mir nicht aus. Das habe ich in dieser Zeit nicht erkannt, vielleicht auch nicht erkennen wollen. Das hatte mich gutgläubig werden lassen oder doch oberflächlich. Ich habe mich angedient und das mit Überzeugung. Was mich heute besonders ärgert ist, dass ich gerade denen vertraut habe, die meine Vision von einer gerechteren Gesellschaft zerbrechen ließen.

Im täglichen Leben der achtziger Jahre fing diese eherne Überzeugung zu bröckeln an. Meine Kompromissbereitschaft nahm zu.

Ohne sie kam ich gar nicht mehr zu Recht.

Allerdings passte das nicht in das damals durch die Parteiführung vorgefertigte Bild des Kommunismus. Die Zweifel begannen langsam zu wachsen. Sie hatten jedoch noch keinen Einfluss auf eine kritische Betrachtung der eigenen politischen Vorstellung.

Das Zukunftsbild wurde trotz solcher Losungen wie, »Überholen ohne einzuholen«, immer weniger erreichbar. Oder waren selbst diese Losungen schon in ihrem Irrwitz das erste Signal des Scheiterns? [42]

Es war nichts anderes, als mit Worten den erstarkten marktwirtschaftlichen Kapitalismus kleinreden zu wollen. Mit markigen Sätzen, die keine Stärke ausdrückten, sondern die Hilflosigkeiten der Agierenden kaschierten.

Je öfter das Wort der Alternativlosigkeit in die Politik floss, umso stärker wurden meine Befindlichkeiten zu diesen Vorgängen. Für mich bedeutete die Anwendung dieses Wortes immer, dass die eigene dogmatische Politik damit verschleiert werden sollte.

Ich erinnerte mich daran, wie ich selbst Argumente zusammentrug, um die Phase des Übergangs vom Sozialismus in den Kommunismus als gesetzmäßigen alternativlosen Vorgang zu beschreiben. Dabei habe ich nicht wahrgenommen, dass die Realität diese Visionen in eine unerreichbare Zukunft verlegte. Mit der Alternativlosigkeit dieser Vision wurde deren Vermittelbarkeit immer schwieriger.

Es begann ein Gemisch aus Verdrängungskunst und Hoffen auf eine bessere Gesellschaft.

Dann war ja da noch das tägliche Leben, wo es weniger um diese ehernen Gedanken ging, sondern darum, wie ernähre ich meine Familie? Was kann ich mir leisten? Welche Bildungsmöglichkeiten habe ich? Wie habe ich Spaß und Freude am Leben? Ich war mit Ende dreißig in einem Alter, wo nicht nur die Politik mein Leben dominierte.

Gerade daran zu denken ist mir auch ein Bedürfnis, weil das Leben im Kreis der Familie, unter Freunden für mich immer ein Gewinn war. Fröhlichkeit und Humor waren Motoren des Lebens. Angeregt und ermuntert gerade in der Diskussion mit Künstlern und Wissenschaftlern – also der Elite – zimmerten wir uns ein anständiges Leben.

Nie wieder in meinem späteren Leben konnte ich mich mit kulturellen oder künstlerischen Leistungen in derartiger Intensität beschäftigen. Theaterbesuche gehörten zum monatlichen Plan ebenso wie unzählige Besuche von Filmveranstaltungen. Über Bücher haben wir uns ausgetauscht sowie über deren Inhalte gestritten. Wir hatten Spaß an einer kulturvollen Auseinandersetzung.

Die Sicht auf eine Gesellschaft, in der ich in den bisherigen dreißig Jahren meines Lebens gelebt habe, sehe ich komplexer. Ich versuche heute nach den Ursachen zu suchen, warum diese Gesellschaft, die sich so anspruchsvolle Ziele gestellt hat, zu einer Berichts- und Angstgesellschaft mutierte und schließlich zerfiel.

Angst ist eine nicht zu unterschätzende psychologische Beeinflussung der Menschen. Sie gehörte in dieser Zeit zu den Methoden der Umsetzung der Führungsrolle der Partei. Der Kalte Krieg befand sich in einer weiteren Zuspitzung der Spannungen und erzeugte Angst vor einem neuen Krieg. Damit wurde immer wieder politisch argumentiert. Vielfältige Ängste wirkten latent, z. B. die Angst, die wirtschaftlichen Ziele der Volkswirtschaftspläne nicht zu erreichen, die Angst vor Andersdenkenden, die Angst des Aufdeckens von Schwächen der eigenen Macht, die Angst vor den Brüchen mit dem großen Bruder Sowjetunion. Das Schüren der Angst wurde zum politischen Faktor.

Als Biologielehrer fallen mir natürlich Vergleiche zu den Verhaltensweisen der Tiere ein, wenn diese Angst haben. So gibt es im Wesentlichen drei Reaktionen. Die erste ist, dass die Tiere aus Angst fliehen, die zweite ist, dass sie sich verstecken und die dritte ist, dass sie sich tot stellen. Mir ist schon klar, dass man Verhaltensweisen der Tiere nicht auf menschliche Verhaltensweisen übertragen sollte. Oder etwa doch?

Begleitet wurde diese psychologische Strukturierung durch ein Berichtswesen, welches alle Bereiche des gesellschaftlichen Lebens durchzog und zur Selbstverständlichkeit wurde. Darüber habe ich ausführlich im ersten Teil geschrieben. Da sind die Berichte an die Stasi nur ein Bestandteil dieser Macht des Berichtes über die Realität.

Ein auf ideologische Ziele orientiertes Bildungssystem vervollständigte die Manipulation der Menschen. Die offensichtlich sehr einseitig orientierte kollektive Prägung widersprach der Individualität der Persönlichkeitsentwicklung. Dennoch erwiesen sich Bildungsinhalte als tragfähig und deren Strukturen als vernünftig, Bildungsprivilegien waren fast überwunden.

In der Partei, der Gewerkschaft, dem Jugendverband, selbst in allen anderen Parteien sowie in staatlichen Leitungen, in den Betrieben, in der Landwirtschaft, in den Vereinen, überall gab es politische Schulungen. Diese Schulungen wurden oft durch Vorträge von Parteifunktionären der SED über die Durchsetzung ihrer Führungsrolle ausgestaltet. Auch ich habe diese Veranstaltungen mit Vorträgen »bereichert«.

Die Entwicklung der sozialistischen Persönlichkeit mit einem festen Klassenstandpunkt zur Arbeiterklasse und ihrer Partei stand im Mittelpunkt. Die Frage nach dem Klassenstandpunkt rangierte an erster Stelle. Welche politisch-ideologischen Meinungen vertraten die Menschen? Wenn heute Beurteilungen von Menschen dieser Zeit analysiert werden, so stehen diese ideologischen Faktoren an oberster Stelle.

Die Ideologie wurde so dominant in die Gesellschaft eingepflanzt, dass sie offensichtlich die wirtschaftliche Realität, die Lebenswirklichkeit überdecken sollte. Das Bewusstsein sollte das Sein bestimmen. Die Dialektik hatte aber bereits erkannt, dass das Sein das Bewusstsein bestimmte. Das sind philosophische Fragen, zu denen man unterschiedliche Meinungen haben kann.

Wenn man jedoch Andersdenkende wie Feinde behandelt, dabei menschenunwürdige Methoden einsetzt, wie ich heute aus Berichten der Opfer in Stasigefängnissen der DDR erfahre, dann war das verabscheuungswürdig und lässt mich verzweifeln, verzweifeln, weil ich dem System gedient habe, dass das in aller Geheimhaltung ermöglichte. Ich empfinde gegenüber den tatsächlichen Opfern, Respekt und Scham, und das aus folgenden Gründen: Scham, weil ich mich in dieser Zeit nie in die Gefühle von Menschen versetzt habe, die ausgefragt und verhört, zu Klassenfeinden erklärt wurden, wenn sie eine andere politische Auffassung hatten, als die staatstragende es zuließ.

Ich habe in meinem Bewusstsein etwas zur Normalität einer Gesellschaft werden lassen, worüber man sich zu Recht hätte aufregen müssen und dagegen auftreten sollen, wenn man tatsächlich über ein Gesellschaftskonzept »Sozialismus« redete, welches vorgab, humanistische Wurzeln zu haben. Das macht übrigens auch eine Zukunftsvision eines derartigen Sozialismus heute fragwürdig.

Dazu kommen die heute bekannt gewordenen unmenschlichen Methoden einiger Mitarbeiter des Ministeriums für Staatssicherheit, die mir damals nicht bekannt waren und die ich verurteile. Ich weiß, ich weiß, Unwissenheit ist kein Entschuldigungsgrund, darum halte ich mich nicht heraus. Ich stellte das für mich nur bedauernd fest.

Staatssicherheit stellte sich für mich zunächst als Sicherheit für den Staat dar.

Da meine Tätigkeit staatstragend war, gehörte die Tätigkeit dieser Menschen zu den Selbstverständlichkeiten eines Staates.

Sie waren ja auch berichtsverpflichtet gegenüber den Parteileitungen aller Ebenen. Ihre Berichte trugen sie schließlich den Einsatzleitungen der SED Leitungen vor. Ich habe darüber im Zusammenhang meiner »Apparatschikzeit« geschrieben.

Diese Berichte spielten in den Sekretariaten der SED-Leitungen eine Rolle. Die Führungsrolle der Partei war uneingeschränkt. Der Fokus in der Aufarbeitung der Geschichte der DDR sollte stärker auf die Entfaltung der Diktatur der Partei gelegt werden. Eine einseitige Stasi-Phobie halte ich für unredlich.

Das wird für mich auch darin sichtbar, dass über 90 % der Bevölkerung der DDR mit der Stasi nicht unmittelbar zu tun hatte, wie aktuelle Statistiken zeigen. Bei der heutigen staatsrechtlich Bewertung der DDR den Fokus ausschließlich auf die Stasi und ihre Machenschaften zu richten, halte ich für unredlich. Dabei berücksichtige ich, wenn andersdenkende Menschen in diesem Staat schikaniert wurden, weil sie anders dachten, dann wurde Unrecht an ihnen verübt. Die Führungsrolle im DDR-Staat hatte die SED, die Partei der Arbeiterklasse,wie sie sich betrachtete. Ihre Rolle und das Mitwirken zahlreicher gesellschaftlicher Kräfte ergibt heute einen Komplex an Fragen, die meines Erachtens Historiker beantworten müssen.

Die innere Verflechtung der Parteiführung einer Kreisleitung der SED mit der Kreisdienststelle des Ministeriums für Staatssicherheit war permanent vorhanden. Insofern war diese Tätigkeit der »Sicherheitsgenossen« bekannt. Sie war immanent vorhanden und diejenigen, die für diese Sicherheitsgenossen arbeiteten, waren nicht Außenseiter im System, sondern Mitglieder.

Meine Sicht aus meinem Erleben sucht nach Differenziertheit komplizierter gesellschaftlicher Prozesse. Die Sicht von unten betrachtet ein Bauwerk stärker vom Fundament aus. So gesehen sind mir die Vorgänge und Prozesse, die zu Selbstverständlichkeit dieses Staates mutierten, fundamental erlebbar gewesen.

Die verschiedenen systemimmanenten Elemente, die menschenverachtend waren, sollten genauer analysiert werden.

Das Gebäude in der Lindenstrasse in Potsdam, heute zu Recht eine Gedenkstätte zweier deutscher Diktaturen, hat für mich in dieser Potsdamer Zeit keine besondere Aufmerksamkeit erregt, obwohl es hätte sein müssen.

Meine Sensibilität für die Vorgänge, die sich hinter den Mauern abspielten, war nicht vorhanden. Oft stellte ich mir die Frage, wäre mein Leben anders verlaufen, wenn ich davon gewusst hätte? Diese Frage kann ich nicht beantworten. Wenn »hätte« schon da ist, ist »haben« längst weg. Natürlich wusste ich von Menschen, die Ausreiseanträge stellten, die aus unterschiedlichen politischen, familiären oder materiellen Gründen die DDR verlassen wollten.

Dass in einem geteilten Land Menschen in unterschiedlichen Verhältnissen zu diesen Staaten standen, das war für mich nicht außergewöhnlich. Ich habe aus diesen Entscheidungen dieser Menschen keine Feindbilder gezimmert.

Es war für mich eine Niederlage, sie nicht für die Lebensarbeit in einem sozialistischen System überzeugt zu haben.

Das rechtfertigte noch lange nicht, sie zu foltern oder unmenschlich zu beeinflussen – insofern sind die unmenschlichen Handlungsweisen in diesen Verhörstuben zu verurteilen.

Respekt habe ich vor den andersdenkenden Menschen, weil sie sich treu geblieben sind, weil sie Versuchungen widerstanden haben, weil sie schließlich für ihre Meinung eingetreten sind, weil sie Demütigungen ertragen haben.

Alle diese Fragen, die Geheimdienste im Auftrage der entsprechenden Regierungen zu verantworten haben, werden in der moralischen Bewertung eines Staates immer wieder eine zentrale Rolle einnehmen und das zu Recht.

An dieser Stelle kann ich auch nicht umhin, über heutige sich demokratisch legitimiert gebende Sicherheitsdienste kritisch nachzudenken. Ich stelle mir die Frage: »Was ist die Freiheit wert, in deren Name in meinen Geist und den aller Bürger Deutschlands eingegriffen wird, ob rational oder emotional mit feinsinnig ausgeklügelten Abhörsystemen?«

Bei meinem Monolog bleiben zahlreiche Fragen unbeantwortet, die in vielfältigen Dialogen zu vertiefen wären.

Als Kind habe ich oft in ein Papprohr gesehen, welches farbige Mosaiksteinchen zeigte. Wenn man das Rohr etwas drehte, veränderte sich das Mosaikbild, Farben und Formen verschmolzen. Der Rückblick auf diesen Abschnitt meines Lebens erinnert mich daran.

Wertvoller als der wahre Freund ist nichts

Der Name Helmut fiel schon häufig in meinen Lebensepisoden. Nach den gesellschaftlichen Verflechtungen war es geradezu eine Herausforderung, mich mit den persönlich berührenden Gefühlen einer Männerfreundschaft zu befassen.

Bärbel und ich saßen mit unseren Freunden, Ulla und Helmut, an einem lauen Sommerabend des Jahres 2012 auf dem Balkon unseres Mietshauses und schauten den Wolken zu, die über Sanssouci langsam in nördliche Richtung zogen, majestätisch, dunkelblau, fast schon ein bisschen unheimlich, Gewitter nahend.

Wir sprachen gerade über einen vom Wind mit den Wurzeln herausgerissenen Apfelbaum im Garten unserer Freunde. Diese unbändigen Kräfte der Natur faszinierten uns. Welches Phänomen machte es möglich, einen fest verwurzelten Baum, so mir nichts, dir nichts, aus der Erde zu reißen. Wind kam auf. Er zerriss unsere Gedanken in Wortfetzen.

Der Rotwein war durch die laue Luft gut temperiert. »Schau beim Wein nicht auf den Preis, wichtig ist, dass er schmeckt«, stellte Helmut fest. Wir prosteten uns zu. Eine anheimelnde Atmosphäre berührte uns wie ein Hauch, welcher uns miteinander verband.

Immer wieder hatten wir in unseren Gesprächen die Erziehung der Kinder beim Wickel, weil die Mehrheit der am Tisch Sitzenden berufliche Berührungspunkte hatte. Themen, wie die Wuchsfreude der Enkel, ihre individuellen Ausprägungen, waren gerade abgearbeitet. Es gehörte immer zu den Vorzügen unserer Beziehungen, dass immer wieder neue Themen in den Momenten wie aus der Erde schossen, wenn Pausen der Besinnung eintraten. Wir haben die Brüche zweier Gesellschaften in den Knochen, daher können wir aus jeder Reaktion der Anwesenden bereits Gedankengänge ablesen. Sollte einmal keine Reaktion erkennbar gewesen sein, so haben wir die auch zu deuten gelernt.

Unerschöpflich quollen neue Argumente zu alten, ergänzten diese, verwarfen diese. Es kam einfach keine Langeweile auf. Wir hatten Lust aufeinander, wenn Lust in diesem Zusammenhang auf Geistiges anwendbar war.

Unsere Freundschaft war und ist fest verwurzelt. Sie hielt die Stürme der Zeit bisher aus, was der Apfelbaum von sich nicht sagen konnte.

So kamen wir auf das Thema unserer Freundschaft zu sprechen. Eigentlich wollte keiner darüber reden. Bärbel sagte dann gelegentlich: »Darüber spricht man nicht!« Nun kam das Gespräch also doch darauf.

Es war für uns ein unfassbares Geschenk mit Helmut, der ein bisschen älter war als ich, so befreundet zu sein. Die Aufforderung an diesem Abend über unsere lang während Freundschaftsbande zu reden, war für uns schon fast etwas unangenehm. Wir lebten diese gefühlvolle Bande miteinander, die mit Ulla und Bärbel eine Komplettierung fand. Manchmal ging mir schon das Wort von der biblischen Freundschaft über meine Lippen. Für mich ist es der Glücksumstand meines späten Lebens.

Solche Floskeln, wie »auf den kann man sich verlassen«, »auf den ist Verlass«, sind bei uns eben keine Floskeln, es ist einfach so.

Jede Romanze könnte ich mit den Worten beginnen: »Helmut und ich«. Für Außenstehende war das oft unverständlich, manche beneideten uns. In unseren Familien wird das geschätzt, weil es irgendwie auch Beispielkraft hat.

Ja, es hat etwas Romantisches, einem guten Stern folgend. Die Chemie stimmt zwischen uns. Wir konnten und können miteinander über alles reden. Dabei fliegen manchmal auch die Fetzen, sie zerbröseln alsbald zu Schnipselchen und verfliegen.

Er hat die Empathie, das Einfühlungsvermögen in die Gedanken und Gefühle von mir. Das ist eine seltene Gabe. – Er besitzt diese!

Vielleicht war es gerade das, was uns zusammengeschmiedet hat. Wir saßen beim »Rötli«, wie wir gelegentlich den Wein nannten. Ich grübelte darüber nach, wie diese Freundschaft begann. Es hörte sich an, wie in einem Film.

Es war die Zeit, als ich auf dem Kreml in Potsdam anfing. Ich war gerade in die Funktion des Sekretärs einer SED Kreisleitung 1979 eingesetzt. Der Volksbildungsbereich war in der Abteilung unbesetzt. In regelmäßigen Abständen fanden Erfahrungsberichte von Parteisekretären der Schulgrundorganisationen statt. Auf so einer Veranstaltung trug Helmut seinen Bericht vor. Er war an einer in Potsdam sehr angesehenen Schule ein beliebter Lehrer und Parteisekretär dieser Grundorganisation. Ich hatte etwas an seinem Bericht herumgekrittelt, darüber kamen wir in das Gespräch. Er stellte sich als ein kluger Analytiker vor. Ich fand seine Kompetenz in den Fragen der Erziehung fundiert. Vieles stellte er in Frage. Er benutzte nicht die klischeehaften Formulierungen der Funktionäre. Seine freundliche und tolerante Art fand ich bestechend. Ich hatte nur einen Gedanken, wie kann ich diesen Mann bewegen, in der Abteilung einer SED Kreisleitung hauptamtlich zu arbeiten. Wenn er von Schule sprach, strahlten seine Augen. Er war ein glaubwürdiger, guter Lehrer.

Ich umwarb ihn mit den Worten: »Du bist doch ein ausgewiesen guter Lehrer. Die Partei braucht solche wie dich. Wie soll es sonst vorangehen in der Volksbildung in Potsdam? Hilf mit!«

Helmut stimmte zu. Ich war froh, dass ich einen vertrauensvollen Menschen an meiner Seite hatte. Dieser Kreis erweiterte sich durch die Mitglieder der Abteilung Kultur, Volksbildung, Wissenschaft und Gesundheitswesen. Das war durchaus nicht üblich in dem »Apparat«, wie man damals sagte.

Hier lagen auch die Wurzeln unserer Freundschaft. Das klingt darum für heutige Ohren eigenartig, weil es ausgerechnet in der sich entwickelnden Diktatur der Partei, im Apparat ein kleines Nest von Menschen gab, die menschliche Gefühle lebten, die die Sorge um die Lösung von Problemen ernst nahmen, die ihr Leben nicht der Ideologie vor die Füße warfen. Sie bewahrten sich die Vernunft. Helmut gehörte zu denen, die flexibel dachten. Ein geflügelter Spruch lautete: »Sind wir noch bei Zick oder sollten wir nicht doch schon bei Zack sein? Was meinst du?« Ein Zickzackkurs war typisch für eine untergeordnete Kreisleitung, weil plötzliche Wendungen im

Kurs der zentralen Parteiführung nicht immer ankamen oder verkürzt waren. Da musste man schnell Positionen ändern und dabei so tun, als ob man schon immer auf der neuen Position gewesen wäre. Das hatte allerdings bei weiteren Änderungen die Gefahr, dass man nun nicht mehr springen konnte. Wie sollte man da auf Linie bleiben, wenn sich politische Orientierungen änderten? Und das geschah zunehmend häufiger. Dazu kam die Forderung an alle Parteifunktionäre, die Linie der Partei nicht zu verlassen. Es war oft ein Vabanquespiel.

Es blieb nur der kleine Kreis sehr Vertrauter, um der Parteilinie, wenigstens gedanklich, mit einem kleinen Sprung zu entfliehen. Wer diesen Sprung machte, gehörte bereits zu den Abweichlern. Dieses Bild eines Zick-Zack-Kurses im Kopf zu haben, war bereits problematisch aus der Sicht der Betonköpfigen.

Auf der Parteiebene, die ich bisher beschrieb, waren zahlreiche Menschen bescheiden, sparsam oder gar demütig. Viele engagierten sich für die von mir so oft beschriebene Sache eines menschlichen Sozialismus.

Gerade diese Menschen in einen Topf mit den Machthabern zu werfen, halte ich für bedenklich.

Sonst wird der Blick auf die Menschen, die da lebten, getrübt, gar überlagert von dem zur Krake mutierten Überwachungs- und Berichtsmechanismus, waren oft meine Gedanken. Er ist für mich ein Beispiel für die zu differenzierenden Handlungen, politischen Statements von Menschen, die in der Partei eine Hoffnung auf ein besseres Leben in einer besseren Gesellschaft sahen. Über die Frage der systemischen Faktoren, die uns alle betrafen, hatten wir noch oft Gesprächsbedarf. »Unter der Asche meines Herzens ist noch Glut!« heißt es in einem Lied. Manchmal wünsche ich mir, dass das Glühen für eine menschliche, demokratische Gesellschaft, wie ich sie mit meinem Freund trage, wieder entfachbar bleibt. Allerdings sollte nicht der von uns erlebte und erloschene »Aschehaufen« zum Lodern kommen.

Die Parteibeschlüsse waren das eine, das Leben war das andere. Dieser Satz fließt heute schnell aus der Feder, aber was er für uns bedeutete, ist schwer zu vermitteln.

Das war auch unsere unausgesprochene Basis der politischen Gespräche im kleinen Kreis, wozu Helmut zählte.

Wir verinnerlichten diese Denk- und Handlungsweise und hatten damit viele Sympathisanten in den Bereichen, die wir politisch führen sollten, der kulturellen, wissenschaftlichen, medizinischen und schulischen Elite Potsdams.

Als Helmut das las, schrieb er mir: »*Dabei fällt mir ein, wenn der Fahrer des damaligen Zick-Zack-Kurses in eine Verkehrskontrolle der Deutschen Volkspolizei geraten wäre, hätte es eine Anzeige wegen Gefährdung der öffentlichen Sicherheit oder Trunkenheit am Steuer gegeben. Der Schein für die weitere uneingeschränkte Führung der Arbeiterklasse wäre damit zunächst einmal weg. Und Idiotentests sind bekanntlich sehr schwierig zu bestehen.*«

Die Gefahr für diesen »Test« bestand also auch für Parteisoldaten, wie wir es waren. Es war nicht einfach, im täglichen politischen Verkehr unfallfrei und ohne

»Polizeikontrolle« zu bestehen. Oft war es ein Lavieren, um auf der untersten Stufe der Parteidiktatur bestehen zu können.

Unsere Freundschaftswurzeln lagen in diesem konfliktreichen Umfeld. Jeder hat sie auf seine Weise gemeistert. Während ich noch weiter an diesem Abend über unsere Freundschaft nachdachte, kam mir in den Sinn, was denkt der Helmut eigentlich über die Wurzeln unserer Freundschaft?

Viele Jahre später hat mich Helmut zum 70. Geburtstag von Bärbel und von mir mit einer kleinen Rede überrascht. Ich war sehr gerührt und berührt. Laudatoren suchen im Allgemeinen nicht die Wermutstropfen in einer Beziehung, sondern sind mehr im harmonischen Gewässer. Die literarische Brücke hat mich dennoch überrascht. Sie gibt den Kontext unserer Freundschaft wieder. Mit deutlicher Stimme, die Gäste verstummten, begann er:

> *»Zu Dionys, dem Tyrannen, schlich*
> *Damon, den Dolch im Gewande;*
> *Ihn schlugen die Häscher in Bande.*
> *»Was wolltest du mit dem Dolche, sprich!»*
> *Entgegnete ihm finster der Wüterich.*
> *»Die Stadt vom Tyrannen befreien!»*
> *»Das sollst du am Kreuze bereuen.*
> (Friedrich Schiller; »Die Bürgschaft; 1798 geschrieben)…»

Er fuhr fort: »Ihr kennt die Geschichte ja: Damon bittet nicht um Gnade, die ist von diesem Tyrannen sowieso nicht zu erwarten, sondern nur um drei Tage Zeit, damit er seine Schwester noch verheiraten kann und bietet seinen besten Freund als Bürgen, den möge der Tyrann – bei Nichteinhaltung der Frist – an seiner Statt erwürgen.

Der arglistige Halunke Dionys geht auf diesen Deal ein. Er glaubt, dass solche Werte wie Freundschaft, Vertrauen, Verlässlichkeit nur ein hohles Geschwätz von Idealisten ist, das sich in der Realität niemals bewährt, denn hier, in der rauen Wirklichkeit, ist sich jeder selbst der Nächste. Ihr wisst, wie die Geschichte endet:

Damon hält sein Versprechen. Dabei muss er übermenschliche Kräfte entwickeln und schier unüberwindliche Hindernisse überwinden, damit er in der versprochenen Frist seinen für ihn bürgenden Freund auslösen und erretten kann. Doch für ihn sind Begriffe wie Freundschaft, Treue, Verlässlichkeit keine leeren Worte. Er glaubt nicht nur an sie, sondern lebt sie auch vor. Der Freund kann sich auf den Freund verlassen! (Auch wenn damals – unter uns gesagt – die Götter dabei etwas nachgeholfen haben).

Und gerührt und überwältigt von diesem vorgelebten Beispiel von Verlässlichkeit und Freundschaft bittet der Tyrann die beiden Freunde nun:

»Ich sei, gewährt mir die Bitte,
in eurem Bunde der Dritte.»

Leider hat – wie wir alle wissen – der Verlauf der weiteren geschichtlichen Entwicklung gezeigt, dass Schillers Vision – durch eigenes, vorgelebtes Beispiel selbst Fürsten zu besseren Menschen erziehen zu können – ich will mal vorsichtig formulieren nicht durchgängig gegriffen. Die gelernten DDR-Bürger unter uns kennen aus eigenen Erfahrungen und eigenem Erleben die gewaltigen Schwierigkeiten des Unternehmens: ›Erziehung des neuen, besseren Menschen‹. Und Herrscher und Machthabende gelten damals wie heute unter den Schwererziehbaren als die aussichtslosesten Fälle. Ist Schillers Vision also gescheitert? Vielleicht hat Schiller einfach nur zur falschen Zeit gelebt und geschrieben. Genau 180 Jahre später trafen sich hier ganz in der Nähe gegenüber in der Markthalle (Breite Straße/ Schopenhauer Straße in Potsdam) am Fleischstand zwei Ehepaare…Bärbel und Werner und meine Ulla mit ihrem Ehemann.

Werner, als damaliger Sekretär für Volksbildung, Kultur, Gesundheitswesen und Wissenschaft, hatte mich gerade in einem Kadergespräch kurz zuvor mit dem erschlagenden Argument zu sich in seine Abteilung geholt: ›Wenn du etwas verändern und verbessern willst, dann musst du es dort tun, wo du etwas bewirken kannst.‹ Meine Ulla hatte noch so ihre Bedenken, was den Wechsel meines Arbeitsplatzes von der Schule an die Stelle der ›Veränderungsmöglichkeiten‹ betraf. Unser Gespräch über Gott und die Welt dauerte ziemlich lange. Anschließend sagte Ulla zu mir: ›Das sind ja richtig tolle, nette Menschen‹. Damit war auch das familiäre Kadergespräch beendet. Aber viel entscheidender war: Es war der historische Beginn einer legendären, inzwischen fast 40-Jährigen unverbrüchlichen Freundschaft zwischen uns. Das Außergewöhnliche daran ist dabei nicht nur die Beständigkeit unseres Freundschaftsbundes, sondern besonders die Intensität und Vielfältigkeit, mit der wir ihn gelebt und ausgestaltet haben. Wohl wissend, dass solch eine Freundschaft nicht nur ein köstliches Geschenk für diejenigen ist, die sie erfahren dürfen, sondern zugleich eine dauerhafte Aufgabe…Überall war unser Freundschaftsbund das tragende Gerüst. Er hat auch die existenziellen Brüche der Wendezeit, beruflich bedingte Wechsel der Wohnorte und geografische Entfernungen schadlos überstanden… Nicht immer waren wir einer Meinung, denn nur ein Freund sagt dir, dass dein Gesicht schmutzig ist und macht dich darauf aufmerksam und spricht vor deinem Rücken darüber…

Genug davon – zurück zu Schiller! Könnte er heute hier sein, ich bin mir sicher, er wäre beglückt darüber, dass er nach 180 Jahren noch Menschen findet, die sich bemühen, seine Vision zu leben. Vielleicht riefe er aus:

›Ich blick` begeistert in die Runde,
Nehmt mich auf in diesem Bunde!‹…
Denn im Leben zählt oft nicht was man hat, sondern wen.«

Diese Laudatio stimmte mich optimistisch, weil sie wieder ein Herausforderung für »die Jahre waren, die da sind«. Eine spannende Gegenwart, die aus einer differenzierten Betrachtung der eigenen Vergangenheit entsprang. Es war weder eine Langeweile, noch eine Stillstand im Werdegang meines Älterwerdens zu erkennen. Es war mehr ein Innehalten. Es war ein Geduldigsein. »Verweile doch, du bist so schön…«(Goethes Faust) Warum verweilten wir eigentlich nicht viel öfter in unserem Leben?

Mit etwas Altersweisheit konnte ich diese Frage stellen, vielleicht auch darum, weil mich Freunde darauf stießen. Im Sturm der Zeit ist gerade ein Freund einer dieser Haltepunkte des Lebens.

Mit diesem Blick aus der Gegenwart würde ich den Blick wieder auf die Vergangenheit richten, um die Blickachse auf das Jahr 1983 wieder frei zu öffnen. In dieser Zeit war das Verweilen nicht angesagt.

»Vorwärts, aufwärts, niemals rückwärts«, waren die Losungsworte der Zeit. Meine Familie und ich saßen wieder einmal auf gepackten Koffern. Dieses Mal sollte es die Hauptstadt der DDR sein. Vom Sommersitz Friedrich des Großen, Potsdam, zogen wir zu seinem Regierungssitz, Berlin, um im historischen Hintergrund zu bleiben. Bei aktueller Betrachtung, fand ich in den kommenden aufregenden Jahren kaum Gelegenheit, mir einen Rückblick auf diese Zeit des Preußenkönigs zu gönnen.

Vom Transmissionsriemen auf dem Weg zur Interessenvertretung

Berlin, Berlin, wir fahren nach Berlin…, so habe ich den Fanruf der Fußballer im Ohr, wenn ihre Mannschaft angefeuert wurde, um zum Pokalendspiel nach Berlin zu gelangen. Ganz so euphorisch waren meine Gefühle nicht, als ich mit meiner Familie die Reise nach Berlin antrat. Was habe ich meiner Familie zugemutet? Was habe ich Bärbel abverlangt?

Diese Berliner Zeit brachte für mich und meine Familie viele Umbrüche.

Zunächst ist da der Umzug nach Berlin, der sich immer wieder verzögerte, weil die Platte in Kaulsdorf, was zunächst zu Frankfurt /Oder gehörte, später nach Berlin angegliedert wurde, ewig nicht fertig wurde.

Wir verließen ein von uns inzwischen sehr schön gestaltetes Häuschen in Neufahrland. Dieses Haus bewohnten wir zur Miete. Es befand sich in einer idyllischen Lage in der Nähe von Potsdam. Der See war greifbar nahe. Mit einem Ruderboot fuhren wir im Sommer zum Angeln oder gingen baden. Unsere beiden Söhne fühlten sich hier wohl.

Wir hatten einen wunderbaren Freundeskreis in Potsdam. Die Grillabende mit den Freunden waren für mich unvergesslich. Mit dem beruflich begründeten örtlichen Wechsel setzten wir viel aufs Spiel. Es geschah immer im Bewusstsein, einer guten Sache zu dienen. Hält die Freundschaft zu Helmut und Ulla diesen Ortswechsel aus?

Die Verbundenheit zur Partei überlagerte selbst diese für uns so persönlich bereichernden Lebensumstände. Nun zogen wir auf einen Bauplatz nach Berlin. Mein jüngster Sohn Uwe musste die Schule wechseln. Er verlor seinen Freundeskreis. Was er dabei empfunden haben muss, kann ich kaum nachvollziehen. Kurz vor Schulabschluss in eine neue Schule zu wechseln, war sicher eine große Belastung für ihn. Er war mit seinen Schulkameraden in dörflicher Nähe aufgewachsen. Damit genoss er alle Vorteile des Lebens in der unmittelbaren Natur.

Für ihn war das Stadtleben sicher eine belastende Umstellung. Wie oft hat er mir später seine Dorfgeschichten erzählt, die er mit solcher Leidenschaft in sich trug. Er fuhr mit dem Fahrrad zur Schule über den fast zugefrorenen Fahrländer See. Eines Tages brach er mitten auf dem See ein. Wie er sich selbst retten konnte, war eine Odyssee. Später knatterte er mit einer von ihm selbst aufgebauten »Panonia«, einem schweren Motorrad, durch die Apfelplantagen, ohne Fahrerlaubnis. Er war in jungen Jahren ein meisterlicher »Schrauber«, einer, dem das Handwerk aus dem Gesicht abzulesen war. Meinem Sohn Uwe habe ich diese Umstellung in eine Stadtatmosphäre zugemutet.

Unser ältester Sohn Jörg diente zu dieser Zeit bei der Nationalen Volksarmee. Der militärische Standort war von uns weit weg. Auch für ihn war unser »Häuschen« ein Rückzugsraum, was er auch vermisst haben musste. Bärbel war eine geschätzte Lehrerin und Direktorin einer Schule im Umland von Potsdam. Sie hatte später

161

in Potsdam eine geachtete Stellung am Institut für Leitung und Organisation der Volksbildung in der DDR. Bärbel hatte ihre Promotion sehr erfolgreich zu Fragen der Grundschuldidaktik abgeschlossen und sollte das Institut für Lehrerbildung in Potsdam leiten.

Bärbel war mit Lust und Liebe Lehrerin. Das wird ihr heute noch bescheinigt, wenn sie aus den ehemaligen Klassen zu den Jahresfesten eingeladen wird. Man kann es ihren strahlenden Augen ansehen, wenn sie von ihren damaligen Schülern mit liebevollen anerkennenden Worten bedacht wird.

Jetzt sollte Bärbel fast über Nacht diese für sie vorgezeichneten Aufgaben auf dem Gebiet der Bildung schlagartig aufgeben. In einem kaderpolitischen Gespräch wurde sie darüber in Kenntnis gesetzt, dass sie eine Tätigkeit in der Abteilung Grundschule des Ministeriums für Volksbildung der DDR sofort zu übernehmen habe. Dieses kaderpolitische Fügen ergab sich dadurch, dass meine Frau und ich Nomenklaturkader der SED waren und wir nach dem Grundsatz dort unsere Arbeit als Parteikader zu erfüllen hatten, wo es die Partei für richtig hielt. Diese Gespräche mit den Parteikadern, so auch das mit ihr geführte, mündete in der Feststellung, dass sie nicht ihren Neigungen, sondern der Pflicht folgen müsse. Dieses mit dem Namen Lenin verbundene Zitat (vgl. oben) galt als unumstößlich.

Diese Gespräche waren so angelegt, dass Bärbel, die ebenso Mitglied der Partei war, kaum Entscheidungsspielräume hatte.

Dennoch blieb ihre Sehnsucht nach der unmittelbaren Arbeit mit Kindern immer bestehen.

Wir stimmten in den politischen Auffassungen beide überein, beugten uns den Forderungen der Partei. Wir bildeten uns beide immer noch ein, mit unserem Wirken einer besseren Gesellschaft zu dienen.

Das überlagerte sogar die persönlichen Bedürfnisse, befeuerte aber geradezu meine Eitelkeit und meinen Ehrgeiz. Ich habe, das betone ich mit besonderer Demut, meiner Familie viel abverlangt und zugemutet.

Die folgenden beruflichen Wege und Weggabelungen zeigten mit aller Schärfe, dass von Höhenwegen ein steiler Weg in die tiefen Täler führen kann. Meine nächste Kadersprosse auf der Gewerkschaftsleiter war nun die Übernahme der Funktion des Vorsitzenden der Gewerkschaft Unterricht und Erziehung der DDR, Sitz in Berlin, Unter den Linden, heute Sitz der Deutschen Bank. Mit Gewerkschaftsarbeit hatte ich bisher kaum etwas zu tun. Nun sollte ich gleich Chef einer Einzelgewerkschaft werden. Das Verständnis der Kaderkommissionen der Partei für solche Funktionen war ideologisch fundamentiert. Wer das Zeichen des Nomenklaturkaders auf der Stirn trug, war per se für alle anstehenden Funktionen einsetzbar. Der Nachweis einer gewissen politischen Führungsstärke des ausgewählten Kaders sowie der immer im Mittelpunkt stehende Klassenstandpunkt bildeten das Gerüst.

Schon das Wort »Übernahme« machte deutlich, dass es um den Einsatz in eine Funktion ging, die von oben folgte. In dem Kadergespräch wurden die entsprechenden Schritte einer Einarbeitung in die Funktion vorgezeichnet. Zunächst sollte ich mich einige Wochen mit der Gewerkschaftsgeschichte [43] befassen, die richtungsweisenden Dokumente der SED zur Gewerkschaftsarbeit durcharbeiten [44], die Schriften Lenins über die Gewerkschaften(vgl. oben), Honeckers Reden über die Gewerkschaften [45] studieren. Ich sollte in wenigen Tagen das nachholen, was die Kollegen in jahrelangen Studiengängen an Gewerkschaftsschulen vermeintlich erworben hatten. Ich fuhr also täglich aus einer Studentenbude in der Engelhardtstrasse Berlins mit der Straßenbahn in die Fritz-Heckert-Straße, dem heutigen Engeldamm, dem Sitz des Freien Deutschen Gewerkschaftsbundes der DDR, um mich zunächst in die Dokumente der Gewerkschaft einzuarbeiten. Es belastete mich sehr, dass sich mein Einsatz verzögerte. Ich zweifelte schon, dass ich diesen Schritt einer Funktionärslaufbahn ohne irgendwelche Bedingungen eingegangen bin. Für mich war das eine bedrückende Zeit. Meine Familie saß auf gepackten Umzugskisten in Potsdam. Der Plattenbau in Berlin war immer noch nicht bezugsfertig. Ich stand auf der Warteliste. Ich redete mir fleißig die Bedeutung meiner künftigen Funktion ein, was nicht in jedem Fall mein Selbstbewusstsein steigerte. Demütig fuhr ich Woche für Woche zum Selbststudium.

In meinem Hinterkopf festigte sich der Gedanke, dass ich den Genossen, die die Kaderentscheidungen trafen, blind vertraut hatte. Die Gewerkschaft als »Transmissionsriemen der Partei«, wie es Lenin (vgl. oben) formulierte, lernte ich hautnah kennen. Parteidisziplin gehörte auch in der Gewerkschaft zum obersten Leitprinzip. Dazu gehört auch, die Beschlüsse der Partei unbedingt zu erfüllen.

In den Gesprächen mit »alten Hasen« merkte ich jedoch, dass der FDGB zwar diesen Grundsätzen treu ergeben war, zugleich war er ein Faktor bei der Sicherung sozialer Leistungen für alle Werktätigen.

Damit eröffneten sich für mich Betätigungsfelder wie der Tarifregulierungen, der Sozialversicherung, der Feriendienste, des Arbeitsschutzes, der sozialen Hilfen, der Verbesserung der Arbeits- und Lebensbedingungen, der beruflichen Weiterbildung, der Verbesserung der Bedingungen am Arbeitsplatz, der Förderung von kreativen Produktverbesserungen, der Entwicklung von Konsumgütern, der Wettbewerbsführung für eine bessere Produktivität.

Die hier genannten Bereiche der gewerkschaftlichen Arbeit entsprangen weitestgehend den Traditionen der gewerkschaftlichen Interessenvertretung. Das machte meine Tätigkeit nun doch vielseitiger. Das erforderte auch Sachkenntnisse, die ich mir erst im Laufe meiner Tätigkeit aneignen konnte.

Nach wenigen Wochen wurde ich von dem amtierenden Vorsitzenden der Lehrergewerkschaft, Paul Ruhig, in seine Nachfolge eingeführt. Kurze Zeit später fand ein weiteres Gespräch bei Margot Honecker, der Ministerin für Volksbildung und Gattin des Obersten der DDR statt. Sie wollte den künftigen Vorsitzenden der Lehrergewerkschaft der DDR kennen lernen, wie sie mir versicherte. In ihrer überaus freundlich wirkenden Art versprach sie gute Zusammenarbeit. Sie ließ aber unmissverständlich durchblicken, dass diese nach »ihrer Pfeife« zu gehen habe. Sie strahlte Souveränität und Macht aus. Das verband sie mit einem jovialen Lächeln. Eine gewisse Kühle und Distanz die sie ausstrahlte, kann ich nicht leugnen. Mit diesen grundsätzlichen Wegmarkierungen ausgestattet, konnte ich nun der Übernahme der Funktion entgegensehen. Ich erhielt faktisch die Weihen von ihr für diese Funktion.

Eine bereits langfristig angelegte Reise des amtierenden Vorsitzenden zu der strukturell adäquaten Gewerkschaft in der Bundesrepublik, der Gewerkschaft Erziehung und Wissenschaft, bescherte mir meine erste Reise über den »Antifaschistischen Schutzwall«, wie die Mauer genannt wurde.

Ich gebe zu, dass ich sehr aufgeregt war, eine Reise in die Bundesrepublik machen zu können.

Mein lädiertes Selbstbewusstsein wuchs wieder. Es war für einen Bürger der DDR ein Privileg, in das »Nichtsozialistische Wirtschaftssystem« (NSW) reisen zu dürfen. Als Priviligierter spürte ich in mir Verdrängungsmechanismen denen gegenüber, die die Reisefreiheit für alle Bürger einforderten.

Auf dieser Reise wurde ich immer als der neue Vorsitzende der Lehrergewerkschaft der DDR vorgestellt. Kontakte mit Gewerkschaftern der BRD hatte ich bisher nicht. Ich lernte sehr engagierte Kollegen kennen. Sie vertraten leidenschaftlich die Interessen ihrer Berufskollegen. Mir begegneten sie mit Respekt. Manche äußerten sich anerkennend über die gewerkschaftliche Arbeit in der DDR, andere äußerten sich kritisch zur Staatsgewerkschaft, wie sie den FDGB nannten.

Ich werde die Eindrücke nicht vergessen, als ich in dem Bahnhof Friedrichstrasse in Berlin an der weißen Linie stand, die den Abstand markierte, den wir zum Zug der Bundesbahn einnahmen. Per Lautsprecherdurchsage erhielten wir die Freigabe zum Überschreiten dieser Linie. Ich überschritt die innerdeutsche Grenze. Mit einem Schritt war ich in der Bundesrepublik. Mich beschlich ein beklemmendes Gefühl. Aufgewühlt von Erinnerungen aus meinem Leben als Grenzsoldat, meinen prinzipientreuen Reden zum Klassenfeind, meinen Vorstellungen vom künftigen Leben in zwei deutschen Staaten, stand ich nun mit beiden Beinen in der Bundesrepublik Deutschland des Jahres 1983. Aus meinen Vorstellungen wurde ich schnell entrissen, weil Beamte des Bundesgrenzschutzes mich in ein Extra-Abteil führten. Hier prüften sie gründlich meine Reisedokumente, erfragten den Grund meiner Reise. Meinen Koffer und die Reisetasche ließen sie sich von mir öffnen. Sie kontrollierten gründlich deren Inhalte.

Ich kann heute nicht mehr sagen, welche Gefühle mich beschlichen. Sie waren auch mit Unbehagen vermischt.

Diese Umstände ausgeblendet, beeindruckte mich diese Reise tief. Solche Städte wie Frankfurt oder Köln in den achtziger Jahren machten einen bleibenden Eindruck auf mich. Ich staunte über die Dimensionen einer Großstadt. Mich beeindruckten das Flair, die Infrastruktur, die Reklameflächen, die Architektur oder die Rekonstruktion alter Stadtteile. Diese Einblicke verfehlten sicher nicht ihre Wirkung, wie ich später oft feststellte. Dazu kam der Überfluss an Konsumgütern. Die mediale Wirkung auf mich war groß. Das hat mich schon beeindruckt. Es hat auf mich eine faszinierende Verblendung gehabt, der ich mich nicht entziehen konnte.

Der Vorsitzende der Westgewerkschaft, Herr Wunder, war ein kompetenter Gewerkschafter und ein angenehmer Plauderer. Er begleitete uns während unseres Besuches. Unvergesslich war für mich die Autofahrt mit seinem Mercedes von Oberursel nach Köln. Geschwindigkeiten über 200 km/h waren mir neu und die angenehme Atmosphäre im Auto machte mich fast schwindelig.

Kaum waren wir in Köln angekommen, saßen wir in einem Lokal auf der rechten Rheinseite und blickten auf den Kölner Dom. Das war atmosphärisch berauschend. Hier ist übrigens die Idee entstanden, »Friedenspädagogische Gespräche« regelmäßig mit Lehrern beider deutscher Staaten durchzuführen, was damals kaum vorstellbar war. Sie fanden später zwischen 1985 und 1989 dreimal statt. P. Ruhig versuchte mit einem Scherz dieser Idee eine Problemsicht zu geben. Wie bei einem Pferderennen käme es darauf an, dass Ross und Reiter gemeinsam durchs Ziel kämen. Ich spürte auf der anderen Seite die sozialdemokratische Ostpolitik des Wandels durch Annäherung, auf die D. Wunder fixiert schien. Immer wieder war ich vom Anblick des Rheins und des Kölner Dom fasziniert. Später hatte ich den Blick fast täglich durch meine fast zwanzigjährige Arbeit in dieser Stadt. Damals hätte ich Haus und Hof verwettet, wenn mir einer der anwesenden Gewerkschafter gesagt hätte, dass ich nicht einmal zehn Jahre später hier leben würde.

Als ich dann die weiße Linie am Bahnhof Friedrichstraße in Berlin, Hauptstadt der DDR, in entgegengesetzter Richtung überschritt, war mir anders zumute.

Was sollte ich den Mitgliedern meiner Organisation erzählen? Sicherlich habe ich die in den Parteilehrjahren erworbenen allgemeinen Plätze benutzt, wie: »In der BRD existiert ein unzureichendes Bildungssystem oder die sozialen Konflikte in der BRD waren überall sichtbar«. Ich spürte meine abnehmende Glaubwürdigkeit in den Argumenten, wenn es um plakative Bewertungen der gesellschaftlichen Bedingungen in der Bundesrepublik ging. Bei den Zusammenkünften mit Gewerkschaftern meiner Organisation vermied ich zunehmend Bilder der Bundesrepublik zu zeichnen, die allgemeine agitatorische Züge trugen. Ich konnte über die Vorstellungen von »Friedenspolitischen Gesprächen« berichten, die große Zustimmung bei den Lehrern fanden.

Die tägliche gewerkschaftliche Arbeit in der künftigen Funktion, in die ich eingearbeitet wurde, beinhalteten zahlreiche Kontakte zu den Kolleginnen der Lehrergewerkschaft. Gern erinnerte ich mich an die zahllosen Gespräche mit engagierten Lehrerinnen in Gera, Erfurt, Dresden, Berlin, Suhl. Leidenschaftlich stritten sie um bessere Bildungsqualität. Die bescheidenen sozialen Leistungsangebote der Gewerkschaft, wie Prämien-Ferienplätze und Lohnerhöhungen, wurden von engagierten Kollegen verteilt. In den Gewerkschaftsgruppen spielten die großen ideologischen Fragen, die ich mit Akribie studiert hatte, kaum noch eine Rolle. Hier ging es um die tatsächlichen gewerkschaftlichen Betätigungsfelder, von einer Gehaltserhöhung bis zur Verteilung von Urlaubsplätzen. Die Kollegen kümmerten sich in den Gewerkschaftsgruppen um die Sorgen ihrer Mitglieder. Da spielten soziale Fragen ebenso eine Rolle, wie das Kümmern um persönliche Belange.

Immer wieder rangen die Kolleginnen in den Schulen um bessere materielle Bedingungen in der Bildung. Die Einweihung einer neuen Schule war für viele ein großes Erlebnis. Eine Verbundenheit mit dem Staat war dort besonders zu spüren, wo für die Kinder eine materielle Verbesserung erreicht wurde. Der Neubau oder Ausbau einer Schule war für die Kollegen ein gesellschaftliches Ereignis. Der Tag des Lehrers am 12. Juni in jedem Jahr wurde für viele Kollegen ein bleibendes Erlebnis. Viele Lehrer erhielten von ihren Schülern als Dank für ihr Engagement kleine Blumensträuße. Die Stellung des Lehrers in der DDR war im Rahmen des gesellschaftlichen Umfeldes herausragend.

Sicher spielte hier die Indoktrinationsstrategie der Partei auf die Jugend, die die Lehrer übernehmen sollten, eine Rolle. Deren Wirkung war, gemessen an den Ereignissen Ende der achtziger Jahre, jedoch gering.

Kaum hatte ich mich in die gewerkschaftliche Aufgabenstellung einer Lehrergewerkschaft eingearbeitet, da erhielt ich eine kurzfristige Einladung zu einem Kadergespräch in den Bundesvorstand des FDGB. Der Sekretär für Kaderarbeit des Bundesvorstandes des Freien Deutschen Gewerkschaftsbundes teilte mir mit, dass ich ab sofort nicht mehr als Vorsitzender der Lehrergewerkschaft vorgesehen sei, sondern als Vorsitzender der Gewerkschaft Druck und Papier der DDR. Es hätte mit dem Vorsitzenden des FDGB, Harry Tisch und der Genossin Minister Honecker eine Abstimmung darüber gegeben, dass eine Genossin, die Mitglied des Zentralkomitees der SED war, die Lehrergewerkschaft führen soll.

Den Gedankengängen konnte ich gar nicht so schnell folgen. Dann schloss sich noch die Bemerkung an, dass für diese Funktion nun aus der Sicht der Parteiführung ein Nomenklaturkader des Zentralkomitees der SED vorgesehen wäre, deren Karriere in der Partei eine größere Priorität besäße.

Die Partei bestimmte die Kadereinsätze in der Gewerkschaft, wie man unschwer erkennen konnte.

Über Nacht wurde ich zwar Vorsitzender einer Gewerkschaft, aber nicht für diejenige, zu der ich meine Reise aus Potsdam nach Berlin angetreten hatte – aber immerhin – Vorsitzender. Wieder wurde diese Veränderung mit politischen Argumenten begründet. Meine Einsicht, einer Pflicht zu gehorchen, wurde vorausgesetzt.

Vom »Lehrergewerkschafter« zum »Druckergewerkschafter« wurde ich umgetopft. Einfache demokratische Regeln wurden außer Acht gelassen. Die Partei führte.

Was hatte mich veranlasst, selbst so eine Kaderentscheidung hinzunehmen, schließlich dieser zuzustimmen? Lehrer zu sein war immerhin mein Beruf. Nun sollte ich die Leitung einer Industriegewerkschaft übernehmen. Dazu eine Branchengewerkschaft leiten, die große historische Traditionen aus der Arbeitswelt der

Drucker, Setzer, Verleger und Papiermacher hatte. Diese Berufe mochte ich zwar sehr, deren spezifische gewerkschaftliche Ambitionen kannte ich jedoch nicht.

Der RIAS in Westberlin bezeichnete mich als: »Opfer der Tischchen Kaderpolitik und seiner unheimlichen zentralistischen Art mit den Menschen umzugehen«[46].

Ich wechselte also von einer Etage des Hauses in der Straße Unter den Linden in Berlin in eine andere. Innerlich hat mich diese Entscheidung gekränkt. Es bedurfte einen längeren Zeitraum, damit fertig zu werden. Vielleicht war es auch eine Trotzreaktion, die mich mit einiger Energie ausrüstete, um mich in die Druckindustrie, die Papierindustrie, die Verlage einzuarbeiten. Ich fuhr quer durch die Republik, um mir einen Einblick in die Probleme der 150.000 Mitglieder dieser Industriegewerkschaft zu verschaffen. Ich nutzte jede sich bietende Gelegenheit, um mit den Kollegen ins Gespräch zu kommen. Ich versuchte also, mit dem »Ohr am Puls« zu sein. Ich wollte unbedingt zeigen, dass ich es schaffen kann. Ein Seiteneinsteiger, der ehrgeizig am Einstieg arbeitet, so kam ich mir vor.

Die politische Ökonomie des Sozialismus hatte ich aus den Büchern aufgenommen. Jetzt lernte ich den realen Sozialismus mit allen seinen Widersprüchen, den Beschränkungen ebenso wie den Erfolgen kennen.

In den über 100 Verlagen der DDR waren die Editionen breit aufgestellt. Traditionelle Verlage besaßen viele Lizenzen, von bibliophilen Werken bis zur politischen Literatur, zu Kunstbüchern, zu Werken der Klassiker. Dazu gehörten Bildungs- und Wissenschaftswerke, die Literatur der Nobelpreisträger sowie die gesellschaftskonforme und gesellschaftskritische Gegenwartsliteratur.

Die Papierkontingente, die es damals gab, regelten die Auflage oder die Auflagenhöhe. Diese Kontingente bestimmte die Wirtschaftsabteilung des Zentralkomitees der SED, die wiederum hatte ein kombinatsähnliches Organ strukturiert. Dieses nannte sich Zentrag. Die Abteilung Kultur des Zentralkomitees der SED nahm Einfluss auf die Auswahl der zu veröffentlichenden Materialien. Damit sicherte sich die Partei die Entscheidung darüber, was und in welcher Auflagenhöhe an Druckerzeugnissen in die Öffentlichkeit gelangten.

Eine beim Minister für Kultur angesiedelte Hauptverwaltung Verlage, die in dieser Zeit Klaus Höpke leitete, verantwortete nach außen, was und in welcher Auflagenhöhe auf dem Sektor der Literatur gedruckt wurde. Als verlängerter Arm der SED hatte sich diese Abteilung mit den Schriftstellern der DDR auseinanderzusetzen. Strittmatter bezog an zahlreichen Stellen in »Der Zustand meiner Welt, aus den Tagebüchern 1974 – 1994« zugespitzte kritische Positionen zu ihm. Höpke nannte er einen »Devil« [47]. Ich sah seine Rolle und Wirkung etwas differenzierter, was sicherlich auch daraus resultierte, weil ich von dem Papier- und Veröffentlichungsprozedere weitestgehend verschont war. Er war Mitglied der Gewerkschaft Druck und Papier. Oft nahm er an Vorstandssitzungen teil. Seine kulturpolitischen Einschätzungen trug er mit Sachlichkeit vor. Ich erlebte bei den Mitgliedern oft Zustimmung für seine Bemerkungen.

Alle in der DDR existierenden Parteien und Massenorganisationen besaßen spezielle Verlage und Druckereien, die von der oben bezeichneten Zentrag die Papierkontingente zugeteilt bekamen. Damit hatte sich die SED die Entscheidungsstelle gesichert. So konnte von dort aus über die Veröffentlichungen letztlich entschieden werden. Die Begründung, dass es an Papier mangelte, war dann schnell griffbereit, wenn es sich um Druckerzeugnisse handelte, die der Parteilinie widersprachen.

In diesen Parteibetrieben arbeiteten gewerkschaftlich organisierte Kollegen, die zur IG Druck und Papier gehörten.

Das Beziehungsgeflecht zu den Abteilungen des Zentralkomitees der SED und zu den Vorständen der Blockparteien war groß. Es beinhaltete viele Stolpersteine und war oftmals von politischen Tagesereignissen abhängig. Von hier gingen die Entscheidungen aus, die oft von gewerkschaftlichen Sinnsprüchen, wie der Führung eines sozialistischen Wettbewerbs fundiert werden sollten.

»Über den Wolken muss die Freiheit wohl grenzenlos sein...»

Darüber hinaus bot diese Industriebgewerkschaft, der ich nun vorstand, eine spezifische Besonderheit, die resultierte aus traditionellem politischem Engagement der Setzer und Drucker in der Geschichte der Arbeiterschaft. In der deutschen Geschichte kamen oftmals von dort die revolutionären Veränderungen. So gab es vielerlei traditionelle Wurzeln in dem geteilten deutschen Staat.

Damit rissen die Verbindungen von West- und Ostgewerkschaftern nicht ab, im Gegenteil, sie wurden aus unterschiedlicher politischer Sicht und Zielstellung gepflegt. Diese Kontinuität in den Verbindungen wurde besonders durch Einbindungen in internationale Gremien gewährleistet.

Die Gelegenheit zur kontinuierlichen Zusammenarbeit mit den Kollegen aus Ost und West erhielt ich mit meinen ersten Schritten als Vorsitzender der Gewerkschaft Druck und Papier auf dem Berliner Parkett. Als Vorsitzender dieser Gewerkschaft wurde ich nun zu einem Kandidaten für das Amt des Präsidenten einer internationalen Organisation der Gewerkschafter der Druckindustrie [48]. Diese nannte sich Ständiges Komitee der Gewerkschaft der Grafischen Industrie. Sie hatte ihren Sitz in der Grünstrasse in Berlin.

Im Gegensatz zu allen anderen WGB (Weltgewerkschaftsbund) Gewerkschaftsorganisationen hatte diese kleine internationale Organisation den Kontakt und die Mitgliedschaft zu den westlichen Gewerkschaften erhalten. Diese Organisation wurde vom FDGB finanziell und personell gefördert. Auf meiner ersten Tagung 1985 in Prag wurde ich zum Präsidenten gewählt.

Das war für DDR-Verhältnisse ein weiteres Privileg auf dem Parkett der Weltöffentlichkeit eine Rolle zu spielen. Es bestimmte mein weiteres Leben in besonderer Weise.

Ich erlebte jetzt, ungefiltert, ohne beeinflussende Kommentare die Tätigkeitsbereiche der Gewerkschafter in Rom, Paris, Wien, Helsinki, London, Oslo, Koppenhagen, Amsterdam, Brüssel, Madrid, Tokio und Stuttgart. Ich lernte Gewerkschaftsarbeit unter anderen gesellschaftlichen Verhältnissen kennen. Das war das Ringen um die Arbeitsplätze, das waren Tarifauseinandersetzungen, das waren Arbeitsrechtskämpfe, das waren Arbeitsschutzmaßnahmen in den einzelnen Branchen

Mich beeindruckte vor allem, die für meine Vorstellungen ungeheure technologische Entwicklung in diesen Ländern. Immer wieder stellte sich die Frage für mich, warum hat die DDR diesen technischen Fortschritt noch nicht?

Ich konnte sehen, wie in Japan oder der Bundesrepublik Technologien in der Druckindustrie eingesetzt waren, die die Drucker und Setzer in der DDR nicht oder nur in geringem Umfang zur Verfügung hatten. In der BRD waren Kapazitäten vorhanden, die den gesamten Produktionsausstoß der DDR komplikationslos übernehmen konnten. Die Tarife waren bedeutend höher als in der DDR. Darüber hinaus bot sich mir eine Konsummöglichkeit, die meine Vorstellungen weit übertraf.

Natürlich wurden mir auch die Konflikte ihres Arbeitskampfes sichtbar. Ich klammerte mich an das in der DDR vorhandene Recht auf Arbeit, was eine tragende Errungenschaft war und schließlich ein in der Verfassung verbrieftes Recht darstellte.

Westeuropäische Gewerkschafter meiner Branchen waren oft linksorientiert. Sie sahen im Sozialismus eine gesellschaftliche Perspektive. Sie ermunterten mich, dass ich mich für den Aufbau einer sozialistischen Gesellschaft einsetzen sollte. Dazu kam die weitere Zuspitzung der politischen Auseinandersetzung der Blöcke. Viele Gewerkschafter suchten die Solidarisierung zwischen Ost und West im Kampf für den Frieden.

Das hat mich motiviert als Vertreter eines Staates zu wirken, der den Friedenskampf zur Staatsdoktrin erklärt hatte. Daran glaubte ich fest.

Nun begegneten mir Menschen in anderen Ländern, so auch in den Entwicklungsländern, die von einem Leben in Würde träumten. Hunger und Elend schlug mir entgegen, bettelnde Kinder, Obdachlose auf den Straßen. Es waren erdrückende Menschenschicksale. Immer wieder stellte ich mir die Frage, wie ich diesen Menschen helfen konnte? Gab ihnen eine sozialistische Vision ein Ziel für ihr Leben? Einige Menschen in Nicaragua, Syrien, Mozambique und Kuba hofften auf sozialistische Unterstützungen. Gab es überhaupt eine reale Chance der Solidarität? In meinem Herzen war etwas verankert, was ein Gefühl der Verbundenheit mit diesen Menschen zum Ausdruck bringen wollte. Die Mittel, um ihnen helfen zu können, waren gering. Die Gewerkschaft bot zahllose Weiterbildungsveranstaltungen, Schulungen, Schulbesuche in der DDR an. Diese waren immer verbunden mit der Vorstellung, dass die Beschulten als »Fahnenträger des Sozialismus« in ihren Ländern wirken sollten. Selbst das erwies sich später als Illusion.

Diese internationale Gewerkschaftsarbeit war für mich ein Spagat zwischen der Verbundenheit mit denen, die im Arbeitsprozess um weitere Verbesserungen rangen und den Menschen, die keine Perspektiven ihres Lebens hatten. Mich bedrückte vor allem meine Hilflosigkeit, die ich auch nicht mit dem Zukunftsbild des Sozialismus beseitigen konnte.

Dazu kam, dass das internationale Parkett für mich sehr glatt war. Mir fiel es zunehmend schwerer, das eigene Wirken in diesem weltweiten Ringen um soziale Verbesserungen als erfolgreich darzustellen. Das wiederum war aber die Voraussetzung für notwendige Begründungen von Reisen, die ich als Präsident des Internationalen Komitees durchführte. So gewannen auch hier die Berichte die Macht über die Realität.

Die Kulturarbeitergewerkschaft in Italien hatte ihre Gewerkschaftsvollversammlung 1984 im großen Saal des Spielkasinos in San Remo.

Ich werde das Bild nicht vergessen, wie ich mit dem Vorsitzenden dieser Gewerkschaft, Epifani, ein kleines Streitgespräch über die von ihm gestellte Frage führte: »Sag mal, Werner, ihr in Ostdeutschland habt doch gar keine Arbeiterklasse, auf die ihr euch immer beruft und dessen Vertreter ihr vorgebt zu sein?« Nun muss man sich vorstellen, dass wir vor dem in schillerndem Licht angestrahlten Kasino standen. Hinter uns lag das Mittelmeer im sommerlichen Blau. Es war ein lauer Nachmittag. Luxusautos fuhren mit Glücksspielern aus der Oberschicht vor. Ausgerechnet hier kamen wir auf diesen Punkt zu sprechen. Ich war von der Atmosphäre beeindruckt. Meine Antwort muss nicht sehr überzeugend gewesen sein.

Ich philosophierte über die revolutionierende Kraft der Produktivkräfte, die unmittelbar im Produktionsprozess stehen. Diese hätten den historischen Anspruch auf die Macht, auf die Diktatur des Proletariats usw.

Er drehte sich um und sagte: »Weißt du eigentlich, wie viele Menschen in Ostdeutschland im unmittelbaren Produktionsprozess stehen? Und wer das ist? Du vertrittst etwas, was es so gar nicht mehr im modernen Produktionsprozess gibt! Du lebst in einer von Transmissionsriemen getriebenen Maschinengesellschaft des 19. Jahrhunderts!« Er ließ mich stehen. Ich war mit meinen Argumenten alleine. Hätte ich damals tiefer darüber nachdenken sollen? Aber dazu kam ich gar nicht.

Kurze Zeit später betraten wir das Kasino. Er sagte mir: »Die Croupiers sind die Mitarbeiter der Spielbank. Sie sind Mitglieder der Kulturarbeitergewerkschaft. Ich zeige dir jetzt den Ablauf eines Kasinobetriebes. Du sollst die Atmosphäre in einer Spielhölle kennenlernen. Du wirst ein weiteres Klischee über unsere Gesellschaft vermittelt bekommen.«

Weiße Marmortreppen, die mit einem roten Teppich ausgelegt waren, führten zur Empfangshalle.

Hier erhielt ich eine Mitgliedskarte, die mich berechtigte, in allen Kasinos der Welt zu spielen. Ich habe diese Karte heute noch: Casino Municipale Sanremo, Carta D`Ingresso Omaggio, Nr. 0057842.

Für mich war so ein Kasino das Beispiel des maroden Kapitalismus. Hier trafen sich die Schönen und Reichen, um das von ihnen erspekulierte Geld zu verspielen. So dachte ich, als ich die Spielsäle betrat. Dann sah ich in den Sälen Menschen aus allen Schichten, Spieler, Süchtige, Lebemänner, attraktive Frauen, kontaktfreudige wie scheue Menschen. Ich sah selbst solche Menschen, die hier versuchten, ihren Lebensunterhalt zu sichern. Leute, die akribisch alle Vorgänge am Spieltisch mathematisch auswerteten. Sie suchten nach Systemen, dem Glück auf der Spur.

Mich beschlichen seltsame Gefühle. Ich wollte doch meinen Staat vertreten, wollte sichtbar machen, dass ich diesen als eine menschlichere Gesellschaft auch repräsentieren kann. Ich sprach immer wieder in meinen Reden von der Überlegenheit des Sozialismus über den Kapitalismus. Verlegen griff ich in meine Geldbörse und entnahm einige Geldscheine der DDR. Mit einem süffisanten Lächeln wurde mir erklärt, dass dieses Geld in der Welt keinen Wert habe. Mein Verstand schaltete sich erst langsam ein. Mit rotem Kopf stand ich da und war sprachlos. Als auf der Wechseltafel der Rubel, die Währung der Sowjetunion, die einzige Währung der sozialistischen Länder zu lesen war, wurde meine Gefühlslage nicht besser.

Den Spielenden konnte ich über die Schulter schauen. So bemerkte ich Gier, Freude am Spiel, Überheblichkeit, selbstverständlich scheinendes Gesprächseinerlei, einfache Beschäftigung. Wir gingen durch die Spielsäle. Schließlich kamen wir zu dem mondänen Saal, wo die Gewerkschaftskonferenz stattfand.

Hier lernte ich einen dieser Croupiers kennen, der kurze Zeit vorher noch am Spieltisch mit großer Fertigkeit die Spieler zügelte oder ermunterte. Er erzählte mir, wie er mit seinen Kollegen um soziale Rechte der Angestellten im Kasino ringt. Das tat er mit so einer Leidenschaft, die mich faszinierte.

Ich spürte meine Vorurteile und Klischees, die ich mir zusammengebastelt hatte. Sie zerbröselten selbst auf diese Hintergründe bezogen.

Immer wieder waren es die Gespräche mit interessanten Menschen, die genauer auf Zusammenhänge hinwiesen. Das geschah nicht plakativ oder vordergründig ideologisierend. Es waren oftmals intelligente Gespräche, die mich beeindruckten.

So erinnere ich mich sehr gut an ein Gespräch, welches wenige Monate später in der Chefredaktion der Süddeutschen Zeitung der BRD stattfand. Mein Gesprächspartner war Herr Dieter Schröder, der damalige Chefredakteur.

Er hatte sich, wie mir schien, sehr gründlich auf diesen Meinungsaustausch vorbereitet. Er begann das Gespräch mit der Bemerkung: »Sagen Sie, wie sind Sie als Dresdner Junge in Berlin gelandet?« Offensichtlich hatte er sich mit meiner Biografie beschäftigt. Auf eine persönliche Frage von ihm war ich nicht eingestellt. Meine ersten Sätze der Antwort waren sicherlich bruchstückhaft. Geschickt hatte er mich mit scheinbar belanglosen Fragen in eine Gesprächsatmosphäre geführt, die Vertrauen schaffte. Wir kamen, wie man so sagte »vom Hölzchen zum Stöckchen«. Wir sprachen über die deutsche Kultur, der wir in Ost und West verpflichtet waren. Er brachte seine Freude über den Aufbau der Semperoper in Dresden zum Ausdruck. Er würdigte die zahllosen literarischen Druckerzeugnisse, die in der DDR produziert wurden. Aus seinen Worten war Respekt vor den Leistungen der Drucker und Setzer sowie der Schriftsteller zu spüren. Er fragte nach meinen Gefühlen, die ich hatte, als ich in München die Alte Pinakothek besuchen konnte, auf die wir zu sprechen kamen. Wusste er oder ahnte er, dass mich gerade mit diesem Museum etwas verband, worüber ich mit keinem Menschen gesprochen hatte, wie ich fest glaubte.

Spielte er etwa darauf an, dass das Bild, welches mein Onkel Günter in den 20er Jahren als Meisterschüler kopieren konnte, dort im Original zu sehen war? Das Bayerische Staatsmuseum verfügte über einen reichen Schatz an Bildern des 14. bis 18. Jahrhunderts.

Es handelte sich um »Die Würfel spielenden Knaben« von Bartolome Esteban Murillo (1665–1675).

Als ich es bei meinem Besuch dort ausgestellt sah, verschlug es mir die Sprache. Meine Gefühle waren mit meinem Onkel verbunden, der dieses Bild in den zwanziger Jahren kopieren konnte. Es hat meiner Familie in allen Zeiten viel bedeutet.

Dieses Bild hatte den Krieg überstanden. Es war durch viele Umzüge nicht immer pfleglich behandelt worden. Hier sah ich das Original in farblicher Schönheit. Es war für mich ausdrucksstark, einfach schön. Meine Gefühle brachen aus mir heraus. Ich konnte meine Tränen kaum unterdrücken. Was haben wohl die mich begleitenden Kollegen damals gedacht?

Ich hatte doch mit keinem darüber gesprochen!? Vielleicht war es nur ein Zufall, dass die bayrischen Gewerkschaftskollegen den Besuch des Museums in den Gästeplan aufgenommen hatten. Sie deuteten mein Interesse für die spanischen Maler des 14. – 18. Jahrhunderts beiläufig im Gespräch an. Schröder nahm den Gesprächsfaden sofort in dieser Richtung wieder auf. Ich freute mich über sein Interesse. Wir sprachen nicht nur über die Bilder des Bayrischen Staatsmuseums, sondern allgemein von den Schätzen der Bildenden Kunst, über die Deutschland verfügte.

Später habe ich oft darüber nachgedacht. Er war einer, der einen Gesprächspartner aufschließen konnte, dem es wichtig erschien, sich in die Gefühle wie in die Gedankenwelt des anderen hinein zu versetzen. Offensichtlich erkannte er schnell meine persönliche Befindlichkeit, die aus meiner Beschäftigung, meinem Interesse zur Bildenden Kunst erwuchs.

Schon aus seinen Fragen war ersichtlich, dass es ihm nicht um die Distanz zu mir ging, wie ich es von zahlreichen anderen Journalisten der damaligen Zeit spürte. Er versuchte, Nähe zu vermitteln. Heute würde ich sagen, »Wandel durch Annäherung« zu erreichen. Er vermittelte mir den Eindruck, dass er sich diesem Grundsatz verpflichtet fühlte.

Nach diesem Gesprächsbogen kam er schließlich auf die politischen Fragen, die ihn sichtlich interessierten. Er stellte Fragen wie: »Haben die Sowjets die Absicht, nuklear neu aufzurüsten? Wie schätzen sie den Kurs der sowjetischen Führung ein?« Dazu hatte ich ein Papier der Abteilung Internationale Verbindung beim Zentralkomitee der SED erhalten. Das hatte ich vor unserem Gespräch gründlich durchgelesen, um gewappnet zu sein. Er brachte mich in Verlegenheit, weil er offensichtlich über bessere Informationen verfügte. Er legte mir ein Programm der nuklearen Aufrüstung der UdSSR vor. Dann fragte er mich: »Kennen Sie das?« Ich verneinte. Langsam begann ich an der mir als wahr übergebenen Parteiinformation über das Abrüstungsprogramm der UdSSR zu zweifeln. Als ich ihn fragte, wie er die Nato Hochrüstung bewerte, die nach dem Nato-Doppelbeschluss in der Bundesrepublik wirkte, leitete er das Gespräch geschickt in obige kulturelle Fahrwasser über.

Die Rüstungsspirale drehte sich weiter im Osten wie im Westen. Wohin führte das noch? Wir beantworteten die Frage nicht. Spätestens hier traten bei mir Gedanken danach auf, dass es die Unfehlbarkeit der medienwirksamen Propaganda auf beiden Seiten nicht gab.

Einige Monate später beeindruckte mich das Papier: »Der Streit der Ideologien und die gemeinsame Sicherheit«. Es wurde im August 1987 von der Grundwertekommission der SPD der BRD (Erhard Eppler, SPD) und der Akademie für Gesellschaftswissenschaften der DDR(Rolf Reißig, SED) [49] veröffentlicht. Es hatte auf mich einen starken Einfluss.»Unsere Hoffnung kann sich nicht darauf richten, dass ein System das andere abschafft. Sie richtet sich darauf, dass beide Systeme reformfähig sind und der Wettbewerb der Systeme den Willen zur Reform auf beiden Seiten stärkt.«

Erstmals sprach die SED von einer Reformfähigkeit des sozialistischen Systems. Kleinere Reformen, wie beispielsweise eine Hochschulreform, hatte ich bereits erlebt. Aber ein ganzes politisches System zu reformieren, diese Erkenntnis war doch sehr bemerkenswert. War die SED bereit, Reformen des politischen Systems vorzunehmen? Die marxistisch-leninistisch begründete Parteilinie müsste eine pluralistische offene Diskussion ermöglichen. War das möglich? Ging ich in meinen Überlegungen zu weit? Die Presseorgane der Partei äußerten sich zurückhaltend, als ob sie eine heiße Kartoffel in der Hand hätten. Ich war etwas ratlos, fand aber in meinem Umfeld nicht wenige Mitglieder der SED, die Hoffnung auf eine offene politische Diskussion schöpften.

Gedanklich ging ich noch einen Schritt weiter. Ich vermutete, dass nun endlich auch in der DDR eine offene und freie Diskussion über dringend notwendige Veränderungen gesellschaftlicher Prozesse möglich wären.

Die Bedeutung dieses »Papiers« für meine Meinungsbildung war groß. Ich verknüpfte damit die Hoffnung auf freiere Meinungsäußerung. Ich spürte eine bis dahin nie für möglich gehaltene Erneuerung der Partei. Ich dachte: »Endlich beginnt ein Prozess, der viele Menschen in der DDR begeistern wird!« Ich war geradezu euphorisch.

Etwas hatte »das Papier« meines Erachtens erreicht, es hat die Menschen, auch innerhalb der Partei bestärkt, sich einem Denkdogma zu entziehen. Eine bessere DDR gestalten zu können, mit einem besseren Sozialismuskonzept, das waren die Pflänzchen, die in meinen sehr nebulösen Vorstellungen wuchsen.

Vielleicht war es ein Öffnen der ideologischen Verkrustung? Es hat meines Erachtens Zweifel an der dogmatischen Parteilinie genährt.

In den Einzelgewerkschaften, so auch in der Industriegewerkschaft Druck und Papier, wurden gerade aus den Leipziger Verlagen heraus Fragen der Erhöhung der Eigenständigkeit, einer stärkeren Verantwortung für die Tarifentwicklung der Branchen gestellt. In den dortigen Gewerkschaftsgruppen entfalteten sich immer mehr Impulse für Veränderungen in der Gewerkschaft sowie in der Gesellschaft. Die sich immer wiederholenden Berichtsverpflichtungen gegenüber den FDGB Organen zwangen die Industriegewerkschaften in ihre abhängige Rolle innerhalb der Gewerkschaft. Die Industriegewerkschaften sollten offensichtlich zum Wurmfortsatz des FDGB degeneriert werden. Jetzt brachen aber Forderungen nach Verstärkung der Selbständigkeit aus den Gewerkschaftsgruppen hervor.

Meine Tätigkeit als Vorsitzender der Industriegewerkschaft geschah unter der Aufsicht und in Abhängigkeit von den Abteilungen des FDGB und schließlich vom

Sekretariat des FDGB Bundesvorstandes. Jede Reise ins Ausland musste ich vorher durch eine Vorlage in diesem Sekretariat beschließen lassen. Das setzte immer umfangreiche ideologische Begründungen voraus. Ich saß stundenlang über den Genehmigungsanträgen, überlegte aktuelle und persönliche Standpunkte einzelner Sekretariatsmitglieder, brachte die politische Lage mit den Beschlüssen der SED in Einklang, um schließlich die Wichtigkeit gerade dieses Antrages für die Erhaltung des Friedens zu begründen.

Als ich diese Bittstellungen später im Archiv las, war ich beschämt von meinen eingegangenen Abhängigkeiten. Es war für mich immer ein Bangen um diese Reisegenehmigungen, die für mich bedeutungsvoll waren. Für mich erschloss sich in diesen Reisen die Welt in ihrer ganzen Vielfalt und Realität. Ich fand hier oft den Bogen zu den Vorstellungen der Gewerkschaftsmitglieder der IG Druck und Papier für Veränderungen der eigenen gewerkschaftlichen Tätigkeit. Ideologische Verkrustungen, eine Heroisierung des realen Sozialismus, das Wiedergeben agitatorischer Wirtschaftsergebnisse konnten mir im Ausland nicht Anerkennung verschaffen. Die Anerkennung der Leistungen anderer Gewerkschaften in der Welt, das Respektieren ihrer Erfahrungen, ein flexibles Reagieren auf politisch aktuelle Ereignisse, eine offene Meinungsäußerung bildeten immer mehr für mich die Basis internationaler Gewerkschaftsarbeit. Diese Einsichten erwuchsen vor allem aus den Gesprächen mit den Mitgliedern der Industriegewerkschaft in meiner Heimat. Diese bestärkten mich in meinen Überlegungen einer Zusammenarbeit von Gewerkschaftsmitgliedern über die Grenzen hinweg. Es war immer ein Suchen nach Kompromissen, nach gegenseitigem Respekt.

Ich erhielt nach einer Bittstellung die Genehmigung, 1986 am Gewerkschaftstag der Drucker und der Papiermacher in Marseille in Frankreich teilzunehmen. Die Delegation der IG Druck und Papier der DDR wurde von mir geleitet. Ich war zudem Präsident des Ständigen Komitees der Gewerkschaften der Grafischen Industrie. Der Kalte Krieg hatte die nationalen und internationalen Gewerkschaftsorganisationen gespalten.

Die Delegation der IG Druck und Papier der BRD wurde vom Vorsitzenden Erwin Ferlemann geleitet, er war der Präsident der Internationalen Grafischen Föderation [50]. Dieser Umstand war einmalig in der Zeit des Kalten Krieges. Zwei deutsche Präsidenten in den zu unterscheidenden Einflusssphären, mit der Option häufiger Kontaktierung trafen sich hier.

Auf diese Weise kam es zu einer Vielzahl von Treffen mit den Kollegen aus der Bundesrepublik. Wir lebten etwas vor, was durchaus die Überschrift verdiente »Wandel durch Annäherung«. Es kam vor, dass wir gesamtdeutsche Grußadressen vortrugen, wie in Marseille, wo ich diese im Namen der deutschen Druckergewerkschaften aus Ost und West erledigte.

Unsere »Berichterstatter« hatten es nicht einfach mit uns. Ihre Berichte beinhalteten offensichtlich ideologische Beeinflussungen, die in ihrer Wirkung auf die westliche Seite herbeiargumentiert wurde. Einen Realitätsbezug konnte ich nicht erkennen. Sie müssen aber so informiert haben, dass ich meine Reisen in das KA (Kapitalistische Ausland) fortsetzen konnte. Ob sie sich als Trittbrettfahrer an meine Kontakte anhingen, entzog sich meiner Kenntnis. Nach jeder Reise hatte ich das Sekretariat des Bundesvorstandes zu informieren, was mein mitreisender Sekretär für internationale Arbeit erledigte. Diese Berichte gingen wiederum an alle zentralen Dienststellen der DDR, ein Teufelssystem!

Die Staatsdiener westlicher Länder sahen in mir einen Vertreter kommunistischen Gedankengutes. So wurde ich an den entsprechenden Grenzübergängen oft behandelt. Das ließ ich mit Geduld und Sachlichkeit über mich ergehen, obwohl mir manchmal der Angstschweiß auf der Stirn stand. Eine Fahrt zur Konferenz der Gewerkschafter der Grafischen Industrie in Wien sollten meine Gefühle verdeutlichen.

Zunächst waren wir in Prag zusammen gekommen, die Vertreter der Gewerkschaften aus den sozialistischen Ländern mit den Vertretern der Gewerkschaften aus den kapitalistischen Ländern. Diese gemeinsame Konferenz erarbeitete ein Material zum Arbeitsschutz der Drucker in der Welt. Wir überreichten dieses Dokument später der Internationalen Arbeitsorganisation in Genf (ILO) [51]. Nach den dort erarbeiteten Arbeitsschutzkriterien sollten die Produktionsabläufe in den Druckereien der Welt erfolgen, die sich dieser Konvention anschlossen.

Es war eine sehr erfolgreiche Arbeit, an der sich vor allem Mediziner der DDR engagiert hatten. Nach dem wir die Konvention in Prag einstimmig verabschiedet hatten, fuhren wir mit dem Zug gemeinsam nach Wien.

Die Grenzbeamten Österreichs waren erstaunt, dass über die »Ostlinie« Bürger der Bundesrepublik fuhren, das war zumindest sehr selten, wie sie sich äußerten.

Dann hatten diese noch eine gemeinsame Einreise nach Österreich mit Bürgern aus der DDR zu kontrollieren. Das war nun für diese Herren höchst merkwürdig.

Nun trennten die österreichischen Beamten zunächst einmal in west- und ostdeutsche Menschen. Da wir natürlich in den Zugabteilen durcheinander saßen, ließ der Kommandant den Zug anhalten, weil das Trennungsverfahren länger dauerte, als er dachte. Auf einem kleinen Bahnhof sortierte er uns. Zunächst nach Menschen aus der Bundesrepublik und danach Menschen aus der DDR. Dann wurden die Gruppen in Menschen aus den sozialistischen Ländern und denen aus den kapitalistischen Ländern selektiert. Das war Anfang der achtziger Jahre nicht so einfach. Es blieb eine Gruppe übrig, wo die Zuordnungen, die die Beamten vornahmen, ins Holpern kamen. Es blieben die Menschen aus Japan, Syrien, Argentinien, Kuba, Chile und Pakistan übrig. Diese wurden dann recht eigenwillig auf die beiden Gruppen so zugeschlagen, dass eine nahezu gleiche Gruppenverteilung herauskam. Die Erinnerung an meine Kindheit trat plastisch hervor, wo Spielführer Gruppen für ein Fußballspiel zusammenstellten. So erlebte ich die »Aufteilung der Welt« nach österreichischem Bild. Diese Trennung hatte das Ziel, dass die Menschen, die von den österreichischen Beamten als Vertreter sozialistischer Länder ermittelt wurden, ob nach Vorschrift oder nicht, sich einer gründlichen Gepäckkontrolle zu unterziehen hatten, während die als kapitalistisch ermittelten keine weiteren Kontrollen erleben mussten. Immer wieder versuchte der oberste Beamte, Kontakt mit seinen Vorgesetzten herzustellen. Das tat er mit den dringlichen Worten: »Hier ist eine kommunistische Invasion zu vermuten!«

Nach offensichtlich mehreren Rücksprachen durften wir die Reise nach Wien fortsetzen.

Es gehört zur Geschichte, dass diese Zugroute sehr wenige Fahrgäste aus dem Osten zu dieser Zeit nutzen durften. Die Grenze zwischen den Blöcken war zementiert. Vielleicht waren wir für sie die ersten aus dem Osten, die diese Zugroute nutzen durften.

Um die entstandene Spannung etwas aufzulockern, haben wir den österreichischen Beamten unterstellt, dass sie offensichtlich beim Lesen der Namen der beiden deutschen Gewerkschaftskollegen verunsichert waren. Der aus dem Westen hieß Haßdenteufel und der aus dem Osten hieß Frohböse. Das war schon in dieser Konstellation ungewöhnlich.

Wenn ich über die Gemeinsamkeiten nachdenke, die ich bei den vielfältigen Kontakten mit Gewerkschaftern aus aller Welt spüren konnte, dann überwogen die Gedanken der Solidarität mit den Kollegen, die unter schlechten Lebens- und Arbeitsbedingungen litten.

Unabhängig von den politischen Interessen der Gewerkschaftsfunktionäre war dieses Gefühl bei den Kollegen ausgeprägt. Es überlagerte unterschiedliche ideologische Positionen.

Es waren keine leeren Floskeln, wenn Kollegen über ihre soziale Lage sprachen, dass Anteilnahme sowie solidarisches Empfinden bei den Kollegen daraus erwuchsen. Meine Gefühle hat immer das Lied von B. Brecht, Musik von H. Eisler am besten zum Ausdruck gebracht [52]. Es hat auch meine Gedanken wie in einem Brenntiegel verdichtet, wenn ich über Solidarität gesprochen habe.

Brecht
Refrain:
Vorwärts und nicht vergessen,
worin unsere Stärke besteht!
Beim Hungern und beim Essen,
vorwärts und nie vergessen:
die Solidarität!

1. Auf ihr Völker dieser Erde,
einigt euch in diesem Sinn,
dass sie jetzt die eure werde,
und die große Näherin.

Refrain:

2. Schwarzer, Weißer, Brauner, Gelber!
Endet ihre Schlächterei!
Reden erst die Völker selber,
werden sie schnell einig sein

.

Refrain:

3. Wollen wir es schnell erreichen,
brauchen wir noch dich und dich.
Wer im Stich lässt seinesgleichen,
lässt ja nur sich selbst im Stich.

Refrain:

4. Unsre Herrn, wer sie auch seien,
sehen unsre Zwietracht gern,
denn solang sie uns entzweien,
bleiben sie doch unsre Herrn.

Refrain:

5. Proletarier aller Länder,
einigt euch und ihr seid frei.
Eure großen Regimenter
brechen jede Tyrannei!
Vorwärts und nicht vergessen
und die Frage konkret gestellt
beim Hungern und beim Essen:
Wessen Morgen ist der Morgen?
Wessen Welt ist die Welt?

Mir ist später einsichtig geworden, dass so einfach die Klassenverbundenheit nicht herstellbar war. Dennoch hat das Lied für mich eine bleibende emotionale Wirkung, die ich auch nicht durch Globalisierungsargumente aus meinem Kopf verbannen werde. Der Gedanke der Solidarität war ja bereits in der Geschichte der internationalen Gewerkschaftsbewegung eine tragende Säule. Das war eine der Stärken dieser Bewegung, die mich begeisterte und motiviert hatte.

Auch die internationalen Organisationen der Druckergewerkschaft hatten sich nach dem verheerenden Krieg der USA in Vietnam überlegt, den dortigen Kollegen beim Aufbau ihres Landes zu helfen. Wir beschlossen eine große Solidaritätsaktion. Die französischen Kollegen hatten eine Druckmaschine (das war die gesamte Drucktechnologie, um Zeitungen u.a. herzustellen) zur Verfügung gestellt. Die sowjetischen Kollegen stellten ein Transportschiff zur Verfügung. Die anderen Organisationen spendeten Geld für den Aufbau eines Druckwerkes.

Medienwirksam wurde von der Übergabe unserer Solidaritätsleistung an die vietnamesischen Behörden berichtet. Ich konnte erleben, wie die französischen Gewerkschaftskollegen mit Leidenschaft sowie politischem Engagement die Verschiffung nach Vietnam organisierten. Die Emotionen zahlloser Gewerkschafter waren angeregt. Solidaritätsleistungen waren dort angekommen, wo sie gebraucht wurden. Ich war sehr zufrieden mit dieser Aktion.

Umso größer war meine Enttäuschung, wie die vieler Gewerkschaftskollegen auch, als wir erfuhren, dass das von unseren Solidaritätsgeldern erworbene Druckwerk von zwielichtigen Hintermännern zerlegt und verkauft wurde. Sie hatten sich mit großer Wahrscheinlichkeit persönlich bereichert. Das war eine bittere Erfahrung für mich.

Mit diesem Beispiel möchte ich keineswegs die zahllosen wirksamen Hilfsaktionen oder Solidaritätsleistungen, die Gewerkschafter in den achtziger Jahren leisteten, diskriminieren.

Ich war um eine Erfahrung reicher. Solidarische Leistungen sind in unserem Fall korrupten Händlern in die Hände gefallen. Wirtschaftliche Interessen spielten eine große Rolle im Ringen um gewerkschaftliche Interessenvertretung oder wenn es gar um Solidaritätsleistungen ging.

Eine ähnliche Erfahrung machte ich auf einer Einladungsreise zur syrischen Gewerkschaftsorganisation. Die syrischen Kollegen waren im Begriff, Strukturen in der Interessenvertretung aus den sozialistischen Ländern auf ihre Bedingungen zu übertragen. Die Bedingungen in den Druckereien waren aber sehr bescheiden. Meines Wissens waren in Damaskus die ersten größeren Betriebe entstanden. Die aus veralteten Druckereien einiger sozialistischer Länder bereitgestellten Technologien waren mit veralteten Erzeugnissen aus der westlichen Welt kombiniert. Ebenso vielfältig, wie die Herkunft der Technologien, waren die Möglichkeiten der Interessenvertretungen. Ich lernte aber erstmalig die tiefen Glaubenslehren sowie die Glaubenspraxis der muslimischen Kollegen kennen. Danach richtete sich das gesamte Leben, die Produktionsabläufe, schließlich die Tagesgestaltung. Die gewerkschaftlichen Interessenvertretungen waren auf Bedingungen gerichtet, die von Außenstehenden, wie ich es war, kaum nachvollziehbar waren.

Wir kamen mit fertigen Dokumenten der Arbeit der Gewerkschaften in den sozialistischen Staaten. Darin spielten die zentralistischen Gewerkschaftsverbände, wie der FDGB, die entscheidende Rolle. Die Industriegewerkschaften begannen ihre Eigenständigkeit in kleinen Schrittchen wiederzugewinnen. Hier aber legten wir ein Konzept der in unseren Ländern erwünschten Rolle der Industriegewerkschaften vor. In Syrien waren weder zentralistische Dachorganisationen im Entstehen, noch waren wirkungsvolle Industriegewerkschaften entwickelt. Dennoch glaubten wir, dass unser Konzept der gewerkschaftlichen Interessenvertretung für ihre Bedingungen das richtige sei. Um es mit einem Satz zu sagen: »Sie brauchen ja nur dieses Materialien zu übernehmen!« So dachte ich auch zu diesem Zeitpunkt.

Natürlich hatte ich den verbindlich wirkenden Spruch auch immer genannt: »Diesen Konzepten müsst ihr dann eure Bedingungen anpassen!«

Gerade darin lag aber das Problem.

Konzepte gesellschaftlicher Prozesse anderen Ländern, gar anderen gesellschaftlichen Verhältnissen in den Mund zu legen oder gar überzustülpen, waren überhebliche Versuche der Einflussnahme, die allerdings bald scheiterten.

Auf einer dieser Reisen lernte ich die unbeschreibliche Gastfreundschaft arabischer Menschen kennen. Wir fuhren von Damaskus aus ein Stück in Richtung der Golanhöhen, die bereits von den Israelis besetzt und bebaut waren. Unsere Begleiter beschrieben ein fruchtbares Land. Die Leute sagten immer: »Stecke niemals deinen Finger in die Erde – es wächst dir eine neue Hand!« Sie wollten damit sagen, wie fruchtbar hier der Boden sei, wenn er bewässert werden kann. In dieser so fruchtbaren Gegend, die leider nicht bewässert werden konnte, war der rote Boden ausgetrocknet und karg. Wir fuhren über mehrere Stunden durch diese vertrocknete Landschaft.

Die freundlichen Gastgeber organisierten, weil sie unsere dürstenden und hungrigen Blicke sahen, schnell ein Picknick. Aus einfachen Brettern wurden Sitzgelegenheiten errichtet. Ein gerade noch auf dem kargen Boden weidendes Schaf wurde geschlachtet. Ich konnte gar nicht so schnell die Situation erfassen, da waren auch schon Fladenbrot, Käse, Tee bereitet. Ein Geruch von Geschlachtetem mischte sich mit starkem Teegeruch. Die Sonne brachte den Boden zum Glitzern. Bilder einer Fata Morgana kamen mir ins Gedächtnis. Zeltplanen schützten ein bisschen den Ort der sehnlich erwarteten Speisen und Getränke. Das frische Fleisch wurde über einem offenen Feuer gegart. Später wurde es mit Reis und köstlichen Gewürzen zubereitet. Ein unbekannter Duft der Gewürze stieg mir in die Nase. Nun begann eine Zeremonie, an die ich mein ganzes Leben noch denken werde. Meine Gesprächspartner fütterten mich mit ihren Händen. Sie brachen Fladenbrot. Daraufhin ergriffen sie mit den Fingern aus dem garenden Fleischtopf einige Fleischstücken und schoben mir die Stücke in den Mund, den ich nur zu öffnen brauchte. Meine Augen traten aus blankem Erschrecken sicher etwas hervor, als ich merkte, dass sie mir mit einem Lächeln die Augen und den Hoden des geschlachteten Schafes in den Mund schoben. Nach ihrer Sitte ist das eine besondere Gabe für den Gast.

Auch das Füttern mit den Händen durch die Gastgeber gilt in den arabischen Ländern als besondere Würdigung des Gastes. Unser Dolmetscher schärfte mir immer wieder ein: »Bringen sie ihre große Freude zum Ausdruck! Das ist die höchste Form der Gastfreundschaft in den arabischen Ländern.« Ich tat das dann auch. Ich habe sicher ein gequältes Lächeln in meinem Gesicht gezeigt. Wenn ich später immer die weise Mähr hörte, man könne einer anderen Kultur oder gar Religion seine Verhältnisse überstülpen, dann habe ich den Geschmack von Hammelhoden oder den Augen des Schafes im Mund.

Weder heutige demokratische Verhältnisse, die ich jetzt erlebe, noch sozialistische, die ich zu »stülpen« versuchte, sind übertragbar.

Ich lernte durch die Augen meiner Gastgeber aus dem Tal, in dem wir saßen, auf die Golanhöhen zu blicken. Fragen brachen hervor: »Warum besetzt der Staat Israel dieses syrische Territorium? Mit welchen internationalen Rechten ist das vereinbar?« In dieser emotional belasteten Situation erzählten die syrischen Kollegen ihre Erlebnisse aus ihrer Sicht. Schicksale von vertriebenen syrischen Familien wurden lebendig. Ihre Sätze, die sie sprachen, brauchten nicht übersetzt zu werden, weil sie hart klangen. Wut prägte ihre Worte. Warum sollte ich ihnen nicht glauben, was sie erzählten? Ich war ebenso gefangen von ihren Schilderungen, wie alle mich begleitenden Kollegen.

Wir saßen schweigend um den gastlich provisorischen Tisch. Keiner wagte zu sprechen. Es herrschte eine nachdenkliche bedrückende Stimmung. Mein gezimmertes politisches Gerüst, was mich Glauben machte, dass ich doch fast alles erklären könne, brach zusammen.

Langsam erwuchs Angst, weil ich immer mehr erkennen musste, dass ich hier in einem militärischen Konfliktgebiet saß, Tee trank oder Hammel verspeiste.

Ich stellte mir vor, dass im nächsten Augenblick von den Golanhöhen militärische Angriffe möglich waren. Vielleicht habe ich noch Worte der solidarischen Hilfe gefunden. Meine Gemütslage war auf einem Tiefstand. Ich merkte, dass mir sowohl die historischen Hintergründe der Konflikte, die wirtschaftlichen und politischen Interessen der Konfliktparteien, wie die ethnischen sowie religiösen Bedingungen unklar waren.

Hilfe suchend blickte ich in die Augen meiner Gesprächspartner. Ich fühlte mich in diesem Augenblick mit ihnen verbunden. Ich hatte nur noch einen Wunsch: »Bitte lasst uns aufbrechen!«

Damals ahnte ich nicht, dass ich fast 25 Jahre später auf eben diesen Golanhöhen mit meiner Frau und unseren Freunden gestanden haben werde. Wir schauten von diesen Höhen, die von Israel immer noch besetzt waren, auf die syrische Ebene herab. Die Fragen, die ich damals hatte, haben sich leider vervielfältigt. Die Antworten blieben offen. Die Sicht auf die Bedingungen allerdings war eine andere.

Durch meine Unachtsamkeit auf dieser syrischen Reise, obwohl ich immer darauf hingewiesen wurde, kein unabgekochtes Wasser zu trinken und die hygienischen Regeln einzuhalten, brachte ich einen Wurm mit, den ich plötzlich erbrach.

Als ich den in das Tropeninstitut schickte, waren die Wissenschaftler sehr angetan von dem seltenen Exemplar, ich danach weniger, was mit der Wurmkur zusammenhing, die ich dann über mich ergehen lassen musste. Ich nahm zusehends ab.

Mein Gesicht verfärbte sich in gelben Tönungen. Dabei hatte ich noch Glück, dass das Tier seine Kreislaufeigenschaften bei mir nicht fortsetzte.

Bei dem nun folgenden Erlebnis auf einer Kontaktreise bin ich veranlasst, immer wieder in mich zu gehen und darüber nachzudenken, mit welcher Haltung ich vor fast dreißig Jahren eine Reise in die Nordkoreanische Volksrepublik angetreten habe. Eine Reise in einen Staat, der heute als »Schurkenstaat« definiert wird. Damals sah ich ihn als befreundeten Staat an, der unter unsagbar schwierigen Bedingungen sozialistische Verhältnisse aufbauen wollte.

»Otto, find ich gut!« hatte für mich eine andere Bedeutung als heute medienwirksam oder umsatzträchtig erhofft. Für mich war Otto, den ich nicht nur gut fand, der aus meiner Sicht wirklich gut war, ein perfekter Reisebegleiter. Wir erhielten beide den Auftrag, einer Bitte der Kommunistischen Partei Nordkoreas folgend, den dortigen Genossen bei zwei Aufgaben zu helfen. Er, da er ein guter Bauingenieur war, ihm halfen besonders seine Erfahrungen beim Städtebau, sollte Projekte der Stadtentwicklung in Pjöngjang bearbeiten.

Ich sollte ein Konzept zur Schaffung gewerkschaftlicher Strukturen vorlegen. Als Dank für diese Arbeiten sollten wir eine Reise mit unseren Ehepartnern nach Nordkorea von der damaligen Botschaft in Ost-Berlin erhalten.

Ich kniete mich bei der Ausarbeitung solch eines gesellschaftlichen Planes zunächst in die Werke des »Großen Führers« Kim Il-Sung [53]. In diesen Werken wurde mir bereits damals deutlich, dass der Personenkult darin eine andere Dimension hatte als ich sie aus Schriften der Klassiker des Marxismus-Leninismus kannte.

Meine Gesprächspartner deuteten mir an, dass ohne die weisen Gedanken des »Großen Führers« in ihrem Land gar nichts ginge. Sie wiesen mit Nachdruck darauf hin.

Ich suchte nun Stellen in diesem Werk mit »ähnlichen Gedankenrichtungen«, um gewerkschaftliche Tätigkeiten zu begründen. Das war nicht einfach, da direkte Formulierungen zu diesem Inhalt kaum vorkamen. Ich versuchte es mit Deutungen, Umschreibungen, Erklärungen.

Seine Gedanken wollte ich als Voraussetzung nehmen, um gewerkschaftliche Strukturen für dieses Land zu entwickeln. Das war mein Plan.

Damals muss ich mir besonders intelligent vorgekommen sein. Vergleichen würde ich es mit einer Fliege, die einem Elefanten einen Ton entlocken will.

Wenn ich heute diese »Schriften des Großen Führers« in die Hand nehme, geht es mir eiskalt den Rücken herunter. Mit welcher Arroganz diese »Schriften« gottähnlich als Schriften des »Großen Führers« angelegt sind, das ist Dogmatismus pur. Sie dulden keine Deutungen.

Ich versuchte es in meiner Naivität dennoch. Also zitierte ich Stellen aus den »Schriften«, legte meine »kleinen Ansätze gewerkschaftlicher Mitbestimmung« dem »Großen Führer« in den Mund und war dem »Transmissionsriemen Lenins« noch nähergerückt, als in der DDR bislang umgesetzt worden war.

Mit meinen wahnwitzigen Überlegungen wollte ich offensichtlich damals wenigstens Gehör finden. Obwohl mir einige Schriften des »Großen Führers« nunmehr bekannt waren, kam es mir nicht in den Sinn, diese Schriften als »Handbücher der Diktatur« zu charakterisieren. Ich lavierte mit Formulierungen, Deutungen, Erklärungsversuchen, Rechtfertigungen.

Eines Tages wurde ich mit besagtem Otto in die Botschaft der Koreanischen Demokratischen Volksrepublik (KVDR), so nannte man damals Nordkorea, zu einem Gespräch eingeladen.

Wir trafen uns das erste Mal im Vorzimmer eines Botschaftssekretärs. Er, der Baumensch und ich, der Gewerkschafter. Otto war ein lebenslustiger Typ. Er erklärte mir erst einmal in lautem Ton, dass er die Koreaner kenne. Er habe dort mehrere Jahre gelebt. Beim Aufbau ihrer Städte habe er ihnen geholfen. Er spreche auch etwas Koreanisch. Viele Freunde habe er dort.

Als die Tür des Botschaftszimmers aufging, war ein Aufschrei zu hören: »Otto, Otto, Otto, endlich bist du hier, wir brauchen dich«. Jetzt merkte ich, dass ich hier nur eine Nebenrolle spielen würde. Ich wurde, so nebenbei, in das Zimmer gebeten, wo Otto nun seine Geschichten zum Besten gab. Die koreanischen Gastgeber verbeugten sich nach fast jedem Satz, den Otto von sich gab.

Zu meiner Ausarbeitung über die gewerkschaftlichen Strukturen verlor der Botschaftssekretär zunächst kein Wort. Wir gingen zum gemütlichen Teil über, der im Trinken eines süßen Schnapses bestand, auf den mich Otto im Vorzimmer bereits vorsorglich hingewiesen hatte. »Du merkst erst gar nichts, dann kannst du deine Beine nicht bewegen…!« Leider hatte er Recht. Es fiel mir sehr schwer, aus dem Ledersessel des Botschaftssekretärs wieder aufzustehen. Otto half mir. Beim Verabschieden sagte mir der Botschaftssekretär flüsternd ins Ohr, dass er meine »Gedanken« gelesen habe. Ich fragte ihn dann noch: »Na, und?« Er verbeugte sich in einer überaus freudigen Geste. Das war dann auch die einzige Reaktion auf mein »Werk«. So verschwanden wir wieder, der gefeierte Otto und ich.

In dem Vorraum erhielten wir beim Herausgehen die Einladung zu einer Reise mit unseren Frauen nach Nordkorea.

Nordkorea war für uns ein Freundesland. So nahmen wir diese Einladung freudig auf. Die damals notwendigen Genehmigungsstellen bestätigten diese Reise. Mit der Aeroflot, über mehrere Zwischenstationen in der Sowjetunion, landeten wir in Pjöngjang.

Bereits auf dem Flugplatz wurden wir wie eine Staatsdelegation empfangen. Unsere Frauen erhielten Blumen. Wir wurden in einem Empfangsraum des Flugplatzes gebeten. Dort erfolgte die offizielle Begrüßung durch einen Regierungsvertreter. Ein Begleiter stellte sich vor. Eine hübsche Dolmetscherin stand uns für den gesamten Aufenthalt sprachvermittelnd zur Verfügung. Ein Auto war für uns bereitgestellt. Das war für die Bedingungen in dem Land etwas ganz besonderes, weil ein PKW nur für Staatsdelegationen zur Verfügung gestellt wurde. Der grüne Volvo aus den 70er Jahren erregte jedoch überall Aufsehen, da die Bevölkerung offensichtlich wusste, dass es sich bei den Insassen um Regierungsgäste handelte.

Nach der überaus freundlichen Begrüßung, bei dem natürlich Otto im Mittelpunkt der Aufmerksamkeit stand, erhielten wir einige Richtlinien für unser Verhalten im Land. Dabei war zum Beispiel ein Verlassen des Hotels ohne Begleiter unerwünscht.

Schließlich brachte man uns in ein Hotel, wo wir die einzigen Gäste waren. Zunächst wollte man uns sicher etwas Gutes tun, indem man sich viel Mühe beim Besorgen europäischer Nahrung gab. So fertigte uns der Koch aus rohen Kartoffeln einen Kartoffelsalat. Dazu gab es Würstchen aus der Dose, deren Verfallsdatum weit überschritten war.

Da wir die Lage der Ernährung der Bevölkerung zunehmend mehr erfahren konnten, wollten wir schon aus Gastfreundlichkeit keine Bemerkungen machen. Die Nahrungsmittel waren für die Bevölkerung knapp. Beschämt haben wir reagiert.

Nur mit Ottos Hilfe fanden wir eine Begründung, dass wir nun einheimische Speisen erhielten. Dass wir dann alsbald auch Hundefleisch erhielten, hatten wir wohl doch nicht bedacht. Dennoch waren die Speisen gut gewürzt, geschmackvoll zubereitet, in der einfachen Art der Herstellung köstlich. Unser unbändiger Wunsch, uns nach koreanischer Sitten und Gebräuchen zu ernähren und ihre Kultur kennenzulernen wurde von unseren Gastgebern gewürdigt. Langsam entwickelte sich eine freundliche Beziehung zu den Betreuern und Gastgebern.

Als Beitrag zur kulturellen Bereicherung war in dem Hotel ein kleiner Kinosaal eingerichtet worden. So konnten wir nordkoreanische Filme sehen, die das Heldentum der Nordkoreaner im Krieg gegen die übermächtigen Amerikaner schilderten. Von den Chinesen, die ja einen beträchtlichen Anteil am Zurückdrängen der Amerikaner bis zum 38. Breitengrad hatten, war überhaupt keine Rede.

Zur Einführung in die Filme wurden Szenen mit dem »Großen Führer« gezeigt. Er gab vor, was zu denken war. Kampfszenen wurden unterbrochen, um seine Worte einzuspielen. Immer wieder wurden Beispiele seiner unübertrefflichen Tapferkeit sichtbar gemacht.

Diese sich ständig wiederholenden Ruhmestaten des »Großen Führers« waren ein sichtliches Zeichen der Indoktrination eines Volkes. Es war so überzogen, dass es schon wieder lächerlich erschien. Die Frage, ob sich solche Darstellungen auf die Meinungsbildung eines Volkes auswirkten, war für mich schwer zu beantworten. Ich hatte ein peinliches Gefühl.

Nach wenigen Tagen nahmen wir an dem Kinogang nicht mehr teil. Wir zogen uns auf die Zimmer zurück, in denen es kein Radio, geschweige einen Fernseher gab. An exponierter Stelle war ein Lautsprecher angebracht, der den ganzen Tag koreanische Volksmusik oder die Worte des» Großen Führers« übertrug. Ich fand einen Abstellschalter, den andere Zimmer, wie ich dann feststellte, nicht hatten. Wir waren schon etwas privilegiert. So konnten wir abschalten.

Mit dem besagten Volvo unternahmen wir nun Fahrten in das Land. An allen Stellen, wo dieses Auto aufkreuzte, unterbrachen die Menschen ihre Arbeit, verbeugten sich vor uns, winkten uns lächelnd zu. Es war für mich ein bedrückendes Gefühl. Was mag in den Köpfen der Menschen vorgegangen sein? War es die sprichwörtliche Gastfreundschaft? Ich versuchte darin eine Erklärung zu finden, dass die Menschen selten Ausländer sehen. Waren Wurzeln des Konfuzianismus die Ursache? Konnte es sein, dass Menschen in ihrem freien Willen so diktatorisch eingepfercht sind, dass sie nur das tun oder sogar empfinden, was der »Große Führer« ihnen vorgibt?

Selbst als wir mit den Menschen unmittelbar im Gespräch waren, kam von ihnen eine unbändige Freundlichkeit zum Ausdruck, die mich immer wieder verwirrte. Ich habe nie herausbekommen, wie diese Menschen dachten, was sie wirklich empfunden haben als sie uns sahen.

Besonders betroffen haben mich die Begegnungen mit Kindern gemacht. Sie strahlten uns mit freundlichen Augen an, wenn wir sie trafen. Oft kamen sie in Gruppen mit ihren Lehrern oder Betreuern. Niemals bettelten sie. Fast unterwürfig diszipliniert verhielten sie sich den Erziehern gegenüber. In ihren Schuluniformen waren sie sauber, gar ordentlich gekleidet. Die Lehrer forderten sie in unserem Beisein auf, Gedichte oder Lieder vorzutragen, was sie mit Begeisterung taten. In diesen Liedern und Gedichten war oft die Rede von der scheinbaren Liebe das »Großen Führers« zu den Kindern.

Als wir im Diamantgebirge auf kleinen Pfaden den Berg hinaufgingen, ergaben sich an Wegbiegungen Situationen, wo wir unvorbereitet Kindern plötzlich begegneten. Sie konnten sicherlich nicht ahnen (oder vielleicht doch), dass ihnen Ausländer begegneten. Immer wieder stellten wir fest, dass sie uns mit überaus freundlichen Gesichtern begrüßten, Lieder sangen, einfach fröhlich waren. War diese Fröhlichkeit vorgespielt? War sie den Kindern gar befohlen? Die Fragen bleiben unbeantwortet für mich.

Als wir diese Wanderung ins Gebirge machen konnten, kommt mir das folgende Erlebnis nicht aus dem Sinn. Es war ein beschwerlicher Weg. Wir konnten kaum Luft holen. Selbst unseren jungen Begleitern fiel es schwer, diesen Gebirgsweg zu gehen. Aber an jeder Ecke, an jeder Kehre stand eine Losung des »Großen und geliebte Führers Kim Il-Sung«. Nein, mehr noch, er war schon hier. Er hatte eben an dieser Stelle diese »heldenhaften Worte« gesprochen, erklärte uns die Dolmetscherin.

Nun hatte ich mir überlegt, wie der Greis hier hochgekommen war. Es kam aber noch bizarrer.

Wir erreichten den Gipfel auf dem der »Große Führer« selbstverständlich auch schon gestanden haben sollte. Wir schauten auf einen See, der tausende Meter vom Gipfel entfernt war. Da erzählte die Dolmetscherin die Geschichte des »Großen Führers«, der von hier aus mit einem Gewehr Enten geschossen habe. Mit einem gezielten Schuss habe er diese in den Kopf getroffen. »Weil unser Geliebter Führer einen scharfen Geist hat. Alle großen Taten leistet er für sein Volk!« Mit einem über-freundlichen Lächeln erzählte sie diese märchenhafte Geschichte. Erst dachte ich, sie veralbert uns ein bisschen, aber ich merkte sofort, wie unser Begleiter mit versteiner-tem Blick dieser Geschichte folgte. Mir erstarb das Lächeln auf dem Gesicht. Ich ahn-te in diesem Moment in besonderer Weise, wozu solche übertriebenen Geschichten herhalten mussten. Ideologien wurden so mit Geschichten ausgestaltet, dass diese Ideologien zur »übermenschlichen Kraft« gedeutet werden konnten.

Bei einem folgenden Zirkusbesuch war ich wiederum beinahe überwältigt von der Leistungsfähigkeit der Akteure, deren ungeheurer Disziplin, deren artistische Qualitäten. Die Wirkung von Massenszenen auf der Bühne beeindruckte mich durch diese uniforme exakte Gleichförmigkeit. Lieder und Tänze beinhalteten immer wie-derkehrende unterwürfige Bekundungen der Liebe und Treue dem »Großen Führer« gegenüber. Beinahe euphorisch waren die Beifallsbekundungen der Zuschauer.

Wie in einer anderen Welt kam ich mir vor, abgeschottet von weltlichen Einflüs-sen, in einer eigenen Sphäre.

Damals hatte ich nicht die gemeinsamen Wurzeln der hier praktizierten Ideologie mit denen in dem Staat, in dem ich lebte, erkannt. Ich glaubte, dass es sich in Nord-korea um eine spezifische asiatische Form eines sozialistischen Aufbaus handelte. Der hier praktizierte Personenkult sei eine vorübergehende typische asiatische Form.

Ich hätte gründlicher darüber nachdenken sollen, wozu Personenkult fähig ist, der auch im Stalinismus seine Quellen hatte.

Übrigens war für mich die Fahrt in das Diamantgebirge ein phantastisches Natu-rerlebnis. Es war überwältigend, auf die bizarre Form des Gebirges zu blicken. Heiße Gebirgsquellen gaben den Wäldern einen nebelhaften Blick. Wie Watte legten sich die Dunstwolken auf die Bäume und Sträucher. Wenn die Steine, von der Sonne be-schienen, anfingen zu funkeln, so fühlte man sich wie im Glitzerzauber einer Mär-chenwelt.

Sehr wünschte ich mir, dass viele Menschen dieses Naturschauspiel erleben könn-ten. Mein Eindruck war, dass es sich hier um etwas Einzigartiges in der Welt handeln würde. Es sollte nicht nur einzelnen, Geführten oder Verführten, zugänglich sein.

Das Leben der Menschen in Nordkorea verstehen zu wollen, ohne die histori-schen, gesellschaftlichen sowie kulturellen Hintergründe genauer zu kennen, war schon schwierig genug. Über ein in Jahrzehnten isoliert lebendes, indoktriniertes Volk zu urteilen, würde ich mir heute nicht anmaßen.

Das Besondere dieser Reise konnte ich daran ermessen, dass es die einzige Reise war, zu der ich keinen Bericht an das Sekretariat des FDGB Bundesvorstand geben musste. Meine Fleißarbeit zur gewerkschaftlichen Interessenvertretung in Korea lan-dete offensichtlich tatsächlich im Papierkorb der Nordkoreanischen Botschaft.

Ich ahnte damals nicht, dass sich dieses Volk noch Jahrzehnte in der Isolation be-finden würde. Die Ländervertreter und Gewerkschaftsorganisationen, die ich besu-chen konnte, in welcher gesellschaftlichen Ordnung sie sich auch befanden, hatten ein besonderes Interesse an den gewerkschaftlichen Erfahrungen, die in der DDR gesammelt wurden. »Warum war das so«?, habe ich mich oft gefragt. Möglicherweise suchten viele Vertreter nach alternativen Lösungen zu ihrer eigenen komplizierten Interessenvertretung. Grundsätzlich konnte man nicht von einer wirksamen internationalen Gewerkschaftsbewegung in den achtziger Jahren sprechen. Der Kalte Krieg trennte die internationalen Organisationen der Vertreter der Arbeitnehmer. Andererseits gab es einige kleinere in der Welt, die die Brücken gewerkschaftlicher Zusammenarbeit nicht abreißen ließen. Dazu gehörten die Druckergewerkschaften. Immer wieder wurde ich gefragt: »Wie macht ihr das nur?« Es gab wenigstens eine Plattform für Gespräche, die andere Organisationen nicht hatten

Herbststürme 1989

Zurück zu meiner Arbeit als Vorsitzender der Industriegewerkschaft Druck und Papier in der DDR. Mein Amtssitz war im Hause der Gewerkschaften am Engeldamm, Ecke Michaelkirchplatz, der sich damals Fritz-Heckert-Straße nannte. Ich konnte aus meinem Fenster auf die Mauer sehen, die Ost- und Westberlin trennte. Von dem Gebäude aus, in dem ich zu dieser Zeit agierte, trennte mich eine Einbahnstraße mit Halteverbot. Bis zur Mauer waren es von dem Bürofenster ungefähr 5 m. Da ich mein Arbeitszimmer im dritten Geschoss dieses Hauses hatte, war es mir auch möglich, täglich in das Grenzsystem in diesem Abschnitt zu blicken. So hätte ich die Grenzposten beobachten können, da ich aber durch mein eigenes Erleben als Grenzsoldat ahnte, was da unten vorging, waren diese Abläufe einer Grenzsicherung für mich nicht neu.

Gedanken habe ich mir erst dann gemacht, wenn ich Besuchern aus anderen Bezirken der DDR erklären musste, die sich natürlich an das Fenster stürzten, warum diese Mauer so war und warum überhaupt so eine Mauer in einer Stadt, wie Berlin, notwendig war. Ich argumentierte, wie ich es in den zahlreichen politischen Schulungen gelernt hatte.

Dass diese Mauer ein Ergebnis des 2. Weltkrieges war und schließlich im Zuge des Kalten Krieges notwendig wurde, davon war ich überzeugt.

Die Zusammenhänge aus historischer Sicht zu beantworten gelang mir mehr oder weniger. Ich argumentierte mit der Weltlage und trug dann Sicherheitsbedürfnisse eines souveränen Staates, eben der DDR, vor. Schließlich kannte ich auch viele Berliner, die durchaus mit der Mauer soziale Sicherheit und Geborgenheit verbanden, die ebenso dachten.

Die menschlichen Schicksale, die mit dem Fluchtversuch aus der DDR verbunden waren, wurden mir erst später erschreckend deutlich. So hatte ich mich mit diesem, für mich notwendigen, Sicherungssystemen eines souveränen Staates abgefunden. Ich hatte mit meinen Argumenten auch einen inneren Frieden hergestellt. Ich fand damals meine Argumente überzeugend. Die meisten meiner Gesprächspartner offensichtlich auch.

Heute kommt es mir wie ein Anachronismus vor, wenn ich daran denke, dass ich mich auf diesen Zustand damals eingerichtet hatte.

Die Berliner Mauer gestaltete sich für mich zur »Normalität«, auch durch die Tatsache, an der Mauer zu leben und meinen Arbeitsplatz dort zu haben.

Manchmal winkten Westberliner aus ihren Wohnungen herüber. Sie waren ja von mir nur ca. 100 m entfernt. In den Oktobertagen 1989 ahnte ich nicht, dass Wochen später dieser Ausblick ein völlig anderer wurde.

Ich blende etwas ein, was für mich später wie ein zufälliges, aber für mich tief beeindruckendes Erlebnis wurde. Meine Tochter Maxi überraschte mich im Herbst 2012, also nach 23 Jahren Mauerfall, mit dem Wunsch, in das von Yadegar Asisi gestaltete Panorama »Die Mauer« [54] in der Nähe des Checkpoint Charlie zu gehen. Ein Künstler, der sich einen Namen mit der im Jahr 2012 gestalteten antiken Metropole Pergamon in Berlin machte.

Der Künstler gestaltete lebensecht historische Ausschnitte, sodass man den Eindruck haben konnte, man befände sich eben in dieser Zeit und an diesem Ort.

So gestaltete er einen Abschnitt der Berliner Mauer genau an der Stelle mit dem Blick aus dem Westen auf den Osten des Jahres 1989, auf den Engeldamm, wo ich gearbeitet hatte.

Ich war sprachlos, nach über zwanzig Jahren wollte ich meiner Tochter den historischen Hintergrund erklären, das brauchte ich nun nicht mehr. Wir stiegen das Gerüst zum Ausblick hinauf, begleitet von dem Originalton Ulbrichts: »*Niemand hat die Absicht eine Mauer zu errichten*« [55] und nun schaute ich von der anderen Seite herüber.

Meine Argumentation von damals war mir noch in Erinnerung. Nun stellte ich fest, wie Tatsachen in so schneller Zeit fest geglaubte Ideologien völlig verändern können.

Das war für mich ein beklemmendes und auch ein befreiendes Gefühl, weil das Panoramabild gemalte Geschichte war und die Realität sich heute als Parkanlage in der Mitte Berlins zeigt. Heute kann man nur noch ahnen, wo diese Mauer stand.

Für mich ist das ein glücklicher und befreiender Umstand.

Ich komme zurück zu den Monaten vor dem Fall der Mauer im Jahre 1989. Der Druck der Kollegen aus den Betrieben um notwendige, dringende Veränderungen in der Wirtschaft wurde immer größer. Die schwindende Möglichkeit für mich, darauf Einfluss nehmen zu können nahmen noch zu. Die Interessenvertretung für die Kollegen einer Industriegewerkschaft reduzierte sich immer mehr darauf, Begründungen zu finden, warum etwas nicht möglich war. Vorhandene Schwierigkeiten wurden als vorübergehend dargestellt. Man müsse Geduld haben.

Es gab einen zunehmend kontinuierlichen Informationsaustausch mit dem stellvertretenden Minister für Kultur, K. Höpke und dem Minister für Zellstoff und Papierproduktion, Grünheid. Das half zwar die entstandene wirtschaftliche Situation besser zu analysieren, Veränderungen wurden kaum erreicht. Beide Minister gehörten aus meiner Sicht aber zu denen, die auf wachsende Missstände hinwiesen.

Von solchen Losungen wie »den Sozialismus in seinem Lauf, hält weder Ochs noch Esel auf…« [56] oder »überholen ohne einzuholen« (vgl. oben) war in diesen Zeiten nichts mehr zu vernehmen.

Das ständige Hoffen auf eine bessere wirtschaftliche Lage charakterisierte alle Bemühungen um bessere Arbeits- und Lebensbedingungen.

Dringend notwendige Veränderungen in der Lohn- und Tarifstruktur gaben die wirtschaftlichen Ergebnisse nicht her. Es war immer ein Ziehen an einer zu kurzen Decke.

Andrè Steiner [57] hat m. E. sehr umfangreich und in weiten Teilen zutreffend die Wirtschaftsgeschichte der DDR beschrieben. Immer dann, wenn wirtschaftliche Probleme unüberwindbar wurden, kamen die ideologischen Auseinandersetzungen ins Spiel. Wirtschaftliches Umfeld wurde dann zum Feld des Klassenkampfes, eine zermürbende Argumentationskette ohne sichtbare Erfolge. Im Gegenteil, sie erzeugte bei Werktätigen Verständnislosigkeit, Ratlosigkeit, schließlich Ablehnung.

Dennoch gab es in den Arbeitskollektiven erstaunlich viele Menschen, die unermüdlich nach Lösungen suchten, Energie aufwendeten, Leistungen erbrachten, die, gemessen an den Bedingungen, die sie vorfanden, einmalig waren. Es entstand ein Solidargefühl in den Betrieben, was sich allerdings in den neunziger Jahren als äußerst brüchig erwies.

Respekt gehörte den Vertrauensleuten in der Industriegewerkschaft Druck und Papier, die in den sozialen Feldern gewerkschaftlicher Tätigkeit, wie Feriendienst, Arbeitsschutz, Sorge um die Gesundheit, kulturelle und sportliche Betätigung, Verbesserung der Arbeits- und Lebensbedingungen unter den Bedingungen einer Gewerkschaft im Sozialismus oft an die Grenzen des Machbaren gingen. Umso stärker war das zu würdigen, weil es unter (trotz der) den Bedingungen politischer Führungsdominanz der SED erbracht wurde.

Versuche von Vergleichen mit heutiger gewerkschaftlicher Interessenvertretung sind ohne die Betrachtung des gesellschaftlichen Gefüges aus meiner Sicht schwer vorstellbar.

Besonders waren die unter der Überschrift eines sozialistischen Wettbewerbes geführten Aktivitäten kaum verstehbar.

Der sozialistische Wettbewerb wurde von der Gewerkschaft geführte. Er war auf höhere Produktivität der Wirtschaft gerichtet. Er sollte das Schöpfertum der Werktätigen initiieren. Mehr Leistung des Einzelnen im Betrieb würde mehr Verteilung von Löhnen auf den Einzelnen ergeben. Das war ein durchaus einsichtiges Vorgehen. Er verkam zum formalen Instrument fragwürdiger Kennzifffernerfüllung, dennoch lag in der Prämienvergabe ein sozial erklärbarer Ansporn.

Es rang mir höchste Achtung ab, wie aus einfachen geschickten Neuerungen gerade in der Papierindustrie eine Grundversorgung der Bevölkerung erreicht und Exporte realisiert wurden, die an die Leistungsfähigkeit der Kollegen grenzten. Dieses Ringen um bessere Wirtschaftlichkeit mit einfachen Mitteln, mitunter entgegen betriebswirtschaftlicher Gewinne, war hervorzuheben. Aus heutiger marktwirtschaftlicher Sicht wäre das kaum einsichtig erklärbar.

Alljährlich fanden in Leipzig die Frühjahrs- und Herbstmessen statt, so auch im Jahre 1989. Eine Leistungsschau der DDR-Wirtschaft, wie sie damals genannt wurde. (Jörg Roesler hat in der kurzen abrissartigen Geschichtebetrachtung in differenzierter Weise diesen Zeitraum der DDR Geschichte betrachtet [58]. Andreas Rödder analysierte den Untergang der DDR und den Zusammenbruch des Ostblocks) [59]. Am Vorabend der Eröffnung versammelte das Wirtschaftssekretariat des Zentralkomitees der SED unter der Leitung von G. Mittag, Sekretär und Mitglied des Politbüros der SED, alle Wirtschaftsminister, die Kombinatsdirektoren und die Vorsitzenden der Branchengewerkschaften zur alljährlichen »Bewertung« der wirtschaftlichen Lage in der DDR.

Zunächst in Seminargruppen gegliedert, nahm ich am Seminar teil, welches Schalck-Golodkowski leitete. In den Seminaren der Vorjahre bestachen die Kombinatsdirektoren durch das Darlegen von Initiativen, Neuerungen, Ideen. Sie legten ihre Planziele vor, die im Ergebnis der Beratungen mit der Parteiführung entsprechend erhöht wurden. Eine Zustimmung zur Wirtschaftspolitik der SED war wie selbstverständlich vorausgesetzt.

Die Vorsitzenden der Industriegewerkschaften folgten diesen politischen Forderungen.

Im Jahre 1989 lief diese Veranstaltung anders ab. Bereits in dem Seminar, an dem ich teilnahm, war eine angespannte Atmosphäre zu spüren. Es entluden sich förmlich angestaute Fragen der Lösbarkeit unüberwindlicher wirtschaftlicher Probleme. Wie ein Lauffeuer verbreitete sich die Nachricht, dass die vertraglichen Zusicherungen der Energielieferungen aus dem sozialistischen Wirtschaftsgebiet aufgekündigt seien.

Erstmals kam es in den Seminaren zu keinem Beschluss hinsichtlich der Wettbewerbsführung in den Betrieben.

G. Mittag, der in den Vorjahren sich oft als wirtschaftlicher Vordenker feiern ließ, trat nicht auf. Alle Teilnehmer erhielten eine mit rotem Querbalken versehene Broschüre mit dem Aufdruck »Parteiintern«. [60]

Die als parteiintern versehene Broschüre widerspiegelte sehr anschaulich die nicht mehr beherrschbare Wirtschaftslage in der DDR: frisierte Kennziffern, kaum verständliche wirtschaftliche Zusammenhänge, aufeinanderfolgende Anforderungen, auch immer wieder ohne realen Bedingungsbezug.

Die Realität holte die Macht der Ideologie ein.

Selbst das immanente parteiliche Mediendeutsch, welches sich durch sprachlich hervorgebrachte Begrenzungen einerseits und jubelorientierten Euphorismus andererseits auszeichnete, blieb aus.

Die führende Rolle schien ohne Führer zu sein. Der Motor des »Transmissionsriemens«, die Partei, kam ins Stocken.

Zunächst gab es Sprachlosigkeit, dann Hilflosigkeit. Die Sorge, dass kaum Lösungswege vorhanden waren, überwog bei vielen mir damals bekannten Teilnehmern.

Oktobertage 1989 in Berlin.

In Leipzig und Dresden verstärkten sich die Demonstrationen für ein besseres Leben in der DDR. Veränderungen in der Staatsführung, Meinungsfreiheit, freier Grenzverkehr mit der Bundesrepublik wurden gefordert. Der Drang nach politischer Freiheit und vermeintlich besserem sozialen Leben nahm zu. Über Ungarn und die CSSR gingen die Menschen in den Westen, ein besseres Leben erhoffend. Gerade in den Leipziger Verlagen waren die ideologischen Auseinandersetzungen besonders spürbar. Die bisher von der Mehrheit unangefochtene führende Rolle der SED geriet immer mehr ins Wanken.

Die Telefone klingelten ununterbrochen im Zentralvorstand in Berlin, am heutigen Engeldamm. Die Inhalte der Anrufe waren immer gleich: »Was sollen wir tun«? Gewerkschafter, Funktionäre waren ratlos. »Wir wollen doch eine bessere DDR, macht endlich etwas, tut doch etwas«! Ich fühlte mich betroffen, zugleich angeregt, aufgefordert.

Es gehört auch zum realen Blick, zum Bild auf mich und die Zeit, dass ich noch im Oktober 1989 zu Ehren des 40. Jahrestages der DDR festgefügten Ritualen nachging. Ich überreichte, wie alle Vorsitzenden der Industriegewerkschaften der DDR, die letzten Ehrenbanner des Zentralkomitees der Sozialistischen Einheitspartei Deutschlands, des Bundesvorstandes des Freien Deutschen Gewerkschaftsbundes und des Ministerrates der DDR an die Werktätigen zahlreicher Betriebe meines Industriebereiches.

Es war nicht mehr zu übersehen, dass die wirtschaftliche Lage kritisch und diese Ehrungen ein einziger Selbstbetrug waren.

Ich kam mir bei dieser Überreichung der Ehrenbanner (Fahnen mit entsprechenden Aufdrucken) vor wie ein Heilsbringer, der kein Heil hatte, geschweige denn eine Heilung.

An diese Auszeichnungen waren jedoch Prämien für die Werktätigen geknüpft, die diese mit Freude entgegennahmen, ihre relativ geringen Löhne aufbessernd. Den politisch motivierenden Hintergrund hatten sie bereits verdrängt. Ich spürte Misstrauen und Verärgerung.

In mir brachen in diesen Tagen alle Hoffnungen auf eine wirtschaftliche Besserung zusammen. Wenn man nicht blind durch die Lande lief und die Mühen mitbekam, unter welchen schweren Bedingungen gewirtschaftet wurde, sah man den Unterschied zu dem turbohaft sich entwickelnden Weltstand sehr deutlich.

Immer wieder stellte ich mir die Frage: »Wie kann ich diese Gesellschaft mit verändern und damit verbessern?« Wir haben doch in den 40 Jahren etwas geleistet, Wohnungen geschaffen, soziale Sicherheiten errichtet, kulturelle Leistungen vollbracht und Bildung für alle ermöglicht.

Mühsam, ohne fremde Hilfe, sind die Leistungen der Reparationsleistungen an die Sowjetunion, die Aufwendungen zur Ernährung und Erhalt einer riesigen sowjetischen »Beschützerarmee«, im heutigen Sprachgebrauch auch Besatzungsarmee genannt, erbracht worden. Ulrich Herbert brachte es auf den Punkt: »Durch die Reparationspolitik nach 1945 waren die Westdeutschen so begünstigt, die Ostdeutschen so benachteiligt, dass man zweifeln möchte, ob beide denselben Krieg verloren hatten.« [61]

Aber immerhin, man konnte doch einigermaßen leben, zugegeben, auf einem einfachen Niveau. War das alles umsonst? Der Kapitalismus war für mich keine Lebensalternative. Die Vision von einer gerechteren sozialen Gesellschaft sah ich im Sozialismus. Es wurde immer deutlicher, dass unter dieser Führung der Gesellschaft in der DDR keine Veränderung möglich war. Die Zweifel verstärkten sich und wurden zur beklemmenden Wirklichkeit.

Beim Nachdenken über die Ursachen der Zweifel fielen mir die Ereignisse in der polnischen »Leninwerft« in Danzig ein. Die polnische Gewerkschaftsbewegung »Solidarnosc» war ein Zündfunke. Von den unzumutbaren Bedingungen in der Werft, über die schlechten Löhne bis zum politischen Umbruch waren es hier nur noch wenige Schritte. Solidarnosc wurde zum Fanal in der Gewerkschaftsbewegung der sozialistischen Staaten, so auch in der DDR.

Ich gewann immer mehr den Eindruck, dass die politischen Führungen der Gewerkschaft der DDR regelrecht ängstlich auf diese Ereignisse blickten. Im Freien Deutschen Gewerkschaftsbund wurde offensichtlich dieses Wort »Solidarnosc» zum Unwort erklärt.

»Ein Gespenst geht um in Europa, das Gespenst des Kommunismus«, das letzte Wort dieses Zitates wurde ersetzt durch das Wort »Solidarnosc«. Dieses Zitat war aus dem »Kommunistischen Manifest«(vgl. ebenda) entnommen und darum stieß sich zunächst keiner der Politführer daran, weil den Satz nach dem Komma keiner aussprach. Fast jeder wusste, indem er es nicht aussprach, was gemeint war.

Viele waren sich aber im Klaren, ich gehörte auch dazu, dass diese politische Bewegung einen Aufbruch darstellte. Die Gewerkschaften ließen sich nicht mehr zum Transmissionsriemen der Partei degradieren. Die Selbständigkeit der Einzelgewerkschaften als Interessenvertreter der arbeitenden Menschen zu erreichen und das mit dem notwendigen Selbstbewusstsein zu tun, das waren Vorstellungen, die ich erhoffte. Nur, wie sollte das in der DDR gehen?

Diese Frage wurde zunächst verdrängt und den politischen polnischen spezifischen Bedingungen zugesprochen bzw. zugeordnet. Ich gehörte auch zu den Verdrängenden. Die Tagesereignisse überlagerten solche oder andere strategische Vorstellungen.

Aus meiner Erinnerung bleibt von dieser Zeit kaum etwas übrig für persönliche Bedürfnisse oder Momente des gründlichen Nachdenkens.

Ich war ein Getriebener und ließ das auch zu, ungeachtet meiner familiären Situation. Rund um die Uhr zu agieren, das war jetzt angesagt. Im Unterbewusstsein blieb etwas haften, was ich auch nicht abschütteln konnte, es war die Angst vor einem gesellschaftlichen Zusammenbruch und die Gefahr, darin verstrickt zu sein und alles zu verlieren. So befand ich mich in diesem Zwiespalt; bin ich für den Aufbruch, der mit dem Namen »Solidarnosc« verbunden ist, oder versuche ich mich aus der Antwort herauszulavieren?

Mir wurde immer mehr klar, dass in der nicht ausgesprochenen Antwort die Trennung von denen lag, die weiter den »Scheuklappensozialismus« in seiner gesetzmäßigen Sieghaftigkeit wollten, von denen, die notwendige Veränderungen anmahnten.

Ich setzte immer mehr auf die letzteren und fand in meinen unmittelbaren Mitarbeitern im Zentralvorstand der IG Druck und Papier Kolleginnen und Kollegen, die mich ermunterten und mir den Rücken stärkten.

Natürlich wollte keiner die polnischen Bedingungen; aber sind wir in der DDR nicht auch in der Lage, unsere Gesellschaft zu reformieren? Der Gedanke einer Reformfähigkeit von Oben lag meinen Überlegungen sehr nahe.

Die Zweifel an dem Weg zum Sozialismus in der DDR wurden von Gorbatschows Gedanken zu Perestroika und Glasnost förmlich herausgefordert, so dachte ich damals. »Es muss doch möglich sein, Reformen in der DDR zu initiieren«. Ich stürzte mich förmlich auf Veröffentlichungen, die von der KPdSU der Sowjetunion herauskamen.

Ich lebte von 1978 bis 1979 in der Sowjetunion, beherrschte die russische Sprache recht gut, war dadurch etwas mehr vertraut mit den Bedingungen in der UdSSR.

Durch meine Kenntnis der Bedingungen in der Sowjetunion wurde ich in den Oktobertagen 89 in zahlreiche Gewerkschaftsgruppen eingeladen. Das Interesse, etwas Genaueres über die Sowjetunion zu erfahren war so groß wie nie zuvor. Der Besuch Gorbatschows zum 40. Jahrestag der DDR initiierte förmlich dieses Interesse.

Diese Gespräche mit den Gewerkschaftmitgliedern, besonders in den Verlagen in Leipzig, waren nun nicht mehr, wie vor Jahren häufig, durch den Austausch gegenseitiger Freundlichkeiten gekennzeichnet. Jetzt ging es um freie politische Meinungsbildung, um Veränderungen in der Arbeit, um existentielle Fragen, Fragen, die mit dem Kampf von »Solidarnosc« übereinstimmten.

Eine weitere Ursache meiner Zweifel am sozialistischen Weg in der DDR war die von der Parteiführung zentralistisch durchgeführte Einflussnahme auf die Veröffentlichung einer kleinen Broschüre der Nachrichtenagentur Nowosti. Sie lag bis Ende der achtziger Jahre relativ unbemerkt in den Auslagen der Kioske der DDR. Mit einem Schlag wurde sie zu einem »Schlager«.

Die sowjetische Redaktion dieser kleinen Broschüre mit dem verbindenden Namen »Sputnik« (Begleiter) erklärte in Beiträgen, was unter »Perestroika« zu verstehen sei. Am 18. November 1988 erschien dann ein Artikel über den »Stalin-Hitler-Pakt«. [62] Das war den Politbüromächtigen ein Dorn im Auge und sie taten etwas, was auch mich zu dem Ausruf veranlasste: »Das glaube ich nicht, das ist nicht möglich! Das können die nicht tun!«

Sie verboten die Verbreitung dieser Hefte mit einer Begründung, die am 19. November 1988 im »Neuen Deutschland«, dem Zentralorgan der SED, stand: »Sie (die Redaktion) bringt keinen Beitrag, der der Festigung der deutsch-sowjetischen Freundschaft diente, stattdessen verwirrende Beiträge zur Geschichte« (ebenda).

Ich war entsetzt. Ich verstand diese Artikel als Anregung, über historische Vorgänge nachzudenken. Sie waren nicht verwirrend, sondern durchaus aufklärend.

Viele Kollegen in meiner Zunft waren veranlasst, nun gerade unter dem Tisch diese Hefte oder Artikel zu veröffentlichen und darüber immer wieder zu sprechen.

Damit wuchsen auch meine Zweifel an die Unfehlbarkeit der Beschlüsse der SED. Bei fast allen Gesprächen in den folgenden Monaten wurde ich immer wieder gefragt und zu einer Stellungnahme herausgefordert. »Werner, du hast doch in der Sowjetunion gelebt, was sagst du dazu?«

Ich war also gefordert, mich zu den Inhalten der Veränderungen in der Sowjetunion zu äußern. Das tat ich auch.

Worüber ich bis heute immer noch erstaunt bin ist die Tatsache, dass ich zu keiner Stellungnahme meiner veränderten politischen Haltung vor den Sekretariaten des FDGB oder gar der SED aufgefordert wurde. In den Monaten davor gehörte das zu den üblichen parteierzieherischen Maßnahmen. Ich entschloss mich, öffentlich mein Unverständnis zu diesem Verbot zu äußern. Das brachte mir bei den Kollegen, besonders in Leipzig, Sympathie ein.

Diese Veranstaltungen begannen oft mit der Frage an mich: »Was ist eigentlich Perestroika und Glasnost?« Es herrschten unglaubliche Vorstellungen. Meist begann ich mit der Übersetzung der Worte,

Perestroika = Umbau, Reorganisation, Glasnost = Öffentlichkeit.

Je mehr ich aber in den notwendigen Veränderungsprozess einer zentralistischen Wirtschaftsorganisation Einblick nahm, umso mehr Fragen hatte ich. Aber entscheidend war, dass der Weg für die Gedanken zur Veränderung der sozialistischen Gesellschaft frei wurde. Wenn man sich auch nicht immer auf Gorbatschow berief, so wurde man auch nicht mehr unter Generalverdacht der Klassengegnerschaft gestellt, wenn man anderer Meinung war. In diesen Gesprächen mit den Kollegen fühlte ich mich wohl. Es waren befreiende Auseinandersetzungen.

Für mich waren diese gesellschaftlichen neuen Ansätze von Perestroika und Glasnost ein Gesundbrunnen des Argumentierens. Sie mobilisierten und motivierten mich, über Veränderungen in der Gewerkschaft der DDR offen und in der Öffentlichkeit zu sprechen.

In der Folgezeit wurde mir auch immer deutlicher, dass viele politisch denkende Menschen Gorbatschow in dieser Zeit bereits zum »Totengräber des Sozialismus« erklärten. In diesen Tagen allerdings sah ich das nicht so. Für mich war er in dieser Zeit der Auslöser für freie Meinungsbildung, für Veränderungen, für das Aufbrechen von Verkrustungen im Denken, für öffentliche Rechenschaftslegung, für einen besseren Sozialismus.

So rief ich am 7. Oktober vor dem Palast der Republik mit tausenden Berlinern »Gorbi, Gorbi, Gorbi!«, obwohl meine Parteiführung auf dem Podest »gegenseitiger Bejubelung« mit eiserner Miene stand.

In dieser Zeit sah ich die Schuld am Niedergang der DDR in der Führungsmisere. Erst später wurde mir klar, dass sowohl dieses in der DDR praktizierte Gesellschaftskonzept, als auch diejenigen, die dieses umsetzten, mitschuldig waren am Verfall einer Gesellschaft, die sich so menschliche Ziele gesetzt hatte und deren Realität sich so kläglich, friedfertig zwar, aber gebrochen und ängstlich verabschiedete.

Ich setzte dennoch die Hoffnung darauf, es wird eine bessere DDR geben, eine grundlegend andere Gesellschaft, eine demokratische, eine sozialistische DDR mit neuen Strukturen und Inhalten! Eine neue Vision!

Ein Gesellschaftskonzept gab es dafür allerdings nicht. »Das bisherige geht so nicht, vielleicht kann man es im Zuge der praktischen Arbeit verbessern«, so ungefähr müssen die Gedanken gewesen sein, die mich antrieben.

Meine Vision war eine effektivere Wirtschaft mit globaler Verflechtung, vor allem mit demokratischen Verhältnissen. Das Mitspracherecht der Einzelgewerkschaften, welches frei praktiziert werden könnte, ohne direkten Einfluss der Partei oder einer allmächtigen zentralistischen Gewerkschaftsdachorganisation, wie es der FDGB war, stellte ich mir vor. Ich hatte eine Mischung aus Betriebsverfassungsrecht und Arbeitsrecht der DDR im Kopf. Die Beteiligung an der betrieblichen Entwicklung durch alle Betriebsangehörigen erschien mir möglich.

Es war die Zeit der Aktionen, gelegentlich auch des Aktionismus, eines unübersehbaren Aufbruchs der Meinungsverschiedenheiten, der Forderungen an eine Staatsführung, die nicht mehr zur Führung in der Lage war. Sie wurde von den Ereignissen überrollt.

Anfang Oktober 1989, in der Zeit des 40. Jahrestages der DDR, empfing ich noch eine Delegation der Industriegewerkschaft Medien der Bundesrepublik. Einige Kollegen unter ihnen hofften auf eine Besserung der Verhältnisse in der DDR. Sie forderten uns auf, das Gesellschaftskonzept »Sozialismus« weiter umzusetzen, es jedoch zu verbessern. Die vagen Vorstellungen von einem demokratischen Sozialismus waren ein Hoffnungsschimmer.

In ihren Gesprächen machten sie auf die vorhandenen Fehlentwicklungen in der DDR aufmerksam. Sie wiesen in zahllosen Gesprächen auf die diktatorischen Zustände hin. Sie ermunterten auch mich, die Stellung der Einzelgewerkschaften in der DDR neu zu bestimmen. Viele hofften auf Veränderungen. Sie setzten auf diejenigen, die sich an die Spitze der Veränderungen stellten. Andere zweifelten an der Glaubwürdigkeit der Verbesserer.

Dennoch machten sie mir Mut, sich in den Auseinandersetzungen der Öffentlichkeit zu stellten. Dabei ist es dann auch zunächst geblieben. Die dann folgenden Ereignisse müssen sie überrascht haben. Sie verharrten in einer gewissen Erwartungsstarre, wie andere Gewerkschaftsorganisationen in der Bundesrepublik vermutlich auch. Doch zunächst der Reihe nach. Wie waren die wirtschaftlichen Verhältnisse in der Papier- und Druckindustrie der DDR Ende der achtziger Jahre?

Diese zu beschreiben, ist auf dem Hintergrund einer pauschal bewerteten, als marode bezeichneten DDR-Wirtschaft nicht leicht. Sie schließt in der Betrachtung entweder die Menschen aus oder pauschaliert diese. Beides ist arrogant, mindestens jedoch undifferenziert.

Die materiell-technische Ausrüstung der Druckindustrie der DDR konnte sich durchaus mit den internationalen Ansprüchen messen. Das war kein Widerspruch, es forderte jedoch zur differenzierten Betrachtung heraus. In der Papierindustrie war ein ansehnlicher und produktiver Maschinenpark entwickelt. Die Papiermaschinen in Schwedt z. B. entsprachen internationalen Standards. Die Exportverpflichtungen wurden weitestgehend eingehalten, oft zu Lasten der Versorgung der Bevölkerung.

In den Betrieben mangelte es aber an Rohstoffen und Transportkapazitäten.

In den Novembertagen fuhr ich zu den Kollegen des VEB Vereinigte Zellstoff-werke Pirna im Bezirk Dresden, um mir einen Einblick in die wirtschaftliche und politische Situation dieses großen Betriebes an der Elbe zu verschaffen. Die Voraussetzung für die Papierproduktion ist eine kontinuierliche Holzlieferung. Dazu waren Lieferverträge im Rat für gegenseitige Wirtschaftsbeziehungen (RGW), einer Wirtschaftsorganisation der sozialistischen Staaten, beschlossen worden.[63] Die sozialistischen Staaten hielten sich nicht mehr an die dort gefassten Beschlüsse. Rohstofflieferungen und Energieübertragungen kamen sporadisch. Unterbrechungen des Produkionsablaufes beim Zellstoffkochen waren hier besonders kritisch. Diese drohten besonders im Werk Pirna täglich zu erfolgen.

Ich stand diesen Umständen hilflos gegenüber. Das Vertrösten auf eine ungewisse Zukunft – das waren noch meine einzigen Reaktionen. Die vertraglichen Beziehungen innerhalb der sozialistischen Länder bröckelten, täglich erhielt ich entsprechende Meldungen, die die Sorgen der Kollegen ausdrückten.

Die Zellstoffproduktion war reduziert, in den Druckereien mangelte es an Papier, die Verlage konnten ihre Druckerzeugnisse nur beschränkt produzieren. Dazu kam, dass die Wirtschaftsabteilung des Zentralkomitees der SED über die Papierverteilung entschied.

Die Gewerkschafter der IG Druck und Papier waren mit der entstandenen Situation unzufrieden. In verschiedenen Stellungnahmen brachten sie das auch zum Ausdruck. Sie waren noch gefangen in dem Staatssystem der DDR, wie ich auch. Sie schrieben an die entsprechenden vorgesetzten Stellen Beschwerdebriefe, übten Kritik, suchten nach Lösungen.

Ja, es gehörte damals schon eine Portion Mut dazu, Kritik zu üben oder sich gar zu beschweren. Aus heutiger Sicht ist das schon fast unvorstellbar, dass zum Kritisieren bereits Mut notwendig war.

So wandte ich mich auch in einem Brief an Harry Tisch, den Vorsitzenden des FDGB. Er müsste – Kraft seiner Funktion – doch helfen können. Er sei doch Mitglied des Entscheidungsgremiums in der DDR, dem Politbüro.

Ich hoffte immer noch auf Veränderungen. Ich setzte auf seinen Einfluss in der Parteiführung. Ich schilderte die belastende Situation. Er antwortete nicht. Normalerweise hätte das bereits zu einer scharfen Auseinandersetzung mit dem Schreiber geführt. Auch das blieb aus. Es machte sich eine Ohnmacht breit.

Von dieser deutlichen Ignoranz war ich sehr enttäuscht. Zahlreiche Mitglieder der IG Druck und Papier arbeiteten in Parteibetrieben der SED oder der Blockparteien. Selbst unter diesen Kollegen, die doch den Führenden der DDR nahestanden, nahm der Unmut zu den Arbeits- und Lebensbedingungen zu.

Inzwischen gab es erste offizielle Informationen, die die wirtschaftliche Lage der DDR realer einschätzte. Bisher wurden die wirtschaftlichen Ergebnisse nach oben korrigiert. Sie wurden frisiert und so stark verändert dargestellt, dass ein normaler Zeitungsleser von der wirtschaftlichen Stärke der DDR überzeugt sein musste. Die als parteiintern bezeichneten Dokumente waren nicht öffentlich, ließen manchen Einblick in größere wirtschaftliche Zusammenhänge, aber keinen Zweifel an der wirtschaftlichen Stärke der DDR zu.

Von der Plankommission der DDR ging unter der Hand ein Papier um, das sogenannte »Schürer Papier«. Schürer war Vorsitzender der Plankommission der DDR. [64] Das Papier gelangte auch zu mir. Hier wurden erstmals, ungekürzt und unfrisiert die vorhandenen Schulden aufgelistet. Die Versorgungslage der Bevölkerung wurde ungeschminkt analysiert. Besonders die Schulden in das NSW (Nichtsozialistische Wirtschaftssystem) belasteten die Wirtschaft. Die dort dargestellten ökonomischen Ergebnisse der DDR waren ernüchternd. Eine Zahlungsunfähigkeit wurde prognostiziert. Der erdachte Schuldenabbau wurde über einen Zeitraum von 20 Jahren veranschlagt, bei einer Energiebilanz, die selbst das nicht realisieren ließ. [65]

In zahlreichen Betrieben mangelte es an Werkzeug und Material, andere hatten im sozialistischen Wirtschaftsraum keine vertraglichen Abnehmer mehr. Darauf war aber die Wirtschaft der DDR angewiesen.

Gewerkschaftsarbeit gestaltete sich immer mehr zu einem Forum mit der Frage: »Wie können wir unseren Arbeitsplatz sichern, wie unsere Familien ernähren?« Solche Fragen gab es für viele Kollegen bisher nicht. Was sollten sie tun?

Die Unzufriedenheit in den Betrieben nahm weiter zu. Viele Bürger entzogen sich dem dogmatischen System. Sie stellten Ausreiseanträge in die Bundesrepublik oder vollzogen die Ausreise über Ungarn oder die CSSR. Viele hatten auch keine Hoffnung mehr über Veränderungen in der DDR (Vgl. Andreas Rödder, ebenda S. 71 ff.)

Das erhöhte für die Betriebe, gerade im sächsischen und thüringischen Raum, die ohnehin angespannte wirtschaftliche Lage. Fachkräfte besonders in den Betrieben der Zellstoff- und Papierproduktion fielen aus. Täglich erhielt ich dazu Informationen aus den Betrieben. Die Hilflosigkeit war enorm. Dann gewann eine politische Kraft immer mehr an Stärke. Das waren die Demonstrationen der Bürger in

Leipzig, Dresden und anderen Bezirksstädten der DDR. Oppositionelle Gruppen verschafften sich immer stärker Gehör. Deren Anhänger wurden immer größer. Sie beherrschten die Straßen, erhöhten den Druck auf die Regierenden. Sie trieben diese nahezu Ohnmächtigen vor sich her. Ihnen gehört mein Respekt.

Sie aktivierten mit diesen Aktionen zugleich die fortschreitenden Auseinandersetzungen, die auch in den politischen und wirtschaftlichen Führungsgremien der DDR immer stärker wurden. Die zunehmende Stimme der Demonstrierenden auf den Straßen gab auch in manchen dieser Kreise den Anstoß zu Veränderungen. Zahlreiche im System verankerte, im System denkende, im System verhaftete Kollegen haben sich zu aktiven Streitern für eine bessere Gesellschaft entwickelt. Leider wurden sie in der Betrachtung dieser Zeit oftmals ausgeklammert. Darum galt meine besondere Aufmerksamkeit diesen Menschen, weil ich sie für den gesamten Prozess gesellschaftlicher Veränderungen für bedeutsam halte. Den Wandel einer Gesellschaft wollten in den Herbsttagen 1989 nicht einzelne politische Kreise, sondern den hat die Mehrheit des Volkes in der DDR gewollt. [66]

Wendungen – Einsichten - Änderungen

Aufregend war sie, diese Zeit im Herbst 1989, für mich allemal. Brüche und Hoffnungen haben sich mit Visionen und Illusionen getroffen. Was dabei aus meiner Sicht herauskam, macht diese Zeit für mich so bedeutsam.

Das war eine Zeit, die als »Wende« in die Geschichtsbücher eingegangen ist, obwohl man trefflich streiten kann, wer und was sich da gewendet haben könnte.

Der Wendehals (Jynx torquilla) – das kleine Vöglein, einem Specht verwandt – mit der Fähigkeit, seinen Blickwinkel leicht und häufig zu wechseln, wurde schnell medienwirksam herangezogen und alle die Menschen wurden zu »Wendehälsen« gestempelt, die, aus welchen Gründen auch immer, ihre »Blickrichtung« veränderten.

So hat ein kleines Vöglein über Nacht Weltruf erlangt.

Allerdings bleibt es für mich sehr fraglich, undifferenziert alle Menschen, die in diesen Herbsttagen um ehrliche Veränderungen ihrer politischen Haltungen rangen, die sich leidenschaftlich mit den Beharrenden stritten, mit diesem Vöglein zu vergleichen oder gar den Versuch unternahmen, sie mit den Überlebensfähigkeiten des kleinen Vogels zu diffamieren. Diejenigen aber, die ohne eigene Nachdenklichkeit ihre Fahne in den Wind hingen, konnte ich kaum mit diesen kleinen Vögeln in Beziehung bringen. Das waren für mich die angepassten Duckmäuser.

Die Menschen, die Veränderungen wollten, die sich einbrachten in einen äußerst komplizierten Prozess der Veränderungen, stellten ein System infrage, stellten ihre bisherigen politischen Überzeugungen ebenfalls infrage. Das sind schmerzhafte Einsichten, die ich in diesen Tagen selbst schrittweise, ohne Theaterdonnerknall, vollzogen habe.

In der zweiten Hälfte der achtziger Jahre brachen für mich eine Reihe von Lebenszweifel auf. Meine bisherigen Lebensplanungen, die wie Kleckerburgen am Strand durch das aufschäumende Gewässer kleiner wurden, begannen zu versinken. Persönliche Konflikte nahmen zu. Sich langsam abzeichnende gesellschaftliche Veränderungen gingen einher mit Veränderungen im persönlichen Leben.

Es klingt wie Floskeln oder das Suchen nach Erklärungsversuchen. Das gebe ich unumwunden zu.

Manche persönliche Strukturen, die ich mit viel Mühe gemeinsam mit meiner Familie aufgebaut hatte, begannen zu zerbröseln. Ich ließ mich von meiner Frau scheiden.

Eine Beziehung zu einer jüngeren Frau war mir wichtig geworden. Durch ihre Jugendlichkeit beförderte sie meinen Ehrgeiz. Ich zog schließlich von der »Platte« aus Berlin Kaulsdorf in den Hinterhof einer Berliner 1 1/2 Zimmerwohnung in der Friedensstrasse. Eine Berliner Hinterhauswohnung, die mit einem Kachelofen zu beheizen war, in kalten Wintertagen ergänzte eine Gasheizung etwas die Wärmezufuhr. Die kleinen Zimmer bewohnte meine neue Partnerin mit ihrem sechsjährigen

Sohn und unserer nunmehr zwei Monate alten Tochter Maxi. Der Vater meiner neuen Partnerin kam aus einem der ärmsten Länder Afrikas, aus Malawi. Ihre Mutter war Krankenschwester in Berlin und verstarb in jungen Jahren. Da lernten wir uns gerade kennen. Sabrina war eine couragierte Frau, die mit beiden Beinen im Leben stand. Ich bewunderte ihren Optimismus. Sie hatte eine unbändige Lebensfreude, die sie auszustrahlen verstand.

Sie war eine attraktive Frau. Sie arbeitete im Verlag Junge Welt und war Mitglied der Jugendkommission des Zentralvorstandes der IG Druck und Papier. In einem Portrait über mich hatte der Radiosender DT 64 Gespräche mit Jugendlichen eingeblendet. Ihr Beitrag fiel mir durch ihren Berliner Humor besonders auf. So lernte ich Sabrina kennen.

Ich versuchte, meine Verantwortung für meine bisherige Familie zu wahren, was mir nicht immer gelang. Nun kamen neue Bedingungen auf mich zu, deren Inhalte nicht weniger schwierig für mich wurden. Mitten in den Wendeereignissen von 1989 wurde unsere Tochter Maxi geboren.

Die Wohnraumsituation wurde nun noch belastender für unsere Beziehung.

Es fällt mir schwer, meine Gefühle auszudrücken, die ich damals empfand. Einerseits Himmel hoch jauchzend – dann wieder betrübt. So ähnlich werde ich sicherlich auf meine mich umgebenden Freunde gewirkt haben. Es sind empfindliche Seiten, die mein Leben damals berührt haben. Es gelingt mir nicht, sie heute für andere erfahrbar zu machen. Selbst der Versuch, kurze Episoden zu erzählen, schafft kaum Einsichten.

Hier sind Verletzungen durch mich entstanden, die die Betroffenen durch ihre persönliche Stärke, Einsichten, vielleicht auch Weitsicht zu lösen versuchten. Häufig habe ich mich in gesellschaftliche Zwänge geflüchtet, um persönlichen Auseinandersetzungen zu entgehen.

In diesem Spannungsfeld versuchte ich, meine persönlichen Wünsche, Hoffnungen und Erwartungen in vielerlei Hinsicht zu erfüllen. Sie aufzudröseln fällt mir heute noch schwer.

Ebenso schwer fiel mir das Hinterfragen meiner ideologischen Überzeugungen. Zweifel an der Richtigkeit bisheriger Weltbetrachtungen nahmen zu.

Ein kleines Beispiel machte vielleicht deutlich, was mich ernüchtert hat, wenn das Wort Revolutionen medienwirksam eingebracht wurde.

Zugleich wurde mir immer bewusster, dass der Zweifel an sogenannten historischen Wahrheiten ein fundamentales Mittel für die eigene Erkenntnis ist.

Es handelte sich auch um ein Oktober/November-Ereignis. Wie mein erlebtes »Zeitfenster 1989/90« drängte es sich förmlich auf, einen »kleinen Bezug« darauf zu nehmen.

Welijkaja sozialistitscheskaja oktjaberskaja revolutija, so hieß die Große Sozialistische Oktoberrevolution, nach gregorianischem Kalender im November 1917 in Russland. Dieses welthistorische Ereignis hatte ich bisher als heroisches Meisterstück Lenins mit militärisch grandios zu nennenden Aktionen in meiner historischen Vorstellung.

Eisensteins berühmt gewordener Film (1925) »Panzerkreuzer Potemkin« hatte lange Zeit meine Vorstellungen von den heldenhaften Leistungen der Bolschewiki geprägt. Ich sah in meiner Vorstellung und Erinnerung an diesen Film, wie Massen von Roten Matrosen sich auf das große Tor mit den markanten Eisengittern des Petrograder Palastes zubewegten, um zum Inneren des Winterpalastes zu gelangen. Ich hörte noch im Unterbewusstsein die Schüsse des Panzerkreuzers. Die Ausgebeuteten, Unterdrückten wehrten sich heldenhaft gegen ihre Peiniger. Sie errangen in einem blutigen Kampf ihre menschlichen Rechte. Der Fortschritt der Menschheit trat durch ihren Mut endgültig in die Weltarena.

Solche Bilder haben mein Sozialismusbild und mein Gerechtigkeitsempfinden mitgeprägt.

In den jüngsten vergangenen Jahren wurde mir im Internet ein anderes Bild offeriert. Mir wurde erklärt, dass sich das große symbolhafte Tor nicht als Eingang zum Winterpalais erwies, sondern zu den Pferdeställen führte. Der Panzerkreuzer kein Kreuzer, sondern eine Fregatte gewesen sein soll. Die Schüsse seien von Platzpatronen ausgelöst worden. Blut sei kaum geflossen. Lenin und die Bolschewiki wurden von der damaligen deutschen Regierung finanziell unterstützt. Schließlich hatte offenbar Trotzki die Aktion geleitet, nicht Lenin.

Historische Ereignisse, wie diese große Revolution, wurden für ideologische Interessen interpretiert. Ich wurde skeptisch, wenn es um Revolutionen, vor allem um ihre Interpretationen ging. [67]

Den Wandel der gesellschaftlichen Verhältnisse von 1989 als Revolution zu charakterisieren, fiel mir schon aus diesem Grund schwer, selbst wenn sie als »friedliche Revolution« etwas von der Heldenhaftigkeit ihrer Akteure verlieren sollte. Es wuchsen meine Bedenken, wenn mir dieser Begriff für die Ereignisse 89/90 so eindringlich genannt wurde. Sollen sich die Historiker über die Begrifflichkeiten streiten. [68] Dennoch habe ich unzählige Mal auf die Große Sozialistische Oktoberrevolution ebenso wie auf die friedliche Revolution getrunken, freudetrunken, was bekanntlich unkritisch macht.

So lernte ich Erzählungen und Gegenerzählungen kennen. Angeregt durch Gegenwärtiges werde ich die Rückschau auf sechs Monate in den Jahren 89/90 versuchen. Bisher habe ich punktuelle Ereignisse meines Lebens herausgegriffen.

Abstände von Wochen, Tagen, Stunden, die in dieser Zeit auf mich in besonderer Weise wirkten, waren für mich nunmehr bestimmend. Sie haben bleibende Wirkungen auf mich hinterlassen. Eingedenk der Worte Friedrich Leopold Freiherr von Hardenberg (1772–1801) »Alle Erinnerung ist Gegenwart« [69], war es durchaus hilfreich für mich, immer im Blick zu haben, dass diese Erinnerung der »Wendezeit« aus dem Winkel der Gegenwart erfolgt. Selbst aktuelle politische Ereignisse haben somit eine unbewusste Wirkung auf die Darstellungen aus dieser Zeit.

Wenn aus heutiger Sicht und Erinnerung die Zeit des Oktobers 1989 vor mir abläuft, so waren das die Tage voller Widersprüche, Hoffnungen und maßloser Enttäuschungen.

Ich hatte mich politisch und gesellschaftlich für diese DDR engagiert und hatte Vertrauen erworben. Vielleicht auch in dem Glauben, etwas zur Verbesserung der wirtschaftlichen und politischen Bedingungen zu tun. Oft waren Gefühle bei mir angeregt, die mit meinem Gebrauchtwerden zu tun hatten. Die Gewerkschaft war schließlich die Organisation im Gefüge der Macht in der DDR, in der neben der hauptsächlich politischen Funktion die soziale Komponente eine zentrale Rolle spielte.

Schließlich vertrat ich 150.000 Mitglieder der Industriegewerkschaft Druck und Papier aus Druckereien, Verlagen, Zellstoff- und Papierproduktionsstätten.

Vielleicht war es auch mein Drang nach Anerkennung, möglicherweise der entwickelte Ehrgeiz, die politische Qualifizierung, das vermeintliche Ankommen bei meinen Gesprächspartnern, besonders aber meine Existenzsicherung, was mich in diese Stellung brachte.

Heute würde man das vielleicht mit übertriebenem Ehrgeiz umschreiben. Ich kann dem nicht viel entgegenhalten.

Die Tagungen – Stätte der Auseinandersetzungen

Bisher verliefen die Tagungen des FDGB nach dogmatischen Ritualen, vor allem waren es die Reden des Vorsitzenden, Zustimmungsbeiträge der Mitglieder, allgemeine Beschlüsse.

Am 30. Oktober 1989 sollte es anders kommen. Es war die 10. Tagung des Bundesvorstandes des Freien Deutschen Gewerkschaftsbundes einberufen, deren Mitglied ich war. Diese Vorstandssitzung begann mit einer Zusammenkunft aller Parteimitglieder der SED. Das war der Versuch, die Genossen noch einmal auf Linie zu bringen.

Ich nahm allen Mut zusammen, meldete mich zu Wort und erhielt es auch, sicher in der Annahme der Vertreter der Kreisleitung der Sozialistischen Einheitspartei, dass ich die Durchhaltelinie der Partei unterstützen würde. Ich hatte einen Kloß im Hals.

Nun schilderte ich aber die nicht mehr haltbare Situation in den Betrieben, forderte den Vorsitzenden der Gewerkschaft, H. Tisch, auf, sofort zurückzutreten. Er sollte den Weg freimachen für Veränderungen, vor allem für Veränderer.

Dabei hatte ich nicht einmal eine Vorstellung von anderen Personen, nur weg – verändern! Die Emotionen waren bis zum Zerreißen angespannt.

Man hätte eine Stecknadel fallen hören können.

H. Tisch, der sonst so scheinbar überlegen Agierende saß regungslos im Sessel eines erst kürzlich eingeweihten Restaurants im neuen Haus der Gewerkschaften, wo diese Zusammenkunft stattfand. Er war sprachlos, im wahrsten Sinn des Wortes.

Nach dieser spannungsgeladenen Pause folgten andere Redner, die sich ähnlich äußerten.

Die bewaffneten Personenschützer von H. Tisch – Angehörige des Ministeriums für Staatssicherheit – gerieten plötzlich in das Zentrum der Aufmerksamkeit, die diese sonst nicht erhielten.

Sie verhielten sich so, wie der von ihnen zu Beschützende – regungslos. Es war eine knisternde, geradezu gespenstische Atmosphäre.

Es gehört zur Vollständigkeit der Beschreibung dieser angespannten Situation, dass ein Teil der anwesenden Funktionäre Zugriff zu Pistolen der Marke »Makarow« hatten.

Der Zeitpunkt sowie die Begründung der Ausrüstung leitender Funktionäre der SED und der Gewerkschaften mit Pistolen ist mir nicht in Erinnerung. In den Dienstzimmern befanden sich Panzerschränke, in denen die Waffe gelagert war. Dieser Schrank war mit einer Petschaft (Aluminiumstempel zum Aufdrücken auf Knete) zu sichern, die der entsprechende Funktionär persönlich aufbewahrte. Er hatte damit jederzeit Zugriff zu dieser Waffe.

Was wäre, wenn…? Diese beklemmende Frage stand in diesen Stunden vor allen Menschen, die sich kritisch äußerten. Wie würden die Kritisierten reagieren? Was haben die zu erwarten, die den noch Mächtigen direkt gegenüberstanden, Auge in Auge.

Es trat eine erneute Stille ein. Der Kreissekretär der SED unterbrach die Zusammenkunft. Er beendete diese mit den Worten: »Die Parteileitung zieht sich zu einer Beratung zurück.« Wir standen in kleinen Gruppen, waren nicht sicher, was nun passieren würde. Was hieß denn nun Beratung? Wer berät wen? Was sollen wir tun? Ich schaute mich um. Die meisten schüttelten nur den Kopf, das hatte noch keiner erlebt. Wir blieben wie gelähmt in diesem Raum.

Die Partei hatte keine Antwort.

Die Minuten vergingen wie Stunden. Wieder bedrückte mich diese Wartezeit, ungeduldig erwartete ich Lösungsvorschläge zur eingetretenen Lage. Von wem erwartete ich diese eigentlich? Wer konnte überhaupt Lösungen in dieser verfahrenen Lage vorbringen? Eine Endzeitstimmung machte sich breit. Geduldig warteten wir auf den Auftritt des Vorsitzenden H. Tisch.

Später erfuhr ich, dass schnell eine Arbeitsgruppe zusammentrat, um eine Erklärung des Bundesvorstandes zu erarbeiten. H. Tisch beriet sich mit einigen Mitgliedern des Politbüros der SED, also mit der Parteiführung. Wir standen immer noch in diesem Raum.

Unter den wartenden Kollegen, die mit mir Kritik an der eingetretenen sozialen und wirtschaftlichen Lage äußerten, machte sich ein Unbehagen breit. Sprachlosigkeit beherrschte die Wartenden. Einige wandten sich von den Fragenden ab. Immer noch glaubte ich, wie viele andere sicherlich auch, dass die Parteiführung endlich handeln werde. Um die Wartezeit zu überbrücken, setzte ich mich an einen kleinen Tisch und formulierte an einer Resolution. Diese verwarf ich wieder. So schrieb ich noch in diesem Warteraum erneut an H. Tisch einen Brief, in dem ich ihn nochmals aufforderte, sofort zurückzutreten. Ich übergab ihn an die Büroleiterin. Wortlos nahm sie den Brief entgegen. Ich erhielt keine Antwort. Jetzt war auch für mich klar, dass eine Hilfe von »Oben« nicht mehr existierte.

Wenn ich heute darüber nachdenke, dass ich selbst noch in einer solch bedrückenden Situation einen Brief an den obersten Gewerkschaftsführer der DDR schrieb in der Hoffnung, dass er zurücktrete, wird mir die anerzogene Parteitreue, verbunden mit meiner Hilflosigkeit deutlich.

Vielleicht war es diese erlebte Enttäuschung, gepaart mit der aufkeimenden Hoffnung auf Veränderung, die mich verzweifelnd zur Aktion trieb.

Nach gefühlten Stunden des Wartens, die Kreisleitung kam zu keinem Beschluss der Partei, wurde die Tagung des Bundesvorstandes des FDGB eröffnet. Nun trat der noch kürzlich in Starre verfallene Vorsitzende auf. Die meisten Anwesenden erhofften seine Rücktrittserklärung. H. Tisch verlas jedoch eine hinhaltende Erklärung. Er versuchte, die eingetretene Lage mit bisher bekannten Ausreden sowie Hinhaltestrategien zu erklären. Schließlich stellte er die Vertrauensfrage. Sicherlich hoffte er, dass er wieder überwältigende Mehrheiten erreichen würde.

Nun begann eine kaum wiederzugebende Diskussion. Einige erklärten die persönliche Verbundenheit zum Vorsitzenden. Sie hielten an bisherigen Standpunkten fest, suchten den Klassenfeind als Urheber der eingetretenen Situation auszumachen. Andere kritisierten erstmalig öffentlich die Gewerkschaftsführung des FDGB und deren Vorsitzenden. Letztere unterstützte ich.

Jetzt merkte ich, dass die meisten Sekretäre des Bundesvorstandes nicht bereit waren, sich den kritischen Fragen zu stellen. In ihrer direkten Umgebung spürte ich die aufkeimende Wut von Verbündeten mit ihrem Vorsitzenden, die ängstlich auf ihre Pfründe schauten, die nicht mehr zu halten waren.

Mit einigen von ihnen hatte ich sachliche, durchaus freundliche Arbeitsbeziehungen. Jetzt hatte ich den Eindruck, dass sie mich ausgrenzten. Ich wurde zum Störenfried, zum Abtrünnigen, zur »Persona non grata« von ihnen abgestempelt. Ich verstand die Welt nicht mehr.

Diejenigen, mit denen man bisher freundlich umging, traten mit versteinerten Gesichtszügen auf. Wenn sie es nicht aussprachen, so konnte ich es ihren Gesten und ihrer Mimik entnehmen, dass sie mir und den anderen kritischen und selbstkritischen Kollegen unterstellten, dass wir den ideologischen Einflüssen des Klassengegners erlegen wären.

Ich spürte erstmals, wie befreiend es sein konnte, eine eigene Meinung, einen anderen Standpunkt vor denen zu vertreten, denen ich gefolgt war. Mir trat dennoch der Schweiß aus allen Poren. Kritik in dieser Deutlichkeit auszusprechen, war auch für mich ungewohnt.

In dieser Zeit drückte die Existenzangst frei geäußerte Gedanken nieder, mögen sie aus meiner Sicht noch so überzeugend gewesen sein.

Mein Mut war nicht der eines selbstbewussten Reformers in dieser Zeit. Ich sah nur keinen anderen Ausweg, als den, alles Bisherige in Frage zu stellen, sich mit denen zu verbinden, die Veränderungen anmahnten. Das setzte zunächst eine kritische Haltung zu den eigenen politischen Denkstrukturen voraus.

Brüche zu beschreiben, ist sehr schwer, vor allem, wenn es die eigenen sind. Die Auseinandersetzungen in den folgenden Tagen bestärkten mich in der Auffassung, dass diejenigen, die sich noch immer an der Macht befanden, kein rechtes Interesse an der Veränderung hatten.

Die Zusammengekommenen bezeichneten die Erklärung »als erste Stellungnahme«. Die Vertrauensfrage wurde auf den 17. November 1989 verschoben. Wieder ging die Hinhaltestrategie scheinbar auf. Es kam zu keiner Abstimmung. Es ging hier um die Abstimmung für oder gegen ein Mitglied der engsten Führung der Partei. Faktisch war damit für jeden einzelnen eine Entscheidung von großer Bedeutung herausgefordert, die wieder vertagt wurde; eine Entscheidung für die Partei- und Staatsführung in der DDR oder gegen diese.

Das war schon zu spüren in den Räumen des FDGB. Fürsprecher der bisherigen Machthaber trafen sich gesondert von denen, die nach Veränderungen drängten.

Dieser Prozess der inneren Auseinandersetzungen vollzog sich in einem schmerzvollen, langen Vorgang, der schwer zu beschreiben ist. Er bestimmte diese Tage. Die Geschichte wird diesen Vorgang nicht besonders beachten. Sie wird aber einen Grund dafür ausmachen, dass bei allen existentiellen und ideologischen Auseinandersetzungen keine Kurzschlusshandlungen erfolgten.

Man muss sich nur vorstellen, dass in der Gewerkschaftsführung im November 1989 die Mehrheit der Anwesenden noch nicht bereit war, Veränderungen auch wirklich umzusetzen, möglicherweise konnten sie nicht oder wollten sie nicht.

Das war natürlich der Versuch eines Zeitgewinns. In diesem Zeitraum vollzogen sich jedoch heftige ideologische Auseinandersetzungen in allen Vorständen. Veränderer drängten die Gestrigen aus ihren Funktionen. In der Öffentlichkeit wurde das jedoch mehr oder weniger aufgenommen als Hinhaltetaktik oder Beharrungsvermögen der FDGB Funktionäre.

Die Öffentlichkeit konnte nicht sehen, dass es im Inneren zu brodeln anfing, dass Auseinandersetzungen untereinander begannen, die kaum nacherzählbar sind. Es hagelte Vorwürfe, Beleidigungen, Kränkungen, Schuldzuweisungen. Sie blieben, wie ich vermuten konnte, Gott sei Dank auf verbaler Ebene.

Die Öffentlichkeit spürte jedoch, medienunterstützt, dass hier ein dringend notwendiger Veränderungsvorgang verzögert wurde.

Sie reagierte anders, als von den noch an der Macht befindlichen Personen erhofft, sie drängte durch Demonstrationen und Resolutionen zu einer kurzfristigen Einberufung des Bundesvorstandes am 2. November 1989 und nicht erst am 17. November 1989, wie es beschlossen war.

Die Demonstranten, zahllose BGL-Vorsitzende von Berliner Betrieben, Vertrauensleute aus der ganzen Republik forderten nun, unterstützt durch die Medien, den Rücktritt von H. Tisch.

Am 2. November 1989 verlas er seine Rücktrittserklärung. [70] Er entzog sich einer Abstimmung. Er wollte einer »Wende« nicht im Wege stehen, deutete vage an, Fehler gemacht zu haben.

Er blieb jedoch zum Erstaunen vieler Anwesenden weiter Bundesvorstandsmitglied, setzte sich demonstrativ in die hintere Reihe des Saales. Für viele Anwesende, auch für mich, blieb der quälend Gedanke, dass dieser nun gewerkschaftlich Entmachtete, noch über genügend Macht und Einfluss im Parteiapparat verfügte.

Die meisten der bisherigen Sekretäre und die Funktionäre des Präsidiums des FDGB blieben in ihren Funktionen. Die Vorsitzende des Bezirksvorstandes des FDGB Berlin, Anneliese Kimmel, wurde auf Vorschlag des Präsidiums neue Vorsitzende des FDGB Bundesvorstandes. Damit war sie die Nachfolgerin von H. Tisch. Sie war die zuletzt gewählte Vorsitzende des FDGB – für einen Monat.

Eine beängstigende Situation blieb übrig, weil sich damit nichts wesentlich verändert hatte. Der Vorsitzende war nicht mehr Vorsitzender, aber eine öffentliche Auseinandersetzung über die Rolle des FDGB im Gesamtsystem der DDR fand nicht statt. Der FDGB und ihre neue Vorsitzende konnten nach außen kaum wirkungsvoll in Erscheinung treten.

Am 4. November 1989 fand, durch Vertreter der Gewerkschaft Kunst maßgeblich unterstützt, die gewaltfreie Großdemonstration auf dem Berliner Alexanderplatz statt. [71]

Die über 1/2 Millionen Menschen forderten eine bessere DDR, den Rücktritt des Politbüros der SED und die Auflösung des Ministeriums für Staatssicherheit. Korruptionsvorwürfe wurden laut.

H. Tischs persönliches Jagdrevier sowie der Bau des Einfamilienhauses des IG Metall Vorsitzenden Nennstiel empörten die Öffentlichkeit.

Ich stand auf diesem Platz mit gemischten Gefühlen. Neben mir hielt ein Bürger ein Schild hoch, das er selbst gemalt hatte: »Wir lassen uns nicht mehr verarschen!« Ich schaute mich ängstlich um, ob nicht »Staatskräfte« einschritten. Es geschah nichts. Die Haltung der Menschen, die die Schilder zeigten, wurde immer aufrechter.

Ich bewunderte den Mut des neben mir Stehenden.

Andere schrieben: »Stasi an die Stanze!« oder

»Mein Vorschlag für den 1. Mai – Die Führung zieht am Volk vorbei«!

In diesen Tagen waren das mutige Bekundungen und Proteste.

Günter Schabowski, Mitglied der Parteiführung und Markus Wolf, ehemaliger General im Ministerium für Staatssicherheit, wollten sich in ihren Redebeiträgen als neue Führungskräfte einer besseren DDR darstellen. Ihre Reden wurden mit gellenden Pfiffen begleitet.

Stefan Heym, ein bekannter Schriftsteller, rief: »Es ist, als habe einer die Fenster aufgestoßen nach allen Jahren der Stagnation – der geistigen, der wirtschaftlichen, der politischen – nach all den Jahren der Dumpfheit und des Miefs, des Phrasengewäschs und der bürokratischen Willkür.«

Und Christa Wolf, die in ihren Büchern oft auf Verkrustungen des Staates wies, appellierte: »Wir wissen, wir müssen die Kunst üben, den Zwiespalt nicht in Konfrontation ausarten zu lassen: Diese Wochen, diese Möglichkeiten werden uns nur einmal gegeben – durch uns selbst!«

Schließlich emotionalisierte die Schauspielerin Steffi Spira mit Brecht: »Wer seine Lage erkannt hat, wie soll der aufzuhalten sein? Denn die Besiegten von heute sind die Sieger von morgen / Und aus Niemals wird: Heute noch!« (aus Lob der Dialektik). [72]

Das waren für mich bewegende Momente, Hoffnungen, befreiende Gedanken. Die Öffentlichkeit ging dann allerdings andere Wege, als die hier erhofften. Der Aufbruch war aber wie ein Dammbruch.

Die folgenden Tage waren die turbulentesten in meinem Leben. Täglich gab es Zusammenkünfte mit Kollegen der IG Druck und Papier, die auf Veränderungen drängten.

Die Medien interessierten sich für die Veränderungen, folgten denen, die Veränderungen aussprachen. Fernsehredakteure und Zeitungsredakteure überhäuften mich mit ihren Fragen. Sie veröffentlichten Standpunkte und Stellungnahmen, die ich äußerte. Jetzt halfen keine vorgeschriebenen Reden, jetzt waren kurze Statements gefragt.

Gemeinsam mit dem neuen Vorsitzenden der IG Metall, Hartwig Bugiel, überlegten wir, wie wir die Einzelgewerkschaften und den Freien Deutschen Gewerkschaftsbund erneuern könnten. Wir erarbeiteten Konzeptionen, verwarfen sie wieder. Schließlich folgten wir immer mehr den Konzeptionen der Gewerkschaften in der Bundesrepublik.

Dann brach der 9. November 1989 über uns herein, ein Tag mit besonderem Ausgang, wie bekannt. Mittags brüteten wir noch über Wege, wie wir die Löhne der Branchen sichern können, was schon eine fast unlösbare Aufgabe war, weil die finanziellen Mittel beschränkt zur Verfügung standen. Gegen 18 Uhr war ich zu Hause, um die allabendliche Pressekonferenz im Fernsehen zu verfolgen.

Fast gelangweilt verfolgte ich eine Erklärung des Zentralkomitees über Reiseerleichterungen. Eine neue Reisebestimmung wurde von Schabowski, der zu diesem Zeitpunkt Sekretär des Zentralkomitees für Information war, von einem Zettel abgelesen. Offensichtlich war er von Krenz, dem Partei- und Regierungschef, beauftragt, über die Beschlüsse des Zentralkomitees die Internationale Pressekonferenz zu informieren.

Müde, unwirsch, nuschelnd, kaum waren die Sätze zu verstehen, las er von diesem Blatt Papier ab, in einer ungeheuren Geschwindigkeit, als ob er etwas vorträgt, über dessen Inhalt er selbst überrascht war.

Plötzlich fragt ein italienischer Journalist, ein gewisser Ricardo Erdmann von der Nachrichtenagentur ANSA: »Wann tritt das in Kraft?«

Und dann folgt der Satz von Schabowski: »Das trifft nach meiner Kenntnis…ist das sofort, unverzüglich.«

Ich fragte mich noch, was tritt denn eigentlich jetzt in Kraft?

19.05 Uhr berichtete das ZDF in der »Heute Sendung« über eine Grenzöffnung.

Die ARD präsentierte um 20 Uhr die neue Reiseregelung als Spitzenmeldung und blendete dazu ein: »DDR öffnet Grenze«.

Ich hörte, wie die Menschen auf die Straßen Berlins drängten. Autos fuhren hupend in Richtung der Grenzübergänge, vielleicht fuhren auch einige zu den Polizeimeldestellen, weil sich nun die Meldungen über Regelungen zur Ausreise oder Verfahrensfragen überschlugen.

Keiner wusste so genau, ob die Mauer geöffnet war. Vermutungen wurden geäußert, schließlich wurde zur Gewissheit, was die Westmedien gemeldet hatten. Die in den Fernsehaufzeichnungen gezeigten Bilder von Menschen, die vor Freude die Polizisten küssten und durch die Grenzsicherungsanlagen strömten, wurden dann gegen Mitternacht aufgenommen.

Sollte ich mich darüber freuen oder betrübt dreinschauen?

Die folgenden dramatischen politischen Veränderungen, vor allem jedoch die persönlichen Konsequenzen hatte ich in diesem Moment ausgeblendet.

Mich bewegte: »Was wird nun? Was kommt auf mich zu?«

Erst viel später wurde mir die Tragweite dieses Ereignisses bewusst.

Antworten zu den mich bewegenden Fragen blieben zunächst offen.

Am 20. November 1989 fand die Zentralvorstandstagung der IG Druck und Papier in Lychen, in der Nähe Berlins, statt.

Hier konnte ich meine Vorstellungen von einer neuen IG Druck und Papier den hoffenden, den kritischen Delegierten darlegen. [73]

Der Fall der Mauer öffnete nicht nur den Strom der Menschen in Ost und West aufeinander zu, jetzt war der Weg frei für das eigenständige Gestalten einer freien Gewerkschaft.

Wir verfassten als erste Einzelgewerkschaft der DDR einen Aufruf nach freier eigenständiger Gewerkschaftsarbeit, einem Wunschprogramm gleich. In der Anlage I ist der Wortlaut des Flugblattes einsehbar. Ich schrieb es mit Leidenschaft und der Idee: »Jetzt wird alles besser!«

Wie sich allerdings später erst herausstellte, war dieses Programm dann auch nicht umsetzbar. Es beinhaltete viele Wünsche, Hoffnungen und Forderungen. Die Suche nach einem Tarifpartner, an den unsere berechtigten Forderungen zu richten waren, widerspiegelte dieses Dokument anschaulich. Da wurde der Minister angesprochen, der nicht mehr zuständig war, die Staatliche Plankommission oder das Staatsekretariat für Arbeit und Löhne, die sich bereits im Umbruch befanden, die Betriebsleiter oder Direktoren der Vereinigung organisationseigener Betriebe (VOB), Betriebe der Blockparteien, die noch nicht zuständig waren. Es war ein heilloses Durcheinander. Das in dieser Zeit kein Chaos ausbrach, ist den Menschen zu danken, die die bisherigen Strukturen aufrecht erhielten. Löhne, Gehälter, Renten, soziale Leistungen wurden weiter gewährt. Vorzeitige Rentenregelungen, Vorruhestandsregelungen dämpften Auseinandersetzungen mit denen, die aus politischen Gründen vorzeitig ihre Position aufgeben mussten. Dennoch hatte ich damals ein befreiendes Gefühl, was kaum jemand nachempfinden kann. Selbst die Forderung nach der Wiedereinführung der kirchlichen Feiertage ließ ich im Überschwang der Hoffnung auf Veränderungen nicht aus.

Ich hatte es geschafft, gemeinsam mit meinen Kollegen das zu formulieren, was eine Mehrheit von Menschen in diesen Tagen dachte. Es war ein Selbstbewusstsein bei mir erwacht, was über Jahre verschüttet war.

Am 29. November wurde die 11.Tagung des Bundesvorstandes des FDGB einberufen. Hier trat auf Drängen der Öffentlichkeit – vor dem Tagungsgebäude formierten sich aufgebrachte Gewerkschafter – das Präsidium und das Sekretariat des Bundesvorstandes des FDGB zurück, also die gesamte Führungsriege des bisherigen Freien Deutschen Gewerkschaftsbundes der DDR.

H. Tisch, der nicht mehr anwesend war, wurde aus dem Bundesvorstand ausgeschlossen. Am 2. Dezember 1989 wurde der Haftbefehl gegen H. Tisch wegen Amtsmissbrauch und Korruption vollstreckt.

A. Kimmel, die neue Vorsitzende des FDGB, setzte ein Arbeitssekretariat ein, bildete Arbeitsgruppen zur Vorbereitung eines Außerordentlichen Kongresses.

Am 6. Dezember fand eine erneute Demonstration Berliner Gewerkschafter statt. Diese forderte die sofortige Absetzung von A. Kimmel sowie des gerade erst gebildeten Arbeitssekretariats und den Rücktritt des gesamten Bundesvorstandes der Gewerkschaft der DDR.

Am 9. Dezember 1989 wurde die 12. Tagung des Bundesvorstandes des FDGB durch A. Kimmel einberufen. Sie erklärte ihren Rücktritt, das Arbeitssekretariat trat zurück. Der Bundesvorstand des FDGB löste sich auf (Chronik der Wende, vgl. oben, S. 183).

In letzter Minute beschloss er noch, dass ein Vorbereitungskomitee den Außerordentlichen FDGB Kongress vorbereiten soll.

Diese Vorgänge beschreibe ich wie den Ablauf eines Dokumentarfilms. Ich spielte darin auch eine Rolle. Manchmal war ich Akteur, oft aber ein von den sich überschlagenden Ereignissen Getriebener, nicht mit dem Bewusstsein, in einem historisch zu nennendem Veränderungsprozess zu agieren.

Es war das gewonnene Selbstvertrauen, das mir Kraft gab, angetrieben von dem Vertrauen, welches mir die Kollegen der IG Druck und Papier in diesen Tagen entgegenbrachten.

Wenn diese Abläufe für heutige Betrachter wirklichkeitsfremd scheinen, so habe ich dafür Verständnis. Sie sind möglicherweise nur deutbar aus den damaligen gesellschaftlichen Umständen.

Solche Vorgänge, wie »er oder sie traten zurück« oder »ein Führungsgremium löste sich auf«, lassen sich schnell aufschreiben, aber was sich bei den Akteuren menschlich vollzog, lässt sich nicht beschreiben, eher ahnen.

Vorbereitungen des Außerordentlichen FDGB Kongresses

Die Vorsitzenden der Einzelgewerkschaften oder Branchengewerkschaften trafen sich gesondert zu einer Beratung. Sie übernahmen jetzt die Verantwortung für das weitere Bestehen der Gewerkschaft in der DDR. Eine rechtliche Übergabe oder gar vertragliche Regelungen waren nicht möglich, die politischen Zwänge waren die Triebkraft.

»Die Vorsitzenden der Einzelgewerkschaften und Vertreter der Berliner Demonstranten treten zusammen und wählen Werner Peplowski zum Vorsitzenden des Komitees, der bisher weder Mitglied des Sekretariats noch des Präsidiums des Bundesvorstandes des FDGB war und in den vergangenen Tagen in der Öffentlichkeit zu notwendigen Veränderungen in der Gewerkschaft aufgetreten war.« So war der Wortlaut der Pressemeldung vom 9. Dezember 1989. [74]

Wie kam es zu meiner Wahl zum Vorsitzenden dieses Komitees?

Zusammenkünfte mit unterschiedlichen Kollegen fanden häufig statt. Aus einer der schnell einberaumten Beratungen mit den Vorsitzenden der Einzelgewerkschaften wurden Vorschläge zur personellen Zusammensetzung dieses Vorbereitungskomitees unterbreitet.

Die besagten Personen standen in Gruppen zusammen. Aus einer dieser Gruppen trat Kollege Schramm auf einen Treppenabsatz, er war Gewerkschaftsvorsitzender aus dem VEB Elektrokohle Berlin, wie ich später erfuhr. Er rief den Versammelten meinen Namen zu. Das tat er so lautstark, dass sich alle Anwesenden nach ihm umdrehten. So unterstützte er den Vorschlag, der Zustimmung fand.

Ich war das erste Mal in meinem Leben so überrascht beim Ausrufen meines Namens. Bisher hatten Kaderkommissionen mein Arbeitsleben bestimmt, jetzt musste ich mich allein entscheiden. Ich zögerte und Schramm ergänzte: »Der hat von Gewerkschaft Ahnung!«

Waren es sachliche Argumente der Kollegen oder mein Wille, etwas verändern zu wollen? Ich kann es nicht sagen, ich stimmte jedenfalls zu.

Ich wusste, nein, ahnte, dass es sich hier nicht wieder um eine Funktion handelte, sondern um die Arbeit an der Vorbereitung eines Gewerkschaftskongresses, der eine neue Gewerkschaft der DDR zum Ziel hatte, keine zentralistische Dachorganisation, wie der FDGB es war, sondern einen Bund freier Einzelgewerkschaften.

Bis heute stelle ich mir die Frage – warum denn gerade ich?

War der Lychener Aufruf, den ich mit den Kollegen der IG Druck und Papier verfasste, der Grund? Er stand in den Tageszeitungen. Waren es die inhaltlichen Übereinstimmungen mit den Auffassungen aus der IG Metall? Oder waren es die zahlreichen Interviews, die mich in der Öffentlichkeit bekannt gemacht hatten? War es der Zufall, weil gerade R. Schramm mit seiner kräftigen Stimme noch meinen Namen im Ohr hatte, weil ich kurz zuvor noch einen Wortbeitrag leistete? Ich spürte erstmals in meinem Leben die Macht der Medien, die nun auf mich losstürzten.

Ich war mit 38 Jahren der jüngste Vorsitzende einer Industriegewerkschaft in der DDR, hatte noch keinen Orden »erworben«. Für die mediale Öffentlichkeit war ich relativ unbekannt. Ich war auch nicht im Gewerkschaftsgeflecht in die Spitze gekommen. Dennoch war ich einer der wenigen aus dieser Funktionärsgilde, dem man Vertrauen entgegengebracht hatte. Viele andere wurden abgewählt oder traten zurück. Mein Selbstwertgefühl stieg, trotz der schwierigen Situation.

Erika Martens schrieb im Handelsblatt über mich:[75] »Er ist ein nachdenklicher, kompetenter Mann mit großen Fähigkeiten«.

Diese menschlich anerkennenden Worte nahm ich motivierend auf.

Dieses Komitee mit mir als seinem Vorsitzenden hatte jetzt die Verantwortung für fast noch neun Millionen Gewerkschaftsmitglieder der DDR. Mir war besonders die soziale Verantwortung bewusst, die wir übernommen hatten. Die über Jahrzehnte von den Mitgliedsbeiträgen geschaffenen Werte, die der FDGB angehäuft hatte, waren zu erhalten. Das war mein uneingeschränkter Wille.

Über 40.000 Kollegen hatten ihren Arbeitsplatz im FDGB. Die Vermögenswerte des FDGB an Einrichtungen, Bürogebäuden, Schulungshäusern, Gästehäusern auf eigenem und staatlichem Grund und Boden lagen im geschätzten Milliardenbereich. Die über 700 Ferieneinrichtungen sowie einige Urlauberschiffe dienten den Mitgliedern zur Erholung. In über 1.000 Gewerkschaftsobjekten waren die Funktionsstätten der Gewerkschaft in den Bezirken, Kreisen und Städten der DDR. Die Sozialversicherung mit dem Rentenfonds der DDR war an den FDGB gekoppelt. Sportvereine wurden von der Gewerkschaft finanziert. Der FDGB-Pokal im Fußball wurde jährlich ausgespielt, als Pendant zum Pokalwettbewerb in der BRD.

Die Auftragkunst wurde weitestgehend vom FDGB finanziert. Arbeiterfestspiele sind fast jährlich organisiert worden. Eine Gewerkschaftshochschule bildete jährlich über 200 Studenten aus dem In- und Ausland aus. Ein eigenständiger Verlag und entsprechende Druckereien hatten große Auflagen. In den Jahren 1987 bis 1989 waren Einnahmen von insgesamt fast vier Milliarden DDR-Mark verzeichnet. Das sind nur einige der zahlreichen Aktivitäten und Werte des FDGB.[76] Der FDGB war wie ein übergroßer Sozialkonzern zu betrachten.

Eine viel größere Aufmerksamkeit mussten wir aber auf den Umbau des FDGB in eine Dachorganisation der Einzelgewerkschaften legen. Das erforderte Vorstellungen von einer für mich völlig neuen Gewerkschaftsstruktur mit neuen Inhalten. Das war nur möglich mit den vorhandenen, in den alten Strukturen behafteten Kollegen. Sie zu verändern, zu motivieren für eine neue Gewerkschaftsstrategie war eine sprichwörtliche Sisyphusaufgabe. Solch einen Berg an Verantwortung hatte ich in meinem Leben noch nie! Die obengenannten Dimensionen waren für mich kaum erfassbar. Die möglichen rechtlichen oder wirtschaftlichen Konsequenzen, auch die persönlichen, waren mir völlig unklar. Ich fühlte Unsicherheit, auch Angst vor dieser Dimension. Es war aber eine andere als die mich bisher im Leben begleitende latente Angst, auf die ich noch zu sprechen kommen werde.

Dazu kam, dass das reale Leben in Berlin in diesen Tagen vor Weihnachten 1989 chaotisch war. Mit der Mark der DDR in der Hand zu weihnachtlichen Gabenkäufen zu schreiten, war für die meisten Ostdeutschen jetzt ein völlig neues Erlebnis, weil die Westprodukte schnell den Markt der DDR eroberten. Sie verdrängten eigene Produkte.

Die Preise zwangen jedoch schnell zur Mäßigung. In Westberlin konnte man für Westgeld viel günstiger kaufen. Umtauschsätze veränderten ständig die eigene Vorstellung von Kaufbarem. Der Werteverlust der Mark der DDR bremste sehr bald jede Vorstellung von Konsum im noch existierenden Sozialismus, in einem konföderativen Staat.

Jetzt bestimmte Angebot und Nachfrage das Wirtschaftsleben. In den Gewerkschaftsorganisationen drängten die Mitglieder nach der Westmark. Alle anderen strukturellen Überlegungen, Kooperationsgedanken, Übergangsregelungen wurden schnell zur Makulatur.

Meine Befindlichkeiten kamen in dem von mir gehaltenen Statement nach der Wahl zum Komiteevorsitzenden spontan zum Ausdruck: »Liebe Kolleginnen und Kollegen, über meine Gefühle brauche ich euch allen nichts zu erzählen. Ihr könntet genauso hier stehen mit dieser Verantwortung, mit dieser Belastung und ich muss euch sagen, Verantwortung heute zu übernehmen ist schwierig, persönlich belastend, unpopulär und ich darf das hinzufügen, auf Grund der Situation, unter der wir alle arbeiten, auch gefährlich und trotzdem fühle ich mich meinen Mitgliedern gegenüber verantwortlich.« [77]

Man muss sich vorstellen, dass die sowjetischen Streitkräfte, die ihr Zentrum in Berlin Wünsdorf hatten, unter Befehlsgewalt derer standen, die erst kürzlich noch mit auf den Tribünen der Obrigkeit der DDR standen. Das galt ebenso für die Nationale Volksarmee, das Ministerium für Staatssicherheit, das Ministerium des Inneren, wenn auch in diesen Strukturen sich einige personelle Veränderungen vollzogen hatten.

Die Angst war überall dabei, dass sich Gruppierungen bildeten, die auf eigene Faust die Macht in die Hand nehmen könnten. Das geschah nicht. Das zeigt in besonderer Weise die Besonnenheit aller in dieser Zeit agierenden Kräfte.

Es war die Zeit des Übens demokratischer Regeln, des Einhaltens demokratischen Verhaltens, des Verstehens von Standpunkten Einzelner. Das erforderte von mir Geduld, endlose Geduld. Der beginnende demokratische Prozess sollte nun auf Mehrheiten setzen, diese mussten aber gefunden werden. Die Abstimmungen zu Beschlüssen erfolgten mit zeitlich aufwendigem und physisch belastendem Prozedere.

Standpunkte in diesem Vorbereitungskomitee zu erarbeiten, das war bereits ein quälender Vorgang, diese dann umzusetzen, war ein noch viel größerer. Aber vielleicht war das notwendig, weil politische Auseinandersetzungen stattfanden, die langwierig waren, damit Kurzschlussentscheidungen ausblieben. Schuldzuweisungen wurden nicht ausgewichen. Es herrschte eine kritische Atmosphäre in der Suche nach Lösungen unter diesen schwierigen wirtschaftlichen und politischen Bedingungen. Das Haus, in dem der Bundesvorstand des FDGB in Berlin seinen Sitz hatte, am Märkischen Ufer, war für vier Wochen mein Arbeitssitz. Ich zog also, arbeitsmäßig, aus dem Ort, von dem ich auf die Mauer schauen konnte, dem Engeldamm, nun an das Ufer der Spree.

Die Räumlichkeiten in diesem Haus, in denen H. Tisch, der nun im Gefängnis einsitzende ehemalige Vorsitzende, einst residierte, haben wir bewusst gemieden. Es stellte sich schnell heraus, dass zahlreiche Zimmer mit Abhörsystemen ausgerüstet waren. Diese ließen wir kurzfristig von denen entfernen, die sie angebracht hatten. Die Techniker des Ministeriums für Staatssicherheit erfüllten diese Aufgabe reibungslos.

Für die Öffentlichkeit verfasste ich am 11. 12. 1989 eine Erklärung für eine grundlegende Erneuerung des FDGB als Gewerkschaftsbund freier unabhängiger Industriegewerkschaften und Gewerkschaften in der DDR, die in der Tageszeitung Tribüne (Zeitung der Gewerkschaften) veröffentlicht wurde. [78]

Es begannen schwierige Arbeiten an der neuen Satzung [79], dem neuen Gewerkschaftsgesetz [80] und der Erfassung des gewerkschaftlichen Vermögens (vgl. 76). Schließlich sollte ich am 31. Januar 1990 zum Außerordentlichen Kongress eine einführende Rede halten, mit der ich die Befindlichkeiten von ca. 2.500 delegierten Gewerkschaftsmitgliedern der DDR einigermaßen treffen würde. Diese Vorgänge sind später vielfältig beschrieben worden, u.a. auch von Weinert, Gilles [81] und Hertle [82]. Historiker der Freien Universität Berlin recherchierten, befragten, analysierten in dieser Zeit die immer komplizierter werdenden gesellschaftlichen Vorgänge. Es war ihr Blick von außen.

Mir wurde immer bewusster, wenn das Gewerkschaftsgesetz verwirklicht werden sollte, dann war das nur mit dem noch existierenden gesetzgebenden Organ möglich. Das war die Volkskammer. In der Volkskammer waren die Strukturen nach DDR-Gesetz vorhanden. Die Personen änderten sich entsprechend den Veränderungen in den Fraktionen der Parteien.

Die Gewerkschaft hatte in der DDR einen Fraktionsstatus. So nahm ich schnell mit dem Vorsitzenden der FDGB Fraktion, Hans Jendretzki, Verbindung auf. Wir verständigten uns auf einen möglichst frühen Zeitpunkt für ein gesetzgeberisches Verfahren.

Über die Eckdaten erreichten wir schnell eine Einigung. Ich hatte noch niemals in meinem Leben weder ein Gesetz erarbeitet, noch dieses einem gesetzgeberischen Gremium zur Beschlussfassung vorgeschlagen. Mir waren die Formulierungen von Gesetzestexten fremd. Ein ähnliches Gesetz gab es in Deutschland nicht, wo ich hätte nachschauen können. Rechtsanwälte, die sich mit dem DDR Recht auskannten, die arbeitsrechtliche Zusammenhänge bearbeitet hatten, halfen mir bei Inhalten und deren Formulierung. [83]

Inzwischen hatte sich in der DDR am 7. Dezember 1990 der »Runde Tisch« gebildet. Sein Anspruch lag zwischen einem Beratungs- und Entscheidungsgremium der Regierungsfunktionen eines Staates. Er war kein gewähltes Organ, sondern eine Zusammenkunft von Vertretern einzelner politischer Gruppierungen und bestehender gesellschaftlicher Organisationen. In seinem Selbstverständnis war es ein Gremium der öffentlichen Kontrolle. Die Verunsicherungen der Regierung bestand vor allem in dem befürchteten wirtschaftlicher Zusammenbruch und dass ihre eigene Legitimation durch gefälschte Wahlen wie ein drohendes Gewitter über ihnen lag. Der »Runde Tisch« hatte zunehmend mehr eine politische Bedeutung in der DDR erlangt. Er war ein einflussreicher Ort für politische, wirtschaftliche und kulturelle Veränderungen.

Wenn es überhaupt eine Chance geben sollte, ein Gewerkschaftsgesetz in einer neuen Gesellschaft zu beschließen, dann konnte das nur mit den Vertretern des »Runden Tisches« erfolgen, so waren meine Vorstellungen (vgl. 59, S. 189ff)

Hier wurden »die Weichen« gestellt. Darum war es so wichtig, für die Wahrnehmung der Gewerkschaftsinteressen hier einen Platz zu erhalten.

Im Vorbereitungskomitee wurde immer klarer, dass dieser Platz erkämpft werden musste.

Wir organisierten Berliner Gewerkschaftsvertrauensleute und Studenten der Gewerkschaftshochschule, die einen Protestmarsch zu dem Ort des »Runden Tisches«-durchführten, lautstark mit der Forderung, dass die Gewerkschaft an den »Runden Tisch« gehöre. Sie verschafften sich Zugang und Gehör.

Es war der 18. Dezember 1989 als R. Schramm und H. Bugiel, beide waren aus dem Vorbereitungskomitee, den Platz für die Gewerkschaft am »Runden Tisch« einnahmen.

Ich war erleichtert. Damit waren die Einflussmöglichkeiten für eine Gesetzgebung strategisch bereitet.

Dennoch waren diese errungenen Plätze wenige Tage später wieder vakant geworden. Bei der personellen Sichtung wurden alle Vertreter, die Mitglieder der SED waren, aufgefordert, ihre Plätze zu räumen.

Ich schrieb einen Brief an Herrn Oberkirchenrat Ziegler, der Moderator des »Runden Tisches« war. Eindringlich ersuchte ich ihn, dass die Gewerkschaft dieses Mandat weiterhin ausüben dürfe. Ich bat ihn um Einverständnis, dass der Sitz der Gewerkschaft durch eine politisch unbelastete Kollegin wahrgenommen wird.

Er sicherte es mir zu. So war ab dem dritten »Runden Tisch« die Vertreterin des FDGB, Frau Dr. Töpfer, eine engagierte junge Kollegin, am Ort des Geschehens. Sie informierte das Vorbereitungskomitee kontinuierlich und war mit Vertretern des Neuen Forums und der gegründeten SPD Ost in zahlreichen Arbeitsgruppen tätig. (Vgl. 59, ebenda, S. 189 ff)

Ich vertrat zur 12. Sitzung des Runden Tisches im Januar 1990 Frau Dr. Töpfer im Konferenzgebäude des Ministerrates der DDR.

So erlebte ich die Agierenden an diesem berühmt gewordenen »Runden Tisch der DDR« in der unklaren Machtverteilung zwischen der Regierung, der Volkskammer sowie der verschiedenen Oppositionsgruppierungen, Vereinen, Verbänden und sich auflösenden oder gründenden Parteien. Moderiert wurde er von den Kirchenvertretern. Redebeiträge wurden unterbrochen, Standpunkte wurden zugerufen, bewunderungswürdig die beruhigende Diskussionsführung in der aufgebrachten Stimmungslage.

Einige Entscheidungen sind aus dieser Konstellation hervorgegangen, deren Tragweite ich zu diesem Zeitpunkt kaum überschaut habe, so die Auflösung des Ministeriums für Staatssicherheit, die Vorbereitung freier, demokratischer und geheimer Wahlen, die Ausarbeitung einer demokratischen Verfassung der DDR, die Bildung einer Unabhängigen Kommission zur Sicherung des Parteienvermögens.

Selbst die Bildung einer Treuhandanstalt erfolgte durch die Forderungen des »Runden Tisches«, eine Forderung, die ich im ersten Moment für vernünftig hielt.

Die damalige Wirtschaftsministerin und Stellvertreterin von Modrow, Frau Luft, beauftragte wiederum ihren Stellvertreter, Herrn Wolfram Krause, mit der Bildung einer Treuhandanstalt.

Heute wird die Bildung der Treuhandanstalt gern westdeutschen Unternehmen unterstellt. Sie ist, auch wenn sie sich in historischen Dokumenten z. B. im Abschlussbericht der Bundesanstalt für vereinigungsbedingte Sonderaufgaben 2004 als Ur-Treuhand darstellt, unter DDR- Gesetzgebung entstanden. [84]

Ich erinnere mich noch an den Auftritt von Herrn Dr. Ullmann, der später Minister im Modrow Kabinett war.

Er wollte, dass »jeder Bürger aus dem Volksvermögen der DDR persönlichen Besitz erhalten soll«. Spätestens am 1. März 1990, zur Verabschiedung des »Beschlusses zur Gründung der Anstalt zur treuhänderischen Verwaltung des Volkseigentums«, (Treuhandanstalt) wurde auch diese löbliche Vorstellung zur Illusion.

Am 11. Januar 1990 fuhr ich gemeinsam mit R. Schramm zu einem Gespräch zu E. Breit nach Düsseldorf. Damals war er Vorsitzender des Deutschen Gewerkschaftsbundes. Er lud uns zu diesem Gespräch ein.

Unsere Absicht bestand darin, dass der Deutsche Gewerkschaftsbund der Bundesrepublik das gesamte Vermögen des FDGB und deren Mitglieder übernehmen könnte. Natürlich wurde von unserer Seite die Vereinigung des FDGB mit dem DGB immer wieder ins Spiel gebracht.

E. Breit wies kategorisch diese Überlegungen zurück. Die Öffentlichkeit wurde in der Tageszeitung Neues Deutschland vom 10.1.1990 und in der Tageszeitung Junge Welt vom gleichen Tag unter den Überschriften: »DGB Vorsitzender Breit bietet dem FDGB neue Zusammenarbeit an / DGB will mit FDGB Zusammenarbeit« von einer Wunschvorstellung informiert, die sich schnell zerschlug.

Auf dem Hamburger Gewerkschaftstag des DGB im Mai 1990 wurden mir die Gründe – Nichtantritt eines »Erbes« – nochmals per Antragsvorlage vor Augen geführt. Es war dort von einem »politisch belasteten Vermögen« die Rede, über welches der Gewerkschaftsbund zunächst nicht verfügen wollte. [85]

Aus heutiger Sicht stelle ich mir jedoch die Frage, warum der DGB auf das von Mitgliedsbeiträgen der Gewerkschaftsmitglieder der DDR aufgebaute Vermögen verzichtete, später darum buhlte und schließlich nur einen kleinen Teil davon der Treuhandanstalt abhandelte (36 Gebäude). Die Treuhand überführte es dann später in ein Sondervermögen, welches schließlich dem Finanzministerium zufiel. Es wurde als »Altvermögen« u. a. für die Rekonstruktion von sakralen Bauten, zum Beispiel dem geplanten Wiederaufbau der Garnisonkirche in Potsdam, zur Verfügung gestellt.

Was doch aus ideologisch belasteten Werten – über einen konstruierten rechtsstaatlichen Weg – zum Aufbau kirchlicher Objekte führte, war mindestens bemerkenswert. So tragen die Mitgliedsbeiträge der Gewerkschafter der DDR zum Wiederaufbau von Kirchen bei. Sollten diese Bauten in absehbarer Zeit fertig sein, so sollte man sich daran auch erinnern.

Als der Kollege Schramm und ich vom Gespräch mit Ernst Breit aus Düsseldorf zurückkamen, kam ich mir vor, wie der »Onkel aus Amerika«, der auf dem Silbertablett das Erbe an seine Enkel verteilen wollte. Die Enkel lehnen dieses jedoch kategorisch ab. Mir gingen die biblischen Zeilen durch den Kopf: »Tue nichts Gutes, du erntest nur Schlechtes«.

Wieder war ich ratlos und hilflos. Die Tage bis zum Außerordentlichen Kongress vergingen zäh, weil ich immer wieder grübelte, was ich den Delegierten sagen sollte. Bisher hatte ich meine Reden konzeptionell im Kopf, nunmehr beschrieb ich Zettel um Zettel, die im Papierkorb landeten.

Der Außerordentliche Kongress

An dem Morgen des 31. Januar 1990 nahm ich die Straßenbahn und fuhr zum Palast der Republik, der sich später als asbest- und ideologiebehaftet herausstellte und mit dieser Begründung wenige Jahre später geschliffen wurde. Die Berliner nannten ihn mehrdeutig »Ballast der Republik« oder »Erichs Lampenladen«, auf die Beleuchtung sowie Honecker anspielend. Ich stieg in der Nähe des »Hauses der Lehrer« aus der Straßenbahn aus und ging zu Fuß weiter.

Ich steuerte auf diesen Palast zu, in dem der Außerordentliche FDGB Kongress stattfinden sollte. Das Vorbereitungskomitee, dessen Vorsitzender ich war, hatte die entsprechenden Arbeiten abgeschlossen. Ich trug in der Tasche ein Redemanuskript, worin sich zahlreiche Gewerkschafter für eine neue und bessere Interessenvertretung eingebracht hatten.

Aus allen Teilen der DDR kamen gewählte Delegierte im Großen Saal des Palastes der Republik zusammen – über 2.500 Gewählte – mit großen Hoffnungen!

Als Vorsitzender eines Komitees zur Erneuerung der Gewerkschaften der DDR, so wurde ich genannt und gewählt, sollte ich dieses neue Modell einer Freien Gewerkschaft vorstellen.

Was sollte ich den Delegierten in dieser schnelllebigen Zeit sagen?

Sollte ich sagen, dass die Ansprüche, die die Delegierten hatten, kaum umzusetzen sind? Sollte ich sagen, dass die erhoffte Zusammenarbeit mit dem Deutschen Gewerkschaftsbund des Westens sich auf einige Berater, die im Saal saßen, reduziert hat? Sollte ich erklären, dass der DGB kein Interesse am Vermögen des FDGB hat?

Konnte ich sagen, »jetzt wird alles besser, leider hat die Übergangsregierung kein Geld, die Löhne zu zahlen und dann sind ja noch die Staatsschulden. Wie soll das gehen mit den in den Umbrüchen befindlichen Betrieben?«

Hoffnungen auf Besserung vermitteln, ohne sagen zu können, wie es geht, konnte ich das?

Dann waren da noch die rechtlichen Bedingungen der gewerkschaftlichen Arbeit in dieser Übergangszeit, die alle in Frage gestellt waren.

Die Macht der Deutschen Mark quoll aus allen »Ritzen« und ich hatte auch kein Rezept, nur einen Gedanken: es gibt noch die Möglichkeit, eine bessere und sozialistische DDR aufzubauen – die Konföderation. Es war wie ein Strohhalm, an den ich mich klammerte.

So hatte ich das Manuskript mit »Hoffnung auf eine bessere Gesellschaft« überschrieben.

Aber dazu musste ich meine veränderten, in den letzten Monaten des Jahres 1989 kritischen und selbstkritischen Haltungen zur bisherigen Gesellschaft – es waren sowohl schmerzhafte als auch befreiende – glaubwürdig machen.

Ich brütete, versuchte mit den mich umgebenden Kollegen einen gangbaren Weg zu finden. Glaubwürdigkeit zu entwickeln, das inzwischen erlangte Vertrauen von den Mitgliedern zu erhalten, das waren für mich entscheidende Stützen der Fortsetzung der gewerkschaftlichen Arbeit. Schaffe ich das?

Mir war klar geworden, dass ich zunächst meine Verstrickungen mit den bisherigen Machthabern auf ehrliche Weise sichtbar machen musste.

Wie bin ich in diese Funktionen gelangt? Wer hat mein Vertrauen, wer hat es missbraucht? Welche Kollegen habe ich enttäuscht? Wo liegen meine Versäumnisse, gar Schuld?

Da rechnete ich mit dem alten FDGB ab, deckte auf, entdeckte durch die eingesetzte Untersuchungskommission Unglaubliches:

Diktatorisches und Korruptionen, Menschenunwürdiges und Lächerliches, Peinliches und Abhängigkeiten, Machtgelüste und Kleinbürgerliches. Und das vollzog sich alles unter dem Vorwand des Aufbaues des Sozialismus. Manchmal war ich fassungslos.

Vor meinen Augen entzauberte sich selbst das Bild vom »Transmissionsriemen« Partei. Ich war selbst ernüchtert, erschrocken, erzürnt, spürte ein Gefühl von Mitschuld.

Ich war den Verantwortlichen nahegekommen, habe mich untergeordnet, bin gefolgt, habe mich abhängig gemacht, mich zugehörig gefühlt. Jetzt hatte ich die Möglichkeit, in der Öffentlichkeit zu erklären, dass es einen Weg aus diesen vertrackten Bindungen gibt. Ich habe versucht, diese Möglichkeit zu nutzen, ich wollte öffentlich abrechnen, mit mir und mit denen an der Macht, was nicht einfach war. Ich versuchte meine Eitelkeiten zu erklären, aber vor allem habe ich mich bemüht, sehr differenziert die eingetretene Situation darzustellen, pragmatisch, ernüchternd – auch für mich.

Dabei fand ich viele Gleichgesinnte, die ein ähnliches Lebensmuster wie ich hatten, das stärkte auch und machte frei von ideologischen Abhängigkeiten. Ich war nicht allein mit meiner Haltung.

Es war überhaupt eine Zeit der freimütigen Diskussionen – bis in die Nächte hinein – mit oppositionellen Gruppen, Veränderern, Hoffenden, in existentiell Not Geratenen, mit Nostalgikern, Besserwissern, Unterstützern und vielen Fragenden. Das war für mich wichtig. Es stärkte meinen Willen zur öffentlichen Erklärung.

Ich wollte Verantwortung übernehmen, vielleicht auch ein Stück Wiedergutmachung leisten, reuevoll, auch selbsterhaltend mich den Veränderern anschließen, schließlich mitverändern.

Es war ein quälender und schwerer Weg, vom überzeugten Marxisten zu einem Pragmatiker. Vielleicht ist der Weg so beschreibbar: Er begann mit den Zweifeln über die Richtigkeit des eingeschlagenen ideologischen Weges. Als auf die Kritik, an den von mir erkannten Fehlentwicklungen nicht mehr von denen eine Reaktion kam, die meines Erachtens die kritisierten Umstände beseitigen konnten, wurde ich nachdenklicher. Welchen Anteil hatte ich an den Zuständen der Gesellschaft, die es zu kritisieren galt? Ohne um den heißen Brei zu reden, meine selbstkritischen

Überlegungen nahmen sehr langsam Fahrt auf. Über die aufkommenden Zweifel an meinen politischen Haltungen und Handlungen bis in die achtziger Jahre kann ich schwerlich den Punkt festmachen, der mich zu den Veränderern der Verhältnisse in der Gewerkschaft hinführte. Mir war sicher auch bewusst, dass es sich dabei nur um ein Mosaikstein einer gesellschaftlichen Wandlung handeln würde. Aber immerhin fühlte ich mich zu denen hingezogen, obwohl auch von ihnen nur vage Vorstellungen dazu ausgingen. Die meisten nunmehr folgenden Aktionen waren sehr spontan. Es fiel mir nicht leicht, die Zweifler und die Zweifel über den von mir beschrittenen Weg zu ertragen. Ich musste bereit sein, Zweifler und Zweifel über den von mir beschrittenen Weg zu ertragen.

Diesen Weg bin ich gegangen, gehe ihn immer noch. Heute habe ich allerdings die eingangs beschriebenen Schmerzen nicht mehr.

Über die Glaubwürdigkeit dieses Weges muss sicherlich jeder selbst reflektieren.

Zu allen diese Gedanken bei der Arbeit an der Rede kamen die zunehmenden Erkenntnisse der wirtschaftlichen Endlage hinzu, die durch parteiliche und staatliche Ohnmacht begleitet waren. Die mit den vorhandenen Strukturen nicht mehr lösbaren Konflikte nahmen zu.

Ohne einen wissenschaftlich gesicherten Plan zu haben, ohne mich auf Führungspersönlichkeiten stützen zu können, allein mit mir und den Gedanken für eine bessere Gesellschaft, so umklammerte ich das Manuskript. Ich erhoffte Zustimmung.

Als ich auf dem Weg zum Palast der Republik war, bewegten mich so viele Gedanken.

Einer davon war immer wieder die historisch zu nennende Leistung von zahlreichen Menschen in der DDR, die mit ihren friedlichen Demonstrationen, ihren Zweifeln an dem erlebten Weg, der sich »sozialistisch« nannte, ein ganzes Staatsgebilde zum Einsturz gebracht hatte. Würden gerade sie mir Verständnis entgegenbringen?

Am Haus des Lehrers ging ich vorbei, dem Gebäude mit der volkstümlichen »Bauchbinde«, 7 m hoch, 125 m lang, von Walter Womacka als Fries gestaltet. Es war das bis dahin größte Mosaikkunstwerk Europas. Es zeigt den gewachsenen Stellenwert der Bildung für alle Bürger in diesem Land. Natürlich erinnerte ich mich an meinen zeitlich kurzen Werdegang in der Gewerkschaft Unterricht und Erziehung der DDR.

Mein Weg führte mich an der Weltzeituhr am Alex vorbei, durch die S-Bahn-Brücke. Der Blick richtete sich auf den Fernsehturm, der oben ein Drehgestell besitzt, damit jeder Besucher in fast 300 m Höhe einen guten Überblick über Berlin genießen kann. Das Rote Rathaus ließ ich links liegen, nickte rechter Hand Neptun auf dem Brunnen, der mit dem Dreizack auf seine Nymphen zielte, aufmunternd zu, beschritt, nun doch etwas schneller gehend, das Nikolaiviertel.

Auf der rechten Seite blinzelten in Bronze Marx und Engels hinter frisch gepflanzten Linden hindurch. Sie ahnten sicher nichts davon, dass sie bald weggestellt würden, in eine Ecke vor dem neu entstehenden Schloss der preußischen Könige.

Meine Schritte beschleunigte ich, als ich über die Spreebrücke ging. Der Palast der Republik war zum Greifen nahe. Der Versammlungsort war der Große Saal des Palastes. Hier fanden in den vergangenen Jahren die FDGB Kongresse, die Parteitage der SED, die Bälle der Jugendbrigaden, die Konzerte mit Stargästen aus aller Welt statt. Hier konnte man Bowlen, das TIP, das Theater im Palast, besuchen. Die Volkskammer hatte ihren Sitz hier. Man konnte einfach flanieren im großzügig angelegten Eingangssaal, die Restaurants aufsuchen. Der Besuch des Palastes war für mich immer etwas Besonderes. Als ich am Eingang ankam, stauten sich bereits die Delegierten am Einlass. Sie verströmten nicht euphorische Zuversicht. Keiner trug das Abzeichen mit den verschlungenen Händen, keine Symbolik, keine grüßenden Jungen Pioniere, kein Orchester mit Kampfliedern.

In ihren Gesichtern waren existentielle Ängste zu lesen. Hier versammelten sich Kollegen, die bereits um ihren Arbeitsplatz bangten. Andere hatten Erwartungen an eine veränderte Führung. Andere wollten ihr Recht auf Redefreiheit nutzen. Kämpferisch waren viele, aufgebracht, hoffend.

Man spürte den Druck, der auf ihnen lastete. Im »Rucksack« hatten sie Erfahrungen der letzten Tage und Stunden aus ihren Betrieben.

Viele von ihnen waren Teilnehmer an den Protestdemonstrationen in Leipzig, Dresden und Berlin.

Sie hatten Aufträge an die Gewerkschaft nach Lohnsicherung, nach Vertretung ihrer Rechte, nach neuer Interessenvertretung in den Taschen.

Es waren auch diejenigen dabei, die im FDGB oder den Einzelgewerkschaften leitende Funktionen ausgeübt hatten. Sie hatten ihr Mandat von ihren Kollegen oder Bürgerinitiativen erhalten, weil sie am Veränderungsprozess teilgenommen hatten oder sich gar an die Spitze stellten. Es waren Reformwillige, Initiatoren der Veränderungen, Gleichgesinnte.

Die Atmosphäre war gespannt bis unter die Haarwurzel. Sie wurde noch verstärkt durch zahlreiche Fernseh- und Rundfunkjournalisten, die bereits im Vorraum die Meinungen der Kollegen einfangen wollten – ein neuer Journalismus, sie stürzten sich nicht auf die Oberen – das Volk war ihnen wichtig! Recht so!

Als ich in den Saal trat, spürte ich noch stärker diese Spannung ausgehend von über 2.000 Menschen, die ihre Blicke auf mich richten würden.

Erstmals kam ein Gefühl der Beklemmung in mir hoch mit der Frage verbunden: »Wie halte ich das psychisch und physisch durch?«

Begleitet wurde dieses Gefühl von dem Zweifel, der mich drückte, ob ich mich richtig entschieden hatte? War es richtig, dass ich mich zur Wahl stellte?

Legitimiert hatte ich mich von der Gewerkschaftsbasis der IG Druck und Papier in Berlin, indem ich von den Kollegen gewählt und auf diesen Kongress delegiert wurde. Gewerkschafter, die auf den Straßen Berlins gegen die FDGB Führung für eine freie Gewerkschaftsbewegung kämpften, rieten mir zu. »Werner, du hast dich mit an die Spitze einer neuen Gewerkschaftsbewegung gestellt, stelle dich zur Wahl der neu zu bildenden Dachorganisation!« Einer von ihnen war auch R. Schramm, dem ich vertraute.

Dieser Kongress fand natürlich auch unter internationaler Beachtung und Beobachtung statt. Durch meine Funktion als Präsident einer Internationalen Organisation der Gewerkschaften der Grafischen Industrie hatte ich auf dem internationalen Parkett Erfahrungen gesammelt.

Würde ich die hier auf diesem Kongress, in dieser Atmosphäre nutzen können? Die Stellung, die der FDGB im Weltgewerkschaftsbund hatte, war mir vertraut. Die Bedingungen der Internationalen Arbeitsorganisation (ILO) Hatte ich kennengelernt.

Konnte ich den Hoffnungen, die andere Gewerkschaften in den Ostblockländern an den Veränderungsprozess im FDGB hatten, auch nur annähernd gerecht werden?

Schließlich war ich gerade wieder zum Vorsitzenden der IG Druck und Papier mit dem Auftrag gewählt worden, aus dem zentralistischen FDGB eine Dachorganisation zu bilden, die aus den Einzelgewerkschaften bestehen sollte. Das war nicht nur ein struktureller Prozess.

Ich musste mich also wieder entscheiden, ob ich mich zur Wahl des Vorsitzenden einer neuen Dachorganisation stelle. Es war das zweite Mal in so kurzer Zeit. Vielleicht motivierten mich auch auf mich zukommende persönliche Existenzängste.

Was für eine berufliche Perspektive hatte ich außerhalb der Gewerkschaften?

Ich sagte den Wahlvorbereitern schließlich zu.

Natürlich bewegte mich auch das herannahende Problem, welches mit der Auflösung des FDGB und seine Überführung in eine Dachorganisation verbunden war, nämlich eine Massenentlassung der Angestellten des FDGB.

Bin ich dem gewachsen?

Wie ist das überhaupt rechtlich möglich? Es galt schließlich das Arbeitsgesetzbuch der DDR.

Arbeitsplatzsicherungen waren ein sozialer Faktor. Konnten gesetzliche Regeln außer Kraft gesetzt werden von denen, die sie beschlossen hatten?

Konnte man das verträglich regeln? In den letzten Tagen vor dem Kongress rannten uns die Kollegen die Bude ein, mit Argumenten wie: »Das könnt ihr doch mit uns nicht machen! Wir haben ein Leben lang die Gewerkschaftsinteressen aller Werktätigen wahrgenommen, nun sollen wir auf die Straße fliegen! Das ist also eure Erneuerung – nicht mit uns!«

Im Saal wurde ich bedrängt, beschimpft. Andere stellten sich schützend vor mich.

Es formierten sich Gruppen mit unterschiedlichen Motiven ihres Kampfes auf diesem Kongress. Da hatte ich noch nicht einmal die Rede gehalten.

In diesem Augenblick habe ich offensichtlich nur noch gedacht: »Augen zu und durch!«

Immer wieder bedrängte mich der Gedanke, dass dieser Kongress zwei gegensätzliche Aufgaben hat. Zunächst einmal sollte der FDGB in seiner Grundstruktur bestehen bleiben, aber verändert zu einer Dachorganisation der Einzelgewerkschaften. Gaben die rechtlichen Bedingungen des DDR-Rechtes das überhaupt her? Andererseits begann bereits der Vorgang der Selbstliquidation, ohne rechtliche Konstruktionen.

Dieser Vorgang ist und war einmalig in der Gewerkschaftsgeschichte; ein Erhaltungszwang verbunden mit der Auflösung.

Die noch existierende Millionenorganisation, wie es der FDGB war, begann am 31. Januar 1990 diesen Spagat.

Alle bisherigen Leistungen, oft als gewerkschaftliche Errungenschaften genannt, mussten nun auf den Prüfstand der öffentlichen Diskussion. Dieser Prüfstand war natürlich nicht immer sachlich, oft in Unkenntnis von rechtlichen Zusammenhängen – auf allen Seiten.

Dazu kam, dass die sich bisher im Hintergrund abspielenden politischen und parteilichen Interessen nun öffentlich ausgetragen wurden, nicht mehr nur allgemein, sondern an Personen festgemacht, die sich in der Öffentlichkeit äußerten.

Einer öffentlichen Bestandsaufnahme meines Lebens konnte ich nicht ausweichen, wie alle anderen auch, die sich zu einer Neuwahl stellten.

Der Schriftsteller Heiner Müller, den ich als engagierten Mitorganisator der Demo am 4. November 1989 auf dem Alex in Berlin persönlich kennenlernte, sagte zu mir, indem er Münchhausen bemühte: »Sich am eigenen Schopf aus dem Schlamm ziehen, gelänge nur dem Märchenbaron. Du kannst es ja probieren…«

Man kann sich vorstellen, dass er mir damit viel Mut machte. Ich dachte nur – wer es nicht probiert, hat schon verloren.

Kaum war der Kongress eröffnet, begannen ein Tumult durch eine Antragstellung von basisdemokratisch gewählten Delegierten, die forderten, dass solche Delegierte, die von Leitungen des FDGB für den Kongress gewählt worden seien, sofort den Saal verlassen sollten. Nach vierzig Minuten, in denen keine Mehrheiten für den Antrag gefunden wurden, forderte mich der Versammlungsleiter auf, das Wort zu nehmen.

Mit vielen Gefühlen, die mich bedrückten, ging ich mit meiner Hoffnungsrede in Richtung Pult. Ich trat vor die 2.516 Delegierten, die 8,6 Millionen Gewerkschaftsmitglieder repräsentierten, 10% weniger als im Vorjahr.

Zu meiner Überraschung trat aufmerksame Ruhe ein.

Immer hatte ich noch im Hinterkopf: »Wie verhältst du dich eigentlich, wenn du jetzt ausgepfiffen wirst?«

Meine Körperhaltung war entsprechend angespannt.

In sachlicher Form, jede Agitation vermeidend, berichtete ich zunächst von der Arbeitsweise des Vorbereitungskomitees, welches aus 33 Kolleginnen und Kollegen bestand. Seine Arbeit hatte es vor sieben Wochen aufgenommen, ganze sieben Wochen für umwälzende Prozesse. In ihm waren Vertreter der Betriebsgewerkschaftsleitungen und aus Vorständen sowie Leitungen der Einzelgewerkschaften, die basisdemokratisch legitimiert waren. Seine Aufgabenstellung hatten wir, nach meiner Überzeugung weitestgehend erfüllt. Sie bestand in drei wesentlichen Aufgaben. [86]

»1. Die Gewerkschaft in der DDR ist strikt von der Partei und dem Staat zu trennen, dabei ist in allen vorhandenen Dokumenten, noch gültigen Rechtsunterlagen der Führungsanspruch der SED zu entfernen. Eine selbständige, damit freie Gewerkschaftsorganisation ist zu entwickeln, in dem die Einzelgewerkschaften unwiderruflich die Tarifpartner der entsprechenden Branchen sind. Sie allein bilden ihre Dachorganisation. Die FDGB Strukturen sind schrittweise abzuwickeln. Das zentralistische Grundmodell der Interessenvertretung ist zu zerschlagen (vgl.79).

2. Den Delegierten ist eine neue Satzung vorzulegen, die den Grundsätzen der Unabhängigkeit, Freiheit und Eigenständigkeit Rechnung trägt. Damit ist ein Aktionsprogramm verbunden, dass allen Menschen, unabhängig von Parteizugehörigkeit, Weltanschauung und Religion eine Interessenvertretung garantiert. (vgl. Tribüne vom 1. und 2. Februar 1990)

3. Der Entwurf eines Gewerkschaftsgesetzes ist von den Delegierten zu beschließen, welches in der Geschichte der deutschen Gewerkschaftsbewegung einmalig ist. In allen Punkten sind weitgehende Rechte der Einzelgewerkschaften enthalten, wie das Streikrecht, verbunden mit dem Aussperrungsverbot.« (vgl. Gewerkschaftsgesetz, 83)

Ein Bericht der vom Vorbereitungskomitee eingesetzten Untersuchungskommission zu Korruption und Amtsmissbrauch ergänzte die obige Aufgabenstellung.

Der in Kürze der Zeit erarbeitete Finanzbericht ließ mehr Fragen offen, als er Einsichten geben konnte. Die Bewertung des Vermögens war zu diesem Zeitpunkt nicht möglich.

Der Bericht der Revisionskommission lag zwar vor. Die Mitglieder der Kommission traten geschlossen vor dem Kongress zurück. Auch das charakterisierte die gesamte Situation.

Hingewiesen wurde auch auf einen Geschäftsbericht des FDGB, der nur zur Kenntnis den Delegierten vorlag. [87]

Ich begann meine Rede mit folgenden Worten: *»Kollegen! Die DDR Wirtschaft befindet sich in einer besorgniserregenden Lage, die sich weiter verschlechtert.«* (Fortsetzung im Wortlaut, Anlage II).

Forderungen und Hoffnungen, die westdeutsche Gewerkschaften bereits weitestgehend gesichert hatten, wollten wir schnell übertragen, gegebenenfalls sogar erweitern. Immer wieder ging es um das Mitspracherecht beim Erhalt der ostdeutschen Wirtschaft. Ein Bild über die Konkurrenzfähigkeit im marktwirtschaftlichen Wettbewerb lag nur begrenzt vor. So entstanden immer wieder Hoffnungen, manche berechtigt, andere unberechtigt. Die bereits gebildeten Joint-Venture-Unternehmen bildeten Vorstellungen der Kooperation von Betrieben aus West und Ost.

Immer noch war ich überzeugt, einen demokratischen sozialistischen Staat mitgestalten zu können. Eine längere zeitliche Konföderation mit der Bundesrepublik schien mir ein möglicher Weg. Das Beispiel Österreich war in vielen Köpfen präsent.

Ich verteidigte die Rechte der Gewerkschaft, die im Arbeitsgesetzbuch der DDR [88] verankert waren. Ich hatte meine Bedenken geäußert, als Betriebsräte sich schnell gründeten, ohne dass ein Betriebsverfassungsgesetz gültig war. In der Presse wurde ich kritisiert. Auf dem Kongress erklärte ich nochmals eindringlich meinen Standpunkt. Ich wollte nicht gegen Betriebsrätegründungen auftreten, wies aber immer auf das rechtliche Vakuum hin.

In der Aussprache, die emotional geladen war, wurde zunächst der Bericht des eigens gegründeten Untersuchungsausschusses zum Amtsmissbrauch und zur Korruption innerhalb der FDGB Führung diskutiert. Der Focus war auf das Jagdrevier H. Tischs gerichtet. Er, der Vertreter der Arbeiterklasse, wie er sich gern darstellte, hatte sich mit kleinbürgerlichen Annehmlichkeiten auf Kosten der Arbeiterklasse ausgestattet. In dieser oder ähnlichen Art und Weise äußerten sich zahlreiche Delegierte. Zwischenrufe wurden laut. Viele Anwesende empörten sich über diese Privilegien. Die Auseinandersetzung zu den politische Verantwortlichkeiten H. Tischs traten in den Hintergrund.

Dieser erste Tag des Kongresses war vor allem durch das Ringen um demokratische Regeln bestimmt. In den Zugängen zu den Sitzreihen standen die Mikrofone. Die Delegierten bestürmten diese regelrecht. An einem dieser zahlreichen Mikrofone standen mitunter bis zu zehn Personen hintereinander. Sie rissen sich förmlich die Mikrofone aus der Hand. Das Bedürfnis, sich öffentlich äußern zu wollen, war groß. Das hatte auch etwas Befreiendes.

Visionen zerbrechen an der Realität

Nicht unwesentlich beeinflussten aktuelle Ereignisse oder auch Gerüchte die Atmosphäre dieser ereignisreichen Tage.

R. Schramm erhielt unmittelbar vor Kongressbeginn einen anonymen Anruf: »Richtet euch darauf ein, dass sowjetische Panzer einen Ring um Berlin bilden. Die Grenzöffnung wird rückgängig gemacht!« Wir trafen uns gegen Mitternacht am Alex. Was hätten wir eigentlich besprechen können, wenn…? Wir versuchten, mit den staatlichen Stellen zu telefonieren. Die Leitungen waren besetzt. Das veranlasste uns doch zunächst, besorgt zu sein. Wir riefen den Notruf der Polizei an. Von dort erhielten wir beruhigende Informationen. Dann merkten wir bald, dass wir einem Gerücht aufgesessen waren. Das war für mich jetzt ein befreiendes Gefühl. Ich verspeiste in einem Hähnchenrestaurant um Mitternacht ein ganzes Hähnchen mit einer großen Portion Pommes, die ich ansonsten nicht gern aß. Die Anspannungen waren so groß, dass ich selbst über das kleinste Stöckchen sprang, was sich in der plötzlichen Medienflut anbot.

Mich bewegte in diesen Tagen auch die Information darüber, dass sich die Stellvertreterin von H. Tisch, Frau Prof. Hanna Töpfer, das Leben genommen hatte. Warum nahm sie sich das Leben? Hatte sie politische Gründe? Ich kannte sie als eine leidenschaftliche Vertreterin für den Aufbau des Sozialismus. Verband sie ihren Freitod mit dem Fehlschlagen einer sozialistischen Gesellschaft? Wurde ihr Leben hoffnungslos? Mich beschäftigte dieses Ereignis sehr, zumal sie nicht die Einzige in dieser Zeit war, die Selbstmord beging. Meine Stimmungslage war deprimiert.

Der nächste Tag der Konferenz begann mit einem erneuten Paukenschlag, als sich der Saal orange färbte. Berliner Müllmänner in ihrer Berufskleidung stürmten in den Saal. Sie drohten damit, die vollen Müllcontainer vor den Saal zu schütten. Sie forderten die Auszahlung ihrer Löhne. Sie vertrauten darauf, dass die Gewerkschaft in der Noch-DDR helfen könne. Wir erreichten zumindest telefonisch, dass die dazu notwendigen Arbeitgeber ihre Gesprächsbereitschaft signalisierten. Eine wirksame Hilfe von diesem Kongress war kaum möglich. Ich bat sie eindringlich um ihr Verständnis in einer Debatte, die die ganze komplizierte Lage der Noch-DDR beinhaltete. Ich versuchte, ihnen Hoffnung auf sichere Arbeitsplätze zu vermitteln. Ich stellte ihnen Regeln in Aussicht, die ich nicht einhalten konnte. »Versprechungen, leere Worte, heiße Luft«, das brachte die eingetretene Lage auf den Punkt. Wie die Müllmänner kamen, gingen sie wieder. Sie waren bedrückt. Es gab niemanden mehr von Oben, der ihnen helfen konnte. Diesen Anblick körperlich starker Männer mit ihren hilfesuchenden Blicken vergesse ich nicht mehr. Es ging schließlich um ihre Existenz.

Konnte etwa ein Gewerkschaftsgesetz oder eine erneuerte Einzelgewerkschaft ihnen hilfreich sein? Immer mehr rückte jetzt in den Mittelpunkt der aufgewühlten Diskussion die Hoffnung auf ein neues Gewerkschaftsgesetz. »Die Volkskammer soll es bis zum März 1990 beschließen, sonst gibt es einen Generalstreik«, diese Forderungen überschlugen sich. In den Hoffnungen der Kollegen schwang die immer noch vorhandene Zuversicht, dass Gesetze gesellschaftliche Veränderungen bringen könnten.

Leidenschaftlich klammerten sich einige Redner daran, brachen in Tränen aus. Nahezu 100% Zustimmung erreichte der Antrag zum Gewerkschaftsgesetz, neben dem Streikrecht und dem Aussperrungsverbot beinhaltete es vor allem weitgehende Rechte der Gewerkschaft in den Betrieben. Erleichterung war im Saal zu spüren, etwas sehr Entscheidendes geleistet zu haben. (Vgl. Gewerkschaftsgesetz der DDR, Nr. 83) In telegrammartiger Weise kann ich nur wiedergeben, welche Forderungen, Veränderungen, Vorstellungen sich in den Reden der Delegierten aneinanderreihten.

Es wurden Finanzierungen, die der FDGB in den letzten Jahren tätigte, in Frage gestellt. War es richtig, dem Jugendverband der DDR für internationale Jugendreffen fünfzig Millionen. Mark zur Verfügung zu stellen? Rückzahlungen wurden gefordert.

Was geschieht mit den Anfang der fünfziger Jahre gemeinsam mit dem Ministerium für Staatssicherheit und dem Ministerium des Inneren zwangsenteigneten privaten Häusern und Wohnungen, die dem Feriendienst des FDGB zugeordnet waren? Diese Enteignung ging in die Geschichte als Aktion »Rose« ein. Sie gehörte zu den schwarzen Kapiteln der DDR Gewerkschaft.

Wie gelingt die Rückübertragung an die rechtmäßigen Eigentümer?

Was geschieht mit dem Sozialversicherungssystem der DDR, welches eng an den FDGB gekoppelt war? Werden die Renten ausgezahlt?

Dann geschah etwas, was man im Leben »den Scheidepunkt« nennt. Dieses Ereignis beeinflusste mein Denken, mein Handeln, meine Gefühle in besonderer Weise. Es war am 1. Februar 1990, am Vormittag. Ich beantwortete gerade Anträge der Kollegen aus dem Saal. Da erhielt ich einen Anruf aus dem Büro Modrow, der zu diesem Zeitpunkt Ministerpräsident der DDR war. Ich entschuldigte mich bei den Delegierten, informierte darüber, wer mich sprechen wollte, ging in den Vorraum, wo ein Telefon stand. Handys hatten wir nicht zur Verfügung.

Ich nahm den Hörer in die rechte Hand, mit der anderen wollte ich einen Zettel halten, um Informationen aufzuschreiben. Dieser Zettel entglitt mir.

Die Büromitarbeiterin teilte mir mit, dass der Ministerpräsident nach einem Gespräch mit Gorbatschow, Ryschkow und Schewardnadse am gestrigen Tag im Kreml in Moskau die Hoffnung auf eine Konföderation mit der Bundesrepublik begraben habe.

An die wenigen deutlichen Worte erinnere ich mich noch genau: *»Es gibt nur noch eins – Deutschland, einig Vaterland!«*

Sie ergänzte noch: *»Ein Anschluss wäre der einzig gangbare Weg, den die Bundesrepublik vorsieht!«* Das könnte ich den Delegierten im Saal erläutern. Schnell wollte ich in den Saal zurück, blieb dann aber stehen. Meine Gedanken überschlugen sich und endeten in einem fast ohnmächtigem Gefühl und der Frage: Was bedeutet eigentlich ein Anschluss? In diesem Moment wurde mir heiß und kalt. Ich ahnte, dass damit unsere Vorstellung von einem demokratischen Sozialismus in der DDR beendet war.

Es dämmerte mir langsam, dass die Hoffnung auf einen menschlichen Sozialismus, die ich mit geschürt hatte, nun begraben sein würde.

Wieder war ich einer Vision erlegen!

Ich setzte nun die Delegierten von der Modrow-Info in Kenntnis. Zeitzeugen haben mir später gesagt, dass ich kreidebleich gewesen sein soll. Sie vernahmen ein merkwürdiges Stammeln meiner Sätze. Ich habe wohl noch auf den Artikel 23 des Grundgesetzes der BRD hingewiesen. Einsichtig war mir das zu diesem Zeit ohnehin nicht.

Zu meinem Erstaunen nahmen es die Delegierten mehr oder weniger zur Kenntnis. Sie waren zu sehr mit den von mir oben dargestellten Problemen in hitziger Diskussion beschäftigt. Die Abrechnung mit dem Vergangenen und besonders die mit einem Gewerkschaftsgesetz verbundenen Hoffnungen überwogen. So gewann ich den Eindruck, dass die Tragweite dieser Information den meisten Anwesenden nicht bewusst wurde.

Aber da war noch die Wahl für einen neuen Dachverband. Eine spontan aufgestellte Kandidatin, H. Mausch, erhielt 57 % der abgegebenen Stimmen. Ich landete bei knappen 40% und hatte die Wahl für den Vorsitz verloren. Die Delegierten votierten augenscheinlich für eine Kandidatin, die nicht Mitglied der Nachfolgeorganisation der SED, der Partei des demokratischen Sozialismus (PDS) war, wie die Mehrheit der aufgestellten Mitkandidaten. Sie hatte bisher auch keine leitende Funktion in der DDR Sie arbeitete im Braunkohlekombinat im Bezirk Cottbus in einer Revisionskommission der Gewerkschaft. Sie gehörte 19 Jahre der Blockpartei NDPD an. Diese Partei strebte eine Fusion mit der FDP an. Wurde sie von ihrer Partei in diese Funktion gedrängt?

Bei der weiteren Wahl der Mitglieder des Dachverbandes erreichten nicht alle die 50%-Hürde. Ich verzichtete auf weitere Stichwahlen. Anstatt nun der Wahlsiegerin zu gratulieren, entluden sich bei mir der Frust und die Enttäuschung. Augenzeugen erzählten später, dass ich ihr in ziemlich lauten Worten erklärt habe, was eigentlich auf sie zukommt. Sie habe sich den Beschlüssen der Vertreter der Einzelgewerkschaften unterzuordnen. Erstaunlich gefasst und gelassen nahm sie meine harschen Tiraden entgegen.

Später wurde ich oft gefragt, ob ich vorhersehen konnte, dass dieses Gremium nur drei Monate Bestand haben würde und ich darum verzichtet hätte.

Nein, das konnte ich nicht vorhersehen. Ich war noch betroffen von der Modrow-Info. Sicher konnte ich absehen, dass die Vorstellungen des Vorbereitungskomitees auf diesem Kongress schon bald Makulatur sein würden. Genaue Vorstellungen hatte ich jedoch nicht, es war mehr ein Bauchgefühl. Meine Vision von einer besseren Gesellschaft in der Noch-DDR war zerplatzt. Eine Form des demokratischen Sozialismus mit einer erneuerten Gewerkschaft zu schaffen, zerbröselte an den Realitäten.

In den Wintertagen des Jahres 1990 begann eine für Deutschland einmalige, historisch zu nennende Bewegung. Aus dem Ruf der Straße: »Wir sind das Volk!« wurde nun immer mehr der Ruf: »Wir sind ein Volk!«

Der Vorgang der Einheit Deutschlands nahm Fahrt auf!

Die Gedanken und Gefühle der folgenden Tage sind mir noch bis heute gegenwärtig, als ob das alles eben erst geschehen wäre.

Wir schrieben den 1. Februar 1990. Gegen Nachmittag war in Berlin Schnee gefallen. Das Bild der Straßen war bereits geprägt von anderen Bildern der bisher reklamefreien Wände, die oft durch politische Losungen in Erinnerung waren. Jetzt kam Farbe ins Spiel. Große sowie kleine Händler des Westens witterten zu Recht ihre Marktchancen. Sie nutzten diese Wände ausgiebig für ihre Reklame. Aus den Medien schon lange bekannte, von den meisten Menschen des Ostens ersehnte Produkte, gelangten nun in sintflutartiger Schwemme auf den neu erschlossenen Markt.

Eine Mischung von grau-weißem Schnee mit farbenbunter Reklame bot sich nun dem Betrachter. Die im Aufbruch befindlichen Schneeglöckchen der Berliner Vorgärten wurden sanft zugedeckt. Meine Gefühlslage muss ähnlich gewesen sein.

Als Kind in der Deutschen Demokratischen Republik lebend, lernte ich den Text der Hymne dieses Staates auswendig, die J. R. Becher im Oktober 1949 textete. [89]

»Auferstanden aus Ruinen und der Zukunft zugewandt, lasst uns dir zum Guten dienen, Deutschland – einig Vaterland!«.

Dass diese Einigkeit vierzig Jahre auf sich warten ließ, konnte ich nicht ahnen, wie sie sich vollzog, ebensowenig.

Es ist auch nicht sicher, ob der Texter ahnte, dass fast vierzig Jahre später, das textlich Erhoffte in wenigen Monaten Realität wurde. Erst recht bleibt offen, ob der Texter in der heute existierenden Marktwirtschaft die Zukunft sah, die er meinte.

Es gab ja schließlich in dieser Zeit zwei deutsche Staaten mit unterschiedlichen Abhängigkeiten als Folge eines verheerenden Weltkrieges, dessen Nachkriegskind ich bin.

Wurde mit dem Willen des Volkes nach der Einheit Deutschlands eine tiefe Wunde des 2. Weltkrieges nun endgültig geschlossen?

Ja, diese von mir herausgepickte Zeit spielt nun einmal in meinem Leben und in dem vieler anderer sicher auch eine besondere Rolle, weil sie das wieder vereinte, was sich unter tragischen Umständen teilte. Deutschland einig Vaterland.

Der Pappkarton

Am folgenden Tag ging ich über die Jannowitzbrücke in Berlin zum Gebäude des nicht mehr existenten FDGB. Entstanden war in den letzten Tagen ein Dachverband der Einzelgewerkschaften. Die Handwerker hatten das Zeichen mit den verschlungenen Händen noch nicht abmontiert. Das Fenster des Zimmers in der 3. Etage am Märkischen Ufer in Spreenähe öffnete ich einen kleinen Spalt und sah, wie ein Schlepper sich mühsam, weil mit Kohlen beladen, zum Berliner Heizkraftwerk Mitte schleppte.

Im Unterbewusstsein dachte ich: »Wieso fährt der eigentlich immer noch, jetzt müsste doch alles stillstehen im Februar 1990!«

Nach so einem Tag, wo Visionen von einer besseren DDR zerplatzt waren wie Seifenblasen, musste doch alles am Boden liegen. Meine Wahlniederlage hatte ich noch gar nicht richtig verkraftet!

»Wieso fährt der Kahn eigentlich immer noch?«

Ich grübelte fast apathisch vor mich hin.

Da sah ich doch zu meiner Überraschung, wie der Schlepper, der die Kohle ins Kraftwerk zum Löschen schleppte, unbeeindruckt von mir und meinen Gefühlen, gleichmäßig vorbeizog und er es gleich geschafft hatte.

Ich schüttelte den Kopf, drehte mich um, packte meine persönlichen Sachen aus dem Schreibtisch in einen Pappkarton.

Mit einer Hand stützte ich mich auf die Tischplatte, mit der anderen kramte ich, nichts bewusst wahrnehmend, in den offenen Schubladen, die sich mir gähnend zeigten.

Viel war es ja nicht, was im Kampf mit den Papieren aus dieser Zeit übrig blieb Diese in Eile beschriebenen Unterlagen erwiesen sich bald als Altpapier.

Dieses ständige Reden halten oder Papiere beschreiben, was hatte es schließlich gebracht? Die von mir erdachten kleinen Schritte waren bescheiden umgesetzt worden. Konnten damit Veränderungen erreicht werden? Die Zweifel wuchsen in mir.

Vielleicht gab es denen Anregungen, die tatsächlich verändern konnten. Selbst da blieb nicht viel, da sich der Vorgang der gesellschaftlichen Veränderungen mit einer Eigendynamik vollzog, nicht so ruhig wie der Kohleschlepper, aber stetig, nicht zu bremsen. Wer wollte das auch?

Noch einmal ging ich ans Fenster, weil ich Geräusche hörte. Die Geräusche wurden lauter. Ich öffnete das Fenster. Vor dem Fenster sah ich, wie sich auf dem Vorplatz Leute versammelten. In ihren Gesichtern, in ihrer protestierenden Gestik erahnte ich, dass sie mit den Ergebnissen nicht zufrieden waren, die ihnen dieser FDGB Sonderkongress gestern gebracht hatte. Als ich ihnen zurufen wollte, blieben mir die Worte im Hals stecken. Handlungsunfähig stand ich hinter dem offenen Fenster. Der neu gewählte Vorstand ist jetzt in der Verantwortung. »Die sollen es mal machen, auch nicht schlecht,« dachte ich.

Blitzartig ging mir immer bewusster durch den Kopf, dass die da unten Stehenden mit mir solidarisch verbunden waren. Das waren meine neuen Mitstreiter, mit denen war ich jetzt in einem Boot. Ich war einer von ihnen, die in ihrer Existenz bedroht waren. Ich nickte ihnen zu, danach schloss ich das Fenster.

In diesem Moment klingelte das Telefon, der Pförtner war am Telefon. Er sagte mir: »Hier ist einer, der ´nen Namen hat, wie eine Rotweinsorte aus dem Westen. Der will jemanden sprechen.«

In dieser für mich bedrückenden Atmosphäre kam mir der Hinweis mit der Rotweinsorte gelegen. Ich dachte: »Soll er mal kommen, der Herr!« Mir wurde jedoch etwas unwohl, weil mir klar war, dass ich nichts mehr zu sagen hatte.

Um keinen Fehler zu machen versuchte ich, die neu gewählte Vorsitzende zu informieren. Ich legte mir den Satz zusammen, dass hier ein Herr mit einem » Rotweinsortennamen« auf sie warte, der ein wichtiges Anliegen vortragen wollte, wie er dem Pförtner versicherte.

Dieser Anruf verlief leider in der Mitteilung: »Kein Anschluss unter dieser Nummer!« In meiner »Notlage« oder aus Neugier oder weil ich nichts weiter zu tun hatte, als meine »handliche Vergangenheit« in den Pappkarton zu werfen, dachte ich: »Warum sollst du eigentlich den Herrn nicht empfangen?« Also antwortete ich dem Pförtner: »Der Herr kann kommen!«

Im Türrahmen stand dann ein kleiner älterer Herr zwischen sechzig und siebzig Jahren, mit äußerst munteren Augen sowie schnellen Armbewegungen. In der Hand hielt er eine dieser einmal sehr modischen Gelenktaschen für den Herrn. Er schritt, nein, er flog auf mich zu und drückte meine Hand. Er stellte sich in einem mit französischem Akzent gewürztem Deutsch vor: »Mein Name ist Rothschild, na, sie wissen schon, von der Dynastie derer von Rothschild!« Erst dachte ich: »Der macht einen Scherz mit mir!« Dann zog er aber eine Karte aus der Gelenktasche. In goldenen Lettern war der Namenszug mit Familienwappen zu sehen. Das beeindruckte mich schon. »Das kann ja heiter werden, ich räume meinen Laden auf, da kommt der mit den Millionen, der gar nicht so aussieht, wie einer von denen!« Sein Äußeres wies nicht darauf hin, dass er einer aus der Oberschicht war. Seine Klamotten waren abgewetzt, die Hosen waren viel zu weit, sie wedelten dem kleinen Mann um die Beine.

Nun sprudelte er los: »Das wird mit der DDR sowieso nichts mehr. Ich weiß, dass der FDGB so viele Auftragswerke an Künstler vergeben hat. Sie haben doch darauf Zugriff. Ich sammle die Kunst des Sozialistischen Realismus. Geld habe ich. Wir unterschreiben den Kaufvertrag. Den Notar rufe ich gleich an. Wie viel kostet das Ganze?«

Mit brüchiger Stimme erklärte ich ihm, dass ich nicht mehr zuständig sei. »Ach, schauen sie, jetzt muss ich schnell sein, das spielt keine Rolle, machen sie mir die Kontakte zu denen, die verkaufen können!« Meine stammelnde Reaktion wird ihn kaum vertröstet haben. »Das FDGB-Eigentum muss erst noch genauer ermittelt werden. Der Auflösungskongress findet frühestens in einem Jahr statt«. Er schüttelte verständnislos den Kopf. Er war sich seiner Sache so sicher und brubbelte noch: »Na, die werden sich noch wundern, so ein Angebot schlägt man nicht aus…«

Leider hatte er sich nicht mehr gemeldet. Er merkte wohl auch, dass ich nicht mit Kompetenz gesegnet war.

Wie er gekommen war, in schnellen Bewegungen, verließ er den Raum, sah sich noch einmal um und trötete im Herausgehen: »Diese Kunst wird noch einmal viel Wert sein! Glauben sie es mir«.

Er war der erste Millionär, den ich kennenlernen durfte. Ich hatte zwar andere mediale Vorstellungen von diesen Personen, seine etwas kauzige Art blieb in meiner Erinnerung haften.

Ich schmunzelte vor mich hin: »Wenn der wüsste, dass er einen Arbeitslosen vor sich hatte?!« Mit der einen Hand suchte ich etwas in dem fast leeren Pappkarton, mit der anderen drehte ich einen Bleistift, wie einen Roulettekreisel.

Leider erwuchsen mir auch durch diese Bewegungen keine glücklichen Einfälle.

Inzwischen kamen immer mehr Menschen auf dem Vorplatz vor meinem Fenster zusammen.

Einige von ihnen kannte ich. Es waren vor allem Angestellte des FDGB, die um ihre Existenz kämpften. Sie machten sich lautstark »Luft« über ihre eingetretene Lage. Die alte Organisation, in der sie angestellt waren, gab es nicht mehr. Die Dachorganisation der Einzelgewerkschaften, wie auf dem Sonderkongress gebildet, hatte für sie kaum Einstellungsmöglichkeiten. Jetzt wendeten sie sich an die, die sich von ihnen abgewandt hatten. Diese auf dem Kongress neu gewählten Vorstandsmitglieder sollten ihnen helfen.

»So schnell kann es gehen«, dachte ich. »Jetzt tragen diejenigen die Verantwortung, die kürzlich auf diesem Platz gegen die dogmatischen Verhältnisse im FDGB demonstrierten«. Was können die neu Gewählten machen, an die sich die neuen Protestierer wandten?

Die auf dem Vorplatz versammelten Kollegen gerieten jetzt durch pauschale Urteile in die politische Verurteilung. Wie waren ihre Befindlichkeiten? Die meisten ihrer Leiter blieben den Demonstrationen fern. Sie verkrochen sich in ihren Wohnungen. Sie entzogen sich den öffentlichen Auseinandersetzungen.

Die Befindlichkeiten der Menschen zu beschreiben, die innerhalb von Stunden in die Arbeitslosigkeit gerieten, war zu dieser Zeit schwer möglich, weil ich auch nicht beschreiben konnte, was auf sie genau zukam. Der Blick in den »Rückspiegel« durfte das nicht ausblenden. Es blieb ein verschwommener Blick, der schmerzhafte Wunden und Brüche freigab, wenn es sich um Menschen handelte, die ich persönlich kannte. Es charakterisiert in etwa die menschliche Atmosphäre zu Beginn der neunziger Jahre.

Für mich entstand ein emotionales Band mit denen, die riefen: »Arbeit, Arbeit, Arbeit!« Immer mehr von ihnen erkannte ich auf dem Vorplatz. Solche oder ähnliche Vorgänge zogen in diesen Tagen wie ein unsichtbares Netzwerk über die zusammenbrechende DDR. In Ministerien, Hochschulen, Schulen, staatlichen, gesellschaftlichen und kulturellen Strukturen vollzogen sich Entlassungen. Schnell zusammengestellte Gremien entschieden nach politisch Belasteten, Staatsnahen, Stasibehafteten und solchen, die für eine weitere Tätigkeit möglich waren, wenn es diese gab. Diese Prozesse wurden geschickt mit dem Wort »Abwicklung« beschrieben.

In ein »Fast-Nichts« sah ich auch, als ich in meinen zu füllenden Pappkarton schaute.

Langsam rückte in mein Bewusstsein ein Gefühl, dass ich, wie der Pappkarton, sehr einsam war. Dieses Gefühl, nicht mehr gebraucht zu werden, belastete mich doch stark. Vor wenigen Tagen stand ich noch im Zentrum der gewerkschaftlichen Ereignisse. Plötzlich waren alle Berater und Medienvertreter nicht mehr in meiner Nähe, auf die ich so oft geschimpft hatte, jetzt wären sie mir plötzlich angenehm. Es änderten sich Bedingungen und menschliche Gefühle. Selbst die mich umgebenden Räume waren nur noch eine Belastung für mich. Das verstärkte sich noch in den mich jetzt doch abstoßenden Räumen eines Freien Deutschen Gewerkschaftsbundes, der diesen Namen nicht verdient hatte.

Also schaute ich wieder auf die Spree, die im Winter einen eigenen Stadtnebel hatte, der wie ein Wisch auf einem verstaubten Schreibtisch aussah, grau mit einem kleinen Tupfer weiß, das Gemüt belastend, ruhig stimmend, ausgleichend, zugleich realistisch in den sich abzeichnenden Konturen.

Aus dem Fenster der 3. Etage schaute der von kommunistischen Lebensvorstellungen Geprägte, der romantische Vorstellungen Liebende, der Harmonie Suchende und sich auf seine politische und soziale Liquidation Einstellende aus einem Gebäude heraus, welches schnell neuen Besitzern Platz geboten hat

Mehrwert erheischende Treuhandbevollmächtigte veranlassten später, dass dieses Haus in historisch kurzer Zeit aus sozialistischem Gemeineigentum in marktwirtschaftliches Eigentum überführt wurde. Ironie des Schicksals war allerdings, dass ausgerechnet ein verbleibendes kommunistisches Land den Zuschlag erhielt.

Dieses Haus wurde die Chinesische Botschaft. Eine rote Fahne wehte symbolisch wieder über den Dächern von Berlin.

Den Pappkarton, den ich füllen wollte und ließ ich stehen. Der Inhalt war so bescheiden, dass ich den Kugelschreiber nebst Rückseiten der FDGB Beschlüsse, auf die ich schrieb, weil anderes Papier nicht mehr vorrätig war, im Karton ließ. Ich sagte mir: »Soll doch der Nachkomme etwas damit anfangen«.

Mit Bleistift schrieb ich auf die Schreibtischunterlage mit dem Wochenkalender, den es noch gab, den sinnreichen Spruch: »Alles hat ein Ende, nur die Wurst hat zwei!« Wie der später diesen Platz besetzende Chinese darauf reagierte, konnte mir wiederum »Wurst« sein.

Ich war nun auch einer von denen, die vor meinem Fenster auf einen neuen Arbeitsplatz hofften. Was sollte ich nur tun?

234

Dieses Gefühl, keine gesicherte Perspektive zu haben, werde ich niemals vergessen. Mein bisheriges Leben war vor allem durch gesellschaftliche Bezüge bestimmt. Das Leben anderer verbessern oder erhalten oder gar Probleme anderer lösen helfen, das wollte ich. So dachte ich jedenfalls. Gelungen waren mir diese Vorstellungen gewiss nicht immer.

Die Frage bedrückte mich: »Wie kann ich nun mein weiteres Leben gestalten?«

Annäherung durch Anpassung

Während ich noch grübelte, erhielt ich einen Anruf eines Mitarbeiters der FU Berlin, ob ich zu einem Gespräch bereit wäre.

Ich sagte zu. Hans Hermann Hertle, ein Historiker der Freien Universität in Berlin, führte mit mir ein Interview. Dieses wurde in den Berliner Arbeitsheften und Berichten zur sozialwissenschaftlichen Forschung der Freien Universität Berlin unter der Überschrift »Die Gewerkschaft hat in der Verharrung gelegen« am 20. Februar 1990 veröffentlicht (vgl. 23).

Darin schilderte ich mein bisheriges politisches Leben. Als wir uns nach über zwanzig Jahren wieder trafen, erinnerte er dankbar daran, dass er durch mich ein Schreiben erhalten habe, welches ihn berechtigte, für alle Archiven der DDR bereits damals Zugang zu erhalten. So konnte er schon unmittelbar nach der Maueröffnung eine intensive wissenschaftliche Arbeit (vgl. [90–93]).

Von dem neugewählten Vorstand des Dachverbandes der Einzelgewerkschaften wurde ich nicht ins Abseits gestellt. Als Mitglied einer Delegation des Dachverbandes folgte ich einer Einladung von Ernst Breit, dem Vorsitzenden des DGB. Warum sollte gerade ich an dieser Delegation teilnehmen? Die Unsicherheit, die die Vorsitzende des gewählten Dachverbandes, Frau Mausch, im Gespräch am 28. Februar 1990 in Hannover ausstrahlte, war nicht zu übersehen. Sie ahnte sicher nicht, wie ich auch, dass sie zu einer Belehrungsveranstaltung mit dem Vorstand des Deutschen Gewerkschaftsbundes der Bundesrepublik Deutschlands eingeladen wurde.

Wir saßen in einer Gaststätte an einem langen Tisch, auf der einen Seite die Vertreter des DGB-Vorstandes, auf der anderen Seite die Vertreter des Dachverbandes des Freien Deutschen Gewerkschaftsbundes der DDR mit einigen neu gewählten Vorsitzenden der Einzelgewerkschaften der DDR.

Im Mittelpunkt dieser Belehrungsveranstaltung stand die Herstellung der deutlichen Distanz, die »man schon immer praktiziert« habe, zu dem kommunistischen Freien Deutschen Gewerkschaftsbund der DDR und ihrem damaligen Vorsitzenden, H. Tisch, der auch Mitglied des Politbüros des Zentralkomitees der Sozialistischen Einheitspartei Deutschland war, was von ihrer Seite immer wieder hervorgehoben wurde.

Alles das, was Ernst Breit, der Vorsitzende des DGB, mir und Rainer Schramm im Gespräch vom Januar über die »menschenverachtende Tätigkeit« des FDGB bereits deutlich gemacht hatte, wurde nun weiter ausgebreitet und jeder Redner von der gegenüberliegenden Tischseite bekräftigte, dass er schon immer gegen eine Kooperation mit dem FDGB gewesen war.

Durch meinen Kopf schwirrte das Zitat von Ernest Hemingway zum Thema: »Was ist Glück«. Er wurde befragt, was denn Glück sei. Er habe erwidert: »Glück das ist einfach eine gute Gesundheit und ein schlechtes Gedächtnis!« [94] Ich dachte für mich, mir sitzen lauter glückliche Menschen gegenüber.

Hatten sie alle vergessen, wie nahe sie dem Herrn Tisch, dem Vorsitzenden des Freien Deutschen Gewerkschaftsbundes der DDR, noch im Jahre 1989 waren? Sie saßen in den Gästehäusern des FDGB und ließen sich die alkoholischen Getränke munden. Die dazugehörigen freundschaftlichen Gespräche verliefen alle in »einer Atmosphäre tiefen Vertrauens mit gegenseitiger Achtung«.

In Kommuniques beschrieben sie so viele Gemeinsamkeiten, Freundlichkeiten und Übereinstimmungen, dass ich an diesem Tisch in Hannover kaum noch ruhig sitzen konnte.

Hatte Ernst Breit vergessen, dass er noch am 15. September 1989 in Stuttgart eine Vereinbarung zwischen dem DGB und dem FDGB zusammen mit H. Tisch unterschrieben hatte, welche in neun Punkten die verschiedenen Kontakte und Beziehungen ausführte? [95]

In einem Schreiben H. Tischs an E. Honecker vom 4. April 1989 hob dieser nach einem von E. Breit »gewünschten ausführlichen und vertrauensvollen Meinungsaustausch im Hause des Bundesvorstandes des FDGB« hervor, dass »der DGB großes Interesse hat, den in den letzten Jahren entwickelten konstruktiven Dialog… kontinuierlich auszubauen.« Der Inhalt dieses Briefes, den ich damals nicht kannte, strotzt nur von Übereinstimmungen und Freundlichkeiten (Vgl. Das Genossenkartell, [96]). Bei diesen Briefen sind natürlich Adressat, Schreiber und die Umstände dieses Schreibens zu bedenken. Dennoch wird sichtbar, dass von belastbaren Beziehungen ausgegangen wurde. Es war meiner Stimmungslage zuzuschreiben, dass ich nicht protestierte oder wenigstens Bedenken anmahnte

Vielleicht war es falsch, dass ich an diesem Tisch schwieg, für meine Gesundheit allerdings war es förderlich.

Ich habe kaum in meinem politischen Leben so eine makabere Veranstaltung erlebt. Einer übertrumpfte den anderen mit fein geschliffenen Reden über die Distanz, die man »schon immer« mit dem FDGB gehabt habe, über die schon immer vorhandene Erkenntnis, dass der FDGB mit der SED verbunden wäre, über die schon immer dargebotene Haltung, dass es sich mit der DDR um eine verachtungswürdige Diktatur gehandelt habe.

Es war schlichtweg peinlich zu erleben, wie sich die Vertreter des DGB aus ihrer Verantwortung herausredeten, der Presse und damit der Öffentlichkeit bekundeten, dass sie niemals mit den Vertretern des FDGB in der Umarmung gelegen hätten.

Nunmehr hatte die Neu-Gewählte zu ertragen, was die Alt-Gewählten in Deutschland hätten unter sich ausmachen sollen, besser – müssen.

Aus dem Gesprächsprotokoll [97] dieser Veranstaltung in Hannover vom 28. Februar 1990 ging dann hervor: »Es gab Übereinstimmung darüber, dass die Wirtschafts- und Währungsunion dringend in beiderseitigem Interesse mit einer Sozialunion verbunden werden muss.« Abschließend ging aus dem Protokoll hervor, »dass die soziale Absicherung bei der Vereinigung beider deutscher Staaten starke, unabhängige und kampfbereite Gewerkschaften erfordert. Beide Dachverbände setzen sich für parlamentarische Demokratie, Tarifhoheit, Streikrecht, Aussperrungsverbot und demokratische Mitbestimmung in den Betrieben ein.« Das sollten gewerkschaftliche Erklärungen bleiben, die von den tatsächlichen Prozessen der Einheit Deutschlands in andere Bahnen geführt wurden als die Erklärer erwünschten.

Auf der Rückreise sprachen wir kaum miteinander. Jeder hing seinen Gedanken nach. Meine Alternativen auf dem Arbeitsmarkt waren zu dieser Zeit gering. Ich griff wiederum zu einem Strohhalm. Ich begab mich also wieder auf das Feld des öffentlichen Tribunals.

Die Wahl des Geschäftsführenden Hauptvorstandes der IG Druck und Papier der DDR fand am 2. und 3. März 1990 im Haus »Am Märkischen Ufer« statt.

Von 247 Wahlberechtigten stimmten in geheimer Wahl 203 für mich als neuen Vorsitzenden des Hauptvorstandes der IG Druck und Papier in der Noch-DDR. Ich war doch überrascht. Noch nie vorher fühlte ich bei Wahlen, dass meine Arbeit in den Monaten »der Wende« offensichtlich entsprechend anerkannt wurde.

So konnte ich die Wortmeldung eines Papiermachers aus Crossen besser verstehen, der in den Saal der Delegierten der IG Druck und Papier der DDR im Frühjahr 1990 mit markiger Stimme hineinrief, indem er auf mich zeigte: »Den kenne ich, da weiß ich, mit wem ich es zu tun habe, der hat in den letzten Wochen seine Glaubwürdigkeit unter Beweis gestellt. Wer sind denn die, die nur Versprechungen abgeben und aufgeschnappte Westparolen verteilen – ich wähle den Werner Peplowski, und Schluss…!«

Er erhielt Beifall. Ich war erstaunt über seine Parteinahme für mich. Diese hatte mich tief gerührt. Sein beherztes Auftreten war einer der Gründe, warum ich erneut gewählt wurde. Ihm verdankte ich, dass ich für kurze Zeit wieder eine gewerkschaftliche Arbeit hatte.

Vielleicht hatte ich in den vergangenen Wochen der Auseinandersetzungen gelernt, mit öffentlicher Kritik besser umzugehen. Es war auch für mich eine zwar harte Schule, aber mein Selbstwertgefühl wuchs wieder. Es war ohnehin immer eine Fahrt auf der Achterbahn der Gefühle. Gerade, wenn die Fahrt ein wenig nach oben ging, konnte man sich schon darauf einstellen, dass es wieder nach unten ging.

Ich hatte erstmalig das Gefühl, hier bekomme ich einen Vertrauensbeweis von Menschen, die genau wie ich selbst um ihre Existenz bangten.

Konnte ich diese Wünsche und Vorstellungen auch nur annähernd erfüllen?

In den Medien wurde sogar suggeriert, dass ich auf die westdeutschen Kollegen einen gewissen kommunistischen Einfluss ausgeübt hätte.

Wilke / Hertle beschrieben in dem Buch »Das Genossen-Kartell« [98] die lang währenden Kontakte der verschiedenen Personen der IG Druck und Papier der DDR mit denen der westdeutschen Gewerkschaft. Sie unterstellten an einigen Stellen, dass der ideologische kommunistische Einfluss auf die ideologischen Positionen der IG Druck und Papier-West gewirkt hätte.

Das konnte ich für meine Person oder durch meine Person allerdings nicht feststellen. Ganz im Gegenteil hatte ich durch meine Kontakte mit zahlreichen Kollegen der Westgewerkschaft die Möglichkeit, ja das Privileg, die Bedingungen ihrer Tätigkeit zu erleben.

Ich wurde von ihnen niemals bedrängt, meine ideologischen Positionen zu verändern. Sie gaben mir aber deutlich zu verstehen, dass es andere Wege für ein Leben in Wohlstand und Freiheit geben kann. Meinerseits hatte ich auch nicht versucht, meine ideologischen Positionen ihnen zu vermitteln. Auf solch einer Basis hätten niemals Gespräche stattfinden können.

Jetzt erlebte ich in den zahlreichen Gesprächen mit den westlichen Gewerkschaftsmitgliedern, wie aus der Strategie »Wandel durch Annäherung« immer mehr eine Strategie eines Wandels durch einseitige Anpassung wurde.

Das betraf in besonderer Weise fast alle Mitglieder des Vorstandes der IG Druck und Papier / IG Medien der BRD. Sie haben ihren Anteil geleistet, dass sich die IG Druck und Papier der DDR im Veränderungsprozess 1989/90 gemeinsam mit der IG Metall zwar an die Spitze gestellt hatten, sie lenkten aber ihre Aufmerksamkeit immer mehr darauf, dass sich die Ostgewerkschaften ihren Bedingungen anpassten.

Den westdeutschen Gewerkschaften lag die Übernahme von Strukturen, die personelle Sicherung ihrer eigenen Positionen näher als Überlegungen darüber anzustellen, welche Erfahrungen aus der gewerkschaftlicher Tätigkeit der Ostgewerkschaften übernehmenswert wären. Selbst ihre vorhandenen Einflussmöglichkeiten auf die beginnenden Verhandlungen zum Einigungsvertrag [99] waren gering.

So aber taumelten wir zwischen den vorhandenen existentiellen Brüchen der Arbeitnehmer der Noch-DDR und den politischen Statements der Westgewerkschaftsfunktionäre hin und her.

Ich frage mich heute: »Worauf konnten sich die Gewerkschaftsmitglieder der DDR noch stützen?«

Ich unternahm den Versuch, durch öffentliche Statements im März 1990 noch Forderungen in diesem Anpassungsprozess zu formulieren. Auf einer Großdemonstration auf dem Gendarmenmarkt im März vor circa 10.000 Menschen in Berlin ergriff ich das Wort. Die sozialen Konflikte wurden immer größer, Lohnzahlungen standen auf dem Spiel, die Arbeitslosenzahlen nahmen erschreckend zu. Ich hatte ein Gefühl zwischen Ohnmacht und Ärger wegen meiner Hilflosigkeit.

Auf der einen Seite war der Prozess der Einheit mit der Einführung der Westmark verbunden, andererseits verunsicherten die vorgeschlagenen Regeln zum Umtausch der Ostmark und zur Lohnangleichung die Arbeitnehmer.

Auf dem Berliner Gendarmenmarkt stand ich vor der Französischen Kirche, im Rücken das Schauspielhaus, neben mir der Dichter Schiller, in Stein gehauen.

Auf seinem Podest war ich ziemlich einsam. Um mich herum tausende aufgebrachte Menschen mit ihren Hoffnungen.

Als ich meine Rede anfing, ertönten Pfiffe, Leute riefen dann aber: »Hört doch mal zu!« Ich versuchte zu argumentieren, ich merkte, ich kam nicht an. Es grummelte in der Menge. In freier Rede griff ich die Wünsche und Hoffnungen auf, die alle hören wollten. Ich rief die heute bekannten Losungen »1 : 1 Umtauschsatz« und »gleiche Löhne in Ost und West – sofort» in das Megaphon. Ich erhielt stürmischen Beifall.

Später, in Erkenntnis marktwirtschaftlicher Regeln, stellte ich natürlich auch fest, dass das sehr populistisch war.

Mit der Losung, »1 : 1» wurden natürlich auch die Schulden 1 : 1 aufgerechnet und damit gingen eine Reihe Unternehmen in der DDR in die Insolvenz.

Ich bekenne, dass ich, in Unkenntnis größerer Zusammenhänge, die Menge unterstützt habe, um nicht von ihnen ausgepfiffen zu werden.

Jetzt wusste ich aber, was Populismus bedeutet und dass auch Mehrheiten nicht immer den Anspruch auf pure Wahrheit haben. Die westlichen Gewerkschaftsfunktionäre hielten sich während dieser Auseinandersetzungen bedeckt.

Sie vertrauten offensichtlich auf den Faktor »Zeit«, ihre Beharrungsstrategie verbanden sie mit den Hinweisen auf die aus ihrer Sicht hilflosen Staatsgewerkschaften. Sollen doch die noch nicht angepassten Ostgewerkschaften den öffentlichen politischen Kampf führen. Darauf verwiesen die westlichen Gewerkschaften sehr süffisant: »Das sind eure Betriebe, das sind eure Mitglieder, das ist schließlich eure Verantwortung!« Ich konnte den Eindruck nicht verbergen, dass die Ostgewerkschaften nur noch benutzt wurden, um die ganze Empörung über den Zerfall oder die Beseitigung der Betriebe ihnen mit zugeordnet werden konnte. Damit wurde die Kampfkraft der Gewerkschaften gelähmt.

Die Zeit der Aktivitäten wirtschaftlicher Kooperationen, der Übernahmen von Betrieben, der bewussten Vernichtungen von Arbeitsplätzen im marktwirtschaftlichen Konkurrenzkampf brach über uns herein. Das geschah unter der Obhut der immer aktiver werdenden Treuhandanstalt.

»Goldgräber« überzogen den Osten. Das sah dann so aus, dass die Berufsgruppe der Unternehmensberater Hochkonjunktur hatte. Sie zogen aus und stellten sich in dieser Zeit als helfende und die Arbeitsplätze sichernde Menschen vor. So traten sie auch in den Büros der noch vorhandenen Ostgewerkschaften auf. Offensichtlich vermuteten sie, über die Funktionäre der Gewerkschaften Hinweise oder gar Einflüsse auf die noch funktionierenden Betriebe der DDR zu erhalten. Als Gewerkschafter hatte ich natürlich großes Interesse, dass Arbeitsplätze erhalten und neue geschaffen wurden. In unserem Berliner Büro der IG Druck und Papier gaben sich diese Herren die Klinke in die Hand. So, wie der Strom begann, so ebbte er dann schnell wieder ab, weil sie merkten, dass die Kompetenzen dieser Ost-Gewerkschaften schwanden. Viel wichtiger waren für die Arbeitnehmer die Ansprechpartner in der gewerkschaftlichen Interessenvertretung der DDR. So konnte man als Arbeitnehmer in einem Zimmer mit dem neu gewählten Funktionär der DDR sprechen und im Zimmer daneben wurden die ersten Ostbüros der Gewerkschaften West eingerichtet.

Ich war zwar durch die Neuwahl gestärkt, eine Interessenvertretung im Osten war jedoch kaum möglich. Die bisherigen Strukturen der DDR brachen immer mehr zusammen. Neue gab es noch nicht ausreichend. Die Volkskammerwahlen vom 18. März 1990 gaben freie Fahrt für die beschleunigte Einheit unter der Dominanz der westdeutschen Exekutive. Das veranlasste die Westgewerkschaften nun stärker aktiv zu werden. Der Zeitraum vom Januar bis zum April 1990 war gekennzeichnet durch eine fast handlungsunfähige Regierung in der DDR, verbunden mit untätigen Ostgewerkschaften.

Die Medien richteten ihren Fokus auf uns. Sie übertrafen sich in der »Häme«, dass es mit den Gewerkschaften Ost sowieso nicht mehr lange gehe. Das war mir auch klar, es bedurfte dieser Häme nicht.

In diesen März-Tagen der ungewissen und unsicheren Position der Gewerkschaften Ost erhielt ich eine Einladung des Sozialausschusses der Europäischen Union nach Brüssel.

Der Flieger war bereits von Brüssel gebucht, eine Fokker F 27 Friendship – Abflug von Tegel. Das war eine kleine Maschine, deren Namen ich mir gut gemerkt habe, weil wir durch viele Turbulenzen flogen. Als wir in Brüssel landeten, lief mir immer noch der Angstschweiß den Hals herunter. Ich war kreidebleich.

In Brüssel in dem Konferenzsaal angekommen, hielt ich eine Rede zu den Aufgaben der Gewerkschaft in der Noch-DDR. Ich hörte, wie Herr Dr. Klaus von Dohnanyi seiner Nachbarin zuflüsterte, ob denn alle aus der DDR nach der Wende so bleich aussehen, wie ich es war.

Er hatte die Lacher auf seiner Seite.

Nachdem ich nun die veränderte, nach dem Muster der BRD aufgestellte Gewerkschaft der DDR erklärt hatte, gab es viele Fragen.

Eine Frage kam von Herrn Dohnanyi und wird mir immer in Erinnerung bleiben. »Lieber Herr Peplowski, (wenn schon einer »lieber Herr« sagt…) das mit der Gewerkschaft in der DDR hat nur einen Haken. Das Gewerkschaftsgesetz verhindert die marktwirtschaftliche Kooperation erheblich, das könne man doch so nicht akzeptieren?«

Ich versuchte zu erklären, dass in dem Gesetz erstmals für Gewerkschaften in der DDR das Streikrecht verbrieft wäre. Aussperrungsverbote wären aufgenommen sowie Tarifrechte und Arbeitsvertragsrechte würden begründet.

Die Handschriften der westdeutschen Gewerkschaften kamen natürlich zum Tragen, weil so ein umfassendes Mitbestimmungsrecht auch der Traum einiger Gewerkschafter im Westen war. Im Osten war das ein Dokument der gewachsenen Stärke der sich befreienden Gewerkschafter, ein Hoffnungsdokument. Allerdings hatte es nicht lange Bestand, weil es das erste Gesetz der frei gewählten Volkskammer der Noch-DDR war, welches im Oktober 1990 nach der Einheit Deutschlands durch den Bundestag sehr schnell wieder kassiert wurde. Gewerkschaftliche Rechte aus dem Osten wurden damit schnell an bestehendes Bundesrecht angepasst.

Es begann die Zeit der Beratungsschwemme – Wirtschaftsberater, Versicherungsberater, Gewerkschaftsberater, Persönlichkeitsberater, Berater für alle Lebensbereiche schossen wie Pilze aus der Erde. Sie kamen alle aus dem Westen, um uns zu »helfen«.

Diese Zeit nenne ich heute die: »Ich will ihnen mal sagen Zeit»:

- Ich will ihnen mal sagen, was sie zu machen haben!

- Wissen sie, ich kenne da einen, der wird sie beraten!

Wenn man mit »ja« – antwortete, wurde man beraten und wenn man »nein« sagte, wurde man ebenfalls beraten. Es war manchmal zum Verzweifeln, die Ratgeber waren überall.

Daraufhin sagte mein damaliger Stellvertreter, Georg Wolfram: »Weißt du was, Werner, wir machen einen auf Tulpe«. Wenn er das sagte, bedeutete das so viel wie, »wir halten uns zurück, kommt Zeit, kommt Rat. Nur nicht in ein Fettnäpfchen treten…!«

Das ging aber auch nicht immer gut, weil einige Berater dann gerade ehrgeizig berieten, weil sie glaubten, wir hätten es immer noch nicht verstanden.

Es war ja auch vieles für uns Neuland und so konnten wir beim besten Willen nicht immer unterscheiden zwischen ehrlich gemeinten Ratschlägen, Vorteilsnahme oder Einflussgewinnung. Es war eine spannende Zeit, diese Zeit der Beraterschwemme. Das traf auch auf eine Reihe von Beratern der Gewerkschaften zu.

Auf einen Fakt haben mich alle diese Berater hingewiesen, sie haben mich förmlich »mit der Nase« darauf zu stoßen versucht. Das war wie ein Aufruf, sich dringend um das vorhandene Vermögen des FDGB zu kümmern. Ich war noch mit den gesellschaftlichen und politischen Veränderungen dieser Zeit gedanklich beschäftigt, da hatten natürlich diese Herren die Sicht auf das Vermögen schon im Auge.

Als am 21. Februar 1990 noch von der Volkskammer der DDR ein Gesetz über Parteien und andere politische Vereinigungen §§ 20 a und b (102) beschlossen wurde, war ich mir über dessen Tragweite nicht im Klaren.

Diese treuhänderische Verwaltung wurde bis zum 1. Juni 1990 von einer Unabhängigen Kommission Parteivermögen(UKPV) ausgeübt, die vom Ministerpräsidenten der Noch-DDR eingesetzt wurde, danach übernahm die Treuhandanstalt diese Aufgabe.

Es war ein Fehler, dass der neu gewählte Dachverband des FDGB keinen Vertreter in diesem Gremium hatte. Über das Vermögen des FDGB wurden Entscheidungen getroffen, ohne dass die neu gewählten Gremien des Dachverbandes des FDGB einbezogen waren. Der DGB allerdings sicherte sich eine Mitsprache in diesem Gremium.

Zu diesem Zeitpunkt war ich als Vertreter der Einzelgewerkschaften davon ausgegangen, dass die Einzelgewerkschaften im Dachverband das gesamte Gewerkschaftsvermögen der DDR zu sichern, zu erhalten und schließlich auf die Einzelgewerkschaften, entsprechend des Mitgliederanteils, zu verteilen hatten. Es gab zu diesem Zeitpunkt keine Zweifel an dem mir von der Unabhängigen Kommission Parteivermögen bekannt gemachten Rechtsstandpunkt.

Dieser wurde allerdings später anders interpretiert, schließlich wurde das Vermögen im Gesamtbestand in ein Treuhandvermögen überführt.

Als ich einige Jahre später von Herrn Roewer von der Bundesanstalt für vereinigungsbedingte Sonderaufgaben (BvS) eingeladen wurde, erklärte der unumwunden meine rechtliche Rolle.

Seine Eingangsworte haben sich mir eingeprägt: »Herr Peplowski, ich handle im Auftrag der Bundesregierung, ihre rechtliche Legitimation werde ich noch so lange gebrauchen, wie es für die Übernahme des Vermögens des FDGB in das Ministerium für Finanzen notwendig ist, danach sind sie ein Nichts! Meiner Legitimation folgend, unterschreiben sie die Übergabe und die Liquidation der IG Druck und Papier!«

Damals stand ich auf und ging, ohne ihm die Hand zu geben, ohne zu unterschreiben. Es passierte nichts. Er hatte zunächst geblufft. Später hatte sich jedoch alles, mehr oder weniger so vollzogen, wie er es angedeutet hatte.

»Schnell privatisieren, entschlossen sanieren, behutsam stilllegen« – dieses Zitat wurde dem Präsidenten der Treuhandanstalt, Herrn Dr. Karsten Rohwedder, zugeordnet und widerspiegelte das Ansinnen dieser Anstalt.

Die realen Umsetzungen waren dann viel komplexer und mitunter schwer nachvollziehbar. Das begann schon mit der Reihenfolge des Agierens und vor allem damit, was »schnell, behutsam und entschlossen« durchgesetzt wurde und wie.

Im Januar 1990 trafen sich auf Einladung der Unternehmerverbände der Bundesrepublik die Justitiare und Rechtsanwälte der marktwirtschaftlichen Unternehmen und legten – im Beisein von Rechtsanwälten und Rechtsgelehrten der DDR – das Vorgehen der rechtsstaatlichen Übernahme der Betriebe der DDR fest. Erleben konnte ich es dann aber hautnah.

Ich will versuchen, diese Übernahme aus der Sicht der Verlage deutlicher zu machen.

Es gab in der DDR 78 lizenzierte Verlage, die verschiedene politische, religiöse und kulturelle Strömungen widerspiegelten. Das Lesebedürfnis in der DDR war immens. Das Buch als Kulturgut wurde gelebt und verinnerlicht, es war etwas Bewahrenswertes. Die vorhandenen Verlage, die wenigsten waren ausschließlich dem marxistisch leninistischen Weltbild verpflichtet, wurden in einem eiligen Vorgehen von westdeutschen Verlagen zunächst mit einem Kooperationsvertrag angeheuert. Dieser wurde sehr schnell in einen Übernahmevertrag, mit Billigung der Treuhand, überführt. Entsprechende Juristen waren geschäftig unterwegs. Sie halfen diesen ersten Schritt der Übernahme rechtlich zu stützen. Ob sie dabei den Artikel 35 des Einigungsvertrages (vgl.99) mit gleicher Energie umgesetzt haben, ist in Zweifel zu ziehen. Darin wurde hervorgehoben, »dass die kulturelle Substanz in Ostdeutschland keinen Schaden nehmen soll«.

Weiterhin forderte der Einigungsvertrag bei vertraglichen Übernahmen, dass die Arbeitsplätze nicht nur erhalten, sondern sogar ausgebaut werden sollten. Das war eine der Voraussetzungen der Vertragsunterzeichnung.

Scherzhaft sage ich heute schon einmal »man müsste die Anzahl der versprochenen Arbeitsplätze in den Papieren der Treuhand, die von den kaufwilligen Unternehmen abgegeben wurden, einmal zusammenzählen, man käme auf eine Summe, die die Anzahl der damaligen Berufstätigen überschritten hätte«.

Juristen hatten deshalb bereits weitsichtig eine entsprechende Klausel in einen Plan der Überführung eingearbeitet, mit der man diese Versprechungen umgehen konnte.

Nachdem die Genehmigungen durch die Treuhand erteilt waren, wurden aus den Kooperationsverträgen schnell Kaufverträge, die dann diese wichtigen Komponenten(Erhalt und Ausbau der Arbeitsplätze) nicht mehr umfänglich enthielten. Spitzfindige juristische Überlegenheit war hier gefragt, die eindeutig auf der westlichen Seite lag.

Es vollzogen sich rauschähnliche Vorgänge des Kaufs von Ostverlagen durch die Westverlage, die man auch nicht mit der maroden Wirtschaftslage in der DDR in Beziehung bringen konnte. Konkurrenten wurden so schlichtweg beseitigt.

Vor der Wende wurden Lizenzen, die einem Verlag die Autorenrechte garantieren, in Ost- und Westlizenzen für den gleichen Autor vergeben und waren jetzt im Ausschließlichkeitsverfahren an die Westverlage übergegangen.

Das betraf dann u. a. solche Autoren wie Christa Wolf, Franz Kafka, Editionen von Goethe, Schiller, Heine u.v.a. m. Die in Ostverlagen erschienenen Bücher wanderten in Millionenstückzahl in Leipzig auf den Müll. Die Konkurrenz-Bereinigung wurde vollzogen. Wie war das noch mit dem Artikel 35 des Einigungsvertrages Diesen Vorgängen konnte ich nur ohnmächtig als Ost-Gewerkschafter zuschauen. Die West-Gewerkschaften forcierten ihre Anstrengungen, möglichst viele Mitglieder aus diesen Verlagen aufzufangen. Das erwies sich auch nicht als nachhaltiger Vorgang, weil die Kollegen bald arbeitslos wurden. Da sich die West-Gewerkschaften nicht als Interessenvertreter der Arbeitslosen sahen, waren die Betroffenen ohne gewerkschaftliche Unterstützung. Eine umfängliche Interessenvertretung zu diesem Zeitpunkt bestand leider nicht. Darum ist der Blick, alleine auf die Unternehmerseite gerichtet, nicht ausreichend. Die gegebenen Umstände und die Unsicherheit vieler ostdeutscher Betriebsleiter über vertragliche Gegebenheiten und Folgen waren ebenso gravierend, wie die nicht vorhandene umfassende Interessenvertretung der Kollegen.

Ich versuche heute Verständnis für diesen Vorgang aufzubringen, den ich damals als unwürdig ansah. Die Ostgewerkschaften waren mit sich beschäftigt. Sie »ordneten« ihren Untergang. Die Westgewerkschaften der entsprechenden Branchen waren mit dem Aufbau von eigenen Gewerkschaftsstützpunkten beschäftigt und ordneten die Aufnahmeverfahren ihrer künftigen Mitglieder.

Die Kollegen hätten eine umfängliche Rechtsberatung und einen besseren Arbeitsrechtsschutz benötigt. Beides wurde erst unter den Bedingungen des Umbruchs neu geschaffen. Die Rechtsunsicherheit vieler Kollegen war groß. Sie ließen sich ein auf unwürdige, oft befristete Arbeitsverträge. Bei betriebsbedingten Kündigungen wurden selten Ausgleichszahlungen oder Abfindungen vorgesehen. Überleitungsverträge führten in die Teilzeit und Kurzarbeit.

Der Rechtsschutz wurde oft nur beratend durchgeführt. Die zahlreichen anstehenden Arbeitsrechtsverfahren führten einfach zu Überforderungen der Rechtsberater innerhalb der Gewerkschaften, die ja erst qualifiziert werden mussten.

Dazu kam, dass die Arbeitsämter im Umbruch waren bzw. erst gebildet werden mussten. Die neuen Mitarbeiter befanden sich oft in der Weiterbildung. Es waren hoffnungslose und Hoffnung gebende Momente, je nachdem, wie die Handelnden ihre Interessenlagen durchsetzen konnten.

Führte die perfekteste Anpassung tatsächlich zum Wandel? Vor allem aber, welcher Wandel war eigentlich gemeint? Wenn der Wandel aber nun bestimmten Interessen diente, dann waren die Angepassten den Interessen verpflichtet. Diese Fragen werden sich in den Frühlingstagen des Jahres 1990 die Ost-Gewerkschaftsprotagonisten gestellt haben, als sie sich von dem zum Unwort erklärten »FDGB« lösen wollten oder gar mussten. Diese Zeit war auch nicht frei von taktischen Manövern, menschlichen Schwächen, politischen Kraftspielen, Existenzkämpfen einiger Gewerkschaftsfunktionäre. Ich war Teil dieses Ränkespiels.

Ein Beispiel für dieses Ränkespiel (vgl. [103-111])war, wie die Gewerkschaftsfunktionäre Ost mit dem von ihnen gewählten Geschäftsführenden Vorstand des Dachverbandes des FDGB umgingen. (in der Anlage III befindet sich das Protokoll des Ränkespiels der Anpassung) Es war das Ziel, alle Forderungen des DGB bei der Darstellung ihre kämpferische Rolle im Einigungsprozess der Gewerkschaften sichtbar zu machen. 18 Vorsitzende der Einzelgewerkschaften der DDR fuhren nach Hamburg auf den Gewerkschaftskongress des DGB im Mai 1990. Im Saal saßen nun die achtzehn Vorsitzenden, zu denen ich auch gehörte, wie die Hühner aufgereiht, in einer der vorderen Reihen unter den Gästen.

Die Fenster des großen Saales gaben den Blick frei auf den sich vor dem Veranstaltungsbau befindlichen Park. Das Maigrün bot einen farblich guten Kontrast zu den gewerkschaftlichen Ausgestaltungen im Saal. Ich stellte mir für einen Augenblick vor, dass solche Kollegen, wie R. Schramm im Präsidium säßen. Einer von denen, die mutig die Veränderungen in der DDR Gewerkschaft noch vor dem Oktober 1989 einforderten. Er gehörte zu den Gewerkschaftern, die in der Sendereihe »Rund« des Jugendsenders 11/99 (DDR Fernsehsender) H. Tisch herausforderten, zu den eingetretenen gesellschaftlichen und politischen Problemen in der DDR Stellung zu nehmen. Ja, das war damals mutig. Dann vernahm ich aber vorbereitete Reden, Antragstellungen, Formulierungsdebatten, Gratulationen, selbstbewusste Persönlichkeiten.

Und wieder stellte ich mir für einen Augenblick die Atmosphäre der Auseinandersetzungen zu gesellschaftlichen Veränderungen vor, die die achtzehn Vorsitzenden aus der DDR während des Außerordentlichen FDGB Kongresses im Januar 1990 erlebten. Schnell blendete ich solche Gedanken aus. Welche Rolle spielten wir eigentlich auf diesem Kongress?

Meines Erachtens sollten wir die Kulisse dafür abgeben, dass der DGB seine Rolle im Einigungsprozess der Gewerkschaften für die Öffentlichkeit dokumentieren konnte. Wir wurden als die bezeichnet, die »als erneuerte Gewerkschaften im Entstehen seien«.

Das betonte E. Breit in seiner Eröffnungsrede auf dem DGB Kongreß in Hamburg ausdrücklich. In einem einstimmig beschlossenen Initiativantrag hieß es:

»Der 14. Ordentliche Bundeskongress beauftragt den Bundesvorstand parallel hierzu alle Vorbereitungen zu treffen, mit denen sichergestellt werden kann, dass der DGB im Zuge des Vereinigungsprozesses der Mitgliedschaften die Aufgaben des Dachverbandes in der DDR wahrnehmen kann. Dabei ist auszuschließen, dass der DGB die formale Rechtsnachfolge und die inhaltliche Verantwortung für die Politik des FDGB nach dessen Auflösung übernimmt.«[110] Das war die klare Positionierung, die E. Breit bereits im Januar in einem Gespräch mit R. Schramm und mir herstellte.

Wenige Wochen später wurde sie jedoch löchrig, wie ein Schweizer Käse. Offensichtlich gab es im Vorstand des DGB Überlegungen, wie man durch rechtliche Manöver doch noch an das Vermögen des FDGB herankommen könne. So wurde ein Kontaktbüro Ost mit dem Leiter des Bereiches Finanzen des DGB [112/113] aufgebaut.

Nach Abschluss des Bundeskongress des DGB vergingen kaum fünf Wochen. Mit den Kollegen des Geschäftsführenden Hauptvorstandes trug ich die Drucker- und Papiermachergewerkschaft der DDR zu Grabe. Damit waren auch für mich die Weichen zur Liquidation der IG Druck und Papier in der DDR gestellt (vgl. Anlage IV)

Meine letzten Worte auf dieser Tagung waren: »Ich wünsche allen Mitgliedern der Industriegewerkschaft Druck und Papier der DDR, dass sie aufrecht in die IG Medien Deutschlands gehen.« Damit war meine Funktionstätigkeit in der Gewerkschaft am 23. Juni 1990 beendet.

Den Protagonisten innerhalb der Gewerkschaften in Ost und West ist aus meiner Sicht dennoch zu bescheinigen, dass sie versuchten einen Einigungsvorgang von Gewerkschaftsorganisationen zu gestalten, der keine Vorbilder hatte. Da er in die Einheit Deutschlands führte, sind manche Stolpersteine aus meiner Sicht verzeihlich. Es war ein einmaliger Vorgang. Manche Hoffnungen, Vorstellungen und Visionen wurden von den sich gestaltenden gesellschaftlichen Veränderungen ausgebremst.

Wenige Monate später, am 14. September 1990 wurde der FDGB nun auch strukturell aufgelöst. Liquidatoren wurden bestellt. Die Treuhand übernahm das Vermögen. Über mehrere Jahre versuchten Vertreter der Einzelgewerkschaften eine

Verteilung des Vermögens des FDGB auf die Gewerkschaftsstiftungen der DGB Gewerkschaften zu erreichen. Auch dieses Bemühen scheiterte. [114, 115]

Der 23. Juni 1990 war mein letzter Arbeitstag in der Gewerkschaft.

Erfolgreich, so wurde mir immer klarer, waren jene Menschen, die ich in diesem »Semester« des Umbruchs der Gewerkschaften kennen lernte, die ihre Angst besiegten, Zweifel an den Wahrheitsverkündern hatten, in Niederlagen eine Chance sahen, sich in Veränderungen einließen, die sich ihren Problemen und Krisen stellten, denen ein besseres, freieres Leben wichtig war. Die meisten waren im Osten sozialisiert.

Eine Zeit zwischen Hoffen und Bangen

Für mich ergab sich die ernsthafte Frage: »Wie kann ich wieder erfolgreich sein?« Ich wollte auch zu denen gehören, die sich ein erfolgreiches Leben nach den Brüchen der Zeit von ganzem Herzen wünschten. Mit zunehmender Leidenschaft stürzte ich mich auf die Angebote, die die freie Marktwirtschaft offerierte.

Mein Optimismus stützte die Vorstellung: »Es wird mir schnell gelingen, wieder eine Existenzgrundlage zu schaffen.«

Mit 46 Jahren war ich überzeugt, dass ich in den vergangenen Wendemonaten etwas für die gesellschaftliche Entwicklung getan hatte, voller Selbstbewusstsein, jedoch arbeitslos. »Finde den Weg in die Selbständigkeit«, waren die helfenden Ratschläge, die aus dem Westen auf mich prasselten.

Nach den Rechtsgrundsätzen bürgerlichen Vereinsrecht und nach den Beschlüssen des Gewerkschaftstages ließen sich mein Stellvertreter, Georg und ich zu Gesellschaftern und Geschäftsführern der »Grundstücks- und Vermögensverwaltung Druck und Papier mit beschränkter Haftung« vor dem Notariat in Berlin im Notariatsregister Nr. 450 der Hauptstadt der DDR mit Notariatssiegel am 28. Juni 1990 eintragen.

Später wurde diese Eintragung im Amtsgericht Charlottenburg übernommen. Dem ging ein Treuhandvertrag des scheidenden Hauptvorstandes der IG Druck und Papier voraus. Die Bestätigung erfolgte durch das Amtsgericht Berlin Mitte, Kammer und Grundsätze für Handelssachen. Die Gewerbeanmeldung wurde mit 185 DM aus unserer Tasche beglichen. Die Währungsreform hatte uns bereits die Deutsche Mark gebracht. Wir erhielten die Genehmigung. Damit waren die rechtlichen Voraussetzungen für unsere Selbstständigkeit geschaffen.

Wir folgten bereits den Rechtsgrundsätzen der BRD, obwohl noch die DDR als Staat existierte. Es war schließlich eine Zeit mit rechtlichen Grauzonen, Übergangsregeln – aber immerhin mit einem Vertragsentwurf über die Herstellung der Einheit Deutschlands.

Es sei noch nicht alles in trockenen Tüchern, sagte man uns. Es seien noch Spielräume offen. Ich fragte mich besorgt: »Welche Spielräume?« Innerlich hatte ich mich auf die rechtlichen Bedingungen der Bundesrepublik eingestellt, ohne genau zu wissen, was da auf mich zukommt.

Formalitäten wurden mir vorgelegt, deren Ausmaß und Wirkung für mich nicht einsichtig waren. Ich habe in der Hoffnung unterschrieben, dass sich etwas Gutes ergeben wird. Das klingt sehr naiv. Es beschreibt jedoch diese Zeit. Ich stolperte mehr, als ich auch nur im Entferntesten wusste, worauf ich mich da einließ. Es war wieder der besagte Strohhalm, an den ich mich erneut klammerte.

Überschreiben kann ich heute dieses Eingehen auf diese Formalitäten für mich als einen ersten Schritt vom Funktionär zum Unternehmer, einem Unternehmer in des Wortes einziger Bedeutung. Ich hatte den festen Willen, etwas zu »unternehmen«.

Die GmbH, die ich im Amtsgericht eintragen ließ, verfügte über kein Geld, kein Vermögen. Die notwendige Stammeinlage, die Rücklagen oder Einlagen standen auf dem Papier als treugeberisches Verfahren. Dazu kam, dass die beiden Geschäftsführer, einer davon war ich, über keinerlei Kenntnisse zur Führung einer Gesellschaft mit beschränkter Haftung verfügten. Ironisch könnte man sagen, dass seien ja die besten Voraussetzungen gewesen. Bei ernsthafter Betrachtung war es mit einem Sprung ins Wasser zu vergleichen, ohne dass die Springenden schwimmen konnten.

Auf unzählige Broschüren und Gesetzestexten wiesen uns die Herrschaften aus dem Westen hin: »Lesen sie nur die Beck-Texte, GmbH Gesetz 23. Auflage 1990 vom 20. April 1892!« Das sind jetzt die Richtschnüre unseres Handelns.«

Gesellschaftervertrag, Stammeinlage, Ersatzansprüche, Handelsregister, Kaduzierung, Nachschusspflicht, Amortisation, Bestellung usw. waren für mich böhmische Dörfer.

Was machte man in solchen Fällen? Man lernte auswendig. Geholfen hat es zunächst nicht viel. Einsichten gelangen mir nicht so schnell.

Es gab ja schließlich die zahllosen angebotenen Weiterbildungsveranstaltungen, die würden uns helfen. So eine Flut von möglichen Veranstaltungen habe ich nie wieder erleben können. Also suchte ich mir eine dieser »Angebote« aus.

Den marktwirtschaftlichen Haken bei dieser Art Veranstaltungen bekam ich aber erst mit, als ich den Weiterbildungsvertrag bereits unterschrieben hatte.

Die sich wissend Gebenden ließen sich ihre Kenntnisse bezahlen. 200 – 300 DM pro Person und Veranstaltung, die auch über Wochen gingen, erschienen verkraftbar, wenn man das Ziel im Auge hatte. Nicht im Auge hatte ich aber, dass auch Masse Geld bringen kann. So buchten die Weiterbildungsveranstalter große Säle in Berlin.

Mit hunderten Mitsuchenden marktwirtschaftlicher Regeln saß ich im Treptower Park im Tanzsaal von »Zenner«. Eng aneinandergedrängt lauschte ich den Ausführungen der Männer im Nadelstreifen-Anzug. Ich lernte Wertermittlung von Grundstücken bei den Brüdern Friedrich und Jürgen Rath.

Wie selbstverständlich hatten sie ihre Vorträge in schriftlicher Form verfasst. Nach den entsprechend vorgetragenen Schwerpunkten, die kaum für mich einsichtig waren, konnten die Teilnehmer diese käuflich erwerben.

Wer sich also überhaupt mit den vorgetragenen Dingen inhaltlich beschäftigen wollte, war zum Kauf der Broschüren oder Bücher förmlich genötigt. Die Preise dieser Materialien hatten sich für meine Verhältnisse gewaschen.

Die Veranstalter verstanden etwas von Wertschöpfung, nicht nur von Wertermittlung.

Die Wertermittlung von Grundstücken war da noch etwas nebulöser, zumal die für die DDR-Grundstücks- und Betriebswerte. Diese waren eigentlich kaum von Wert, im Sinne eines Verkehrswertes bürgerlichen Rechts. Das konnte ich es aus den Aussagen der Gebrüder Rath entnehmen. Es lag schließlich gesellschaftliches

Eigentum oder genossenschaftliches Eigentum in der DDR vor. Das sollte nun in Privateigentum überführt werden. Überführen sei schließlich etwas anderes als am freien Markt zu verkaufen. In einem Unrechtsstaat, wie die DDR es sei, so argumentierten die Nadelgestreiften, könne man schließlich nicht davon ausgehen, dass rechtmäßig erworbenes Eigentum überall vorläge. So gesehen wäre es schon richtig, einen möglichst geringen Wertansatz dieser Grundstücke anzusetzen. Hilfreich sei das Buch über »Die Ermittlung des Bauwertes von Gebäuden und des Verkehrswertes von Grundstücken des Oppermann Verlages Hannover, 25. Auflage 1989«. Es sei auch zu berücksichtigen, dass diejenigen, die in den Grundbüchern vor 1949 eingetragen seien, diese Grundstücke im Sinne der Rückübertragung kostenfrei erhalten müssten. Eigentum soll denen zugute kommen, denen es vierzig Jahre vorenthalten wurde. Diese saßen überwiegend im Westen. So waren die Ausführungen der Herren angelegt.

Jetzt wurde uns nahegelegt, wie wir als arbeitslose Ostwertermittler diese historischen Vorgänge zu bewerten hätten. Die Interessenlage war eindeutig auf Seiten der Alteigentümer. Wir, die Teilnehmer, waren in sehnsüchtiger Erwartung einer existentiellen Arbeit.

Es galt der uns vermittelte treuhänderische Rechtsgrundsatz. Der beinhaltete die Privatisierung unter allen erdenklichen Umständen rechtlich zu ermöglichen. Das sogenannte Breuelsche Zeitalter begann. Benannt wurde es nach der Nachfolgerin des getöteten Präsidenten der Treuhandanstalt, Rohwedder, Frau Birgit Breuel. Nach diesen Grundsätzen wurden die Betriebe abgewickelt. Die Grundstücke wurden »verdeutschmarkt«, d.h. für eine Deutsche Mark erhielt ein potenzieller Käufer aus der westlichen Welt die entsprechenden Immobilien, um sie weiter vermarkten zu können.

Ich besitze noch heute diverse Wertermittlungsbücher, die sind allerdings wertlos geworden, weil sie einer Zeit entsprangen, die man heute »Übergangszeit« nennen könnte.

Nach einer Prüfung durch die Gebrüder Rath durfte ich mich »Freier Sachverständiger für die Bewertung von Grundstücken, Spezialbereiche: Garten-, Landschafts- und Sportplatzbau« nennen, eingetragen im Bundesverband unter 78/1106.

»Der dazu notwendige Stempel«, den ich immer noch besitze, »sei in grüner Druckfarbe zu benutzen«, das waren die vielversprechenden Worte der Weiterbildner. Auch dafür erhielten sie von mir den geforderten Preis.

Als ich versuchte, mich am Markt mit den erworbenen Weiterbildungskenntnissen zu platzieren, platzte meine Vorstellung von existentieller Arbeit wie eine Seifenblase.

Die rechtlich bestellten Sachverständigen hatten auf diesem Sektor das Sagen. Diese kamen ausschließlich aus der westlichen Welt. Sie hatten berufliche Erfahrungen. Sie wurden von den entsprechenden Gerichten bestellt. Ich hatte kaum eine Chance. Der grüne Stempel, das Mitgliedsbuch des Bundesverbandes als auch der

Titel für die sogenannten »Freien Sachverständigen« waren für mich umsonst. Geblieben sind allerdings die Kenntnisse zur Sache. Sie waren leider wertlos für mich, im Sinne von »Existenz aufbauen.«

Gegenüber der Öffentlichkeit und meiner Partnerin spielte ich vor, dass ich eine Arbeit hätte. So ging ich jeden Morgen mit einer leeren Aktentasche aus dem Haus. Dann setzte ich mich mit meinem Kollegen in die immer noch bereitstehenden Zimmer am Michaelkirchplatz. Das war nicht mehr lustig, es hat mich stark belastet. Ich wollte nicht schon wieder arbeitslos sein. Mein Selbstwertgefühl fing an zu bröckeln.

Regelmäßig gegen neun Uhr kochte ich für meinen Mitgeschäftsführer und für mich Kaffee. Wir frühstückten gemeinsam, suchten nach Beschäftigungen, die in das Profil der GmbH passten. Wir standen unter Zeitdruck, da wir keine Löhne erhielten. Das gesparte Geld ging zur Neige.

Eines Tages erschien in den Zimmern am Michaelkirchplatz, in der Nähe des heutigen Engeldamms, ein Herr, der sich mit »Herr Sohn« vorstellte. Er habe von unserer GmbH-Gründung aus dem Handelsblatt erfahren. Er könne uns sicher helfen. Er sei in der Vergangenheit in Westberlin in ähnlicher Situation gewesen und wäre damals für jede Hilfe dankbar gewesen. Er könne sich in unsere Situation hineinversetzen. Er habe sich auch über die Eigentumsverhältnisse dieses Hauses, in dem wir unserer Scheinarbeit nachgingen, erkundigt. Wir könnten getrost noch eine geraume Weile hier tätig sein. Mit einem Lächeln fügte er hinzu: »Kostenfrei!«

»Ich wünsche Ihnen einen wunderschönen Guten Morgen meine Herren!«, das waren seine überaus freundlichen Begrüßungsfloskeln. Er sei ein erfolgreicher Vertreter für Lebensversicherungen. Er verstünde, dass wir zu diesem Thema keine Affinität hätten. Er sei sich jedoch sicher, dass er unsere Aufmerksamkeit erreichen würde. »Sie werden das noch lernen. In diesen Fällen kann ihnen nur eine Lebensversicherung helfen!«, formulierte einer, der das Wort »Konfitüre« und nicht »Marmelade« in diesen Fällen verwenden würde. Er sei sich sicher, dass unser Leben unbedingt zu versichern sei. »Wer sollte sonst ihrem Leben eine gesicherte Zukunft bieten, das kann nur eine starke Versicherungsgemeinschaft!«, seine Stimme erhob sich dabei in die Stimmlage eines Tenors. »Das kann natürlich in ihrem speziellen Fall nur die Versicherung, die ich vertrete.« Es war die WWK. Herr Sohn fügte belehrend hinzu:»Wir sind eine starke Gemeinschaft, kurz WWK bedeutet Werte, Wachstum, Kompetenz. Die historische Wurzel fügte er etwas leiser in der Stimmlage hinzu: 1884 als »Witwen- und Waisenkasse« in München gegründet.»

Der Hinweis auf die Witwen und Waisen hatte mein soziales Empfinden angerührt. Der Hinweis auf München ließ bei mir Stabilität, viel Geld, Macht, einfach Bewunderung für die Bayern wachsen. Er ließ mich jedoch nicht zu Wort kommen. Er fügte, wieder sachlicher werdend, hinzu: »Ich habe erfahren, dass wir eine GmbH sind.« Er benutzte das »Wir«, was mich zunächst gar nicht stutzig werden ließ.

»Wissen sie«, fuhr er fort, »das vereinfacht die Sache«. Ich fragte damals nicht: »Woher oder warum die Sache einfacher wird«. Er könne uns ein gutes Angebot machen. Wir würden zunächst über einen Kredit finanziert werden. Wir seien schließlich Geschäftsführer und Gesellschafter dieser GmbH.

Er kam von Westberlin extra zu uns in den Ostteil. Er wohne am Wannsee. Durch die Grenznähe spüre er eine innere Verbundenheit mit den Ostberlinern. »Machen sie sich keine Sorgen, ich leite alles in die Wege.«

Zugleich eröffnete er uns die Sicht auf das Versicherungswesen im Allgemeinen und Besonderen. Ich war gar nicht richtig bei der Sache. Ich stellte mir den Blick auf die Weiten des Wannsees vor. Mir fiel ein Satz Fontanes ein, dass das Leben ein weites Feld sei. Konnte Herr Sohn uns helfen? Ich war skeptisch.

»Ja selbstverständlich, das Versicherungswesen passt zu ihrer GmbH wie Arsch auf Eimer, wie man in Berlin sagt.« Nun begann er mit einem Vortrag: »Ich sehe ihnen an, dass sie den Willen haben, gutes Geld zu machen. Sie haben doch die besten Voraussetzungen. Sie können reden. Sie können mit Menschen umgehen. Sie verstehen doch die Bedürfnisse der Ostberliner. Das wäre frevelhaft, wenn sie nicht in das sichere Geschäft der Versicherungen gleich mit einstiegen. Natürlich in Ostberlin in den Plattenbauten, da ist richtig Geld zu machen, bei der Konzentration an Kunden.«

Wenn ich bereit sei, könne er bei seinem Chef ein gutes Wort einlegen. Es stünde gerade eine Weiterbildung an, da könnte ich gleich einsteigen. »Die Versicherung ist ja eine gute Sache!« Das deutete er mit einer einladenden Armbewegung an, die einem Flugzeug gleichkam.

Außerdem hätte er noch einen sehr versierten Steuerberater an der Hand, ein Herr Radday sei der Richtige, den könne er wärmstens empfehlen, ein Fachmann gerade auf den Gebieten der GmbH-Bildung. »So einen versierten Fachmann auf dem Gebiet des Steuerrechtes brauchen sie unbedingt!« Es sprudelte aus ihm heraus, als ob er uns schon lange kennen würde. Er meinte fast schon kollegial: »Zu ihnen habe ich gleich Vertrauen gespürt!«

Jetzt kam dieser überaus freundliche Mann fast täglich zu uns. Er war mit diesem Lächeln ausgestattet, dieser ausstrahlenden Kompetenz, die keinen Widerspruch zuließ. Ich wurde schwach, was blieb mir auch übrig. So wurde ich Weiterzubildender bei der WWK (der bayrischen Witwen- und Waisenkasse, 1884 gegründet, einer starken Gemeinschaft, wie es die Reklame versprach). Wie selbstverständlich hatte er uns eine Lebensversicherung als Einstieg in unser »Gesamtpaket« gleich mit aufgeschwätzt. Während Georg und ich unterschrieben, rief er bei Herrn Radday an. Wie zufällig sei der bereits auf dem Weg zu uns. »Zu diesem Herrn können sie Vertrauen haben, so einen versierten Steuerberater werden sie nie wieder haben, ich verbürge mich«, wiederholte er noch einmal seine Präferenz für ihn.

Als wir uns, Dank einer mehrwöchigen Weiterbildung im Versicherungswesen, in der Hardenbergstrasse in Berlin, laut Ausweis »Fachwirte für Versicherungen« nennen konnten, hatte ich bereits die zweite Ausbildung mit »Dokument« absolviert. Geld und Zeit hatte ich investiert – aber noch nicht partizipiert.

Unser Trainer, Herr Sohn, meinte jedoch, es liefe alles wie »geschnitten Brot«.

Bereits in den nächsten Tagen war Herr Sohn, unser Versicherungsvertreter, Mentor und Trainer wieder zur Stelle. Es folgte nunmehr eine weitere Grundsatzerklärung zum Versicherungsschutz. Die begann mit den Worten: »Sehen sie, so eine neu gegründete GmbH hat zahlreiche Risiken. Gegen diese müssen sie versichert sein. Es bedürfe dazu einer Firmen-Rechtsschutzversicherung. Diese brauchen sie unbedingt!« Dann folgten die Aufzählungen der Risiken mit Beispielen, die er aus seiner langen Erfahrung erlebt haben wollte.

Uns blieb der Mund offen stehen, was so alles passieren könnte, wenn man keine Rechtschutzversicherung habe. »Wissen sie, die beste Versicherung auf diesem Gebiet ist die ARAG!«. Wir würden uns auf ihn verlassen können. Er habe bereits alles in die Wege geleitet.

Nachdem er sich dann nach unseren persönlichen Lebensdaten erkundigt hatte, unterbrach er plötzlich seinen Redefluss. »Ach so», sagte er, »da wäre noch die Rentenversicherung.« Eine Vorsorge für ihre Zukunft sei unbedingt zu treffen. Die gesetzliche Versicherung der DDR greife nun nicht mehr. »Sie sind jetzt Selbstständige und da brauchen sie dringend eine Rentenversicherung!«

Den Begriff der Selbstständigkeit hatte ich bisher anders verstanden, aber immerhin machte er mich und Georg auf die Besonderheiten aufmerksam. Wir sollten schon Vertrauen zu ihm aufbauen. Er nahm uns schließlich an seine erfahrenen Hände.

Nachdem wir auch hier entsprechende Policen gezeichnet hatten, lud er uns zu einem Kaffee am Kottbusser Tor in Kreuzberg, dem »Kotti«, ein (hier wird Cottbus mit K geschrieben, das ist Westberlin…dachte ich).

Nachdem wir unseren von ihm bezahlten Kaffee getrunken hatten, hob er eine Rede über den Gesundheitszustand im Allgemeinen an: »Sehen sie, sie müssen jetzt besonders in den Wendezeiten auf ihre Gesundheit achten. Gerade mit erhöhtem Körpergewicht – dabei zeigte er auf Georg – haben sie ein Risiko, gegen das sie etwas unternehmen müssen.« Ich dachte, dass er uns nun zum Sport anregen wollte. Weit gefehlt. In einer langen Rede über die Krankenstatistik, unter der besonderen Berücksichtigung einer selbstständigen Tätigkeit mit zahllosen Beispielen aus seinem »Umfeld«, kam er schließlich auf den Punkt: »Ihnen fehlt eine Krankenversicherung!« Auch hier müsse er uns unbedingt helfen. Er habe sich bereits Gedanken darüber gemacht. Er wisse eine sehr gute Krankenversicherung, die in Partnerschaft mit der WWK, seiner Versicherung, uns helfen würde. Er habe bereits alles im »Köcher«. So hatten wir in wenigen Tagen, eine »Rund-um-Versicherung«, ein Sorgenfrei- Paket.

Nach der Unterschriftsleistung unter die entsprechenden Verträge fügte ich kleinlaut hinzu: »Wer soll das bezahlen…?« »Das kommt schon hin«, sagte er schnell. Er wisse da eine Bank, die entsprechende Kredite gewähre. Wir sollten ihm vertrauen, es sei ja noch der Herr Steuerberater im Anflug. Sein freundliches Gesicht drückte

Zuversicht aus. Seine Gesten deuteten auf Sicherheit hin.

»Ihnen stehen als Firmengründer schließlich finanzielle Mittel zu«, so verabschiedete er sich.

Mir drehte sich alles im Kopf. Nur nicht so schnell, dachte ich, aber das Rennen hatte schon angefangen, bevor ich zu denken anfing.

Da war ja noch der Steuerfuchs Raddey, der uns schneller besuchte als uns recht war. Ein junger dynamischer Mann stellte sich vor, einer, der das Leben durchschaute. Trotz seines recht jungen Alters verfügte er bereits über reiche Erfahrungen. Über einer grellen Wildlederjacke trug er einen seidenen auffallenden Schal. »Hallo, meine Herren, hier im Osten kann ich so richtig meinen Sportwagen ausfahren. Blitzer haben die hier nicht…ha, ha, ha!« So trat er in unser Zimmer.

Er stellte sein Auto vor. Dann schilderte er uns, wie er mit Strafzetteln und Frauen umging. »Das Leben, meine Herren, ist viel zu kurz – genießen sie es!«

Wir hatten wohl unsere Münder noch offen, waren von seinen schwungvollen Reden noch ganz benommen, da zog er schon den Mandantenvertrag mit einem Schwung aus seiner Nappaledertasche. »Unterschreiben sie hier. Den Rest besorge ich ihnen schon!«

Als er ging rief er uns noch zu: »Für den Lohn habe ich einen Spezialisten an der Hand. Der kommt in den nächsten Tagen schon mal vorbei. Machen sie sich keine Sorgen!« Was für einen Lohn? Schoß es mir in den Kopf.

»Es geht schon alles seinen«, da wandte er sich mit einem Grinsen im Gesicht uns zu, »wie sagten sie immer, sozialistischen Gang…ha, ha, ha!« Damit verließ er uns.

Unsere Gesichter müssen nicht so erfrischend ausgesehen haben, wie die der Menschen auf Reklamebildern, wenn gerade Versicherungen abgeschlossen werden.

Als »Fachwirte für Versicherungen« wollten wir nun endlich Geld verdienen.

Der Druck auf mich nahm zu. Ich benötigte dringend Geld, zumal die versprochenen Kredite der Bank ausblieben.

Die WWK war nicht ganz so schnell, wie ihr Vertreter. Eine andere große Versicherungen warb um Fachwirte. Bei einer, die mit Kapitallebensversicherungen warb, wurden wir unverzüglich eingestellt. Wir verstanden es damals als Einstellung. Wir wurden, nachdem wir unsere persönlichen Daten telefonisch abgegeben hatten, zu einem Treffpunkt bestellt. Endlich erhielten wir den Auftrag, vor allem Kapitallebensversicherungen zu verkaufen. Georg und ich gingen frohen Mutes zum Treffpunkt am Leninplatz. Dieser Platz nannte sich noch nach dem russischen Revolutionär, der meine Weltanschauung mit geprägt hatte. Im Zentrum des Platzes stand das Denkmal Lenins. Vor einigen Monaten schien er mich noch zu grüßen. Nun ahnte er wohl, dass er bald geschliffen werden würde. Bürgerrechtler hatten beschlossen, sowohl den Namen als auch die Statue zu beseitigen. Sein in Stein gehauener stolzer Blick schien mir getrübt zu sein. Wenn der uns, plötzlich leibhaftig geworden, so gesehen hätte, er wäre vermutlich auch von seinem Glauben abgekommen.

An seinem steinernen Fuß warteten zwei leninistisch Geschulte auf ihren Einsatz in der kapitalistischen Welt, die jetzt ihre Zukunft war.

So standen wir ziemlich hilflos an der Bushaltestelle. Zwei marktwirtschaftlich Umgeschulte standen pünktlich am Bus. Der Bus fuhr vor. Es war ein »45er Bus«, weil der so viele Sitzplätze hatte, wie uns später mitgeteilt wurde. Der Bus sammelte die »Fachwirte« ein. Bis auf den letzten Platz füllte sich der Bus. Ich erkannte einige Businsassen wieder, die mir von den Weiterbildungsveranstaltungen der Gebrüder Rath in Erinnerung waren.

Der für uns zuständige Mentor hielt nun eine fast fröhlich zu nennende Rede. »Meine Damen und Herren, sie sind in der Marktwirtschaft angekommen. Sie haben es jetzt in der Hand, ihrem Leben einen neuen Sinn zu geben. Packen sie zu. Leistung wird honoriert!«

Seinen Redeschwall unterbrach er nur kurz, wenn er zustimmendes Klatschen vernahm. Wir fuhren die Leninallee entlang. Der Busfahrer kannte sich im Osten aus. Der Verkehr in Ostberlin war übersichtlich. Plötzlich rief unser Mentor aus: »Zeit ist Geld!« Wir sollten uns beim Aussteigen beeilen. Er habe uns noch die Listen zu übergeben.

Wir waren in Marzahn, in einer Plattenbausiedlung im Osten Berlins gelandet. Die uns übergebenen Listen enthielten Straßennamen sowie entsprechende Hausnummern. Bestimmend rief uns der Mentor zu: »Sie verschaffen sich Zugang zu jeder Wohnung. Es ist schließlich ihr Geld!«

Nach einer kleinen Pause rief er uns nach: »Wir treffen uns Punkt 21 Uhr an dieser Stelle!«

Wir zogen von Wohnungstür zu Wohnungstür. Jetzt lernte ich hautnah, was »Klinken putzen« bedeutet. Mit einem Schlag wurde mir klar, dass ich ab sofort mit Respekt den Leuten begegnen würde, die auf diese Weise ihre Existenz sichern mussten.

Wenn nun potentielle Kunden die Tür nach dem Klopfen oder Klingeln öffneten, begrüßte ich sie in demütiger Freundlichkeit. Den auswendig gelernten Erfolgsspruch trug ich dann jedoch mit strahlender Mine vor.

Die Versicherungsgesellschaft hatte uns mit einer Ledermappe ausgestattet, die Gediegenheit ausstrahlen sollte. An meiner Brust hing ein übergroßer Ausweis, der mich mit großen roten Buchstaben als »Fachwirt« auswies.

So zog ich von Wohnung zu Wohnung. Die meisten Bürger in Marzahn waren arbeitslos. Ihre sozialen Probleme erhielt ich nun an den Kopf geworfen. Sie warfen mich nicht aus ihren Wohnungen. Dafür bin ich ihnen heute noch dankbar. Ich lernte so viel Hilflosigkeit, soziale Auseinandersetzung, Entsolidarisierung, Neid sowie Hoffnungslosigkeit kennen. Oft war ich in der Situation, wie ein Sozialarbeiter agieren zu müssen. Ich sollte jedoch ein Verkaufsgespräch führen. Das Leid der Leute berührte mich. Das widersprach jedoch den kaufmännischen Zielstellungen. Ich sollte Kapitallebensversicherungen an den Mann bringen.

Nach den Verkaufstouren trafen wir uns pünktlich zur vereinbarten Zeit am Treffpunkt. Jeder »Fachwirt« legte seine Abschlüsse vor. Akribisch sammelte der Mentor die Verträge ein. Er kontrollierte die Unterschriften, verglich mit einer Namensliste, die wir nicht kannten. Wir warteten vor dem Bus. Nach einer gefühlten Stunde ließ der Mentor die Bustür öffnen. Er rief namentlich die »Fachwirte« auf. Er wies uns an, sich im Bus nach der Reihenfolge der Namensnennung zu platzieren. Auf Platz 1, gleich hinter dem Fahrer, durfte der Beste Platz nehmen usw. So machte der Mentor die Ergebnisse im Wettbewerb deutlich sichtbar.

Nach fünf Fahrten war ich mit Georg immer noch auf der »Lachbank« des Busses platziert, also auf der hintersten Reihe, unseren Nicht-Umsatz ausweisend. Das läge eindeutig an unserer Unfähigkeit, wie unser Leiter glasklar analysierte.

Ich hätte mich nicht mit den Sorgen der Leute auseinanderzusetzen. »Sie sollen Versicherungen verkaufen. Wenn sie es nicht tun, dann werden es andere Versicherungen tun. Der Konkurrenzkampf ist hart. Sie sind nicht als Seelsorger tätig!« Mir taten vor allem die alten Leute leid, denen ich eine Kapitallebensversicherung überstülpen sollte.

Da wir keinen Umsatz erbrachten, erhielten wir den Rat, die Versicherungsverkäufe aufzugeben, was wir auch taten. Dennoch war es für uns ärgerlich. Unsere ersten Schritte in ein neues Unternehmen gingen schief. Lange haben wir darüber heftig diskutiert, ob wir uns richtig verhalten hätten.

Das Gefühl überwog, dass wir eine Niederlage erlitten hatten. Georg und ich sprachen nicht mehr darüber. Irgendwie belastete das unsere Beziehung. Schließlich kamen wir überein, in einem »Männergespräch« in der Kneipe unsere Konflikte zu klären. Vom Michaelkirchplatz gingen wir schweigend zum »Kotti« nach Kreuzberg, zum »Türken« an der Ecke. Beide stellten wir dann fest, dass unsere Niederlagen im Versicherungsgeschäft aus unseren sozialen Gefühlen resultierten. Mit dem Ellenbogen wollten oder konnten wir nicht umgehen. Noch nicht…?!

Dagegen stand ein absehbares Abgleiten in die eigene soziale Not, was wir befürchteten.

»Was können wir tun?« Der Wirt der Kneipe war ein freundlicher Zeitgenosse. Er lachte uns mit einer verständnisvollen Geste an. »Ihr Traumtänzer, Marktwirtschaft, hart, eh, Alter…!« Er tröstete uns: »Wir auch so angefangen!« Seine folgenden gestenreichen Hinweise rangen uns ein schwaches Lächeln ab: »Denk an deine Familie, das ist wichtig, Anderes - Scheiße…!« Wir schauten immer noch zweifelnd in seine Kneipe. Daraufhin stellte er seine Familie vor: die Großeltern, Eltern, zwei Tanten, seine Frau mit den Brüdern und Schwestern sowie seine Kinder. Irgendwie lebten alle von den Erträgen der Kneipe. Mich beeindruckten ihre Freundlichkeit sowie ihre Geschäftigkeit. Immer, wenn unsere Stimmung auf dem Nullpunkt war, was nun öfter vorkam, gingen wir zu Achmed, so nannten wir den Wirt. Zum Abschluss unserer Gespräche tranken wir immer zwei bis drei Gläschen türkischen Tee, der »auf das Haus« ging.

Achmed hatte offensichtlich Mitleid mit uns, denn eines Tages stellte er uns einige türkische Kollegen von ihm vor: »He, Alter, die wollen helfen…!«

»Gib uns alte Sachen aus DDR oder kennst du…« – waren jetzt die ersten Sätze der kaufmännisch versierten türkischen Freunde.

Es war die Zeit, in der die Gebäude der DDR-Gewerkschaften geräumt wurden. Eine Vermarktung der Grundstücke setzte ein. Die gebrauchten Gegenstände, wie Möbel, Geschirr, Tischwäsche, Elektroartikel, Kleinkram landeten auf bereitgestellten Containern. Sie sollten auf den Müll wandern.

Diese türkischen Kaufleute erkannten offensichtlich noch einmal den Wert »des Wertlosen«. Wir nannten ihnen die Adressen der Entrümpelungen. Sie fuhren mit kleinen Transportern an die Container. Dort sortierten sie bereits »Abgeschriebenes«. Sie verwandelten »DDR-Altlasten« in Ware. Für mich war das das sichtbare Ende der DDR.

Nach den ersten Kontakten erhielten wir bei Achmed alles frei, was wir an Essen und Trinken bestellten. Die türkischen Kaufleute finanzierten unser Essen und Trinken zur Mittagszeit. Es ging jetzt alles »aufs Haus«. Dank dieser Hilfeleistung türkischer Kaufleute floss es zwar in unsere Kehlen, aber leider nicht in unsere Taschen. Die Kontakte nahmen mit dem Abnehmen unserer Kenntnisse über »DDR-Altes« ab.

Damit hatten wir vorerst auch die gemeinsamen Anstrengungen am Arbeitsmarkt beendet. Wir gingen noch gemeinsam zum Arbeitsamt. Dort übergaben wir die Kündigungen, die wir uns gegenseitig bescheinigt hatten.

Jetzt begann jeder von uns mit einer eigenen Annoncenarbeit. Ich wälzte täglich, kaum hatten wir unsern Frühstückskaffee getrunken, diverse Anzeigen. »Die Annonce ist die Klette der Hoffnung!«, war in einer Überschrift zu lesen. Beim weiteren Lesen fiel mir eine Anzeige auf. Eine Berliner Tageszeitung (Westberlin) suchte Mitarbeiter für die Redaktion mit Kenntnissen aus dem Osten. Die Voraussetzungen seien eine abgeschlossene Hochschulausbildung, deren Fachbereich offenblieb. Da dachte ich, dass ich mich bewerben könnte. Da eine Telefonnummer angegeben war, rief ich an. Ich hatte Glück, denn ich bekam eine Verbindung, die in diesen Zeiten fast schon ein Glücksfall darstellte.

Eine freundliche Stimme erklärte mir, dass ich nur noch an einem Auswahlverfahren teilzunehmen brauche, dieses sei leicht. Sie gratuliere mir bereits für meine getroffene Entscheidung, mich bewerben zu wollen. Ich würde von ihr ganz schnell eine Einladung zugeschickt bekommen. Diese kam dann auch postwendend.

Ich sollte mich in der kommenden Woche in den Räumen des »Allgemeinen Deutschen Nachrichtendienstes der DDR« in Berlin Mitte melden. Freudig erregt ging ich dort hin. Auf dem Weg merkte ich bereits, dass ich nicht der einzige Bewerber war. Wir versammelten uns im großen Saal. Es kamen circa dreihundert Bewerber im Saal zusammen. Am Eingang erhielten wir eine Mappe mit Fragebögen. Nach einer kurzen Einleitung einer Personalchefin füllten wir einen umfassenden

Fragebogen im Saal aus. Nach einigen Fragen zur Person, die auch die Mitarbeit bei der Stasi beinhaltete, wurde mein Allgemeinwissen getestet.

Im Mittelpunkt standen Fragen, deren Beantwortung mir Sorgen bereitete. Mir traten Schweißperlen auf die Stirn. Unter anderem wurden die Wimbledon Sieger der letzten Jahre, die Lebensdaten Konrad Adenauers, die Personen des Englischen Königshauses, die Folge der Bundespräsidenten der BRD erfragt. Ich musste passen. Mein Allgemeinwissen war offensichtlich anders strukturiert.

Nun dachte ich, bei meiner Nachbarin, die ebenfalls bei den Wissensfragen war, Hilfe zu erhalten. Weit gefehlt. Sie hielt ihre geschriebenen Antworten mit der Hand zu. Ich schaute mich um. Das taten fast alle. Sie ließen kein Abschreiben zu. Jeder wollte der Beste sein. In diesem Saal war eine gespannte Atmosphäre. Die Konkurrenten wurden zu Gegnern.

Mein Lächeln im Gesicht verschwand.

Ich gab meine Mappe ab. Schriftlich erhielt ich eine kurze Information, dass man sich für andere entschieden habe. Man wünschte mir noch beste Gesundheit und weiterhin viel Erfolg. Damit endete mein erstes schriftliches Casting.

»Nicht aufgeben«, dachte ich. Das Arbeitsamt bot Weiterbildungsveranstaltungen an. »Wie schreiben sie eine Bewerbung richtig? Wie müssen sie sich bei ihrem künftigen Chef vorstellen? Ist ihr Englisch schon praktikabel? Sprechen sie frei?«

Ich kam mir vor wie einer, der wichtige Schulfächer nicht wahrgenommen hatte. Ich verdrängte jedoch diese Gedanken immer wieder mit der Einsicht, unter allen Umständen Geld verdienen zu müssen. Es war ein zermürbendes Vorgehen. Noch nie im Leben hatte ich auf Annoncen oder Stellengesuche geschrieben. Eine Bewerbung hatte ich in meinem Leben bisher noch nie verfasst.

Ich nahm also die »Darstellung meiner Entwicklung« her, die mit dem festgezurrten Satz begann: »Als Sohn des Kaufmanns Alfred Peplowski und seiner Ehefrau Martha Peplowski, geborene Kiepke, wurde ich, Hugo Fred Werner Peplowski am 4.1.1944 in Dresden geboren.«

Jetzt sollte aber daraus eine »Präsentation der individuellen Stärken« meiner Persönlichkeit werden. Ich las meine bisherigen Beurteilungen immer wieder durch. Auf den darin ausgewiesenen Klassenstandpunkt der Arbeiterklasse musste ich jetzt nicht mehr eingehen. Andere Kriterien, wie Teamfähigkeit, Selbstbewusstsein, Pünktlichkeit, Loyalität, Identität standen jetzt im Mittelpunkt.

Ich schrieb Bewerbungen. Dazu erwarb ich bei einem Fotografen aussagekräftige Fotos von mir, die ich jeder Bewerbung beifügte. Ich kaufte extra dafür besonders weißes Papier.

Meine Bewerbungen sollten den Personalbearbeitern auffallen. Ich legte Wert auf ästhetische Gesichtspunkte.

Manchmal erhielt ich darauf Antworten. Die abweisenden Antworten konnte ich nach folgenden Argumenten der Ablehnung zuordnen. Es wurde in einigen Fällen auf meine »Überqualifizierung« für die angebotene Tätigkeit verwiesen. Weiterhin verwies man mit besonders formulierter Freundlichkeit darauf, dass ich mit Mitte 40 nicht mehr zu den von ihnen gesuchten dynamischen Arbeitnehmern zählen würde. Schließlich verwiesen einige auf meine politische Vergangenheit, indem sie Anforderungen begründeten, denen ich nicht gerecht werden würde.

Die meisten antworteten nicht oder schickten einfach den Brief ungeöffnet an mich zurück.

Wer einmal in der Lage war, arbeitslos zu sein, wird ähnliche Gefühle gehabt haben, wie ich damals. Ich war verzweifelt. Der tägliche Gang zum Briefkasten war schon fast wie ein Spießrutenlauf. Hoffentlich ist Post im Kasten, so sehnte ich mich nach Briefen. Immer wieder das Warten auf Post. Dann kam endlich ein Brief. Schon auf der Treppe zur Wohnung riss ich die Briefe in der Hoffnung einer Zusage auf. Immer wieder erhielt ich Absagen. Das wiederholte sich über dreißigmal. Ich war erfolglos.

Bei manchen Absagen wünschten mir die Absender viel Erfolg, Gesundheit oder Wohlergehen. Diese Floskeln taten jetzt weh. Meine Hoffnungen wurden immer geringer.

Ich fühlte mich gekränkt oder verletzt, gar ratlos. Was wird mit den Mietkosten? Wie kann ich unsere bescheidene Existenz sichern? Mein Selbstbewusstsein war dahin. Die berechtigten finanziellen Forderungen und materiellen Bedingungen der Partnerin und der Kinder konnte ich nicht mehr befriedigen. Die seelischen und körperlichen Belastungen wurden täglich größer. Der Druck nahm zu. Er wirkte auf mich fast schon traumatisierend. Ich kam innerlich nicht mehr zur Ruhe.

Meine gerade erst eingegangene Beziehung mit der jungen Familie zerbrach. Ich hatte keine Kraft, reagierte überempfindlich. Ich hatte mich nicht mehr unter Kotrolle. Es gab schmerzliche Auseinandersetzungen.

Mitte August 1990 wurde mir eines Tages schwarz vor den Augen. Ich fiel um, brach zusammen. Der Notarzt holte mich ab. Ich wurde in ein Berliner Krankenhaus gebracht. Herz- und Kreislaufschwäche sowie Depressionen wurden diagnostiziert. Die Depressionen haben mich am meisten betroffen gemacht. Das ist so schwer zu beschreiben, wenn die Gedanken Tag und Nacht immer die gleichen Bilder hergeben. Hilflosigkeit machte sich in meiner Seele breit. Die vorhandenen Sorgen wurden im Kopf potenziert. Ich hatte den Eindruck, dass ich kaum Luft erhalte. Eine scheinbare Dunkelheit überkam mich. Leere machte sich breit.

Bisher hatte ich dem Leben immer die positiven Seiten abgewonnen, nun aber hatte ich nächtliche Vorstellungen eines immer wiederkehrenden Überlebenskampfes, der mich dann tagsüber beschäftigte, mir meine Zeit raubte. Ich fiel in eine Agonie. Ich starrte stundenlang die Decke im Krankenzimmer an. Ich lag zunächst in einem Einzelzimmer. Nachdem die Ärzte mich einigermaßen wieder mit Medikamenten stabil bekommen hatten, begann für mich eine Zeit des Nachdenkens. Wahrscheinlich hatte ich erstmals in meinem Leben die Möglichkeit, über mich und mein Leben, besonders in den Jahren 1989/1990, nachzudenken.

Meine Gefühle und meine Handlungen waren oft nicht in Übereinstimmung. Welche Einsichten zu meinen Handlungen habe ich eigentlich von meinen Partnerinnen abverlangt? Meine egoistischen Vorstellungen waren dominierend. Ihr Vertrauen habe ich auf harte Proben gestellt. Meine Fähigkeiten, die aufkommenden Problem meistern zu können, hatte ich überschätzt.

Vieles konnte ich auch auf die gesellschaftlichen Brüche schieben. Die Fallhöhe in der öffentlichen Wahrnehmung war für mich sehr hoch. Es wurden persönliche Kerben geschlagen, die mein weiteres Leben beeinflussten. Der Wunsch nach persönlichem Verständnis meiner Lebenspartner für meine Situation nahm zu. Gleichzeitig festigte sich bei mir die Bitte um Vergebung. Zweifel an der Chance, ein Leben in einer neuen gesellschaftlichen Lage zu führen, hatte ich zu diesem Zeitpunkt täglich.

Es ging mir immer wieder durch meinen Kopf, dass ich meinen Kindern gegenüber, meinen beiden Söhnen und meiner einjährigen Tochter, ein guter Vater sein wollte.

Ich wollte mithelfen, für sie eine bessere Zukunft zu sichern, eine bessere Kindheit und Jugend zu gestalten, um ihnen schließlich einen besseren Start in ihre berufliche Entwicklung zu bereiten, so wie es viele Väter tun.

Nun lag ich hier, ziemlich hilflos.

Sie, an die ich jetzt dachte, sie alle waren in die Brüche der Zeit verwickelt.

Der Arbeitsplatz meiner von mir geschiedene Frau Bärbel wurde im Ministerium für Bildung abgewickelt. Sie wurde arbeitslos.

Mein Sohn Jörg hatte eine Pilotenausbildung in der Sowjetarmee. Er war ein leidenschaftlicher Flieger. Fliegen war sein Lebenstraum. Er hatte die notwendigen Flugpapiere erworben. Er wurde entlassen, weil die internationalen Verträge aufgelöst wurden. Jetzt war er arbeitslos. Er verdiente sich als Busfahrer seinen Lebensunterhalt. Seine Verletzungen waren besonders hart, aus heutiger Sicht kaum nachvollziehbar wie er mit dieser Situation gelebt hat.

Mein Sohn Uwe war mit der Berufsausbildung fertig. Sein Betrieb wurde abgewickelt. Er begann eine Tätigkeit als Handelsvertreter. Einer, der handwerklich versiert war, arbeitete nun als Handelsvertreter.

Meine Partnerin, Sabrina, arbeitete sich gerade in eine neue Tätigkeit, befristet, einer Probezeit folgend, ein. Sie war die Mutter unserer gerade geborenen Tochter.

Sie, meine Tochter Maxi, hatte sicherlich in ihrem Babyleben schon die Zerwürfnisse und Brüche gespürt.

Und Sascha, der Sohn meiner Partnerin, erlebte unsere persönlichen Brüche als Fünfjähriger sicher auch mit.

Das alles beschäftigte mich enorm. Ich wurde ratlos. Ich konnte nicht helfen, wo Hilfe wichtig war, nötig war. So gar nichts tun zu können – das war lähmend. Schuldgefühle versuchte ich zu unterdrücken. Sie brachen jedoch immer wieder hervor. Sie wurden deutlicher, je mehr ich versuchte, diese zu verdrängen. Vergangenes war nicht korrigierbar. Konnte ich Schlüsse daraus ziehen? Das war nicht so einfach. Der Gedanke daran, dass ich Gefühle liebevoller Menschen verletzt habe, ließ mich nicht los. Wie konnte ich mich aus dem Teufelskreis befreien? Waren rationale Lösungen greifbar?

Die Liebe zu meinen Kindern wurde mir in dieser Lage besonders bewusst. Ich wollte mehr dafür tun, als ich konnte. Auch das war nicht einfach. Es war ein langer Weg. Eine Wiedergutmachung hatte ich mir damals geschworen. Es vergingen noch viele Jahre.

Vielleicht ist darum meine Liebe zu meinen Kindern heute besonders sensibilisiert und innig.

Dazu kommt die Gewissheit, die mir meine Kinder heute so viel geben, dass unsere Gefühle, unsere Liebe heute so tief geprägt sind. Sie bestimmen heute mein Glücklichsein.

Ich weiß, dass sie diese Liebe gern und herzlich wiedergeben. Das hat mich auch »verführt«, diese sehr persönlichen Gefühle aufzuschreiben, was in meiner Erinnerung in Bildern vorhanden war.

Ich lag in diesem Krankenhaus. Ich sehnte mich zunehmend mehr nach Genesung. Die persönlichen Beziehungen fingen zu bröckeln an. Das Ringen um einen Arbeitsplatz hatte ich schon fast aufgegeben. Das waren wichtige Faktoren, die nicht gerade förderlich für den Genesungsprozess waren. Die noch nicht geheilte Krankheit bestimmte meinen Tagesablauf. Das Krankenhaus, ein roter Backsteinbau, der an eine Kaserne erinnerte, lag in der Nähe der Greifswalder Straße in Berlin. Die dort tätigen Ärzte, die mit diesen typischen Krankheiten der Wende oft in Berührung kamen, waren fachlich und menschlich versiert. Ich war bei weitem nicht ihr einziger Patient mit diesen Symptomen. Aus heutiger Sicht erfüllt mich tiefe Dankbarkeit gegenüber den mich behandelnden Ärzten. Mit besonderem Respekt erinnere ich mich an die psychologische Betreuung.

Stundenlange Gespräche haben meine Psyche wachgerüttelt. Langsam, sehr langsam konnte ich mich von den grauen Gedanken abwenden. Es waren schreckliche Bilder, besonders nachts, die mich aufschrecken ließen. Tief bedrückt haben mich die Geräusche, die im Kopf schwirrten. Im wahrsten Sinn des Wortes sah ich nach längerer Behandlung das Licht am Ende des Tunnels.

»In jeder Niederlage liegt die Chance auf einen Neubeginn«, so könnte ich das auf den Punkt bringen. Das waren die Worte, Gesten und Ratschläge, die mein weiteres Leben prägen sollten.

Eines Tages besuchte mich die Familie Achmed im Krankenhaus. Ich erzählte schon von Achmed, dem Wirt aus der türkischen Kneipe in Kreuzberg. Das war ein Auftritt, den ich nicht vergessen werde. Die ganze Familie besuchte mich, Oma, Opa, Papa, Mama, die Geschwister, Enkel – es war ein Anblick lauter froher lebenslustiger Menschen. Sie brachten türkischen Tee mit. Die Krankenschwestern ließen diese lustig anzusehende Gruppe in mein Einzelzimmer. Sie standen eng gedrängt.

Sie brachten aber vor allem ein Zugehörigkeitsgefühl mit. Ich spürte ein herzliches miteinander Umgehen aller Vertreter der verschiedenen Generationen. Natürlich übersah ich nicht, dass der Großvater das Sagen hatte. Ich spürte jedoch, wie Familie funktionieren kann. Wünsche brachte jeder irgendwie hervor: »Werner, werde bald gesund, wir brauchen dich, du musst uns helfen!«

Achmed hatte mehrere Schwestern. Eine von ihnen studierte an der Humboldt Uni in Berlin. Sie schrieb in der Diplomarbeit über das Leben der Kurden in der Türkei. Sie sprach gut Deutsch. Mit der Schriftsprache hatte sie ihre Probleme. Ich sollte die Diplomarbeit »mal so schnell überfliegen«. »Du bist doch Lehrer!« Na gut, dachte ich, die Thematik war interessant. Zeit hatte ich auch.

Leider erwies sich das als Trugschluss. Oft las ich ihre Sätze, die schwierig zu verstehen waren. Sich in die Thematik hineinzuversetzen, war schon schwierig genug. Für meine Hilfe war sie sehr dankbar. Die Diplomarbeit wurde von ihr erfolgreich verteidigt. Die ganze Familie war stolz auf ihre Leistung.

Kurz vor meiner Entlassung wurde noch ein Freudenfest der Familie im Krankenhaus begangen. Es kamen wieder alle türkischen Familienmitglieder an mein Bett. Luftballons, die wie ein Herz aussahen, befestigten sie an meinem Bettgestell. Die weiblichen Personen hatten kleine Blumensträuße für mich mitgebracht. Die Enkelchen schenkten mir selbstgemalte Bilder. Das Krankenhauspersonal schüttelte den Kopf über so viele Liebenswürdigkeiten dieser Familie. Die meisten von ihnen waren aber ebenso gerührt, wie ich es war. Meinen Genesungsprozess hat das sicher beflügelt.

Mein jüngster Sohn Uwe stand eines Tages an meinem Bett. Ich war aus dem Einzelzimmer in ein Zimmer mit noch weiteren Patienten verlegt worden. Die Anzahl der Betten wurde knapp, also kam ich in den Saal.

Für meine Seele war der Besuch besonders wichtig. Uwe drückte mit wenigen Worten das aus, wonach ich mich sehnte. Ich hielt seine Hand länger als sonst. Ich weiß nicht, ob sich Uwe daran erinnert. Es war mein Wunsch nach Nähe zu ihm. Er gab mir dieses Gefühl der Vertrautheit. Er bot mir seine Hilfe an, die ich brauchte, ohne viel Worte, einfach so. Da genügte ein Blick oder eine Geste. Es war eben Uwes Art. Er hatte so einen einfühlsamen Blick, der Herzen öffnen konnte. Ich fühlte mich geborgen.

Langsam kehrte auch meine Fröhlichkeit, mein Lebensoptimismus wieder zurück. Viele liebevolle Menschen besuchten mich,. Sie gaben mir Kraft. Ich fühlte mich nicht mehr allein. Als mich Bärbel besuchte, empfand ich eine tiefe warme Liebe, ein Vertrautsein mit einem Menschen, der mir näher stand, als ich zugeben wollte. Die zerbrochenen Brücken schienen wieder ein neues Fundament zu finden.

Ich war auf dem Weg der Besserung, da besuchte mich mein Mitgeschäftsführer und Gesellschafter der geparkten GmbH. Georg eröffnete mir seinen Schicksalsschlag, den er mit sich trug, der ihn gefangen hielt. Er sei alkoholkrank. Die Ärzte gaben ihm den dringenden Rat, eine Entziehungskur zu machen. Diese sei mit einem längeren Krankenhausaufenthalt verbunden. Er wisse nun alles über diese Krankheit. Ich brauche mir keine Gedanken zu machen. Er würde das schon wieder selbst in den Griff bekommen.

Damals erkannte ich nicht, dass das eine verhängnisvolle Selbsttäuschung war. Denn diese teuflische Krankheit bekam er nicht in den Griff.

Seine Krankheit nahm ich nicht mit dem notwendigen Ernst wahr. Das war auch für mich ein ständiges Ringen um die Anerkennung seines Ringens um Heilung. Ich jagte einer falschen Hoffnung hinterher. Andererseits erlebte ich den täglichen Wahrnehmungsverlust, den er erlitt. Ich glaubte und vertraute ihm, wenn er schwor, nicht getrunken zu haben. Er versuchte sich selbst zu heilen, was ein heilloses Unterfangen war.

Ich erlebte in den folgenden Monaten das Hinsiechen eines Mannes, der voller Lebenslust und Tatendrang war. Er war fast zwei Meter groß, breitschultrig. Es war ein Mann wie ein Bär.

Seine Haut wurde gelblich. Der Verfall eines menschlichen Körpers vollzog sich vor meinen Augen. Ich werde dieses schreckliche Bild meines Freundes nicht mehr los. Es ist bis in die Gegenwart für mich präsent. Ich stand Monate später an seinem Grab mit einem Gefühl der Hilflosigkeit. »Warum habe ich nicht auf ihn Einfluss genommen, als er bereits an manchen Vormittagen mit einer gehörigen Fahne vor mir stand?« Seinen »leeren Flaschen Laden«, den er heimlich im Schreibtisch hatte, habe ich mit einem Scherz abgetan. Ich machte mir Vorwürfe. Wir lebten so eng in diesen Monaten miteinander und wussten doch so wenig voneinander.

Ich blendete seine Krankheit aus, sodass wir drei Monate zusammen noch an einer gemeinsamen Arbeitsmöglichkeit zimmerten. Ich wollte mit ihm gemeinsam aus der Arbeitslosigkeit heraus. Wir haben es für einen kurzen Zeitraum geschafft, was keiner für möglich hielt. Wir waren selbst überrascht, weil sich die Ereignisse für uns auch überschlugen.

Im September 1990 war der Auflösungskongress des FDGB. Die Treuhand gab uns die Möglichkeit, über die Mitgliedsbeiträge zu verfügen, die die Mitglieder vom Februar bis Juni 1990 einbrachten.

Wir haben aus der schlafenden Park-GmbH eine aktive GmbH entwickeln können. Dort sollte das Vermögen solange geparkt liegen, bis die Westgewerkschaften über ausgeklügelte Gegenseitigkeitsverträge Zugriff dazu erhielten. Wir waren als Geschäftsführer Personen ohne Portmonee. Damit hatten wir keine Gehaltsansprüche.

Dieser von den Juristen des DGB erarbeite »Masterplan« sah vor, dass das von ihnen bezeichnete »kommunistisch behaftete Vermögen des FDGB« über diesen Weg zu transformieren wäre. Damit würde es »entideologisiert«, um es schließlich in Stiftungen zu überführen. Wir sollten schlichtweg für ihre Interessen benutzt werden. Wir ließen es zu, um einen Strohhalm für die eigene Existenzsicherung zu haben. Damit hatte die GmbH einen finanziellen Start. Wir hatten eine vorübergehende Anstellung. Die sicherlich nur über einige Monate ging, aber immerhin, wir waren glückliche Menschen. Wir lagen uns in den Armen, wie Kinder. Jetzt konnten wir uns so nennen, wie wir geparkt waren, Gesellschafter und Geschäftsführer.

Noch im Krankenhaus fertigte ich die Dokumente für die nun aktive GmbH an. »Jetzt werden wir Forderungen nach dem FDGB Vermögen stellen«, dachte ich jedenfalls. Das wäre nunmehr möglich. In der Treuhand wurden unsere Vorstellungen zunächst ernst genommen. Es verging auch nur eine kurze Zeitspanne, dann erhielten wir in schriftlicher Form mehrere Zusagen, die die GmbH in eine aktive Tätigkeit versetzen konnte. Das Haus am Michaelkirchplatz, wo wir provisorisch unser Büro kostenfrei hatten, könnte in das Eigentum der GmbH übertragen werden. Eine Grundbucheintragung wurde in Aussicht gestellt.

Die folgenden Wochen waren wir für unsere GmbH unterwegs.

»Erst einmal bringen wir ein Schild an das Haus, natürlich ein großes, sichtbares Schild mit der Aufschrift; Grundstücks- und Vermögensverwaltung der IG Druck und Papier, GmbH, darunter unsere Namen!«

»Jetzt geht es aufwärts mit uns«, so waren meine Gedanken.

Diese Vorstellung ging genau drei Monate gut. Dann kamen neue Leute in die Treuhand.

Die DDR gab es nun auch offiziell nicht mehr. Die Einheit Deutschlands wurde am 3. Oktober 1990 offiziell begangen. Rechtsgrundsätze kamen nun wieder auf den Prüfstand.

Die Treuhandanstalt wurde strukturell und personell erneuert. Damit wurden bisherige Weisungen, Versprechungen, Dokumentationen neu bearbeitet und getroffene Entscheidungen entsprechend verändert.

Die uns von der »alten Treuhand« zugesicherten Vermögenswerte des FDGB wurden als rechtsunwirksam erklärt.

Nun war aber eine rechtsgeschäftliche Übertragung an eine GmbH erfolgt. Eine erneute Rückübertragung aus einer GmbH in Treuhandvermögen wurde offensichtlich ebenso schwierig. Zunächst wurden alle möglichen Transaktionen von der Treuhand unterbunden.

Es begann ein endlos wirkendes Tauziehen.

Aber wir hatten nun eine aktive GmbH. Das hatten auch die neuen eingesetzten Juristen nicht bedacht, die bereits mit den Rechten des neuen Deutschlands ausgestattet waren. Sie hatten uns geschaffen. Sie gaben sich bestürzt über das Geschaffene: »In die Ecke, Besen, Besen, sei`s gewesen…« Jetzt waren wir aber mit unserer GmbH gegründet. Wir waren rechtlich existent. Über Jahre erstreckten sich daraufhin die Auseinandersetzungen über diese Rechtskonstruktion der kleinen Einzelgewerkschaften aus der DDR.

Schließlich gelang es wiederum Juristen vom Finanzministerium eine neue Rechtskonstruktion in die Öffentlichkeit zu tragen, deren fundamentale Bedeutung bis in die Gegenwart wirken würde. Man erklärte schließlich das Gewerkschaftsvermögen als weitestgehend unrechtmäßig erworbenes Vermögen. »Wie konnten die Gewerkschaften in einem Unrechtsstaat Eigentum rechtmäßig erwerben, wenn die Gewerkschaften Träger des Unrechtsstaates waren«, das war das Gerüst für die Übertragung des Vermögens an das Finanzministerium. Damit war der Fiskus mit dem Rechtsanspruch auf das unrechtmäßig Erworbene zum rechtlichen Anspruch gelangt.

Für die GmbH blieb nichts übrig. Nachdem mein Gesundheitszustand so einigermaßen wieder aufwärts tendierte, lud ich alle anderen Geschäftsführer der gegründeten Einzelgewerkschaft GmbH in unsere Etage am Michaelkirchplatz ein.

Wir gründeten einen Beirat, um gegen diese Rechtskonstruktion unsere Einwände vorzutragen. Der Vorsitzende war Hartwig Bugiel. Ich war sein Stellvertreter. Dieser Beirat hatte eine Beratungsfunktion gegenüber den bestellten Liquidatoren des Gewerkschaftsvermögens. Es waren also erste Schritte, meinem Leben wieder einen Sinn zu geben. Die depressiven Gedanken konnte ich immer besser verdrängen. Wieder lernte ich, aktiv zu sein.

Damit hatte ich aber erst einen kleinen Schritt getan.

Die Freude über die aktive GmbH währte nicht lange. Da keine Mittel mehr flossen, mussten wir die GmbH in Liquidation führen. Also war ich wieder arbeitslos. Ich war auf der ständigen Suche etwas zu finden, was Halt geben würde. Jeder kleine Strohhalm wurde so groß wie ein Baumstamm in meinen Augen. Der Begriff »Arbeit« erhielt eine neue Bedeutung für mich. Aus einer für mich selbstverständlichen Sache wurde nunmehr ein Ringen, um Geld zu verdienen. An den Begriff Arbeit waren für mich Achtung, Selbstwertgefühle, Stolz und Freude gebunden. Wie war das aber in dieser Zeit erreichbar?

Überschreiben könnte ich die nun kommende Zeit mit: »Sehnsucht – Arbeit!«

In diesem Ringen um einen Arbeitsplatz gingen die Konflikte quer durch die Familie, die Freunde, die Bekannten. Jeder wird seine eigenen Erfahrungen gemacht haben.

Mit Respekt und emphatischer innerer Haltung betrachtete ich alle Lebensschritte, besser Schrittchen, die meine Mitgeher gingen. Kaum einer hatte die »Hände im warmen Strom des Geldes«. Diejenigen, die uns nun das Glück der Freiheit vermitteln wollten, die sich selbst »Goldgräber« nannten, kannten kaum meine Gefühle. [116]

Ich hoffte auf ihre Sensibilität, jedoch die Realität zeigte oft ihre kalte Schulter. Menschen, die in unterschiedlichen gesellschaftlichen Systemen aufwuchsen, waren anders sozialisiert. Nunmehr trafen wir aufeinander. Neue Konflikte brachen auf, die in Ost-West-Konflikten kulminierten. Wir waren nach dem Grundgesetz alle gleiche Bürger Deutschlands geworden.

Dass es diese Gleichheit nicht a priori gab, das zeigte sich in diesen Tagen in aller Deutlichkeit für mich.

In wenigen Wochen verschwanden Produkte und Produktionen, die ich noch für effektiv hielt. Ich lernte schnell, dass es Gleichheit am Markt nicht geben kann.

Der Markt bestimmte nun das Außen und das Innen. Jeder wird das unterschiedlich erlebt haben. Ich reihte mich ein in die zahllosen Menschen ohne Arbeit, Wunden blieben. Sie verheilten schwer. Mir begegneten immer mehr Menschen, die rheinischen oder schwäbischen Dialekt sprachen.

Was veranlasste sie, in den von den Medien als marode betrachteten Osten zu reisen?

Waren sie angezogen von wirtschaftlichen Gewinnen, angezogen vom Willen, helfen zu wollen, angezogen vom »Goldrausch«, angezogen im missionarischen Sinne, die Freiheit gebracht zu haben, angezogen von Neugier, angezogen von zwischenmenschlicher Sorge? Die Palette war schier unendlich für die Beweggründe westdeutscher Aktionen in Richtung Osten. Sie wollten vielleicht zu allen denen gehören, die bewusst oder unbewusst uns den Weg in die Demokratie und Freiheit weisen wollten. Wir kamen in die Rolle derer, die Dankbarkeit zollen sollten, vor allem auch denen gegenüber, die uns zufällig gegenüber standen. Verordnete gesellschaftliche Dankbarkeit habe ich oft erfahren. Jetzt sollte ich sie in den Augen einiger dieser Leute leisten. Das war mir suspekt.

Der Wille aus meinem Leben etwas zu machen, trotz der Umstände oder wegen der Umstände, war immer noch vorhanden. Natürlich gehörte auch etwas Glück dazu.

Ich versuchte mein »Glück« bei der Industriegewerkschaft Medien. Das Solidaritätsgefühl innerhalb der Gewerkschaft hatte mich schon einmal gerettet. Die Gewerkschaften lebten von der Entfaltung des Solidargefühls. Die Vorstandsmitglieder kannte ich gut. Gegenseitigkeitsverträge hatten wir gemeinsam erarbeitet. Wir waren uns anscheinend persönlich nahegekommen. Gemeinsam hatten wir gefeiert, waren in freundlichen Runden auf freundschaftliche Weise verbunden. So dachte ich damals. Mit etwas Selbstbewusstsein hatte ich die Hoffnung auf eine Anstellung in mir wachgehalten. Ich wollte mich einbringen in die Aufgaben der neuen Gewerkschaft im Osten, trotz meines Schwurs vom Juni 1990, nicht wieder in eine gewerkschaftliche Funktion zu gehen. Das Ringen um meine Existenz war mir mehr Wert als mein Schwur.

Die Reaktion der um Unterstützung angesprochen Vorstandsmitglieder war distanziert. Das Ergebnis meiner Bemühungen war trostlos.

Wenn die mir die kalte Schulter zeigen, dann würde wenigstens die internationale Organisation mir eine Anstellung ermöglichen, deren Präsident ich war. Es hatte mich kein Mitglied abgewählt. Das Büro existierte noch in der Grünstrasse in Berlin.

Dort ging ich einfach hin, nach dem Motto: »Da bin ich – jetzt geht es weiter.«

Der Sekretär hatte kurzerhand eigene Entscheidungen getroffen. Das war möglich, weil auch die anderen gewählten Mitglieder, vor allen Dingen die, die aus ehemaligen Gewerkschaftsorganisationen in den sozialistischen Ländern kamen, im Niedergang waren. Es ging drunter und drüber. Ein softer Putsch war das, so dachte ich. Zu verändern war nichts mehr. Was sollte ich in dieser »Ein-Mann-Organisation« machen? Die noch übriggebliebenen finanziellen Mittel verbrauchte er schließlich selbst. Dafür hatte er sich eingesetzt. Ich war zunächst sprachlos.

Nachdem ich mich wieder gefangen hatte, kamen mir sachliche Argumente in den Sinn, die einer Fortsetzung dieser Funktion widersprachen.

Damit war der letzte Faden, der mich an eine gewerkschaftliche Funktion oder Tätigkeit binden konnte, gerissen.

Ich schlug das »Buch meiner Gewerkschaft« zu.

In den folgenden Tagen und Wochen habe ich Menschen kennengelernt, die in ähnlichen sozialen Lagen lebten. Zufällig auf der Straße begegneten mir in Berlin Menschen, an die ich mich gern erinnere. Es waren auch nicht wenige dabei, die mit einer Biografie aus Westberlin den Fuß in Richtung Ostberlin setzten. Solche Sätze waren oft zu hören: »Mann, det wird schon wieda!« Fragen zum vergangenen Leben standen nicht im Mittelpunkt. Ich hatte den Eindruck, dass mehr im Mittelpunkt die Frage stand: »Wat willste machen? Kann ick dir helfen?« Ich spürte förmlich so eine sprichwörtliche Lebensphilosophie in dieser Zeit. Fehler oder Schwächen eines anderen Menschen wurden nicht aufgerechnet – Irren sei menschlich. »Uff-steh`n musste allene«. Oft war die Rede davon: »Wenn det ehrlich meenst, haste eene Chance vadient.«

Manchmal habe ich »Hallo« zu mir gesagt, wie kommt denn der Fremde oder die Fremde dazu, mir soviel Optimismus zu vermitteln?

Vielleicht war das die Aufbruchstimmung, über die später geredet wurde. Das waren tröstende und aufmunternde Worte von Menschen, die vielleicht gar nicht wussten, dass sie in diesen Momenten für mich eine große Stütze waren. Es war ein Stückchen Solidarität unter Leuten, die der Solidarität bedurften. Konkrete Hilfe konnten sie nicht leisten, aber sie vermittelten ein Gefühl der Verbundenheit.

Was ich besonders beachtlich fand, es waren Leute, die durch ihre unkomplizierte Art Herzen geöffnet haben. Sie fragten nicht nach der Erbmasse, der vorhandenen Flexibilität oder anderen Arbeitsmarktkriterien. Ich begegnete ihnen freundlich, aufgeschlossen sowie neugierig. Das waren zugleich die Schlüssel unserer Kontakte. Es waren menschliche Berührungen, die nicht nach dem schnöden: »Gebe ich dir – so gibst du mir« trachteten.

Sie weckten in mir die Vorstellung, dass ich meine eigene Leistungsfähigkeit auf den Prüfstand zu stellen hatte. Das Suchen nach Schuldigen für meine persönlich entstandene Situation musste ich beenden. Mein Selbstwertgefühl konnte ich schwerlich herbeireden. Es stellte sich aber für mich die Frage: »Wie kann ich dieses wiedergewinnen.?« Durch die Gespräche mit denen »von der Straße« entstand bei mir eine Motivation: »Jetzt erst recht!«

Mein Leben in dieser für mich komplizierten Zeit sah ich wieder mehr im Sinn einer Chance. Ich wollte die vergangenen Anstrengungen, Demütigungen abstreifen. Im Jetzt und Heute wollte ich sein. Das Vergangene wollte ich nur noch im Rückspiegel auf meiner weiteren Fahrt durch das Leben betrachten. Das waren meine

Gedanken und Gefühle, die mich in den neunziger Jahren begleiteten.

Das Ringen um einen Arbeitsplatz bestimmte weiter mein Leben in diesen Monaten. Etwas hinterließ uns die gegründete, in Liquidation befindliche GmbH, was in diesen Zeiten kostbar war. Das war ein Funktelefon von der Marke Siemens. Es war so groß wie ein Aktenkoffer. Die telefonischen Verbindungen von Ost nach West waren über das Festnetz so gut wie nicht möglich. Die technischen Verbindungen waren total überlastet oder veraltet. Man musste nach Westberlin in eine Telefonzelle gehen, an der man mit Sicherheit anstehen musste, oder man musste auf das Gespräch verzichten. Wir brauchten nicht zu verzichten, weil wir zur damaligen Zeit dieses Goldstück hatten. Wir nutzten das Telefon besonders, um arbeitsmäßige Kontakte herzustellen. Dieser kleine technische Vorsprung brachte mir allerdings auch keine Arbeitsstelle.

Um den Partnern oder den Nachbarn einen Arbeitsplatz vorzutäuschen, ging ich weiterhin täglich mit der leeren Aktentasche zum Michaelkirchplatz. Das war immer noch die Stelle, wo wir das Zimmer der GmbH zur Verfügung hatten. Miete wurde uns nicht berechnet, da die Vermietung noch nicht geregelt war.

Wegen meiner Arbeitslosigkeit schämte ich mich vor meinen Bekannten und Freunden, vor allem aber darum, weil es mir trotz der Anstrengungen bisher nicht gelungen war, einen Arbeitsplatz zu erhalten. Meine Hoffnungen hatte ich aber nicht verloren, um doch etwas zu finden, womit ich unsere Existenz sichern konnte. Ich hatte nicht mehr das deprimierende Gefühl, dass es zwecklos sei, mich um einen Arbeitsplatz zu kümmern. Ich dachte nur: »Ich schaffe es unter allen Umständen, mit Geduld und Spucke«.

Meine positive Stimmung wuchs weiter. Ich war von mir überzeugt. Heute kann ich nicht genau ermitteln, warum ich gerade in dieser für mich so komplizierten Zeit, einen regelrechten Schub erhielt.

Selbst das folgende Ereignis hat mich zwar nachdenklich werden lassen, es riss mich aber nicht aus der Bahn. An einem Abend ging ich in Richtung S-Bahn vom Michaelkirchplatz aus und überquerte eine Kreuzung der Heinrich-Heine-Straße. Plötzlich erkannte ich in dem Zeitungsverkäufer auf der Kreuzung meinen ehemaligen Mitstudenten von der Parteihochschule der KPdSU in Moskau. Es war Erwin. Wir waren gemeinsam in Moskau über den Arbat oder die Gorki-Strasse gezogen. Nun sah ich ihn mit bittendem Gesicht auf der Straße. Zwei übergroße Beuteltaschen hingen an seinem schmächtigen Körper. Immer dann, wenn die Autos verkehrsbedingt halten mussten, pries er Tageszeitungen an. Er lief hastend von Auto zu Auto. Er rief laut seine Bitte aus, damit die Fahrer die Seitenscheiben herunterließen, um ihm eine Zeitung abzukaufen. Als Systemtreuer, so nannte man damals diejenigen, die in der DDR eine politische Funktion hatten, waren die Angebote auf dem Arbeitsmarkt gering. Er trug Zeitungen aus, mit denen er nicht groß geworden war. Mit dem Straßenverkauf versuchte er, seinen Lebensunterhalt zu verbessern. Ich habe das Bild dieses Mannes nicht vergessen, der sich mühte, etwas Geld für seine Familie, er hatte vier Kinder zu ernähren, zusammenzutragen. Es prägte sich tief bei mir ein. Später gab ich bedrückend zu, dass ich mich nicht traute, ihn anzusprechen. Ich war in dem Moment wie gelähmt. An den folgenden Tagen schlich ich mich an ihm vorbei. Ich passte dann einen Moment ab, wo er beschäftigt war, sodass er mich nicht wahrnehmen konnte.

Mit meinem Herzen war ich bei ihm. Mit meinem Verstand lud ich den ganzen Ärger über unsere Vision von einem besseren Sozialismus auf ihn ab. Das hatte er nicht verdient. Ich hatte auch nicht die Kraft, mit ihm darüber zu sprechen.

Eines Tages sah ich ihn nicht mehr. In der Zeitung las ich die Todesannonce. Er nahm sich das Leben, wie ich später erfuhr.

Diese Nachricht hatte mich traurig gestimmt. Zugleich war sie für mich ein weiterer Anstoß, aus meinem Leben etwas zu machen.

An Erwins persönlichem Schicksal waren Brüche einer Gesellschaft besonders ablesbar. Warum hat er sich das Leben genommen? Ich fand keine vernünftige Antwort.

Die neu installierten Arbeitsämter boten Weiterbildungsveranstaltungen an. Ich belegte ein Seminar zum Thema: »Wie mache ich mich selbstständig?« Für mich festigte sich die Vorstellung: »Es muss mir doch endlich gelingen, einen Platz in dieser Gesellschaft zu finden!«

Nun saß ich wieder zusammengedrängt mit Weiterbildungswilligen auf alten Schulbänken der ehemaligen Parteischule am Köllschen Park in Berlin. Wir waren über 150 Teilnehmer. Da trafen sich ehemalige Systemtreue, von denen die meisten eine akademische Ausbildung hatten, mit Leuten aus allen Schichten und sozialen Gruppierungen. In den Pausen wurden bisherige Lebensmuster ebenso diskutiert wie politische Vorstellungen. Die meisten Teilnehmer betonten immer wieder, dass sie es waren, die auf den Berliner Straßen vor wenigen Monaten »Wir sind ein Volk« skandiert hatten. Jetzt lernten wir gemeinsam, wie man sich selbstständig machen kann. Da waren wir vereint im Lernen für das Leben in einer für uns neuen Gesellschaft in den Räumen der untergegangenen Partei. In den Pausen hörte ich die Flüche über die westliche Fernsehbilderwelt. Manch einer hatte eigenwillige Vorstellungen von einer Glitzerwelt, in die wir nun gekommen waren. Jetzt saß uns die Existenz im Nacken. Es wurde geflucht und geschimpft.

Für mich war es auch ein langer Weg, bis ich das Handwerkszeug handhaben konnte, was mich zur Arbeit unter den neuen Bedingungen bringen würde.

Immer wieder dachte ich darüber nach, dass es für mich eine Errungenschaft war, bisher in einer Gesellschaft gelebt zu haben, die den Menschen einen Arbeitsplatz garantierte. Zugegeben, nicht immer im Sinne der Betroffenen, vor allem nicht im Sinne des nun marktwirtschaftlichen Konkurrenzdenkens.

Viele von ihnen, mit denen ich auf der Schulbank saß, hatten sich eingerichtet in dem Solidarstaat DDR. Nun war auch diese Solidarität nicht mehr greifbar. Hier suchten wir nach Wegen, wie es uns gelingen konnte, diese für uns zerbrochene

Stütze »Arbeit« wieder zu erlangen. Manch einer verfiel in nostalgisches Denken: »Es war doch nicht schlecht im Sozialismus. Es war doch nicht alles schlecht im Sozialismus!«

Ich solidarisierte mich in diesen Augenblicken mit ihnen. Später habe ich mich mit dieser Haltung auseinandergesetzt.

Es kam auch für mich darauf an, eine innere Bereitschaft zu entwickeln und sich neuen Bildungsanforderungen ohne jede Überheblichkeit zu stellen. Es war nicht immer einfach, den Lehrenden in diesen Seminaren mit Aufmerksamkeit zuzuhören. Diese Seminarleiter ernst zu nehmen, war für mich jedoch wichtig. Ich ging von der Haltung aus: »Du kannst etwas lernen, vielleicht kannst du gerade diesen Gedanken später gebrauchen.« Es war ein anstrengender Vorgang für mich.

Als ich später einigen Teilnehmern wieder begegnete, habe ich vor denen, die aus den Brüchen herausgefunden hatten, den Hut gezogen.

Respektvoll habe ich mir ihre Erzählungen über ihren bescheidenen Einstieg in die Selbstständigkeit angehört. Mit welchen Engagement, mit welcher Hingabe einige von ihnen einen Kiosk, eine Kneipe, einen Laden für Büroartikel, einen »Second-Hand-Laden« eröffneten, das habe ich mit respektvoller Haltung betrachtet. Viele von ihnen nannten sich bereits »Freie Handelsvertreter«. Ich stellte mir vor, dass ich so eine Tätigkeit ebenfalls ausüben könnte. Ich schwankte immer noch, zögerte. Der soziale Druck trug dazu bei, dass ich alle meine inneren Hemmnisse überwand.

Ich sagte mir immer wieder: »Das sind doch Beispiele, wie es gehen kann!«

Wird die Turbogesellschaft, die auf : »Höher, schneller, weiter!« ausgerichtet ist, diesen Turbo mäßigen können und Tugenden wieder stärker in den Fokus nehmen, die gerade in Zeiten der gesellschaftlichen Brüche hervortreten? Dazu gehören der Respekt vor dem Ringen anderer Menschen um einen Arbeitsplatz. Ohne Überheblichkeit diejenigen schätzen zu lernen, die im Kampf um eine Existenz gescheitert sind und den Mut aufbrachten, sich einem Risiko erneut zu stellen. Als Betroffener habe ich dazu sensible Fühler entwickelt. Aus dieser Betroffenheit entwickelte sich bei mir ein erwachender Ehrgeiz.

Manchmal sagte ich mir im Sinne der Selbstmotivation: »Es ist vielleicht ein Glück, über Erfahrungen zu verfügen, die aus dem praktischen Leben mehrerer Gesellschaftsstrukturen entspringen.« Dieses »Glück« wurde allerdings für einige der mutigen Selbständigen physisch und psychisch teuer bezahlt. Meinen »Kostenzettel« hatte ich dabei noch nicht einmal in Erwägung gezogen.

Mit mir auf der Schulbank saßen die »DDR- Geborenen«, viele von ihnen schafften mindestens einen Einstieg in die Arbeitswelt. Welche Erfolge oder Niederlagen sie hatten, habe ich nicht erfahren. Sie pauschal zu den Verlierern zu erklären, wäre wieder oberflächlich, außer sie machten sich selbst zu denen und begnügten sich in dieser Rolle. Für mich blieben diejenigen beispielhaft, die sich mit einfachen Mitteln, ohne genaue Kenntnis, was auf sie zukam, mutig diesen möglichen Aufgaben einer Existenzsicherung stellten.

Die Gründe, warum in dieser Zeit mein Selbstwertgefühl dennoch stieg, kann ich nicht punktuell ermitteln. Es waren sicherlich mehrere Faktoren. Vor allem hatte ich gesehen, dass es darauf ankam, die eigenen Hürden, die eigenen Ansprüche nicht zu hoch zu hängen. Ich lernte, mit bescheideneren Vorstellungen mein künftiges Leben zu gestalten. Die Beispiele der bescheidenen Einstiege in die Selbstständigkeit zeigten mir, wie es gehen könnte.

Zu diesem Zeitpunkt waren meine Hoffnungen noch stärker, als die realen Möglichkeiten einer Veränderung. Meine Sorgen bedrückten mich. Meine persönlichen Bindungen, Beziehungen, Gefühlslagen waren zu prüfen, zu festigen, wiederherzustellen. Ich hatte doch einen Freund in Potsdam. Zu Helmut wollte ich unbedingt, wir hatten uns lange nicht gesehen, was besonders an mir lag. Vielleicht kann er mir helfen?

Hilfesuchend rief ich ihn an, ob wir uns nicht einmal treffen können. »Gleich, oder wann…?« waren seine Worte. Es war zwischen uns immer ein Gefühl, als ob wir uns erst gestern verabschiedet hätten.

Wir umarmten uns, wie Freunde es tun, wenn sie sich über die Begegnung herzlich freuen. Zufällig wählten wir unseren Treffpunkt in Sanssouci an der Mühle in Potsdam. Wir setzten uns auf dort befindliche Steine. Die Mühle von Sanssouci war noch eine Ruine. Die dann folgenden Stunden unseres Gespräches sind mit den Worten des Philosophen Nietzsche zu überschreiben: »*Die größten Ereignisse, das sind nicht die lautesten, sondern unsere stillsten Stunden.*«

Wir ließen unsere Gedanken einfach kreisen. Ich merkte eine Bindungsenergie zwischen uns, die uns über Jahrzehnte verbunden hatte. Für mich waren diese Augenblicke mit meinem Freund an der Historischen Mühle sehr berührend. Zwei gestandene Männer, wie wir es waren, redeten so miteinander, wie in literarischen Werken oft beschrieben, wenn sich zwei Freunde begegneten, die sich lange nicht gesehen hatten.

In den folgenden Stunden sprachen wir über unsere Gefühle. Wir erinnerten uns an gemeinsame Erlebnisse. Viele bisher unausgesprochene Bruchstücke unserer persönlichen Beziehung brachen aus mir heraus. Wie im Nebel glitten Ereignisse an uns vorbei. Manches wurde ans Licht geholt, andere Dinge blieben im Dunkel verdrängt. Einiges haben wir, wie ich vermutete, für einen späteren Zeitpunkt aufgehoben. Unser Gespräch plätscherte scheinbar dahin, deren Tiefe wurde erst später sichtbar oder gar spürbar. Wir ließen die begangenen Fehler ebenso nicht aus, wie die vergebenen Chancen. Die persönlichen sowie die beruflichen Brüche, die jeder von uns erlebt hatte, bewerteten wir nicht.

Keiner gab dem anderen Ratschläge. Es gab schließlich viele Verletzungen, Oberflächlichkeiten, Versäumnisse. Dazu kamen die eigenen Erfahrungen unter unterschiedlichen Bedingungen. Wir redeten auf Augenhöhe in tiefem Vertrauen zueinander. Ich spürte wieder diese Bindung zu einem Menschen, dem ich alles anvertrauen konnte, der mir zuhörte.

Wir verabschiedeten uns mit dem Versprechen, dass wir uns häufiger treffen würden. Diese Kraft nahm ich mit. Sie war ausschlaggebend für kommende Entscheidungen. Für mich war dieses Treffen wie die Entscheidung eines Wanderers an einer Weggabelung. Ich spürte, dass meine innere Festigkeit zunahm. Mein Selbstwertgefühl wuchs wieder. In einigen Dingen stimmte ich nicht mit seinen Lebensvorstellungen überein. Gerade darin lag aber der Reiz für mich, andere Lebensvorstellungen entwickeln zu wollen, auf der Grundlage einer berührend übereinstimmenden Herzlichkeit im vergangenen Miteinander. Das motivierte mich.

Heute kommen mir manchmal solche Gedanken in den Sinn, dass dieses Gefühl des Vertrauens seine Wurzeln in meiner Kindheit haben könnte. In solchen oder ähnlichen Situationen sah ich immer wieder ein berührendes Bild vor mir.

Das war das Bild meines Vaters, der mich im Arm hielt. Im Gesicht war er vom Krieg gezeichnet. Er sang mir Kinderlieder vor. Er tanzte mit mir in der Stube. Da war sie wieder, diese gefühlvolle Bindung, die mich aktivierte und motivierte.

Ich fuhr mit der S-Bahn von Potsdam nach Berlin zurück. Die Streckenführung ging jetzt über Wannsee. Ich schaute schmunzelnd aus dem S-Bahnfenster. Innerhalb von wenigen Monaten war das Verschmelzen von zwei Städten beinahe wieder eine Selbstverständlichkeit geworden. Jetzt ist man in dreißig Minuten schon in Berlin. Wie war das noch vor der Wende mit dem stündlichen Umfahren Westberlins mit dem »Sputnik«?

Da saß ich an der Scheibe des S-Bahnabteils und schaute hindurch. An mir huschten Bäume und Sträucher, vereinzelte Häuser und ganze Straßenzüge vorbei, die ich nicht bewusst wahrnahm.

An mir gehen meine Kindheitsbilder vorüber, wie meine Eltern schufteten. Sie kümmerten sich abgöttisch um mich, als gäbe es nur ihren Sohn. Was haben sie nicht alles auf sich genommen? Selbst ihre politische Haltung hatten sie den Umständen angepasst, um überleben zu können. Meine Wahrnehmungen waren immer so, dass sie Kompromisse suchten, nach Harmonie strebten, bis an die Schmerzgrenze darauf gerichtet, für ihren Sohn alles zu tun. Was ist nun aus ihrem Sohn geworden, der in der Ecke eines Waggons der S-Bahn grübelte? War ihr Ringen für ihren »Wernerlein« so gedacht?

Nein, so konnte mein Lebensgestaltung nicht weitergehen. Meine Eltern hatten es doch auch geschafft, ihrem Leben einen Sinn zu geben.

Der Wechsel

Mit einer Aktentasche und einem gebrauchten Opel fuhr ich in Richtung Westen. Ich war der Arbeit auf der Spur. Vielleicht erreichte ich noch etwas mehr in meinem Leben. Meine Gefühlswelt wie meine Lebenswelt waren wie ein Pendel hin und her gerissen. Auf der Suche nach Geborgenheit, Sicherheit sowie Sinngebung meiner Tätigkeit war ich nun unterwegs.

Einen Halt wollte ich finden. Vor allem wollte ich meinen mir nahe stehenden Menschen etwas geben können, was ich in den Zeiten der Brüche versäumt hatte.

Eine Existenz wollte ich endlich finden, um wieder zu mir selbst zu finden.

Konnte ich auch denen helfen, die mich in dieser Zeit aufgefangen hatten? Zugleich hatte ich eine Trennung mit schmerzvollen Wunden hinter mir.

Ich war auf dem Weg in den Westen, um meinem Leben einen neuen Sinn zu geben.

Diese Reise war mit unterschiedlichen Gefühlen gestartet. Es war eine Fahrt in etwas Ungewisses, nicht Greifbares, Zweifelhaftes, Neues. Dennoch hatte ich große Hoffnungen und Erwartungen. Optimistisch wollte ich auf diese Dinge zugehen. Es waren wieder Gefühle aufzubauen. Ich erwartete Verständnis und suchte Vertrauen.

Waren die Bindungen zu meiner von mir geschiedenen Bärbel wieder herstellbar? Sie hatte das Risiko auf sich genommen und ist den nicht einfachen Weg in den Westen gegangen. Es lagen nur wenige Monate zurück, da befand sie sich im Prozess des Abwickelns. Sie übertrug die Grundschulbildung der DDR in die neue, gerade überkommene Staatlichkeit der Bundesrepublik. Sie trug diese zu »Grabe«, indem sie leer räumte, was sich im Laufe der letzten Jahre in diesem Ministerium für Volksbildung angesammelt hatte. Nicht alles war schlecht in den autoritären Bildungskonzepten, wie sich später herausstellte.

Ihr letzter Vorgesetzter war der FDP-Mann, Möllemann. Er war der letzte Übergangsbildungsminister im gerade vereinigten Deutschland. Ein Fallschirmsprung beendete Jahre später sein Leben. Bärbel war diejenige, wie sie später schmunzelnd sagte, die das Licht im Ministerium für Bildung löschte. Ihr oblag es in der noch verbliebenen Übergangszeit, denen neue Bildungsinhalte zu vermitteln, die die ersten Schritte in eine dezentralisierte Bildungsstruktur gingen.

Da die bisherigen Lehrpläne und Bücher der DDR an den Schulen nichts mehr galten, drastisch könnte man sagen, sie wurden auch »abgewickelt«, war der Weg frei für neues Lern- und Lehrmaterial.

Viele Schulbuchverlage witterten einen gewinnbringenden Markt. Sie buhlten förmlich darum, um mit vielen Lehrern in Verbindung zu kommen. Das brachte wieder den kaufmännischen Vorteil, dass die Bücher ihres Verlages an den Mann kamen. Dabei stand für sie die Wertschöpfung im Mittelpunkt.

Sie nutzten die noch zentralistisch vorhandenen Strukturen des Ministeriums für Volksbildung der DDR. Sie waren froh, eine Plattform für die Darstellung der

Bedeutung gerade ihrer Werke zu erhalten. Das galt für alle neuen Bundesländer. Später wurde auch von ihnen der Zentralismus im Bildungswesen scharf verurteilt. Jetzt wurde er Umsatz bringend benutzt.

So war auch der Verleger des Spectra Verlages aus Nordrhein Westfalen in diesen Zeiten aktiv. Bärbel, die für die Grundschulen zuständig war, organisierte Weiterbildungsveranstaltungen für die Lehrer im Osten. Der Verleger hielt auf einem dieser Veranstaltungen einen umfassenden Vortrag über die Bedeutung reformpädagogischer Neuerungen in der Bildung des nun vereinten Deutschlands hielt. In der dann folgenden Diskussion erkannte er offensichtlich sehr schnell, dass hier ein Potential an Sachverstand im Grundschulbereich vorlag. Erstaunt gab er sich, als er erfuhr, dass auch die Organisatorin dieser Veranstaltung abgewickelt werden sollte. Er machte ihr das Angebot, in der Nähe von Köln eine selbständige Tätigkeit als Freie Handelsvertreterin für Spectra-Materialien aufzunehmen. Der Vorgänger sei in Pension gegangen.

Das war für sie ein Arbeitsangebot, über dessen rechtliche, finanzielle oder persönliche Bedingungen kaum lange nachgedacht werden konnte. Es ging schließlich um existentielle Fragen. Sie rief mich an und bat mich um Rat. Ich war glücklich, ihr meinen Rat zu sagen. Ich sprach mich für diesen gewagten Schritt aus. Ich war froh, dass sie ein Angebot hatte. Ich konnte es kaum fassen, weil mir eine existenzsichernde Anstellung bis zu diesem Zeitpunkt nicht vergönnt war. Sie packte ihre Sachen. Sie fuhr in den Westen. Sie nahm das Risiko auf sich. Wie sie später zugab, mit vielen Fragezeichen und ohne materiellen Rückhalt. Sie vertraute offensichtlich auf ihre fachliche Kompetenz in der Bildung von Grundschülern.

Ich bewunderte sie. Sie zog mit einem Koffer und einigen Habseligkeiten in Richtung Köln. Auf dem Weg dorthin kaufte sie noch, auf Kredit, ein gebrauchtes Auto. Das war eine der Bedingungen zur Übernahme des Jobs. Wie wird sie den Anspruch an die Verkaufstätigkeit meistern? Die kaufmännische Tätigkeit war ihr fremd. Sie hatte einen Schritt vollzogen, den ich bewunderte. Woher hat sie nur diesen Willen, sich in etwas Neues zu stürzen? Aus dieser Bewunderung über ihren Mut und ihre Kraft, erwuchs wieder die Liebe, die uns vor einigen Jahren verlassen hatte. Es war ein langsames »sich wieder näher kommen.« Ich fuhr mit meiner Aktentasche zu ihr nach Bergisch Gladbach. Wird sich unsere Beziehung wieder entwickeln? Haben wir gemeinsam die Kraft, eine vertrauensvolle Bindung herzustellen? Sie nahm mich in ihrer gerade erst ergatterten Einraum-Wohnung auf. Wir sind uns in verhaltenen Schritten wieder näher gekommen. Es war wie ein warmer Herbsttag für mich. Zugleich wurden bei mir Kräfte frei, mich mit Elan auf den Arbeitsmarkt zu trauen.

Meine Vorstellung als Freier Handelsvertreter tätig zu werden waren von zwei Bedingungen befördert worden. Einmal, dass es Bärbel schließlich beispielgebend geschafft hatte, zum anderen, dass ich schließlich Seminare besuchte, die mich zu dieser Tätigkeit befähigen sollten. Zunächst begann meine aktive Arbeitssuche in Köln genau so, wie sie in Berlin geendet hatte. Es war ein vergebliches Suchen nach Arbeitsplätzen. Ich schrieb Bewerbungen, steckte Enttäuschungen weg. Bärbel machte mir immer wieder Mut. Schließlich landete ich einen Treffer. Eine schriftliche Bewerbung hatte ein erstes Vorstellungsgespräch zur Folge. Das war schon etwas, wenn man eine Einladung zu so einem Gespräch erhielt.

Ich wurde in ein Kölner Hotel in unmittelbarer Nähe der Hohe Straße, eingeladen. Das liegt im Zentrum der Stadt, vom Kölner Dom unweit entfernt. Wieder war ich voller Hoffnung. Die Hotelräumlichkeiten, in die ich eingeladen wurde, fassten vielleicht fünfzig Leute. Wir versammelten uns in dem Raum, wo das Einstellungsgespräch stattfinden sollte. Meine euphorische Gemütsverfassung wurde etwas gedämpft, weil sich dieser Saal mit immer mehr Menschen füllte, die auf ein Einstellungsgespräch hofften.

Noch einmal kramte ich die Annonce hervor, auf die ich meine Bewerbung gerichtet hatte. Dort war zu lesen: »Suchen dringend Kaufleute in verantwortungsvoller Stelle. Wir sind ein mittelständiges prosperierendes Unternehmen. Am Markt platzieren wir anspruchsvolle technische Neuerungen. Sie erhalten ein Entgeld von 4.000 DM, ein Firmenwagen steht ihnen zur Verfügung und zusätzlich können sie Leistungsprämien erzielen.« Ich murmelte vor mich hin: »Nicht schlecht für den Anfang!« Wir, die Eingeladenen, schauten uns erwartungsvoll, fast schon musternd, an. »Wer hat das Glück auf seiner Seite«?

Es erschien ein sehr bewandert erscheinender Herr in Begleitung einer durchaus attraktiven Dame. Mit Hilfe eines Power-Point-Vortrages stellte er sein Unternehmen vor. Diese technischen Hilfen für einen Vortrag waren für mich neu. Ich war schon allein von den technischen Möglichkeiten einer Vortragsgestaltung überwältigt. In dem Saal war eine knisternde Stimmung.

Zunächst erschienen ungeheuer umfangreiche Zahlenreihen über die erfolgreiche wirtschaftliche Entwicklung vergangener Jahre. Er stellte das expandierende Unternehmen wirkungsvoll dar. Ein Raunen ging durch die Reihen der Eingeladenen. Meine Gedanken konzentrierten sich auf die Frage: »Hoffentlich werde ich genommen?«

Im letzten Teil des Vortrages zeigte er uns in verschiedenen Ansichten die zu vermarktenden Produkte. Es handelte sich um Toiletten mit eingebauten Spülmechanismen, die dem Benutzer zur hygienischen Reinheit dienten. Jetzt kam Bewegung in dem Saal auf, weil die Mehrheit der Anwesenden sich aus den Annoncen der Zeitung andere Produkte zur Vermarktung vorstellten. Beworben hatte das Unternehmen mit: »Anspruchsvolle technischen Neuerungen.«

Marktwirtschaftlich war das zwar sicherlich korrekt, aber ich stellte mir vor, wie ich diese Dinger am Markt platzieren sollte. Ich hörte schon die Stimmen: »Der Peplowski verkauft jetzt Scheißhäuser!«

In diesem Moment war mir das auch egal. Ich dachte an die Provisionszahlungen. Dann kam allerdings eine Eröffnung, die mich dann doch stutzig machte. Beim genaueren Betrachten der Erfolgszahlen des Unternehmens fiel meiner Nachbarin auf, dass diese bereits einige Jahre zurück lagen. Der Herr, der die Vorstellungen des Unternehmens so cool vortrug, war der Insolvenzverwalter. Die technisch hochwertigen Toiletten versprachen zumindest dem Verwalter sowie der Begleitdame Erfolg im untergehenden Unternehmen. Ich verließ das Hotel so schnell, wie ich noch kein Hotel verlassen habe.

Für mich bedeutete das allerdings, dass ich in diesem erfolgversprechenden Unternehmen keine Perspektive sah. Später erwies sich das Produkt jedoch als gewinnbringend, sogar marktführend in den Autobahnraststätten Europas. Ich suchte weiter.

Kurze Zeit später lernte ich zufällig einen seriös aussehenden Herrn kennen, der mir in wohlgesetzten Worten erklärte, dass er ein kulturvoller Mensch sei. Er habe eine Mission zu vertreten. Er philosophierte: »Die Menschheit kennt die wahren großen Ereignisse der Geschichte nicht. Ich habe die Bücher der Weltgeschichte. Ich bringe diese Werke sehr erfolgreich an den Mann. Haben sie nicht Lust, etwas Ähnliches zu tun? Sie machen auf mich einen kulturvollen Eindruck!« Zunächst war ich skeptisch. Dann erklärte er mir, dass er für einen bekannten Verlag arbeite. Dieser Verlag biete die »Die Großen Ereignisse« in Leder zum Verkauf an. Er gab mir seine Adresse. Ich fuhr in eine kleine rheinische Stadt. Mein künftiger Partner war gerade damit beschäftigt, die im Bau befindliche Garage mit Büchern auszugestalten, die auf riesigen Paletten auf einem Vorplatz standen.

Er stapelte Lederbände, die er in Kommission erworben hatte, wie er mir erzählte. Ich sollte gleich mit zupacken. Während wir stundenlang Bücher stapelten, erklärte er mir den Verkauf, übergab mir Listen der Straßen, die ich abklappern sollte. Der Coron Verlag in Lachen am Zürichsee vermarktete diese Prachtbände. Er bot eine respektable Provision. Es galt, mit kultureller Leidenschaft, wie mein Partner formulierte, die in Leder gebundenen »Die Großen Ereignisse« sowie die Literaturnobelpreisträger aller Zeiten in weißem Leder gebunden, am Markt zu platzieren.

Ich wollte endlich etwas tun. Ich dachte mir: »Einfach mal probieren, wie so etwas geht!« Von ihm erhielt ich die entsprechenden Muster. Mein Opel war voller Bücher. Ich fuhr Straßenzüge im Rheinischen ab. Leider war mein Wissen über die Nobelpreisträger für Literatur offensichtlich auch nicht sehr überzeugend. Mein Einstieg in den Verkauf endete kläglich. »Die Großen Ereignisse« stießen nicht auf Resonanz und die »Literaturnobelpreisträger der Welt« wurden offensichtlich nicht nach den Bestsellerlisten erkoren. Ich hatte den Eindruck, dass viele von ihnen unbekannt waren.

Da auch ich Nachholbedarf in der entsprechenden Weltliteratur hatte, verzweifelte ich beim Lesen dieser Werke fast daran. Ich wollte ja meinen Kunden die weltverbessernde Kraft dieser Literatur nahe bringen. Eigentlich war es schade, dass ich das nicht schaffte, aber so ist das mit der Kultur. Man musste sich eben doch sehr anstrengen, um sie zu verstehen. Das konnte ganz schön schwierig sein. Vielleicht lag es auch an mir. Meine kaufmännischen Fähigkeiten waren auch nicht gerade entwickelt. Mein Umsatz war marginal. Er deckte nicht meine Kosten. Diese Tätigkeit beendete ich frustriert. Von meinem ersten Verkaufslehrer erhielt ich meine Muster als Geschenk für meine Mühe, wie er mir ausdrücklich sagte. Ich bedankte mich redlich dafür. Einige dieser Erinnerungsstücke habe ich aufgehoben.

Bärbel hatte nun bereits in einem Gebiet um die Stadt Köln herum für den Grundschulverlag erste Erfahrungen beim Verkauf gesammelt. Sie war mit ihrer neuen Tätigkeit sehr zufrieden.

Sie war einfach erfolgreich im Verkauf von didaktischen Materialien für Kinder in der Grundschule. Sie konnte ihre reichen Erfahrungen aus der Grundschulpädagogik nutzen. Sie war in der Materie ihrer langjährigen Lehrertätigkeit wieder angekommen. Man merkte ihr an, dass sie erfolgreich war.

Ich aber war weiter auf der Suche nach Arbeit. Dank ihrer optimistischen Art machte sie mir weiter Mut. Meine Haltung war ungebrochen: »Hier muss es doch möglich sein, eine Arbeit zu finden!«

Nach weiteren fehlgeschlagenen Versuchen hatte ich schließlich Erfolg. Der Verlag, indem Bärbel so erfolgreich eingestiegen war, suchte einen weiteren Verkäufer im Außendienst. Endlich, nach bangen Monaten hatte ich eine Einstellung. Mich plagten dennoch Zweifel. Hatte der Verleger von einer Einstellung gesprochen? Auf meine Nachfrage: »Kann ich bei ihnen anfangen?«, kam seine freundliche Antwort: »Ja, selbstverständlich!« Einen Vertrag erhielt ich jedoch nicht.

Ich lernte mit dem Konjunktiv umzugehen. Das war sprachlich schon nicht so einfach, aber erst im realen Leben verstand ich, dass darin eine Verzögerungstaktik lag. Man wollte sich nicht gleich entscheiden. In Köln sagte man: »Wat kannste, watt biste, wat willste?«

Bei dem Vorstellungsgespräch lernte ich einen Verleger eines kleinen Verlages kennen. Irgendwie war er mir vom ersten Augenblick an sympathisch. Später lernte ich ihn schätzen. In Verlagsangelegenheiten hielt er sich bedeckt.

Zunächst stellte er seinen Verlag mit pathetischen Worten vor. Ich gewann den Eindruck, dass er von seiner pädagogischen Ausstrahlung, von der Wirkung seiner Produkte auf die Bildungsanforderungen der Zeit mehr als überzeugt war. Er wirkte auf mich selbstsicher und selbstbewusst. Dennoch kamen mir erste Zweifel. Ich musste mich erst daran gewöhnen, dass im kaufmännischen Umgang diese auf mich wirkende Ausstrahlung einer Souveränität zum Geschäft gehört. Unvermittelt sagte er mir auf den Kopf zu: »Ich weiß, dass sie mit Herrn Tisch an einem Tisch gesessen haben«.

Damit spielte er auf meine politische Vergangenheit an. Mit einer Handbewegung, die andeutete, dass er das vom Tisch wischen wolle, fügte er den Satz an:

»Zeigen sie, was sie können. Für mich ist wichtig, was einer kann.«

Mit diesem Satz tat er etwas, was ihm wahrscheinlich in der Tragweite auf meine Person gebracht, kaum bewusst sein konnte. Er gab mir ein Stück Selbstwertgefühl. Er war ein Mensch, der mich danach beurteilen wollte, was ich kann, nicht was ich war. Vielleicht hatte er auch im Blick, dass mit so einem wie mir Umsatz zu erbringen war. Dennoch bleiben für mich diese Geste und seine Haltung beeindruckend. Dieses kleine Stück Vertrauen in meine Leistungsfähigkeit war für mich wichtig. Es war wie Balsam auf meine Seele. Das war in einer Zeit, wo den Ostlern, wie ich einer war, solche Haltungen selten entgegengebracht wurden. Schließlich unterstellte ich ihm auch einen solidarischen menschlichen Aspekt. Er wollte unserer Familie helfen.

Offensichtlich fand er Worte, die mir für die künftige Zusammenarbeit viel motivierende Kraft gaben. Die brauchte ich, weil die Produkte, die ich jetzt verkaufen sollte, in meinen Augen Kinderkram waren.

»Gedöns« für die Kleinen, so nannte ich die Rechenkettchen, Würfelchen, Täfelchen. Mit dem Berühren dieser kleinen Stücke hatte ich schon meine Schwierigkeiten. Ich entwickelte nur schwer eine Beziehung zum Produkt, die man als Verkäufer unbedingt brauchte, wie ich später selbst erfuhr.

Nachts hatte ich Albträume: »Ich stehe vor jungen Lehrerinnen. Die zu verkaufenden kleinen Steinchen fallen mir aus der Hand. Nun liegen sie meinem Zuhörerinnenkreis vor den Füßen. Ich krieche auf allen Vieren am Boden. Unter hämischem Gelächter sammele ich die Kleinteile auf. Ich stammle etwas von der ungeheuren Bedeutung der Steinchen. Die Lehrerinnen wenden sich von mir ab.« Das waren schreckliche Vorstellungen.

Da auch meine finanzielle Lage kaum Spielraum bot, sagte ich mir: »Jetzt musst du hier durch!« Die vielversprechenden Erklärungen des Verlegers hatte ich im Hinterkopf. Versuche nicht besserwisserisch die Gedanken und Erklärungen, die in vorgeschriebenen Verkaufsgesprächen vorlagen, abzutun. Die Gedankengänge versuchte ich für mich zu erhellen. Ich stellte mir immer wieder die Frage nach dem Sinn der Produkte stand für mich weit oben. Mit welchen Argumenten konnte ich wirkungsvoll verkaufen.

Immerhin sollte ich vor Grundschullehrerinnen Materialien vorstellen, die für sie wichtig waren.

Mit dem Bildungsbereich hatte ich in meinem beruflichen Leben zwar Berührung. Ich habe vor Schülern, vor Studenten, vor Erwachsenen Vorträge gehalten. Ich kramte nach Beispielen aus meiner kurzen Lehrertätigkeit. Schließlich vertrat ich Lehrer in gewerkschaftlichen Angelegenheiten. So hatte ich zwar schon ein kleines Stück Erfahrung mit der Schule im Allgemeinen sammeln können, aber nicht mit der Grundschule.

Die eindringlichen Worte des Verlegers hatte ich immer im Ohr: »Verkaufen hat schließlich etwas mit Menschenkenntnis zu tun, mit sozialer und kultureller Kompetenz. Ich brauche im Verkauf keine Lehrer!« Die waren ihm ohnehin suspekt. »Ich brauche Verkäufer!« Damit wollte er sicher nicht pauschal die Lehrerschaft kritisieren. Sympathisch waren sie ihm offensichtlich trotzdem nicht. Vor allem dann nicht, wenn er kritische Worte zu seinen Produkten aus dieser Richtung vernahm.

Vorsichtig tastete ich, wie auf einem zugefrorenen Teich, die Trittfestigkeit ab. »Hält das Eis auch stand?« So habe ich mich Stück für Stück auf ein relativ unbekanntes Gebiet begeben. Meinen Lebensunterhalt verdiente ich mir ausschließlich aus der Verkaufsprovision. Ich musste also, koste es was es wolle, täglich Umsatz erarbeiten. Ich erhielt kein Festgeld. Vom ersten Tag meiner neuen Tätigkeit war ich Handelsvertreter mit allen rechtlichen Konsequenzen, die ich allerdings auch nicht übersehen konnte. Provisionen waren für mich nunmehr die Grundlage meines finanziellen Lebens.

Mit einer gewissen Naivität ging ich diese Tätigkeit an. Etwas zu machen nach dem »Motto«, es wird schon werden. In Köln sagte man dazu: »Et kütt, wie et kütt.« Dann kam es auch schon in mächtigen Schritten auf mich zu.

Es wurden Steuern, wie die Einkommenssteuer und die Umsatzsteuer erhoben. Die Versicherungen im Job verlangten Beiträge. Die Kosten für das Auto sowie die Mietkosten waren nicht unerheblich. Dazu kamen die Kosten für eine notwendige Telefonistin. Die Industrie und Handelskammer erhob ihrerseits Beiträge. Das Gewerbe musste angemeldet werden. Die Kosten für die private Krankenversicherung sowie die Rentenversicherung musste ich einplanen. Kosten über Kosten entstanden. Wie sollte ich das alles finanzieren? Was bleibt von der Provision übrig? Was bleibt vor allem für das tägliche Leben übrig?

Kredite bedurften einer gewissen materiellen Sicherheit. So stand es im Kleingedruckten der Dresdner Bank. Diese geforderten Sicherheiten hatten wir beide nicht. Die Bankangestellten schüttelten den Kopf als ich sie um Hilfe bat.

Wir stützten uns mit einer immer wieder keimenden positiven Motivation! Diese Einstellung hatten wir, Bärbel und ich, oft in unseren Köpfen verankert. Das klang zwar pathetisch, es war aber ein Kraftquell. Wir hatten einen unbezwingbaren Willen, über diese erste Hürde zu kommen. Die Liebe zueinander war sicher stärker als die auf uns einströmenden neuen Konflikte. Vielleicht haben wir auch gerade daraus die notwendige Kraft geschöpft, die unser Leben wieder in gemeinsamen Bahnen gehen ließ. Mit Liebe, gegenseitiger Achtung sowie Bescheidenheit in den Ansprüchen haben wir gerade diese Zeit gemeistert.

Uns war aber auch immer bewusst, dass wir nicht krank werden durften. Die Gesundheit war immer eine wesentliche Voraussetzung, um den Lebensunterhalt in der selbstständigen Tätigkeit zu verdienen. Die Metapher vom Damoklesschwert stand in diesem Zusammenhang immer über mir.

Wir lebten von Monat zu Monat. Dennoch lebte in mir eine Kraft, die mir immer wieder einhämmerte: »Es kann nicht schlechter werden, es wird nur besser«. Diese Kraft hatte offensichtlich helfende Wirkung. Das klang etwas mystisch. Ich hatte jedoch den Willen, diese für mich vorhandene Hürde zu nehmen. Warum ich in diesen Monaten diese Willensstärke aufbrachte, war vor allem Bärbel zu verdanken.

Mit zunehmenden Erfolgen im Verkauf des »Gedöns« wurde die Schere von notwendigen Kosten zu den finanziellen Möglichkeiten immer geringer. Erstmals konnte ich abends genau feststellen, wieviel Geld ich am Tage verdient hatte. Das war neu in meinem Leben. Es war zugleich für mich etwas Faszinierendes. Erfahrene Kaufleute werden darüber lächeln. Ich zählte heimlich die Tagesergebnisse zusammen. Ich fragte mich: »War das ein erfolgreicher Tag?« Meine Ansprüche waren darauf fixiert.

Zugleich erwuchs ein Anreiz daraus, meinen Verkauf zu optimieren. Vielleicht war wieder mein Ehrgeiz auferstanden. Ich tüftelte an besseren Verkaufsargumenten. Mit ganzer Leidenschaft setzte ich mich für die Belange des Verlages ein. Es fielen solche Worte wie: »Das ist mein Verlag! Jeder von uns muss mehr Umsatz bringen, damit es dem Verlag besser geht! Dann geht es auch mir besser!« Mich nahmen diese marktwirtschaftlichen Ideen gefangen. Der Leistungsanreiz war für mich greifbar geworden. Jetzt tauchte ich in die Marktwirtschaft ein. In der praktischen persönlichen täglichen Arbeit, tauchte ich jetzt in die soziale Marktwirtschaft ein. Marktwirtschaft war für mich jetzt nicht mehr ein fremdes Bild.

Der tägliche Kampf um die Umsatzsteigerung war verbunden mit dem individuellen finanziellen Anreiz, ständig die eigene Leistungsbereitschaft zu verbessern.

Im olympischen Gedanken sah auch ich meine Möglichkeiten in der kaufmännischen Laufbahn:»Höher, schneller, weiter!« So konnte ich meine sozialen Bedingungen entwickeln. Immer wieder arbeitete ich daran, meine Loyalität zum Vertragspartner zu gestalten. Das schien mir anfänglich beinahe absurd. Meine Einsicht, dass es sich dabei um ein wichtiges Prinzip der Verbundenheit zum Verlag handelte, dauerte lange. Immer deutlicher wurde für mich die besondere Rolle der Persönlichkeit des Verkäufers beim Verkauf.

Mit welchem Outfit gehe ich in die Schulen? Ich feilte an meinem Ausdruck, an der Gestik und der Mimik. Wenn ich unbeobachtet war, stellte ich mich vor einen Spiegel und trug meine Verkaufsargumente vor. Immer wieder schärfte ich mir ein, dass ich freundlich und kompetent auftreten müsste. Geduldig zu sein, wenn Kunden kritische Meinungen zu mir oder den Produkten hatten, musste ich lernen. Zunehmend mehr konnte ich selbstbewusster auftreten. Beharrlich überwand ich den täglichen inneren Schweinehund, der mir anfangs das Leben schwer machte.

»Der frühe Vogel fängt den Wurm!« Das war für mich so ein flotter Spruch, der meine Haltung charakterisierte.

In der Aufzählung fehlen einige Kompetenzen und Aspekte, die später auf mich einstürzten.

Vor allem gewann ich langsam großen Respekt vor dem »Gedöns«. Ich erkannte immer mehr, welche pädagogischen, didaktischen und methodischen Gedanken hinter den Produkten für ein besseres Lernen der Kinder in der Grundschule steckten.

Dass Reformpädagogen mit sinnvollen handlungsorientierten Materialien den Kindern Lernhilfen an die Hand gaben, verinnerlichte ich. Ihre gedanklichen sowie praktischen Ansätze in der pädagogischen Arbeit mit Grundschülern wollte ich erfahren. Mit den Werken von Fröbel [117], Montessori [118], Petersen [119], Steiner [120], Nikitin [121] setzte ich mich auseinander. »Kinder brauchen praktische Erfahrungen!« Die Schulen benötigten handlungsorientierte Materialien, damit Kinder im Grundschulalter eigene Erfahrungen sammeln konnten.

Viele dieser reformpädagogischen Ansätze wurden zu meinen Argumentationshelfern für die Unterrichtsmaterialien, die der Verlag herstellte. Langsam wurde ich Verkäufer von pädagogisch wertvollen Unterrichtsmitteln, die ich im Kölner Raum in den Schulen vor den Lehrerinnen präsentierte.

Manchmal kam ich mir vor wie in einer missionarischen Rolle. Ich stellte neue pädagogische Konzepte vor, die diese reformpädagogischen Ansätze in die heutige Zeit übertrugen.

Meine Frau half mir mit ihren reichen Erfahrungen im Bereich der Grundschule. Das war für mich von immenser Bedeutung. Wenn ich von den Verkaufstouren nach Hause kam, dann begann oft im kleinen Kreis ein pädagogischer Rat: »Wie hast du das verkauft? Welche Fragen hatten die Lehrerinnen? Welche Probleme gibt es in den Schulen?«

Langsam fühlte ich mich sicherer in meinen Verkaufsgesprächen.

Dieses wiederentstandene Engagement für die Schule verhalf mir wahrscheinlich zu dem Stallgeruch, den ich im Umgang mit den Lehrerinnen brauchte. Ich verstand ihre Sprache, ihre Probleme waren mir nicht mehr fremd. Der Altersdurchschnitt der Lehrerinnen entsprach meinem Alter. Wenn ich manchmal einem Mann an den Grundschulen begegnet bin, dann war es meistens der Hausmeister oder der Pfarrer.

Die größte Unterstützung in meiner Verkaufstätigkeit leisteten die Lehrerinnen selbst. Ich habe ihren Beruf stets geachtet. Mit Respekt habe ich ihre Macken sehen können.

Oft versetzte ich mich in ihre Lage. Mit einem Wort: »Einfach haben sie es nicht!«

Dann merkte ich, dass Lehrerinnen ein ausgeprägtes Helfersyndrom besaßen. Immer dann, wenn ich bei meinen Erklärungen ins Stocken geraten bin, erhielt ich Hilfestellung. Schnell erklärten sie mir dann welche Bedeutung oder Sinn meine, von mir zu verkaufenden Produkte haben.

Ich nutzte zu Beginn meiner Verkaufstätigkeit reichlich diese besondere Gabe von Grundschullehrerinnen aus, die mir sehr half.

Meine Sicherheit im Verkauf nahm zu und ich konnte meiner Tätigkeit eine positive Sinngebung abgewinnen. Mein Leben erhielt einen optimistischen Klang.

Jetzt war ich ein Verkäufer!

Es hatte sich ein Kreis geschlossen. Aus dem Kaufmannssohn »Wernerchen«, wie meine Eltern mich gern riefen, war ein Verkäufer geworden. Über die Umwege hatte ich gesprochen. Ich hatte das Bild vor mir, dass mein Papa, ein Kaufmann von der Picke auf seinen einzigen Sohn mit Stolz blicken würde.

Einleben

In der Phase des Einlebens in der westlichen Welt lernte ich Alfons kennen. Ein quicklebendiger gebürtiger Bochumer. Ihn hatte es in die Nähe Kölns getrieben. Er war mit seiner Frau von Sonthofen aus dem Allgäu nach Bergisch Gladbach gezogen. Der Föhn aus den Alpen belastete seine Frau offensichtlich so stark, dass sie umzogen. So erklärten die Beiden ihre Landung in Paffrath, einem Ortsteil Bergisch Gladbachs. Ich wunderte mich, dass ein knapp fünfzigjähriger Mann bereits pensioniert war.

Er war eine rheinische Frohnatur. Sein Dialekt war eine Mischung aus dem Kohlenpott und dem Kölner »Hochland«. Freundlichkeit sowie Hilfsbereitschaft gehörten ebenso zu ihm wie das Ausstrahlen einer urigen Gemütlichkeit.

Wir lernten uns näher in der »Nordkurve« kennen. Das war die Stelle in der örtlichen Stammkneipe, wo sich die Ortsansässigen trafen. Ich wurde liebenswert als »Immi« begrüßt, so bezeichnete man die Neuankömmlinge, die nicht den Kölner Dialekt sprachen oder so taten als ob sie ihn sprechen könnten. Zugleich war das die Abkürzung für einen Immigranten. Mit einem freundlichen »Hallo« wurde ich in der Runde begrüßt. Alfons ging mit offenen Armen auf mich zu. Ich hatte das Gefühl, dass ich in der Runde willkommen war. Ich merkte schnell: »Wer Alfons kennt, lernte schnell auch weitere Bekannte kennen!« Er war im Ort eine Persönlichkeit mit einem weitverzweigten Netzwerk. Er war ein Mensch mit Bindungsdrang.

Er ging auf die Leute zu. Ich konnte mich seinem Charme nicht entziehen. Zugleich war ich froh, so einen freundlichen, hilfsbereiten Menschen getroffen zu haben. Man kam nicht an ihm vorbei, es wäre auch ein Verlust gewesen.

Alfons wurde für uns zur Bezugsperson. Das Leben in der rheinischen Welt war für uns neu. Die zahlreichen kleinen Dinge des Lebens stürzten auf uns ein: »Wo kann man preisgünstig einkaufen? Zu welchem Frisör gehst du? Von welcher Bank bekommst du Geld? Wer ist der beste Hausarzt? Zu welchem Versicherungsvertreter gehst du? Wo kann man preiswert essen gehen?« Wir hatten zahllose Fragen, die uns Alfons beantwortete. Das tat er in bestechender Freundlichkeit. Er löste auch solche Fragen, die aus unserer Sicht keine waren. Wenn sie sich für Alfons als wichtig ergaben, wurden sie mit gelöst. Er war einer, der wie ein Ofen, andere erwärmen konnte.

Er war auch im biologischen Sinne immer ein hitziger Mensch, der stets im Sommer oder Winter kurze Hemden trug. Er schwitzte oft. Das wirkte auf Menschen, die ihm begegneten, immer sehr geschäftig.

Zwischen unseren Familien entwickelte sich eine feste Freundschaft.

Hier schlossen Menschen freundschaftliche Bindungen, die im Osten sozialisiert waren mit denen, die es im Westen waren. Das war für alle Beteiligte eine spannende Zeit. Stets waren die Gespräche über unsere persönlichen Sorgen verbunden mit den Themen über Gott und die Welt. Jetzt wurde die deutsche Geschichte lebendig.

Jeder machte dem anderen Mut, über alle Befindlichkeiten zu reden. Keiner verurteilte die Lebensweise des anderen. Wie ein Schutzschild stand über uns der gegenseitige Respekt vor der Lebensleistung des anderen.

Wir feilten gegenseitig an Voreingenommenheiten sowie an Klischees, die wir aus den Medien kannten. Politische Feindbilder wurden abgebaut, ohne sie ganz über Bord zu werfen. Keiner hatte die Absicht, den anderen von der Richtigkeit seiner Weltbetrachtung zu überzeugen. Ein einmal gelebtes Leben war nicht zu korrigieren. Dennoch hatte ich den Eindruck, dass Einsichten auf beiden Seiten wuchsen. Zahlreiche gemeinsame Stunden bereicherten unser Leben.

In den zwischenmenschlichen Beziehungen lag die Quelle des Zusammenfindens zwischen Menschen aus dem Osten mit denen aus dem Westen. Das würde ein langer Vorgang werden. Voraussetzung war ein geduldiges Zuhören. Empathie war im Spiel und immer wieder ein empathisches Verständnis aufzubringen, war nicht leicht. Es machte oft sehr viel Mühe. Die Einheit Deutschlands würde noch ein langer Weg sein. In wenigen Monaten erlebte ich einen persönlichen Gewinn. Es kamen unterschiedliche Lebensmuster zum Austausch. Gegenseitige Berührungen führten zu emotionalen sowie zu rationalen Bereicherungen. Das konnte ich allerdings nur erfahren in den persönlichen Kontakten mit den in Westdeutschland sozialisierten Menschen.

Nun standen wir gemeinsam in der Nordkurve des Kartoffelhäuschens. Das war die Kneipe, in der sich Alt und Jung trafen. Man ging zu »Erika«. Das war der Name der Wirtin.

Am Tresen umgaben mich einige Einheimische, die mit einem Glas Kölsch in der Hand mich immer wieder aufforderten, über mein Leben in der DDR zu erzählen. Sie betrachteten mich zu dieser Zeit als einen »Exoten«. Wie in einem Rudel standen sie um mich herum. Neugier sowie ein bisschen Wissbegier spielten sicher eine Rolle bei den Zuhörern. Da kam einer neu und dazu noch aus dem Osten in die Kneipe, in ihre Kneipe. Jetzt wollten sie auch wissen, was das für einer war? Was hat denn den kurz nach der Wende in den Westen getrieben? Bestimmt suchten die hier Arbeit?

Schon waren Meinungen lauthals vorgetragen: »Das ist doch klar, der Osten ist marode, jetzt kommen die in Haufen. Sie suchen bei uns Arbeit! Hoffentlich nehmen die uns nicht die Arbeitsplätze weg! Es sind ja Deutsche, denen müssen wir schon helfen! Die zu uns kommen, suchen sich die besseren Bedingungen aus! Die was können, die finden auch Arbeit!« Das mündete dann in der Feststellung, dass das Leben im Westen sowieso besser sei.

Die Umstehenden erfasste eine allgemeine Zustimmung zu unserer Entscheidung. »Leicht werdet ihr es nicht haben!«, riefen die Skeptiker. Die hatten so eine Mimik und Gestik in ihrer Körpersprache, dass man annehmen konnte, hier seien Schiffbrüchige gelandet. Man müsste dringend eine »Mund-zu-Mund-Beatmung« anwenden, damit die Neulinge auch überleben könnten. Es hatte nur noch keiner den Mut gefunden, damit zu beginnen. Mit ähnlichen Gedanken standen sie im Umkreis. Es wurde ruhiger in der Kneipe. Es fehlte nur noch, dass einer mit dem Hut für Spenden warb. Schließlich fasste einer die entstandene Lage mit den Worten zusammen: »Wenn ihr was braucht, meldet euch!«

Die Mehrheit, die da am Tresen stand, war sich allerdings einig, dass wir nur ein kurzes Gastspiel geben würden. Einer brachte es auf den Punkt: »Die ziehen sowieso weiter.« Er gab sich sachkundig: »Die Arbeit im Westen ist viel zu schwer für die Ossis. Die haben nicht schaffen gelernt!« Es entstand ein eigenartiges mitleidiges Gefühl. Das löste die Mitteilungen darüber aus, was man so alles in der Arbeit beherrschen müsse. »Malochen ist schon hart!« Man schaute sich zustimmend an.

»Wie kann man euch nur helfen? Schrecklich, dieser Osten, aber die Menschen können ja nicht alle etwas dafür!« Der Wortführer erklärte dann mit sonorer Stimme: »So unsympathisch seht ihr nicht aus!« Damit begann das Abtasten und Prüfen: »Wollen wir mal sehen, ob die das schaffen«.

Nachdem wir dann zu denen gezählt wurden, die regelmäßig zum Stammtisch bei »Erika« kamen, wurden die Fragen zunehmend politischer.

Wenn der Kölschpegel etwas stieg, kam dann die von den Medien immer wieder initiierte Frage, die an den Einheimischen nicht spurlos vorbei ging: »Wie seid ihr denn mit der Stasi verbunden gewesen?«

»Es wäre schon wichtig für uns, wenn wir da mal wüssten, wie das war und inwieweit ihr denn involviert wart?« Das waren die Fragen, die im Raum standen. Sie wurden jedoch zunächst nicht direkt ausgesprochen. Sie lagen wie Mehltau in der Kneipe.

Es traute sich keiner darüber zu sprechen

Um das in der gebotenen Zurückhaltung aller derjenigen zu bewerkstelligen, die mit dem Kölschglas in der Hand standen, wurde eine Person ihres Vertrauens gewählt. Das war sicher vorher in kleiner Runde abgesprochen worden. Es wurde ein Lehrer mit der heiklen Mission beauftragt. Er war immerhin Oberstudienrat aus dem Berufsbildungsbereich. Er wurde von der Nordkurve als Sprecher eingesetzt.

Hinter der vorgehaltenen Hand war zu vernehmen: »Der müsste das doch eigentlich können! Der nahm für sich in Anspruch, doch genauer zu hinterfragen. Er hat schließlich zu Bärbel und Werner den Bildungsdraht. Er hatte Erfahrungen im Umgang mit den Ostdeutschen. Er war ja schließlich Trainer einer Sportmannschaft, die im Osten in der Vergangenheit Sportwettkämpfe bestritt. Er hatte schließlich seine Geschichten zur Erheiterung der Umstehenden über seine Tricks an der innerdeutschen Grenze zum Besten gegeben«. So verliefen die Gespräche im Vorfeld.

»Der muss das übernehmen, denn der kann das!« Einstimmigkeit herrschte in der kleinen Kneipe, deren Decke mit der Hand zu berühren war. Es war eine knisternde Stimmung in der anheimelnden Kneipenatmosphäre. Bilder aus alten Zeiten hingen an der Wand. Die anwesenden Einheimischen waren in einer wandzeitungsähnlichen Rahmung als Fotosammlung daneben abgebildet: der Lehrer, der Architekt, die Kassiererin, die Sprechstundenhilfe, der Hausmeister, der Chemiker, der

Autohändler, der Handelsvertreter, die Ärztin, der Totengräber, der Bademeister sowie Alfons. Es war wie bei Muttern zu Hause. Da standen die Bilder der Lieben auf der Anrichte.

In dieser Atmosphäre erhielt ich eines Tages von dem gewählten Sprecher eine persönliche Einladung in sein Haus. Ich freute mich über diese persönlich vorgetragene Einladung. Ich sagte zu. Er begrüßte mich freundlich vor der Tür. Wir stiegen in seinen ausgebauten Keller hinab. Dort hatte er eine fabelhafte Bar eingebaut. Der Raum war urgemütlich ausgestaltet. Auf seinem selbstgezimmerten Tresen stand ein Pitter Kölsch. Das war ein angeschlagenes zehn Liter Fässchen Kölsch.

»Angeschlagen« bedeutete, dass der Zapfhahn im Fass war. Das obergärige Bier konnte fließen. Man könnte auch sagen, es war alles parat gemacht.

Das erste Kölsch lief in die bereitgestellten Gläser. Der Schaum war so stark, dass sich die untergestellten Gläser schnell füllten. Schließlich lief der Zapfprozess optimal. Wir prosteten uns freundlich zu. Der Schaum, der an den Mundwinkeln hing, wurde mit dem Handrücken entfernt, fast genießerisch.

Nachdem ich vom Sprecher herzlich, in Verbindung mit dem ersten Schluck aus dem Glas, begrüßt wurde, war ich immer noch in der Annahme, dass sich ein »Männerabend« mit allen männlichen Nordkurvlern ergeben würde. Es stellte sich schnell heraus, dass ich mich geirrt hatte. Der Gastgeber stellte sich nun, den privaten Wirt gebend, hinter den Tresen. Ich stand mit dem Glas Kölsch in der Hand davor. Wir waren beide alleine.

Nach anfänglichen Gesprächseinleitungen, die im Rheinischen sehr lang sein können, kam er auf den besagten Punkt zu sprechen. Er sei von den Kameraden der Nordkurve gebeten worden, mit mir zu sprechen. Es gäbe da Irritationen, Fragen eben, die man nur persönlich stellen könne!

Er leitete ein: »Weißt du, du bist nun schon so lange hier. Wir wissen voneinander zu wenig. Wir können doch einmal in Ruhe über unsere Vergangenheit sprechen.«

Wenn er »unsere« meinte, so wollte er schließlich meine Vergangenheit stärker beleuchten, wie sich umgehend herausstellte. Das war aus dem Unterton zu entnehmen, den er anschlug.

Diesen unterlegte er mit einer gewissen Wichtigkeit sowie Vertrautheit.

Er spürte offensichtlich, die sich bei mir breiter machende Skepsis, die mit ein bisschen Betroffenheit vermischt war. Unsere Gesichter wurden ernster. Die lächelnden Züge verschwammen zu einer Mischung von Neugier mit Befremdlichkeit.

Dann dachte ich mir: »Wie soll ein mir doch ziemlich fremder Mensch Vertrauen aufbauen?« Ich beschloss, mich seinen Fragen zu stellen, ließ auch die sogenannten heiklen Fragen nicht aus, erzählte über mein Leben. Er interessierte sich besonders für die Brüche in meiner Biografie.

Wir redeten über meine Vergangenheit. Daraufhin spürten wir, dass wir uns mehr mit den aktuellen Befindlichkeiten beschäftigten, die offensichtlich viele Menschen in Ost und West bewegten. Wie hatte jeweils der andere seine Konflikte gelöst?

In keiner Gesellschaft ging alles glatt. Unsere gemeinsame Geschichte war für uns näher, als wir es für möglich hielten. Schuldzuweisungen blieben für uns aus. Ausführlich redeten wir über Ereignisse, die jeder anders sah, anders bewertete, andere Schlüsse zog. Er stellte Fragen, die seinen Erkenntnisstand offensichtlich bereichern konnten. Langsam war auch ich fähig, Fragen an ihn zu stellen. Ich stellte damals fest, dass es mich eine gewisse Überwindung gekostet hatte, meinerseits Fragen zu seinem Leben zu stellen. Hatte ich nicht gelernt, Fragen zu stellen? An seinen Reaktionen merkte ich, dass ihn persönliche Erlebnisse mehr ansprachen als gesellschaftliche Zusammenhänge zu diskutieren.

Er tat erleichtert, als ich ihm erklärte, dass ich nicht Angestellter des Ministeriums für Staatssicherheit war. Zu meinen verflochtenen dienstlichen Kontakten schwieg er. Über die Diktatur der Partei hatte er noch nicht nachgedacht. Seine Gesichtszüge nahmen wieder väterliche Züge an.

Es erfreute ihn jedoch sichtlich, dass er einige persönliche Neuigkeiten über mich erhielt. Er schuf sich einen kleinen Vorteil im Erzählstand gegenüber den anderen Nordkurvlern.

In später folgenden Gesprächen verstand er es ausgezeichnet, eine Mischung von Erkenntnissen unserer »geheimen Kellergespräche« mit seinen Auffassungen herzustellen. Meine Erzählungen verwob er mit seinen Geschichten, dass ich manchmal nicht mehr wusste, wer eigentlich was erlebt hatte. So verstand er es, aus den Worterinnerungen kleine Geschichten zu machen, die er mit Kölner Humoreinlagen würzte. Die dadurch gewonnene Aufmerksamkeit hatte er auf seiner Seite.

Zwischen neuen Erkenntnissen, Klischeeaufbrüchen, Zweifeln, Neugier und Voyeurismus konnte man wählen, wenn man aufmerksam zuhörte. Er sah mir sicher an, dass ich mich nach seiner Fragerunde ausgehört fühlte. Dann war der Punkt erreicht, vielleicht lag es auch am Kölschstand, dass der Sprecher plötzlich aus sich herausplatzte, dass die »Scheiß-Politik« ihm sowieso zuwider sei! Er legte seine Hand auf meine Schulter: »Wir sind doch erwachsene Menschen. Was können wir dafür, dass wir in anderen Gesellschaften geboren wurden? Respektieren wir das Leben des anderen wie es war! Schenken wir uns Vertrauen!«

Wir reichten uns symbolisch die Hände. Dann tranken wir noch zwei, drei Bierchen auf das Wohl unserer Frauen und gingen auseinander.

Von unserem Gespräch hatte nur Alfons erfahren. Über dessen Inhalt hatte sich der Sprecher in meinem Beisein nicht wieder geäußert.

Es war ihm irgendwie peinlich. Er war schließlich von den anderen beauftragt worden, eine Befragung durchzuführen. Er sollte feststellen, dass ich nicht ein »krummer Finger« sei.

Er entschuldigte sich später bei mir wegen seines Vertrauensmissbrauchs. Er gab unumwunden zu, dass er sich von der allgemeinen Stimmungslage hätte verleiten lassen. »Stell dir einmal vor«, so versuchte er sich zu verteidigen, »dass auch ich überzeugt davon war, jeden aus der DDR Kommenden zu befragen, ob er nicht

»stasiverdächtig« sei. Er schloss den bereits bekannten Satz an: «Wenn ich in der DDR gelebt hätte, wer weiß…!« Aus diesem Satz konnte jeder entnehmen, was er wollte.

Für mich schloss sich eine Brücke des Verständnisses von beiden Seiten. Ich gab ihm noch den Hinweis, dass er sich über mein Leben auch im Internet informieren kann. Er braucht nur bei Google meinen Namen einzugeben. Ein Historiker aus Nordrhein-Westfalen hatte kurz nach der Wende meine Lebensdaten in das Internet gestellt.

Das war offensichtlich überzeugend. Aus den Reaktionen der Nordkurvler der folgenden Tage ging hervor, dass der Internetanschluss aufgesucht wurde.

Der Sprecher brauchte nach unserem kleinen Männerabend keine Erklärung abgeben. Er tat so, als habe er sich von meiner Loyalität überzeugt. Das sei ein Beweis genug. Er gab nur bekannt, dass wir ein sehr gutes Gespräch hatten.

In den folgenden Tagen war in der Nordkurve eine gewisse Entspannung nicht zu leugnen. Der Umgang miteinander war viel herzlicher. Mit diesem Abend, war doch eine Basis des Vertrauens aufgebaut worden. Was die anderen auch mitbekamen Die Zeit des Misstrauens war vorbei. Es war jedoch ein schleichender langer Prozess.

Es begann für Bärbel und für mich ein entspanntes, ungetrübtes und freundschaftliches Kennenlernen. Diese gipfelte dann in einer Vielzahl von herzlichen Einladungen. »Kommt doch mit zum Jäckelchen, wir fahren am Wochenende dahin! Nehmt doch an unserem Kegelverein teil! Der Ohrenorden wird verliehen, kommt doch mit! Wir fahren gemeinsam ins Sauerland zum Wandern! Wir freuen uns auf euch! Ihr bereichert unsere Clique!«

Ihr Credo war nunmehr: »Wir wollen interessante Leute kennen lernen. Ihr bereichert uns!«

Auch wir freuten uns, weil die Zeit der Fragestunden vorbei war. Sie wich einer fröhlichen Zeit des Miteinanders. Persönliche Geschichtsdaten wurden gegenseitig als bekannt vorausgesetzt. Es galt mehr, wie wir empfanden, wie wir auf aktuelle Situationen reagierten. Wir waren im Jetzt und Heute angekommen.

Politik der Gegenwart war für uns wichtig. Das hieß jedoch für mich immer, dass ich den Blick in den Rückspiegel (Geschichte) nicht vergessen konnte. Im damaligen Zusammenleben mit Menschen aus einer Region, die durch ihre traditionelle Verbindung zum katholischen Glauben geprägt waren, entstanden für mich interessante neue Erfahrungen. Die Menschen, mit denen wir freundschaftlich verbunden waren, wählten traditionell die Christlich Demokratische Union.

Ich machte mir Gedanken darüber, ob es nicht einen Zusammenhang mit der Beichte gäbe, in der Sünden vergeben werden. Da kam ich mit Menschen in Kontakt, die Befindlichkeiten besaßen, die ich in dem Maße bisher nicht erlebt hatte. Ich lernte, wie sie ihren Glauben praktizierten, spürte ihre Bindung zu christlichen Konfessionen. Für mich waren es neue Erfahrungen, die erst langsam einen Platz in meinem Bewusstsein einnahmen. Es war ein langsames Ertasten ihrer Gefühle. Andererseits stellte ich fest, dass sie meine kritische Haltung zur Institution Kirche respektierten. Sie konnten wiederum davon ausgehen, dass ich ihren gelebten Glauben schätzte.

Bärbel und ich waren immer mehr als Gesprächspartner von ihnen gefragt. Es war Neugier dabei: »Wie ticken denn die Ostdeutschen eigentlich?« Später entwickelte sich daraus ein vertrauensvolles Miteinander. Wir waren als humorvolle Erzähler gefragt. Wir waren für die Zuhörer glaubwürdig geworden. Unsere Lebensgeschichten weckten bei ihnen Interesse. Sie empfanden unsere Erlebnisse als skurril oder gar grotesk. Immer mehr merkten wir, dass eine emotional vorgetragene Geschichte sie ebenso berühren konnte. Wir spürten gemeinsame kulturelle Wurzeln. Es stand nicht mehr der profane Witz im Zentrum der Aufmerksamkeit, sondern die anspruchsvolle Anekdote. Das Bedürfnis in die Lebenswelt des anderen einzutauchen, entfaltete sich immer mehr. Dem gegenseitigen Abtasten wich eine freundliche Annäherung. Wir gehörten alsbald zum Netzwerk dazu, vielleicht noch nicht ganz, aber immerhin gab es hier eine Aufmerksamkeit, die wir nicht erwartet hatten.

Eines Tages erhielt ich einen Anruf von Peter, dem Architekten: »Komm doch bitte in unsere Kegelgruppe. Wir würden uns freuen!« Nach einigen weiteren freundlichen Worten fügte er an: »Der Direktor der Sparkasse, der Bauunternehmer aus Schildgen, der Zahnarzt, der Versicherungswirt erwarten dich zum nächsten Spiel!« Sicherlich hatte er noch weitere Persönlichkeiten erwähnt. Ich sollte doch unbedingt teilnehmen. Ich sei bereits fest eingeplant. So begann eine Kontaktaufnahme, die man im Raum Köln als »Kölschen Klüngel« bezeichnen würde.

Wo ich allerdings mitklüngeln sollte, war mir nicht klar. Es hatte sich im Ort herumgesprochen, dass sich welche aus dem Osten hier einnisten möchten. Das seien ganz respektable Leute, tuschelte man in den Kaufläden. Wir waren in diesem kleinen Ortsteil offensichtlich die ersten Einwohner, die nach der Wende aus dem Osten hier ansiedeln wollten. Die seien ein bisschen »exotisch«. Unter diesen Vorzeichen fand der Kegelabend statt. An dem ersten Abend begann eine Prozedur, die sich in den kommenden Monaten immer wiederholte. Die Persönlichkeiten des Ortes nutzten diesen Kegelabend ausgiebig zum Fragenstellen. Diese prasselten förmlich auf mich ein. Eigentlich wollte ich von der DDR nichts mehr wissen, die in meinen Augen implodiert war. Jetzt sollte ich diese Gesellschaft darstellen und deren politische Entscheidungen interpretieren. Ich wollte als kleiner Kaufmann hier im Westen auf die Beine kommen. Nun wurde ich als Politikverständiger gefragt. Ich war regelrecht ernüchtert, dass diese Persönlichkeiten so wenig über den Osten wussten. Jetzt war Geschichtsunterricht gefragt. Alle ihre Fragen konnte ich nicht beantworten. Ich kramte in den Büchern aus DDR-Zeiten. Immer mehr merkte ich, dass wir eine gemeinsame deutsche Geschichte zu betrachten hatten. Ich war einseitig fixiert auf die Betrachtung aus dem Osten. Nun erlebte ich eine komplexere Betrachtungsweise.

Die ersten Kegelabende ergaben für mich ergiebige Gespräche. Das führte auch dazu, dass die Kegelbahn oft unbenutzt blieb. Wir waren in den Diskussionen vertieft. Dabei vergaßen wir das Spielen. Da mein Geschick beim Kegeln auch nicht sehr groß war, waren mir die längeren Pausen durchaus angenehm.

Das anfänglich überaus große Interesse an den Gesprächen nahm im Laufe der Zeit ab. Ich stand mit meiner Geschichte, die eigentlich unsere Geschichte war, nicht mehr im Fokus. Ich schien in die örtlichen Umstände eingebunden zu sein. In meinem Beisein sprach man mit Achtung von unserer Familie. Die Entscheidung im Rheinischen geankert zu haben, wurde mit positiven Gesten begleitet. Man nickte mir zu, wenn man mich auf der Straße sah. Einige zeigten ihre Verbundenheit dadurch an, dass sie den Daumen nach oben zeigten. Ich fühlte mich in diesem Kreis aufgenommen. Mein Selbstwertgefühl stieg weiter. Das war auch für meinen beruflichen Start nicht unwichtig.

»Wenn du dich hier bei uns einleben willst, dann musst du einem Verein angehören«, sagte eines Abends der Direktor der Sparkasse. »Ich empfehle dir, gehe in einen Karnevalsverein!« Alle Anwesenden stimmten dem zu. »Ich vermittle dir eine Mitgliedschaft«, waren seine Worte. Er empfahl mir, mit einem unteren militärischen Dienstgrad in einen Karnevalsverein einzutreten. Meine Mitgliedschaft sei an einen kleinen Obolus gebunden. Da dort alle mich tangierenden Lebensfragen gelöst werden würden, sei es gut angelegtes Geld. Das sei hier so üblich. Daran führe kein Weg vorbei. Als Sparkassenchef verstünde er schließlich etwas von Wertanlagen.

Das sei darüber hinaus tatsächlich im rheinischen Volksbrauch begründet. Hier half man sich untereinander, eine Mitgliedschaft im Verein voraussetzend.

Der Karnevalsverein bereitete nicht nur über das gesamte Jahr ein Fest vor, sondern sah sich als eine sozial agierende Gemeinschaft.

»Einmal Prinz zu sein!« – das war der Wunsch eines jeden Jecken. Daran war nicht nur viel Geld für das Kostüm gebunden. Im Hintergrund stand ein umfangreiches Netzwerk, welches zu finanzieren war.

Mit der Überreichung meiner Unterlagen für meine Mitgliedschaft im Karnevalsverein erhielt ich eine Einweisung in die Bedingungen. Als ich den von mir zu erbringenden Beitrittsobolus las, verschlug es mir die Sprache. Ich bat um Aufschub, der bis heute wirkt.

Dennoch hatte ich mit der Zeit Gefallen am Karneval gefunden. Ausgelassene Fröhlichkeit mischte sich mit einem ansteckenden Humor. Sobald die Kölner Lieder angestimmt wurden, entstand eine so ausgelassene Stimmung, dass ich einfach dabei sein wollte: »Da simma dabei, dat is prima, prima Colonia…!« Es war kaum zu glauben, da könnte ich sofort los singen. Der Karnevalsverein blieb mir aus finanziellen Gründen verschlossen. Darüber hinaus waren mir auch die militärischen Zeremonien überdrüssig. Ich sprach darüber mit Alfons, der Verständnis für meine ablehnende Haltung zeigte. Er schlug einen anderen Verein vor. »Nimm am Sparverein teil, die haben ihre Ausschüttung der Sparkästchen! Ich bin im Vorstand. Das leite ich ein!« Das waren seine ermunternden Worte. Ein Sparkästchen sah ich auch bei »Erika« in der Kneipe hängen. Wie aneinander gereihte blecherne kleine Briefkästen verzierten sie die Wände mancher Kneipe im Kölner Raum. Kleine Schlitze waren mit einer Ziffer versehen, in die die Zecher ihre letzten Groschen hineinsteckten. Zur Freude der daheim gebliebenen Mama oder der Kinderchen. Das hatte eine Tradition, die aus dem Kohlenpott herüberkam. Nach der Lohnzahlung gingen die Kumpel in die Kneipe. Sie verzechten oft ihr schwer verdientes, knappes Geld. Der Kneiper nahm ihnen das Geld ab. Den mitunter verbliebenen Rest steckte er in die Sparkästchen. Damit hatte die Familie wenigstens etwas zum Unterhalt. Dieser Tradition folgten die Kneipen Kölns. Zum Jahresende kam es zur Ausschüttung. Diese war mit einem kleinen Fest verbunden. Die Sparkassen hat es auch gefreut. Die Spareinlagen erhöhten sich. Das Vereinsleben wurde von einem Vorstand geleitet. Beiträge ergaben sich aus den Spareinlagen. Zum Jahresende wurde ein Fest organisiert. Bärbel und ich nahmen an dem Jahresabschluss teil. Dort gewannen wir auch noch einen Preis, was die Kastenfüller nicht so sehr erfreute. Es war jedoch eine weitere Gelegenheit mit zahlreichen Einheimischen in Kontakt zu kommen.

Wir lernten viele aufgeschlossene Menschen unserer Generation kennen. Einige von ihnen waren politisch interessiert. Die meisten von ihnen hatten mit der täglichen materiellen Sicherung ihrer Existenz zu tun. Wir erlebten die besondere Bedeutung des Verbandslebens. Wer in einem Verein seine Freizeit verbringen konnte, hatte sich einen kleinen Vorsprung erarbeitet.

Es bleibt aber eine bedeutende Erkenntnis für mich. Ich würde diese sogar als einen Schatz in meinem Bewusstsein betrachten. Wir hatten die Möglichkeit, andere Lebensumstände sowie andere Befindlichkeiten von Menschen kennen zu lernen. Wir stießen in unseren Gesprächen immer wieder auf gleiche kulturelle Wurzeln. Dennoch stellten wir fest, dass wir verschieden sind. Das war kein Nachteil, sondern ein Vorteil, besonders wenn es um andere Befindlichkeiten ging. Man musste sich nur darauf tolerant einlassen.

Unser Einleben im Rheinland verlief nicht immer glatt. Wir erlebten Ruppigkeiten im Umgang mit uns. Die anfängliche finanzielle Situation ließ uns manchmal verzweifeln. Wir konnten oft aus diesen Gründen nicht an gesellschaftlichen Ereignissen teilnehmen. Wir sagten mit vagen Entschuldigungen manche herzlich gemeinte Einladung ab. Es dauerte für mich sehr lange, die rheinische Kultur zu erschließen. Wir hatten zunächst zahlreiche freundliche Partner gefunden. Wir hatten auch freundschaftliche Beziehungen. Einen Freund dort zu finden, fiel mir anfänglich sehr schwer. Die Sehnsucht nach einem Ort mit für mich heimatlichen Gefühlen währte sehr lange.

Wie mag es dem in Sachsen aufgewachsenen Kardinal Meissner ergangen sein? Das fiel mir dann ein, wenn ich schnell aus einem gewissen Trübsinn heraus wollte. Der Oberhäuptige vom Kölner Dom, der Chef aller Katholiken dieser Gegend hatte es als Sachse in dieser Gegend der rheinischen Sprache zu etwas gebracht. Er wurde nicht gerade von Sympathiewellen erfasst. Er stand wie kaum ein anderer seiner Zunft im Mittelpunkt ernster aber auch humoriger Auseinandersetzungen. Es verging keine Karnevalssession, wo nicht der Kardinal erwähnt wurde.

Außer unserer Herkunft, möglicherweise unseres Dialektes, sind weitere Gemeinsamkeiten kaum vorstellbar.

Aber halt, er kam aus dem Osten. Er hat es schließlich hier im Westen zu etwas gebracht! So gesehen war er für mich ein Vorbild.

Warum eigentlich nicht? Ich wollte immer tolerant sein!

Dieses Vorbild habe ich dann zitiert, wenn sich die Nordkurvler kritisch über meine Wurzeln äußerten. Das Beispiel des Kardinals hat mir dann geholfen, wenn die katholisch Verwurzelten allzu stürmisch über den Osten herzogen. Es half wenigstens, eine verkrampfende Situation zu lösen.

Durch welche Initialzündungen auch immer, entdeckten die Gemeindemitglieder, sprich Nordkurvler, nun ihre Verpflichtung, wie von missionarischen Gedanken getrieben, den Osten kennen zu lernen.

Vielleicht hatten wir durch unsere Erzählungen auch dazu beigetragen, den Osten für die Zuhörer reisewert darzustellen.

Wie Phönix aus der Asche stiegen die Wünsche an, endlich über eigene Ost-Erfahrungen zu verfügen.

Die meisten von ihnen waren noch nicht dort. Sie waren neugierig. Hinter dem Feigenblatt, sich mit deutscher Kultur im Osten beschäftigen zu wollen, schaute eine nicht zu verdeckende Abenteuerlust hervor.

Jetzt wollten sie etwas nachholen. Die Möglichkeit, den Osten zu bereisen, hatten die meisten in ihren Vorstellungen abgeschrieben. Das sagten sie offen in den Gesprächen. Hinter vorgehaltener Hand sprach man es an: »Mit der Trennung haben wir uns eingerichtet! Das mit der Einheit Deutschlands hat uns überrascht!«

Nach den ersten fast euphorischen Zustimmungen zur Einheit Deutschlands kamen durchaus menschlich verständliche Ressentiments zum Ausdruck. Etwas wirklichkeitsfremde Meinungen zum kulturellen Niveau der Menschen im Osten mischten sich mit Vorstellungen des Lebens von ständig unterdrückten Typen hinter dem Eisernen Vorhang. Die Leistung der Ostdeutschen beim Einreißen der Mauer wurde ihnen zwar konzediert, jedoch mit einem entschiedenen Verweis darauf, dass es die westdeutschen Steuerzahler gewesen wären, die die Einheit bezahlt hätten! Es mündete in der Feststellung: »Da müssen wir schon einmal nachsehen, wo unser Geld so hin fließt!« Mit meinen Einwänden sowohl zum kulturellen Niveau der Ostdeutschen als auch zur Frage der gemeinsamen Finanzierung der deutschen Einheit erntete ich nur ein müdes Lächeln.

Innerlich festigte sich meine Überzeugung, dass es besser sei, nicht weiter zu argumentieren. Ich sagte dann, mich oft wiederholend: »Macht euch ein eigenes Bild. Sammelt eigene Erfahrungen!« Wir erhielten doch auch ein eigenes Bild der Lebensumstände der Menschen im Westen. Das widersprach häufig den abgefeilten politischen Grundsatzerklärungen der Politprominenz. Es widersprach in besonderer Weise den medialen Darbietungen. In meinen Augen entzauberte sich der goldene Westen. Die menschlichen Schicksale, die wir kennen lernten, das Ringen der Menschen um eine sichere Existenz, ihr Bildungsniveau waren näher mit dem eigenen Erleben verbunden als wir es zunächst glaubten. Dazu bedurfte es keinem Einleben. Wir waren mittendrin!

»Na, und ihr!« Mit dieser Aufforderung sprachen sie uns an: »Helft uns dabei, den Osten kennen zu lernen«. Manche dachten dabei an Personenschutz. Es ging ja schließlich in den Osten! »Wenn man so hört, was da alles los ist…«. Da waren sie wieder die vermaledeiten Ressentiments.

Wir lehnten lachend den von ihnen heimlich erhofften Personenschutz ab. Für mich begann eine Zeit der Herausforderungen an längst vergessene Ortskenntnisse. Ich wälzte Nachschlagewerke über die Geschichte der DDR. Ich suchte Informationen über Kulturschätze. Es war gar nicht einfach, unsere Ostheimat ihnen schmackhaft zu machen.

Schnell wurde mir die Erkenntnis deutlich vor Augen geführt, dass deutsche Geschichte einen sehr langen Zeitraum umfasst. Ich blätterte schließlich im 18. und 19. Jahrhundert, um Gemeinsamkeiten zu erkunden, die eine Brücke zwischen Ost und West herstellen konnte.

Das Rheinland gehörte zu Preußen. Darüber hinaus erhielt ich aus den Reiseführern Kölns den für meine Argumentation bemerkenswerten Hinweis, dass der Kölner Dom seine endgültige Fertigstellung den Preußen zu verdanken habe. Das kam gut an! Der Kölner Dom stellte mehr als ein Heiligtum für die Kölner dar. Meine Gesprächspartner waren erstaunt. Geschichte und Geschichten halfen, Brücken zu bauen.

Nachdem die Nordkurvler von ihren Reisen aus dem Osten zurückkamen, begann für mich eine nicht vorhergesehene erneute Belastungsprobe meiner Geduld. Jetzt war ich als Zuhörer gefragt.

Beide, Bärbel und ich, kamen wir uns wie Lehrer vor, die ihre Kinder auf Klassenfahrt mitgenommen hatten. Es begann die ermüdende Zeit, die begeisternden Aufsätze durchzuarbeiten. »Sagt mal, wenn ich in Dresden auf der Brühlschen Terrasse stehe, sehe ich dann den Goldenen Reiter…? Ihr kennt doch das Grüne Gewölbe, wie viel Wert wird wohl das Kaffeeservice von J.M. Dinglinger haben? Haben die Russen alle Gemälde der Sempergalerie zurückgegeben? Wird in Potsdam das Stadtschloss wieder entstehen?« Wir waren manchmal mit unseren Antworten überfordert. Innerlich hatte ich große Freude am Suchen nach Antworten, weil meine Heimat nicht mehr nur im politischen Fokus stand. In ihren Fragen spiegelte sich eine Anerkennung der Leistungen derer, die im Osten lebten.

Ich spürte etwas, was für das Einleben in einem für uns neuem Umfeld so ungeheuer wichtig war. Wir waren nicht mehr »die aus dem Osten«, denen mit einer gewissen Geringschätzung begegnet wurde.

Schließlich folgten Einladungen zum Mitfahren auf ihren Reisen in den Osten. Sie hatten Freude daran, uns mit den Fragen zu löchern, die aus ihren konkreten Erfahrungen resultierten.

Als ich dann noch erklärte, dass ich die russische Sprache beherrsche, wurde auch kein Blatt vor den Mund genommen. Es brach etwas hervor, was ich kaum für möglich hielt.

Es offenbarte sich für mich ein offensichtlich tief sitzendes Feindbild.

Auf ihren Reisen waren sie den Russen begegnet. Ich hätte ihnen nun eigentlich erklären müssen, dass es Bürger der Sowjetunion seien. Es gab schließlich die Sowjetunion noch. Dieser Vielvölkerstaat existierte noch bis Dezember 1991. Ich verzichtete auf historische Erklärungen. Für sie waren alle Russen. Sie hatten Angst vor der Begegnung mit diesen Menschen. Ich spürte eine tiefe emotionale Ablehnung.

»Du kannst uns doch helfen, wenn wir den russischen Soldaten begegnen?!« Zu der Zeit waren es noch Sowjetsoldaten, die bis 1994 in der ehemaligen DDR stationiert waren.

Die Mauer hatte offensichtlich mehr angerichtet als ich ahnte. Sie hatte bei den Menschen im Westen ein Klischee gefestigt, was vielleicht erst über Generationen abgebaut werden kann. Mit dem Namen Gorbatschow verbanden jedoch einige von ihnen eine ersehnte Morgenröte. Er war für sie die Lichtgestalt. Sie hatten sich ein Feindbild über Jahrzehnte aufgebaut, was etwas zu bröckeln anfing.

Keiner sprach es offen aus. Es war eine latente Distanz zu den russischen Menschen vorhanden. Zu dieser Zeit war ich voller Optimismus über den langsamen Abbau dieses politisch gewachsenen Ressentiments. Ich wollte meinen Beitrag leisten. Der fiel zu meinem Bedauern sehr klein aus. Ich hatte kaum noch Gelegenheit, mich in der russischen Sprache zu verständigen. Ich habe auch die Kontakte zu ihnen gemieden. Das war ein Fehler, wie sich später herausstellte. Meine russischen Sprachfähigkeiten nahmen ab. Dieser Umstand gehört auch zu meinem Einleben in der westlichen Welt. Neue Eindrücke überdeckten bereits sicher geglaubte Standpunkte.

Im Laufe der Zeit machten alle uns bekannten Miteinwohner des Ortes Bergisch Gladbach eigene Erfahrungen mit dem Osten. Mit der Zunahme ihrer Erfahrungen kamen wir aus der Rolle der »Exoten aus einer exotischen Welt« heraus.

Für uns begann ein normales Leben in der westlichen Welt, die nun immer mehr nach Himmelsrichtungen ausgerichtet schien. Im täglichen Leben verschwammen für uns die Ost-West-Blickachsen. Das hatte etwas Befreiendes für mich.

In den Gesprächen wurden zunehmend mehr die täglichen kleinen Dinge des Lebens besprochen. Wir wurden mit einbezogen in die wöchentlichen »dramatischen« Auseinandersetzungen um die Bundesligakämpfe der Fußballkicker, die es im Rheinland in konzentrierter Weise gibt.

Der Bochumer Sportsfreund Alfons stritt nun mit den Anhängern der Kölner Kicker um die besseren Spiele. Jeder Spielzug wurde kommentiert. Mannschaftsaufstellungen wurden neu festgelegt. Man konnte den Einruck gewinnen, dass in der Nordkurve lauter Trainer standen.

Die Reiseziele wurden nun wieder in südliche oder westliche Richtungen gebucht. Ich hatte den Eindruck, dass bisher ausgeprägte Lebensmuster wieder aufbrachen, der ersten sibirischen Landordnung folgend: »Alles bleibt beim Alten!« Nur bei politischen Themen gingen die Meinungen auseinander. Da sprachen einige offen ihre Hoffnung aus, dass wir uns da auch noch den hier geltenden Mehrheitsmeinungen anschließen sollten.

Wenn das mit Einleben gemeint sein sollte, so gab es da noch kleine Meinungsunterschiede. Manchmal stellte ich mir die Frage, ob der Begriff mit Einordnung oder gar Unterordnung verwechselt wurde.

Ich hielt mich mit meiner Meinung zurück. Wenn ich gefragt wurde, ob ich mich eingelebt habe, dann antwortete ich freundlich mit einem »Ja«.

Berater und Beraterinnen

Je länger wir in Bergisch Gladbach lebten, umso mehr erhielten wir Einblicke in die familiären Situationen unserer Bekannten. Der Schein wurde schnell zum Sein. Ich erlebte die sozialen Konflikte in einigen Familien. Das Ringen um das »tägliche Brot« war spürbar. Einige der am Tresen Stehenden hatte durch Nebentätigkeiten etwas Geld erwirtschaftet. Oft wurde mehr vorgetäuscht als in Wirklichkeit finanziell möglich war. Man wollte sich nicht vor den anderen blamieren. Ich hatte oft den Eindruck, dass der Wert eines Menschen an der Dicke der Brieftasche zu betrachten sei. Es wurde darüber nicht gesprochen. Das war wie ein Schwelbrand, man roch ihn, sah aber noch keine Flammen.

Alfons machte manchen bezahlten Dienst, um die Haushaltskasse zu verbessern. Seine Frau half beim Hausputz in betuchteren Familien. Beide hatten sie Kontakt zu einem in Köln bekannten Karnevalsführer. Er war zudem ein angesehener Unternehmensberater. So hatte Alfons auch »Konektschens« aus seiner Dienstleistungstätigkeit.

Eines Tages stand dieser Unternehmensberater vor unserer Tür. Alfons hatte ihn ins Spiel gebracht. Mit freundlichen Worten wies er auf unseren gemeinsamen Bekannten hin. Er erzählte fantastisch kleine Episoden seines Lebens. Er strahlte viel Selbstbewusstsein aus. Seine Gestik deutete auf einen Fachmann seiner Branche hin. Nachdem er ausführlich über das Wetter, den Kölner Karneval sowie die Weltlage gesprochen hatte, kam er nun zum Kern seines Besuches. Er könnte sich vorstellen, dass wir aus dem Osten keine Erfahrungen im Umgang mit Geld hätten. Er schlage uns vor, dass er mit uns darüber sprechen würde:

»Wir hätten doch nichts dagegen?« Schnell sagten wir: »Natürlich nicht!« Er sei sich sicher, dass wir mit dem Geld, was wir als kleine Unternehmer verdienten nicht so recht wüssten, wie wir es vermehren könnten.» Mit welchem Geld?« dachte ich. Vorsichtig wendete ich ein, dass ich das schließlich erst verdienen müsste. »Wie kommt der Herr dazu, mich über etwas zu beraten, was ich nicht habe?«, dachte ich bei mir. Meine Einkünfte deckten oft nicht einmal meine Ausgaben.

Bei Beratern spielte das offensichtlich nicht die entscheidende Rolle. Er setzte schließlich auf die Zukunft. Er hob an: »Mit ihren Qualitäten werden sie es schaffen. Ich bin mir sicher!« Mich verblüffte seine optimistische Prognose. Er kannte mich kaum.

Das Verständnis für seine Geschäftsidee war mir offenbar noch fremd. Ich war verunsichert. Konnte er mir tatsächlich helfen? Woher nahm er diesen Optimismus?

Andererseits vermutete ich doch etwas, was mir bisher verschlossen geblieben war. Ich ließ mich gern belehren. Er nahm Platz.

Er erklärt mir mit sonorer Stimme, dass er schließlich ein tolles Projekt in der Tasche habe. Ich solle nicht lange zögern. »Machen sie mit. Sie werden es nicht bereuen!« Durch die Bekanntschaft mit Alfons konnte ich nicht gleich »Nein« sagen.

Schließlich war er sein Auftraggeber für die zahllosen »Freundlichkeiten«.Er hatte mich an einer Stelle gepackt, die ich nicht beschreiben konnte. Durch meinen Kopf gingen die Erzählungen zahlreicher Glücksritter. Vielleicht hat er gerade die Goldader getroffen? Warum soll mir das Glück nicht auch einmal hold sein? So jedenfalls war mein zögerlicher Hoffnungsansatz.

In meinem Kopf regten sich Bilder aus dem Spielkasino in San Remo. Mein Gesicht rötete sich voller Erwartungen: »Das Glück fassen, mit beiden Händen halten!« das ist es doch, endlich einmal die Marktwirtschaft überlisten. Den Kuchen des Reichtums mit verspeisen. Das wollte ich. Vielleicht hat gerade »SP« (so wurde er kurz genannt) diese Glücksformel in der Hand.

Meine Zögerlichkeit motivierte ihn offensichtlich in seiner immer weiter gehenden Argumentationskette. Er legte mit der kleinen Vorführung des Verkaufs von Immobilienfonds los. Das tat er überzeugend.

»Jetzt ist die Zeit für den Kauf von Ost-Immobilien!« Seine Stimme gewann an Durchschlagsvermögen. »Eine Rendite von minimal 15% ist fast garantiert!« Er sagte noch »fast« und nicht »fest«, was ihn ein bisschen sympathisch erscheinen ließ. Aus seiner Hochglanzaktentasche zog er ein Hochglanzprospekt. Er entfaltete wunderschön ästhetisch gestaltete Projekte. Auf dem Titelblatt war eine lachende Schönheit vor farblich durchgestyltem Häuschen zu sehen. »Das wird in Radeberg entstehen. Das liegt im wunderschönen Sachsen!« erzählte er schwärmerisch. Mit einer Handbewegung, die auf künftige Bauten hinweisen sollte, sage er knapp: »Die Häuser stehen noch nicht. Das wird sich bald ändern!« Ich sollte mir vorstellen, wie eine neue Siedlung aus dem Boden wüchse. Das würde in wenigen Tagen passieren. Der Katalog zeige schließlich die wunderbare Lage der Traumhäuschen. An dieser Stelle begann bei mir doch die Euphorie in Realismus umzukippen. Ich kannte natürlich die kleine Stadt Radeberg im Osten. Das war meine sächsische Heimat. Aus den Abbildungen im Prospekt konnte ich beim besten Willen nicht, die mir aus meiner Jugend bekannte Stadt Radeberg identifizieren. Das lag sicher an mir. Meine Fantasie war noch nicht so entwickelt. In meinem Kopf war ein anderes Bild von der kleinen Stadt Radeberg vorhanden. Es gab zwar eine weltberühmte Brauerei in dieser Gegend. Ansonsten war da »nischt los«, würde der Sachse sagen. Aus seinem Gesicht las ich schon seine Antwort: »Blühende Landschaften entwickeln sich langsam!«

Es brauchte Geduld und Investoren. Warum sollte ihm nicht der goldene Schuss glücken.

Es war kein Vorteil für seine Vorführung, dass ich die Stadt kannte, wo das Geld sprudeln sollte. Es regten sich bei mir kleine Zweifel, was aus meinem Gesicht ablesbar war. Das spornte ihn offensichtlich geradezu an. Mit psychologisch geschulter Art wollte er mich nunmehr von meinen Zweifeln befreien.

So versprach er die große Entwicklung der Immobilienfonds im Osten. Ich hörte mir nun den zweiten Teil seines geschliffenen Vortrages geduldig an. Der mündete in der Feststellung, dass er schließlich die Erfahrungen in der Immobilienbranche insgesamt gemacht habe. Er sei schließlich ein erfolgreicher Fachmann.

Wie einem Grundschüler erklärte er mir, wie ich das große Geld machen könne. Er hätte da sichere Anlagen. Die Mietkosten würden das, was man finanziert habe, bald einbringen.

»Jetzt gilt es zu investieren!« Er forderte mich auf, dass ich auch investieren sollte. Kredite liegen schließlich auf der Straße. Die Fördermittel für den Osten seien ein Investitionssegen.

»Sie brauchen jetzt kein Geld. Den Kredit erhalten sie von meiner Bank«, so fuhr er in seinen Darstellungen fort.

Das war die totale Goldgräberstimmung. Er hatte es geschafft, dass ich in kurzen Augenblicken in eine Art Trance fiel. Ich stellte mir Westernfilme vor.

Wenn ich in die Augen des Unternehmers sah, war ich mitten in der Filmatmosphäre. Er gehörte jetzt zu denjenigen, die den Erfolg in beiden Händen hielten. Seine Augen hatten diesen siegessicheren Glanz.

Es war da schon das berühmte Glitzern der Texasreiter zu sehen. Das machte auf mich schon Eindruck. Dazu kam, dass er mit großem Erfolg Kölner Karnevalssitzungen moderierte. Darüber hinaus war er im Präsidium zur Vergabe des »Ohrenordens«, der in Köln ein Grand-Ereignis war.

Zwischen seinen Ausführungen legte er zwei Karten eben zu dieser Veranstaltung auf unseren Tisch mit den gönnerhaften Worten: »Im Merkur Hotel am Rhein findet das Event schlechthin statt, wunderschön gelegen mit ausgelesenen Gästen. Es handelt sich um die erste Adresse, sie haben wunderschöne Plätze. Der Biolek spricht die Laudatio. Der Ruge erhält den Orden. Ein tolles Ereignis. Nehmen sie das als Zeichen der Verbundenheit. Das ist nur für sie, nehmen sie die Einladungen an!«

Ich bedankte mich brav für diese Einladung. Daraufhin stammelte ich noch, dass wir uns geehrt fühlen würden.

Anstatt es dabei bewenden zu lassen, wollte ich meinerseits mein Wissen aus dem Osten offerieren.

Ich wies auf die zahllosen brachliegenden Gewerbegebiete hin. Ich räumte ein, dass meine Vorstellungskraft nicht ausreichen würde, gerade an dieser, von ihm so überzeugend dargestellten Stelle, ein Wohngebiet entstehen zu lassen. Ich setzte noch einen drauf. Ich gab zu, dass ich mir eine persönliche Verschuldung nicht vorstellen könne, die dann über Nacht in einen Gewinn in atemberaubenden Größen übergehen würde.

Daraufhin nahm er die Rolle eines guten Onkels ein, dem sein Enkel eine banale Frage stellte. Mit gönnerhaftem Unterton versuchte er meine Bedenken auszuräumen. Er endete schließlich mit den Hinweisen: »Ich habe natürlich Verständnis für ihre Einwände. Sie können das ja alles nicht wissen, da sie ja im Osten dazu keine Ausbildung hatten. Verlassen sie sich da eben auf mich!«

Er legte zu meiner Unterschriftsleistung eine Mappe mit entsprechenden Verträgen vor. Ich müsse nur noch unterschreiben. »Bitte hier«, sagte er süffisant. In dem fingerdicken Heft waren die zu unterschreibenden Stellen mit einem gelben Marker deutlich sichtbar.

Nun zögerte ich doch. Ich hatte ein ungutes Gefühl. Einerseits machte er einen vertrauenswürdigen Eindruck. Die Einladungskarten für die Veranstaltung zur Verleihung des Ohrenordens hatten bei mir eine gewisse Wirkung hinterlassen. Andererseits beschlich mich ein Bauchgefühl. Ich hatte Zweifel.

Ich vertröstete ihn. In gebotener Zurückhaltung bat ich ihn, die Glanzpapiere da zu lassen. »Ich muss noch einmal darüber nachdenken. Es kommt mir doch alles zu schnell. Bitte haben sie Verständnis! Ich werde sie schnell anrufen, wenn wir uns entschieden haben.«

Freundlich verabschiedeten wir uns. Im Hinausgehen grummelte er noch: «Typisch, diese Ostdeutschen haben keine Risikofreude, dazu noch ahnungslos, was die Geschäfte hier im Westen angeht.« Vielleicht hatte er Recht.

Meine »kaufmännische« Zurückhaltung, ich unterschrieb nicht, erwies sich später als berechtigt. Das Projekt wurde in den Sand gesetzt.

Die Veranstaltung zur Verleihung des Ohrenordens war übrigens ein toller Abend. Wir hatten viel Freude. Hätte ich mich jedoch auf das große Geschäft eingelassen, wäre ich in eine existentielle Katastrophe geführt worden.

Wenn ich heute ein Radeberger Bier trinke, erinnere ich mich immer an den grandiosen Standort der Geldvermehrung, der so schnell ein Standort der Geldverbrennung« wurde.

Trotz dieser gemachten Erfahrung oder weil sprichwörtlich »die Hoffnung zuletzt stirbt«, habe ich mich später auf ähnliche Geschäfte leider wieder eingelassen.

Es gibt immer wieder Momente in meinem Leben in dem das Erinnerungsvermögen aussetzt. Nicht selten bin ich wie benebelt, wenn eine charmante Person versucht, mit überzeugend wirkenden Argumenten auf mich einzuwirken. Hinterher stelle ich dann kopfschüttelnd fest, dass meine Standfestigkeit wieder mal nicht sehr groß war.

Wenige Wochen später erhielt ich einen Anruf von einer Dame der AWD, dem Allgemeinen Wirtschaftsdienst. In knappen Sätzen informierte sie mich, dass ihr Sitz in Hannover sei. Ihr Dienst betreue fast zwei Millionen Kunden. Es wären über sechstausend Berater in Deutschland unterwegs. Es folgten noch weitere überzeugende Argumente in Kurzform. Sie hatte sich meine Adresse herausgepickt. Sie verschwieg, wie sie an meine Adresse gelangt war. Ich fragte auch nicht nach.

»Aus der Werbung ist ihnen der AWD sicher bekannt«, vervollständigte sie ihre Kette der Argumente. »Sie könne völlig kostenfrei meine wirtschaftliche Lage analysieren. Sie vermutet Sparpotential, welches sie bei mir aufdecken würde.«

Sie wolle die von mir abgeschlossenen Versicherungen prüfen. »Ich spüre ihnen so manche Reserve auf«, versprach sie. Sie stellte telefonisch fest: »Die meisten ihrer

Kunden sind überversichert!« Das Geld läge förmlich auf der Straße. Sie könne es bergen. Im Steuerrecht sei sie auch bewandert. Ich könne davon ausgehen, dass der Staat viel zu viel von den Bürgern nehme. Sie kenne da auf die jeweilige Person exakt abgestimmte Steuermodelle. Sie könne helfen: »Sie sparen Geld!«

Sie versprach absolute Vertraulichkeit. Sie garantierte seriösen Sachverstand. Mit dem freiwerdenden Geld, was sie entdecken würde, könnte sie mich beglücken. Ihre telefonischen Versprechungen klangen glaubhaft. Vielleicht hatte sie Recht.

Wir vereinbarten telefonisch einen Termin. Sie käme zu uns. Ich soll die Unterlagen vorbereiten, damit sie zügig arbeiten könne. »Vorsicht!«, dachte ich dennoch.

Wenige Tage später erschien sie. In der Tür stand eine attraktive Frau mit einer Mappe aus feinem Leder. Diese war farblich mit ihrem Kostüm abgestimmt. Sie war eine Erscheinung, wie sie auf Titelseiten von Wochenzeitschriften zu sehen waren.

In ihrem Fall stimmte die Werbung mit dem realen Erscheinungsbild überein.

Die Dame ging, nach einem kurzen Gespräch über das Wetter, die Kinder, die letzten Reisen sowie die allgemeine politische Lage, auf ihr Forschungsgebiet ein. Das bestand, was sie erneut versicherte, in der Erschließung von finanziellen Reserven.

Zügig servierte ich ihr einen Kaffee, den sie schwarz trank. Den Zucker lehnte sie dankend, mit einem Hinweis auf ihre Figur, ab. Die Unterlagen von mir und Bärbel hatte ich vorher in neue Mappen geheftet. Ich wollte einen guten Eindruck machen. Sie schlug ihre schön geformten Beine übereinander. »Jetzt gehe ich den Dingen auf den Grund«, trällerte sie fröhlich. Sie schlug Mappe für Mappe auf.

Sie blätterte in den Versicherungsunterlagen, sortierte die Verträge, erfasste Zahlen, registrierte Summen. Auf ihrem Leistungsnachweis stand schon eine Reihe von Zahlen.

Sie ließ sich auch von Zwischenfragen, die ich stellte, nicht aus ihrem Konzept bringen. Sie vertiefte sich in die von ihr immer wieder bewegten Mappen. Ich kam zu der Vermutung, dass sie vielleicht doch etwas finden würde, was uns Geld einsparen könnte.

Nach einer Stunde gründlicher Forschungsarbeit kam sie zu der für uns erhellenden Erkenntnis: »Sie haben keine finanziellen Reserven!«

Das fand ich schade. Nun hatte sie sich solche Mühe gegeben. Ich wollte schon ein mitleidiges Lächeln auf mein Gesicht legen. Plötzlich hob sie ihre Stimme: »Wissen sie, ich mache ihnen einen sehr guten Vorschlag!« Sie habe da ein Produkt, über das müsse sie unbedingt mit uns sprechen. Schließlich läge Geld auf der Straße, das wir gemeinsam bergen könnten. Wieder versprach sie, Geld zu schöpfen.

Nachdem sie kleine Korrekturen an ihrem Make up vornahm, begann sie einen längeren Vortrag über die Filmindustrie. Vor unseren Augen breitete sie Filmprojekte aus. Schließlich kam sie auf den Punkt: »Die Studiokinos in Neuss in der Nähe von Düsseldorf haben einen Fonds aufgelegt. Ich sage ihnen, der ist vom Feinsten, der hat traumhafte Renditen«.

Sie wies darauf hin, dass wir nicht lange überlegen sollten: »Schlagen sie einfach zu!« Sie könne nur noch wenige Papiere halten: »Nur für sie!« Dabei verdrehte sie genussvoll ihre Augen: »Sie sind mir so sympathisch!« Es folgten weitere anerkennende Worte aus ihrem zauberhaften Mund.

Nun hatte ich gelernt, dass man bei solchen guten Angeboten eine Nacht darüber schlafen soll. So vertröstete ich sie auf den nächsten Tag. Die erste Erfahrung hatte mich vorsichtig werden lassen.

Daraufhin wich ihre Freundlichkeit um ein paar Grad aus dem schönen Gesicht. Sie beherrschte sich dennoch. »Ich setze auf ihre Zustimmung«, so verabschiedete sie sich.

Leider haben wir auf dieses Angebot verzichten müssen, da unsere finanzielle Lage keine Sprünge zuließ.

Für uns hinterließ sie den Eindruck, dass auf der Welle der Beratung noch einige Überraschungen zu erwarten waren.

Manche Beratung ergab sich rein zufällig. Wir besuchten den Markt in Bergisch Gladbach. Dort begegneten wir einem Weinhändler, der mit Losen warb. Erst später stellten wir fest, dass jedes seiner gepriesenen Lose zwei Gewinne hatte. Wir gewannen eine Weinverkostung. Darüber hinaus gewannen wir: »Eine Reise auf den Spuren des Weins!« Das versicherte er uns mit breitem Lächeln.

Mit der Verkostung unterschiedlicher Rebsorten von Weinen nahm er uns mit auf seine Reise durch einen ausführlichen Weinvortrag. Als wir von seiner »Reise« zurückkamen, waren wir um drei Kästchen des goldenen Tröpfchens reicher. In unserem Geldbeutel war etwas weniger. Das wäre ja noch zu verschmerzen gewesen, aber damit begann eine weitere Reise. Diese leitete er mit den freundlichen Worten ein: »Sie waren wunderbare Gäste. Sie haben sich ein Geschenk verdient!«

Ich durchschaute den Verkaufstrick immer noch nicht. Ich gab ihm unsere Adresse. Mit einer dankbaren Gestik schrieb er diese schnell auf. Es vergingen nur wenige Tage. Es klingelte an der Tür. Davor stand freudestrahlend der Herr Vertreter. Er bat um Einlass. Aus seinen großen Taschen zog er einen Kalender. Das war das angekündigte Geschenk. Während der Überreichung der wertvoll dargestellten Gabe versprach er in einem Atemzug neue Gaumenfreuden. Diese habe er bereits mitgebracht. Er stellte seine schweren Taschen ab. Daraufhin füllte er Gläschen mit den neuen Weinsorten. Wir setzten uns. Er hatte im Handumdrehen eine Kundenbindung erreicht.

In regelmäßigen Abständen kam er zu den »Verkostungen«. Er beriet uns fachmännisch, wie er es nannte. Als wir dann später versuchten, die berühmte Reißleine zu ziehen, war es nicht einfach, ihn wieder los zu werden. Schließlich gelang es uns, diese Beratung zu beenden.

Die Lernphase des Einlebens in der westlichen Welt sollte sich noch länger hinziehen. Zahlreiche komplexe Zusammenhänge dieser anderen Gesellschaft waren für mich neu. Oft habe ich meinen Zustand verglichen mit einer Operation am offenen Herzen. Oftmals kannte ich weder die Bedingungen noch die sich ergebenden Konsequenzen. Für mich war viel Neues zu erfahren. Manchmal spielte ich Kenntnisse vor, um nicht unwissend zu erscheinen.

Das klingt theatralisch, ist aber verständlich für eine Zeit des Umbruchs, die ich nun in westlichen Landen erlebte, meines Umbruchs. Vielleicht ist das Wort Umbruch auch nicht so passend. Es war mehr ein Lernen unter anderen Bedingungen – von anderen Lebensmustern.

Diese gerade beschriebenen Versuche der marktwirtschaftlichen Kundensuche, die ich zunächst als Belastung empfand, relativierten sich wieder, je mehr ich selbst in dem System gefangen war. Kunden musste ich für mein kleines Unternehmen selbst akquirieren. Plötzlich wurde der Blick auf die Berater, Vertreter oder Verkäufer ein anderer.

Ich übernahm nun die Rolle der von mir Gescholtenen. Meine bisherigen Vorstellungen wichen pragmatischeren Zwängen.

Alfons erwies sich immer mehr zu einem Helfer in vielerlei Lebensfragen. Er erleichterte uns das Einleben, gab uns viele Hinweise und Ratschläge. Er stand immer auf der Matte, wenn wir ihn brauchten. Wir vertrauten ihm. Für mich war es eine neue Schule des Lebens. Viele Erfahrungen taten auch weh. Diese führten jedoch am schnellsten zu eigenen Veränderungen. Schließlich sind es die eigenen Erfahrungen, die prägend waren. Er sagte dann immer: »Das habe ich dir doch gleich gesagt…«.

Alfons engagierte sich mit einer großen Herzlichkeit für uns. Für mich war er die treue Seele für unsere Familie, wie der Volksmund sagen würde. Ich bewunderte seine logistischen Fähigkeiten. An der Wand hing ein Kalender, in den er alles akribisch eintrug. Die Eintragungen, die er vornahm, ließen die Vermutung zu, dass sein bisheriges Leben irgendwie mit militärischen Dingen zu tun hatte.

Oft drehten sich seine Erzählungen um die Bundeswehr, aus der er aus gesundheitlichen Gründen pensioniert worden sei. Genauere Dinge über seine militärische Laufbahn erzählte er nicht. Ich fragte ihn auch nicht danach. Seine Geschichten ließen die Vermutung zu, dass er mit vertraulichen militärischen Dingen zu tun hatte.

Als wir uns immer besser kennen lernten, sagte er bei Gelegenheit: «Mensch, ich kann froh sein, dass es mit der Einheit so herum gekommen ist. Wenn der kalte Krieg anders geendet hätte, wer weiß, ob ich dann nicht »angeschissen« wäre?«

Er wollte eine Brücke bauen. Ich konnte annehmen, dass er von der aufkeimenden Siegermentalität einiger westdeutscher Gesprächspartner abrücken wollte. Anfänglich habe ich noch säuerlich reagiert, wenn ich als ernsthaft Lernender, wie ein Schulbub betrachtet wurde. Im Laufe der Zeit berührte mich diese einfach gestrickte Haltung nicht mehr empfindlich. Ich musste allerdings damit umgehen lernen.

Die für mich gelungenste Überwindung dieser Situationen, die auch entspannend wirkten, waren humorvolle Reaktionen. Er konnte sich beispielsweise über das kleine Berliner Ratespiel amüsieren: »Nenne mir einen Satz, indem die Wörter

Konzert, Feld und Mütze vorkommen.« Antwort: »Kohn zerrt seine Olle durch den Saal und fällt mit`se«.

Damit waren manche militärischen oder politischen Rückbesinnungen humorvoll bearbeitet. Immer häufiger gewannen geistvolle Sticheleien die Oberhand. Wir lachten viel und gern. Wir nahmen uns auf die Schippe.

Wir hatten unser Rahmenbedingungen im Umgang miteinander abgestimmt. Es öffneten sich familiäre Bindungen, weil diese gerade dafür standen, wie unterschiedliche Lebensmuster zusammenfanden. Jeder redete, wie ihm der Schnabel gewachsen war. Wir sprachen offen über politische, religiöse und kulturelle Erfahrungen, die jeder von uns anders gemacht hatte.

So entstand eine freundschaftliche Beziehung zwischen uns. Vertrauen baute sich ebenso vorsichtig auf, als ob ein Tier sehr vorsichtig einen mit Eis überzogenen Fluss betritt.

Wir haben nicht den Versuch unternommen, den anderen von der Richtigkeit des eigenen Lebensmusters zu überzeugen oder gar den anderen zu verurteilen, sein Muster so gelebt zu haben. So haben wir es gehalten, auch wenn Rückfälle nicht immer vermeidbar waren. Das gehört dazu, wenn Beziehungen entstehen, die für beide Seiten im Ungewissen beginnen, aber schließlich zu Gewissheiten führen.

Beide legten wir mit unseren Partnerinnen viel Wert auf gemeinsame Erlebnisse in der für uns neuen Umgebung. Wir unternahmen unzählige gemeinsame Fahrten durch das Rheinland, das Sauerland, die Eifel, das Bergische Land, den Niederrhein.

Wir lernten im wahrsten Sinn des Wortes die Landschaft und ihre Menschen kennen. Alfons war oftmals der Initiator. Dadurch kamen wir den Lebensbedingungen der Menschen im Westen nahe. Wir erfuhren ihre Geschichten, ihre Erlebnisse, ihre Besonderheiten. Dieses Einleben war für mich von immenser Bedeutung. Das steht ganz oben auf meiner Habenseite eines sicher noch lang dauernden Prozesses des Zurechtfindens im gemeinsamen Deutschland.

Die Sehenswürdigkeiten, die kulinarischen Besonderheiten, das Brauchtum, vor allem die menschlichen Befindlichkeiten des Rheinlandes erschlossen sich uns. Wir erhielten einen neuen, weiteren Horizont im Umgang mit den Menschen im vereinten Deutschland. Das waren Werte, die nicht in Heller und Pfennig zu erfassen waren. Sie haben mich persönlich bereichert.

Diese Erfahrung hat mich auch motiviert, in meinem Job etwas zu leisten. In den zahlreichen Kontakten erfuhr ich vom Ringen um die existentielle Sicherung der Familien. Jetzt stand ich »auf der Matte«. Ich musste den Beweis antreten, dass es im Job voran ging.

Ich kniete mich im wahrsten Sinn des Wortes in die Aufgaben eines Handelsvertreters hinein, der erfolgreich sein wollte. Mein Selbstwertgefühl wuchs weiter. Bärbel und ich erlebten viel Neuland. Darin lag zugleich eine Herausforderung, der wir uns stellten. Es war auch eine Basis für unseren gemeinsamen Lebensweg.

Der Verkauf – eine Wundertüte

Die ersten Schritte in den Verkauf hatte ich bereits getan. Mich erwarteten weitere bisher unbekannte Aufgaben. Mit dem Mut eines Anfängers, der viele Ratschläge erhielt, wollte ich diese meistern. Ich prägte mir ein: »Nur keine Fehler machen!«

Die ersten Weihen des Verlegers hatte ich gerade hinter mir. Einige Produkte des Verlages konnte ich bereits verkaufen. Ich war gut gelaunt, voller Tatendrang.

Vom Verleger erhielt ich die Mitteilung, dass ich weitere Verkaufsmuster abholen könne. Das war für mich ein gutes Zeichen. Ich war mir fast sicher, dass ich nun in die Verkäufergilde aufgenommen wäre. In dem Opel drehte ich das Autoradio laut auf. WDR 2 brachte Karnevalsmusik, die ich mitträllerte. Ich fuhr frohen Mutes, um die neuen Verkaufsmuster abzuholen. Der Verlag befand sich zu dieser Zeit in Dorsten, in der Nähe von Münster. Von Bergisch Gladbach waren ungefähr sechzig Kilometer auf der Autobahn zu fahren. Der Verlag befand sich inmitten anderer Betriebe innerhalb eines Gewerbegebietes. Ein Navigationssystem hatte ich nicht. Ich suchte ziemlich lange das Verlagsschild.

Endlich stand ich vor einem Gebäude, was ich mir viel größer vorgestellt hatte. Ich drückte auf eine Klingel. Nach einer für mich unsagbar langen Zeit hörte ich die Stimme der Sekretärin. Frau B. bediente den Türsummer. Sie rief: »Kommen sie herein, Herr Peplowski!« Sie hatte eine sympathische Stimme. Sie erwies sich später für mich als die Seele des Geschäfts.

Ich betrat erwartungsvoll einen Treppenaufgang, der mit Urkunden, Patentdokumenten, Spielzeug und künstlerischen Exponaten ausgestaltet war. Schließlich gelangte ich in einen Raum, der sich als kleiner Schulungsraum darstellte. Die Exponate, die es offenbar zu verkaufen galt, waren an den Tischen und Wänden drapiert.

In ausladenden Schritten kam der von mir bereits beschriebene Eigner des Verlages auf mich zu. Sein graues Haar trug er wie ich es auf einem bekannten Bild Albert Einsteins gesehen hatte.

»Er wird ein paar Jahre älter sein«, dachte ich. Er reichte mir freundlich seine Hand. Danach breitete er seine Arme aus:»Sie wollen also bei uns richtig anfangen?« Mir schoss es durch den Kopf, ob er noch daran zweifelte? Dann legte er schon los, dass mir alle weiteren Zweifel ausblieben: »Kommen sie, ich zeige ihnen etwas ganz Neues!« In fast schon liebenswürdiger Art fuhr er fort: »Sie konnten sich ja schon in den Schulen umsehen. Wie ich an den Umsätzen sehe, sind sie schon ganz erfolgreich. Jetzt erhalten sie die gesamte Kollektion. Nun legen sie richtig los!«

Mit dem »Gedöns« hatte ich angefangen. Ich stammelte meine ersten kleinen Erfahrungen im Verkauf hervor. Dabei vergaß ich nicht, gerade diese Produkte zu loben. Mein bescheiden angelerntes Wissen über die Reformpädagogen, versuchte ich mit einzuflechten.

Ein väterliches Lächeln umspielte sein Gesicht. Ich erfasste schnell, dass die Zeit meines Einarbeitens aus seiner Sicht beendet wäre. Mit bestimmender Stimme sagte er: »Sie erhalten alles, sie können das!« »Richtig, ich wollte ihnen etwas Neues zeigen«, unterbrach er mich bei meinem Versuch, auf meine noch vorhandenen Verkaufsprobleme hinzuweisen. »Kommen sie, wir machen eine kleine Reise durch meinen Verlag«, erklärte er

Seine Gestik und Mimik waren auf die Produkte konzentriert. Seine Hände glitten über die von ihm entwickelten Materialien. Nein, sie streichelten diese förmlich. Er war sichtlich verliebt in seine Produkte.

Fast beiläufig markierte er die ihm vorschwebenden Verkaufsziele: »Schauen sie, hiervon verkaufen sie doch locker dreißig Stück für eine Schulklasse. Dann braucht eine Lerngruppe davon zehn. Wenn in einer dreizügigen Schule …!« Mir schwirrten die Zahlen, die Summen von Umsätzen oder gar die zu erreichenden Provisionen durch den Kopf.

Schließlich zitierte er noch einen seiner besten Verkäufer: »Der Herr P. aus Bayern hat in diesem Monat so um die 50.000 DM Umsatz gemacht. Das ist doch ein schönes Ergebnis!« Mit einem Brustton der Überzeugung schloss er: »Das ist bei ihnen auch drin!« Dann richtete sich sein Blick wieder auf seine Produkte.

»Sehen sie nur diese schönen Produkte. Wir sind der Mercedes unter den Unterrichtsmittelherstellern! Wir wollen Schule verändern! Machen sie mit!«

Mit zielgerichteten Handgriffen zeigte er, wie man wirksam seine Produkte verkaufen kann. Dabei fuhr er mit Holzplättchen hin und her, erklärte dabei das Kommunikativgesetz. Er fügte gerade und ungerade Zahlenreihen zusammen, addierte, multiplizierte oder dividierte. Er klärte mich über die unterschiedlichen Verfahren bei der Subtraktion auf. Ich war fasziniert.

»Jetzt zeige ich ihnen noch schnell, wie man ein Verkaufsgespräch führt!« Er griff einen Stoß Papier: »Hier habe ich ihnen alles aufgeschrieben. Das lesen sie sich zu Hause durch!«

Mit einem viel sagendem Lächeln fügte er an: »Dann haben sie ja noch ihre Frau, die macht das schon prima.«

Mit der Schnelligkeit, mit der er mir entgegenkam, schritt er auch wieder davon. Sein sicheres Auftreten ergab keinen Zweifel, dass ich offensichtlich gerade einen erfolgreichen Verleger kennen gelernt hatte.

Nun stand ich da mit meinem Latein. Der zu erhoffende materielle Gewinn schwirrte mir im Kopf herum. Fast berauscht, schon etwas taumelig gestand ich mir leise ein: »Jetzt bin ich nicht nur in der Marktwirtschaft angekommen – ich bin mittendrin!«

Mit einer herbeieilenden Kollegin des Verlages belud ich mein Auto. Schließlich war es vollgeladen. Die schweren Holzteile, Karten, Schiffchen, Hundertertafeln, Tausendertafeln, Öko-Boxen, Rechenketten, Lernspiele und Verkaufsblöcke stapelten sich im Opel Vectra über- und durcheinander.

Es waren alles Materialien, um Grundschülern in ihrem Lernvorgang eine Stütze zu geben.

Ich solle nicht scharf bremsen, sonst würden mich die Teile erschlagen, war der kluge Hinweis eines Mitarbeiters des Verlages, den er mir noch mit einem süffisanten Lächeln zurief. »Na, prima!« dachte ich, »jetzt geht es los!« Ich konnte nicht ahnen, dass hier bereits ein Stolperstein meiner beginnenden Verkaufstätigkeit schlummerte. Ich übersah, dass das Stapeln gelernt sein wollte. Beim Auspacken rächte sich mein unüberlegtes Tun.

Mit viel Elan sowie mit einem bis unter die Decke bepacktem Auto fuhr ich an die nächstliegende Schule. Vor meiner Anreise hatte ich den Termin mit der Schulleiterin abgesprochen. Glänzend vom Verleger eingestimmt, mit der Überzeugung, dass die Lehrerinnen bereits auf meine neuen Produkte «scharf» waren, war ich mir meiner Sache sicher: »Heute verkaufe ich so, wie der Verleger es dargelegt hatte!«

Nicht, dass ich einen »roten Teppich« erwartete, aber so ähnlich stellte ich mir den Empfang in der Schule vor. Ich kam zu einem Konferenztermin um 13.30 Uhr in der Mainzer Straße in Köln gerade so rechtzeitig an. Das war sehr knapp, weil ich auf dem Kölner Ring, der Autobahn um Köln, im Stau gestanden hatte. Mir lief der Angstschweiß den Rücken herunter.

Bei meiner Anfahrt in Richtung der Stadt Köln entglitten mir mehrmals meine Gesichtszüge. Die Karte mit dem Zielort der besagten Schule lag auf meinen Knien. Mit der einen Hand lenkte ich das Auto, mit der anderen Hand blätterte ich nervös in dieser noch nicht voll entfalteten Karte, die mir dabei immer wieder von den Knien rutschte. Diese Falk-Karten wurden mir empfohlen. Beim Kauf hatte ich nicht den Umstand bedacht, dass dieser Verlag bei der Herstellung offensichtlich ein Faltsystem verwendete, welches höchste Ansprüche an die Fingerfertigkeiten des Suchenden stellte. Ich kämpfte also mit der Karte auf meinen Knien mit diesen Faltungen. Ich verzweifelte. Schließlich landete sie auf dem Boden des Autos. Ich war etwas orientierungslos und hilflos. Ich befand mich im fließenden Verkehr auf der Autobahn. Meine Bewegungen müssen so ausgesehen haben wie die eines Menschen, dem eine Maus in die Hosenbeine gefahren war. Die mich überholenden Verkehrsteilnehmer zeigten mir den Vogel. Ich war wütend.

Nun war aber noch der Verkehr um mich herum zu beachten. Ich fuhr auf das vor mir befindliche Stauende zu. Dazu bedurfte es der Schaltung des Autogetriebes. Um das bewerkstelligen zu können, brauchte ich meine zweite Hand. Mehr als ein Auge auf die sich auflösende Karte zu werfen, blieb mir nicht übrig. Den am Boden befindlichen Kartenhaufen strafte ich mit Verachtung.

Die biologischen Tatbestände konnte auch ich nicht außer Acht lassen. Ich konzentrierte mich wieder auf den Verkehr. Was wiederum die Frage unbeantwortet lies, wohin musste ich eigentlich fahren? Welche Abfahrt musste ich nehmen, um zur Schule zu kommen? Meine innere Stimme sagte mir: »Halt an!« Das Anhalten auf einer dreispurigen Autobahn bei fließendem Verkehr war leichter gesagt als getan. Ich fuhr den Kölner Ring ab, bis ich endlich eine Rastbucht entdeckte. Dort hielt ich schließlich an. Nun war nur noch die kleine Frage zu beantworten: »Wo bin ich?

Zu meinem Glück befragte ich dann einen Mitleidenden. Ich konnte so wenigstens meinen Standort erfahren. Noch immer wütend wickelte ich den verwickelten Falk auseinander.

Schließlich fand ich mein Ziel. Über meine beinahe europameisterlichen Fähigkeiten im Orientierungslauf in meiner Jugend möchte ich allerdings an dieser Stelle lieber schweigen.

Im Schweiße meines Angesichts lernte ich schnell Arbeitsabläufe kennen, die ich bisher unterschätzt hatte. Heute würde man sagen, das gehöre zum Einmaleins der im Außendienst Tätigen dazu. Leider standen diese Fähigkeiten in keinem Anfängerbuch. Sie gehörten aber zur Grundausstattung. Es sollten noch viele solche Erfahrungen folgen.

Später bewältigte ich den Verkehr besser, weil ich mir die Straßensituation am Vorabend eingeprägt hatte. Nur bei jähen Wendungen, die es im Verkehr auf dem Kölner Ring immer wieder gab, war ich auf den Falk-Knie-Akt angewiesen. Solche Situationen lösten dann nicht mehr einen Schweißausbruch aus. Ich hatte mich daran gewöhnt. Die Gelassenheit nahm zu.

Trotz dieses Vorfalls waren meine Erwartungen an meinen so freudig begonnenen Verkaufstag hoch. Ich wollte meine Stimmung nicht von den Autostaueinlagen trüben lassen. Hoch motiviert stand ich mit erwartungsfroher Mine vor dem Lehrerzimmer meiner ersten Zielschule. Ich hatte in meinen Vorstellungen die Hoffnung, dass mich die Schulleiterin empfängt. Hier unterlag ich einem weiteren Irrtum.

Sie beauftragte den Hausmeister mir ein Zimmer zuzuweisen, wo ich meine Materialien ausstellen könnte. Die Lehrerinnen, so sie Lust hätten, sollten sich es dann anschauen. »Hoffentlich haben sie Lust«, dachte ich noch schelmisch.

Ach, ja, der Hausmeister wird mir helfen. Der erklärte aber im rheinischen Dialekt, sodass ich ihn kaum verstand: »Ich habe es im Rücken. Ich kann ihnen nicht helfen!« So war der nächste Irrtum auf meiner Seite schon programmiert.

Das vollgeladene Auto hatte ich vor der Schule geparkt. Ich wollte gerade anfangen, die Muster auszupacken. In diesem Moment kam eine flotte Kölner Politesse mit einem Blöckchen auf mich zu. Sie erklärte in einer bestechenden rheinischen Freundlichkeit, dass sie mir gerade ein Knöllchen verpasst habe. »Sie stehen mit ihrem Auto vor der Schule. Hier ist Parkverbot! Das Wort Verbot ist ihnen doch geläufig? Wenn nicht, dann helfe ich ihnen auf die Sprünge!«

Ich wollte ihr erklären, dass ich ausladend tätig sei. Diese Ausrede kenne sie schon: »Lassen sie sich mal eine bessere einfallen!« Dann warf sie einen Blick auf mein überladenes Auto: »Was ist denn das für ein Kramladen? Dann noch ein Berliner!?« Ich hatte noch eine Berliner Nummer am Auto. Mit der Handfläche nach innen fuhr sie sich am Gesicht hin und her. Sie imitierte einen Scheibenwischer. »Sie können froh sein, dass ich ihnen nur 15 DM berechne. Der Überweisungsträger befindet sich hinter dem Scheibenwischer! Nun machen sie schon. Verschwinden sie, aber plötzlich!«

Jetzt kam der Hausmeister in langsamen Schritten aus seiner Hausmeisterkombüse. Er schloss mir mit ebensolcher Ruhe das Tor auf. Ich war erregt. Ich hatte inzwischen so einen »Hals«. Dabei zeigten meine Fingerspitzen an meinen Unterkiefer, die Handballen an mein Schlüsselbein. Ich deutete damit meinen aus Wut sich vergrößernden Hals an. Das machte auf ihn keinen Eindruck.

Er hatte dagegen noch den sinnigen Spruch mit der Ruhe und der Kraft auf den Lippen. Das klang dann im Kölschen Dialekt ungefähr so: »Et kütt, wie et kütt!« Er schaute belustigend der Politesse hinterher: »Hat sie nicht ein schönes Fahrgestell?« Ich hätte ihn am liebsten in der Luft zerrissen.

Nach diesen kleinen Einlagen konnte ich auf den Schulhof fahren. Ich lud alles aus, was ich vom Verlag in meinem Auto gestapelt hatte. Da mir der Überblick über die Zugehörigkeit der Kasten, Kästchen, Tafeln, Täfelchen, Ordner und Kettchen fehlte, die ja ungeordnet im Auto lagen, überfiel mich eine Ratlosigkeit. Ärgerlich über mich grummelte ich: »Alles muss raus!« Wie bei einem Sommerschlussverkauf stellte ich meine Exponate in einem Klassenzimmer zunächst wahllos hintereinander, meiner Entladungsreihenfolge gemäß. Anhand der mir in Erinnerung kommenden Zugehörigkeiten, gelang mir etwas mehr Einsicht. So war ich emsig damit beschäftigt, eine gewisse Ordnung herzustellen. Diese entsprach aber weder pädagogischen noch kaufmännischen Regeln.

Einige Lehrerinnen kamen zögerlich vorbei. Sie stellten erfreut fest, dass der Spectra Verlag tolle Sachen habe. Ich blickte erfreut. Dann kam allerdings eine weitere Aussage, die meinen freundlichen Blick wieder in Falten legte. »Aber die sind einfach zu teuer«, stellten sie einhellig fest. Ihre Feststellung kam reflexartig. Ich muss offensichtlich so bedeppert geschaut haben, dass sie anfügten, dass Qualität ihren Preis habe. Das hat nun mich wieder etwas positiver gestimmt. Dann schlossen sie den für mich erfreulichen Satz an: »Wir fragen erst einmal unsere Chefin, ob noch Mittel (sie meinten Gelder) vorhanden sind.« Es folgte dann: »Unser Etat ist gekürzt!« Ich erinnerte mich an die zielführenden Worte des Verlegers: »Sie müssen sich im Verkauf nicht von diesen wegführenden Worten beeinflussen lassen!« Damit wollte er darauf verweisen, dass selbst in den fast aussichtslos erscheinenden Situationen der Verweis auf den Bestellschein zum Erfolg führen kann. »Herr Peplowski, bringen sie es immer auf den Punkt!«

Ich hatte den Bestellschein parat liegen. Ich wartete geduldig auf die Schulleiterin, die nicht kam. So stand ich unverrichteter Dinge da, wie hingestellt und nicht abgeholt. Sollte ich nun warten? Die Konferenz war für zwei Stunden festgeschrieben, wie ich es aus der Einladung entnahm, die an der Lehrerzimmertür hing.

Ich wartete tatsächlich, aus Anfängerhoffnungen heraus. Weil die Tür zum Lehrerzimmer etwas offen stand, hörte ich, womit sich die so wichtige Konferenz beschäftigte. Es ging um Kostüme für den Kinderfaschingsumzug im Wohngebiet, im Veedel, wie es hier hieß. Mir entglitten die Gesichtszüge, ob der so wichtigen pädagogischen Grundsatzdiskussion.

Es fiel mir zu diesem Zeitpunkt schwer zu begreifen, welche große Bedeutung in Köln der Karneval hatte. Es gab schließlich Wettbewerbe der Schulen, die es zu gewinnen galt. Daran hingen wieder Fördermittel. Sponsoren schütteten ihre Gelder aus. Die Sieger des Karnevalumzuges der Schulen erhielten besonders großzügig Gelder. Die Schulen beschäftigten sich wochenlang mit der Vorbereitung der Umzüge. Die Eltern waren ebenso einbezogen wie die Schüler. Eine ganze Stadt war in dieser Zeit des Karnevals wie von einem Virus infiziert. Aber alle diese Verflechtungen von Schule mit der Traditionspflege wurden mir erst später bewusst. Selbst die Höhen meiner eigenen Umsätze hingen vom Ausgang der Wettbewerbe ab. Das sollte einer wie ich in der Schnelligkeit mitbekommen? Ich musste es.

Zu diesem Zeitpunkt war ich verärgert. Ich konnte es nicht fassen, hier so stehengelassen zu werden. Vor allem war mir die Begründung bis dahin unverständlich. Ich wartete schließlich zwei Stunden vor der Lehrerzimmertür. Als die Schulleiterin dann heraustrat, war sie fast fassungslos, dass ich immer noch da stand.

Das hätte sie nicht erwartet. Sie entschuldigte sich gleich, aber die wichtige Konferenz war der Grund. Ich konnte immer noch nicht erkennen, dass das wichtig sei. Ich war aber sehr freundlich begrüßt worden, immerhin.

Sie ging mit mir in das Klassenzimmer, wo immer noch meine kleine Ausstellung stand. Dann fragte sie mich, was sich denn die Kolleginnen gewünscht hätten. Ich sagte ihr die Wahrheit, beschränkte mich auf tatsächlich vorgetragene Wünsche. Da sie einen Überblick über die gekauften Unterrichtsmittel im Kopf hatte, worüber ich sehr erstaunt war, löste sie eine Reihe von Bestellungen aus. Ich konnte gar nicht so schnell schreiben. Meine Stimmung schlug in Freude um. Es lohnte sich, zu warten, Geduld zu haben.

Frau L., meine erste Kundin, lud mich dann zu einer Tasse Kaffee ein. Wir kamen ins Gespräch über die Kölner Schulen. Sie gab mir so viele Ratschläge, dass mir der Kopf trieselte. Darunter waren solche wichtigen Erfahrungen, worin z.B. die verschiedenen Möglichkeiten einer Schule bestehen, für gute Lernmaterialien Geld zu erhalten. Wir konzipierten noch an diesem Nachmittag eine Satzung für Fördervereine. Ich lernte die große Bedeutung der Kölner Traditionspflege kennen. Sie nannte mir Ansprechpartner in den Verwaltungen. Wir planten Schulmessen, wo ich Materialien des Verlages präsentieren konnte.

Sie lud mich zu Schulpflegschaftsberatungen ein. Dort konnte ich den Eltern Lernspiele vorstellen. Spät abends lud ich das Auto mit den Unterrichtsmitteln wieder ein. Ich hatte den für mich erfolgreichsten Tag meiner jungen Verkäuferkarriere erlebt. Im wahrsten Sinn des Wortes kam ich voll bepackt zu Hause an. Ich hatte die erste Unterrichtsstunde im Fach »Verkaufen« erhalten. Mir lief der Schweiß den Hals herab. Ich war aber glücklich. Von diesem Tag an war mir bewusst, dass das Verkaufen jeden Tag eine neue Überraschung bereithalten kann.

In den folgenden Wochen kniete ich mich in die Verkaufsgespräche. Ich dachte mir Packstrategien für das Auto aus. Immer wieder bewegte mich die Frage: «Wie komme ich zu den Terminen mit den Schulen?« In der freien Zeit frischte ich meine pädagogischen Kenntnisse auf. Mit Bärbel hatte ich eine sachkundige und verständnisvolle Partnerin.

Die Inhalte der pädagogischen Arbeit in der Grundschule musste ich mir erschließen. Auf dieser Grundlage entwickelten wir Verkaufskonzepte. Ich erfuhr in den Schulen, dass es nicht darauf ankam, kleine Teile zu verkaufen, sondern die Zusammenhänge der Produktpalette herzustellen. Schließlich kam es darauf an, sinnvolle Konzepte den Lehrerinnen vorzustellen, die ihnen halfen, ihre Bildungsprobleme zu lösen. Das waren für mich neue Herausforderungen.[122] Täglich sollte ich meine Freundlichkeit anderen Menschen gegenüber zeigen. Das fiel mir nicht immer leicht. Wie kann ich das üben? Konnte ich das überhaupt üben?

Mit einer bewussten Körpersprache könnte man positiv wirken. Konnte ich mir vor dem Spiegel Gestik und Mimik dauerhaft einprägen? Die vom Verleger vorgelegten Verkaufsargumente konnte ich doch nicht nachplappern? Auf mich zugeschnittene Argumentationen müsste ich selbst entwickeln.

Die besten Argumente für den Verkauf kamen von guten Lehrerinnen. Hinhören und zuhören, wie sie unsere Produkte bewerteten, vielleicht half das? Wie sollte ich auf kritische oder gar auf provokative Meinungen reagieren? Gute Laune zu verbreiten war mit Humor verbunden. Wie konnte ich den rüberbringen?

Beim Verkauf war es förderlich, wenn man ein bisschen flirtete, charmant mit den Kundinnen umging, da es sich vor allem um Lehrerinnen handelte. Auch hier war die differenziert einzusetzende Dosis vom Gespür für die Situation abhängig. Entscheidend war immer, wie es gelang, ein Vertrauensverhältnis kontinuierlich und andauernd zu entwickeln.

Die materiellen Bedingungen an den Schulen zu erkunden, war ein schwieriges Unternehmen. Wie konnte ich bei der Suche nach finanziellen Mitteln für die Ausgestaltung der Schule mit Lehr- und Lernmitteln den Schulleiterinnen helfen?

Die Aufzählung könnte jeder weiterführen, der im Außendienst tätig war.

Verkaufen war für mich zu einem komplexen Prozess geworden. Eine situative Intelligenz war gefordert. Ich habe am eigenen Leib in fast zwanzig Jahren Verkaufstätigkeit Häme und Respekt gespürt. Die Gewichte für den Respekt wurden von Jahr zu Jahr auf meiner Waage des Glücks immer mehr.

Bei all dem Erfahrenen war das plötzlich Auftretende, das Unvorhergesehene die Würze in der Suppe. Das hatte mich besonders angeregt oder gar beglückt. Das machte die Lust sowie die Freude an der Selbstständigkeit aus.

Eines Tages erhielt ich den Anruf von Frau E., der Mutter zweier Kinder in der Schule in Köln Zollstock. Das ist ein Viertel, indem die Kölner Oberschicht lebt. Das Telefonat war kurz: »Ich hörte, dass sie brauchbares Unterrichtsmaterial verkaufen?« Ich stimmte ihr zu. Bis dahin glaubte ich, dass es prima sei, wenn sich eine Mutter so für die Schule interessierte. Im Laufe des Gesprächs schlug ich vor, dass ich ihr einen Katalog zuschicken könnte. Darauf sagte sie in einem durchaus dominanten Ton:« Das meine ich nicht! Ich lasse mich von ihnen nicht mit einem Katalog abspeisen! Wissen sie überhaupt, wer ich bin? Ich bin die Frau E.«

Was wusste ich, wer Frau E. war. Um mit ihr weiter im Gespräch zu bleiben, versuchte ich nun, über einige Produkte zu sprechen. Da unterbrach sie mich schroff: »Ich erwarte sie Morgen um Punkt 15 Uhr in meinem Anwesen!« Dann fügte sie etwas charmanter hinzu, dass ich alle Unterrichtsmittel, die der Verlag führe, ihr vorstellen möge. »Seien sie pünktlich«, war ihre wiederholende Aufforderung. Danach nannte sie mir ihre Adresse.

Am nächsten Tag fuhr ich frohen Mutes zu der Dame. Ich landete vor einem Tor. Von beiden Seiten der Einfahrt waren Kameras auf mich gerichtet. Ich verließ mein Auto. In eine in Augenhöhe befindliche Sprechanlage sprach ich sehr höflich meine Begrüßungsworte.

Ich wartete einige Minuten. Als ich mich umdrehen wollte, rief eine klare Stimme: »Herr Dr. Peplowski, ich lasse bitten!«

Ich stammelte noch, dass ich es sei. In diesem Moment öffnete sich automatisch das Tor. Ich beeilte mich mit dem Einsteigen in mein Auto. Das musste ich auch. Als ich den Motor anließ, ging das Tor schon wieder zu. Also gab ich Gas. Dadurch fuhr ich doch hastig auf ihren Vorhof. Dieser war durch eine Freitreppe begrenzt. An dieser stoppte ich etwas forsch. Das hatte zur Folge, dass mir die eingeladenen Materialien beinahe in mein Kreuz gefahren wären.

Auf der oberen Stufe der Freitreppe stand die Dame. Sie trug einen Poncho. Ihre blond gefärbten Haare ließen keine Altersschätzung zu. Ihre Anweisungen nahmen meine ganze Aufmerksamkeit gefangen. In einem befehlsartigen Ton, den sie mit gestikulierenden Armen unterstrich, rief sie: »Sie bringen alle ihre Unterrichtsmittel in die Schulstube. In zwanzig Minuten zeigen sie mir jedes Produkt.«

Sie hob ihre Stimme noch weiter an: »Ziehen sie ihre Schuhe im Haus aus!«

Ich kam mir vor wie in dem russischen Film, indem Katharina die Große die Kammerdiener auf einer Freitreppe vor dem Zarenpalast empfing. Es fehlte nur noch meine ergebene Verbeugung.

Diese konnte ich gar nicht erbringen, weil ich nun mit der Schlepperei der Unterrichtsmittel beschäftigt war. Mir lief der Schweiß herunter. Meine freundliche Mine veränderte sich. Die Treppen waren steil. Sie vermittelten den Anschein, dass der Architekt offenbar keine schleppenden Menschen im Auge gehabt hatte, als er diesen Aufstieg konstruierte. Das besagte Schulzimmer lag im oberen Stock. Es umfasste eine komplette Etage. Ich durchschritt, besser, ich durchschleppte auf Socken die untere Empfangshalle, um mich an einer Spiegelempore in die obere Etage zu quälen.

Im Schulzimmer baute ich alles in der gebotenen Eile auf. Ich erwartete mit durchschwitztem Anzug die Dame. Diese erschien auch pünktlich. Sie sah prüfend an mir herunter. Sie stellte erheiternd fest, dass ich auf Socken vor ihr stand. Mit einem einweisenden Ton wies sie an, dass ich doch die Pantoffeln anziehen könne, die am Eingang parat stünden. Ich ging wieder herunter. Unten schlüpfte ich in die bereitgestellten Pantoffeln, die ich während des Schleppens offensichtlich übersehen hatte. Ich kam in Pantoffeln in die Schulstube zurück. Man konnte sich ungefähr meine Laune vorstellen, die durch ihren preußischen Ton entstanden war. Sie stellte sich vor mich in Positur. Es erfolgte ein Vortrag über ihre herausragenden pädagogischen Fähigkeiten: »Ich muss jeden Nachmittag mit meinen Kindern lernen. Die Schule ist nicht in der Lage, meinen Kindern etwas Gescheites beizubringen!«

Im Hintergrund hörte ich ein Klavier klimpern. Sie merkte, dass ich von ihrem Vortrag abgelenkt war. Daraufhin erklärte Frau E., dass sie darüber hinaus für ihre Kinder Klavierunterricht organisiert hätte. »Eine hervorragende Pianistin übt gegenwärtig mit ihnen!« Ich ließ mich weiter von dem jämmerlichen Gespiel ablenken.

Das veranlasste sie nun wiederum noch etwas lauter darauf hinzuweisen, dass sie einen modernen Unterricht führen würde. Ich tat, als ob ich daran keine Zweifel hätte. Mit ihren hochhackigen Schuhen schritt sie das Schulzimmer ab. Dabei dozierte sie weiter, dass für ihren modernen Unterricht selbstredend die besten Unterrichtsmittel gerade richtig seien. Sie habe sich unter Fachleuten erkundigt. Sie sei zu dem Ergebnis gekommen, dass es die Unterrichtsmittel des von mir vertretenen Verlages seien. Sie fügte noch hinzu: »Das ist das Beste, was es auf dem Markt gibt!« Ich nutzte ihre Atempause zu einem deutlichen Kopfnicken.

Angeregt durch ihre dargebotene Überheblichkeit, machte ich einen kleinen Fehler. Ich konnte meine väterlichen Mitleidsgefühle für die Kinder nicht durch meinen Gesichtsausdruck verbergen. Darüber hinaus versuchte ich ihr kurz zu erklären, dass es den Kindern sicher schwer fallen würde, nach dem Unterricht in der Schule nun wieder mit Unterrichtsmitteln in Berührung zu kommen. Ich verstünde Hausaufgaben nicht als erneute Unterrichtsstunde.

Darauf sagte sie: »Als Händler verstehen sie sowieso nichts von Pädagogik!« Das ergänzte sie noch mit der Bemerkung: »Ihren Doktor haben sie sicher in der Chemiebranche gemacht. In den Bayerwerken in Leverkusen sind erst kürzlich viele entlassen worden.« Süffisant wollte sie mich erheitern:» Immerhin sind sie ja durch einen gewissen Intelligenzgrad prädestiniert. Das trifft man üblicherweise bei Händlern sehr selten an!«

Sie unterbrach mit ihren Bemerkungen nahezu jeden Hinweis, den ich spärlich einbaute, um wenigsten ihr zu sagen, wie man mit den Unterrichtsmitteln arbeiten könne.

Das veranlasste mich, ihr in einer fließbandartigen Schnelle die Produkte zu zeigen. Sie kürzte meine Vorstellung mit der Bemerkung ab: »Ich kaufe alles einmal!« Es umfasste damals einen Gesamtwert von 15.000 DM. Ich konnte gar nicht so schnell erfassen, was sie da wollte. Sie merkte das offensichtlich: »Wissen sie, ich habe den Scheck bereits vorbereitet!« Ich wollte schon frohlocken. Dann fügte sie in schnell gesprochenen Sätzen an: »Machen sie mir eine Spendenerklärung fertig. Sie wissen schon, wegen des steuerlichen Absetzens. Nach vier Jahren kann die Grundschule das dann abholen. Sie verstehen, ich brauche das dann nicht mehr.« Immer langsam, eines nach dem anderen. Die rechtlichen Möglichkeiten so eines Spendenansinnens hatte ich noch nicht in meinem kurzen praktischen Verkauf erfahren. Sie merkte mein zögerliches Verhalten. »Wie bekomme ich den Verkauf unter Dach und Fach«. Dazu rief ich die Grundschule an. Die Schulleiterin erklärte, dass man nach vier Jahren über ein Spendenansinnen reden könne. Am Telefon verständigten wir uns über weitere Absprachen.

Das trug ich der Dame vor, die sehr entsetzt reagierte. Ich sah schon alle Felle wegschwimmen. Mit einer Geste, die andeutete, dass sie keiner verstünde, unterschrieb sie dann dennoch den Scheck.

Schließlich gelang der Verkauf. In meiner kurzen Verkäuferkarriere hatte ich das bis dahin erste größere Geschäft gemacht. Ein schaler Beigeschmack blieb aber doch. Danach erkundigte ich mich bei der Schulleiterin über die Dame. Sie schlug die Hände über dem Kopf zusammen, als sie erfuhr, was ihre Millionärin, wie sie sie nannte, ihren Kindern zumutete. Die Kinder hatten schon in der Schule erzählt mit welchen Methoden ihre Mutter sie bezaubere.

Vielfältige Wege beim Erzielen von Umsatz oder Provision lernte ich kennen. Manchmal zerbröselten pädagogische Grundsätze, wenn persönlicher Ehrgeiz im Spiel war.

Oft spürte ich schon beim Betreten eines Schulhauses, dass mich ein freundliches Lehrerkollegium erwartete. Ich war überrascht, wie engagiert Lehrer mit den Schülern umgehen konnten. Ich spürte diese Herzlichkeit in der Atmosphäre, die mir begegnete. Erfreulich, wenn auch weniger finanziell bereichernd, sind dann solche Momente des Verkaufs, wo Verkaufen zur anspruchsvollen Theatervorstellung wird, wie ich es in der Kölner Schule in der Trierer Straße erlebte.

Ich hatte einen Termin beim Schulleiter Herrn B. Ich stand pünktlich mit meinen Unterrichtsmitteln an seiner Lehrerzimmertür. Herr B. war nicht da.

Plötzlich rief eine Stimme aus dem Klassenzimmer: «Herr Vertreter, bitte eintreten!«.

Ich betrat durch eine offene Tür das Klassenzimmer einer 4. Klasse. Alle Klassenzimmertüren der Schule standen während des Unterrichts offen. Hier herrschte Ruhe. Vielleicht könnte man es als Lernatmosphäre beschreiben. Als ich im Klassenzimmer stand, drehten sich alle zu mir um. Die Schüler spendeten Beifall. Ich war überrascht. Herr B. begrüßte mich herzlich. Er stellte mich vor. Er informierte die Schüler, dass ich ein Vertreter sei. Dann fragte er die Schüler, was sie sich darunter vorstellen würden. Die meisten von ihnen konnten sich nichts darunter vorstellen. Herr B. schlug vor, dass wir ein Rollenspiel machen könnten, wenn ich einverstanden wäre. Ich war einverstanden. Herr B. übernahm die Rolle des Vertreters. Ich übernahm die Rolle des Lehrers. Das Rollenspiel begann.

Die Schüler spielten mit großer Freude wunderbar mit. Er stellte mit viel Engagement die Unterrichtsmittel des Verlages den Schülern und ihrem Lehrer vor.

Ich fragte die Schüler, ob sie nicht noch besser lernen würden, wenn sie die Unterrichtsmittel hätten, die ihnen gerade Herr B. als Vertreter vorstellte. Ich erhielt eine große Zustimmung. Nach kurzer Zeit hatte ich alle Schüler davon überzeugt, dass die Schule diese kaufen müsse.

Herr B. stellte fest, dass er seine Rolle gut gespielt habe. Ich stellte fest, dass auch mein Rollenspiel nicht schlecht war. Die Schüler bestellten beim Vertreter, Herrn B. Unterrichtsmittel.

Als eine bestimmte Summe überschritten war, kollidierten die Wünsche der Schüler und ihres Lehrers mit den finanziellen Möglichkeiten der Schule. Ich hatte als »Lehrer« ein großes Interesse, möglichst viele Unterrichtsmaterialien für »meine Schule« zu erhalten. »Meine Schüler« waren hoch motiviert, möglichst viel zu bestellen.

Nun hätte sich ja der Herr B. als Vertreter freuen müssen wegen seiner wachsenden Provision. Nun kippte die Veranstaltung, weil der Vertreter, Herr B. seine eigene Umsatzentwicklung bremsen musste. Das war der Wirklichkeit wesensfremd.

Es meldete sich ein Schüler. Er fände die Aufführung zwar ganz toll, aber er müsse einmal dringend. Dann rief er aus: »Herr Vertreter, es hat bereits geklingelt!«

Das war für Herrn B. das erlösende Zeichen, um die Theaterveranstaltung zu beenden. Zu seiner Ehre muss ich sagen, dass er die meisten Bestellungen ausgelöst hat. Er bat mich noch einmal in das Direktorenzimmer.

Herr B. fragte mich, ob ich nicht am nächsten Mittwoch in sein Theater in Zollstock kommen würde. Wenn ich Spaß hätte, könnte ich gleich als Laiendarsteller in seinem Stück »Herr Loriot kommt« mitspielen. Ich sollte es mir doch wenigstens ansehen.

An diesem Abend erlebte ich eine wunderbare Laienspielgruppe. Die Familie des Herrn B. spielte mit einer Leidenschaft kleine Theaterstücke. Dabei stand das Improvisieren im Mittelpunkt. Die Zuschauer wurden mit einbezogen, sodass man nicht immer erkannte, wer der Laienspieler war. Spielfreude mischte sich mit geistvollen Ideen, die aus dem Spiel kamen. Herr B. erwies sich als geschickter Förderer dieser für mich so beeindruckenden Kleinkunst. Ich war begeistert. Da wollte ich unbedingt mitspielen. An diesem ersten Abend übernahm ich die Rolle des Herrn Lindemann aus Loriots Lottosketch. Ich hatte selbst so viel Spaß daran, dass ich vor Lachen kaum den Text sprechen konnte. Ich hatte das Gefühl, hier etwas tun zu können, was ich schon lange in mir spürte.

Vor allem war es die Situationskomik, die mich immer wieder inspirierte. Ich hatte mir geschworen, in dem kleinen Theater mitzuwirken.

Leider wurde der Herr B. krank. Sein Projekt starb.

Etwas hatte Herr B. vielleicht bei mir freigelegt, das war meine heimliche Liebe zur Schauspielerei.

Einen weiteren Lehrer mit viel Engagement sowie Herz für die Schüler lernte ich kennen. Jupp A. entwickelte für den Verlag das Stellenwertregal. Das klang zunächst wie eine Schreinerleistung. Er baute ein kleines Regal, in dem die Einer, Zehner, Hunderter und Tausenderstellen als Regal konstruiert waren. Die Schüler konnten die entsprechenden Rechenoperationen mit Klötzchen legen. Sie sollten konkretes Handeln lernen. Für ihn war der Einstieg in die Mathematik etwas Konkretes. Die Schüler sollten etwas begreifen können. Solche Ausnahmepädagogen hatten es nicht immer leicht, ihre Ideen umzusetzen.

Auf den ersten Blick erschienen manche Wege sehr verschlungen. In ihnen steckte so viel Liebe zu den Kindern. Es war ein Suchen nach erfolgversprechenden Wegen, das nicht immer auf Resonanz stieß. Ich fand in ihrem Mühen etwas Bemerkenswertes. Sie waren anders als jene, die den Unterricht mit Mühe und Not absolvierten

In der Nähe des Kölner Rings ist eine Schule, in die ich gern fuhr. Das Lehrerkollegium tüftelte an Unterrichtskonzepten, um die Kinder noch besser individuell zu entwickeln. Diese Schule hatte zahlreiche Schüler, deren Eltern Ausländer waren. Es wurde für jedes Kind ein Plan der Förderung erarbeitet. Für jedes Kind wurden Mappen angelegt. Darin waren spezifische Unterrichtsmittel sowie Arbeitsaufträge für jeden Tag enthalten.

Ich fragte mich immer, wie machen die das nur mit diesem Aufwand?

Die Schulleiterin hatte an dieser Schule eine Arbeitsatmosphäre entwickelt, die auf die Schüler wirkte. Ich hatte immer den Eindruck, dass ich an eine Lernuniversität komme. Die Schüler kamen mir freudig auf den Schulgängen entgegen und zeigten mir stolz ihre Arbeiten. Es waren offensichtlich die kleinen erfolgreichen Schritte, die die Lehrerinnen gemeinsam mit den Schülern gingen, die so zum Erfolg führen konnten. Diese Lehrerinnen investierten viel Zeit. Sie strahlten eine fast ansteckende Souveränität aus. Ihnen wollte ich helfen mit den Unterrichtsmitteln unseres Verlages. Sie haben mir ihrerseits mit ihren praktischen Erfahrungen viel geholfen und auf die Entwicklung zahlreicher Sprachmaterialen des Verlages Einfluss genommen. Frau S., die Schulleiterin, konnte ich für ein Regenbogenprojekt gewinnen. Schrittweise entwickelte der Verlag ein Förderkonzept zum Erlernen der deutschen Sprache, gemeinsam mit der Schule für ausländische Kinder .

Der Verkauf lief gut. In den Verkaufsgesprächen mit den Lehrerinnen wurde immer wieder auf den Mangel an Unterrichtsmaterialien für den Religionsunterricht hingewiesen. So trug ich, gemeinsam mit anderen Außendienstlern, den Wunsch an den Verleger heran.

Innerhalb kurzer Zeit gab der Verlag Materialien zum Neuen Testament sowie zum Alten Testament heraus. Später folgten dann Unterrichtsmittel über den Christlichen Glauben und den Islam. Ich erinnerte mich an G. E. Lessings »Nathan der Weise« [123], den ich am Dresdner Theater in meiner Jugend mehrmals sehen konnte. Für mich war dieses Werk ein Credo für die Toleranz im Allgemeinen sowie für die der verschiedenen Religionen. G. E. Lessings allgemeine ethische Begründungen waren in meinen Vorstellungen von Glaube, Religion und Kirche vorhanden: »Nicht im Glauben, sondern im sittlichen Handeln liegt das Wesen der Religion«.

Mit dieser Haltung konnte ich diese Materialien präsentieren. Das waren meine Überlegungen. Die biblischen Geschichten verband ich mit meinen Gefühlen. Daraus entstand möglicherweise etwas mehr Glaubwürdigkeit. Geschichten erzählen zu können, dazu noch mit Bildmaterialien, das war für mich geradezu ein Gewinn.

Die Schöpfungsgeschichte aus dem Alten Testament konnte ich mit Bildkarten anschaulich vermitteln. Die Genesis in Bildfolgen wurde von einem Bild der Kinder der Welt unter dem Regenbogen vervollständigt. Ich erzählte diese Geschichten, wie ich Kindern Geschichten, Fabeln oder Märchen erzählen würde.

Die Lehrerinnen hingen oft an meinen Lippen. Sie erfreuten sich über meine Ausdrucksfähigkeit. Eine Lehrerin sagte es mir im Vertrauen: »Sie erwecken Freude daran, dass Religionsunterricht in der Grundschule spannend sein kann!«

Ich verkaufte diese Materialien sehr gut. Mein Umsatz stieg zur Freude des Verlages und zu meiner Freude.

Unvorhergesehen kamen zu meinen »Vorstellungen« an einer Schule in Gummersbach ein Priester und ein Pfarrer, um meiner Präsentation beizuwohnen. Es war eine Gemeinschaftsgrundschule mit beiden Konventionen. Sie stellten sich vor. Beide baten darum, ob sie nicht einmal zuhören dürften.

Da ich nicht ahnte, was sich daraus entwickelte, stimmte ich zu. Im Hinterkopf hatte ich kaufmännische Gedanken: vielleicht sind es Abgesandte der Kirchen, die mein präsentiertes Material aufkaufen.

Ich erzählte die zahlreichen immer wiederkehrenden Geschichten mit viel Engagement, mit innerer Begeisterung, mit Leidenschaft. Die beiwohnenden Lehrerinnen waren begeistert. Sie spendeten Applaus, was nicht so oft üblich war.

Nicht so die beiden Geistlichen, denn diese stritten nun miteinander über die Deutungsverschiedenheiten biblischer Geschichten in der evangelischen und katholischen Kirche. Sie waren in ihrem Streit so vertieft, dass sie die sie umgebenden Personen offensichtlich ausblendeten.

Ich verstand nicht worüber sie stritten. Mein ganzes Verständnis, womit Kinder zu begeistern waren, wurde durch sie gedämpft. Ich konnte es mir nur zusammenreimen, dass ich vielleicht zu naive Vorstellungen der Deutungen hatte.

Geblieben sind für mich ein bitterer Beigeschmack und der Trost einer mit mir gemeinsam den Kopf schüttelnden Lehrerin über die Geisteshaltung der beiden Geistlichen.

An meiner Verkaufsleidenschaft hatte das nichts geändert. Meine Vorstellungen von einer humanistischen Lebensweise, nach der Achtung der Kultur aller Menschen gewann ich aus dem Beschäftigen mit der Natur, meiner Zuwendung zu den Schriften zahlreicher Humanisten und dem Glauben an eine bessere Welt. Ich hatte ein »Manifest des Evolutionären Humanismus« [124] in den Händen. Einige Thesen entsprachen meinen Vorstellungen. Anregend war es für mich, weil es einer Ethik folgte, die sich gegen Dogmen wendete. Moralisches Handeln wurde nicht indoktriniert, sondern als Prozess begriffen. Naturwissenschaftliche Vorgänge wurden nicht ignoriert. Die Verantwortung der Menschen für den Erhalt der Welt wurde zur zentralen Frage formuliert.

Aus diesen Erfahrungen schöpfte ich meine Leidenschaft, als ein Schulberater in die Schulen zu fahren, um Unterrichtsmaterialien zu präsentieren. Darunter waren auch solche, die einen durchaus religiösen Hintergrund hatten. Ich sah darin meine Möglichkeit, den Grundschulkindern Kulturgüter nahe zu bringen.

Einfacher im »Weltanschaulichen«, aber nicht weniger kompliziert war für mich das Eindringen in die mathematischen Strukturen. Wie lernen Kinder zählen, kombinieren, logisch denken?

Lange Zeit brauchte ich, um zu begreifen, dass die Fünferstruktur, entnommen den fünf Fingern der Hand, eine Grundstruktur darstellte. Von Lernpsychologen lernte ich, dass Kinder im frühen Alter ihre Fingerchen benutzten, um im Kontakt mit ihren Lippen oder ihrem Körper Zählvorgänge zu üben. Wissenschaftler sprachen von der Kraft der Fünf.

Mathematik als Strukturwissenschaft wurde für mich erfahrbar als ich selbst diese Strukturen in den Grundschulen präsentierte und mit Kindern übte. Fünferstruktur, Zehnerstruktur, Hunderterstruktur, Zahlenstrahl, Hunderterfeld, Tausenderband, Einmaleinsfeld usw. waren mathematische Strukturen mit denen Schüler einsichtige Erfahrungen machten.

Es war für mich unfassbar beeindruckend, wenn Kinder eine Aufgabe selbstständig lösten. Ihre strahlenden Augen sowie ihre freudige Erregung konnte ich nicht vergessen. Kinder sind oft so wunderbar offen, wenn ihnen etwas gelingt.

Wie wichtig in der Grundschule gerade der häufige Umgang mit handlungsorientierten Materialien war, erfuhr ich am Besten, wenn Kinder spielerisch mit gegenständlichen Materialien operierten. Die Bedeutung für das Begreifen im geistigen Sinn beinhaltete die Voraussetzung im körperlichen Greifen. Die Hand griff einen Gegenstand. Der Körper des Kindes nahm den Gegenstand ganzheitlich wahr, mit allen Sinnen, im räumlichen Zusammenhang. Das waren wichtige Erfahrungen für die Entwicklung der Schüler in diesem Alter.

Immer wieder hatte ich Freude daran, Kinder beim Knobeln zu beobachten. Ich nutzte oft die Gelegenheit, in den Pausen oder nach dem Unterricht mit Kindern Knobelaufgaben zu lösen.

Die entsprechenden Verlagsmaterialien konnte ich somit am wirkungsvollsten vorstellen. Begeisterte Kinder waren meine besten Helfer im Verkauf.

Anfang der neunziger Jahre erreichte eine neue Methode wie »Phönix aus der Asche« den Lese- und Schreiblernprozesses in NRW. Der Schweizer Reichen [125] wurde fast über Nacht zum »Stern« einer neuen Schreibmethode.

Diese Methode nannte sich »Lesen lernen durch Schreiben«. Diese setzte vor allem darauf, dass Kinder beinahe selbständig sich das Lesen und Schreiben beibringen würden. An den Kölner Schulen war eine Euphorie ausgebrochen, zumal eben der »Erfinder« durch die Lande zog. Er verkaufte seine Weiterbildungsveranstaltungen sehr erfolgreich. Diese Methode, die er mit schauspielerischer Leichtigkeit vortrug, hatte offensichtlich ihren Reiz. Die Kinder lernten schnell Schreiben. Das Problem war aber, ob ihr Schreiben auch richtig war. »An ein richtiges Schreiben denken wir erstmal nicht!« formulierte er: »Das ergibt sich später!« In zahlreichen Schulen Kölns wurde nach dieser neuen Methode unterrichtet. In der Folge war an den Schultüren für die Eltern sichtbar zu lesen: »Bitte korrigieren Sie ihre Kinder nicht, wenn sie Worte falsch schreiben!«

Diese Methode hielt sich über Jahre als moderne Lese- und Schreibmethode. Es ging sogar so weit, dass eine über Jahrzehnte in Deutschland erfolgreiche Fibel, die die Grundlage für das Lesen und Schreiben bildete, aus den Schulstuben verbannt werden sollte.

Bärbel, die sich mit Grundschuldidaktik gründlich beschäftigte, schüttelte nur den Kopf. Ich suchte einen rein kaufmännischen Kompromiss. Der Verlag versuchte sich dieser Methode mit Unterrichtmaterialien anzupassen. Ich versuchte diese Materialien mit marginalem Erfolg zu verkaufen.

Nach Jahren wuchs der Protest unter den Eltern. Bärbel war Zeugin eines Protestbesuches eines Vaters in der Schule, deren Sohn nach der 4. Klasse einen Zettel an den Kühlschrank mit folgendem Inhalt heftete: «Liba Fata kai sulle ge mik!«

Der Vater knallte dem Direktor diesen Zettel seines Sohnes auf den Tisch. Erbost sagte der Vater: »Dazu hatten sie vier Jahre Zeit! Können Sie mir mal sagen, was mein Sohn da geschrieben hat!?« Der Direktor schwieg. Er versprach in seiner Schule wieder die bisher bewährten Methoden einzuführen. Mit etwas Fantasie konnten man den Text des Kindes übersetzen: »Lieber Vater, heute ist keine Schule, ich bin bei meinem Freund Maik«.

Der Stern einer neuen Sprachrevolution wurde zur Sternschnuppe.

Anders verliefen die gesellschaftlichen Ansprüche an die Schüler, sich stärker mit naturwissenschaftlichen-technischen Vorgängen auseinanderzusetzen.

Der Versuch einer einfachen richtigen Erklärung, warum ein Schiff schwimmt, ist für jeden Erwachsenen schon schwierig. Der Versuch, die naturwissenschaftlichen Phänomene nun aber einem Kind zu erklären, gerät dann oft in die Schublade der Komik.

»Klein Paulchen geht mit Opa und Oma spazieren. Paulchen fragt den Opa: Opa, warum ist der Himmel blau? Opa antwortet: Weiß ich nicht! Paulchen fragt weiter: Warum fährt das Auto? Opa antwortet: Weiß ich nicht! Paulchen fragt weiter: Warum wächst der Baum so hoch? Opa antwortet wieder: Weiß ich nicht! Daraufhin mischt sich Oma in das Gespräch ein. Sie sagt zum Paulchen: Nun höre endlich auf, den Opa zu nerven. Frage nicht so viel! Da sagt der Opa zur Oma: Ach, lass doch den Jungen Fragen stellen. Wie soll er denn sonst etwas lernen!«

Viele Fragen der Kinder zu naturwissenschaftlichen Phänomenen bleiben unbeantwortet. Kinder sind ungemein neugierig im Grundschulalter. Erhalten sie keine schlüssigen Antworten, lässt ihre Neugier schnell nach. Das hat dann zur Folge, dass auch ihr Interesse an Natur und Technik abnimmt. Dem wollte man unter anderem dadurch begegnen, dass der Sachunterricht der Grundschule sich stärker auf Vorgänge in der Natur und in der Technik orientierte.

Der Verlag kooperierte mit der Universität in Münster. Beide brachten Experimentiermaterialien auf den Schulmarkt, die diesen neuen Ansprüchen gerecht werden sollten.

Für mich begann im Verkauf eine Zeit, wo ich als ausgebildeter naturwissenschaftlicher Lehrer mein Wissen anwenden konnte.

Die Lehrerinnen in der Grundschule hatten sich offensichtlich gescheut, sich mit Phänomenen in der Natur und Technik in ihrem Leben zu beschäftigen. Ich hatte erstmals im Verkauf eine Situation, ihnen etwas vorführen zu können, wo sie überrascht waren. »Ist das denn die Möglichkeit?! Das habe ich nicht gewusst! Das ist ja fantastisch! Was es alles gibt?!« Das waren nur einige Reaktionen. Ich war doch überrascht, dass Kenntnisse der Grundschullehrerinnen auf diesem Gebiet offensichtlich kaum vorhanden waren.

Man konnte sich vorstellen, dass der Bedarf an Experimentiermaterialien, gekoppelt mit Weiterbildungsveranstaltungen für die Lehrerinnen, eine Marktlücke darstellte.

Ich erlebte hautnah, wie aus ehrlichem Staunen über naturwissenschaftliche Phänomene des Alltages bei einigen Lehrerinnen Begeisterung wuchs.

Kinder konnte ich erleben, die mit einfachen Experimenten selbst zu Erfahrungen gekommen waren. Sie hatten das berühmte »Aha-Erlebnis«. Sie waren neugierig, konnten selbst etwas entdecken. Ihr Interesse wurde geweckt: »Warum schwimmt ein Schiff? Warum hält eine Brücke? Ist Luft eigentlich nichts? Wie kann man das Wetter vorhersagen? Warum kann man Schall spüren?«

Ich hatte großen Spaß zu erleben, mit welcher Leidenschaft Kinder experimentieren können.

Nicht verhehlen konnte ich meine Freude darüber, dass die Bildungskonzepte der DDR auf diesem Gebiet fundiert sowie praxisorientiert vorhanden waren. Bärbel und ich konnten diese Erfahrungen im Verkauf sehr erfolgreich einsetzen.

Oft wurde ich gefragt: »Sag mal, du hast vor Lehrerinnen Unterrichtsmaterialien präsentiert? Du hast diese verkauft? Das muss doch furchtbar für dich gewesen sein?« Ich habe das immer vehement verneint. Es war für mich eine große Herausforderung. Meine Kundschaft war anspruchsvoll. Die Grundschullehrerinnen haben mich bereichert. Ich kam wieder mit Kindern in Berührung, deren Wesen mich mein ganzes Leben lang eingenommen hatte. Sie in ihrem Lerneifer, in ihren Konfliktsituationen, in ihrer unkomplizierten Freude, in ihrer unfassbaren Neugier erlebt zu haben, war für mich ein Gewinn.

Natürlich hatte ich durch den erfolgreichen Verkauf mein Selbstbewusstsein wieder gestärkt. Schließlich sicherte ich dadurch meine Existenz. Ich konnte meine kulturellen und geistigen Bedürfnisse auf einem für mich gutem Niveau erfüllen.

Das Schulleben konnte spannend, aufregend und bereichernd sein, weil es um die Bildung der Kinder ging. Hier blendete ich bewusst die mir auch bekannten täglichen Mühen, Sorgen und Nöte der Lehrerinnen aus. Ich wusste, dass mancher Lehrer hier sagen würde: »Na, nun mal sachte. Es gibt auch harte Zeiten«. Das schließe ich nicht aus. Für mich blieben diese neugierigen und begeisterungsfähigen Knirpse immer eine Herausforderung.

Meine Liebe zu den Kindern war immer verbunden mit einem hohen Respekt vor den Leistungen eben dieser engagierten Lehrerinnen.

Das waren auch für mich immer Motivationsschübe, wenn ich in den Schulen aufgeschlossene Lehrerinnen antraf, die mit Eifer sich auf Unterrichtsmaterialien einließen, die unser Verlag erarbeitete.

Viele kleine Episoden erheiterten mich. Viele davon gaben mir Kraft, verschafften mir eine ansteckende Fröhlichkeit.

Da wir unsere Unterrichtsmaterialien in Pilotenkoffern und Reisekoffern verpackt hatten, zur besseren logistischen Ordnung, sahen wir zweifellos wie Reisende aus, die sich in der Schule verlaufen hätten.

Auf den Schulhöfen wurde ich oft von Kindern gefragt: »He, sagen sie mal, sie haben sich doch verirrt, oder wollen sie in der Schule übernachten?«

Ich habe eine gewisse Ähnlichkeit mit Harald Schmidt, dem Entertainer. In einem kleinen Geschäft in Boppard am Rhein sprang eine Verkäuferin förmlich aus ihrem Laden auf mich zu. Sie wollte ein Autogramm von mir. Ich zögerte. Darauf sagte sie: »Aber Herr Schmidt, Harald, sei doch nicht so!« Bei den bittenden Augen der hübschen Verkäuferin wurde ich schwach. Ich tat dann etwas, was mir hoffentlich der wahre Herr Schmidt nicht verübeln wird. Ich habe ihr ein Autigramm gegeben. Eines Tages wurde ich in einer Schule in Geilenkirchen, in der Nähe der Grenze zu Holland, auf dem Schulhof mit einem lauten: »Hallo, Harald!« begrüßt. Mich umringten ca. 200 Schüler, sodass ich mit meinen Koffern kaum durchkam.

Die älteren Schüler drängelten sich zu mir. Sie nahmen mir eifrig die schweren Koffer ab. Einer stritt mit dem anderen, wer mir zu Diensten sein dürfe. Ich erkannte nun am eigenen Leib, wie angenehm es sein kann, zu den Berühmten zu gehören.

Ich machte den Spaß mit. In einer Traube mit den Schülern stürmten wir gemeinsam zum Schulleiterzimmer. Dort empfing uns schon die überraschte Schulleiterin. Sie erkannte sofort die Situation. Sie ging auf den Scherz ein, indem sie laut rief: «Es ist ja herrlich, dass Sie zu uns kommen, Herr Schmidt! Wo haben sie Herrn Feuerstein gelassen?«

Wenn ich diese Schule wieder besuchte, hieß es immer: »Der Herr Schmidt kommt.« Sehr selten stand ich in dieser Weise im Zentrum der Aufmerksamkeit. Meist musste ich um die Aufmerksamkeit ringen.

In einer Pause war das Wehwehchen der kleinen »Schackeline« wichtiger als mein Verkaufsgespräch. Mit einem energischen Schwung öffnete sie, ohne anzuklopfen die Tür zum Lehrerzimmer. Alle anwesenden Lehrerinnen drehten sich ruckartig nach ihr um. Ich verstummte erschrocken. Mit einem schrillen Ausruf brüllte sie: »Der Maiki hat mich eingeklemmt!« Mit weit aufgerissenen Augen wies sie auf ihren schmerzhaften Finger hin. Zum Beweis hielt sie diesen in die Höhe, woraufhin sich das gesamte Lehrerkollegium blitzartig mit »Schackeliene« beschäftigte. Alle Lehrerinnen stürzten zum Kühlschrank. Ich hatte den Eindruck, dass hier die Weltmeisterschaft im Kühlbeutelholen stattfinden würde. Einige vergaßen gar ihren schwarzen Kaffee zu sichern. Dieser ergoss sich auf die von mir sorgsam hingestellten Unterrichtsmittel.

Mein vorbereitetes Pausenverkaufsgespräch war beendet. Alle Lehrerinnen bildeten eine Traube um das Mädchen. Reflexartig bemutterten sie die Kleine. Die in ihrer Samariterseele getroffenen Lehrerinnen konnten gerade noch ihr Wehklagen unterdrücken. Mein Verkauf war in den berühmten Sand gesetzt. Die Pause war beendet. Das Mädchen zog getröstet mit einem Kühlbeutel aus dem Lehrerzimmer. Die Lehrerinnen verließen den Raum, indem ich mit meinen mit Kaffee getränkten Materialien allein stand.

Das waren unvorhergesehene Ereignisse, die den Verkauf schon einmal verhageln konnten. Apropos Hagel, auch die Wetterbedingungen waren von eminenter Bedeutung für den Verkauf. In der Schule nannte man das »die Regenpause«. Rein sprachlich würde man darunter verstehen, dass der Regen nun Pause hätte. Aber nein, der Regen hatte keine Pause. Im Gegenteil, er fiel vom Himmel.

Weil der Regen nässend vom Himmel fiel, durften die Schüler, nach entsprechender Schulordnung, ihre Pausengestaltung nicht auf dem Schulhof durchführen. Offensichtlich dachten die Gesetzgeber an die Gesundheit der Schüler. Demzufolge wurde mit gesondertem Klingelzeichen durch den Hausmeister angewiesen, dass die Pausengestaltung in den Klassenzimmern zu erfolgen habe. Das hatte wiederum zur Folge, dass die Lehrer, die sonst ihre Pause im Lehrerzimmer verbracht hätten, nun die Aufsicht in den Klassenzimmern durchführten.

Das bedeutete für mich als Verlagsvertreter, dass ich im Lehrerzimmer ohne Lehrer stand. Diese wiederum benötigte ich, weil aus demokratischer Sicht möglichst alle Lehrer am Entscheidungsprozess für das Anschaffen von Unterrichtsmitteln teilhaben sollten. Schließlich war für mich die »Regenpause« schädlich, weil Umsatz behindernd.

Umsatzhinderlich war auch der Zeitpunkt, wenn die Schüler die Fahrradprüfung absolvierten. Ein Vertreter der Polizei stand im Mittelpunkt der Aufmerksamkeit der Lehrerinnen. Die Pausengespräche konzentrierten sich auf zahllose Beispiele verkehrsrechtlicher Fragen, die offensichtlich den Lehrerinnen quälend auf dem Herzen lagen. Damit war nun der »Polizeier«, würde der Sachse sagen, beschäftigt.

In diesen Momenten galt für mich: »Hier musst du dem Polizisten durch nette kleine Geschichten übertrumpfen«. Das war nicht immer einfach. Meist gelang es mir, lustige Episoden aus meiner Fahr- oder Verkehrspraxis einzuflechten, um damit die Aufmerksamkeit der Lehrerinnen wieder zu gewinnen.

Hinderlich war auch für mich die Anwesenheit der religiösen Vertreter, die den Religionsunterricht bereichern wollten. Sie machten es sich sichtlich bequem in den Lehrerzimmern. Sie tranken den meist starken schwarzen Kaffee, der vor dem Unterricht gebrüht war. Dieser stand den ganzen Vormittag über in einer Kanne. Mit zunehmender Stundenzahl stieg auch der Anteil der Bitterstoffe. Möglicherweise löste der zunehmend bittere Kaffee ihre Zungen. Jetzt konnte der Herr Pfarrer oder der Herr Priester in aller Ruhe mit den Religionslehrerinnen Absprachen treffen. Das nutzten wiederum die anderen Kolleginnen, um nun ihrerseits, die sie bewegenden Fragen der Kirche mit einzubringen.

Besonders in kleinen Städten, wo jeder jeden kennt, sind die Themen der kommenden Kommunion, Hochzeit oder Trauerfeierlichkeit sehr beliebt. Oft standen auch seelsorgerische Fragen im Mittelpunkt der Pausenerörterung. Alles das blendete meine Anwesenheit weitgehend aus.

Ich lernte Toleranz zu üben, obwohl es mir schwerfiel, denn immerhin hatte ich mit großem Aufwand einen Termin gerade zu dieser Pause an diesem Tag von der Schulleiterin erhalten.

Es gab in den Pausenterminen für mich aber auch umsatzfördernde Elemente. Manchmal wurden Geburtstagsfeiern in der Pause begangen. Dann stieß man mit einem Glas Sekt an. Oft war das verbunden mit dem kleinen verbindlichen Hinweis: »Herr Peplowski, sie trinken doch einen mit!« Das tat ich nicht nur, um meine Verbundenheit auszudrücken. Der Sekt förderte meinen Umsatz, denn die Lehrerinnen wurden etwas lockerer.

Die Kaufentscheidungen wurden spontaner getroffen. Geburtstagsfeierlichkeiten waren durchaus positiv für einen Schulberater. Möglicherweise waren meine Präsentationsgespräche mit etwas Alkohol auch etwas flüssiger.

Das hat mich aber immer motiviert, nun gerade mit witzigen Einlagen die Aufmerksamkeit meines »geschätzten Publikums« auf mich zu ziehen.

Bei Geburtstagstagen hatte ich immer eine kleine 100er Rechenkette parat. Das war mein Geschenk, mit dem ich auf die noch zu hoffenden Jahre der Gefeierten hinweisen konnte. Diese Geste schmückte ich mit charmanten Bemerkungen aus, bevor ich die Kette dann um ihren Hals legte.

Besonders erfolgversprechend waren Konferenztermine. Diese fanden an den Nachmittagen statt. Oft wurden pädagogische Fragen beraten. Es war der Zeitpunkt, wo die Lehrerinnen vom Trubel der unmittelbaren täglichen Arbeit mit den Kindern sich etwas gründlicher austauschen konnten.

Es gehörte zu den Sternstunden meiner Schulberatertätigkeit, zu diesen Nachmittagen eingeladen worden zu sein. Im Laufe meiner fast 20- jährigen Tätigkeit wurde ich immer öfter dazu eingeladen. Das geschah vor allem, weil die Lehrerinnen diese Einladungen damit begründeten: »Wenn Herr Peplowski kommt, dann erfahren wir etwas Neues. Er hat immer ein Konzept in der Tasche. Es ist interessant für unsere Arbeit. Er spricht uns an!« Sicher war das auch ein Ausdruck der gegenseitigen Sympathie. Das war für mich eine bessere Verkaufssituation, da die eben erwähnten Störfaktoren beseitigt waren. Beide Seiten erhöhten ihre Konzentration auf die angebotenen Unterrichtsmittel.

Diese kleinen pädagogischen Konferenzen habe ich mit großer Freude durchgeführt.

Manchmal begannen diese Nachmittage mit einer kleinen Nachfeier von Geburtstagen oder anderen Feierlichkeiten. Der Konferenzbeginn war mit Kaffee, Kuchen, Grillfleisch, Kartoffelsalat oder andere Leckereien ausgestattet.

Zu so einer Konferenz wurde ich in die Grundschule im Rheintal eingeladen.

Ich packte die zu präsentierenden Unterrichtsmittel auf den in U-Form gestellten Tischen aus. Währenddessen bereiteten die Lehrerinnen ein kleines Buffet vor. Ich wurde gebeten, an der »kleinen Feier« teilzunehmen. Es gab Grillwürstchen mit Ketchup. Die zuständige Lehrerin meinte es offensichtlich gut mit mir. Sie servierte mit einem großen Schwung aus einer übergroßen Ketchupflasche den entsprechenden Inhalt auf meinen Pappteller. Den hatte ich zuvor mit zwei Würstchen belegt. Diese waren nunmehr unter der Ketchupladung begraben. Da aber die zu verteilenden Gleichgewichte, sprich Würstchen, aus der ursprünglichen Lage rutschten, geriet mein Balanceakt außer Kontrolle. Der Pappdeckel mit der gesamten Ladung kippte in meine Richtung. Der Tellerinhalt landete mit einem großen Schwung auf meiner hellen Hose.

Nun schauten zwölf Paar Lehrerinnenaugen mit sichtlichem Vergnügen auf die markierte Stelle der Hose, die ansonsten für andere Zwecke dienlich war.

Ich errötete. Mit schnellem Schritt versuchte ich, einen Wasserhahn zu finden, um die großflächige rot-braune Färbung auf meiner Hose zu mildern.

Das gelang mir aber nur partiell. Nun stand ich, die Zeit der Präsentation war gekommen, mit der bekleckerten Hose vor diesem »Forum sich amüsierender Kolleginnen«.

Jeder Versuch einer ernsthaften Präsentation ging immer wieder im schallenden Gelächter unter.

Mir blieb nichts übrig, als mich dem Gelächter zu ergeben. Ich beendete meine Vortragsbemühungen.

Offensichtlich entstanden aber aus meiner peinlichen Lage Mitleidsgefühle bei den Teilnehmerinnen, denn die an den folgenden Tagen ausgelösten Bestellungen waren in der Schule noch nie so groß wie nach meinem »Fleckenfall«.

Der Verkauf war immer eine »Wundertüte«. Die Bedingungen veränderten sich laufend. Die Stimmungslage in den Lehrerkollegien änderte sich ebenfalls. Ich war immer gefordert, mit einer bereits angesprochenen situativen Intelligenz zu reagieren. .

Da ich zu Beginn der Reise durch mein Leben versprochen hatte, das Geheimnis über ein »Rechenschiffchen« zu lüften, will ich mein Versprechen einlösen. Es ist, wie ich schon zu Beginn sagte, kein Schiff, welches rechnen konnte. Es bezeichnet ein kleines Hilfsmittel für Kinder in der Grundschule, damit ihnen das Rechnen einsichtiger werden konnte. Sie lernten damit zu kombinieren. Sie haben in ihrem Kopf eine Rechenstruktur aufnehmen können. Es war kindgerecht handhabbar. Es war einfach mathematisch richtig gut durchdacht.

Diese Schiffchen habe ich in meinem Leben als Verkäufer geschätzte tausendmal verkauft. Damit konnte ich meinem Leben eine finanzielle Grundmauer geben. Das war doch was! Darum ist für mich das Rechenschiffchen so bedeutsam. Hinzufügen kann ich, dass damit die Kleinen noch besser Rechnen gelernt haben.

Was konnte eigentlich noch bemerkenswerter sein?

Das Verlagsprogramm war aus meiner Sicht stimmig. Mit ihm war ein Mosaikstein gelegt, Schule zu verändern, was dringend notwendig war.

Mit den Materialien konnten wir am Puls einer positiven Veränderung der Grundschule mitwirken. Das gab mir auch den Aufwind, mich mit ganzer Kraft für diesen Verlag einzusetzen.

Der Spectra Verlag lebte von den Ideen, der Innovation seines Verlegers, seiner Autoren, seiner Verlagsmitarbeiter. Im Zusammenwirken mit den Schulberatern im Außendienst war es ein schlüssiges Konzept. Wir hatten das Glück, einem Verleger begegnet zu sein, der mit diesem Konzept auf dem Bildungsmarkt war.

Bärbel und mich im Außendienst vertraglich gebunden zu haben, war für ihn ein Umsatz bringender Gewinn.

Er vermittelte jedoch das Gefühl, dass er an einem menschlichen Kontakt mit uns sehr interessiert war. Das war für mich die Grundlage einer vertrauensvollen Zusammenarbeit. Er wusste auch, dass er mit uns sehr qualifizierte und engagierte Vertragspartner hatte. Da wir die Konkurrenz auf den zahlreichen Messen kennen lernten, konnte er mit Gewissheit davon ausgehen.

Ich lernte ein marktwirtschaftliches System kennen, das ich so in meinen bisherigen Vorstellungen nicht vermutet hätte.

Natürlich wurden unsere Arbeitsfähigkeit sowie unser Engagement ausgenutzt. Der Unternehmer hatte auf der anderen Seite meinen Respekt sowie meine Loyalität gewonnen.

In gewisser Weise wurde mir deutlich vor Augen geführt, dass ein Verleger und Eigner in einer Person ein Glücksfall für ein Unternehmen war. Er hatte darüber hinaus ein Charisma, auf das ich mit Achtung schaute.

Bärbel und ich redeten oft von unserem Verlag zu reden, obwohl er uns nicht gehörte: »Wenn ich mich hier einbringe, wird meine erfolgreiche Arbeit anerkannt. Meine Leistung lohnt sich«.

Möge mancher gedacht haben: »Na, da hattest du ja Glück gehabt, auf so einer Insel der Glückseligkeit«. Die speziellen Umstände und unser Engagement ergaben glückliche Verhältnisse.

Mein konkretes Erleben würde ich niemals verallgemeinern. Es waren meine Erfahrungen mit einem ehrgeizigen Unternehmer, der einen ausgesprochen Hang zum sozialen Engagement hatte. Das Bild wäre nicht vollständig, wenn ich die heftigen Auseinandersetzungen nicht erwähnen würde, die wir gemeinsam mit anderen Gebietsleitern zu den Provisionsbedingungen mit dem Verleger hatten.

Mit dem Verkauf des Verlages an einen Verlagskonzern änderten sich schlagartig die von mir so positiv dargestellten Bedingungen.

Als daraufhin neue Geschäftsführerinnen und Führer ihre geschäftsführende Tätigkeit des Verlages fortsetzten, wurde der Mangel eines Verlegers sichtbar. Synergieeffekte sollten erreicht werden, die nicht eintraten.

Mit einem Brief an die Verlagsgruppe wandte ich mich gemeinsam mit anderen Gebietsleitern gegen eine Verlagsübernahme in den Großkonzern. Wir wollten die Selbstständigkeit des Verlages erhalten.

Auf der Frankfurter Buchmesse wurden Bärbel und ich zu den Geschäftsführern des Westermann Konzerns eingeladen. Die Konzernführung sei zu einem klärenden Gespräch bereit, wie es hieß.

Im Konzern wurde die Fusionierung mehrerer kleiner Verlage in Aussicht genommen, weil so genannte Controller-Effekte für den Konzern gewinnbringend betrachtet wurden.

Nun kämpften wir beide wie die Löwen für den Erhalt des Verlages. Wir hatten vorher genauere Kenntnis über Entwicklungen des Verlages eingeholt. Bildungspolitische Trends trugen wir vor, die wir aus den Schulen kannten. Wir argumentierten mit persönlichen Erfahrungen.

Wir standen an den so genannten Sekttischen auf dem Messestand des Großkonzerns, die in Brusthöhe endeten. Das hatte zur Folge, dass unsere Köpfe nahe aneinander waren, vielleicht gerade vorteilhaft für so ein intensives Streitgespräch. Ich hatte den Eindruck, dass die Gesprächspartner von unseren Argumenten beeindruckt waren.

Eine gewisse Selbstständigkeit des Verlages blieb erhalten. Das änderte nichts daran, dass die inhaltliche Profilierung weiter Schaden nahm. Synergieeffekte blieben weiter aus. In den folgenden Jahren blieb zwar die Marke erhalten, der Verlag unterlag marktwirtschaftlichen Zwängen.

Für mich war gerade die Vielfalt der kleineren Verlage, deren Innovationsfähigkeit ein Markenzeichen aufkeimender deutscher Bildungsstrategie. Der Konkurrenzkampf, der Kampf um Rendite der Verlagskonzerne widersprechen diesem Trend.

Drumherum sollte es stimmen

Wir hatten einen kleinen Familienbetrieb aufgebaut. Bärbel brachte, wie schon gesagt, den Grundschulbildungshintergrund mit. Damit hatten wir gute Voraussetzungen, die Verkaufsgespräche inhaltlich zu bereichern. Kaufmännische Fähigkeiten wurden mir bescheinigt. Helga, meine Schwägerin, brachte ihre sehr gute Telefonstimme zur Geltung. Diese war gepaart mit einer Freundlichkeit, die ansteckend war.

Beim Telefonieren war eine angenehme Stimme das A und O. Diese setzte sie mit einer unbeschreiblichen Geduld ein. Sie saß oft stundenlang am Telefon. Diese Fähigkeit, erfolgreich telefonisch Termine zu organisieren, wurde oft unterschätzt. Sie hatte jedoch für ein Kleinunternehmen, wie wir es waren, eine Schlüsselrolle.

Wenn ich gerade die Pausensituationen aus meiner Sicht beschrieben habe, so gebietet es die Vollständigkeit, dass ich die täglichen Abläufe aus der Sicht der Lehrerinnen beleuchte.

Sie waren oft froh, nach einer anstrengenden Dompteurstunde ein paar Minuten zu entspannen. Just in diesem Moment hatte nun die Direktorin einen Termin für einen Vertreter organisiert. Es fällt sicher nicht schwer, diese Konfliktsituation zu erkennen.

Jetzt standen die Schulleiterinnen vor dem Konflikt, einerseits das Recht auf Pause den Lehrerinnen zu sichern, andererseits lag es im gesellschaftlichen Interesse, dass die Lehrerinnen einen Zugang zu neuen Unterrichtsmittel erlangten. Da blieben oftmals nur die Pausen. In dieser konfliktgeladenen Atmosphäre musste eine Einsicht bei den Lehrerinnen erreicht werden. Es erforderte immer wieder eine innere Haltung aufzubringen und davon überzeugt zu sein, für die Bildung der Kinder etwas Gutes zu tun.

Oft wurde ich gefragt, worin der Erfolg unserer Arbeit lag.

Eine schnelle Antwort gab es nicht. Vielleicht war es unser Ringen, Schwierigkeiten als Herausforderung unseres Handelns zu sehen. Das war eine mich bedrückende sowie befreiende Erkenntnis. Oft hätte ich es mir einfach machen können, indem ich auf die mich belastenden Umstände verwiesen hätte. Der Erfolg stellte sich bei mir ein, als ich in der gegebenen Bescheidenheit meine Arbeit fleißig machte. Die ersten kleinen sichtbaren Ergebnisse wurden von mir positiv eingeschätzt. Meine Selbstachtung stieg, indem ich die Leistungen der Menschen respektierte, denen ich begegnet bin. Bescheidenheit war für mich kein Armeleuteprivileg, wie es manchmal gesehen wurde. Mit dem Erreichten von kleinen Erfolgen schuf ich mir eine Grundlage für die nächsten Schritte. Das Prinzip des »Backens von kleinen Brötchen«, wie der Volksmund sagt, war auch meine Lebensmaxime geworden.

Es kamen Aufgaben auf mich zu, die ich nur mit äußerster Anstrengung bewältigen konnte. Das berufliche Autofahren war eine Herausforderung für mich. Nach den Kilometerleistungen habe ich einmal im Jahr unsere Erde (ca. 40.000 Kilometer) umkreist. Das wiederholte ich dann fast zwanzigmal. Mein Kundenpotential waren ca. fünfhundert Grundschulen auf einem Territorium Nordrhein-Westfalens von Köln Wahn im Süden bis Viersen im Norden, Heinsberg im Westen sowie Lüdenscheid im Osten verteilt. Mit den größeren Städten, wie Köln, Düsseldorf und Mönchengladbach waren verkehrstechnische Probleme für mich zu lösen, die jeder Autofahrer mir zustimmend bescheinigen würde: »Fahren sie einmal früh zu einer terminlichen Verabredung in eine dieser Städte mit einer präzisen Pünktlichkeit!« Wenn ich nicht pünktlich zu den Pausenterminen vor Ort sein konnte, war der Termin futsch. Täglich besuchte ich in der Schulzeit mindestens drei Schulen am Tag. Es waren dann immerhin fast 150 km pro Tag zu fahren. Das Auto war für mich darüber hinaus mein Büro sowie mein Warteraum. Mit zwei glimpflich abgelaufenen Unfällen bin ich mit viel Glück durch diese Zeit des beruflichen Fahrens gekommen.

Körperlich hat mich die Schlepperei der zu präsentierenden Unterrichtsmaterialien belastet.

Oft bin ich mehrmals den Weg vom geparkten Auto bis in die Lehrerzimmer der Schulen mit 50 kg Gepäck gelaufen. In den größeren Städten waren die Lehrerzimmer in den oberen Etagen. Da waren körperliche Herausforderungen zu bewältigen, die mich an die Grenzen der Leistungsfähigkeit brachten.

Nervlich belastend war für mich darüber hinaus das Fahren langer Strecken auf der Autobahn.

Als die Autobahn A2 noch ein Förderprojekt des Aufbaus Ost war, wurde oft nur ein Streifen freigegeben. Stundenlange Sperrungen waren zu überstehen. Endlos erscheinende Umleitungen waren zu fahren. Das Fahren mit dem Auto in dieser Zeit war ein Abenteuer.

Im Abstand von vierzehn Tagen holte ich meine Schwägerin aus Potsdam ab. Sie arbeitete im zwei Wochen-Rhythmus in unserem kleinen Familienbetrieb. Bei dieser Gelegenheit besuchte ich meine Tochter, Söhne und Enkel, die in Berlin/Brandenburg wohnten. Termine beim Amtsgericht Berlin nahm ich noch als Liquidator der DDR-Gewerkschaften wahr.

Die Strecke von Köln nach Berlin betrug ca. 550 Kilometer. Ich habe manchmal zwölf Stunden und mehr auf der Autobahn zugebracht. Der Verkehr erforderte Geduld, die ich nicht immer aufbrachte. Manch ein Blitzgerät hatte Fotos von mir erbracht, die mir ein entsprechendes Punktekonto in Flensburg einbrachten.

Anfangs meiner Reisen hatte ich offensichtlich den Begriff der »westlichen Freiheit« falsch verstanden. Ich fuhr nicht immer paragrafenkonform.

Da ich aber immer noch die Rechtsschutzversicherung von Herrn Sohn, dem Versicherungsvertreter zu DDR-Zeiten aus Wannsee hatte, glaubte ich mich geschützt. Leider hatte ich offensichtlich so eine große Sammelleidenschaft, dass ich kurz vor der psychischen Überprüfung meiner Fehlleistungen stand. Das schrieb mir der Polizeipräsident der Stadt Bergisch Gladbach in einem langen mahnenden Brief. Dieser Brief endete mit dem Hinweis, dass er auf keiner Antwort von mir bestünde. Er habe alles rechtlich Relevante zum Ausdruck gebracht: »Wenn sie weiter so ungezogen fahren, droht ihnen das Aus im Straßenverkehr!«

Ich rief Herrn Rechtsanwalt R. in Köln an, der mir sofort beistand.

Es lag eine Einladung zum Verfahren gegen mich vom Gericht der Stadt Sprockhövel vor, einer kleinen Bergischen Stadt. Gemeinsam mit dem Rechtsanwalt fuhr ich zum vorgeladenen Termin. Wir warteten bis unser Fall aufgerufen wurde. An einer Tafel standen die Tatverdächtigen aufgelistet. Wir waren um die Mittagszeit dran.

Mein bestellter Rechtsanwalt machte mit mir zunächst Verhaltensweisen aus. Er wies mich ein, dass ein Fußtritt von ihm gegen meine Beine bedeuten würde, dass ich schweigen sollte. Kurzes Räuspern des Anwaltes bedeutete für mich, dass ich zustimmend nicken sollte. Seine Regeln des Verhaltens fasste er in der an mich gerichteten Anweisung zusammen, dass ich hier nicht reden möge. Ich sah noch einmal mein Täterbild an. Daraufhin schwieg ich.

Schließlich waren wir dran, es war schon viertel vor zwei Uhr, was im übrigens in Deutschland östlich der Elbe so viel wie dreiviertel Zwei Uhr bedeutet.

Der Richter war zum Zeitpunkt meiner Personenbefragung vor allem damit beschäftigt, die äußerst hübsche Stenotypistin anzuhimmeln. Für mich hatte er nur einen kleinen Ausblick über seine randlose Brille übrig. Mein Rechtsanwalt hatte sich inzwischen verkleidet. Er stand in einem schwarzen Umhang neben mir.

Nachdem die Fragen nach meinem Namen, meinem Geburtsort, meiner Wohnadresse sowie meiner Tätigkeit beendet waren, machte der Richter eine kleine Pause. Dabei betrachtete er mit schmunzelnder Miene das Bild des Polizeiblitzers. Jetzt war ich verunsichert: »Warum schmunzelt er?«

Zur Rechtshilfe fragte er die neben ihm Protokoll führende Schönheit: »Sagen sie, ist der Herr auf dem Bild zu identifizieren?« Sie hob nur leicht ihr schönes Gesicht. Dabei schaute sie kurz in meine Richtung. Ich sah ein unterdrücktes, etwas verschämtes Lächeln. Als sie wieder zum Richter schaute, zog sie ihre Schultern nach oben.

»Sie meinen also, dass der Herr nur unter gewissen Umständen identifizierbar sei?« Daraufhin nickte sie. Der Richter folgte nun den Beweismaterialien. Er stellte schließlich fest: »Der Innenspiegel des Fahrzeughalters habe die zur Identifizierung erforderlichen Augenpartien des Fahrzeugführers verdeckt«.

Das Gericht hatte zur Prüfung der Personenerkenntnis zwei Beamte vierzehn Tage vor der Verhandlung beauftragt, genaue Erkundungen darüber einzuholen, ob der Geblitzte ein Herr Peplowski ist oder nicht. Als die Herren von der Polizei meiner Nachbarin und meiner Schwägerin Helga das Blitzfoto zeigten, erwiesen sich beide als sehschwach. Das stand wiederum im vorliegenden Protokoll, was der Richter zur Verlesung brachte.

In die kleine entstandene Pause brachte sich mein Rechtsanwalt ein. Er wollte einige strafmildernde Umstände einfügen sowie seine Anwesenheit rechtfertigen:

»Der Herr kommt aus dem Osten«. Er zeigte auf mich. Mit seinem Fuß stieß er mich an. »Sehen sie Herr Richter, die im Osten hatten doch keine schnellen Autos. Die kannten doch gar nicht das Gefühl der Geschwindigkeit. Das hat doch auch etwas mit dem Freiheitsgefühl zu tun. Haben sie doch Verständnis für das Verhalten meines Mandanten!« Daraufhin räusperte er sich. Ich nickte ihm zustimmen zu. Diese fundierte politische Zwischenbemerkung im mitleidigen Unterton veranlasste den Richter nicht, darauf einzugehen. Er hatte offensichtlich andere, schwerwiegendere Fragen im Kopf. Er fragte seine, mit Steno beschäftigte junge Dame, ob es nicht Zeit sei, zum gemeinsamen Essen zu gehen. Worauf die Hübsche mit dem Kopf nickte.

Daraufhin nahm er unseren Fall in den Paragrafen, bei dem ich mit heiler Haut davon kam. Ich sei als Täter nicht eindeutig auf dem Blitzbild auszumachen, gab er zu Protokoll. Ich erhielt die Auflage, unverzüglich (das hatte schon mal einer gesagt, dann ging die Mauer auf…) ein Fahrtenbuch anzulegen. Ich solle zukünftig besser auf die Verkehrszeichen schauen. Daraufhin erhob er sich ruckartig. Wir standen ebenso auf. Ich verfolgte mit meinen Augen, wie das Hohe Gericht den Saal verließ.

Mein Rechtsanwalt erklärte mit noch ausführlich, dass es Dank seiner politisch motivierten Argumentation zu meinen mildernden Umständen gekommen wäre.

Ich sei ihm schließlich zu Dank verpflichtet. Ich bedankte mich artig mit der Feststellung, dass mit seinem Ostargument offensichtlich kein Mitleid zu erregen gewesen sei. Wir einigten uns, dass es in diesem Fall wohl kaum noch ein Ost-West-Unterschied geben würde.

Ich merkte, dass spezifische Ostbefindlichkeiten, die mein Rechtskundler strafmildernd einbringen wollte, keine Wirkung hatten.

Nach diesen Vorkommnissen fuhr ich gesitteter. Vielleicht hatte ich auch etwas Glück. Ich ersparte mir jedenfalls Ärger sowie Geld.

Die Umsätze waren gut. Unsere Wohnung gestalteten wir schrittweise aus. Der Anfang unseres gemeinsamen Lebens in der Einraumwohnung in Bergisch Gladbach war sehr bescheiden. Wir hatten nur das Nötigste. Schließlich waren wir mit unserem Handgepäck aus dem Osten in den Westen gereist. Es war für mich ein wunderbares Gefühl, als wir uns eine Wohnung leisten konnten, in der ich mich sehr wohl fühlte.

Eine gediegene Ausgestaltung war nun möglich, natürlich auf unsere Verhältnisse bezogen. Die zwei Autos wurden mit entsprechenden Finanzierungen angeschafft. Als wir uns einen PC kauften, ging ein Traum für mich in Erfüllung. Die technischen Bedingungen für unser Kleinunternehmen waren auf dem neuesten Stand.

Das Entscheidende für mich war die Entwicklung einer Aufbruchstimmung. Mein Lebensgefühl verbesserte sich. Ich fand zunehmend Freude in der für mich doch neuen Tätigkeit. Mein Ehrgeiz entfaltete sich. Ich war mit mir zufrieden.

Mit dem Beginn des 21. Jahrhunderts begann für mich eine anspruchsvolle Zeit. Es waren neue Herausforderungen zu meistern. Ausländische Delegationen, die im

Verlag sich mit neuen Bildungskonzepten in Verbindung mit dem Einsatz von Medien beschäftigten, wurden von mir weitergebildet.

Ich führte zum Beispiel Seminare mit südkoreanischen Lehrern durch. Nach dem Seminar kamen wir ins Gespräch zur Lage ihres geteilten Landes. Nach fast zehn Jahren der Einheit Deutschlands eröffneten sich für mich die bereits in Vergessenheit geratenen Bilder des langen Prozesses der Wiedervereinigung. Je länger wir miteinander über die verschiedenen Bedingungen sprachen, umso deutlicher wurde mir vor Augen geführt, dass es eine Übertragung von möglichen Strategien eines Einigungsvorganges auf andere Länder, zu anderen Zeiten, kaum geben kann. Mir wurde noch einmal vor Augen geführt, dass für die Einheit Deutschlands in verdammt kleines Fenster offen war. Die Mehrheit der Bevölkerung im Osten hat es verstanden, diesen Spalt der Geschichte zu nutzen.

Ich erzählte den Südkoreanern meine Erlebnisse aus dem Norden ihres Landes. Ich spürte ihre Besorgnis sowie ihre Betroffenheit. Nationale Gefühle haben offensichtlich tiefe Wurzeln. Ideologien oder das unbändige Streben nach Reichtum oder Vormacht werden auf Dauer daran nichts ändern können. Mit dieser Hoffnung gingen wir auseinander.

Die Universität in Köln bat mich, mit Schulamtsanwärtern praktische Seminare zur Medienarbeit im Unterricht regelmäßig durchzuführen. Diese Lehrtätigkeit habe ich mit besonderer Freude übernommen. Endlich konnte ich wieder lehrend tätig sein. Für mich war die Arbeit mit Studenten auch darum wichtig, weil neue Überlegungen für bessere Bildungskonzepte in den Schulen oftmals von ihnen kamen. Provokativ oder fordernd stellten die Studenten Mängel oder Fehlentwicklung im Bildungsbereich fest. Ich wünschte mir, dass sie ihren Veränderungsdrang in die Schulen tragen würden.

Die kommunalen Schulverwaltungen führten gemeinsam mit den Lehrerverbänden Bildungsmessen durch. Ich habe diese Bildungsmessen mit den Materialien des Verlages ausgestaltet. In zahlreichen Workshops habe ich mich mit den Lehrern zu unterschiedlichen Fragen der Grundschuldidaktik auseinandergesetzt.

Der Verlag hatte gute Kontakte zu russischen Bildungsinstitutionen entwickelt. Immer dann, wenn ein Dolmetscher oder Betreuer für die russischen Vertragspartner benötigt wurde, stand ich auf der Matte.

Das waren für mich die Herausforderungen, die meinem Leben einen Sinn gaben. Es tat einfach gut, wenn ich das Gefühl hatte, dass ich gebraucht wurde.

Endlich konnte ich auch das anwenden, wofür ich eine Ausbildung hatte, die ich übrigens zunehmend mehr schätzen lernte.

Ich entwickelte Verkaufskonzepte. Mit der Mitgestaltung an Bildungskonferenzen in den Grundschulen hatte ich meine Tätigkeit als Schulberater erfolgreich gestalten können. Auf der Grundlage meiner Erfahrungen konnte ich vor den Mitstreitern des Verlages diese Konzepte vorstellen. Ich spürte in der täglichen Arbeit mit den Lehrerinnen, dass ich durch mein persönliches Verständnis der Arbeit eines

Schulberaters zunehmend mehr Anerkennung erworben hatte. Rein statistisch gehörte ich zu den Verkäufern des Verlages, die an der Spitze im Ranking waren, wenn es um Anzahl und Höhe der Umsätze pro Schule ging. Bärbel und ich wurden Verkaufsleiter in unterschiedlichen Gebieten.

Ich war froh, Anerkennung gefunden zu haben. Das tat meinen Gefühlen gut, nach so vielen Brüchen, die ich hinter mir hatte.

War es das kaufmännische Gespür des damaligen Verlegers als er zwei Ostdeutsche mit einer für ihn anderen Weltanschauung vertraglich an sich band? War es gar ein Risiko für ihn?

Er hatte zwei Menschen vertraut. Er widerstand dem damaligen Gerede von den Vorurteilen über die ostdeutschen Arbeitnehmer. Ich denke, dass unsere vertraglichen Beziehungen zum Vorteil beider Seiten verliefen.

Die Meinungen der Nordkurvler über uns veränderten sich zusehends. Diejenigen, die an unserem Einleben in der westlichen Gesellschaft zweifelten, wurden kleinlauter. Die meisten von ihnen wollten ihre Zweifel vergessen machen: »Na, das habe ich euch doch gleich gesagt, dass die das schaffen!«

Ich habe es vermieden, sie an die Zweifel oder Sticheleien zu erinnern, über die ganze Nächte in der Nordkurve philosophiert wurde.

Ich habe immer geschmunzelt, wenn Herr T. nach unserm fast 20 jährigem Leben im Westen veranlasst war, immer wieder die Frage zu stellen: »Habt ihr euch denn eingelebt?« Zunächst dachte ich, das wäre eine Einzelmeinung, aber er brachte etwas auf den Punkt, worüber ich später immer wieder nachgedacht habe: »Was verstand er unter dem Einleben?«

Wir waren nicht Gleiche unter Gleichen. Wir waren anders sozialisiert. Unsere Erfahrungen waren andere. Unsere kulturellen Bedürfnisse waren anders. Die materiellen Möglichkeiten für unser Leben waren andere. Wir stellten Unterschiede in der Weltbetrachtung fest. Die politischen Meinungen waren sehr differenziert.

Das respektvolle Umgehen mit diesen Unterschieden im Leben anderer Menschen habe ich als Stärke empfunden. Nicht in der Gleichmacherei lagen die Werte unseres Zusammenlebens. Eberhard Esche hat seine Biografie überschrieben »Wer sich grün macht, den fressen die Ziegen!«(Vgl. ebenda) Manchmal hatte ich den Eindruck, dass eine neue gesellschaftliche Kollektivierung mit anderen Vorzeichen gewünscht war. Ich war nicht einer von ihnen, ich war einer mit ihnen. Es war das respektvolle miteinander umgehen, auf gleicher Augenhöhe. Das verstand ich unter Einleben. Die Annäherung zwischen Ost und West war in meinen Vorstellungen nicht die Annäherung des Ostens an den Westen. Es ist eine historische Chance einer Gesellschaft, mit den gewachsenen Unterschieden der Menschen aus beiden Systemen umzugehen. Diese gleichberechtigt wahrzunehmen, war eine Herausforderung, die in zahllosen persönlichen Beziehungen längst Realität geworden ist.

Oft sind es die runden Geburtstage im höheren Alter, die auf eine humorvolle Weise Beispiele dafür geben konnten.

Im Jahre 2004 feierten wir gemeinsam im Kartoffelhaus in Bergisch Gladbach unseren jeweiligen 60. Geburtstag. Rechnerisch waren 120 Jahre anzeigfähig.

Mit dem Lied »Rot sind die Rosen« eröffnete Bärbel den Abend. Wir gaben bekannt, dass wir erneut heiraten werden. Dieser Abend berührte meine Emotionen sehr.

Als dieses Lied gespielt wurde, rannen mir doch Tränen die Wange herab.

Es entlud sich ein Gefühl der tiefen Dankbarkeit. Das Leben in den vergangenen Jahren war nicht immer einfach für uns. Wir haben es gemeinsam gemeistert. Auch dafür stand unsere Lebensreise in den Westen, dass wir uns auf eine neue Art wieder gefunden haben. Dabei wurden die bisherigen Partnerschaften respektiert. Mit Bärbel habe ich zwei großartige Söhne. Sie haben ihr Leben in verschiedenen Gesellschaften mit uns erlebt. Sie sind mir ans Herz gewachsen. In ihnen sehe ich mein Leben gespiegelt. Sie geben mir viel Kraft. Sie bedeuten mir sehr viel, weil sie in meinen Gedanken immer präsent sind.

In derselben Weise bin ich mit meiner Tochter verbunden. Über die Feststellung, dass Väter zu ihren Töchtern eine besonders innige Beziehung haben sollen, habe ich oft hinweggesehen. Ich gebe aber unumwunden zu, dass ich inzwischen auch zu denen gehöre. Ich liebe meine Kinder sehr. Ich leide wie ein Hund, wenn es ihnen schlecht geht. Ich freue mich, wie ein Schneekönig, wenn sie gut durch ihr Leben gehen.

Uns haben in diesen Jahren zahlreiche Menschen begleitet. Die uns am Nächsten standen, waren an diesem Abend anwesend. Viele von ihnen haben eine kleine Kerbe in mein Poesiealbum gedrückt.

Freundschaften sind gewachsen, sie haben sich vertieft. Ich hatte das Gefühl, alle Anwesenden umarmen zu wollen.

Ja, alle wollte ich umarmen. Die aus dem Osten Angereisten, wie die aus dem Westen.

Die immer wieder beschworene Einheit von Ostdeutschen mit Westdeutschen fand in einer besonderen Weise im persönlichen Bereich statt.

Wir setzten auf die empathischen Gefühle der Eingeladenen. Ich wurde nicht enttäuscht. Es entfaltete sich an diesem Tag, wie in einem Brennglas eine Abfolge von persönlichen Befindlichkeiten derer, die in unterschiedlichen Gesellschaften aufwuchsen.

Es zeigte keiner mit dem berühmten Zeigefinger auf Konflikte. Belehrungen wurden keine vorgenommen. Humorvoll wurden die kleinen Schwächen aufgespießt. Die Unterschiede waren es schließlich, die die Brücke bildeten, das Interesse steigerten, schließlich ein Gefühl der Verbundenheit wachsen ließ.

In diesem Zusammenhang sah ich die kleinen liebevollen Beiträge, die die Anwesenden vortrugen. Sie haben mich außerordentlich berührt.

Eine spürbare Distanz löste sich und ging über in Neugier oder gar Freude über die kleine vorgetragene Lebensgeschichte des Anderen.

Dieser Teil des Abends begann mit der Darbietung einer Kölner Gallionsfigur des Karnevals. Die »Doof Nuss« war ein Könner der Mundart. Er kannte die Zusammensetzung seines Publikums an diesem Abend. Es wurde mehr als die Vorstellung einer Kölner Karnevalsfigur. Er verband humorvolle Episoden im Zusammentreffen von Deutschen aus Ost und West mit kleinen Anregungen für beide Seiten. Das konnte er so geschickt, dass die Lacher auf beiden Seiten waren. Er nahm die Unterschiedlichkeit unseres vergangenen Lebens auf die Spitze. Plötzlich erwuchsen ähnliche Bilder zwischen Menschen mit unterschiedlichen Biografien. Mit viel Schalk rückte er das menschlichen Miteinander in den Fokus. Da spielten die großen historischen Abrechnungen oder Aufrechnungen keine Rolle, sondern die kleinen zwischenmenschlichen Gesten, Wünsche, Hoffnungen und das Glücksgefühl, vereint zu sein.

Da war es, endlich war es da, ein Stückchen Glücksgefühl, zum Greifen nah. Meine besten Freunde waren da, der Helmut, der Günter, der Alfons und alle mit denen wir in den letzten sechzig Jahren gemeinsam so herrliche Stunden erlebten. Die aus dem Osten waren mit denen aus dem Westen freundlich vereint.

Es gab in dieser freundschaftlichen Atmosphäre auch Unterschiedliches, Unterscheidbares sowie Besonderes.

In einer Bilddokumentation, die mit Herzlichkeit und Verbundenheit von Helmut erarbeitet wurde, hatte er den bedeutungsvollen Wert unserer Freundschaft zusammengestellt. Bei genauerer Betrachtung fiel auf, dass Bildsequenzen oft im Zusammenhang mit gesellschaftlichen Ereignissen standen. War unser Leben im Osten stärker gesellschaftlich bezogen? Das war in allen kleinen Beiträgen der Auftretenden aus dem Osten deutlich spürbar. Dazu kam eine weitere auffallende Besonderheit. Die äußerte sich darin, dass wir als im Osten Sozialisierte einen starken Bezug zur deutschen neueren Geschichte herstellten. Die Betrachtungen verliefen so, dass unsere Konflikte humorvoll, sarkastisch, ironisch, witzig oder ernsthaft verarbeitet wurden. Bei den im Westen Sozialisierten hatte ich den Eindruck, dass in ihrer neueren Geschichte keine Konflikte vorgekommen wären. Sie sprachen jedenfalls nicht darüber. Wir waren offensichtlich noch sehr weit entfernt davon, unsere Geschichte als gemeinsame deutsche Geschichte zu betrachten. Kleine Geschichten, die wir uns gegenseitig erzählten, waren nur ein Spiegelbild.

Wir hatten einen anderen Blick auf die Bilder der Jugend. Erfahrungen oder Einsichten, die einmal im Leben gewonnen wurden, waren verschieden durch die Umstände. Diese waren nicht wegwischbar, sie waren so, wie sie waren. Man musste zu ihnen stehen. Sie haben mich bei einer kritischen Betrachtung bereichert. Das lag auch dem Atmosphärischen dieses Abends zu Grunde. Zwei Beispiele könnten das einsichtiger machen.

Günter hatte eine kleine Rede vorbereitet. Er karrikierte die politischen Veranstaltungen aus DDR- Zeiten. Er erzählte vom Klassenkampf, von der unverbrüchlichen Freundschaft zum Großen Bruder, der Sowjetunion, vom Sieg des Sozialismus, von der Anerkennung der Führung der Partei der Arbeiterklasse. Den westlich Geborenen verschlug es die Sprache. Die im Osten Geborenen schmunzelten über die sehr sarkastische Betrachtung einer Zeit, die vor zehn Jahren tatsächlich stattfand. Für diese hatte es etwas Befreiendes.

Dann zog er aus der Tasche ein Papier hervor. Er erklärte zur Verblüffung der Anwesenden, dass er weder Mühe noch Kosten gescheut habe, um mir anlässlich des heutigen Tages meine Kaderakte in feierlicher Form zu überreichen.

Im ansonsten so erheiterten Rund trat eine gewisse Stille ein. Einer rief kleinlaut: »Was ist denn eine Kaderakte?«

Günters Brille rutschte etwas tiefer auf die Nasenspitze. Er las daraus im sächsischen Dialekt vor: «Das sei die Beurteilung des Genossen P., der sich durch einen Klassenstandpunkt der Arbeiterklasse, ein marxistisch-leninistichem Bewusstsein, einen guten Führungsstil der Partei, durch Parteiverbundenheit, durch ein Schöpfertum zur Durchführung der Beschlüsse des Parteitages auszeichnet!« Das waren diese Bewertungen einer Person, die einen Menschen Zeit seines Lebens begleiteten, aus einer Zeit entnommen, als sie für mich existentielle Bedeutung hatten.

Zugleich hatte dieses Vorlesen etwas Befreiendes. Die Archive werden sich damit füllen. Die gesellschaftlichen Verhältnisse in der diese Art der Beurteilung über den Lebensweg von Menschen entschieden hatte, ist Vergangenheit. Es war der Blick in den Rückspiegel bei voller Fahrt voraus.

Das war auch ein kleines Beispiel der Aufarbeitung des Vergangenen. In seiner kritischen sowie intelligenten Betrachtung wurde es humorvoll. Mögliche Verletzungen waren überwunden. Das Lachen konnte sehr befreiend sein.

Gerade darin fühlte sich die Freundin meiner Frau, Lisa, angeregt, ein literarisch-humorvolles Schätzchen preiszugeben.

Lisa ist in meinen Augen eine starke humorvolle Frau. Sie betreute in liebevoller Weise unsere Söhne. In allen gesundheitlichen Fragen war und ist sie meine Vertrauensperson. Schmerzliche Erfahrungen ihres Lebens meisterte sie mit einer optimistischen beneidenswerten Grundhaltung.

Ich erinnere mich gern an die Tänze und Gesänge, die Lisa zu unserer Freude darbot. Was sie im Innersten gedacht oder gar gefühlt haben mag, blieb mir verborgen.

Sie ist eine liebenswerte, bescheidene Frau mit einer großen Aura. Für mich war und bleibt sie meine Oberin. Im wahrsten Sinne dieses Berufes als eine Hüterin der humanistischen Ideen sowie einer Vermittlerin positiver Lebenshaltungen. Nach der Wende haben ihre heutigen Biographie-Bewerter ihr diese Lebensleistung zu versagen versucht. Selbst diesen Konflikt meisterte sie.

Sie trug ein in den Anfangsjahren der DDR verfasstes »literarisches Kleinod« vor. Es handelte aus einer Zeit, die für die Kulturpolitik der Partei als der »Bitterfelder Weg« in die Geschichte einging. Der Bitterfelder Weg sollte in der DDR eine neue programmatische Entwicklung der sozialistischen Nationalkultur einläuten. Eine am 24. April 1959 veranstaltete Autorenkonferenz im Elektrochemischen Kombinat Bitterfeld gab den Namen. Den Werktätigen wäre ein aktiver Zugang zu Kunst und Kultur ermöglicht. Die vorhandene Trennung von Kunst und Leben sollte damit überwindbar werden. Die Arbeiterklasse würde ihre Führungsrolle auch in diesem Bereich übernehmen können. Dazu sollten u. a. Künstler und Schriftsteller in den Fabriken arbeiten und die Arbeiter bei deren eigener künstlerischer Tätigkeit unterstützen. Es wurde die Bewegung schreibender Arbeiter gegründet. Die im Wesentlichen von Ulbricht ausgegebenen Direktiven standen unter dem Motto: »Greif zur Feder, Kumpel, die sozialistische Nationalkultur braucht dich!« 1958 stellte Ulbricht die Forderung auf: »In Staat und Wirtschaft ist die Arbeiterklasse der DDR bereits Herr. Jetzt muss sie auch die Höhen der Kultur stürmen und von ihnen Besitz ergreifen.« Zweifelsfrei hatte diese Bewegung auch Impulse für eine breite Laienkunst gegeben. Diese trieb aber auch ihre »Blüten«. Aus diesen Blüten war das von Lisa ausgewählte Stück.

In einem Betrieb der DDR war der Gewerkschaftsvorsitzende (vielleicht in Anspielung auf meine gewerkschaftliche Vergangenheit) derjenige, der im Zuge des sozialistischen Wettbewerbes nun die Bergung der literarischen Schätze aus der Arbeiterklasse verantwortete.

Lisa trug diese kleine Geschichte vor:

»Eines Tages wird Paul Schramm. Mitglied des Zirkels »Schreibender Arbeiter«, Träger der Roten Nelke und anderer staatlicher Auszeichnungen sowie ständiger Teilnehmer am Werkküchenessen zu seinem BGL-Vorsitzenden (BGL=Betriebsgewerkschaftsleitung) gerufen. Dieser sagt zu Paul Schramm:

»Paul, du bist doch unser Dichter und Schreiber, nun stehen bald die Arbeiterfestspiele vor der Tür und wir wollen auch etwas dazu beitragen. Mach doch mal einen kleinen Vers! Schreibe am besten etwas Natürliches, aber mehr als vierzehn Tage kann ich dir nicht Zeit lassen!«

Nach vierzehn Tagen kommt Paul Schramm ... und liest vor:

»Im Wald da liegt ein Ofenrohr – nun stellt euch mal die Hitze vor?«

»Mensch, Paul«, sagt der BGL-Vorsitzende, »so ein Unsinn! So etwas können wir doch nicht bei den Arbeiterfestspielen anbringen! Du musst dir schon etwas anderes einfallen lassen. Vielleicht schreibst du mal etwas über die Partei, aber vierzehn Tage kann ich dir nicht mehr lassen!«

Nach zehn Tagen kommt Paul Schramm ... und liest vor:

»Das Wetter! – Seht nur wie die Sonne lacht – das hat die SED gemacht!«

»Nein, Paul!«, sagt der BGL-Vorsitzende, »überleg dir doch mal diesen Blödsinn! Seit Millionen Jahren scheint die Sonne. Was hat denn die Partei damit zu tun? Jetzt musst du dir aber etwas Vernünftiges einfallen lassen! Also komm in acht Tagen wieder. Du bist Bergmann, schreibe über deinen Beruf, schreibe über den Arbeitsschutz!«

Nach acht Tagen kommt Paul Schramm ... und liest vor:

»Das Grubenunglück! Hempeldiepempel – es wackelt der Stempel, Humpeldiepumpel –
tot war der Kumpel! Eine Schippe Kohlen drauf – Glück auf!«

»Mensch, Paul«, sagt der BGL-Vorsitzende, »diesen Mist kann sich ja keiner anhören!
Die Zeit rückt immer näher, du musst doch mal etwas Ordentliches schreiben! Wie wär's
denn mit dem Wettbewerb? Vielleicht eine Art Losung?«

Nach fünf Tagen kommt Paul Schramm ... und liest vor:

»Das Transparent! Der Kumpel in den Schacht reinkriecht, damit der Sozialismus
siecht!«

»Bist du verrückt geworden, Paul?« entsetzt sich der BGL-Vorsitzende. »Du als Bergmann weißt doch genau: der Kumpel kriecht nicht in den Schacht, er fährt ein und der Sozialismus ›siecht‹ nicht – er siegt! Also, so geht das nicht, Paul, das hat mit dir keinen Zweck.
Am besten, wir lassen die ganze Schreiberei! Na, gut, ich gebe die eine letzte Chance. Schreibe
etwas Allgemeines, das kannst du wohl? Aber bringe es mir bald!«

Nach drei Tagen kommt Paul Schramm ... und liest vor:

»Unser Haus! Die Sonne scheint ins Kellerloch – na, lass sie doch, na, lass sie doch!«

Da gehen dem BGL-Vorsitzenden die Nerve durch. Er schmeißt Paul Schramm hinaus –
und sieht ihn für die nächste Qualifizierung vor!«

(DDR–Kultgeschichte, Verfasser unbekannt)

Solche oder ähnliche humorvolle Betrachtungen der Vergangenheit lösten vielfältige Spannungen, die sich offensichtlich in den Jahren der Trennung zwischen
Ost- und Westdeutschen gefestigt hatten.

Wenn sich Geburtstage als Tage der Besinnung sowie als Aufmunterung für
Kommendes verstehen, sind sie eine Lebensbereicherung. Dieser war es!

Einige Tage später kam ich von Berlin mit dem Flieger in Köln an. Um meine
Rückkehr in angenehmer Atmosphäre zu begehen, gingen meine Frau und ich in
das »Kaffee Reinhard«, das berühmte Café am Kölner Dom.

Dort fiel ich, wie vom Schlag getroffen, um. Bärbel sorgte sich um mich, die
Schnelle Medizinische Hilfe brachte mich ins Marienkrankenhaus nach Köln-Mitte.

Nach den üblichen Untersuchungen, es wurde Gott sei Dank nichts weiter ermittelt, blieb ich zur Beobachtung eine Woche im Krankenhaus. Neben mir war
noch ein Bett frei. Tags darauf wurde ein Herr eingeliefert. »Herr Hans-Jürgen
Knopek, Münzsachverständiger und Besitzer des kleinen Karnevalordenmuseums
am Alter Markt«, so stellte er sich vor.

Es war in Mensch, der vom Kampf gegen seine Krebskrankheit gezeichnet
war.« Erschrecken sie nicht, ich bin im letzten Stadium«, er sagte diesen Satz mit
einem stolzem Blick. Dabei sprühte der Mann voller Lebensfreude. Ich konnte
gar nicht sagen, worüber ich mehr erstaunt war, über sein schrecklich gezeichne-
tes Gesicht oder dieses Sprühen in den Augen vor Lebensmut. Was verbarg sich
für ein Lebensschicksal hinter dem von der Krankheit Gezeichneten? Ich bin so
dankbar, dass ich diesen wunderbaren »Kerl« erleben konnte, der zwischen den

therapeutischen Maßnahmen so außerordentlich lebensfroh und humorvoll war. Immer, wenn er begann:»He, wat meenste? Sollen wir, oder nich!«, dann begann jeder aus seinem Leben zu erzählen. Nicht so, wie allgemein darüber nachdacht wurde: »Was hast du gemacht, wo kommst du her usw.?«

Nein, wir stellten die Fragen: »Was haben wir nicht gemacht? Wo liegen unsere Stärken? An welcher Stelle unseres Lebens haben wir etwas versäumt?«

Ich erlebte unmittelbar ein Wechselspiel zwischen Krankheit und Gesundheit. Beides hatten wir zu Gegenspielern erklärt, die zum Leben gehörten. Ich merkte, dass mir ein lebensfroher Mensch, der sein Schicksal annahm, mir soviel Lebensmotivation gab, wie ich es lange nicht erwartete. Glück erhielt eine neue Bedeutung für mich.

Er erzählte von Münzauktionen in England, zu denen er als Sachverständiger eingeladen wurde. Er erhielt selbst noch hier im Krankenhaus von Fachleuten Anrufe, die um seinen Rat baten. Das schätzte er besonders, dann konnte er freudestrahlend erzählen, wie er den mal wieder aufs Kreuz gelegt hat.

Dann waren wir wie kleine Kinder. Wir erfreuten uns an den kleinen Dingen, die uns umgaben. Beim Uno-Spiel kamen wir auf die Idee, ein eigenes Spiel zu entwickeln. Knopek lebte mit dem Karneval. Das war sein Ein und Alles. Wir tüftelten an einem Spiel für die Stadt Köln. Er war wie ein lebendes Lexikon. Alle Legenden der Stadt waren ihm geläufig. Ein Würfelspiel mit Frage- und Antwortkarten über die Stadt Köln sollte es werden. Das waren unsere Pläne. Er übernahm die Finanzierung. Ich sollte den Vertrieb organisieren.

Auf alten Zeitungen malten wir die Würfelwege auf. Die Uno Karten beschrifteten wir als Fragekarten. Immer neue Ideen sollten das Spiel bereichern. Leidenschaftlich waren wir bei der Sache, dass uns die Zeit davonlief, merkten wir nicht.

Er hatte bereits eine verrückte Idee in der Innenstadt umgesetzt. Mitten in der Kölner Altstadt hatte er 1990 das Museum für Kölner Karnevalsorden gegründet. Das Geld, was er bei seiner fachlichen Beratung verdiente, steckte er in sein Museum. Er setzte einen Kindheitstraum um, wie er mir versicherte.»Solche Verrückten muss es geben«, die bereichern das Leben.

Er war auch im Januar 1944 geboren. Sein Sternzeichen, auf das er oft verwies, war der Steinbock. Wir waren in der Nachkriegszeit an verschiedenen Orten aufgewachsen. Er wuchs im Rheinland auf. Seine Eltern waren ebenso wie meine Eltern aus dem Osten geflohen. Sein Vater hatte einen Kramladen. In den familiären Strukturen waren wir ähnlich gestrickt. Verblüfft haben uns die gemeinsamen politischen Auffassungen. Da habe ich an verschiedenen Stellen die Differenziertheit der politischen Auffassungen mit den Unterschieden in den gesellschaftlichen Strukturen in Ost und West begründet. Nun stellten wir so viele Gemeinsamkeiten in den Auffassungen zur Gegenwartspolitik fest, dass meine bisherigen Überlegungen zu schwanken anfingen. Ich war überaus überrascht. Vielleicht sollte ich noch mehr darüber nachdenken, dass ähnlich soziale Entwicklungen, ähnliche familiäre Struktu-

336

ren, ähnliche kulturelle Bedürfnisse zu diesen Gemeinsamkeiten führen können. Es war ein Glück, dass ich diesen wunderbaren Menschen kennen lernen konnte. Wir nahmen alles durch, worüber sich Männer in unserem Alter unterhielten. Oft habe ich die Augen zugekniffen. Ich stellte mir vor, dass neben mir mein Bruder liegt. Wir hatten nicht einmal Zeit, etwas zu lesen.

Nur durch die Besuche unserer Lieben wurden unsere Gespräche unterbrochen. Kaum waren diese aus unserem Zimmer, sagte er: »Hörens!« Schon hatten wir ein neues Thema am Wickel. Wir teilten uns die 24 Stunden nicht in Tag und Nacht ein. Unsere Einteilung war nunmehr das Sprechen oder das Schlafen. Der Fernseher war immer aus.

Am fünften Tag unseres gemeinsamen Lebens wurde Knopek müde. Er bat mich darum, dass ich seine Frau anrufen sollte. »Ich will noch einmal nach Hause, nach dem Rechten sehen!« Ich rief an. Ein entsprechender Krankentransport fuhr ihn. Wir verabschiedeten uns mit den Worten: »Mach`s gut! Auf unserer Lebensreise werde ich wahrscheinlich eine Station früher aussteigen!« Nach einer langen Pause schloss er an: »Wir sehen uns dann später!« Er sagte das mit fröhlichem Gesicht. Er hatte jedoch schon einen Schleier in den Augen, sodass meine Fröhlichkeit schnell wich.

Eine Woche später stand ich auf dem Melatenfriedhof in Köln mit einer Sonnenblume in der Hand. Ich verabschiedete mich von meinem »Knopek«, der mir sehr nahe gekommen war. Ich legte die Blume zu den anderen Blumen an seinem Grab.

Leise sagte ich, dass es niemand hören konnte: «Hörens, ich fahre noch ein Stück, wir werden uns sehen, versprochen.« Seiner Frau schrieb ich dann in einem Brief:

»Liebe Frau Knopek,

mit ihrem Mann habe ich eine Reise mit dem Zug, dem Lebenszug vereinbart, er ist leider früher ausgestiegen und wir wollten noch so lange miteinander reisen. Wir hatten so viele Pläne. Leider ist ein Mensch gegangen, dem ich begegnet bin in einem Lebensabschnitt – im hinteren Drittel – wir hatten nicht viel Zeit, aber diese haben wir so genutzt, dass die kurzen Stunden für mich so viel bedeutet haben, weil er ein kreativer, leidenschaftlicher Mensch war – eine Seele von Mensch.

Ich darf Ihnen sagen, dass ich oft an ihn denke, weil er im Bewusstsein seiner Lebensgrenze so liebevoll über seine Familie dachte und sprach, so beeindruckende Geschichten erzählte, die so nachhaltig in meinem Gedächtnis sind.

Wir haben uns »geistige Brüder« genannt, weil es kaum nachvollziehbar ist, dass zwei Menschen mit unterschiedlicher gesellschaftlicher und örtlicher Entwicklung soviel Gemeinsamkeiten feststellten – vielleicht lag es auch daran, weil wir im »Getriebe der Zeit«, plötzlich, schicksalhaft, soviel Zeit hatten.

Ich empfinde Trauer und Nachdenklichkeit zugleich für einen guten Menschen.«

Von diesem Kölner Friedhof, der so viele Berühmtheiten der Stadt in die letzte Ruhe führte, ging ich doch sehr betroffen nach Hause.

Die langen Gespräche über Gesundheit im Wechsel mit Krankheit, über das Leben, welches den Tod einschließt, über das Glück im Leben, haben mich nachdenklich werden lassen. War ich doch etwas geläutert, meinem Körper nicht mehr soviel zuzumuten?

Zugleich lernte ich meinen späteren Hausarzt kennen. Vom ersten Augenblick war mir Doktor F. sehr sympathisch. Er stellte mir keine Regeln auf, die er mit Medikamentenverschreibungen zu erhärten versuchte.

Er war in der Berliner Gegend geboren. Mir gefielen die kleinen Geschichten aus seiner Jugend. Ich stellte mir vor, dass wir uns über die Berliner Mauer bereits zugewinkt hätten. Das war natürlich eine Vorstellung, die nicht möglich war. Dennoch war da so eine unausgesprochene Nähe, die mich mit ihm verband. Das so genannte Arzt-Patientenverhältnis war nicht mehr auf die obligatorischen 10-Minutengespräche festgeschrieben. Wir unterhielten uns oft sehr lange. Im Bewältigen von Konflikten stellten wir Gemeinsamkeiten fest. Wir gingen auf die verschiedenen Lebensverletzungen des anderen ein. Ich lernte einen empathischen Menschen kennen. In seinem Bestellsystem war ich oft der letzte Patient des Tages. Er nahm sich Zeit, mit mir über Politik oder Kultur ausführlich zu debattieren. Dabei entdeckte ich bei ihm ein waches Interesse an den Gedanken und Gefühlen des Gesprächspartners. Mit welcher Aufmerksamkeit sowie Geduld er zuhören konnte, das war für mich beeindruckend.

Solche Gefühle waren selten, aber wenn diese auftraten, war es ein Glücksumstand. Er maß meinen Blutdruck immer vor den Gesprächen mit ihm, denn danach waren meine Werte immer höher. Er wusste das, weil wir sehr lebhaft und leidenschaftlich miteinander sprachen.

Wir überredeten den anderen nicht von der Richtigkeit des jeweiligen Standpunktes, sondern stellten die eigene Überzeugung auf den Prüfstand.

Jeder konnte den Standpunkt des anderen abklopfen. Wir ließen Fragen als Anregung zum weiteren Nachdenken offen. Er hatte die besondere Gabe, einen anderen Menschen nicht zu verletzen. Das war eine einmalige Fähigkeit, wie ich empfand.

Eine Frage erregte allerdings immer wieder unsere Gemüter. Sie ließ uns einfach nicht los. Natürlich war sie für unsere unterschiedliche Lebensfahrt zu einer emotional bewegenden Frage geworden. Etwas provokativ stellte er mir die Frage: »Du musst doch darüber glücklich sein, dass du endlich in der Freiheit leben kannst?!« Nun kann man bekanntlich gerade über diesen Begriff trefflich streiten. Er schrieb mir:

»Ein ganz zentraler Begriff ist doch der der Freiheit. Freiheit im Denken, Freiheit im Handeln, Freiheit sich zu entwickeln. Und die Grenzen meiner individuellen Freiheit liegen da, wo sie die Freiheit meines Mitmenschen unzulässig einschränken.«

Ich habe erlebt, wie Diktaturen die persönliche Freiheit einschränkten. Ich lebte in der Vorstellung, dass das überwindbar wäre. Ich bin froh, dass die heutigen Bedingungen einer bürgerlichen Demokratie günstige Voraussetzungen für ein Leben in Freiheit schaffen könnten. Meine bisherigen Erfahrungen machen mich jedoch hellhörig, wenn ich träumerische Vorstellungen des Lebens in Freiheit vernehme.

Ich habe versucht, Antworten zu finden. Das war sehr kompliziert. Vor allem stolperte ich immer wieder über den Versuch, gesellschaftliche Bedingungen mit persönlichen Freizügigkeiten in Beziehungen zu bringen. Die Freiheit des Individuums war und ist ein hohes Gut. Je besser eine Gesellschaft mit diesem Gut umgeht, umso reicher an kulturellen Werten wäre sie. Die Bereitschaft des Einzelnen dabei seinen aktiven Beitrag zu leisten, wird einer der vielen Maßstäbe für die Freiheit sein können. Die Freiheit auf das Erreichen von materiellem Wohlstand zu reduzieren, halte ich für ein Übel der heutigen Gesellschaft, in der ich lebe. Diese Erkenntnis schließt nicht aus, dass materielle Notwendigkeiten ebenso unverzichtbar sind wie Bildungsvoraussetzungen.

Antworten auf diese zentralen Fragen sind schwer zu finden. Ich habe in den Jahren im Rheinland viele Menschen kennen gelernt, die mich auf dem Weg zu vielen Antworten begleiteten. Ihre Standpunkte waren helfend. Sie haben mich ermuntert, weiter darüber nachzudenken. Vielleicht liegt gerade darin für mich so eine Faszination, mich immer wieder mit der Freiheit des Individuums zu beschäftigen. Es würde sicherlich weiterer zahlreicher persönlicher Erfahrungen bedürfen, um noch gründlicher darüber reden zu können.

Die Einheit Deutschlands hat mir das Kennenlernen vieler Menschen ermöglicht, die in unterschiedlichen Gesellschaften lebten. Im Verlag, in den Schulen, bei der Arbeitsplatzsuche, in den Vereinen, am Stammtisch, in den Familien lernte ich Menschen aus den westlichen wie östlichen Lebensräumen kennen. Für mein Leben war das eine Bereicherung. »Freiheit ist immer die Freiheit des Andersdenkenden.« Diesen Ausspruch Rosa Luxemburgs konnte ich nach diesen Erfahrungen viel stärker nachempfinden.

Das setzte aber vor allem Toleranz voraus. Es schließt auch materielle Sicherheit ein, wie es kulturelle Fähigkeiten im humanistischen Sinn beinhaltet. Komplex eben!

Menschen aus einem anderen Kulturkreis haben den Anspruch, ihre eigenen Wege zu gehen. Das schließt auch ein, dass jeder Mensch ein Recht auf das Ausüben seiner Religion hat. Es schließt die Missionierung anderer Menschen jedoch aus.

Ich verzichtete bewusst auf »Kneipengesänge« zu diesem in der globalen Welt so komplexen Thema. Ich würde es als menschliche Bereicherung in den Mittelpunkt meines Lebens stellen, dass ich toleranten Menschen begegnet bin, die meine Toleranz mit ihnen anregten.

Das ist für mich kein theoretisches Gesangbuch. Mir sind die Grenzen und Fallstricke wohl bewusst. Darum kann ich nur mit konkreten Beispielen aus meinem Leben Anregungen geben. Nachdenkliches und Vorbildliches zu erleben ist die beste Möglichkeit, mit Vorurteilen oder gar mit Klischeevorstellungen aufzuräumen.»Erinnern ist eine gedanklich-emotionale Arbeit. Sie wird dann umso stärker sein, wenn das Erleben mit Menschen verbunden wird, die im wahrsten Sinn des Wortes Spuren hinterlassen«, das war auch mein Empfinden. Die von mir beschriebenen menschlichen Beziehungen haben bei mir Spuren hinterlassen. Dwas Drumherum stimmte

Die Draufsicht

Mich hat schon immer der Blick von außen interessiert. Abends ging ich gern durch kleine Gassen. Wenn ich dabei durch die Fenster in die beleuchteten Stuben schauen konnte, hatte es etwas Anheimelndes für mich. Die Holländer haben vor ihren Fenstern keine Gardinen, vielleicht sind sie mir darum so sympathisch.

Schon, wenn ich den Namen »Holland« aussprach, musste ich schmunzeln. Vielleicht lag das an Rudi Carell oder an den kleinen gemütlicheren Häusern, fern vom Gigantismus der Moderne.

Oder es lag daran, dass das Land mindestens zwei Meter unter dem Meeresspiegel lag, um sich zu verstecken. Es lag vielleicht an der Sprache, die in der Intonation dem Sächsischen nahe kam, was man durchaus untersuchen sollte, wegen der möglichen historischen Verwurzelungen.

Oder es hing einfach damit zusammen, dass der liebe Gott hier eine Ansammlung von fröhlichen Menschen zugelassen hatte. Es hatte eben irgendetwas zum Schmunzeln.

»Holländer leben in den Niederlanden. Holland ist aber geografisch bekanntlich nur ein Teilgebiet der Niederlande. Die Umgangssprache macht jedoch aus jedem Niederländer einen Holländer. Jedes Auto eines Holländers wiederum fährt mit NL, was bekanntlich Niederlande heißt. Schau, so einfach ist das«, waren die erklärenden Worte meines ersten Bekannten aus Holland.

Als ich nun pflichtgemäß zu ihm sagte: »Hallo, du Niederländer«, war er nicht gleich böse. Insgeheim wird er gedacht haben: »Da spricht ein intellektueller Deutscher, der will schlau sein. Er bringt seine geografischen sowie geschichtlichen Kenntnisse zum Tragen.«

»Du kannst es sagen, wie du willst, ein niederländischer Holländer ist der Selbe, wie ein holländischer Niederländer, nur eben seitenverkehrt«, sagte der Verleger des Verlages, als er mir den Auftrag erteilte, die Verkaufsleitung für den Verkauf der Lernmaterialien in Holland zu übernehmen.

Beiläufig erklärte er mir noch, dass es bereits Bemühungen des Verlages gegeben habe, den holländischen Markt zu erobern. Das sei leider fehlgeschlagen, nun sollte ich es mal versuchen. »Ach ja, nehmen Sie noch Kontakt zu dem Herrn K. auf, der hat den Verkauf unserer Produkte in Holland versucht.«

Also fuhr ich zu diesem Herrn, nicht ahnend, dass der nur darauf wartete, mit einem Vertreter des Verlages alte Hühnchen zu rupfen.

Er hatte in Kommission noch zahlreiche »Pyramiden« auf Lager. Das waren kleine mathematische Lernspiele. Die stapelten sich in seiner Garage zu Hunderten, die er mir schnell übergeben wollte.

Auf dem Weg zu seiner Garage entlud er seinen Frust: »Die Deutschen sind überheblich. Ihre wirtschaftliche Macht in Europa lassen sie die kleinen Länder spüren. Großdeutschland ist schon lange wieder erwacht. Sie korrigieren mit wirtschaftlicher Stärke die Ergebnisse der Weltkriege. Faschistoide Züge der Deutschen erwachen wieder!« Sein Redeschwall war nicht aufzuhalten. Ich wollte ihn nach seinem Rat fragen, wie ich in Holland den Vertrieb organisieren könnte.

Nach seiner politischen Grundsatzrede sagte er mir gleich ins Gesicht: »Junger Mann, hier in Holland verkaufen wir anders. Das können nur wir Holländer. Wir lassen uns von den Deutschen nicht vorschreiben, wie wir verkaufen sollen. Versuchen sie nicht, die deutsche Marke in den Vordergrund zu stellen. Sie wissen doch, dass wir eine besondere Geschichte mit ihnen haben.«

Er spielte auf die Zeit des Überfalls Hitler-Deutschlands auf die Niederlande an. Nun war mir schlagartig klar, dass nicht nur fröhliche Menschen in Holland lebten. Ich fragte ihn nicht weiter. Mich hat sein emotionaler Ausbruch dennoch berührt. Seine Befindlichkeiten im Umgang mit deutschen Menschen brachen aus ihm heraus. Er war mindestens zehn Jahre älter als ich. Welche Erfahrungen hatte er gemacht? War das die Meinung eines gekränkten Verkäufers?

Diese Fragen konnte ich nicht beantworten. In mein Gedächtnis hatte sich eingegraben, dass ich Geschichte nicht wie eine Tasche abstellen kann. Sie würde immer als Rucksack mein Leben begleiten. Ich erkannte, dass es kein Fehler sein konnte, wenn man öfter in den Spiegel seine eigene Wirkung auf Menschen anderer Nationen betrachtet.

Ich versuchte, mit den Augen von Menschen anderer Nationen auf Deutschland zu sehen. Das war anatomisch schwierig lösbar, vielleicht reichte auch das Sehen durch die verschiedenen Brillen aus. Der Versuch war es jedenfalls wert.

Das war für mich eine wichtige Erfahrung. Eine Fundgrube für diese Erkenntnis stellte eine holländische Verkaufsmannschaft dar, die ich per Annonce zusammenstellte. Diese Kollegen waren für mich eine kleine Lebensschule im Umgang mit holländischen Menschen in ihrer Lebenswelt.

Als wir uns das erste Mal trafen, tranken wir erst einmal in kleiner Runde Kaffee. Das bedeutet in Holland, das lernte ich schnell, Gemütlichkeit und Ruhe. Wir lernten uns näher kennen. Jeder erzählte von seiner Familie, von seinen Reisen in die verschiedenen Länder. Es blieb fast keine Zeit, zum eigentlichen Kaufmännischen etwas zu erfahren. Die hektische deutsche Geschäftigkeit war hier ausgeblendet.

»Kopje Koffee« ist mehr als Kaffee trinken, das ist ein Ritual. Ich ließ mich darauf ein, was sich später als wichtige Basis unseres Vertrauens herausstellte.

Für mich bedeutete es, einen Erfahrungsschatz zu erwerben. Ich fuhr mit ihnen in über 100 Schulen in den verschiedenen Landesteilen der Niederlande. Die Schulleiter sprachen überwiegend Deutsch. Darum war es für mich relativ leicht, ins Gespräch zu kommen.

Die Gespräche mit den Schulleitern begannen meist mit einem Smalltalk. Das war für sie wichtig. Es war gewissermaßen das Vorspiel. Es war der Einstieg in die geschäftliche Seite. Ich hatte immer den Eindruck, dass die Zeit davonlaufen würde. Diesen Eindruck gewann ich nicht bei den holländischen Gesprächspartnern.

Die deutsche Wiedervereinigung lag bereits Jahre zurück. Mit meiner Teilnahme war fast immer ein Gespräch über diesen einmaligen Vorgang der Geschichte verbunden.

Die Schulleiter hatten oft eine andere Sicht auf diese Vorgänge, was mich anfangs etwas überraschte. Zahlreiche Schulleiter wollten den Einigungsprozess genau beschrieben haben. Sie äußerten ihre Zweifel an den Mediendarstellungen. Ich spürte vor allem ihre Bedenken, dass sich Deutschland zur übermächtigen Kraft in Europa entwickeln würde.

Oft hörte ich Anspielungen auf das überhebliche Verhalten der Deutschen in den niederländischen Urlaubsgebieten. Ältere Schulleiter versuchten auch, historische Geschichten in die Gespräche einzubinden. Ich habe nie wieder so oft eine Anspielung auf die Geschichte der Anne Frank, dem emotional mich tief bewegenden Schicksal dieses Mädchens in der Zeit der faschistischen Besetzung Hollands, erlebt. Meine anfängliche euphorische Freude über die Einheit Deutschlands begann zu bröckeln. Ich spürte eine gewisse Ängstlichkeit vor einer vermeintlichen sich entwickelnden deutschen Übermacht. Ich merkte, dass die Geschichte tiefe Kerben geschlagen hatte. Internationales Vertrauen wieder herzustellen, bedurfte offensichtlich eines langen Weges.

»Abwarten, Kopje trinken«, waren schließlich die hoffenden Worte. Es war für mich schwierig, hinter ihre Gedanken zu kommen.

Manche Gesprächspartner erinnerten sich an ihre Erlebnisse in der DDR. »Wir hatten doch ähnliche Abhängigkeiten, wie ihr in der DDR«, begannen ihre Einleitungen. »He, wir waren doch zwei kleine Länder«. Jetzt meinten sie wieder die DDR. »Wir kennen doch die Übermacht der Großen, oder?« Damit versuchten sie, eine emotionale Brücke zu mir herzustellen. »Wir saßen doch im gleichen Boot, wir haben doch die gleichen Sorgen«, fügten sie an.

Ich konnte nicht leugnen, dass ein Solidaritätsgefühl in mir aufkam. Wenn ich auch im ersten Augenblick ihre Ängste nicht teilen konnte, blieb etwas hängen.

Es war ein Gefühl der Unsicherheit in meinen Argumenten. Es war auch ein Anstoß, dass ich mich mit der Geschichte der europäischen Nachbarn noch besser beschäftigen soll, vor allem dann, wenn man im Ausland eine Zusammenarbeit anstrebt.

Erneut wurde ich angeregt, von Außen auf historische Vorgänge zu schauen.

Der Blick durch die Fenster – von Außen – war eine wichtige Erfahrung meines Lebens.

Meine Vorstellung, dass ich mit einer eigenen Verkaufsmannschaft deutsche Produkte in Holland verkaufen könnte, ging nicht auf. Trotz meiner umfangreichen Anstrengungen merkte ich, dass ich die kaufmännischen Beziehungen zu den deutschen Produkten bzw. zum Verlag nicht so herstellen konnte, dass wirtschaftliche Erfolge daraus erwuchsen. Wir hatten zwar mit der holländischen Mannschaft mehr Umsatz als der Herr K., die Erwartungen des Verlages konnten wir jedoch nicht erfüllen. Durch meine Tätigkeit in Holland lernte ich einen jungen Mann aus Nordholland kennen, der dann mit meiner Unterstützung die Verlagsprodukte am Markt platzierte.

Gert B. war ein dynamischer junger Mann, der mit seinem Vater den Verkauf in Holland übernahm. Mit Gert war ich schnell auf einer Wellenlänge.

Er lernte von mir die pädagogischen Aspekte des Verkaufs. Ich lernte von ihm, wie Holländer ticken. Wir entwickelten uns zu einem guten Team.

Es begann eine Zeit, die für mein weiteres Leben bedeutungsvoll wurde. Ich lernte, mit anderen Mentalitäten umzugehen. Menschen zu verstehen, in ihrem Land, unter ihren Bedingungen, in ihrem Lebensverständnis, ja in ihren Eigenarten, das war für mich wichtig geworden.

Das bedeutete auch für mich, Voreingenommenheiten abzulegen. Die manchmal aufbrechenden Überheblichkeiten abzubauen. Es sind nur kleine Gesten, Fingerzeige, die auf Unverständnis stießen: »Ich weiß es besser als du. Ich bestimme, wie es lang geht.« Eine gewisse Besserwisserei war da zu zügeln. Empathie war immer wieder zu entfalten. Das strengte ganz schön an.

Wir wurden Freunde. Unsere Familien besuchten sich. Bei plötzlich aufbrechenden Krankheiten unserer Familienmitglieder haben wir mit gelitten. An Erfolgen, freudigen Ereignissen konnten wir uns mit begeistern. Wir haben die Kinder ins Herz geschlossen und lernten unsere »Macken« kennen.

Ich werde nie vergessen, wie uns Gert zu sich nach Wieringerwerf einlud.

Der kleine Ort liegt im Norden von Holland. Es ist ein verträumter Ort, wo das Wattenmeer mit der Nordsee und die Binnenkanäle eine Verflechtung bildeten. Daraus entstanden vielfältige landschaftliche Schönheiten. Dieses Land, die Heimat von Gert, lernte ich kennen, indem ich die Gelegenheit hatte, durch seine Brille sehen zu dürfen.

Es war unbeschreiblich, mit welcher Liebe ein so junger Mann seine Heimat vorstellte. Er schaffte es, die kleinste Naturbesonderheit als etwas Einmaliges darzustellen. Er begleitete uns quer durch sein Land.

Unvergessliche Momente waren das für mich, wie ein Holländer mit Hingabe über sein Land erzählt. Da spürte ich ein Gefühl des Stolzes eines mir vertrauten Menschen zu seinem Land.

Das geschah auch dann, wenn er die holländischen Tomaten als ein geschmackvolles Gemüse pries, den Käse zu einer einmaligen Gaumenfreude vor unseren Augen präsentierte, den frischen Matjes am Schwanz fasste, in Zwiebeln stippte, auf der Zunge zergehen ließ. Das verband er mit liebevollen Gesten. Es war überzeugend, wenn ich auch oft schmunzeln musste.

Auf der Insel Texel umgab uns seine weit verzweigte Familie mit Freundlichkeit und Wärme. Da war Gert nicht mehr zu halten in seiner blumigen deutschen Sprache, die er aus Remscheid im Bergischen hatte. Ich spürte eine Leidenschaft in seinen Erzählungen. Für ihn wurden kleine Dinge seiner Lebensumwelt wichtig.

Für mich erwuchs die Erkenntnis, dass ich andere Menschen, andere Kulturen wichtig zu nehmen habe. In der respektvollen Beurteilung ihrer Kultur liegt meines Erachtens ein Schlüssel zu den Herzen anderer Menschen in anderen Nationen mit anderen Sprachen.

»Die Menschen wichtig zu nehmen, das ist Kultur. Sie gering zu schätzen, das ist Barbarei«, das war ein in Holland erlebtes Lebensmotto.

Daraus erwuchs das Gefühl, bei meiner Draufsicht auf meine Heimat, die konfliktreichen Bedingungen nicht auszulassen, im Gegenteil diese zu suchen, zu hinterfragen, nach Einsichten zu fahnden. Ich fand auf einer gemeinsamen Bildungsreise mit unseren Potsdamer Freunden so viele Anknüpfungspunkte zu meiner Betrachtung des Vergangenen. Ich wollte den Fragen der Toleranz zwischen Menschen und verschiedenen Nationen näher kommen. Ich wollte die inneren Gefühle von Schuld und Sühne für mich erschließen. War das überhaupt möglich?

Ach, du lieber Gott, Israel! Mit dem Ausruf wollte ich ungefähr zum Ausdruck bringen, welche Gefühle mich bewegten, als ich mich auf den Weg machte, mich einfach darauf einließ, alle bisherigen Gedanken im Zusammenhang mit Schuld und Sühne auf den Prüfstand der eigenen Erfahrungen zu stellen. Bisherige Vorurteile und Klischees wollte ich loswerden.

Die Worte meines Vaters gingen mir durch den Kopf, der immer mit großem Respekt von der Ausbildung bei »seinem Juden« gesprochen hatte, die er als junger Kaufmann in Opole (Oppeln) absolvierte: »Herr Reissner hat mir die kaufmännische Ehre vermittelt. Er hat mir das Einmaleins des Verkaufs gelehrt.«

Das waren meine ersten Berührungen mit dem Wort »Jude«. Über den Holocaust sprachen meine Eltern in meinem Beisein nicht. Ich konnte mich jedenfalls nicht daran erinnern. Ich gewann dann später in meiner Jugend den Eindruck, dass das Thema in meinem Umfeld verdrängt wurde. Ich kannte auch keinen Menschen persönlich, der sich als Jude bekannte.

Erst als ich mich mit politischen Fragen in meiner Jugend beschäftigte, merkte ich die Unsicherheiten, wenn auf meine Fragen ausweichend geantwortet wurde.

Es war daher schwierig zu beschreiben, welche Gedanken durch meinen Kopf schwirrten, wenn es um die Juden oder Israel ging.

Als Präsident einer Internationalen Organisation des Grafischen Gewerbes, konnte ich von der syrischen Seite auf Israel blicken. Jetzt merkte ich, in welchem Dilemma ich mich befand.

Der Sechstagekrieg von 1967 oder der Jom-Kippur-Krieg von 1973 waren in meinen damaligen politischen Vorstellungen Angriffskriege, die durch den Staat Israel initiiert wurden. Das prägte meine Meinungen zum Staat Israel. Persönlich stark berührt blickte ich vor einigen Jahren aus dem lang gezogenem Tal, Damaskus im Rücken, auf die Golanhöhen. Ich spürte damals, als ich den syrischen Blick hatte, Bitternis. Jetzt wollte ich einen neuen Blick auf Israel gewinnen. Als Deutscher besitze ich eine Sühnepflicht gegenüber den Opfern des Holocaust. Da war wieder der historische Rucksack, den ich nicht ablegen wollte. Ich spürte diese historische Last. Als Nachkriegskind wollte ich diese Last ablegen: »Ich habe keine Schuld auf mich geladen!« Ich konnte mich drehen und winden, wie ich wollte, es blieb ein ungutes Gefühl. Das bestimmte mein Verhältnis zu den Juden. Den jüdischen Staat wollte ich genauer kennen lernen. Meine bisherigen politischen Haltungen wollte ich auf den Prüfstand stellen.

Vielleicht waren meine Gefühle mit einem respektvollen Tasten zu beschreiben. Es war ein vorsichtiges Berühren mit Menschen in diesem Staat. Es waren schließlich zwei Seiten einer Medaille, sich vermengend und doch trennbar. Der Staat Israel und die Juden.

Ich merkte, dass Vorurteile schnell gebildet wurden, vor allem dann, wenn man nicht so genau die historischen, politischen und wirtschaftlichen Zusammenhänge kannte.

Jetzt wollte ich mich gründlicher vorbereiten, Einsichten erlangen und mit den Menschen in Berührung kommen, die dort leben, im Brenntiegel der politischen Auseinandersetzungen in unserer Zeit.

Für mich ergaben sich weitere Fragen: »Wie leben die Menschen, die mit Umbrüchen sowie mit Lebensbrüchen täglich konfrontiert sind? Wie gehen sie mit den Konflikten um? Sind meine Lebensbrüche ähnlich? Wie gehen sie mit Schuld und Sühne um?« Das Leben in Konfliktherden war doch immer mit Angst verbunden. Andererseits spielte Hass eine tragende Rolle. Diese offenen Fragen mündeten immer wieder in der für mich bedeutungsvollen Frage: »Ist eine Versöhnung möglich?«

Es entstand ein Spannungsfeld mit noch vielen anderen Fragen.

Beginne ich mit der Antwort auf die Frage: »Wo sind mir in den gerade erst vergangenen Jahren meines Lebens Ereignisse oder Begegnungen in Erinnerung, die mit den Worten »Jude oder Israel «verbunden waren?« Gab es Ereignisse, die mich persönlich berührt haben?

Meine erwachsene Tochter Maxi regte einen Besuch in das Jüdische Museum in Berlin an. Bekanntlich ist es ein neu konzipiertes Museum mit einer modernen Liebeskind-Architektur, welches 2001 eröffnet wurde. Am Eingang ist der Hinweis zu lesen, dass es eine Begegnungsstätte verbunden mit einem Rafael Roth-Studienzentrums sei. Es heißt weiter, dass es sich um eine Stätte der Besinnung handeln würde. Es wurde für mich mehr als die Informationstafeln hergaben.

Die für dieses Museum notwendigen Sicherheitsbedingungen, denen man als Besucher begegnete, wirkten auf mich bedrückend. Die aktuelle Lage wies darauf hin, dass es in der Gegenwart Menschen geben muss, die mit ihrem Hass möglicherweise Anschläge verüben könnten. Wir fügten uns den geforderten Bedingungen entsprechend, um auch selbst sicher zu sein.

Das Gesicht meiner Tochter, was sonst vor überschwänglicher Freude strahlte, wirkte plötzlich ernsthaft. Sie schwieg. Das war bei meiner Tochter ein sicheres Zeichen von Unsicherheit.

Die Atmosphäre bedrückte uns. Die Tatsachendarstellungen über zwei Jahrtausende deutsch-jüdischer Geschichte führten zum Nachdenken. Die Architektur des Museumsbaus zwang förmlich zum konzentrierten Betrachten historischer Vorgänge. Wie war es möglich, dass eine bürgerliche Gesellschaft, die eng miteinander verflochten war, den Hass auf Juden so perfide entfalten konnte? Eine unmenschliche Ideologie verführte Menschen zu unmenschlichen Taten. Wie Säure fraß sich diese Erkenntnis in uns hinein.

Die Frage der Schuld stand im Raum. War sie ausschließlich an einzelne Personen zu richten? Konnte man Schuld vergesellschaften?

An diesem Ort wurde ein Verbrechen an einzelnen Menschen sowie an einem ganzen Volk dokumentiert in einer Dimension von schrecklicher Einmaligkeit. Die Bilder, Dokumente, Tonwiedergaben, Berichte der Vergangenheit spannten den Bogen in die Gegenwart. Sie stellen Fragen nach dem »warum?« Worin lagen die Ursachen für den Hass zahlreicher Deutscher auf die Juden? Woher kam der latente Antisemitismus? Welche Ideologie führte dazu, dass Millionen von jüdischen Menschen industrieartig vernichtet wurden?

Antworten werden dokumentarisch gegeben. Allein mit der Antwort, dass es der Faschismus gewesen sei, war die Tiefe noch nicht erreicht, die diese Fragen aufwarfen. Wir gingen die wenigen Stufen aus dem Museum herunter. Wir nahmen uns in unserer Betroffenheit in den Arm. Jetzt wollten wir aber nicht von unseren Eindrücken reden, es fiel schwer.

Wir nahmen es uns fest vor, dass wir darüber reden müssen. Wir gingen dennoch auseinander. Jeder hing seinen Gedanken nach. »Eigentlich schade«, dachte ich.

Andererseits konnte ich nicht sofort, bei diesen tiefen emotionalen Eindrücken, losreden. Es bedurfte des Nachdenkens. Nach-denken, war in diesem Sinn mit einem notwendigen Abstand gemeint.

Während ich noch meinen Gedanken nachhing, waren wir plötzlich in dem Heute angekommen.

Wir stehen auf der Straße in Berlins Mitte. Um uns herum ist eine moderne Stadt entstanden. Die Hauptstadt des vereinten Deutschlands putzt sich heraus. Berlin ist ein Zentrum verschiedener Kulturen geworden. Hier ist, wie in einem Brenntiegel, die Vielfalt kultureller Ereignisse sichtbar. Alt und Neu sind zu einer neuen Qualität verschmolzen. Die Gegenwart hatte uns wieder.

Es vergingen einige Wochen, ich war wieder mitten im Verkauf. Ich erhielt einen Anruf einer Düsseldorfer Schulleiterin. Ich verabredete einen Termin zur Vorstellung von Unterrichtsmaterialien.

Den Termin hatten wir vorher vereinbart. Es war nur noch der Ort der Schule zu klären, damit ich auf der Karte meine Route festlegen konnte. Sie sagte in einem selbstverständlichen Ton:« Kommen sie zur Jüdischen Grundschule nach Düsseldorf!«

Ich machte mir in diesem Moment keine besonderen Gedanken. Ich konzentrierte mich auf den Verkauf, wie üblich. Dazu kam, dass die Verkehrsführungen in Düsseldorfs Innenstadt, gelinde gesprochen, wie in einem Labyrinth verliefen. Ich musste immer sehr konzentriert fahren.

Als ich in die von mir mit Mühe ermittelte Straße einbog, sah ich schon aus einiger Entfernung Polizisten mit den bekannten vergitterten Polizeiautos. Als ich näher heranfahren wollte, wurde ich angehalten. Polizisten mit Maschinengewehren bewaffnet, fragten mich nach dem Ziel der Fahrt. Als ich sagte:» Zur Jüdischen Schule«, wurde ich aufgefordert auszusteigen.

Es begann ein vielfältiges Telefonieren der Polizisten. Schließlich erhielt ich die Zusage zur Weiterfahrt, nach vorheriger Kontrolle meines Ausweises. Dann erhielt ich die Weisung, aus meinem Auto auszusteigen. Es begann daraufhin eine gründliche Untersuchung der Ladung in meinem Auto.

Die Schulleiterin hatte mich bei den Posten angemeldet, sodass nach der gründlichen Kontrolle meine Weiterfahrt geregelt war.

Das Gitterauto räumte den Weg frei. Es senkten sich in die Fahrbahn eingelassene Poller. Nach weiteren Kontrollen erreichte ich schließlich die besagte Schule.

Auf dem Schulhof, wie auf den Schulhöfen anderer Schulen, waren laute Kinderstimmen zu hören. Fröhliche oder weniger fröhliche Töne waren dabei, es war schließlich Hofpause.

Die Schulleiterin empfing mich vor dem Schulgebäude. Sie erklärte, dass erst kürzlich wieder einmal Brandsätze an die Wände der Schule von unbekannten Tätern geworfen worden. Die Kinder der Schule hatten antisemitische Schmierereien an den Häusern entdeckt. Die Polizei habe die Ermittlungen aufgenommen.

Antisemitismus in den heutigen Tagen war sichtbar, erlebbar, spürbar. Ich wurde erneut nachdenklich. Mich bedrückte dieses direkte Erleben.

Die Schulleiterin merkte offensichtlich meine niedergedrückte Stimmung. Sie ermunterte mich mit den Worten: » Es wird immer dumme oder fanatische Menschen geben. Wir müssen damit umgehen!«

Dann fügte sie noch hinzu: »Kommen sie, wir wollen uns ihre Unterrichtsmaterialien ansehen«.

Während ich noch gefangen war von den eben erlebten Eindrücken, ging sie zur Tagesordnung über. Was sie tatsächlich gedacht und gefühlt hatte, habe ich nicht erfahren.

Sie hatte aber etwas getan, was fast symbolhafte Wirkung auf mich ausübte. Sie hatte sich, gerade in dieser Situation, der Bildung ihrer Schüler zugewandt. Sie zwang sich und mich zum Tagesgeschäft.

Mit welchen Gedanken und Gefühlen musste sie sich in der heutigen Zeit täglich auseinandersetzen? Welche Wunden wurden bei den Kindern erzeugt? Ich dachte an die im Jüdischen Museum in Berlin gemachten Erfahrungen. Haben wir aus der Geschichte die Lehren gezogen? »Es sind die täglichen, fast unbemerkten Gesten des Antisemitismus. Es sind die Oberflächlichkeiten in der historischen Betrachtung der Ursachen. Es ist das Wegschauen, wo man hinsehen sollte. Es ist die bürgerliche Courage, die vermisst wird. Es sind oft nationalistische Wurzeln!« Diese Gedanken gab sie mir bruchstückhaft mit auf den Weg.

Beeindruckt war ich von ihrer souveränen Haltung. Sie regte an, mich mit der deutsch-jüdischen Geschichte weiter zu beschäftigen.

Als ich mit meiner Frau und unseren Freunden in der Israelischen Airline auf dem Flug von Berlin nach Israel saß, gingen mir diese Erlebnisse durch den Kopf.

Wir flogen in ein unbekanntes Land. Im Gepäck hatte ich viele Fragen. Vielleicht waren es zu viele? Die Anspannungen waren groß. Wir flogen zu Menschen eines konfliktreichen Landes. Wir flogen in die Gegenwart, trugen den Rucksack der Vergangenheit mit uns, den wir gerne in die Geschichte verbannt hätten, der sich in der Gegenwart immer wieder öffnete, wie ich es in Düsseldorf erleben konnte.

So flogen wir auf ein Land zu, nicht größer als das Bundesland Hessen. Der besondere Reiz dieser Reise ergab sich aus meiner Neugier, mehr zu erfahren über die kulturellen, religiösen und politischen Bedingungen eines Landes, welches sich immer wieder kritischer Betrachtungen ausgesetzt sah. Die Umstände sowie Hintergründe zu erfahren, das war für mich brisant. Ich wollte offen sein, keine Voreingenommenheit zulassen. Zu DDR-Zeiten war meine Sicht auf Israel geprägt durch eine undifferenzierte Betrachtung auf die Machthaber. Sie waren für mich die Aggressoren. In den Konflikten mit den Palästinensern hatte ich sie als kompromisslos ausgemacht. In meiner damaligen Wahrnehmung waren es diejenigen, die die Konflikte schürten. Mich umgab ein mulmiges Gefühl. Waren meine Erwartungen zu hoch? Ein weiterer Gedanke bewegte mich, weil ich darüber bisher hinwegsah. Das hing damit zusammen, dass ich auf ein Heiliges Land zuflog.

Die bisherigen abstrakten Bilder der biblischen Geschichten, die ich meiner Oma in Kindesjahren vorgelesen hatte, sollten konkrete Konturen erfahren. Das war für mich sehr spannend. Ich hatte mir eigene Bilder vorgestellt. Waren diese mit den Schauplätzen der Geschichte in Übereinstimmung zu bringen? Als Verkäufer hatte ich darüber hinaus Bibelbilder in den Schulen für den Religionsunterricht verkauft, kamen diese der Realität nahe?

In Israel waren die Weltreligionen mit ihren Geschichten verwurzelt. Hier begegneten sie sich ursprungsrechtlich. Konnte ich den Ursachen der heutigen Streitereien hier begegnen?

Christen, Juden, Muslime suchten ihre Wurzeln in diesem Land. Es ging in der Geschichte immer wieder um die Frage: »Wer hat das Rechte des Ersten, des Wahrhaftigen, des Wahren?«

Ging es nicht wieder um Machtfragen?

Könnten sie doch meinen Vorstellungen folgen und in einer Weltreligion aufgehen! Die meisten Weltreligionen haben doch ähnliche Wurzeln und Ziele. Aber vielleicht komme ich durch die Reise näher an eine Antwort? Während ich noch über das Heilige Land nachdachte, versuchte ich eine sprachliche Verbindung vom heiligen zum friedlich Land herzustellen.

Das ging völlig daneben. Ich flog in ein Land, welches in den letzten Jahren die zahlreichsten Konflikte mit den Palästinensern hatte. Für mich waren diese Konflikte unerklärlich. Mir schwirrten die zahllosen Opfer dieses Konfliktes im Kopf herum. Ich dachte an das qualvolle Leben in den abgeschlossenen Palästinensergebieten. Ich dachte an die tägliche Angst vor Terroranschlägen der israelischen Menschen. Konfrontiert wurde ich bereits mit besonderen Sicherheitsbedingungen auf dem Flugplatz. Diese wiesen nicht gerade auf eine Gegend hin, in der es friedlich zuging. Hoffentlich passiert nichts!

Welche Sicherheitsbedingungen erwarteten mich erst noch in dem Land, auf das die Maschine zusteuerte?

Bei diesem Flug habe ich meine fortwährende Flugangst dadurch überwunden, weil meine psychischen Anspannungen auf das Kommende größer waren.

Nun standen wir, eine kleine Reisegruppe aus Deutschland, auf dem Heiligen Land. Wir wurden von einem Reiseleiter in Empfang genommen, der sich nach wenigen Worten als ein exzellenter sowie sachkundiger Vertreter seines Landes erwies. Er stellte sich als ein praktizierender Jude mit einer umfassenden Bildung vor. Schon während der kleinen Begrüßung hatte er mich mit dem Satz überrascht: »Es ist nichts wie es scheint«. Dieser Satz begleitete mich während der gesamten Reise. Später gewann dieser Satz an Bedeutung für die Betrachtung meines eigenen Lebens.

Weitere Einsichten in sein Land, welche in meinen Vorstellungen bisher nicht wahrnehmbar waren, konnte er vermitteln.

Israel, der Staat an der Mittelmeerküste, ist ein landschaftlich wunderschönes Land. Hier leben fast sechs Millionen Menschen jüdischen Glaubens gemeinsam mit fast zwei Millionen Menschen muslimischen Glaubens. Ein Teil davon betrachtet sich als Bürger Israels, ein anderer Teil als Bürger Palästinas. Juden aus der ganzen Welt, Vertriebene, Glückssuchende, Geldbesitzende, Vertreter der Ober- und Unterschicht, Orthodoxe, nach den religiösen Regeln lebende Juden, frei lebende Juden, Moderne und Konservative leben zusammen.

Allein mindestens ein Dutzend verschiedene nationale Strömungen umfassen sie, darunter aus Polen, Armenien, der Ukraine, Amerika und Deutschland. Mit gleichen historisch begründeten Ansprüchen auf ein friedliches Miteinander leben hier die Palästinenser.

In radikalen Strömungen und gemäßigten Gruppierungen leben sie mit Menschen des jüdischen Glaubens vereint.

Alle sind umgeben von arabischen Muslimen, Christen, Katholiken, Protestanten, Orthodoxen, Mormonen und weiteren Gläubigen der verschiedenen Weltreligionen.

Sie alle wollen nah an ihren historischen Wurzeln sein, die aus Glaubenswurzeln und geschichtlich begründeten Ansprüchen bestehen.

Da könnte man doch ausrufen: »Hier ist doch der Boden für Toleranz und Menschlichkeit!« Die Realität zwang mich, jedem Sarkasmus zu entsagen.

Schon drängte sich mir eine weitere Fragen auf: »Habe ich das Recht als Deutscher, die Staatlichkeit Israels zu hinterfragen?« Schließlich ist der Staat Israel auch im Ergebnis des verheerenden Weltkrieges am 14. Mai 1948 gegründet worden.

Was die Gründer mit englischen, französischen und amerikanischen Einflüssen in die Osloer Verträge geschrieben haben war aus meiner Sicht mindestens fraglich. Mir erschlossen sich kaum internationale Standards von territorialer Integrität. Dass dieser Staat Israel, aus einer A-Zone, einer B-Zone und einer C-Zone bestehen würde, war schon verwirrend. Selbst die Deutungen von Gebieten unter israelischer Staatlichkeit (A), palästinensische Gebiete unter israelischer Staatlichkeit(B) und schließlich palästinensische Gebiete unter palästinensischer Hoheit(C) machte die Einsicht nicht leichter.

Ich stolperte schon, wenn ich es zu beschreiben versuchte. Ich zwang mich nunmehr, die Menschen auch zu verstehen, die ihr »Osloer Gebiet« durch rechtlich fragliche Ansiedlungen zu erweitern suchten. Den Palästinensern bleibt nur noch ein »Flickenland« übrig. Ein Ringen um mehr Macht ist offenkundig.

Ich werde auch hier den Gedanken nicht los, der aus meinem eigenen Erleben nach dem Weltkrieg resultiert. Wenn Supermächte über das Zusammenleben von Menschen und Völkern entschieden, werden ihre Interessen wahrgenommen. Diese sind selten mit den Interessen der dort lebenden Menschen identisch. Macht und Kapitalinteressen spielen immer eine dominante Rolle. Scheinbar religiöse Unterschiede wurden schon immer für diese Interessen benutzt.

Ich versuchte die Sicherheitsinteressen, der in Israel lebenden Menschen zu verstehen. Mich beängstigten die Möglichkeiten nuklearer Drohgebärden einiger arabischer Staaten gegenüber Israel. Mit Sorge erfuhr ich vom Setzen auf atomare Stärke des Staates Israel. Ich sah keine Lösungen im Streit der Völker, der Kulturen, der Religionen, der Menschen in dieser Region. Es machte sich eine Ohnmacht breit.

Wie in einem Brennglas verdichteten sich meine Gedanken als wir auf den Golanhöhen standen. Ich schaute über das Camp der UNO-Sicherheitstruppen, einem kleinen Lager, fast campingartig anzusehen, hinweg auf Syrien. Jetzt erinnerte ich mich, wie ich vor vielen Jahren da unten im Tal stand. Damals schaute ich mit Bitternis auf die Golanhöhen.

Das Schauen von oben auf dieses Tal hatte einen anderen Blickwinkel, als das Schauen von unten nach oben. Es waren nicht nur die veränderten Sichtachsen, es waren auch andere Sichtweisen, die mich einfingen.

Im Laufe des Lebens wurden einfach die Betrachtungen von Sachverhalten anders, ohne dass ich gleich meine solidarische Haltung zu den in armen Verhältnissen lebenden Menschen da unten veränderte.

Nach dreißig Jahren hatte ich eine differenziertere Sicht auf die Konflikte im arabischen Raum. Ich zeigte nicht mehr mit dem Finger, den Schuldigen ausmachend, in eine Richtung. Mein Leben war auch geprägt von verschiedenen Einflüssen sowie veränderten Sichtweisen.

Hier auf den Golanhöhen, vor riesigen militärischen Sicherheitsanlagen der israelischen Armee, in einer Ruhe ausstrahlenden Umgebung, verstand ich etwas mehr das Bedürfnis nach Sicherheit. Mein Blick war auf ein weites Land gerichtet, welches im arabischen Sanddunst lag. Dem Dunst entsprachen die politischen Verhältnisse im Tal, welches eine dauernde Ruhe täuschend ausstrahlte.

In dieser Gefühlslage fuhren wir mit dem Bus auf Bethlehem zu. Bereits von Ferne sah ich, dass die Stadt von hohen Mauern umgeben war. Noch höher als die Berliner Mauer war das Bauwerk, welches unnatürlich die Landschaft durchschnitt.

Ich erinnerte mich, wie ich in meiner Jugend mit politischen Argumenten so ein Werk verteidigte. Jetzt merkte ich mit einer Schärfe, die ich kaum beschreiben konnte, dass diese Mauer, wie die von mir damals verteidigte, ein Übel der Geschichte war.

Immer standen die Interessenlagen gegeneinander. Scheinbar waren sie unüberwindbar. Fadenscheinige politische Begründungen hatten die innerdeutsche Grenze fast dreißig Jahre lang zementiert. Als wir jetzt auf die Grenzanlagen zufuhren, hatte ich mehr denn je die Hoffnung, dass auch diese Mauer bald ein Relikt sein könnte.

Es ging mir kalt den Rücken herunter bei dem Gedanken an meine Zeit als Grenzsoldat der Nationalen Volksarmee der DDR.

Mit modernen Waffensystemen ausgerüstete junge israelische Soldaten erschienen im Reisebus. Sie kontrollierten den Bus und die Reisegesellschaft. Es herrschte eine bedrückende Atmosphäre. Es wurde still im Bus. Ein befreiendes Aufatmen war zu vernehmen, als sich die Sicherheitsschleuse öffnete. Wir konnten passieren.

Einem wie mir, der als Grenzsoldat eine politische Aufgabe zu erfüllen glaubte, waren diese Momente nicht einerlei. Ich drückte mich beschämt in die Sitze des Busses.

Auf einem Rastplatz vor der Grenzöffnung war ich bereits sprachlos, als ich merkte, dass die Busfahrer ausgetauscht wurden, nicht weil einer ermüdet war, sondern weil dem jüdischen nun ein palästinensischer Fahrer folgte. Das vollzog sich gerade an der Stelle, an der ein übergroßes Schild auf Bethlehem, dem Ort der Geburt Jesu Christi, hinwies.

Blutige Ereignisse der vergangen Monate schufen eine ängstliche Atmosphäre. Sicherungsmaßnahmen waren überall präsent.

Ich schloss die Augen. In meinem Traum hörte ich wie eine Stimme auf die Frage nach der Maueröffnung fragte: »Ja, unverzüglich!« In diesem Moment war die Mauer weg. Ich verfiel aber keiner Illusion. Ich suchte weiter nach den Gründen, das Menschen solche trennenden Bauwerke schufen. Der Hoffnung sollte man sich nicht entziehen, dass solcherart »Denkmale« der Vergangenheit angehören sollten.

Aber da war der Traum schon aus. Die Fahrt mit dem politisch, religiös und geschlechtlich gewechselten Führungspersonal ging weiter.

Wir hatten jetzt eine Reiseleiterin, die uns durch die Mauer, an der Taufstelle Johannes des Täufers vorbei, zum Ort der Geburt des Heilands führte. Wir waren nun für unbedenklich und passgeprüft erklärt.

Der Ort der Geburt Jesu war in meiner Vorstellung ein Ort mit einem Stall und einer Krippe. Diese in zahllosen Krippendarstellungen verwendete symbolträchtige Darstellung rückte plötzlich immer weiter ab. Ich wurde in eine Felsenhöhle geführt. Je tiefer ich hinabstieg, umso mehr wurde meine Illusion von der hölzernen Krippe, dem Stall und den Tieren mit dem Christkind zerstört. Die Geburt Jesu soll in dieser Felsengrotte stattgefunden haben. Das war für mich ernüchternd. Es machte meine Vorstellungen von der zum Weihnachtsfest geschaffenen Atmosphäre zunichte. Fantasie und Wirklichkeit trafen aufeinander, verschmolzen zu einer neuen Sicht. Musste ich jetzt meine so schön ausgestaltete Krippe mit den geschnitzten Figuren, eine Freude meiner Enkel, nicht mehr zum Weihnachtsfest aufstellen?

Nein, dachte ich. Jetzt gerade werde ich meine Geschichte dazu erzählen. Ich werde aber auch hinzufügen, dass Menschen schon immer sehr phantasiereich Erzählungen weitergegeben haben. Die biblischen Geschichten waren erst zeitlich viel später aufgeschrieben worden. Ihre Schreiber gestalteten diese mit Phantasien aus.

Während ich noch darüber grübelte, erklang die Stimme der palästinensischen Reiseleiterin in perfektem Deutsch. Sie sei in Bonn geboren und freue sich nun, uns zu begleiten. Sie wollte ihre Gastfreundschaft zeigen. Sie lud uns in ihr Haus ein.

Als ich aus der Grotte kam, gewöhnten sich meine Augen erst langsam an das grelle Licht. Ich erkannte daher erst spät, dass die uns einladende Palästinenserin eine attraktive Frau war. Mit ihren dunklen, sehr schön anzusehenden Augen sowie mit ihren schwarzen Haaren war sie schlichtweg eine Schönheit. Sie führte uns in ihr Haus. Das befand sich unweit der trennenden Mauer. Darin waren für Besucher Stuben eingerichtet, in denen zahlreiche Stühle um gruppierte Tische standen. Wir nahmen Platz. Sehr aufmerksam lauschten wir ihren Erzählungen aus der Sicht der jenseits der Mauer Lebenden.

Es waren betrübliche Geschichten von Menschen in Armut und Hoffnungslosigkeit, von Menschen, die Not und Elend der Mehrheit der Palästinenser ausnutzten für politische Machtspiele in Palästina oder Israel.

Eine kleine Geschichte, die die hübsche Palästinenserin erzählte, blieb mir in Erinnerung. Sie begann ihre Erzählung mit dem Hinweis auf die Geschichte in der Bibel, Lukas ½: »Und es waren Hirten in derselbigen Gegend auf dem Feld bei den Hürden, die hüteten des Nachts ihre Herde. Und siehe, des Herrn Engel trat zu ihnen, und die Klarheit des Herrn leuchtete um sie; und sie fürchteten sich sehr. Und der Engel sprach zu ihnen: Fürchtet euch nicht; siehe, ich verkündige euch große Freude, die allem Volk widerfahren wird; denn euch ist heute der Heiland geboren, welcher ist Christus, der Herr, in der Stadt Davids. Und das habt zum Zeichen; Ihr werdet finden das Kind in Windeln gewickelt und in einer Krippe liegen. Und alsbald war da bei dem Engel die Menge der himmlischen Heerscharen, die lobten Gott und sprachen: Ehre sei Gott in der Höhe, und Friede auf Erden, und den Menschen ein Wohlgefallen!« [126]

Nach dieser Einleitung erzählte sie, dass ihre Söhne zeitweilig auf ein Gymnasium in Bethlehem gingen, das vom deutschen Goetheinstitut finanziert wurde. Es lag in der Nähe ihrer Wohnung. Dort wurden damals noch palästinensische und israelische Schüler gemeinsam unterrichtet. Sie lud zwei israelische Klassenkameraden ihres Sohnes zu Gesprächen in ihre Familie ein.

Die Jugendlichen haben sich offensichtlich gut verstanden, tolerierten die Meinungen der anderen. Sie fanden versöhnende Worte in einer Zeit blutigster Auseinandersetzungen zwischen Israel und Palästina. Einige Zeit später gab es Ausgangssperren für die Palästinenser in Bethlehem. Die Erzählerin kam mit weiteren Palästinensern in der Weihnachtszeit aus der Geburtskirche Jesu vom Beten. Auf dem Heimweg wurden sie in den engen Straßen von israelischen Militärfahrzeugen verfolgt Sie flüchteten in Angst und Schrecken. Die gepanzerten Fahrzeuge trieben die Menschen vor sich her. Sie rannten um ihr Leben. Plötzlich stoppte das gepanzerte Fahrzeug. Aus dem Kommandoturm rief ein israelischer Offizier: »Fürchtet euch nicht…!« Er nahm seinen Helm ab. Sie erkannte in ihm einen der ehemaligen israelischen Klassenkameraden ihres Sohnes, den sie damals eingeladen hatte. Sie gelangte unversehrt in ihre Wohnung.

Diese Geschichte war für sie ein Beispiel christlicher Nächstenliebe. Sie gab ihr die Hoffnung auf einen menschlichen Frieden. Ja, Menschen lebten von emotionalen Geschichten. Sie schöpften daraus ihre Hoffnung auf Gerechtigkeit. So auch sie.

Ihre Erzählung war von starker symbolischer Kraft geprägt. Dennoch wirkte sie auf mich stark dramatisch zugespitzt. Die Erzählerin mit ihrer Geschichte hinterließ bei mir in jedem Fall ein bleibendes Bild.

Eine weitere Erkenntnis vermittelte sie, dass die Jugend die Kraft zur Veränderung haben könnte.

Als wir mit der Israel Air Line auf dem Ben Gurion Airport in Tel Aviv landeten, begegnete ich einer Stadt mit pulsierendem Leben. Moderne großzügige Straßen, Hochhäuser, breite Alleen, ALDI, MC Donalds, Mercedes, Deutsche Bank bestimmten das Flair.

In der Stadt stehen viele Häuser im Bauhaus-Baustil. Sie erinnerten an Gropius und andere große jüdische Architekten, die in Deutschland weltbekannt wurden.

Aber besonders ist mir aufgefallen, dass die Jugend offensichtlich hier ihre Heimat hat. »Hier ist der Jungbrunnen beheimatet«, rief ich aus. Lauter junge Leute sind im Stadtbild zu sehen. Das ist doch traumhaft für ein Land, welches das Wort »Demografie« nicht auszusprechen braucht. Eine quirlige Atmosphäre mit Discomusik auf den Straßen war zu sehen und zu hören. Junge Paare in modernen Modeartikeln bestimmen das Stadtbild. Reklameschilder weisen auf hochmoderne Technologien hin. Die Straßen sind voller moderner Autos. Reklamemodels auf übergroßen Bildern strahlen von riesigen Hauswänden Schönheit sowie Jugend aus.

In den Gesichtern der jungen Leute spürte ich Neugier, Lebensfreude sowie kulturelle Vielfalt. Ich hatte den Eindruck, dass es hier ein unbeschwertes Leben gab.

»Meine Kinder sollen unbedingt hierher fahren«, dachte ich bei diesem Bild der Lebensfreude.

Vielleicht waren es gerade diese Widersprüche, die man aufnehmen sollte. »Mittendrin leben, lebensfroh den Tag genießen, vor allem selbstbewusst leben in einer Region täglicher Konflikte«. Woher haben die jungen Leute dieses Selbstbewusstsein?

Ich spürte den Stolz auf ihr Leben in Israel. Stadtbilder waren mitunter trügerisch. Ich ließ mich verführen von den äußeren Bildern in diesem Land. Ich ließ es einfach auf mich wirken.

Wollte man mir suggerieren, dass die Gegenwart die Wunden der Vergangenheit heilen könnte? »Die Hoffnung stirbt zuletzt!«

In Yaffa, Caesarea, Haifa, Akko oder Massada, Nazareth und Jerusalem wurde die über 2.000 jährige Geschichte der Juden, der Römer, der Araber, der Byzantiner, der Osmanen, der Kreuzritter archäologisch aufgedeckt.

Geschichte fand sich in Erdschichten. Das Alte war unten, das Neue war oben. Überall wurde gebuddelt. Ich versuchte, nicht laut aufzutreten. Es wäre möglich, die Totenruhe eines da unten Befindlichen zu stören. Hier war der Boden der Geschichte. Vorsicht! Manches wurde zur Kultstätte. Vieles Ausgegrabene wurde zum Beweis für heutiges politisches Handeln herangezogen.

Eine Festung wie Massada war eine beispielhafte Sehenswürdigkeit. Hier hatten die Juden zur Zeit Herodes Zuflucht vor der Vertreibung gefunden. Sie verteidigten diese Festung heldenhaft gegen die anstürmenden römischen Heere. Um nicht in die Hände der Römer zu fallen, brachten sie sich gegenseitig um. Mit dieser Geschichte wird der Stolz des jüdischen Volkes symbolisiert.

Überall wurde Geschichte durch Geschichten lebendig gehalten. Alles bisher Erlebte, Erklärte und Gesehene wurde übertroffen durch den Blick auf die Stadt Jerusalem, einem Brenntiegel aller Konflikte. Diese Stadt erhielt für mich eine Gefühlsnähe, wie kaum eine andere Stadt in der Welt. Sie prägte sich symbolträchtig in mein Bewusstsein ein.

Vom Ölberg aus konnte ich auf Jerusalem blicken. Das war ein unvergesslicher Blick auf eine mehr als 1.000jährige geschichtsträchtige Stadt. Ich stand mit meiner Frau sowie meinen Freunden inmitten hunderter von Touristen aus aller Welt. Sie wuselten um uns herum.

Kamelbesitzer riefen nach aufsitzenden Kunden in allen Sprachen der Welt. Ich kam mir wie auf einem Basar vor. Gruppen bilden sich um die Reiseführer, die sich ihrerseits durch lautes Rufen Gehör verschaffen wollten. Sie brachten ihre Gruppe in eine vordere Sichtposition. Jeder Tourist wollte einen unverstellten Blick ergattern. Wir verhielten uns im Ensemble der Platzkämpfer zurückhaltend. Das hatte zur Folge, dass wir immer weiter nach hinten gerieten.

Das veranlasste unseren Reiseführer wieder zu einer unvermittelten Äußerung: »Was seid ihr nur für ein zaghaftes Volk geworden, ihr Deutschen. Wo ist euer nationaler Stolz?« Diese Äußerung beschäftigte mich noch lange über diese Reise hinaus. Das äußerte ein Jude an diesem heiligen Ort? Ich war zunächst sprachlos. Später räumte ich Nachdenkenswertes darüber ein.

Schließlich platzierten wir uns auf einem der Aussichtplattformen. Unter uns richtete sich der Blick auf die Gräber zahlloser Juden. Es waren kleine aneinander gereihte Säulen zu sehen. Zwischen diesen einzelnen Grabstätten arbeiteten palästinensische Hilfskräfte in der glühenden Hitze. Sie pflegten diese Stätten. Welche Empfindungen mussten sie haben?

Der Blick richtet sich zu der mit einer Stadtmauer umgebenen Heiligen Stadt, auf Jerusalem. Wie in das Zentrum gestellt springt die Al-Aqsa Moschee in den Fokus. In der Sonne glitzert sie goldglänzend. Sie steht dominierend im Ensemble mit den anderen sakralen Bauten der Stadt. Irgendwie hatte ich den Eindruck, dass sie Blick erheischend da steht. »Sie ist die drittwichtigste Moschee des Islam. Als entfernteste Moschee soll Mohammed auf einem magischen Pferd erschienen sein. Von dort soll er mit dem Erzengel Gabriel in den Himmel gestiegen sein«, so beschrieb es der Reiseführer. Sie ist symbolträchtig für die Muslime, von Gittern und Mauern umgeben, getrennt von anderen, für uns nicht zu betreten, bewacht.

Der Tempelberg, auf der die Moschee erhaben steht, symbolisierte zugleich den Tod Jesu. Damit weist er auf eine Stätte hin, die für die Christen in der Welt von religiöser Bedeutung ist. In der unmittelbaren Nähe befindet sich die Klagemauer, die in der jüdischen Religion so wichtigen Stelle der Demut und des Hoffens. Steinerne Geschichte wurde mit einem Schlag zum Leben erweckt. Hier an diesem Ort symbolisierte sich der Konflikt der Weltreligionen fast greifbar.

Mein Freund und ich standen kurze Zeit später mit einem weißen Käppchen, unser schütteres Haar bedeckend, an der Klagemauer. Umgeben waren wir von betenden Juden, von unseren Frauen getrennt. Ich gab mich dieser Atmosphäre hin. Sie war für mich fremd. In mir wuchs der Wunsch etwas zu tun, was alle Umstehenden taten. Sie schrieben auf kleine Zettel ihre persönlichen Hoffnungen auf. Auf einen kleinen Zettel schrieb ich drei Wörter: »Frieden, Gesundheit, Liebe«. Ich steckte diesen in eine Felsenspalte mit tausenden Hoffnungszetteln. Danach erfasst mich ein wehmütiges Gefühl. Ein Menschheitstraum würde in Erfüllung gehen, wenn Menschen aller Glaubensrichtungen ohne Angst ihren Glaubensritualen, in einer freien persönlichen Entscheidung, ohne Vormachtansprüche oder Rechthaberei, nachgehen könnten. Bevor wir zur Klagemauer gingen, verfolgten wir in Demut den Leidensweg Jesu Christi. In den engen Gassen Jerusalems waren die Besichtigungspunkte besonders markiert. Rote Linien auf den Pflastersteinen wiesen uns den Weg. Hier soll Jesus dem Spott und dem Hohn der Menschen ausgeliefert worden sein, als er mit dem Kreuz auf dem Rücken durch diese engen Gassen gehen musste. Was musste er erlitten haben vor zweitausend Jahren?

In engen Gassen, an Kirchen, Moscheen, Gotteshäusern gingen wir vorbei. Uns umgaben palästinensische Händler, jüdische Anwohner, bewaffnete israelische Soldaten, tausende Touristen, Gläubige, Neugierige. Menschen mit verschiedenen religiösen Wurzeln begegneten uns. Sie trugen unterschiedliche historische Kleidung. Touristen in Modeklamotten bereicherten den Rahmen der Vielfalt. Es begegneten uns bettelnde und reiche Leute. Wir gingen gemeinsam zur Grabeskirche Jesus Christus im Zentrum Jerusalems.

Diese sich geschäftlich gebende Atmosphäre täuschte nicht darüber hinweg, dass hier auch die Angst lebte. Attentate waren in frischer Erinnerung. Es erfasste mich diese lähmende Ängstlichkeit. Sie mischte sich mit der orientalischen Lebensfreude. Diese Mischung war einzigartig für mich.

Sollte mein Traum von religiöser Toleranz erfüllt worden sein?

Eine kleine Hoffnung fand ich in der »Kirche aller Nationen«, gleich neben dem Garten Gethsemane gelegen. Bescheiden steht sie da. Sie hätte es doch verdient, deutlicher wahrgenommen zu werden. Ich wünschte mir, dass ihre Symbolkraft eine stärkere Wirkung auf die verschiedenen Menschen ausüben könnte.

Lessings Werk »Nathan der Weise« kam mir mit der in der Ringparabel enthaltenen Toleranzsehnsucht der Menschen in den Sinn.

Unbemerkt berührte ich im Garten Gethsemane einen über 1.000jährigen Ölbaum. Ich stellte mir vor, wie Jesus mit seinen Jüngern an dieser Stelle über den Sinn des Lebens philosophierte. Mein Traum schloss mit der Vorstellung, dass eben dieser Baum ein Zeuge der menschlichen Gedanken dieses Propheten gewesen sein könnte.

Bei dem Namen des Gartens schlage ich gedanklich auch eine Brücke zur Gethsemane Kirche im Prenzlauer Berg in Berlin. Sie wurde symbolhaft zu einer der vielen auslösenden Stellen der friedlichen Veränderungen der DDR.

Konnte ich diesen Bogen spannen, von Jesus Christus im Garten Gethsemane zu den auf Veränderung hoffenden Menschen Ende der achtziger Jahre in der DDR?

»Menschliches Hoffen auf eine bessere friedlichere Welt sind die Grundlagen aller Religionen. Daraus schöpfen alle Menschen ihre Kraft!« stand auf einem kleinen Zettel am Zaun der »Kirche der Nationen«.

In Vorbereitung auf die Reise nach Israel las ich das Werk von Rosemarie Schuder und Rudolf Hirsch: »Der Gelbe Fleck – Wurzeln und Wirkungen des Judenhasses in der Deutschen Geschichte«. [127] In Bruchstücken konnte ich eindringen in Zusammenhänge einer Geschichte, die mich bis in die Gegenwart begleiten. Das Gelesene verdichtete sich zu einem für meine Gefühle tief berührendem Erlebnis.

Im Zentrum der Stadt Jerusalem liegt Yad Vashem, die Gedenkstätte des Holocaust.

Bereits in dem Moment, wo ich vor dem Eingang der Gedenkstätte stand, hatte ich den Wunsch, dass mich Umgebende ungeschehen machen zu können. Alleine die Vorstellung, dass im »Namen des deutschen Volkes« das jüdische Volk fast ausgerottet wurde, war mir unerträglich. Dazu kamen die unmenschlichen Methoden einer industriellen Vernichtung. Mir wurde erneut die unmenschliche Ideologie bewusst, die dieser Massenvernichtung zu Grunde lag. Was muss zu dieser grausamen Menschenverachtung geführt haben?

Ich stand auf einer kleinen Anhöhe der Gedenkstätte. Die Sonne brannte. Der Himmel über mir hatte eine hellblaue Farbe, fast etwas rötlich schimmernd. Es war ein freundlicher Sommertag. Fast friedvoll reihen sich die Orte des Gedenkens, des Erinnerns aneinander. Sie umgeben sich mit einer beklemmenden Stille.

Ich hörte im Unterbewusstsein über Befindlichkeiten der Opfer und Täter reden. In den Tatsachendarlegungen des Unrechts spürte ich eine differenzierte Betrachtung. Die Komplexität der Schuld und die Personifizierung der Schuldigen habe ich noch nie so gründlich behandelt erlebt. Eine Mahnung an die heute Lebenden erfolgte mit emotionalem Nachdruck: »Niemals wieder!«

Ich wurde auf Gedenksteine hingewiesen, die deutsche Menschen ehrten, die unter Einsatz ihres Lebens, Juden retteten, selbstlos und tapfer.

Ich fühlte Respekt und Achtung vor den überlebenden jüdischen Menschen. Mir brach es das Herz, als ich in der Monumentalstätte zur Erinnerung an die getöteten Kinder des Holocaust stand. Ich wollte nur allein sein. Erste bruchstückhafte Gedanken von Schuld und Sühne ließen mich innehalten.

Die Aufforderung zum Einhalt des Zeitplanes riss mich wieder aus meiner Gefühlslage. Im Vorbeigehen erwarb ich noch einen kleinen Friedenskranich.

Schließlich trottete ich hinter meinen Freunden her und sah, wie mir israelische Soldatinnen und Soldaten mit Schnellfeuergewehren bewaffnet entgegenkamen. Sie stiegen gerade aus einem Bus aus. Ich war wieder in der Gegenwart angekommen. Ich hatte vielleicht etwas skeptisch auf die Militärpräsenz geschaut, als ein Passant rief: »Ins Ghetto sind wir wie Schafe gegangen. Wir lassen uns nicht mehr wie Schafe abschlachten!« Ich dachte lange über seinen Einwurf nach.

Wie mit einer Kamera hatte ich blitzlichtartig Episoden eingefangen. Es kam mir nicht in den Sinn, diese bruchstückhaften Erinnerungen zu kommentieren, weil ich es auch nicht immer konnte.

Ich wollte meine Heimat aus verschiedenen Perspektiven betrachten. Eine der für mich wichtigen Ansichten war eine Sicht aus Israel.

Auf meine zahlreichen Fragen, die ich zu Beginn dieser Reise hatte, fand ich nur wenige Antworten. Dennoch werden mir Erinnerungen sowie Eindrücke bleiben, die mich in meinem Leben bereicherten. Unter dem Strich drängten sich mehr Fragen auf, als ich jemals hatte. Das war auch eine positive Erkenntnis.

Manchmal wurde ich angeregt darüber nachzudenken, ob es meine Lebensbrüche waren, die mich zu einer Suche nach Antworten motivierten

Zum Abschluss meiner Draufsichten auf mein Leben versuche ich noch eine andere Sicht zu beleuchten, weil sie noch eine weitere Seite meines Wesens betrachtete, die ich bisher fast ausgeklammert hatte.

In einem wunderschönen Südtiroler Tal glitzern die hochragenden Bergmassive in der Sonne. Silbrig glänzend bilden sie einen majestätischen Hintergrund. Das satte Grün der Wiesen ergibt einen deutlichen Kontrast dazu. Bis zu den Baumgrenzen der Berge ergibt sich ein weiter Blick. Noch sind die Straßen flach im Arntal. Ab Sand in Taufers beginnt die Straße in Serpentinen überzugehen. Die Höhenunterschiede werden durch den Druck im Ohr spürbar. Durch häufiges Schlucken versuchte ich den Druckausgleich zu erreichen. Bis zum höher liegenden Reintal stieg die Straße steil an. Die Kehren in den Serpentinen werden enger.

Die Insassen der Fahrt im Auto brachen zunächst vor lauter Freude über diese fantastische Natur in liedähnlichen Gesängen aus. Mit zunehmender Höhe wurden sie immer leiser, bis sie ganz verstummten. Die Natur übernahm die Regie. Es entstand eine innere Anspannung, die sich erst dann löste, als wir Rein in Taufers angekommen waren.

Es war ein befreiendes Gefühl. Glückshormone steuerten den Körper. Sie beseelen den Geist: »Ist das nicht schön hier!«

Hier hatte sich der liebe Gott Zeit genommen beim Bauen dieser wunderbaren Natur.

Bergmassive werden frei sichtbar. Zwischen ihnen betten sich die Gletscher. Die Spitzen der Berge sind wie vom Zuckerbäcker mit Schnee bestreut. Eisflächen liegen wie kleine Spiegel in der Landschaft. Das Weiß wird weniger, von Jahr zu Jahr. In mir war ein Hoffen, dass dieses Bild noch lange erhalten bliebe. Es bot sich ein phantastisches Bild einer unzähmbaren Natur. Sie vermittelte den Eindruck, dass die Zeit stehen geblieben war.

Hier verschwammen die Jahreszeiten in den verschiedenen Höhen der Berge. Sie scheinen wie aufgelöst

Richtet sich der Blick von der Höhe in das lang gestreckte Tal, gewinnen Entfernungen eine neue, kaum erfassbare Dimension. Durch das Gletscherwasser ist die Landschaft zerrissen, erinnernd an den Kaiserschmarren auf den Jausestationen.

Zarte Nebelstreifen liegen wie Watte auf den Baumgruppen. Aus den Bergmassiven stürzen gischtartig die Schmelzwasser zu Tal. Sie suchen sich Wege, um nur recht schnell von der Höhe in das Tal zu gelangen.

Die Macht der Natur war überall spürbar, besonders wenn ich auf das Urstromtal schaute. Die Menschen haben diesem Tal zu Recht diesen Namen gegeben. Wenn man die Augen etwas schloss, nur einen kleinen Streifen freiließ, hatte ich den Eindruck, dass hier der Ursprung der Welt liegen könnte.

Leise stellte ich mir die Frage:»Ist das der Ort der Schöpfung der Erde?« Wie in einem Taufbecken umfassen die Gebirgsmassive dieses Tal. Ringsum quillt Wasser aus dem Gestein. Mit einem mächtigen Getöse schiessen die Bäche, die bald zu Flüssen werden, in die weit ausladenden Täler. Diese unberührte Natur lässt uns Menschen so winzig erscheinen. Fast ohnmächtig stand ich diesen Kräften gegenüber. Die Natur wird zur Allmacht. Darin ist man als Mensch nur ein kleiner Bestandteil.

Selbst die Vorstellung, dass durch zunehmende Höhe der Mensch an Übersicht gewinnen könnte, wird hier zum Trugschluss.

Hier berührt sich die menschliche Seele mit den natürlichen Kräften in einer besonderen Weise. Größe und Weite, Enge und Beschränkung erhalten einen anderen Sinn, der nicht erklärbar ist. Mich erfasste ein Gedanke: »Muss denn immer alles erklärbar sein?«

Vielleicht waren es ähnlich Gedanken, die die Menschen hier in dieser Gegend veranlasst haben, dem Göttlichen etwas näher zu stehen.

Ich gab mich bewusst diesen Gefühlen hin. Hier erhärtete sich meine Überzeugung, dass in der Natur das Göttliche zu finden ist. Kirchenstrukturen konnten mir diese Kraft bisher nicht geben. Hier in der Natur spürte ich Glaubenskräfte. Der Glaube an die Schönheit der Natur verbunden mit dem an die Unendlichkeit verstärkte sich hier in dieser göttlichen Landschaft.

Ich suchte einen Ort, an dem ich meine Gefühle ausdrücken konnte. So einen Ort fand ich in einer kleinen Kirche in Kasern.

Der Weg zu ihr war etwas beschwerlich. Es führt keine Straße unmittelbar zum Kirchlein. Wer sie erreichen möchte, geht langsam. Auch ich passte mich in meinen Schritten dem Höhenunterschied an. Das gelang im wiegenden Schritt der Bergwanderer oder im gewohnten Schritt der Ansässigen. Bereits auf dem Weg spürte ich eine Bedächtigkeit, fast eine Demut. Ich schien in der Natur geborgen zu sein. Irgendetwas drängte mich zur Besinnlichkeit.

Die hölzerne Tür knarrt beim Öffnen. Der Eingangsbogen ist so niedrig, dass ich mich bücken musste, als ich in den kleinen Kirchenraum trat. Mit ausgestreckten Armen konnte ich fast den Raum erfassen. Das Altarbild mit der Mutter Maria ist mit Blumen der umliegenden Bergwiesen geschmückt. Ein kleines Holzgestühl lädt zum Verweilen ein. An den Wänden sind Bilder von Bergbauern zu sehen. Es sind nicht die Darstellungen biblischer Geschichten, sondern die Geschichten der hier Lebenden in ihrem Kampf mit der Natur.

Einfache naive Malerei schmückt die Wände. Diese einfache sowie schlichte Gestaltung hatte auf mich einen bleibenden Eindruck hinterlassen. Meine Seele war gerührt.

Für mich ist ein Ort der Besinnung. Um das kleine Kirchlein ist eine schützende Mauer aus den umliegenden Steinen gefertigt. Sie soll diesen Ort vor Lawinen schützen. Obenauf liegen einige Holzlatten zum Sitzen. Von hier aus erschließt sich ein traumhafter Blick in das Arntal. Ich legte mich auf die Holzlatten. Den Rucksack schob ich unter meinen Nacken. Ich döste vor mich hin.

Hier in dieser Verbindung von Mensch und Natur fand ich zu mir. Vergangenes lief wie in einem Schnellzug an mir vorbei. Ich war im Jetzt angekommen. Ich hätte vor Freude die Welt umarmen können. Ich umarmte besonders innig meine Frau.

Mit unseren Freunden, Ulla und Helmut gingen wir bedächtig schweigend weiter. Ich hatte den Eindruck, dass ich zu ihnen mit diesem gewonnenen Eindruck ein unsichtbares Band freundschaftlicher Beziehung noch fester geknüpft hatte. Es ist also auch ein Ort des sich näher Berührens.

Mit einem chinesischen Sprichwort konnte ich alles das beschreiben, was ich empfand, wenn ich auf einem Gipfel stand: »So freundlich, wie du vom Berg rufst, wird dir aus dem Tal Antwort gegeben!«

Andererseits symbolisierten die Berge für mich ein Gefühl des freien Atmens, der Freiheit schlechthin. Das lag vielleicht auch daran, dass für mich einengende Strukturen aufgelöst erschienen. Die immer wieder trotzigen pragmatischen Bedingungen unseres Lebens gingen in der überdimensionalen Bergwelt unter. Diese »du musst so, weil es besser für dich ist - Welt«, schien Antworten offen zu lassen. Ich erfasste es als Toleranz fördernd.

Oft bin ich allein früh morgens aufgebrochen. Ich habe mir Bergltouren vorgenommen, die mich an die körperlichen Grenzen führten. Ich wollte an die physischen Leistungsgrenzen gehen.

»Warum eigentlich diese Strapazen?« Wollte ich mich gar selbst beweisen, mit sechzig Lebensjahren auf dem Buckel? Ich wollte keiner Regel folgen. Ich hörte in mich hinein. Wie reagiert mein Körper? Ich spürte den sehnlichen Wunsch nach innerer Ruhe, keiner Pflicht gehorchend, nur der inneren Neigung. Die parteilichen Kaderregeln vor dreißig Jahren waren genau umgekehrt. Fand ich gerade hier ein weiteres Mosaiksteinchen zur persönlichen Freiheit?

Hier wurden von mir keine Antworten gefordert. Vielleicht habe ich zu schnell Antworten in meinem bisherigen Leben gegeben. Es waren nicht immer die richtigen dabei.

Für mich war es eine einmalige Herausforderung von Körper und Geist in den Bergen. Vielleicht war es diese besondere Konzentration auf das »Ich«, was mich anregte. Die Bergwelt verklärt zu sehen, verbot sich von selbst, wenn man die Spuren der Geschichte betrachtete. Hier in dieser so beschaulichen Welt einer atemberaubenden Natur tobte der 1. Weltkrieg. Zwischen 1915 und 1917 schlugen österreichische Truppen auf italienische ein. Längs eines Weges mit herrlichem Panorama, einem faszinierenden Ambiente der Dolomiten am Kleinen Lagazuoi, waren die Kämpfe innerhalb der Berge und auf ihren Gipfeln entbrannt. Ein einmaliger Minenkrieg, der mit deutscher Unterstützung hier tausende Opfer forderte, ging in die Kriegsgeschichte ein.

So haben diese Berge ihre eigene Interpretation. Schönheit und Kriegsschande waren auf eigene Weise verbunden. Auch das gibt dieser Bergwelt ein spezifisches Gepräge. Meine Erkenntnisse bei der Betrachtung meiner Heimat von oben oder von außen führten immer wieder zur Herausforderung, sich mit der Vergangenheit auseinanderzusetzen. Fontane hat im »Stechlin« [128] die Menschen mit so einer sprachlichen Fertigkeit gezeichnet, dass sie bildlich vor mir standen. Dubslav oder Melusine waren von ihm so wunderbar beschrieben, dass ich mit ihnen sprechen konnte.

360

Eines Tages standen wir tatsächlich gemeinsam am Stechlin. einem See in der Nähe von Rheinsberg, den Fontane in seinem Buch beschrieb.

Nach der Faszination der Berge war es diesmal ein Gewässer, welches Ruhe sowie Rätsel aufgab. Es kam darauf an, ob man sich dem Naturerlebnis hingab. Die Atmosphäre erschien nicht so spektakulär, wie die in der Bergwelt.

Wir sind auf der Spurensuche Fontanes. Von Annemarie, einer Bonner Reisebekanntschaft, wurden wir angeregt.

Der Winter hatte schon mit dem Nebel einen seiner Vorboten gesandt. Der lag wie ein Federbett auf dem Wasser.

Das Gewässer war um diese Jahreszeit besonders klar. Kleine Fischchen suchten hastig den letzten Vorrat für die kälteren Zeiten zusammen. So schien es jedenfalls. Die Bäume standen hier nicht senkrecht am Ufer, sondern sie drohten in das Wasser zu kippen. Ich hatte den Eindruck, dass sie sich verneigten. In meiner angeregten Fantasie verschmolzen die Menschen mit den Figuren aus Fontanes Werk. Diese wiederum gingen eine Symbiose mit der Natur ein. Seelenverwandtschaften, wie Fontane sie beschrieb, wurden hier eingegangen.

Ich ließ mich treiben von den Eindrücken der Natur, von den Figuren in Fontanes Buch und den anwesenden Freunden. Ich stellte fest, dass sich vieles fügte. Im Seelenfrieden verschmolz Vergangenes mit der Gegenwart. Schnell lässt sich die Atmosphäre durch einen Fontanespruch ergänzen: »Alles Alte, soweit es Anspruch darauf hat, sollten wir lieben, aber für das Neue sollten wir recht eigentlich leben. Und vor allem sollten wir, wie es der Stechlin uns lehrt, den großen Zusammenhang der Dinge nicht vergessen.«

Vom Rheinland, von Holland, Israel, Südtirol bis hin zum Stechlin im brandenburgischen Land waren meine Bögen geschlagen. Immer waren diese Bögen damit verbunden, dass ich Menschen kennen lernte. Ihre Meinungen und Gefühle waren für mich wichtig. Diese habe ich auf mich wirken lassen. Sie haben meine Meinungen und Gefühle angeregt, erregt, verändert oder vertieft.

Letztlich waren es die Menschen, denen ich begegnet bin, die Eindruck auf mich machten. Sie haben mich bereichert.

Viele Menschen, denen ich begegnet bin, haben mich rational und emotional bewegt, aufgeregt oder beruhigt, angestachelt oder besänftigt. In meinen Gedanken und in meinem Herzen sind mir noch mehr wunderbare Menschen begegnet, als ich facettenartig erwähnte.

Mein Fazit wäre:»Geh auf die Leute in offener Bereitschaft zu, um ihre Meinungen zu erfahren. Lass dich nicht blenden von äußeren Hüllen oder Leidenschaften. Nimm Menschen in ihren Gefühlen, in ihren Kulturen sowie in ihren Ängsten ernst«.

Dabei habe ich lernen müssen, im Streit der Meinungen Geduld zu haben. Kompromisse zu finden war bereits schwer, deren Wege zu gehen, war noch komplizierter. Es hat sich im Sinne menschlicher Bereicherung schließlich für mich gelohnt

Vergangenes wirft Schatten und Licht

Im Jahre 2013, wir lebten bereits drei Jahre wieder in Potsdam, erhielt ich eine Einladung zu einer Vortragsreihe im Berliner Bundesarchiv. Der Mauerfall lag mehr als zwanzig Jahre zurück. Ich las, dass Herr Hans-Hermann Hertle zu dem Thema referieren wollte: »Die Berliner Mauer. Forschung und Gedenken«. Kannte ich aus der Zeit der Wende den Referenten? War das Thema nach so vielen Jahren noch interessant?

Das war doch dieser Herr, dem ich meine gläserne Biografie im Internet verdankte. Nun standen wir uns nach über zwanzig Jahren wieder gegenüber. Er lächelte mich an. Ich lächelte zurück, fast vertrauensvoll.

Ich dachte noch kurz: »Na, da werde ich ihm einige Fragen stellen«. Ich bastelte mir im Kopf schon eine Retourkutsche zusammen, weil er mich vor über zwanzig Jahren mit Fragen löcherte, die mich damals ganz schön genervt hatten.

Nun konnte ich ihm auch Fragen stellen, die ihn nachdenklich machen könnten. Bevor er seinen Vortrag begann, wandte er sich mit den Worten an mich: »Ich bin einer Person im Raum besonders zu Dank verpflichtet.« Nunmehr wurde ich doch etwas unruhig. Er wies auf mich mit der Bemerkung: »Du hast mir schließlich die Archive der DDR geöffnet, indem du mir einen Schein mit deiner Unterschrift und einem wichtigen Stempel versehen hattest, der mir den Zugang zu allen Archiven in der DDR ermöglichte!«

Ich erinnerte mich daran, dass ich damit meine Kompetenzen überschritten hatte, weil ich zu diesem Schreiben nicht berechtigt war. Ich hatte aber damit seiner wissenschaftlichen Arbeit die Basis gegeben. Mit diesem Freifahrtsschein hatte ich ihm den Weg zur Forschung der Zeitgeschichte geebnet. Ich wurde in meinem Stuhl immer kleiner, als er mir dann zulächelte. Meine vorher zusammengetragenen bissigen Fragen lösten sich auf.

In meinem Inneren spürte ich ein Band zu ihm. Er war damals ein junger Assistent an der Freien Universität in Westberlin. Ich vertraute ihm. Ich nahm ihm auch nicht mehr übel, dass er meine Biografie ins Internet gestellt hatte, ohne mich zu fragen. Hatte er nicht dieses ewige Stigmatisieren von Menschen mit Ostbiografien auf Diktatorisches damals für mich so beachtenswert relativiert?

Kam aus seinen Analysen nicht auch ein Stück respektvolles Betrachten der Lebensläufe derer, die Visionen nachliefen, schließlich in der Realität ankamen, zum Ausdruck?

Hatte er nicht damit an sich selbst als Historiker und Publizist eine Herausforderung angesprochen, die allgemein für historische Arbeiten gelten sollten? Ich nickte ihm aufmerksam zu.

Dann war ich darüber hinaus beeindruckt, dass ein Wissenschaftler zu dem »Mauerthema« nicht die immer wiederkehrenden plakativen und undifferenzierten Bemerkungen fand, sondern er versuchte eine historische Analyse aus der Weltsicht, aus der Zeitsicht des Kalten Krieges zu entwerfen. Er entwickelte auf Grund von Archivmaterialien sowie Dokumenten eine ausgewogene Betrachtung dieser komplizierten historischen Ereignisse. Er mied jede Schwarz-weiß-Malerei. Einseitige Schuldzuweisungen wies er zurück. Das beeindruckte mich.

Meine voreingenommene Haltung löste sich ihm gegenüber auf. Mein Vater sagte in solchen Situationen: »Pass auf, im Leben begegnet man sich immer zweimal. Das erst Mal, wenn man auf die Leiter steigt. Das zweite Mal, wenn man wieder heruntergeht!« Wie Recht hatte er.

Hertle schlug den Bogen vom Mauerbau 1961 bis zur Maueröffnung im November 1989. Die Zeit der Brüche und Hoffnungen, die dann folgte, berührte er nur punktuell. Er machte es mir leicht, dass ich in einem kurzen Beitrag an diese Zeit erinnern konnte. Ich sprach erstmals öffentlich, nach über 20 Jahren, über meine Visionen, die ich damals hatte. Es waren in den Novembertagen 1989 viele Menschen in meinem Umfeld, die sich eine bessere, demokratische DDR erhofften. Ich erlebte wie diese Vision zur Illusion wurde.

Nach Beendigung des Vortrages sprach mich eine Teilnehmerin an. Sie stellte mir die Frage, ob es denn von mir richtig argumentiert sei, wenn ich von Illusionen im Zusammenhang mit dem Experiment DDR spreche?

Kraftvoll mit englischem Akzent fuhr sie fort:»Man muss schon etwas gründlicher analysieren, ob nicht der Sozialismus doch eine Alternative zur gegenwärtigen kapitalistischen Gesellschaft ist!« Ich antwortete: »Niemals der, der mein Leben so dominierte.« »Doch«, sagte sie, »er ist nur zu verbessern!« Dann fasste sie sich mit der Hand an die Stirn: »Menschen müssen Visionen haben. Wir brauchen Vorstellungen von einem gerechten und friedlichen Leben in einer humanistischen Gesellschaft!« Ich ließ jedoch nicht locker, von einer Illusion zu sprechen. Das stand sicher für sie deutlich lesbar in meinem Gesicht. Sie lenkte etwas ein.

Sie stellte sich als amerikanische Philosophin von der APRA Foundation Berlin [129] vor. Sie sei eine Anhängerin von dem großen deutschen Philosophen Emanuel Kant. Damit ich ihre Argumente besser verstehen würde, schickte sie mir ihren Aufsatz zum Thema: «Kann der Mensch verbessert werden?«

Zunächst erörterte sie die Frage, ob sich der Mensch durch gesellschaftliches Engagement verbessern kann. Sie ging von der These aus, dass sich Menschen in ihrem Leben verändern können. Es gehöre zum humanistischen Umgang in einer Gesellschaft, die Veränderungen des Menschen ernst zu nehmen. Wir diskutierten zunächst um die Bedeutung der Worte, »verbessern, verändern«. Schnell waren wir aus dem begrifflichen Wortstreit heraus.

Eine Frage, die ich mir oft im Zusammenhang mit meiner veränderten Haltung zum Sozialismuskonzept gestellt habe, wurde durch diesen Diskurs erneut angeregt.

Sie brachte etwas auf den Punkt, worüber ich mich schon lange beschäftigt hatte. Kann man mit gewachsenem Selbstbewusstsein die eigenen Fehler erkennen? Vor allem aber waren die Fragen interessant: »Ist die eigene Fehleranalyse glaubhaft? Bleiben zahlreiche Überlegungen im Rechtfertigungsnebel hängen? Sind die Menschen, die sich mit ihrer eigenen Vergangenheit kritisch beschäftigen für heutige Überlegungen gesellschaftlicher Visionen glaubwürdig?«

Sie äußerte sich strikt gegen jede Form der Stigmatisierung von Menschen. »Jede Form von Ost-West Stigma ist schädlich, weil sie nur Interessen dienen«, argumentierte sie weiter.

»Wer zur Erinnerungen fähig ist, überlegt und analysiert, kann aus seinen eigenen Fehlern lernen, sich zukünftig erfolgreicher zu verhalten. Das heißt, er kann sein Handeln verbessern.« Davon sei sie überzeugt. Sie ermunterte mich geradezu, mit größerem Selbstbewusstsein zu agieren.

»Wie ein Mensch verändert werden kann, muss jeder für sich selbst bestimmen, mit seiner eigenen Intelligenz«, schlussfolgerte sie. Sie sprach denen ein schlüssiges Bild ab, »die keine eigenen Erfahrungen aus historischen Ereignissen, wie dem Experiment des Sozialismus in der DDR, haben«. Das würde bedeuten, dass diejenigen, die sich als Beurteiler historischer Ereignisse betrachteten, den Weg zu denen suchen sollten, die die Ereignisse, in denen sie lebten, komplexer darstellen könnten?

Ein Standpunkt, den ich durchaus teilen konnte, wenn man es anderen überlassen würde, Urteile und Meinungen zu bilden, die man doch selbst erlebt hatte. Das wiederum müsste jedoch einschließen, dass eigene Erfahrungen skeptisch zu betrachten seien. Zweifel an der Richtigkeit eigener Erfahrungen waren angebracht.

Sie forderte regelrecht zur Diskussion über Vergangenes heraus. »Seien sie nicht Zuhörer«, bat sie. »Mischen sie sich in die heutige Meinungsbildung ein. Solche, wie sie, brauchen wir im historischen Streit!« Sie, die amerikanische Philosophin, machte mir Mut, indem sie weiter regelrecht aufrief: »Haben sie den Mut zum eigenen Urteil, ein eigenes Urteil setzt allerdings Kenntnisse voraus. Trägheit oder Unwissenheit ist eine Ursache, warum ein so großer Teil der Menschen zeitlebens unmündig bleibt. Man macht es anderen so leichter, sich zu deren Vormündern aufzuschwingen. Es ist leider für viele Menschen so bequem, unmündig zu sein«.

Damit forderte sie meinen Ehrgeiz heraus. Ich blieb jedoch skeptisch. Ich stellte mir die Frage, ob ich dazu in der Lage wäre? »Autonomes Verhalten«, schrieb sie in ihrem Aufsatz, »bedeutet, ich muss bei einer Entscheidung hinzugezogen werden, die mich und meine Handlungsfähigkeit betraf oder betrifft. Das ist auch das Fundament einer demokratischen Teilnahme«.

Hatte ich diese von ihr formulierten demokratischen Grundsätze selbst bedacht?

Sie führte mich in ihren Gedanken immer wieder zu dem Gesellschaftskonzept der DDR, welches ich als Illusion betrachtete. »Es bleibt zu beachten«, schlussfolgert sie, »dass auch dieses sozialistische Gesellschaftskonzept in der DDR von Menschen umgesetzt wurde, die ihren eigenen Egoismus und ihre Gleichgültigkeit nicht überwunden hatten!«

Da ging sie an die menschlichen Ursachen eines aus meiner Sicht immer noch fehlerhaften Gesellschaftskonzeptes heran. »Ehrenwerte Ideale hatten sie schon«. Damit meinte sie die, die in der DDR an der Macht waren. »Aber die Mittel und Methode, wodurch sie versucht hatten, diese Ideale zu verwirklichen, wurden sehr stark von egoistischen Voraussetzungen geprägt.« Was meinte sie mit egoistischen Voraussetzungen?

Sie meinte vielleicht solche Voraussetzungen, die »selbst aus unvorstellbaren und unerträglichen Kriegserlebnissen entstanden waren, aus Not, Entbehrung, Obdachlosigkeit, Hunger, Arbeitslosigkeit, Verrat, Vertreibung, Inhaftierung und das schreckliche Erlebnis, dem Tod nahe zu sein.« So charakterisierte sie die Personen, die die Macht in der DDR verkörperten. Sie erklärte weiter: »Aus solchen furchtbaren Erlebnissen und Entbehrungen waren genauso furchtbare Bedürfnisse bei ihnen entstanden, die so tiefgreifend waren, dass sie sich von der Wirklichkeit des inneren Lebens anderer Menschen abhoben«.

Sie analysierte, dass sich diese Personen offensichtlich mit »ganzer Leidenschaft einer neuen Gesellschaftsordnung in der DDR hingegeben« haben. Sie vermutete, dass diese die »Menschen, die in dieser Gesellschaft lebten, mit besserem Obdach, Essen, Ausbildung und Arbeit belohnen« wollten.

»Diejenigen jedoch, die von diesem Gesellschaftskonzept abwichen, wurden als Feinde betrachtet und daher wurden sie so Ihrer Freiheit beraubt, sie wurden bestraft, ausgrenzt oder gar getötet. Das Experiment eines DDR Sozialismus ist gescheitert und viele Lebensentwürfe wurden dadurch zerstört, Menschen wurden enttäuscht.«

Ich fügte aus meiner Kenntnis zahlreicher Lebenswege der an der Macht zu DDR-Zeiten sich Haltenden dazu, dass sie von einer unvorstellbaren Angst getrieben waren, die offensichtlich aus der Zeit des antifaschistischen Kampfes und der Zeit des Stalinismus herrührten.

Diese Sicht auf die Personen der Macht, wie sie die amerikanische Wissenschaftlerin deutlich machte, sind mir in den 20 Jahren nach dem Untergang der DDR bewusster geworden. Sie traf in ihrer Analyse eine Achillesferse in den Machtstrukturen von Gesellschaften. Es war die Analyse des menschlichen Verhaltens von Machtausübenden. Die Bedeutung ihres Aufsatzes lag für mich auch darin, dass sie sich der Frage zuwandte, wieso aus den antifaschistischen Grundsätzen nach Friedenssehnsucht vieler Politiker der DDR, nach einem vermeintlich gerechterem Leben, eine autoritäre Staatspolitik entstehen konnte.

Für mich blieb im Raum stehen, ob die Ursachen des Unterganges des Sozialismus vor allem den Personen anzulasten waren.

Vielleicht lag es auch daran, dass das marxistisch-leninistische Gesellschaftskonzept immer schwerer Antworten auf die Lebensfragen der Bürger gab. Das gebetsmühlenartige Beharren an den abgeleiteten Gesellschaftsgesetzen konnte nicht die Realitäten übertünchen.

»Der Marxismus ist die Wissenschaft von den Entwicklungsgesetzen der Natur und der Gesellschaft, die Wissenschaft von der Revolution der unterdrückten und ausgebeuteten Massen, die Wissenschaft vom Sieg des Sozialismus in allen Ländern, die Wissenschaft vom Aufbau der kommunistischen Gesellschaft«. [130] Selbst nach den Auseinandersetzungen mit dem Stalinismus blieben diese Grundsätze erhalten. Damit wurde jedem Marxisten versichert, dass er bereits zu den »Siegern der Geschichte« gehören würde. Das waren verhängnisvolle Thesen, die zu Überlegenheitsgebärden gegenüber anderen Ideologien führten. Damit waren jeder Meinungsfreiheit anderer ideologischer Positionen die Beine weggezogen. Schließlich war es einfacher sich auf allgemeine Gesetzmäßigkeiten berufen zu können, als in der Auseinandersetzung nach Lösungen komplizierter Tagesaufgaben zu suchen.

Auch nach zwanzig Jahren denke ich darüber nach, dass ich eingebunden war in das System der Erfolgsmeldungen, das sich bei näherem Hinsehen als falsch erwies. Die Mehrheit der Werktätigen unterwarf sich diesem System. Schließlich wollte man die kleine Prämie auf die unzureichenden Löhne, den Urlaubsplatz oder eine Stufe höher auf die Kaderleiter steigen. Viele hatten dabei ihre Familie, ihre Existenz und ihre materiellen Bedingungen im Visier, nicht den Sozialismus als System. In der parteilich bestimmten Öffentlichkeit wurde die Alternativlosigkeit des Sieges des Sozialismus propagiert. Andererseits wurde die Überlegenheit der sozialen Marktwirtschaft für jeden Bürger der DDR medial sichtbar. Dieser Widerspruch war nicht mehr durch leere Worte oder propagandistische Tricks lösbar. Der Untergang des Sozialismus in der DDR war demzufolge nicht aufhaltbar. Auch nicht durch die Vorstellung einer demokratischeren DDR, der ich Ende 1989 noch anhing.

Das sind Rückblicke, die durch Gegenwärtiges für mich immer wieder in Frage gestellt werden. Wie Kleister haften diese in meinem Kopf. Neue Sichtweisen verdrängen oft die alten. Das hört wohl niemals auf!

Die heutige Generation sollte auf die Suche nach ihren gesellschaftlichen demokratischen sowie freiheitlichen Wegen gehen. Die Alternativlosigkeit ist kein guter Ratgeber.

Beim heutigen Betrachten der historischen Vorgänge vor über zwanzig Jahren fällt mir auf, dass zahlreiche Zeitzeugen sich gern im Rechtfertigungsnebel gefallen. Schnell fallen solche Sätze: »Die da oben waren die Schuldigen an diesem realen Sozialismus in der DDR«. Mit dem Finger wurde auf eine Gruppe des Politbüros der SED gezeigt. »Die alten senilen Herren konnten es ja gar nicht anders«, klangen oft die analytischen Stimmen.

Erneut war es Hertel, der mich im gleichen Jahr 2013 zu einer Theaterveranstaltung einlud: »Das Ende der SED – die letzten Tage des Zentralkomitees der SED«.

Die Veranstaltung fand genau an der Stelle statt, wo Jahrzehnte zuvor das höchste Gremium der Partei, das Zentralkomitee der SED, über das Schicksal von 17 Millionen Menschen im Osten Deutschlands entschieden hatte. Heute ist dort der Europasaal des Auswärtigen Amtes der Bundesregierung in Berlin. Der Eingang war über die Unterwasserstraße 10 zu erreichen. Ich wurde aufgefordert, den Personalausweis mitzubringen. Eine schriftliche vorherige Anmeldung, inkl. der Personaldaten, waren die Bedingungen des Eintritts.

Ich habe in meinem Leben zu DDR-Zeiten dieses Haus des Zentralkomitees über den Seiteneingang betreten dürfen, als Gast, einer Kontrolle der Personal-Dokumente folgend. Dann erhielt ich ein Einlassdokument ausgehändigt.

Dieses »Einlassdokument in das Haus des Zentralkomitees« hatte für mich noch einen anderen »Stellenwert«. Heute kann ich darüber mit einem kleinen Lächeln sagen, dass es ein »Schlüssel« wurde, um meinem Sohn Uwe wieder ein Stück näher zu sein. Dazu blende ich wieder das Jahr 1989 ein.

Er diente 1989 in einer Einheit der Nationalen Volksarmee unweit von Potsdam. Besuchsgenehmigungen waren sehr selten.

Eines Tages fuhr ich, von Leipzig kommend, an den Schlagbaum der Armeeeinheit, bei der er diente. Ich hatte einfach Sehnsucht, meinen Sohn wieder einmal zu sehen. Ich zeigte den am Schlagbaum Stehenden nicht meinen Personalausweis, wie es auf einer Tafel zu lesen stand. Ich zeigte selbstbewusst besagtes »Einlassdokument in das Haus des Zentralkomitees«. Sofort wurde der wachhabende Offizier angerufen. Nun hatte ich doch Bedenken, dass meine Schummelei aufgefallen war. Ich hörte jedoch:»Hier ist ein Mitglied des Zentralkomitees!« Der Dienst habende Offizier machte mir Meldung mit dem kernigen Satz: »Keine besonderen Vorkommnisse, Genosse!« Er begleitete mich in den Besucherraum. In der Zwischenzeit erhielt mein Sohn den Befehl, unverzüglich zu dem »hohen Gast« in den Besucherraum zu kommen. Später hat mir Uwe oft erzählt, wie blitzartig sich die Vorgesetzten nun um ihn kümmerten.

Wir hatten jedenfalls mal eine Stunde, um uns zu unterhalten. Ich war richtig froh, meinen Sohn in den Arm nehmen zu können. Meine Hochstapelei blendeten wir aus. Etwas blümerant war mir doch zumute.

Den fast schon blinden Gehorsam nur beim Nennen des Wortes »Zentralkomitee« in den Zeiten der DDR konnte ich nutzen. Er war nicht nur in der Nationalen Volksarmee verwurzelt. Umso mehr war ich überrascht, dass bereits wenige Wochen später dieser blinde Gehorsam wie weggeblasen schien. Aus dieser Nationalen Volksarmee, die sich dem Willen der Partei der Arbeiterklasse unterwarf, liefen die Soldaten ebenso davon, wie sich die Mehrheit der Bürger der DDR von diesem Staat entfernte. So hat dieses »Einlassdokument« uns außer der Reihe zusammengebracht. Meine väterliche Aktion gelang vielleicht auch dadurch, weil in den verschiedenen Strukturen des damaligen Zentralismus bereits Risse vorhanden waren. Ich ahnte zu diesem Zeitpunkt nicht, dass meine beiden Söhne, die 1989 bei der Nationalen Volksarmee dienten, nur kurze Zeit später, ihren Wehrpass auf den Tisch legten. Wir haben den kleinen Schwindel mit dem falschen Zentralkomiteeausweis bis nach der »Wende« verschwiegen. Das Beispiel zeigte aber auch, welchen Stellenwert in der Hierarchie der Partei die Mitgliedschaft im Zentralkomitee noch im

Herbst 1989 hatte. Derjenige oder diejenige, die Mitglieder des höchsten Gremiums der Partei waren, verkörperten die Macht der Partei. Die Mehrheit der Bevölkerung setzte deren Weisungen oft bedenkenlos um.

Dieses Erlebnis mit dem »Einlassdokument« hatte ich noch in guter Erinnerung, als ich mich dem Eingang zu diesem Gebäude des Außenministeriums näherte, welches vor über zwanzig Jahren das Zentralkomitee der SED beherbergte. Es war im Frühling des Jahres 2013.

An der Personenkontrolle hatte sich grundsätzlich nichts geändert, nur die technischen Bedingungen waren ausgereifter und die Kontrolleure waren andere.

In mir kam ein eigenartiges Gefühl auf, als ich den »Saal der Macht« betreten durfte. Hier hatte also das Zentralkomitee der SED getagt, ein bis zwei Mal im Jahr. Von hier ging die Diktatur der Partei aus. Ich betrat diesen Saal zum ersten Mal in meinem Leben. Ich war gefangen von der Atmosphäre. Im Saal nahmen Leute der unterschiedlichen Generationen Platz, Jugendliche und ältere Herrschaften, die an der Theateraufführung teilnehmen wollten.

Hinter mir saß ein älterer Herr, also einer meiner Generation, der mit dem Marker sich die besonderen Stellen im Programm markierte. Er erinnerte mich an Tage der Parteiversammlungen, wo aufmerksame Genossen sich die besonderen Stellen der Aussprüche der Parteivorderen markierten.

In der ersten Reihe nahmen die Vertreter des Außenministeriums nebst Gattinnen Platz. Ich erkannte den Schriftsteller Hochhuth, der in der vorderen Reihe ebenso Platz nahm. Der Außenministerielle begrüßte die Teilnehmer. Er machte einen kleinen historischen Exkurs zum »Haus«.

Auf der Bühne waren als Pappkameraden die ehemaligen Politbüromitglieder des Zentralkomitees der SED sichtbar, dahinsiechend imitiert.

In Gedanken nahm ich schnell die Hierarchie der SED durch. Die Politbüromitglieder waren die, von denen die Macht ausging. Wer hat sie eigentlich gewählt? Wer hat sie kontrolliert? Wer hat ihnen fast bedingungslos die Stange gehalten?

Das waren doch insbesondere diejenigen, die hier in diesem Saal tagten, die Mitglieder und Kandidaten des Zentralkomitees der SED. Es waren immerhin über 150 Mitglieder. Es waren Menschen aus allen Schichten und Berufen, vom Brigadeleiter in einem VEB Betrieb bis zu Herrn Honecker, dem Staatslenker. Das war durchaus repräsentativ zu sehen.

Haben diese von den Parteitagen der SED gewählten Menschen ihre Aufgabe darin gesehen, einmal im Jahr die Beschlüsse der Sekretariate der SED nur abzunicken? Wurden sie im System der Machtstruktur benutzt?

Laut Statut der SED hatten sie doch eigentlich über die Macht und die Mächtigen zu entscheiden! Haben sie sich zu willenlosen »Pappkameraden« der Mitglieder des Politbüros machen lassen? Gehörten sie nicht auch auf die Bühne dieses Theaters?

Die in diesem Saal als Mitglieder und Kandidaten des Zentralkomitees der SED Sitzenden wurden zu Befehlsempfängern. Sie hatten sich zu diesen machen lassen.

Sie waren die eigentlichen Mächtigen. Sie wurden von den Pappkameraden missbraucht. Sie erkannten dieses schließlich erst, als schon alles zu spät war.

Ich wurde Zeuge einer fast unwirklichen Dramaturgie. Die Vergangenheit holte mich ein. Ich besuchte eine Theateraufführung und nahm ein reales Schauspiel wahr. Schauspieler sprachen die Originalreden der Mitglieder des Zentralkomitees nach, die auf den letzten Sitzungen des SED- Zentralkomitees von Oktober bis Dezember 1989 gehalten wurden.

Wie in einem Flugschreiber dokumentierten die hier zusammengestellten Originaltöne aus dem Zentrum der Macht die letzten verzweifelten Rettungsversuche, dramatische Wortgefechte vor dem Absturz der SED Herrschaft. Verwirrende Reden folgten wirklichkeitsfremden Erklärungen. War es der zeitliche Abstand, der mich darüber so wütend machte? Mich überlief erneut ein Schauer. Ich hatte denen vertraut, hatte ihnen gedient. Es war für mich beschämend, die Inhalte ihrer Reden zu hören.

Die Diktatur der SED hatte ihre eigenen Strukturen, die selbst für mich, der ich diese doch eigentlich kennen sollte, kaum durchschaubar waren. Sie wurden mir hier auf dieser Schaubühne so richtig vor Augen geführt.

Einige von ihnen erkannten vielleicht erstmals ihre Verantwortung innerhalb der Machtstrukturen. Es waren vor allem die Ende der 80er Jahre zerbrechenden Umstände, die ihnen den Spiegel vorhielten.

Einige von ihnen gaben Erklärungen ab, für die sie vor wenigen Wochen noch selbst erschrocken gewesen wären. Jetzt war eine vorschnelle Ursachendarstellung des Zerbröselns der DDR nicht mehr beim Klassengegner zu platzieren. Selbstkritische Töne waren selten. Egon Krenz, der neu eingesetzte Generalsekretär, erklärte noch auf der 9. Tagung des SED Zentralkomitees am 18. Oktober 1989: »Die Partei leitet jetzt die politische Wende ein…«

Das war zu diesem Zeitpunkt bereits ein unrealistisches Versprechen. Damit war auch der Begriff der »Wende« durch diese Lüge belastet. Im allgemeinen Sprachgebrauch wird die Zeit des Zusammenbruchs der DDR und die Herstellung der Einheit Deutschland dennoch als »Wendezeit« in die Geschichte eingehen.

Die als Theaterstück inszenierte letzte Tagung des Zentralkomitees wurde zum Spiegel der Endzeit einer Gesellschaft. Es wurde auch zu meinem Spiegel. Dieses Theaterstück forderte zur selbstkritischen Haltung heraus. Es stellte Fragen der Mitschuld, Mitverantwortung sowie einer differenzierten Bewertung. Es forderte geradezu eine vergleichende Betrachtung zu gegenwärtigen politischen Entscheidungen, Darstellungen von Alternativlosigkeiten sowie Formulierungen einer neuen Überlegenheitspolitik heraus.

Umrahmt war der Abend von Liedern aus dieser Zeit. Es waren Lieder, die die Gefühle von Menschen widerspiegelten. Es waren Lieder der Sehnsucht nach Frieden. Es waren Lieder der Hoffnung auf ein gerechtes Leben. Es waren Lieder der Solidarität mit unterdrückten Menschen. Es waren Lieder, die ich mit tiefer Übereinstimmung mit den Texten sang. Es waren Liedertexte, wie ich mir das Leben in der DDR ausmalte. Mein ganzes Hoffen war darauf fixiert. Die Wirklichkeit des Lebens in der Zeit des Sozialismus in der DDR standen den Texten als Wunschvorstellung entgegen. Wir haben sie mit Inbrunst gesungen, hoffend und arbeitend auf ihre Umsetzung hin. Ich hatte diese Vision eines Lebens im sozialistischen Sinn in mir getragen. Dieser war dem Sinn der Machthaber des Sozialismus, Marke DDR, abhanden gekommen. Damit wurden diese Lieder und meine Gefühle in den Kontext zum realen Leben in der DDR gestellt. Umso mehr entwickelte sich meine Sehnsucht, dass sich das in den Liedern Erhoffte, erfüllen möge.

Eines dieser Lieder ist die Kinderhymne von Bertolt Brecht (1950).

1.Anmut sparet nicht noch Mühe
Leidenschaft nicht noch Verstand
Dass ein gutes Deutschland blühe
Wie ein andres gutes Land.

2.Dass die Völker nicht erbleichen
Wie vor einer Räuberin
Sondern ihre Hände reichen
Uns wie andern Völkern hin.

3.Und nicht über und nicht unter
Andern Völkern wolln wir sein
Von der See bis zu den Alpen
Von der Oder bis zum Rhein.

4.Und weil wir dies Land verbessern
Lieben und beschirmen wir`s
Und das Liebste mag`s uns scheinen
So wie andern Völkern ihrs.[131]

Manchmal kommt mir der Text nach Jahrzehnten wieder in den Sinn. Die Einheit Deutschlands hat eine wichtige Seite des Textes erfüllen lassen. Die moralischen sowie ethischen Ansprüche des Liedes bleiben aus meiner Sicht in der Gegenwart bestehen.

Dokumentarische Zeiteinblicke, wie dieses Theaterstück, veranschaulichten das Ringen um politische Einsichten der damaligen Machtausübenden. In der heutigen Zeit tragen sie dazu bei, etwas mehr Licht in die menschlichen Seiten der Hintergründe zu bringen. Sie nehmen die Spannung der Auseinandersetzungen. Sie holen die Ereignisse vom Thron vergangener Glorifizierung. Sie lassen etwas mehr

Normalität in der Betrachtung historischer Ereignisse zu. An den damals Integrierten wird es liegen, wie sie mit dem heutigen Abstand ihren Blick auf die Zeit richten.

Nostalgische Gefühle oder Gedanken kann ich dabei nicht empfinden.

Immer mehr bin ich davon überzeugt, dass der Zeitraum von 1989 und 1990 für mein Besinnen auf eigene Fehler eine Zäsur war.

Die dann folgenden Jahre veranlassten mich oft, mich mit verschiedenen Lebensmustern auseinanderzusetzen. Das brachte mich zu der Erkenntnis, dass jeder Mensch nur ein Leben hat, nicht wie die sprichwörtliche Katze, die über deren sieben verfügen kann.

Darum erscheint es mir so wichtig, dass jeder in seinem Leben erkennt, dass er aus gemachten Fehlern gelernt hat. Ich gewinne heute größeren Respekt vor denen, die aus ihren Erfahrungen gelernt haben. Das sind für mich die Einsichtigen. Es sind für mich nicht diejenigen, die schon immer alles besser gewusst haben. Das sind für mich die Uneinsichtigen.

Wenn es eine kulturelle Bereicherung der Mehrheit der Menschen nach der »Wende« gegeben haben sollte, dann hat »die Wende« ihren tieferen Sinn gehabt.

Das schreibe ich am 3. Oktober 2013, am Tag der Einheit, dem Feiertag für alle Deutschen.

Meine Zweifel beim Blick auf aktuelle Ereignisse der gegenwärtigen Gesellschaft nehmen leider wieder zu.

Die erhofften gesellschaftlichen Veränderungen sowie die geschichtlichen Auseinandersetzungen werden sich über mehrere Generationen hinziehen. Wir sprechen von Vergangenheitsbewältigung in einer Art, als ob wir sie bewältigen könnten. Wir sprechen von einer Aufarbeitung der Geschichte, als ob das so ohne weiteres möglich wäre. Solange diese Vorgänge, die aus meiner Sicht alle notwendig wären, politischen Interessen untergeordnet sind, wird ein Durchkommen schwer möglich sein.

Ich werde ein politischer Mensch bleiben, ohne einer Partei oder einer politischen Organisation zu folgen. Wenn Politik verstanden wird als das Ringen um eine Vision des gerechteren und friedlichen Lebens der Menschen, dann werde ich diese unterstützen.

Das schloss in meinen Vorstellungen von Politik ein, sich Sorgen zu machen um das Leben der Schwachen, denjenigen zu helfen, die nicht erfolgreich ihr Leben gestalten konnten, die in sozialen Nöten lebten, die meine Solidarität brauchten. Darum hatte ich geglaubt, in der Gewerkschaft ein sinnvolles Betätigungsfeld gefunden zu haben. Über meine Enttäuschung sowie eigene Bruchlandung habe ich ausführlich erzählt. Es gab im Politikmachen eine Seite, über die nur wenige Akteure offen erzählten. Es hat etwas mit einem Gefühl zu tun, was ich mit »Anerkennung finden« umschreiben könnte. Eine Beschreibung des Architekturtheoretikers Georg Franck, der die Anziehungskraft der Politik umschrieb, brachte es auf den Punkt: »Die Aufmerksamkeit anderer Menschen ist die unwiderstehlichste aller Drogen«. [132]

Die Aufmerksamkeit anderer Menschen regt das Selbstwertgefühl an. Die Selbstachtung steigt. Das Ego wird angeregt, der Ehrgeiz beflügelt.

Ich kann es nicht umfassend erklären, doch diese Droge hatte mich auch in ihren Bann gezogen. Von Menschen angehört zu werden, Beifall für eine Rede zu erhalten, das sind positive Gefühle, die auch bei mir entstanden. Anscheinend vernahm ich Übereinstimmung mit den eigenen Gedanken. In den Gesichtern der Zuhörer konnte ich manchmal Sympathie vernehmen. Davon ging ein suchtähnliches Gefühl aus, was man besser umschreiben könnte mit dem Heraustreten aus einer Gruppe oder dem Führen einer Gruppe. Wenn dann noch dazu kam, von den Geführten umschwärmt zu werden, war man der Abhängigkeit sehr nahe.

Man geriet in einen Rausch, welcher alle Antennen der Selbstkritik oder des Zweifelns ausblendete. So, oder ähnlich wirkte diese Droge. Die Frage danach:»Wie bin ich angekommen, wie war ich?« wurde nicht mehr als peinlich empfunden.

Später habe ich feststellen müssen, dass das tatsächliche Denken von Menschen oder gar Menschenmengen oft anders war, als man selbst vermutete.

Die Fallhöhe aus der man fallen konnte, wurde immer größer, je mehr ich mich in diese Abhängigkeiten begab. Der Aufprall konnte schmerzhaft sein, weil dann auch keiner mehr zum Auffangen oder zum Bedauern stand. Nicht einmal Mitleid erregte das, zu Recht. Das sollte jeder wissen, der sich dieser Droge hingab oder gibt.

Meine Fallhöhe, aus der ich zu Beginn der neunziger Jahre kam, war nicht gering. Meine Existenz und die damit verbundene Anerkennung meiner bis dahin vollbrachten positiven wie kritischen Lebensleistungen brachen zusammen. Meinen körperlichen und seelischen Zustand habe ich zu beschreiben versucht.

Aber das alles hat mich nicht davon abgehalten, den Realitäten ins Auge zu sehen. Mit einem festen Glauben an meine Fähigkeiten, diese Brüche überstehen zu können, habe ich meinem Leben einen »Ruck« gegeben. Da spielte das Selbstvertrauen eine große Rolle, was mir besonders die gaben, die mich in diesen Monaten aufgefangen haben, meine Familie und meine Freunde.

Auch in der Erkenntnis, dass ich in meinem Leben Fehler gemacht habe, liegt ein Grund meiner optimistischen Lebensauffassung. Ich habe dabei erkannt, dass das Festhalten am Irrtum die schlechteste Lehre war.

Auf eine noch schiefere Bahn konnte ich gelangen, wenn ich alle persönlichen Handlungen dem Irrtum zugeschrieben hätte, ohne darüber nachzudenken, daraus Lehren zu ziehen. Darum war es so wichtig für mich, dass ich mich selbst an gesellschaftlichen Veränderungen beteiligte. Mögen die Veränderungen in der Gewerkschaft der DDR in den Jahren 1989 bis 1990 gemessen an den gesamten Veränderungen der Gesellschaft geringer zu bemessen sein, für mich stellen sie einen nicht unerheblichen Faktor im Einigungsprozess dar. Mit dem persönlich Anspruch, offen, ehrlich und dem Neuen aufgeschlossen zu sein, »geht es sich leichter durchs Leben«. Das sollte man mir abnehmen. Es ist mir nicht unwesentlich, dass ich diesen Teil meines Rückblicks auf mein Leben mit dem Sprüchlein von H. Fallada beschließe:

»Jeder nimmt es dir übel, wenn du ihn seine Dummheiten nicht alleine machen lässt!« [133]

Angekommen

Mein Leben in einem Dokumentarfilmabspann würde sich so lesen: »Als Kaufmannssohn wurde er 1944 in Dresden geboren. Wenn er als Kind gefragt wurde, was er später einmal werden möchte, sagte er wie aus der Pistole geschossen: »Kinderarzt«. Er wurde allerdings Lehrer für Biologie und Grundlagen der landwirtschaftlichen Produktion. Noch während des Studiums heiratete er. Mit seiner Frau hat er zwei Söhne. Seine wissenschaftlichen Schritte schloss er mit der Promotion im Bereich der Pädagogik ab. Früh begann seine Karriere in der Politik. Seine Belastbarkeit wurde durch einen achtzehn Monate Wehrdienst als Grenzsoldat der Nationalen Volksarmee ermittelt. Im Jugendverband sowie in der Partei hatte er verschiedene Funktionen an der Pädagogischen Hochschule und in der Stadt Potsdam. An der Parteihochschule des Zentralkomitees der Kommunistischen Partei der Sowjetunion schloss er ein Jahresstudium in Moskau ab. Als Nachwuchskader für die Funktion des Vorsitzenden der Gewerkschaft Unterricht und Erziehung der DDR machte er sich mit Gewerkschaftsfragen der Lehrer vertraut. Er landete schließlich als Vorsitzender der Industriegewerkschaft Druck und Papier der DDR in Berlin. Internationale Luft schnupperte er als Präsident des Ständigen Komitees der Gewerkschaften der Grafischen Industrie. Die Zeit »der Wende« war für ihn nicht nur im politischen Leben eine Zäsur. Im persönlichen Leben ließ er sich von seiner Frau scheiden, die er später wieder heiratete. In der Zeit der Brüche lebte er mit seiner neuen Partnerin zusammen, mit der er eine Tochter hat. Als Vorsitzender des Vorbereitungskomitees zum Außerordentlichen Gewerkschaftskongress des FDGB vollzog er öffentlich die Abkehr von der Diktatur der Partei und der Staatsgewerkschaft. Seine Vorstellungen von einer besseren und demokratischeren DDR endeten im Frühjahr 1990. Er versuchte in einem unter seiner Federführung erarbeiteten Gewerkschaftsgesetz für die Arbeit der Gewerkschafter in der Übergangszeit bis zur Einheit Deutschlands, rechtliche Sicherheiten zu ermöglichen. Er überführte die Industriegewerkschaft Druck und Papier der DDR im Sommer 1990 in die IG Medien der Bundesrepublik. Danach engagierte er sich bei der Liquidation des FDBG. Er durchlebte eine komplizierte Zeit der Arbeitslosigkeit. Schließlich gelang es ihm, als Freier Handelsvertreter in der Nähe von Köln 1991 als Kaufmann wieder Fuß zu fassen. Heute lebt er mit seiner Familie in Potsdam«.

Meine Lebensreise war aus dem Schiff meines Lebens als durchaus gelungen zu betrachten. Resümierend konnte ich feststellen, dass es zwar ein verschlungener Weg vom Kaufmannssohn zum Kaufmann war, der mich jedoch bereicherte.

Meinen Lebenssinn habe ich meinen drei Kindern, meinen fünf Enkelchen, meiner Frau, meinen Freunden, Lebensgefährten, Partnern, meiner großen Familie zu verdanken. Der Blick aus dem fahrenden Gefährt durch das Fenster gab für mich ein Bild von Menschen mit Frohsinn, mit Leidenschaft, Liebe und Hingabe frei. Ich erkannte mich mitten unter ihnen. Vielleicht waren es gerade die Überwindungen von gesellschaftlichen und persönlichen Brüchen, die meine positiven Lebenshaltungen ausmachten.

Ein anheimelndes Gefühl entsprang für mich immer dann, wenn in meiner Seele eine Verbundenheit mit anderen Menschen entstand. Dabei waren das Umfeld, die Bedingungen in denen ich das empfand, für mich von Bedeutung.

In einem Kinderlied, das ich als Pionier mit Leidenschaft sang, widerspiegelte sich etwas nachhaltig Emotionales:

Unsere Heimat, das sind nicht nur die Städte und Dörfer,
Unsere Heimat sind auch all die Bäume im Wald.
Unsere Heimat ist das Gras auf der Wiese, das Korn auf dem Feld,
Und die Vögel in der Luft und die Tiere der Erde
Und die Fische im Fluss sind die Heimat.
Und wir lieben die Heimat, die schöne
Und wir schützen sie, weil sie dem Volke gehört,
Weil sie unserem Volke gehört. (Volkslied) [134]

Da wurde etwas bei mir ausgeprägt, was ich nicht erklären kann. Es umspielt meine Seele, wie ein Windhauch, dann wieder wie ein Sturm. Dieses kleine Liedchen löst bei mir eine unvorhersehbare Stimmung aus. Ist es das Heimatgefühl, worüber viel gesprochen wird? Da es so vielfältig beschrieben wurde, füge ich meine Gedanken, wie Mosaiksteine bei.

Heimat beschreibe ich als den Ort, indem ich geboren bin. Meine sozialen, kulturellen Wurzeln wurden durch meine Eltern hier geprägt, die mich wiederum prägen. In meiner Kindheit und Jugend sind wesentliche Merkmale meines Seins entstanden, meine Sprache, Weltbetrachtung, Religion sind hier entsprungen.

Heimat erlebe ich mit meiner Familie, mit den Freunden. Eigene Erfahrungen können an die Enkel vermittelt werden, mit einem Gespür für deren Individualität.

Heimat verbinde ich mit einem gemeinschaftlichen Leben unter Freunden, Partnern mit denen man liebevolle Banden knüpft, sich austauscht, respektvoll miteinander umgeht, sich tröstet und tolerant ist.

Heimat verbinde ich mit einer solidarischen Gesellschaft, in der ich als freier und mündiger Bürger in Frieden leben kann.

Heimat fordert von mir den Respekt vor Andersdenkenden, fordert meine Fähigkeiten in kulturvoller Weise auszuprägen.

Heimat verstehe ich nicht als angenehme Kremserfahrt, sie ist heute stärker global verflochten und stellt größere Anforderungen an jeden Einzelnen für deren Erhalt. In dieser Weise oder ähnlich habe ich geantwortet, wenn man mich nach meiner Heimat fragte. Die Melodie und der Text des kleinen Heimatliedes beschrieb es allerdings besser, sodass ich mich dafür entschied, wenn mich jemand nach meinem Heimatgefühl fragte.

Da wurde das Betrachtbare wie durch ein Fernglas ins Bewusstsein gerückt. Da kamen einem die Bilder sehr nahe, wenn man durch das Okular schaute. Drehte man das Fernglas herum, erschienen die gleichen Bilder weit entfernt. Es lag eben an der Entscheidung, von welcher Seite ich durch das Fernglas das Bild betrachtete.

Die Geschichte meiner deutschen Heimat war nicht nur eine Geschichte zahlreicher Kriege, Auseinandersetzungen, Enttäuschungen. Sie beinhaltete ebenso zahlreiche hoffnungsvolle humanistische Züge.

Aus dem Letzteren resultierte im Wesentlichen mein Nationalbewusstsein, ohne dass ich das Erstere leugnen würde. Die deutsche Geschichte hat Beispiele für ein respektables miteinander Umgehen nach konfliktreichen Auseinandersetzungen hervorgebracht. Der Weg der Versöhnung sowie der Toleranz machen den Wert einer Gesellschaft aus.

Ein historisches Ereignis könnte meine Erfahrungen stützen. Es war die Amnestie- und Vergessenheitsklausel des Westfälischen Friedensvertrages von 1648. Ein Auszug aus der Präambel versicherte, »dass alle Gewalttätigkeiten gegeneinander aufgehoben sein sollen und dem immerwährenden Vergessen anheim gelegt werden!« Leider galt dieses Abkommen meines Erachtens nur bis 1918 bei allen Völkern Europas. Offensichtlich lag damals eine großherzige Geisteshaltung der preußischen Könige dieser Entscheidung zu Grunde. Der Hinweis auf eine Amnestie war kein Widerspruch zu meinem aufrichtigen Bemühen, mich mit der jüngeren deutschen Geschichte auseinanderzusetzen. Vielleicht würde dieser Schritt einer Aussöhnung oder gar einer Versöhnung näher kommen als ewige Schuldzuweisungen.

Diese waren bis in die Gegenwart hörbar und spürbar. Historiker dominierten dieses Phänomen in ihren Analysen. Ich folgte der Einladung eine Professorin. Sie hat nach über 20jähriger Einheit Deutschlands sich der bedeutungsvollen Thematik zugewandt: »Der Ossi – ein symbolhafter Ausländer!«

Nanu, dachte ich, da hat sie mich zu einem Heimatlosen hingeforscht.

Frau Prof. Rebecca P. von der Uni Leipzig, in England habilitiert, hielt dazu einen Vortrag in Potsdam. Ich rief Helmut an: »Da müssen wir hin!«

Zunächst begründete sie in ihrem Vortrag, dass der Wessi darum ein Wessi sei, weil er dem Osten helfen wollte. Daher wurde er von den Ossis so genannt, als sein Himmelsrichtungspendant. So läge in der Hilfsaktion die Begrifflichkeit begründet. Der Wessi seinerseits wurde jedoch in Westdeutschland nicht Wessi genannt. Der Ossi seinerseits wurde im Osten Deutschlands immer Ossi genannt. Mit einem Satz: «Einmal Ossi, immer Ossi!«

Seine Charakteristik wäre historisch begründet negativ besetzt. Er wäre ein Nörgler, unflexibel und undankbar. Seine nostalgischen Merkmale reichten nun schon bis in die dritte Generation nach der »Wende«.

Ein wenig Pioniergeist sei ihm nicht abzusprechen. Er sei schließlich bescheiden, sozial denkend. Er bliebe in der unteren sozialen Schicht verwurzelt. Sein Selbstbewusstsein sei ihm durch die Verkollektivierung abhanden gekommen. Er könne sich vielfältigen politischen Bedingungen anpassen. Einsichtig leiste er Überstunden, auch ohne Bezahlung. Er spüre oftmals nicht seine Lohn drückende Bescheidenheit Er lasse sich im Arbeitskampf benutzen. Er sei das Beispiel für geringe Forderungen. Er begnüge sich, für gleiche Arbeit in Ost und West immer noch fast 20% weniger Lohn zu erhalten. Die Ost-Rentner seien ebenso genügsam, da ihre Ansprüche ohnehin geringer als die der Westrentner seien. Der Ossi gehe nicht mehr auf die »Straße«. Als er noch für »ein Volk« demonstrierte, war das anders. Jetzt ließe er sich mit wirtschaftlichen Argumenten abspeisen. Schließlich sei die Produktivität im Osten immer noch geringer. Die marode Wirtschaft der DDR wirke nach (fast 25 Jahre sind vergangen...). Dafür müsse er immer noch büßen. Er ließe auch nicht gelten, dass inzwischen die meisten Firmen, die im Osten Lohnabhängige beschäftigen, ihren Sitz im Westen haben. So haben diese Westunternehmungen günstigere Lohn- und Steuerbedingungen.

Damit würde er zwar stigmatisiert. Das rege ihn aber noch lange nicht zur wirksamen Auseinandersetzung in Gewerkschaften und Parteien an. Er wähle schließlich aus Dankbarkeit diejenigen, die ihm die goldene Westmark gebracht haben. Diese Argumentationskette schnurrte an mir vorbei. Sie haftete an den Zuhörern.

Sie schlussfolgerte weiter, dass die selbsternannten Befreier von der Diktatur der DDR sowie deren strenge Betrachter der Ossis immer noch mit ihrer Stasibrille lauern würden. Sie zwängen die Ossis zur Bescheidenheit und hielten medienwirksam Gericht über Mitteldeutschland. Selbst bei der Vertiefung christlicher Werte der Nächstenliebe und der Versöhnung würden weiter unbarmherzige Regeln bei ihnen gelten.

Diese Erkenntnisse habe sie gründlich recherchiert, da sie in mehreren überregionalen Zeitschriften journalistische Arbeiten durchforstet hatte.

Sie komme schließlich zu der Erkenntnis, dass sich der Ossi im Ossiland wie ein Ausländer in Deutschland fühle und so behandelt würde. Es reiche allein die Begründung, dass er Ossi sei, um ihm weniger Löhne und Renten zu zahlen. Das mache ihn zum Ausländer.

Leider öffnete sie ihre wissenschaftliche Schatulle nicht weiter, um sich über die Ursachen einzelner Faktoren und des Phänomens auszulassen. Sie veranlasste sogar einen Redner nach ihrem Vortrag zu der Erklärung, dass er die Mauer wiedererstehen lassen würde. Das war zwar historischer Unsinn, machte aber Befindlichkeiten deutlich und emotionalisierte, wo handelnde politische Entscheidungen und Handlungen zur Notwendigkeit werden müssten. Frau Professor warf eine Reihe von Fragen auf, die nach zwanzigjähriger Einheit Deutschlands im täglichen Lebensrhythmus oftmals untergingen, latent waren sie jedoch vorhanden. Gab es ein Interesse, Unterschiede, Differenzen, Ungleichheiten, politisches Andersdenken zwischen Ost- und Westsozialisierten immer noch am Köcheln zu halten? Ich konnte diese Frage nicht beantworten. Manche journalistische Leistung konnte man durchaus einem Interesseedikt zuordnen. Die Medien waren und sind Interessenvertreter, bei ständigem Schwur auf ihre Unabhängigkeit. Diese Veranstaltung machte mich dennoch betroffen, weil ich feststellte, dass Gefühle von Menschen tief verwurzelt waren.

Helmut sagt noch im Hinausgehen: »Wir gehen noch ein Stück zu Fuß«. Wir betraten die Heinrich Mann Allee vom Neuen Friedhof in Richtung Potsdams Mitte.

An kunstvoll geschmiedeten Gittern liefen wir an den sanierten Gebäuden der Landesregierung vorbei. Preußisch erhaben stehen sie im Raum. Die Sandfarbe gibt ihnen etwas Solides. Gegenüberliegend befinden sich restaurierte Wohn- und Geschäftshäuser. Die Straßenführung ist etwas erhöht. Man kann den Eindruck gewinnen, dass zwei Straßen nebeneinander verlaufen. Sie sind von einem kleinen Wall getrennt. Neben uns fahren moderne Straßenbahnfahrzeuge. Der Straßenbelag ist erneuert. Flüsterasphalt ist aufgetragen. Unser Blick geht bereits auf die Kreuzung am neu entstandenen Bahnhof. Hinter dem befinden sich im Kassettenbau errichtete Wohnhäuser, über deren Architekturleistung man vortrefflich streiten kann. Vor zwanzig Jahren war hier ein nach der »Wende« geschliffenes Reichsbahnausbesserungswerk, deren Reste noch zu sehen waren. Das gesamte Areal wurde neu gestaltet, irgendwie großflächig, modernes für sich in Anspruch nehmend. Wir standen auf dem Bahnhofsvorplatz und blicken auf den Brauhausberg. Am Fuße wurden die Erschließungsarbeiten für ein neues Schwimmbad sichtbar. Das backsteinrote Gebäude am Brauhausberg überragt den vor uns in unser Blickfeld gelangten Hügel. Mit diesem Gebäude verband ich die für mich sichtbar gewordene Diktatur einer Partei, dessen Symbol an der Vorderfront verblichen durchschimmert. Vergangenes konnte man nicht so einfach entfernen. Es gehört auch zu diesem Gebäude, dass sich darin unsere freundschaftliche Beziehung entfachte, wie sich für mich manche emotionale Bindung ergab. Ich blickte weder mit Wehmut noch mit Wut dahin. Insgeheim wünschte ich mir eine baldige Nutzung, damit diese Blickachsbeziehung nach Lenné nicht verloren ginge. An der rechten Seite des Brauhausberges entsteht eine moderne Speicherstadt mit Komfortwohnungen. Die Zugezogenen aus der oberen Schicht werden einen schönen Blick auf die Stadt und die Havel haben.

Ampelgesichert überquerten wir den Platz an der Leipziger Straße. Unsere Schritte gingen nun schneller über die neu erbaute Lange Brücke. An der rechten Seite schauten wir über die Freundschaftsinsel. Sie wurde einst anlässlich eines Jugendtreffens angelegt. Auf ihr befinden sich Skulpturen, die an unsere Jugendzeit erinnert.

Die neu errichteten Kassettenneubauten diesseits der Brücke versuchen, ein architektonisches Band mit dem Hotel »Merkur« jenseits der Brücke einzugehen.

Im alten barocken Stil ist das Potsdamer Schloss wieder aufgebaut. Davor machten wir eine kleine Pause. Wir betrachten an der Stirnseite einen französischen Schriftzug, der beinhaltet, dass es sich nicht um ein Schloss handeln würde. Es war in Anlehnung an den belgischen Maler (1898-1967) Renè Magritte geschrieben, der auf ein Bild einer Pfeife schrieb: »Das ist keine Pfeife«(im County Museum von

Los Angeles). Er wollte darauf hinweisen, dass es sich bei seiner Malerei nur um ein Abbild einer Pfeife handelte. Beim Schloss kamen mir ähnliche Gedanken. Das Gesamtensemble entschädigt aber. Es zeigt, wie täuschend echt zerstörtes Kulturgut wieder aufgebaut werden konnte.

Unser Blick richtete sich auf den davor liegenden Marstall, der komplett restauriert wurde. Er bildet eine Begrenzung zur Breiten Straße. Als wir uns mit dem Rücken vor den Marstall stellten, hatten wir einen freien Blick auf den betonierten Lustgarten. Ich erinnerte mich an das Ernst Thälmann Sportstadion, welches mit dem Liebknechtforum verbunden war, die der Wiederherstellung preußischer Architektur gewichen waren. »Herz und Flamme der Revolution«, ein Denkmal im Kontext zur steinernen Ehrung Karl Liebknechts bildeten hier Anfang der 80er Jahre ein Ensemble. Beide Monumente wurden in den hinteren Raum des Lustgartens verschoben. »Wenigsten waren sie nicht geschliffen worden«, waren meine Gedanken. Unser Weg führte uns weiter an der wieder komplett errichteten Nikolaikirche vorbei, die wie ein Symbol an eine preußische Pickelhaube erinnert. Sie zentriert die Potsdamer Mitte. Wir folgen der Friedrich Ebert Straße. Schon der Straßennahme hat es in sich. Welcher Friedrich Ebert wird hier geehrt, der zu DDR-Zeiten geehrte Oberbürgermeister von Berlin, Mitglied des Zentralkomitees der SED, geb. 1894 oder der Reichspräsident der Weimarer Republik, geb. 1871? Man konnte sich selbst entscheiden, wen man meint. Das war doch auch ein Zeichen der Versöhnung, oder? Ich schaute schmunzelnd auf das Straßenschild und dachte noch: »Da brauchte nach der `Wende` kein Anwohner seinen Personalausweis wegen des Straßennamens zu ändern«. Unser Weg führte an gepflegten Häuserfassaden vorbei. Die Häuser strahlen eine gediegene Bürgerlichkeit aus. Ein Blick in die Brandenburger Strasse zeigt eine touristische Flaniermeile. Kleine Läden geben der Straße ein Flair. Auf der rechten Seite erstreckt sich ein einmaliger architektonischer Leckerbissen. Ein geschlossenes Holländerviertel wurde liebevoll rekonstruiert. Es strahlt eine malerische Wärme aus, die ich in den Niederlanden oft spürte. Am Café Heider machten wir kurz Halt. Wir standen vor einem traditionsreichen Lokal, in welches wir schon ab und zu mal gingen, wenn Gespräche anstanden, die von Mann zu Mann erfolgten. Ich dachte über das Buch »Damals im Café Heider« von. M. Ahrends [135] nach. Darin hatte Matschke, in dessen Kneipe unsere Beine zielten, sein Leben umrissen. Ich sollte es wieder einmal lesen, weil es die Vielfalt eines Szenecafés der siebziger und achtziger Jahre veranschaulicht. Wir gingen durch das Nauener Tor. Ich schaute noch einmal zurück und erfreute mich an dem Anblick dieses Potsdamer Stadtviertels. Es ist eines von vielen nach der »Wende« liebevoll sowie aufwendig gestalteten Vierteln der Stadt.

Was hier Ostdeutsche mit Fördermitteln aus dem Aufbau Ost im Verbund mit westdeutschen Mäzenen in knappen zwanzig Jahren geschaffen haben, ist überaus anerkennenswert. Dieses anschauliche Ergebnis sollte ein stärkeres Selbstbewusstsein aller Potsdamer schaffen. Die Mieten regelten den Charakter der Bewohner dieses Gebietes, wie anderer auch. Potsdam entwickelte sich zu einem Tourismusmagnet. Die barocke Stadt war und ist anziehend. Ich hoffe, dass ihr Weg in eine »Museumsstadt« aufhaltbar sein wird. Das Leben einer Stadt, das habe ich in zahlreichen deutschen Städten sehen können, wird in besonderer Weise durch die jungen Leute bestimmt. Eine soziale verträgliche Mischung von Alt und Jung erschien mir bei Stadtbesichtigungen in Deutschland immer beachtenswert. Ich suchte stets das »quirlige bunte Treiben«. Langsam gingen wir weiter. Schließlich bogen wir in die Alleestraße ein. Helmut und ich standen vor Matschkes Galeriecafé. Bevor wir die kleine Kneipe betraten, fragte ich ihn: »Wie bringe ich meine Lebensfahrtgedanken zum Abschluss«?

Tunnelgeschichten bei Matschke

Vor einigen Wochen lernte ich in der kleinen Kneipe einen engagierten Naturwissenschaftler kennen. Ich nenne ihn den »Steindeuter«. Er war Geologe und bestach durch literarische Kenntnisse. Seinem Vorschlag sollte ich folgen: »Trag doch einfach Tunnelgeschichten vor. Ist denn kein Span da?« Erst dachte ich, dass er in Rätseln sprach. Dann erklärte er, dass er aus Fontanes Autobiographischen Schriften [136] über eine Berliner Gesellschaft gelesen hatte, die sich »Der Tunnel über der Spree« nannte.

Fontane war Mitglied dieses literarischen Kreises, der 1827 gegründet wurde. »Auf humorvolle Weise trugen ihre Mitglieder in unendlicher Ironie und unendlicher Wehmut Werke vor, die unveröffentlicht waren. Diese nannten sie ›Späne‹«, erklärte er am Stammtisch.

»Was sollen diese langen Reden«, rief Matschke, der Wirt seiner urigen Kneipe, der dem Gespräch gefolgt war, »trage doch deine Späne vor«. Dabei zeigte er auf mich. So konnte ich die Geschichte meines Lebens erzählen und meinen Gedanken Raum geben.

Das war eine Ausnahme, weil er, der Matschke, die Tischthemen sonst am runden Tisch bestimmte oder mindestens mit Zwischenrufen beeinflusste. Nun hatte er doch so einen langen Redefluss (meine Späne) von mir geduldet. Ich fühlte mich von ihm verstanden. Er war einer, zu dem ich gerne ging, weil er Fantasien Ernst nahm.

Es hatte schon etwas Befreiendes, wenn man ausreden durfte, auch dann, wenn man nur das Gefühl hatte, dass man eine Rede hielt. So erging es mir. Fantasien verstand ich als ein Gemisch aus Erfahrungen, Wünschen, Hoffnungen, Realitäten, Vorstellungen, tatsächlich Erlebten und Gefühle prägenden Eindrücken mit kreativen Elementen begleitet. Mit einem Wort, »etwas Span – ähnlichem!«

Ich stellte mir in meiner Fantasie vor, dass alle Kneipenbesucher meine Lebensreise gehört hätten. Wie würden sie reagieren?

Ich stellte mir weiter vor, dass die am Stammtisch sitzenden Zuhörer aufmerksame Zeitgenossen wären. Es würde eine Atmosphäre herrschen, die historische Einblicke herausfordert, die neugierig auf die Gedanken macht, die andere Zeitzeugen hatten. Die Menschen, die sich hier trafen, wollten angeregt sein.

Nicht wenige unter ihnen regten selbst an, mancher von ihnen regte sich auch auf. Das war selten. Es gehörte aber dazu.

Ein Stammtischler rutschte auf seinem Stuhl ganz unruhig hin und her. Er hatte lange nichts Grundsätzliches erklären können. Seine Äußerungen zeugten von Wissen über die Zusammenhänge in der Welt. Er tastete sich vorsichtig an die Zeit heran, die wir »die Wende« nannten. Er erzählte in Episoden seine Sicht über diese Zeit. Er lebt in Westberlin. Von dort hatte er den Fall der Mauer erlebt. Er kam regelmäßig zum Stammtisch, weil er hier mit vielen Menschen aus dem Osten über ähnliche

Befindlichkeiten reden kann, die er heute spürt, wenn er über die Gegenwart nachdachte. Aus seiner Rede war eine Anerkennung der Lebensleistungen der Menschen zu entnehmen, die im Osten ihre Sozialisierung hatten.

Ein anderer aus der Runde ist mit der Filmproduktion verbunden. Er gab zu bedenken, dass man über solch eine Erzählung einen Film machen könnte. Das stachelte mein Selbstbewusstsein an. Das macht ihn mir sympathisch. An eine reale Umsetzung, die ich kurzzeitig erhoffte, hatte er sicher nicht gedacht. Er munterte auf jeden Fall auf, dass sich andere Zeitgenossen für die Nachwelt Gedanken machen sollten. Ich schlüpfte heimlich in die verschiedenen Rollen meiner Lebensfahrt. Er stoppte meine Fantasie etwas, indem der Redefluss über seine persönlichen Erfahrungen mich zeitlich gefangen hielt. Er sprach leidenschaftlich und würdigte die Leistungen der Filmbranche der DDR. Seine Leistungen stellte er in den Mittelpunkt. Warum eigentlich nicht? Er kritisierte Propagandistisches. Er hob Künstlerisches hervor. Er gab mir eine lange Liste von humanistischen, künstlerisch wertvollen Produktionen aus den 70er und 80er Jahren der DEFA-Geschichte in Erinnerung. Er ging differenziert auf einzelne Filme ein, die die anderen am Stammtisch Sitzenden in ihrem Leben, besonders in ihren Gefühlen beeinflusst hatten. Die am Tisch Sitzenden stimmten ihm zu. Die weiblichen Zuhörer hatte er durch seine Art zu erzählen auf seiner Seite. Er pendelt zwischen Hamburg, Potsdam und einem märkischen Anwesen hin und her, vielleicht war er auch auf der Suche nach heimatlichen Gefilden. Ähnlichkeiten zu meiner Lebensfahrt waren nicht zu leugnen.

Daraufhin kam einer zu Wort, der in der »Wende« Hilfestellung für die technische Entwicklung der Banken in der DDR geleistet hatte. Für ihn war es eine neue Herausforderung, wie er versicherte. Er habe aus dem Gefühl heraus, helfen zu wollen, diese Banken geschäftsfähig gemacht. In den Gesichtern der Sitzenden traten vorsichtige Zweifel wegen seiner samariterhaften Gesten auf. Die marktwirtschaftlichen Vorteile konnte er mit wirtschaftlichem Sachverstand in den Osten tragen. Dieses Tragen führte schließlich zu Erträgen. Er fühlt sich in Potsdam wohl im Pendel zwischen Mittel- und Oberschicht. Er engagierte sich politisch in einer Mehrheitspartei. Seine Geduld ist bewundernswert, wenn er von den Anwesenden manchmal in »politische Haftung für Gegenwärtiges« genommen wird. Er verschließt sich nicht vor nostalgischen Befindlichkeiten zwischen Ost und West.

Er wirkte mitunter belehrend, was er strickt von sich weist. In dieser Hinsicht fand ich mich charakterlich etwas gespiegelt.

Eine weibliche Anwesende wirkte in ihrer dargebotenen offenen Art welterfahren. Mit einem Hang zur Situationsversteherin versuchte sie die kleine Kneipe mit ihrem Charme auszufüllen. Sie gab Impulse für Sinn bereitende Freizeitgestaltungen. Ihre Ratschläge trafen oft den Zeitgeist. Sie verstand es, Interesse an den Lebensumständen der im Osten sozialisierten Menschen zu zeigen. Dieses Verständnisgespür für soziale Fälle blieb nicht ohne zustimmende Gesten einiger Anwesenden. Durch geschicktes Fragenstellen ermunterte sie zur Öffnung von Lebensläufen mit östlichen Hintergründen. Dabei wollte auch sie Fragen beantworten, die ihre Geschichte betraf. Sie suchte nach Wurzeln ihres Lebens in brandenburgischen Gefilden. Sie ist eine Suchende in den Stürmen ihres Lebens. Insofern trafen sich gelegentliche Erinnerungen mit dem Bedürfnis nach Ahnenforschung auf meine Befindlichkeit.

Das wiederum ermunterte einen Naturwissenschaftler, der sich mit philosophischen Hintergründen beschäftigt, zu der Bemerkung: »Ich halte meine Lebenserfahrungen für meinen Enkel fest«. Ich nickte ihm schmunzelnd zu. Dabei bemerkte ich den ernsteren Hintersinn etwas zeitversetzt: »Für wen schreibt man eigentlich, wenn man im Alter schreibt?«

Die eigenen Erfahrungen verführen oft zur belehrenden Darstellung. Das kam mir in diesem Augenblick in den Kopf. Hoffentlich bleibt noch genügend Freigehaltenes für eigenes Denken und Handeln bei den Nachgeborenen.

Ich ließ eine Antwort darauf einfach liegen.

Eine bescheidene Antwort gab in diesem Moment eine Anwesende, die sich mit den Schnitten in Lebensbildern auskennt. Der sachkundige Blick auf Bilder zeigte ihre Verliebtheit in bildnerische Abläufe. Sie ist die Fachfrau. Dieses wiederum lässt sie die Anwesenden spüren, indem sie, so oft Gelegenheit war, Bilder ihrer Familie zeigte. Sie deutete mit imponierendem Ausdruck auf die Schönheit der dargestellten Personen hin. Ich wollte gerade meine ablehnende Haltung zu den Bildbetrachtungen familiärer Momente mit einer weiter schiebenden Geste unterstreichen, da hielt mich meine innere Zurückhaltung im Zaum. Auf diese Art und Weise lassen sich auch Erinnerungen festhalten! Sie gaben für Deutungen und eigene Sichten vielerlei Spielräume bei einer Nachbetrachtung. Ich hätte vielleicht doch lieber Bilder sammeln sollen. Ich wollte meine gerade gewonnenen Erkenntnisse dem naturwissenschaftlich Geprägten zurufen, aber das hatte ich mir dann verkniffen.

In dieser doch etwas gedrosselten und verhaltenen Stimmung machte ich mir Gedanken über meine Erzählungen von meinem Glück, von meinen Erfahrungen, von meinen verschlungenen Lebenswegen.

Weil die meisten Stammgäste offensichtlich auch über sich selbst nachdachten, stellte einer, der sonst gern zuhört, die Frage:

« Immer wieder dieses Ost-West-Getöse in den Erinnerungen unserer Generation. Die Einheit Deutschland ist doch etwas, was wir folgenden Generationen als unsere gemeinsame Leistung auf den Tisch legen können. Sagt mal, warum hat denn keiner zur Waffe gegriffen in der Zeit der Wende, 89, als viele Waffen im Umlauf waren? Ist es nicht ein großes Glück, dass wir hier sitzen können! Wenn es zum Blutvergießen gekommen wäre – es ist nicht zum Ausdenken?!«

Die von den Bildbetrachtungen unterbrochene Aufmerksamkeit richtete sich mit einem Ruck auf den Fragesteller. Plötzlich sind wir wieder bei einer Zeit, die mich und offensichtlich alle Anwesenden so in ihrem Leben beeinflusst hatte. Sie lag auf unserer Seele, weil die Antwort, die die Menschen damals auf diese Frage gegeben haben, für unser Heute so wichtig ist.

»Haben wir überhaupt das Recht, mit beckmesserischen Antworten heute darüber zu befinden?«, warf ein weiterer Gast nachdenklich ein. Das Suchen nach Antworten machte nachdenklich. Es trat in dem kleinen Raum bei »Matschke« eine selten erlebte Ruhe ein. Ich hatte den Eindruck, dass diese Frage die sonst oft erlebte politische Erregung milderte. Erreichte sie den Punkt, wo alle Anwesenden die immer noch anhaftenden Ost-West-Auseinandersetzungen bereit waren abzulegen?

Jetzt wollte jeder zu Wort kommen. Die Lautstärke nahm zu. Ich entnahm aus den Wortfetzen, dass schließlich alle politischen Akteure oder Betrachter der damaligen Zeit ihren Anteil an dem Prozess der Einheit Deutschlands für sich in Anspruch nahmen. Warum eigentlich nicht?

Bisher hatte sich der Historiker, der bei allen Anwesenden ein geschätztes Ansehen hat, noch nicht geäußert. Die Blicke richteten sich auf ihn. Er begann bedächtig, fast abwägend: »Aus einer kritischen und mutigen Auseinandersetzung von Menschen in der DDR mit ihrer Gesellschaft entwickelten sich in kirchlichen Räumen bereits zu Beginn der achtziger Jahre Positionen, die zu kraftvollen Demonstrationen führten. Ein friedlicher Meinungsstreit entfaltete sich immer mehr. Es entstand eine Kultur des Streitens um eine bessere Lebenssituation. Es ging dabei zunächst um eine bessere DDR, mit einem anderen Gesellschaftskonzept. Die Staatsmacht, die zunächst ihr Feindbild darauf orientierte, war der Dimension gegenüber ohnmächtig. Es begann ein wirtschaftlicher und politischer Zerfall, der unaufhaltsam war.«

Er versteht es, in wenigen Sätzen globale Zusammenhänge verständlich zu erklären. Sein Gedächtnis über exakte Daten historischer Ereignisse ist verblüffend. Ich rutschte in meinem Stuhl doch etwas zusammen, weil ich mich daran erinnerte, wie es mir schwer fiel, Daten und Ereignisse in Übereinstimmung zu bringen. Zeitzeugen, wie ich es war, können einen subjektiven Einblick in historische Einzelsituationen geben. Historiker vermochten Einzelereignisse zu bündeln. Sie vollzogen Verallgemeinerungen, die ich zwar gern ebenfalls entwickeln würde. Bei einem genaueren Nachdenken wurden mir meine bruchstückhaften allgemeinen Deutungen vor meinen Augen sichtbar, die Nachsicht bei den Betrachtern meiner Lebensfahrt erforderte.

Einer, der die wirtschaftlichen Zusammenhänge im Osten kannte, warf gedankenschnell ein: »Denkt doch nur an unser bescheidenes Leben von damals. Das wurde jedoch immer schwieriger, weil die komplexen wirtschaftlichen Prozesse in der DDR nicht mehr beherrschbar waren. Es war schließlich nur noch die »Mauer« im Angebot. Diese wurde dann an die BRD»verkauft«. Einem Käufer droht man nicht mit der Waffe!« Jetzt nahm die ernsthaftere Diskussion eine satirische Wendung. Das war eigentlich der Stil der Auseinandersetzung, den ich am meisten mochte. Leider erforderte er einen Feingeist des Satirikers, wie des Zuhörers. Dafür lag die Latte für mich oft zu hoch, dennoch schätzte ich gerade diese Art.

Eine in der Filmbranche Tätige ergänzte aus ihren Erfahrungen mit den Medien: »Vergessen darf man nicht den Spiegel des Lebens, den uns die Westmedien täglich vorhielten. Der war immer stärker mit der Realität verbunden, als die Staatsmedien der DDR zeigten. Darüber hinaus hatte die gezeigte Konsumwelt der BRD einen starken Einfluss auf die Ostdeutschen. Der Abstand der dargestellten medienwirksamen Lebenslage der Mehrheit der Deutschen im Westen zu dem im Osten wurde immer größer.«

Der Filmproduzent nuancierte, was zunächst für mich etwas verblüffend im Raum stand: »Es waren auch »die Matschboxautos«, als Metapher gemeint (er hätte auch Bananen oder Westmusik nennen können). Die Machthaber im Osten waren doch selbst vom Konsumdenken durchsetzt. In ihrer kleinbürgerlichen Haltung wollten sie doch den Konsum. Sie waren ja geradezu gierig im Privaten nach Westprodukten. Dazu hatten sie sich in ihren abgeschotteten Objekten extra Läden eingerichtet.

Wenn sie geschossen hätten, dann hätten sie sich ja den Weg zum Konsum verbaut. Sie lebten in ihrer Welt. Das gaben sie niemals der Öffentlichkeit preis. Darin lag schon so etwas wie kleinbürgerliches Verhalten begründet. Sie wünschten sich schon damals mehr »Wessi« zu sein, als sie je zugaben.« Die satirischen Bemerkungen nahmen weiter zu.

Die in der Sowjetunion Geborene holte die im Satirischen Verfangenen auf den Boden zurück: »Den Bruder Sowjetunion gab es doch auch schon lange nicht mehr. Die wirtschaftliche Lage war Ende der 80er Jahre in der UdSSR ruinös. Das von der Parteiführung der DDR glorifizierte Bild des Sozialismus der Sowjetunion zerschmolz immer mehr. Damit war das Vorbild verblasst. Die Kopie (DDR) war ideologisch nicht mehr haltbar. Es zerbrach ein Weltbild.«

Mein Bild von der Sowjetunion brach sich mit den Menschen aus dem Vielvölkerstaat, die mir begegnet sind. Wie erging es ihnen nach dem Umbruch? Ich wurde ein Gefühl der emotionalen Bindung, die ich einmal mit ihnen eingegangen bin, nicht los: Warum sollte ich?

Es trat ein neuer Gast an den Stammtisch mit dem Einwand:

»Denkt doch an die Interessen der Großmächte. Der Zerfall des Sozialismus war für die amerikanische Regierung ein bemerkenswerter Erfolg. Sie konnten ihr strategisches Einflussgebiet erweitern. Amerikanische Kapitalmärkte nahmen regelrecht Fahrt auf. Das Finanzkapital wurde fast ungebremst über die Weltmärkte gestreut. Anstehende Wirtschaftskrisen wurden abgeschwächt, neu entstanden. «

Während ich noch über das Schicksal der mir bekannten Menschen aus der Sowjetunion nachdachte, wurde ich in die globale Welt entführt. Diese verflixten globalen Interessen, sie lassen mich nicht los. Mein Wissen über diese Zusammenhänge wird auch nicht größer, trotz Internet. Da riefen so viele am Tisch Sitzenden nach mehr Informationen. Ich grübelte: »Sind die denn überhaupt zu verarbeiten?« Einsicht hieß noch lange nicht Durchsicht.

Ein Kulturschaffender nahm den Gedanken der Erkennbarkeit von Zusammenhängen auf: »Es lag doch auch an der humanistischen Bildung in beiden Teilen

Deutschlands, dass die Schwelle zu einer bewaffneten Auseinandersetzung im geteilten Deutschland sehr hoch gelegen hatte.« Er ergänzte dann: »Beethoven, Goethe, Brecht und viele andere Klassiker der deutschen Kultur hatten doch in Ost und West eine Wirkung auf die deutsche humanistische Bildung, vergesst das nicht! Das Bildungsniveau eines Volkes hat sicher einen Einfluss auf das Ringen um die Einheit eines Volkes«.

Vom Tresen rief der Wirt dazwischen: «Deutsche schießen nicht mehr auf Deutsche! Die Geschichte hat tiefe Spuren hinterlassen. Friedenssehnsucht statt Kriegsgerassel hat das deutsche Volk geprägt.«

Mir wurde immer bewusster, dass es mit der Erklärbarkeit historischer Zusammenhänge immer dann komplexer wurde, wenn den Diskutanten freier Raum gegeben war. Das war in dieser kleinen Kneipe der Fall.

Der Westberliner wendete ein: »Und wie war das mit den Schüssen an der Mauer? Das waren doch auch Deutsche, die auf Deutsche schossen.«

Der Wirt konterte: » Das war auf Befehl, schließlich war doch Kalter Krieg.

Die Antworten dazu blieben im Raum liegen.

Der Wirt kam seinerseits in Fahrt. Er gestikulierte. Er sprudelt am lautesten:

»Wie war das doch, als in der Kubakrise der sowjetische Atom U-Boot-Offizier, der auf sich alleine gestellt war, nicht den Roten Knopf gedrückt hatte. Er verhinderte den Abschuss der Atomrakete auf Amerika. Die Welt entging einem atomaren Inferno. Oder denkt doch daran, wie der sowjetische Offizier, der in der Atomraketenstellung in den siebziger Jahren den Befehl erhielt, auf den Roten Knopf zu drücken. Er verweigerte diesen Befehl. Er wusste nicht, dass es ein Fehlalarm war. Viele Jahre später kam der Vorfall an die Öffentlichkeit. War das nicht auch ein Held?« Er berührte damit einen Gesichtspunkt, der bisher untergegangen schien. Einzelne Menschen haben durch ihre Besonnenheit oder durch spontane kluge Entscheidungen Geschichte geschrieben. »Ihnen gilt ein Innehalten im Fluss von Redereien über die Welt«, waren meine Überlegungen.

Während mich dieser Gedanke noch fesselte, erinnerte ich mich an ein Gespräch mit meinem Sohn Jörg:

Ich fragte Ihn, warum in der »Wende« nicht geschossen wurde. Er war doch Offizier der Nationalen Volksarmee. Seine Meinung war mir sehr wichtig.

»Weißt du«, antwortete er nach gründlicher Überlegung, »ich würde an erster Stelle sagen, dass die Schwelle für eine militärisches Eingreifen viel zu hoch war. Die politischen Schulungen in der Armee haben unser humanistisches Weltbild nicht zerstört. Die Feindbilder waren nicht auf den Hass von Menschen ausgerichtet. Die Feinde waren der Imperialismus, die antikommunistischen Ultras, das System des Kapitals. Sie konnten jedoch nicht auf deutsche Menschen, also Personen, projiziert werden. Liebe und Hass sind so komplexe Gefühle, dass sie nur auf einzelne Menschen zutreffen, weil der Mensch eine Seele hat, eine Gesellschaft oder Ideologie nicht. Weiterhin würde ich sagen, dass die Befehlsträger unschlüssig waren.

Sie waren nicht bereit, auf friedlich Demonstrierende oder Veränderungswillige zu schießen. Selbst in der Armee gab es Systemkritiker. Aber vergiss auch nicht, dass unter den Demonstrierenden und Veränderungswilligen keine Extremisten waren. Diese Seite sollte man auch bedenken, wenn man darüber spricht. Sie waren ebenfalls humanistisch gebildet. Sie trugen ihre Proteste friedlich aus. Diese Kultur des Meinungsstreites haben sie sich hart erkämpft. Schließlich wollte, quer durch die gesamte Bevölkerung, die Mehrheit eine Veränderung des Staates. Das darf man nicht unterschätzen. Dieser Druck fand nicht nur auf den Straßen, sondern überall statt.«

Nach über zwanzig Jahren deutscher Einheit wurden in einer kleinen Kneipe in Potsdams Norden Meinungen diskutiert. Offen und freimütig wurden Befindlichkeiten spürbar, Geschichte war in jedem am Tisch Sitzenden, auch wenn er es nicht gleich zugeben wollte. Es waren »Späne« der Zeit, die hier gehobelt wurden, nicht grob, sondern mehr in Staubkorngrößen.

Ich wurde das Gefühl nicht los, was in Goethes Faust I. Teil, dem Osterspaziergang, treffend beschrieben wurde:

> »Nichts Besseres weiß ich mir an Sonn- und Feiertagen,
> als ein Gespräch von Krieg und Kriegsgeschrei,
> wenn hinten, weit, in der Türkei,
> die Völker aufeinanderschlagen.
> Man steht am Fenster, trinkt sein Gläschen aus
> und sieht den Fluss hinab die bunten Schiffe gleiten;
> dann kehrt man abends froh nach Haus,
> Und segnet Fried und Friedenszeiten« [137].

Die Anwesenden setzten sich gründlicher mit gesellschaftlichen Zusammenhängen auseinander, eigene Positionen wurden geäußert, keiner gab sich schicksalhaft den Ereignissen der Zeit hingeben oder suchte im Häuslichen eine Zuflucht. Ist das nicht bemerkenswert?

»Wir sind doch hier »um die Welt zu ändern«, rief einer laut.

»Wir ändern doch sowieso nichts mehr«, konterten die meisten. Im allgemeinen Gemurmel war eine Zustimmung zu dieser Auffassung spürbar. Die Welt zu verändern, oblag vielleicht einem Münchhausen. Der Wille, der Wunsch, die Hoffnung blieben jedoch im Raum der kleinen gemütlichen Kneipe hängen. Das war doch immerhin schon etwas. Einige beglichen bereits ihre Rechnungen beim Wirt. Eine Aufbruchstimmung trat ein.

In diesem Moment nahm ein bis dahin sich bewusst Zurückhaltender die entstandene Nachdenklichkeit der Anwesenden bewusst auf. Er sprach leise, fast eindringlich. Immer mehr gewann er die Aufmerksamkeit seiner Zuhörer. Da war dieses freundliche Lächeln, diese blitzenden, fast lustigen Augen, wenn er langsam seine logischen Gedanken ausdrückte.

»Das ist doch…, natürlich, das ist doch Fred«, fuhr es mir blitzartig in den Kopf. »Wie lange haben wir uns aus den Augen verloren?«

Sehr konzentriert, fast entschuldigend schlug er vor, am 5. August 2014 hier im Galerie Café eine Lesung der Arbeitsgruppe Literatur 13 zum Thema: »Literarische Zeugnisse wider den Krieg« durchzuführen. »Es passt zeitlich,« fuhr er fort, »weil der Deutsche Kaiser, Wilhelm der II. am 6. August 1914, fast auf den Tag vor 100 Jahren, das deutsche Volk zum Eintritt in den 1. Weltkrieg hier aus Potsdam aufrief.«

Nicht aufdringlich, mehr anregend, so kannte ich Fred aus den sechsziger Jahren von der Pädagogischen Hochschule Potsdam. Da sind wir uns das erste Mal begegnet. Er war der parteiliche Führer der Hochschule. Ich war der Absolvent der Studienrichtung Biologie und Grundlagen der Landwirtschaftlichen Produktion und frisch gewählter Jugendfunktionär der Alma Mater.

Immerhin, es waren 50 Jahre vergangen. Er berührte mich erneut, sodass ich zustimmend nickte. Lyrik wider den Krieg aus der Zeit um den 1. Weltkrieg vorzutragen, passt das in die heutige Zeit? Sind die Ursachen ähnlich? Warum treibt es ein Volk in den Krieg?

In Europa ist wieder Krieg. Da wird man doch Fragen stellen können! Fred war keiner mit dem Holzhammer – er beherrschte die feine Klinge! Menschen zum Nachdenken anregen, wie er mich vor fünfzig Jahren anregte, das konnte er. »Manchmal ist der kleine gedankliche Stups wichtig«, nicht die an der Oberfläche kratzende Agitation. Er gab der Lyrik diese Energie für den »Stups«. Oft schien er mir wie ein einsamer Rufer in der Wüste.

Er schuf sich Freunde, bescheiden, nicht aufdringlich. Für mich war er gewinnbringend. Für diejenigen, die sich darauf einließen, war es ein geistiges Vergnügen, wie ich aus ihren zustimmenden Gesten immer wieder feststellte.

An diesem Abend bei »Matschke« hatte er mich erneut gestupst. Respektvoll lagen wir uns in der Wiedersehensfreude in den Armen. Er sprach mich wenige Tage später an, ob ich nicht mitmachen würde. Konnte ich diese Bitte abschlagen? Das Projekt gefiel mir. Dazu kam seine sympathische Art, mich mit einbeziehen zu wollen. Ich sagte zu. Er war mir in meiner Lebensfahrt bereits begegnet. Er schrieb mir in der Zeit meines Dienstes in der Nationalen Volksarmee Briefe, die mir ganz persönlich eine Stütze waren. Irgendwie spürte ich nach über vierzig Jahren immer noch eine Bindung zu ihm. Ich habe mich oft gefragt, wie das möglich war. Offensichtlich haben mich seine aufmunternden Worte so tief beeindruckt, dass sie nachhaltig in meiner Gefühlswelt verankert waren. Ich verband mit ihm eine freundschaftliche Nähe, als ob wir uns nie aus den Augen verloren hätten. Ich war gerührt.

Mir kamen im ersten Moment seines Wunsches keine Zweifel, ob ich das auch schaffen würde. Mit etwas Abstand kamen mir dann doch skeptische Gedanken. Es ging immerhin darum, für eine kleine Öffentlichkeit rezitieren zu können. Da gehörte eine immense Übung dazu. Wir begannen wieder eine briefliche Korrespondenz, die so viele politische, besser noch, menschlich berührende Fragen aufwarfen, dass sie mich bis in die jüngste Gegenwart betroffen machten. Als wir uns dann trafen, um über meine Zweifel zu sprechen, machte er mir Mut. Er gab mir Hilfestellungen. Er besaß die Fähigkeit, sehr einfühlsam auf meine Fehler einzugehen. Seine ruhige aber bestimmende Art, über die Texte mit mir zu reden, gab mir eine gewisse Sicherheit. Immer mehr merkte ich, dass die Gespräche über die vorzutragenden Texte für mich noch mehr bedeuteten als die Auseinandersetzung über meine Rezitierweise. Ich spürte eine vorhandene Vertrautheit, eine Nähe.

Dann saß ich schließlich zum ausgemachten Termin mit meinen Freunden vor einem kleinen Publikum. Ich hatte Lampenfieber. Meine Stimme kam nicht so schnell aus dem Mund, wie ich dachte. Der Mundraum war wie ausgetrocknet. Warum habe ich nur zugesagt? Dann war ich an der Reihe. Ich hörte im ersten Moment nicht einmal meine Stimme.

Ich sollte reden wie ein Bilderbesprecher im Museum. Das hatte ich noch im Ohr. Ich hörte noch einer kurzen Weile meine ersten Worte sprechen:

»Günter Kunert – 1929 –

Bedarf
Wir benötigen Wunder weil
es unübersichtlich zugeht
im ernsten Dunkel der Geschichte:
Verfolgte
werden Verfolger und werden wieder
verfolgt. Das kommt von
der Lichtlosigkeit unseres Universums
so sagt man so schwanken wir
in eigener Sicht dahin wegen der Worte
die alle
auf uns gemünzt sind zum Lohn
bleierne Währung
die im Lande Nirgendwo gilt.
Es verbergen nämlich stählerne Schränke
das bekannte Geheimnis
fortwährend schwungvoll signiert
mit Namen aber nicht
unseren und das ist der Grund
warum wir Wunder benötigen
um zu überleben zwischen dauernd
malmenden Welten.« [138]

Als ich dieses Gedicht vortrug, wurde mir der Inhalt dieses Werkes noch dramatischer vor Augen geführt. Er erschloss sich in diesem Augenblick für mich in einer anderen Dimension. Ich war herausgefordert, über Aktuelles nachzudenken. Während ich rezitierte, wurde ich stärker auf den Inhalt gebracht als ich glaubte. Ich fragte mich, ob es Wunder sind, auf die wir zu hoffen haben – in den malmenden Welten?

Kann nicht aus kleinen »Stupsen« ein Anstoß werden?

Veränderungen kosten Kraft, erfordern Selbstüberwindungen – sogar Mut wird notwendig sein. Schließlich kommt es doch auf den Einzelnen an.

Nach diesem Abend und den ausführlichen brieflichen Kontakten mit Fred, hatten Gedichte für mich einen neuen Wert erhalten. Mit Lyrik wurden offensichtlich Gefühle mit dem Verstand gekoppelt, die nicht mehr trennbar waren.

Ich hoffte auf ein Aufleben eines kleinen literarischen Kreises in der Tradition »des Tunnels über der Spree« aus dem Jahre 1827, den Fontane begeisternd beschrieb.

Traditionen – im Kleinen

Es war die Vorweihnachtszeit im Jahre 2014. Viele Menschen fanden diese Jahreszeit für ihr Gemüt nicht förderlich. Ich sah gerade diese Zeit, die Adventszeit mit ihren vielen Lichtern, besonders angenehm. Ich hatte das Gefühl, dass sich Menschen, die sich mögen, näher zusammenrückten. Daraus erwuchs eine Wärme, die anheimelnd für mich war. Die Bäume in der Landschaft waren kahl. Ihre Zweige ragten bizarr in den Himmel. Sie sehnten sich regelrecht nach etwas Schnee, der ihre Nacktheit bedecken würde. Es war für mich die Jahreszeit der Hoffnung, der Hoffnung auf Amnestie. Alles das, was die anderen Jahreszeiten in der Natur hervorbrachten, wurde nun durch den Schnee zugedeckt. Es verfiel dem Recht auf Verzeihen, Vergessen, Vergebung. Es war wie das Innehalten vor dem erneuten Aufbrechen der Natur im Frühling.

Mein Großvater, der Korbmacher und Besenbinder war, hatte mir beigebracht, dass für sein Handwerk diese winterliche Jahreszeit ertragreich war. Er zeigte mir, da war ich acht Jahre alt, wie ich aus Birkenreisig Besen herstellen konnte. Dazu holte ich aus dem Wald mit dem Handwagen von zweijährigen Birken die Reiser, die möglichst wenige Seitentriebe hatten. Übers Knie drehte ich die Reiser zu einem Bündel. Auf Nachbars Boden hatte ich meine Bündel zum Trocknen aufgehängt. Nach zwei bis drei Monaten konnte ich mit Bindedraht den Besenschaft fest zusammenpressen. Abschließend steckte ich einen Haselnussstecken in den Schaft. Damit konnte ich mein Taschengeld etwas aufbessern. Die blätterlose Zeit lockte kaum vermutete Fähigkeiten. Vielleicht gebar sie für mich erste kaufmännische Gaben, die mir mein Vater später unbewusst weiter vermittelte. Es war auch immer für mich eine Zeit der Vorahnung. In den langen Nächten, ohne Fernsehen, wurden meine Fantasien angeregt. Vielleicht war das der Grund dafür, dass die Leute in den Fenstern vielerlei Schmuck aufstellten. Es lag ein bisschen Sehnsucht nach dem Licht in der dunklen Jahreszeit in der Luft. Andererseits kamen handwerkliche Fähigkeiten oder Bastelfähigkeiten an das Tageslicht, die sonst verborgen geblieben wären.

Die Kinder aus dem Nachbarhaus im heutigen Bornstedter Feld hatten gerade Schneemänner und Weihnachtsmänner aus Buntpapier an die Scheiben von Innen geklebt. Das sah sehr lustig aus. Sie konnten offensichtlich ihre Kunstwerke dorthin kleben, wo sie wollten. Damit war der regelmäßige Abstand der kleinen Werke offen. Die Schneemänner klebten über den Weihnachtsmännern und umgekehrt. Ich erfreute mich an dem Durcheinander und nannte es eine »schöpferische Fensterdeko«.

Während ich sah, wie sich die kleine Rasselbande hinter dem gegenüberliegenden Fenster vor Freude an ihrem Werk austobte, klingelte es. Wer könnte denn jetzt über die Mittagszeit klingeln? Es war sicher der Paketdienst mit der Bitte, für einen der Nachbarn ein Paket abzunehmen. Ich wollte gerade meinem Ärger Luft machen, als einer meiner fünf Enkel, der fünfjährige Lars, mit einem umwerfenden Lächeln ausrief: »Opa, ich bin Mittagskind!« Meine Zornesröte wandelte sich schlagartig in ein ebenso verzückendes: »Hallo, da bist du ja endlich!« Von Omas Hand sprang er schnell an mir vorbei in die Wohnung.

Unsere Stimmungslagen waren mit einem Schlag auf einer Freude erwartenden Ebene.

Wir hatten uns gemeinsam vorgenommen, eine wichtige vorweihnachtliche Aufgabe zu lösen. Das hatte eine lange familiäre Tradition, die sicher aus der besonderen Stellung der vorweihnachtlichen Jahreszeit in unserer Familie resultierte.

Die alljährliche Aufgabe lautete: »Wir basteln oder konstruieren einen eigenen Weihnachtsbaum«.

Dazu legten wir Zweig auf Zweig aus Fichten, Kiefern, Tannen in ein pyramidenartiges Gestell. Die Zweigspitzen sollten nach Außen zeigen. Es entstand schichtweise unser selbstgebauter Baum. Dieser stand nach mühsamer Konstruktionsarbeit im kollektiven Miteinander alsbald mannshoch im Zimmer. Er wuchs wie ein Hochhaus von Etage zu Etage. Dazu reichte mir Lars die entsprechenden Zweige an.

Wir benötigten dazu einen halben Tag, weil die notwendige Gründlichkeit am Bau ausgiebige gewerkschaftliche Pausen erforderten. Nur durch motivierende Leckereien, die Oma liebevoll anreichte, wurde der Bau überhaupt machbar.

Unterbrochen wurde unser Kunstwerk, wenn die Konzentrationsfähigkeit von Lars plötzlich dadurch beeinträchtigt wurde, dass er die auf dem Schrank befindliche Krippe mit Schnitzfiguren aus Südtirol schöpferisch neu gestalten wollte.

Der Fluss des Nachreichens von Zweigen wurde damit behindert. Mein Konstruktionsdrang war schlagartig beendet. Ich hatte mich kurzfristig auf ein neues Feld schöpferischer Ideen meines Enkels einzulassen. Mit dem deutlichen Hinweis: »Sag, Opa! Hat der Opa die Oma in dem Stall auch lieb?« Er wies mit seinen kleinen Fingern auf die Schnitzfiguren der Heiligen Familie hin. »Können Omas und Opas noch Kinder bekommen?« Damit zeigte er auf das Christkind, welches in der geschnitzten Krippe lag. Da meine Antwort etwas auf sich warten ließ, kam er auf die nächste Frage, was mich etwas erleichterte: »Welche Geschenke bekommt das Christkind eigentlich zu seinem Geburtstag von den drei Königen?« Ohne Luft zu holen, schloss er die nächste Frage an: »Bekomme ich auch von den drei Königen Geschenke zu meinem Geburtstag?« Er merkte offensichtlich, dass ich nicht so schnell antworten konnte. Er nahm ein in der Nähe befindliches Feuerwehrauto und lud die drei Könige ein. Er rief voller Freude: »Die verstecke ich jetzt!« Vielleicht wollte er ihnen in aller Ruhe noch seine Wünsche zuflüstern. Nachdem er durch die Stube gefahren war und die drei versteckt hatte, kam er wieder an den Weihnachtsbaumbau zurück. Etwas holpernd erzählte ich die Heilige Geschichte. Seinen Gesichtszügen konnte ich entnehmen, dass ich offenbar auf seine Fragen ungenügend einging, worauf er sagte: »Opa, wir bauen lieber wieder den Weihnachtsbaum!«

Er nutzt mein Schweigen, um eine CD mit den lustigen Liedern der »Alfas« aufzulegen. Die schmetterten das Alphabet laut durch unser Zimmer. Auf dem Umschlag der CD stand, dass das Abhören bildungsfördernd sei. Ich beugte mich dem kaufmännischen Hinweis. Ich hörte zu. Es ging darum, wie die Alfas ihren Kampf gegen die Betas austrugen. Lars schlug den Takt mit der Wucht seiner kleinen Hände auf den Tisch.

Ich merkte, dass die vorweihnachtliche Stimmung auch auf diese Art zelebriert werden konnte. Im Takt aufmunternder Kinderlieder wendete ich mich nun wieder dem Kunstwerk zu. Lars merkte, dass er wieder am »Bau« benötigt wurde. Er wandte sich daraufhin etwas zögerlich unserem »Weihnachtsbaumkunstwerk« mit dem motivierendem Satz zu: »Wann ist denn endlich der Baum fertig?« Ich war nun zur Eile angetrieben.

Die Grundstruktur unseres Baumes wuchs in die Höhe. Es wurde Zeit, die Kugeln an den Baum zu befestigen.. Besonders sorgfältig nahm ich die erzgebirgischen Schnitzereien aus den kleinen Pappschachteln. Zu den in den kleinen Schachteln befindlichen Kunstwerken habe ich eine besondere Beziehung, die mich bereits als Kind bewegt hatte. Ich streichelte heimlich über diese kleinen Figuren. Ich nahm sie einzeln sorgfältig in die Hand. Dabei hatte ich sicher einen etwas verklärten Blick. Ich liebe diese kleinen Holzschnitzwerke. Lars hatte meine liebevolle Gestik zu den Figuren sicher entdeckt. Er ging mit ihnen sorgfältig um. Das erfreute mich.

Seiner Körperhöhe entsprechend, wurden die Schnitzereien von ihm in Brusthöhe konzentriert angebracht. Das widersprach zwar meinen Vorstellungen, die Figuren auf dem gesamten Baumkunstwerk gleichmäßig zu verteilen. Er setzte sich aber durch, sodass alle Schnitzwerke in einer von ihm erreichbaren Höhe übereinander hingen.

Nur mit Mühe gelang es mir, mit entsprechenden Ablenkungsmanövern vorübergehend kleine Veränderungen vorzunehmen, wie: »Du kannst dir im KIKA (Kinderkanal) einen Film ansehen«. Ehe ich mich versah, waren die Schnitzereien auf seiner Vorstellungsebene wieder angebracht. Damit hatte er bewiesen, dass künstlerische Vorstellungen durchaus unterschiedliche Gesichtspunkte haben können.

Schließlich erwarteten wir, wie richtige Künstler nach erfolgreichem Auftritt, entsprechend Beifall und Lob, weil unser »Werk« in diesem Jahr besonders gelungen war. Lars rief darum: »Oma, ist der Baum nicht wunderschön?!« Oma wurde dabei nicht müde, mit positiven Worten das vollbrachte Werk zu loben: »Lars, du bist der beste Weihnachtsbaumbauer der Welt«. Wir genossen dieses Lob ausgiebig. Ich merkte allerdings erst später, dass ich in der Lobrede keine Erwähnung fand. Ich konnte gönnen können, weil es mein fleißiger Enkel war.

Diese alljährlich wiederkehrende Vorfreude auf das Weihnachtsfest musste bei mir in den Genen liegen. Ich erinnere mich sehr gern an die mühevolle Vorbereitung, die mein Vater akribisch gestaltete. Als wir in der Nachkriegszeit in Dresden den »Tante-Emma-Laden« hatten, kamen die Kinder der Umgebung am Nikolaustag und standen vor der Schaufensterscheibe.

Hier hatte mein Vater liebevoll sein Pflaumentoffelland gestaltet. Kleine Holzbäumchen hatte er mit Watte beklebt. Das sollte den Schnee imitieren. An Holzblöckchen hatte er Fenster und Türen gemalt. Jeder erkannte, dass es sich um Häuschen handelte. Davor stellte er kleine Männlein aus Pappe, die er selbst gebastelt hatte. In diesem Pflaumentoffelland fuhr eine Holzeisenbahn, die den Weihnachtsmann dorthin transportierte. Der hatte im Rucksack Pfefferminzbruch. Das war eine Süßigkeit aus Fondant mit Pfefferminzgeschmack. Meine Mama stellte selbstgebackene Plätzchen dazu, die sie bei passender Gelegenheit unter den Kindern verteilte. Die kleine Station, zu der der Weihnachtsmann auf der Holzeisenbahn fuhr, hieß »Zum Pflaumentoffelhaus«. Der Pflaumentoffel gilt in Sachsen als ein kleiner Glücksbringer. Er besteht aus gebackenen Pflaumen, die eine kleine Schornsteinfegerfigur darstellen.

Wir Kinder drückten uns die Nasen platt. Der Kaufmann »Peppel«, so nannten die in der Nähe wohnenden Dresdner meinen Vater, war glücklich über sein Kunstwerk. Sicher war er weniger glücklich über das Angebot in seinem Laden. Das war zur Zeit meiner Kindheit sehr bescheiden. Er versuchte gerade in dieser Zeit, den Leuten mit seiner unnachahmlichen Freundlichkeit zu begegnen.

Für das Besorgen des Weihnachtsbaumes blieb nicht viel Zeit. Es geschah Jahr für Jahr, dass mein Vater eine traurig aussehende »Staude« gerade noch erwarb. Oft war der Stamm schief. Das Bäumchen hatte nur noch wenige Zweige. Das Bäumchen ahnte nicht, dass mein Vater mit Hilfe von Bohrlöchern an seinem Stämmchen nun ein Kunstwerk dadurch schaffte, weil er zusätzliche Zweige in diese versenkte. So erklärte meine Mama in der Vorweihnachtszeit dann immer: »Alfred«, wenn sie »Alfred« sagte, dann war das etwas Besonderes, »wie du das wieder schön gemacht hast«.

Da strahlte mein Vater übers ganze Gesicht. Natürlich waren da auch meine Augen feucht vor Freude, dass es mein Vater wieder einmal geschafft hatte, aus einer unansehnlichen Staude ein so schönes Bäumchen zu zaubern.

Schließlich war noch das Lametta auf die Zweige zu legen. Das stammte aus der Blockschokoladenverpackung, die ihm seine Schwester aus dem Westen schickte. Das Silberpapier schnitt er in feine Fäden. Diese sortierte er nach gleicher Länge. Ganz vorsichtig schmückte er das Kunstwerkbäumchen, Faden für Faden. Als hätte ein Engelchen seine feinen Haare darauf gelegt, so sah es aus.

Es waren noch die Kerzen anzubringen. Das war für ihn die größte Herausforderung. Stearinkerzen kamen nun in einen Halter aus Blech oder Holz. Sie wurden mit viel Geschick an den Zweiglein oder Stämmchen befestigt. Es wackelte alles. Umso glücklicher war meine kleine Familie, als am 24. Dezember meine Mutter mit der Glocke zur bescheidenen Bescherung rief. Mein Vater spielte auf der Geige: »Stille Nacht, heilige Nacht…!« Die Kerzen flackerten an dem Weihnachtsbäumchen. Es war eine friedliche, wunderschöne Atmosphäre, die tief in meinem Herzen ist.

Nun war ich wieder bei meinen Wurzeln gelandet. Der Gedanke an einen »Handschlag« von Generation zu Generation kam mir ebenso wie die Weitergabe von Handlungsmustern, Geflogenheiten oder Bräuchen in den Sinn. Ich wollte aber nicht auf die großen Dinge des Lebens hinaus, sondern auf die kleinen bescheidenen

Gesten, auf das liebevolle miteinander Umgehen, auf die kleinen Dinge des Lebens. Vielleicht lagen gerade im Nachahmen oder Nachempfinden von vorbildlichen Dingen, die jeder für sich anders bewerten kann, die Schlüssel zum erfolgreichen Zusammenleben. Es ist schließlich auf meiner Lebensfahrt so vieles gut gegangen. Vieles passte in meinem Leben wie die Wabe eines Bienenstockes zusammen. Ich kann getrost von Glück reden.

Fußnote als »Beichte« gedacht:

»An die Nachgeborenen III.
Auch der Haß gegen die Niedrigkeit
Verzerrt die Züge.
Auch der Zorn über das Unrecht
Macht die Stimme heiser. Ach, wir
Die wir den Boden bereiten wollten für Freundlichkeit
Konnten selber nicht freundlich sein.
»Ihr aber, wenn es so weit sein wird
Daß der Mensch dem Menschen ein Helfer ist
Gedenkt unserer
Mit Nachsicht.«   B. Brecht [139]

Nachwort

Als ich überlegte, etwas aus meiner Lebensfahrt aufzuschreiben, gingen mir viele Facetten durch den Kopf. Die Selbstdarstellung ist immerhin trügerisch, weil subjektiv. Die Auswahl der Erlebnisse geschieht nach einem unbewussten »Auswahlverfahren«, meist als Anregungen aus der heutigen Zeit.

Befindlichkeiten werden immer wieder neu entstehen, manchmal irrational, dann wieder nachdenklich rational. Ermunterungen von freundlichen Ratgebern zerstreuten meine Bedenken. Sie ließen Öffnungen zu, die ich zu einem früheren Zeitpunkt vielleicht vermieden hätte.

Wenn heute über Menschen mit Visionen gesprochen wird, dann fühle ich mich dazugehörig oder angesprochen.

Menschen mit Visionen, vorausgesetzt sie sind humanistischer Art, gehören zu den Veränderern gesellschaftlicher Umstände. Mit ihnen sollte keiner schelten, auch dann nicht, wenn ihre Vorstellungen in Illusionen münden.

Denjenigen einen Vorwurf zu machen, die eine friedliche sowie kulturvolle Gesellschaft wollten, die dabei die Stärken des Kapitals oder der Banken unterschätzten, halte ich für wenig hilfreich.

Denjenigen allerdings, die eine freiheitliche demokratische Gesellschaft im Interesse ihrer eigenen Machtausübung nur vorgeben, die Ideologie oder Geld als alleinige Würdenträger gesellschaftlicher Prozesse wie eine Monstranz vor sich her tragen, sollten daran zerbrechen.

Ich hoffe, dass denen eine Chance gegeben wird, die Visionen von einer würdigen menschlichen Gesellschaft haben. In einer heute oft zu hörenden vorgegebenen Alternativlosigkeit gegenwärtiger gesellschaftlicher Umstände sitzt bereits die Ursache für Hilflosigkeit und Arroganz. Ich kann ein Lied davon singen.

Viele meiner kleinen Geschichten erscheinen mir wie Laternen am Wegesrand, die meine begangene Wegstrecke etwas ausleuchten. Manches wird dennoch nicht sichtbar sein. Das kann Ansporn für eigenes Laufen sein.

Viele Stolpersteine haben mich auch zum Straucheln gebracht. Wichtig ist offensichtlich, dass ich wieder aufgestanden bin, schließlich kann man aus Fehlern lernen.

Immer wieder sind es die Beziehungen zu Menschen, die mich bewegen, die mir mehr als eine Stütze sind. Meine Familie, meine Kinder, meine Enkel, meine Freunde sind die entscheidenden Wegbegleiter oder Wegbereiter meines Lebens. Sie überwiegen in meiner Nachbetrachtung besonders dann, wenn Politisches im Spiel ist.

Im politischen Leben habe ich viele Seiten menschlicher Tragödien erlebt. Mir sind auch Seiten eines Lustspiels nicht im Machtpoker verborgen geblieben.

Heute rate ich ab, sich dabei oder gar darin ein Lebenswerk verwirklichen zu wollen.

Wenn in manchen meiner Sätze »sollten oder wollten« vorkommen, dann ist es nicht als Richtschnur künftigen Handelns zu verstehen. Hinter diesen Worten stehen Unsicherheiten oder gar Anregungen zum Fragen stellen.

Es sind nicht die Erkenntnisse, sondern es ist einfach mein Erleben in diesen Zeiten. Meine Frau Bärbel hat mich oft beim Schreiben ermuntert. Sie ist wie in einem Spiegel in meinen Gedanken und Gefühlen präsent.

Literaturverzeichnis / Anmerkungen / Anlagen

1   Johann Gottfried Herder in von ihm herausgegebener Zeitschrift Adrastea 1802, Redewendung des Theologen und Philosophen

2   Carl Zuckmayer: Des Teufels General. Lesebuch, S. Fischer Verlag 1976

3   Friedrich Hebbel: Tagebücher. Herausg. Von Meetz, A…, Verlag: Reclam, Ditzingen 2013, Erstes Tagebuch 5. Januar1836, Heidelberg

4   Arkadi Gaidar: Timur und sein Trupp. Verlag: Leiv. Buchhandel und Verlagsanstalt 2010

5   Nikolai Ostrowski: Wie der Stahl gehärtet wurde. Verlag Neues Leben Berlin 1952

6   Hermann Matern, aus Wikipedia, Leben und Wirken, 26. Juni 2015

7   Kurt Maetzig: Regie der historisch-biografischen Filme der DEFA von 1954/55, Ernst Thälmann – Sohn seiner Klasse/Führer seiner Klasse

8   Wilhelm Rudolph, Maler, Professor der Kunstakademie in Dresden, aus Wikipedia, 27. August 2015

9   Brigitte Reimann: Franziska Linkerhand. Aufbau Verlag GmbH, Berlin 1998, S. 340 ff.

10   Eberhard Esche: Wer sich grün macht, den fressen die Ziegen. Eulenspiegel Verlag Berlin, 2005, Das Neue Berlin, Verlags GmbH

11   Karl Marx/ Friedrich Engels: Manifest der Kommunistischen Partei, Ausgewählte Werke in sechs Bänden, Bd. 1, Dietz Verlag Berlin 1972, S. 383 ff.

12   Theodor Fontane: Wanderungen durch die Mark Brandenburg, Dritter Teil, Havelland. Weltbildverlag Augsburg 1993, S 206 ff.

13   Kurt Tucholski: Der bewachte Kriegsschauplatz. Die Weltbühne vom 4. August 1931

14   Alexander Bek: Die Wolokolamsker Chaussee. Deutscher Militärverlag, Berlin 1968

15   Aus www.potsdam- chronik.de

16   Bildungsministerin Finnlands war Kaarina Suonie

17   Krupskaja, Nadeschda Konstantinowa: Polytechnische Bildung und Erziehung, Verbindung von Unterricht und produktiver Arbeit, Erziehung zu einer sozialistischen Einstellung zur Arbeit, Volk und Wissen Verlag Berlin 1972

18   Makarenko, A.S. Fünf Bände, Volk und Wissen Volkseigener Verlag Berlin 1961

19   Suchomlinski, Wassili: Mein Herz gehört den Kindern. Verlag Volk und Wissen Volkseigener Verlag Berlin 1986

20   Dobroljubow, Nikolai Alexandrowitsch: Ausgewählte pädagogische Schriften. Volk und Wissen Volkseigener Verlag Berlin 1956

21   Rubinstein, S.L.: Grundlagen der allgemeinen Psychologie. Volk und Wissen Volkseigener Verlag Berlin 1959

22   Lenin, Wladimir Iljitsch: 40 Bände, 2 Ergänzungsbände, Register, Dietz Verlag Berlin 1956 - 72

23..   Hertle, Hans Hermann (1990): Die Gewerkschaft hat in der Verharrung gelegen. Interview mit Werner Peplowski über den Wandlungsprozess des FDGB. Berliner Arbeitshefte und Berichte zur sozialwissenschaftlichen Forschung, Nr. 26

24..   Jewtuschenkow, Jewgeni Alexandrowitsch: Gedichte. Schönbrunn Verlag, Wien 1963

25   Apitz, Bruno: Nackt unter Wölfen. Aufbau Verlag, Berlin 2012

26   Seghers, Anna: Das siebte Kreuz. Aufbau Verlag, Berlin 2011

27   Mittenzwei, Ingrid: Friedrich II. von Preußen – Schriften und Briefe. Reclam. Leipzig 1987, S. 102 ff .; Ingrid Mittenzwei: Preußen nach dem Siebenjährigen Krieg. Akademie Verlag Berlin 1979

28   Repin, Ilja Jefimowitsch: »Brief der saporosher Kosaken an den türkischen Sultan« 1891/ Öl auf Leinwand, St. Petersburg, Staatliches Russisches Museum, Skizzen / Briefe in der Tretjakow Galerie Moskau, Inventarnummer 767

29   Chruschtschow, Nikita Sergejewitsch: »Chruschtschow rechnet mit Stalin ab«. Wortlaut der Rede von Chruschtschow auf der Geheimsitzung des XX. Moskauer Parteitages vom 25. Februar 1956, Bund Verlag Frankf.a.M. (1956)

30   Tolstoi, Lew: Anna Karenina. Verlag Neues Leben, Berlin 1985; Tolstoi, Lew:- Für alle Tage. Ein Lebensbuch. Verlag C.H. Beck OHG. München 2010

31   Dostojewski, Fjodor M.: Die Brüder Karamasow. Verlag Philipp Reclam jun. Leipzig 1981, 2 Bände; Dostojewskij, Fjodor: Verbrechen und Strafe, S. Fischer Verlag GmbH, Frankfurt a. M. 2010

32   Breschnew, Leonid Iljitsch: »Malaja semelja«, Verlag »Detskaja Literatura« Moskau 1978

33   Strittmatter, Erwin: Der Wundertäter, III. Band. Aufbau-Verlag Berlin Weimar 1980

34   Fürnberg, Louis: Lied der Partei. 1949, Text und Musik

35   Lutschuweit, Jewgeni Fjodorowitsch, Sowjetischer Professor der Kunstgeschichte und Offizier der Roten Armee, Technischer Leiter zur Sicherung der Kulturschätze Sanssoucis 1945

36   Direktive Nr. 3 des Ministers für Volksbildung zur Einführung und Gestaltung des Wehrunterrichtes für die Schüler der 9. und 10. Klassen der allgemeinbildenden polytechnischen Oberschule der DDR – Grundsatzdirektive vom 1. Februar 1978 und Hinweise für Direktoren der allgemeinbildenden polytechnischen Oberschule der DDR zur Einführung des Wehrunterrichts, Ministerrat der DDR, Ministerium für Volksbildung, Nur für den Dienstgebrauch. / Argumentation zur Einführung

37   Wutschetitsch, Jewgeni: Wir schmieden Schwerter zu Pflugscharen, Geschenk der UdSSR an die UNO. Plastik in: Der Sozialismus – Deine Welt, Verlag Neues Leben Berlin 1975,Hrsg. Zentraler Ausschuss für Jugendweihe in der DDR, S. 259

38   HARRI, Günther: Lenné, Peter Joseph. Gärten, Parke, Landschaften, VEB Verlag für Bauwesen, Berlin1985

39   BAIERL, Helmut: Frau Flinz. Henschelverlag, 1971, 9. unveränderte Auflage

40   FDGB Mitgliedsbuch, Freier Deutscher Gewerkschaftsbund, II 1057947, S.8

41   Verfassung der DDR, Staatsverlag der DDR, Berlin 1976, S. 6

42   Ursprünglich stammte diese Losung vom Vorsitzenden des Forschungsrates der DDR im Sinne von »Umwege vermeiden«; diese Losung wurde propagandistisch von Walter Ulbricht benutzt. www.spurensicherung.org von Emil Jevermann

43   Geschichte des Freien Deutschen Gewerkschaftsbundes, Ltr. Autorenk. Heinz Deutschland, Verlag Tribüne Berlin 1982

44   TISCH, Harry: Zur Gewerkschaftspolitik der SED, Verlag Tribüne Berlin 1979

45   HONECKER, Erich: Entwickelter Sozialismus und Gewerkschaften. Aus Reden und Schriften 1971 – 1982, Verlag Tribüne Berlin 1982

46   HERTEL, Hans-Hermann, ebenda S.4

47   STRITTMATTER, Erwin: Der Zustand meiner Welt. Aus den Tagebüchern 1874 – 1994, hrsg. Giesecke, Almut, Aufbau Verlag GmbH, Berlin 2014, 1. Auflage , S.109

48   Ständiges Komitee der Gewerkschaften der Grafischen Industrie. Min. Verlag Bela Saproni Budapest 1961 – 81, Berlin 1981

49   Der Streit der Ideologien und die gemeinsame Sicherheit, erarbeitet von der Grundwertekommission der SPD und der Akademie für Gesellschaftswissenschaften beim ZK der SED / Eppler und Reißig / Reinhold/ Meyer, veröffentlicht im Vorwärts und im Neuen Deutschland, Politik, Informationsdienst der SPD; Nr. 3 vom 3. August 1987,

50   Internationale Grafische Föderation (IGF); Internationale Gewerkschaftsorganisationen, Bestände im Archiv der sozialen Demokratie und in der Bibliothek der Friedrich Ebert Stiftung, Hrsg. Abt. Internationale Entwicklungszusammenarbeit, Bonn 2001

51   Internationale Arbeitsorganisation (ILO), Sonderorganisation der Vereinten Nationen, 1919 gegründet, Sicherung des Friedens auf der Grundlage sozialer Gerechtigkeit, Entwicklung internationaler Arbeitsstandards, Arbeitsrechtsstandards und Arbeitsschutzstandard

52   BRECHT, B.: Legenden, Lieder, Balladen 1925 – 1934. Aurora 580027/28, ersch. 1967, ges. Ernst Busch.

53   Kim-Il-Sung: Werke, Verlag für fremdsprachliche Literatur, Deutsch, Pjongjang, Korea 1977/1982, geb. Ausgabe

54   ASISI, Yadegar: Asisi Panorama Berlin, Checkpoint Charlie, Friedrichstraße 205, 10117 Berlin

55   ULBRICHT, Walter: »Niemand hat die Absicht eine Mauer zu errichten!« Zitat auf der Pressekonferenz in Ostberlin am 15. Juni 1961, wenige Wochen vor dem Mauerbau

56   HONECKER, Erich - als es dem VEB Kombinat Mikroelektronik Erfurt gelang einen 32- Bit-Mikroprozessor herzustellen, veranlasste es ihn am 15. August 1989 zu diesem Ausspruch, der im Neuen Deutschland veröffentlicht wurde.

57   STEINER, André: Von Plan zu Plan, Bundeszentrale für politischen Bildung, Schriftenreihe, Band 625, Deutsche Verlagsanstalt München 2004, Lizenzausgabe, Bonn 2007

58   ROESLER, Jörg: Geschichte der DDR, PapyRossa Verlag Köln 2012

59   RÖDDER, Andreas: Deutschland einig Vaterland, Bundeszentrale für politische Bildung, Band 1047, Verlag C.H. Beck München 2009, Lizenz für Bundeszentrale, Bonn 2010 S. 50 ff.

60   PEPLOWSKI, Werner: Persönliches Archiv, Dokumentensammlung, »Leipziger Seminar der Abteilungen des Zentralkomitees der SED 1989«

61   Herbert, ULRICH: Zeit Online vom 8. Januar 1993, 7.00Uhr drei Seiten, Ungerechte Lastenverteilung; »Durch die Reparationspolitik nach 1945 waren die Westdeutschen so begünstigt, die Ostdeutschen so benachteiligt, dass man zweifeln möchte, ob beide denselben Krieg verloren hatten«

62   Mitteilung der Pressestelle des Ministeriums für Post- und Fernmeldewesen der DDR (Sputnik-Verbot), 19. November 1988 in »1000 Dokumente. de«

63   FADDEJEW, N.W.: Der Rat für Gegenseitige Wirtschaftshilfe, Staatsverlag der DDR, Berlin 1965

64   SCHÜRER, Gerhard, Vorsitzender der Plankommission der DDR von 1965-1989, Gemeinsam mit Gerhard BEIL, Ernst HÖFER, Arno DONDA und Alexander SCHALCK-GOLODKOWSKI verfasste er die Politbürovorlage (Schürerpapier) »Analyse der ökonomischen Lage der DDR mit Schlussfolgerungen« für die Politbürositzung vom 30. Oktober 1989

65   HERTLE, Hans-Hermann: Der Weg in den Bankrott der DDR Wirtschaft. Das Scheitern der »Einheit von Wirtschafts- und Sozialpolitik« am Beispiel der Schürer-Mittag-Kontroverse im Politbüro 1988, in Deutschland Archiv Nr.2 Verlag Wirtschaft und Politik, Köln 1992

66   DIESTEL, Peter-Michae: Die meisten Pappnasen waren gar nicht dabei, Neues Deutschland vom 10.2. 2015, S. 3

67   BABEROWSKI, J.: Was war die Oktoberrevolution?. In: Bundeszentrale für politische Bildung (Hrsg.): Politik und Zeitgeschichte. Nr. 44-45, 2007

68   KOWALCZUK, Ilko-Sascha: Endspiel, Kapitel III, S.536 ff, Die Revolution von 1989, Beck Verlag, München 2009

69   Freiherr von HARDENBERG, Friedrich Leopold (Novalis) 1772-1801: Novalis, Werke, hrsg. Schulz, G., C.H. Beck Verlag München 2011, 5. Aufl. Leben und Werke Friedrich von Hardenbergs

70   Chronik der Wende, Wortlaut der Rücktrittserklärung des Vorsitzenden des FDGB, H.Tisch vom 2. November 1989, www.chronikder wende.de/tag O-Ton.

71   BAHRMANN, Hannes, Links, Christoph: Chronik der Wende. Die DDR zwischen 7. Oktober und 18. Dezember 1989, Christoph Links Verlag Berlin 1994

72   BRECHT, Bertolt: Hundert Gedichte, 1918 – 1950. Aufbau Verlag Berlin und Weimar 1987, 1. Aufl. S. 253/254, Lob der Dialektik

73   PEPLOWSKI, Werner: Aufruf. Die IG Druck und Papier auf dem Weg zu Selbständigkeit und Unabhängigkeit, Privatarchiv 1989

74   Stiftung Archiv der Parteien und Massenorganisationen der DDR im Bundesarchiv, Berlin, Finckensteinallee 63, Werner Peplowski, Rede am 9.12.1989, Wahl zum Vorsitzenden des Komitees; Pressemitteilung

75   MARTENS, Erika: Im Schatten der Vergangenheit. Zeit Online, Wirtschaft, 9. Februar 1990, 7.00Uhr / Handelsblatt a.a

76   Finanz und Vermögensbericht des Geschäftsführenden Vorstandes des FDGB für das 1. Halbjahr 1990, in Gewerkschaftskongress zur Auflösung des FDGB, hrsg. vom Bund der IG / Gewerkschaften und dem Geschäftsführenden Vorstand, o.O. (Berlin), Dokumente des Umbruchs in der DDR 1989/90/ FDGB, Gewerkschaften, E. Kleps, Berlin

77   Stiftung Archiv der Parteien und Massenorganisationen der DDR im Bundesarchiv, Berlin, Dok. Nr. 484, Abschrift der Tonbandaufzeichnung

78   An alle Mitglieder des FDGB; Erklärung für eine grundlegende Erneuerung des FDGB als Gewerkschaftsbund freier unabhängiger Industriegewerkschaften und Gewerkschaften in der DDR; in Tribüne vom 11. 12. 1989, Organ des Bundesvorstandes des FDGB, Tageszeitung ; ab 4. 12. 1989 »Zeitung der Gewerkschaften«

79   Überarbeitete Satzung des FDGB / Gewerkschaften; in Tribüne, Nr. 20, 29. 1. 1990, 46. Jahrgang, Zeitung der Gewerkschaften, im Entwurf veröffentlicht

80   Gewerkschaftsgesetz in Tribüne, Nr. 16 vom 23. Januar 1990 S. 3, 46. Jahrgang, Zeitung der Gewerkschaften, im Entwurf veröffentlicht

81   WEINERT, Rainer/ GILLES, Franz-Otto (1999): Der Zusammenbruch des FDGB; in Westdeutscher Verlag Oppladen/Wiesbaden Band 87

82   HERTLE, Hans-Hermann: Transmissionsriemen ohne Mission. Der FDGB im Umwälzungsprozess der DDR, Berliner Arbeitshefte und Berichte zur sozialwissenschaftlichen Forschung, Nr. 21, 1990

83   Gewerkschaftsgesetz, Gesetzestext, aus der 18. Tagung der Volkskammer der DDR: (Wahlgesetz, Gewerkschaftsgesetz, Sozialcharta und andere Dokumente); Staatsverlag der DDR 1990 – 48 Seiten

84   Abschlußbericht der Bundesanstalt für vereinigungsbedingte Sonderaufgaben (BvS); »Schnell privatisieren, entschlossen sanieren, behutsam stilllegen«, Ein Rückblick auf dreizehn Jahre Arbeit der Treuhandanstalt und der BvS, Wegweiser Verlag Berlin 2003, S. 24ff

85   Deutscher Gewerkschaftsbund, 14. Ordentlicher Bundeskongress, Hamburg, 20. – 26. Mai 1990, Geschäftsbericht, Ernst BREIT, S. 3

86   PEPLOWSKI, Werner: Rede auf dem Außerordentlichen FDGB Kongress am 31. Januar 1990 im Palast der Republik in Berlin, Privatarchiv, O - Ton, Bandaufzeichnungen; auch in (87)

87   Dokumente des Außerordentlichen FDGB Kongresses vom 31.Januar bis 1. Februar 1990 im Palast der Republik in Berlin, Stiftung Archiv der Parteien und Massenorganisationen der DDR im Bundesarchiv, Berlin, Finkensteinallee 63

88   Arbeitsgesetzbuch der DDR vom 16. Juni 1977, geändert, Gesetz vom 22. Juni 1990, aufgehoben durch Einigungsvertrag vom 31. August 1990 (BGB.II S. 889) – Teile blieben, entspr. Einigungsvertrag bis zum 31. Dezember 1993 in Kraft, Autoren; Bundesvorstand des FDGB, Staatsverlag der DDR 1977

89   Nationalhymne der DDR, Text J. R. BECHER, Melodie H. EISLER, 1949

90   HERTLE, Hans-Hermann (1990); Nicht-Einmischung. Die DGB/FDGB Beziehungen von 1972 bis 1989 oder »Der Beitrag der Spitzenfunktionärs – Diplomatie zur gewerkschaftlichen Lähmung im demokratischen Umbruchs – und deutschen Einigungsprozess.« Berliner Arbeitshefte und Berichte zur sozialwissenschaftlichen Forschung der Freien Universität Berlin, Nr. 50

91   HERTLE, Hans-Hermann, PIRKER, Theo KÄDTLER, J. und WEINERT, R. (1990):Wende zum Ende, »Auf dem Weg zu unabhängigen Gewerkschaften?«, Köln 1990

92   HERTLE, Hans-Hermann: Funktionen und Bedeutung der Massenorganisationen in der DDR am Beispiel des FDGB, in Deutscher Bundestag(Hrsg.), Machtstrukturen und Entscheidungsmechanismen im SED – Staat und die Frage der Verantwortung; Materialien der Enquete-Kommission; »Aufarbeitung der Geschichte und Folgen der SED Diktatur in Deutschland«, 1995, Bd. II/1, S. 390 ff.

93   WEINERT, Rainer, GILLES, Franz-Otto: Der Zusammenbruch des FDGB, zunehmender Entscheidungsdruck, institutionalisierte Handlungsschwächung und Zerfall der hierarchischen Ordnungsstruktur, Westdeutscher Verlag Opladen/Wiesbaden 1999

94   HEMINGWAY, Ernest; Zitate.de/4147

95   BREIT, E. / TISCH, H.: Vereinbarung zu den Beziehungen zwischen dem DGB und dem FDGB vom 15. September 1989; Bundesarchiv Berlin, Stiftung Archiv der Parteien und Massenorganisationen der DDR, Reg. Nr. 200.12869

96   TISCH, H.: Schreiben an Honecker, E. vom 4. April in »Das Genossenkartell«, Dokumente Report Ullstein, Wilke/Hertle, S. 231 ff, 1992

97   PEPLOWSKI, Werner: Gesprächsprotokoll der Gespräche des DGB Vorstandes mit den Vertretern des Geschäftsführenden Vorstandes des FDGB vom 28. Februar 1990 in Hannover, in Bundesarchiv, Stiftung Archiv der Parteien und Massenorganisationen der DDR, Berlin, den 1. März 1990

98   WILKE, Manfred / HERTLE, Hans-Hermann: Das Genossenkartell, die SED und die IG Druck und Papier/Medien, Dokumente, Report Ullstein Verlag 1992

99   Vertrag zwischen der Bundesrepublik Deutschland und der Deutschen Demokratischen Republik über die Herstellung der Einheit Deutschlands – Einigungsvertrag – Presse - und Informationsamt der Bundesregierung, Nr. 104/ Bonn, den 6.
September 1990 Bulletin

100   Peplowski, Werner: Gegenseitigkeitsvertrag der IG Medien der BRD und der
IG Druck und Papier der DDR, Bundesarchiv, Stiftung der Parteien und Massenorganisationen der DDR vom 15. März 1990 in Berlin, ebenso in Privatarchiv

101   Laabs, Dirk: Der deutsche Goldrausch, Die wahre Geschichte der Treuhand,
Pantheon Verlag, München 2012

102   Gesetz über Parteien und andere politische Vereinigungen – Parteiengesetz-
vom 21. Februar 1990, Staatsverlag der DDR, Berlin

103   Mausch, H. Brief an die Regierung der DDR vom Mai 1990, Bundesarchiv,
Stiftung Archiv der Parteien und Massenorganisationen der DDR, Berlin, Dok. Nr.
3176

104   Protokoll der Beratung der Vorsitzenden der Einzelgewerkschaften am 7. Mai
1990, Bundesarchiv, Stiftung Archiv der Parteien und Massenorganisationen, Berlin,
Dok. Nr. 3182 ff

105   Verträge und Vereinbarungen zwischen dem DGB und dem FDGB, Bundesarchiv, ebenda Dok. Nr. 005-006

106   Vogler, M. ; »Offener Brief« in Tribüne, Zeitung der Gewerkschaften, Berlin
vom 25.5. 1990

107   Sprecherrat. Bundesarchiv, Stiftung Archiv der Parteien und der Massenorganisationen der DDR, Berlin Dok. Nr. 3248 und 3264, 3253

108   DGB-Informationsdienst (Mai 1990): Stellungnahme zum Entwurf der Bundesregierung für einen Staatsvertrag mit der DDR, Deutscher Gewerkschaftsbund,
Bundesvorstand und Sprecherrat der Gewerkschaften der DDR, Düsseldorf/ Berlin,
den 15. Mai 1990

109   Breit, E.: Brief an die Vorsitzenden der Einzelgewerkschaften der DDR vom
27.4.1990, Bundesarchiv, Stiftung Archiv der Parteien und Massenorganisationen,
Berlin, Dok. Nr. 3087 f.

110   DGB – 14. Ordentlicher Bundeskongress, ebenda: Initiativantrag 1, Entschlie-
ßung des 14. Ordentlichen Bundeskongresses des DGB zur deutschen Einheit, 21.5.
1990 – Ausschluss, dass der DGB die formale Rechtsnachfolge des FDGB übernimmt

111   Rothe, Peter: Vorsitzender des Sprecherrates der Industriegewerkschaften
und Gewerkschaften der DDR, Informationsdienst des Kongresses, Mai 1990

112   Milert, Werner (1990): Abstinenz-Einmischung-Übernahme-Zerschlagung-
Neuaufbau; Welche Rolle spielte der DGB im Auflösungskongress des FDGB? Welche Aufgaben stehen dem DGB in der nächsten Zeit bevor? (Überarbeitete Fassung
eines Referates, gehalten im Zentralinstitut für sozialwissenschaftliche Forschung
der FU Berlin am 28.11.1990)

113   HERTLE, Hans-Hermann (Juli 1990): Der DGB vor der deutschen Einhcit. Der 14. Ordentliche Bundeskongress des DGB in Hamburg, 20.-25. Mai 1990. Berliner Arbeitshefte und Berichte zur sozialwissenschaftlichen Forschung. Nr. 44

114   Deutscher Bundestag; 13. Wahlperiode, Drucksache 13/11353 vom 24.8.1989 Unterrichtung durch die Bundesregierung: Bericht der Unabhängigen Kommission zur Überprüfung des Vermögens der Parteien und Massenorganisationen der DDR über das Vermögen der SED jetzt PDS des FDGB der sonstigen politischen Organisationen und Stellungnahme der Bundesregierung

115   FDGB Lexikon, Funktion, Struktur, Kader und Entwicklung einer Massenorganisation der SED1945 – 1990), Hg. DOWE, KUBA, WILKE, Berlin 2009

116   KÖHLER, O.: Die große Enteignung. Wie die Treuhand eine Volkswirtschaft liquidierte, Verlag Das Neue Berlin, Berlin, 2011

117   FRÖBEL: Die Menschenerziehung. Die Erziehungs- Unterrichts- und Lehrkunst, angestrebt in der Allgemeinen Deutschen Erziehungsanstalt Band 1; Verlag der Allgemeinen Deutschen Erziehungsanstalt, Keilhau 1826

118   MONTESSORI, Maria: Selbsttätige Erziehung im frühen Kindesalter. Aus P. Oswald & G. Schulz Bennesch 1994

119   PETERSEN, Peter: Der kleine Jenaplan. Braunschweig, Westermann Verlag 1963, 9. Auflage

120   STEINER Rudolf: Seminarbesprechungen und Lehrplanvorträge (Waldorfschule), Dornach 1984

121   NIKITIN / BUTENSCHÖN: Die Nikitin Kinder sind erwachsen. Ein russisches Erziehungsmodell auf dem Prüfstand; Kiepenheuer & Witsch, Köln 1990

122   POTTHOFF, Willy: Grundlage und Praxis der Freiarbeit. Selbstbestimmtes Lernen in der Grundschule, Freiburg, 6. Auflage 2001

123   LESSING, G.E.: Nathan der Weise. Ein dramatisches Gedicht in fünf Aufzügen, Anaconda Verlag, Köln 2005

124   SCHMIDT-SALOMON, Michael: Manifest des evolutionären Humanismus, Plädoyer für eine zeitgemäße Leitkultur, Alibri Verlag Aschaffenburg 2006

125   REICHEN, J. Lesen durch Schreiben. Wie Kinder selbst gesteuert lesen lernen (3. Auflage) Zürich

126   Bibel; Stuttgart Priv. Württembergische Bibelanstalt 1905, Seite 68

127   SCHUDER, Rosemarie; HIRSCH, Rudolf: Der Gelbe Fleck, Wurzeln und Wirkungen des Judenhasses in der deutschen Geschichte; Essays, Rütten und Loening, Berlin, 2. Aufl. 1989

128   FONTANE, Theodor: Der Stechlin. Artemis & Winkler Verlag Düsseldorf 2006

129   Pieper, Adrian: www.adrianpiper.com. »Kann der Mensch verbessert werden«

130   STALIN. Der Marxismus und die Frage der Sprachwissenschaft, Dietz Verlag Berlin, 1951, S. 65

131   BRECHT, Bertolt: Kinderhymne. Hundert Gedichte, 1918 – 1950, Aufbau Verlag, Berlin,1. Aufl. 1987, S. 57/58

132 Franck, Georg: Ökonomie der Aufmerksamkeit. Ein Entwurf. Dtv. München 2007

133 Fallada, Hans: Gutezitate.com, Nr.10

134 Naumilkat, Hans, Herbert Keller, Volkslied der DDR, Unsere Heimat...

135 Ahrends, Martin: Damals im Café Heider. Die Potsdamer Szene in den 70er und 80er Jahren, Hrsg. Wullstein, Renate, Verlag Schwazdruck, lim. 1000, 2006

136 Fontane, Theodor: Autobiografische Schriften II. Von Zwanzig bis Dreißig. Aufbau Verlag Berlin und Weimar,1. Auflage 1962, S. 154ff.

137 Goethe, J.W.: Auswahl in drei Bänden, Dritter Band; Der Alte Goethe, VEB Bibliograpfisches Institut Leipzig 1956, S. 133

138 Kunert, Günter: Fortgesetztes Vermächtnis. Gedichte. Geb. Ausgabe – 24. Februar 2014, Carl Hanser Verlag 2014

139 Brecht, Bertold: Hundert Gedichte 1918 – 1950. Aufbau Verlag Berlin und Weimar 1. Aufl. 1987, S. 320

Anlage I

Flugblatt vom November 1989 der IG Druck und Papier

»Die IG Druck und Papier auf dem Weg zu Selbständigkeit und Unabhängigkeit.
Die IG Druck und Papier verlässt rigoros eingefahrene Gleise, um die Interessen und Rechte ihrer Mitglieder wirksamer und erfolgreicher vertreten zu können.
Die IG Druck und Papier wird selbständig, frei und unabhängig.
Machen wir sie gemeinsam auch zu einer großen und starken Solidargemeinschaft aller in ihr vereinten Berufsgruppen!

Unsere Prinzipien lauten:
-   Uneingeschränkte Unabhängigkeit
-   Umfassende Mitbestimmung
-   Eigene Tarifpolitik
-   Streikrecht
-   Finanzielle Selbständigkeit

Mitgliedschaft ist vorteilhaft!

Die IG Druck und Papier
  - vertritt die Belange ihrer Mitglieder gegenüber der Regierung und der Betriebsleitung
  - wahrt Dein Recht auf einen gesicherten Arbeitsplatz
  - schützt Dich vor Unternehmerwillkür
  - bietet Dir Rechtsschutz und kostenlose Rechtsvertretung bei Arbeitsstreitigkeiten
  - schützt Dich vor negativen Auswirkungen bei Strukturveränderungen und Rationalisierungsmaßnahmen
  -sichert, dass ihre Mitglieder teilhaben an den Leistungen des Feriendienstes der Gewerkschaft und des betrieblichen Erholungswesens.

Wir führen Tarifverhandlungen:
mit dem Minister für Leichtindustrie für die Werktätigen der Verpackungsmittelbetriebe und mit dem Minister für Schwerindustrie für die Werktätigen der Zellstoff- und Papierfabriken, mit dem Minister für Kultur und dem Generaldirektor der Zentrag, mit den Generaldirektoren der Vereinigung Organisationseigener Betriebe, des DEWAG Kombinats für Werbung und den Handwerks- und Gewerbekammern.

Wir treten ein für:
- gute Arbeits - und Lebensbedingungen in jedem Betrieb
- unbedingte Gewährleistung des Gesundheits – und Arbeitsschutzes
- tariflich geregelte Aus – und Weiterbildung
- 4 Wochen Grundurlaub für alle Beschäftigte
- Treueurlaub für langjährige Betriebszugehörigkeit
- Wiedereinführung der gestrichenen kirchlichen Feiertage
- Schrittweise Einführung der 40 Stunden – Arbeitswoche bis 1995
- Finanzieller Ausgleich für Auswirkungen veränderter Preis- und Subventionspolitik

Wir fordern:
- Informations- und Medienfreiheit
- Die Überführung von Zentrag- und DEWAG Betrieben in Volkseigentum
- Gerechte Verteilung des Papierfonds durch einen zu bildenden Medienrat
- Schnelle Entscheidung über die Zukunft von partei- und organisationseigenen
Verlagen....«
(Aufruf an alle Mitglieder, Privatarchiv W. Peplowski)

Anlage II

Auszug aus der Rede vor dem Außerordentlichen FDGB Kongress vom 31. Januar 1990 von Werner Peplowski:

»Die gegenwärtige Regierungskoalition erweist sich als zerbrechlich. Sie macht als Regierung der nationalen Verantwortung den Vorschlag, dass die Gewerkschaft einen Ministerposten ohne Geschäftsbereich übernimmt. (Vorschlag lag zur Abstimmung, wurde aber abgelehnt). Ein latenter Prozess gesellschaftlicher Spaltung wird immer offensichtlicher und der Ruf nach der Einheit Deutschlands lauter. Mancher befürchtet eine offene Ellenbogen- und Umverteilungspolitik. Es greifen neue soziale Ängste um sich, verunsichern breite Bevölkerungsteile. Die Furcht wächst, Billiglohnland der BRD zu werden. Die Frage wird laut: Wer wird in Zukunft über Wohlstand oder soziales Elend für andere entscheiden? Der internationale, besonders der europäische Markt wird für die entstehende soziale Marktwirtschaft in unserem Land zum unbestechlichen Maßstab der eigenen Leistungskraft. Daraus erwachsen jetzt und künftig neue internationale Verpflichtungen der Gewerkschaften. Wenn wir das Billiglohnland Europas werden, werden damit die gewerkschaftlichen Errungenschaften der europäischen Kollegen gefährdet! Werden unsere gewerkschaftlichen Rechte in den Betrieben erhalten und ausgebaut, dann werden die europäischen Kollegen daran erstarken. Solidarität wird also jetzt im wahrsten Sinne zu einer Lebensfrage für europäische Gewerkschaften. Wir stehen also als Gewerkschaften mittendrin. Wir dürfen uns der Verantwortung nicht entziehen. Wir brauchen die Solidarität in einer starken Einheitsgewerkschaft. Dazu ist notwendig: Solidarität, Autorität, Kompetenz – die wir uns erarbeiten müssen. Wir haben als Komitee von der Regierung gefordert, jede Maßnahme, die die Werktätigen betreffen, den Gewerkschaften offen zu legen. Wir haben erwirkt, dass die Ministerinnen, Frau Prof. Luft, Frau Mensch und die ehemalige Finanzministerin Frau Nickel das Vorbereitungskomitee informierten und selbst spürten, dass in diesem Komitee ein anderer Wind weht als in früherer Gewerkschaftsvertretung.

Wir fordern Maßnahmen zur Verhinderung von Arbeitslosigkeit durch Arbeitsbeschaffungs- und Umschulungsprogramme, Verkürzung der Tages-, Wochen- und Lebensarbeitszeit sowie durch eine Vorruhestandsregelung. Der Staat hat die Garantie zu übernehmen, dass zeitweilig von Arbeitslosigkeit Betroffene sozial sichergestellt werden. Dazu sind finanzielle Mittel bereitzustellen. Erforderlich sind klare Konzepte zur Reallohnentwicklung sowie zur Beteiligung der Werktätigen am Betriebsergebnis. Der persönlich erarbeitete Lohn muss garantiert werden.« (86)

Anlage III

Protokoll eines Ränkespiels der Anpassung

Die Vertreter der Einzelgewerkschaften forderten eine öffentliche Stellungnahme zur gesellschaftlichen Lage vom Geschäftsführenden Vorstand der Dachorganisation des FDGB im April 1990, als dann aber ein Brief an die Regierung der DDR von Frau Mausch (Vorsitzende des Dachverbandes des FDGB) geschrieben wurde (103), worin eine Reihe von Forderungen an die Regierung nach einem Sozialstaat gestellt wurden, die mit der Durchsetzung von Kampfmaßnahmen angedroht waren, distanzierten sich einige Vorsitzende wieder. »Das seien doch Forderungen, die typisch nach FDGB - Art gestrickt waren« man habe zwar die Hand zur Zustimmung erhoben, aber, »wen interessieren schon die Gesten von Gestern«(104).

Ich hatte den Eindruck, dass eine weitere Zusammenarbeit in einem Dachverband des FDGB, deren Mitglieder sie alle waren, für einige Vorsitzenden dieser Einzelgewerkschaften, wie eine »Laus im Pelz war«, von der man sich schnell befreien müsse.

Erklärbar erschien das, weil die Vorstände der Einzelgewerkschaften auch in ihrer Arbeitsweise stark mit den Vorständen der Einzelgewerkschaften der BRD inzwischen verbunden waren, die das offensichtlich von ihnen forderten. Nicht außer Acht war auch zu lassen, dass der DGB nach den Gesprächen mit H. Mausch, der Vorsitzenden des Dachverbandes des FDGB im Februar in Hannover darauf drängte, eine stärkere Trennung der neu gewählten DDR Gewerkschaften vom FDGB durchzuführen.

Das war offensichtlich aus drei Gründen notwendig.

Erstens war E. Breit, Vorsitzender des DGB in der Öffentlichkeit mit dem FDGB und mit H. Tisch, Mitglied des Politbüros und Vorsitzender des FDGB, stark in Verbindung gebracht, dem wollte man sich sichtlich entziehen (Jährlich wurden Verträge über die Zusammenarbeit vereinbart bzw. erneuert(105).

Zweitens wollte man in der Öffentlichkeit dokumentieren, dass keine Rechtsnachfolge des FDGB durch den DGB auch nur angedacht war. Mit dieser »Staatsgewerkschaft« wollte man nun nichts mehr am »Hut« haben.

Und drittens war zu erkennen, dass die demokratisch gewählten neuen DDR Gewerkschaften selbst nach außen ihre eindeutige Abnabelung vom FDGB sichtbar machen wollten.

Die Vorbereitungen des Ordentlichen 14. Gewerkschaftstages des DGB in Hamburg liefen auf hohen Touren und es war ein Druck auf die Einzelgewerkschaften der DDR durch die BRD-Gewerkschaften nicht zu übersehen. Die Vorsitzenden der ÖTV und IG Bergbau / Energie / Wasserwirtschaft) z. B. traten öffentlich auf und wollten sich ausdrücklich vom FDGB und dem Geschäftsführendem Vorstand lösen. Jetzt wurden die Trickkisten geöffnet im Suchen nach Schuldigen, die in der Öffentlichkeit an den Pranger zu stellen waren. (106) Aus der Trickkiste wurde ein Joker gezogen. Die bisherigen Wahlen, auch die eigene Mitgliedschaft, wurden nun missachtet und ein Sprecherrat erdacht. Das war nun ganz im Interesse derer, die die »Laus im Pelz« bekämpften. Die Bildung eines Sprecherrates der Vorsitzenden der Einzelgewerkschaften – ohne das Unwort FDGB zu verwenden – wurde dagegen ultimativ gefordert. Eine inhaltliche Auseinandersetzung, gar eine politische Distanz oder Mitverantwortung an der Verflechtung der Gewerkschaft in der DDR mit der SED Diktatur fanden nicht statt. Es blieb der Kampf gegen die Symbolik, was die Öffentlichkeit kaum zur Kenntnis nahm. Die den Wandel forderten, waren offensichtlich zufrieden mit den Angepassten. Die Querelen in der Funktionärsebene wurden von den sich immer mehr abzeichnenden Vorgängen der Einheit Deutschlands überlagert.

In dieser angespannten Situation suchte ich einen Kompromiss mit den sieben Mitgliedern des Geschäftsführenden Vorstandes auf die Reihe zu bekommen. Wie sollte das gehen? Sie waren doch von über 2.500 Delegierten demokratisch gewählt. Sie abzulösen, das empfand ich mehr als einen Wortbruch an die Mitglieder. Unter ihnen waren Initiatoren des Veränderungsprozesses der Gewerkschaft in der DDR. Sie sollten nun die Schuldigen in der Verzögerung des Wandels durch Annäherung sein. Mir fiel nichts anderes ein, als sie mit der Aufgabe der Vorbereitung des beschlossenen Auflösungskongresses des FDGB zu betrauen. Damit waren sie dem Pranger entzogen. Der Sprecherrat konnte als »erneuerter Bund der Einzelgewerkschaften« nach außen auftreten(107).

Ich war heilfroh, dass es zu dieser Lösung kam. Dennoch hatte ich ein ungutes Gefühl, als ich darüber nachdachte, was man diesen Kollegen zugemutet hatte. Es wurde ein »Königsbauer« geopfert, damit der DGB auf dem 14. Gewerkschaftstag nach außen erklären konnte, dass eine Zusammenarbeit ausschließlich mit den neu gewählten Vertretern der Einzelgewerkschaften in Betracht kam. Der FDGB war aus dem Sprachgebrauch gelöscht. (vgl. 107/ 108/ 109/ 110 /111 und Anlage III)

In einer Erklärung wurde die Öffentlichkeit informiert (vgl. 107) Auszug: »Auf Vorschlag der Vorsitzenden der Industriegewerkschaften und Gewerkschaften wurde am 9.5. 1990 entschieden:

1. »Bildung eines Sprecherrates der Vorsitzenden der Industriegewerkschaften und Gewerkschaften zur Wahrnehmung der übergreifenden gewerkschaftlichen Interessenvertretung gegenüber Regierung und Parteien in der DDR und dem DGB. In den Sprecherrat wurden gewählt: Vorsitzender Peter Rothe, Vorsitzender der Gewerkschaft der Eisenbahner, Mitglieder: Marianne Sandig, Vorsitzende der Gewerkschaft. Land, Nahrungsgüter, Forst, Peter Praikow, Vorsitzender der Postgewerkschaft.

2. Der Sprecherrat wird beauftragt, die juristischen Voraussetzungen zu schaffen, die Vermögenswerte des FDGB neu zu strukturieren und auf die Industriegewerkschaften und Gewerkschaften aufzuteilen.

410

3. Der Sprecherrat gestaltet enge Beziehungen zum DGB. Er verliert seine Aufgabe, wenn sich die Einzelgewerkschaften der DDR und der BRD zusammengeschlossen haben bzw. die Organisierung der Industriegewerkschaften und Gewerkschaften im DGB gesichert ist.

4. Die vom Außerordentlichen Kongress direkt gewählten Vorstandsmitglieder nehmen in Vorbereitung auf den Bundeskongress die Geschäfte entsprechend ihrer Geschäftsbereiche wahr. Kolln. Mausch übernimmt ab sofort die Vorbereitung des Kongresses.«

Anlage IV:

Der Beschlussantrag des außerordentlichen Gewerkschaftstages der IG Druck und Papier der DDR am 23. Juni 1990:

»Auf der Grundlage des Leitantrages der IG Druck und Papier zur einheitlichen Bildung einer IG Medien beschließt der außerordentliche Gewerkschaftstag die Übertragung aller Mitglieder und Mitgliedschaftsrechte auf die IG Medien mit Wirkung vom 1. 10. 1990. Alle Mitglieder werden über den Übergang der Mitgliedschaft und über die Möglichkeit des Widerspruchs informiert.

Der außerordentliche Gewerkschaftstag empfiehlt allen Mitgliedern der IG Druck und Papier, den Weg zur Mitgliedschaft in eine einheitliche IG Medien Deutschlands mitzugehen.

Um die gewerkschaftliche Einigung vereinsrechtlich vollziehen zu können und als Folge des Überganges der Mitgliedschaft, löst sich die IG Druck und Papier nach § 28 Absatz 1 der Satzung zum 30. 9. 1990 auf. Der Geschäftsführende Hauptvorstand der IG Druck und Papier wird nach § 28 Absatz 2 beauftragt, die vermögensrechtliche Liquidation durchzuführen. Dazu gehört die Abwicklung aller vermögensrechtlichen Fragen, die sich aus der Vermögensaufteilung des FDGB ergeben sowie die ordnungsgemäße Beendigung von Arbeitsverhältnissen einschließlich der Aufstellung eines Sozialplanes. Ein Liquidationsüberschuss wird auf die IG Medien übertragen und ist für die gewerkschaftliche Arbeit auf dem Gebiet der DDR zu verwenden.«